D1731766

SCHÄFFER
POESCHEL

Begründet von Werner Kresse
Herausgegeben von Norbert Leuz

Die mündliche Bilanzbuchhalterprüfung

Bilanzbuchhalter (IHK) mit Fragen und Antworten

13., überarbeitete Auflage

Bearbeitet von:

Ekbert Hering
Werner Klein
Angelika Leuz
Norbert Leuz
Eberhard Rick
Werner Rössle
Jan Schäfer-Kunz
Herbert Sperber
Michael Wobbermin

2013
Schäffer-Poeschel Verlag Stuttgart

Gedruckt auf chlorfrei gebleichtem, säurefreiem und alterungsbeständigem Papier

Bibliografische Information der Deutschen Nationalbibliothek
Die Deutsche Nationalbibliothek verzeichnet diese Publikation in der Deutschen Nationalbibliografie;
detaillierte bibliografische Daten sind im Internet über http://dnb.d-nb.de abrufbar.

ISBN 978-3-7910-3303-7

© 2013 Schäffer-Poeschel Verlag für Wirtschaft · Steuern · Recht GmbH
www.schaeffer-poeschel.de
info@schaeffer-poeschel.de

Einbandgestaltung: Melanie Frasch
Satz: Claudia Wild, Konstanz
Druck und Bindung: Kösel, Krugzell · www.koeselbuch.de

Printed in Germany
Juli 2013

Schäffer-Poeschel Verlag Stuttgart
Ein Tochterunternehmen der Verlagsgruppe Handelsblatt

Vorwort zum Gesamtwerk

Die drei Bände zum Bilanzbuchhalter (IHK) sind ein Lehr- und Nachschlagewerk für den gesamten Bereich des kaufmännischen Rechnungswesens. Sie wenden sich nicht nur an diejenigen, die sich auf die **Bilanzbuchhalterprüfung** vorbereiten sowie an Studierende, sondern dient auch dem kaufmännischen Nachwuchs allgemein zur systematischen Weiterbildung und hilft den erfahrenen Praktikern in Betrieben und Steuerkanzleien bei der Lösung von Zweifelsfragen.

Aufgrund der **Novellierung der Bilanzbuchhalter-Prüfungsverordnung** im Oktober 2007 und ihrer Revision im August 2009 wurden die beiden bisherigen Bilanzbuchhalterprüfungen – national und international – zu einer einzigen Prüfung zusammengefasst. Das eng an dieser Rechtsverordnung und dem daraufhin **modernisierten DIHK-Rahmenstoffplan** ausgerichtete Gesamtwerk ist völlig neu strukturiert und umfasst nunmehr zwei Bände, die durch einen weiteren Band, der speziell auf die Erfordernisse der mündlichen Prüfung ausgerichtet ist, ergänzt werden.

Zum besseren Verständnis und zur Vertiefung des Wissens wurden **Aufgaben** entwickelt, auf die an den entsprechenden Stellen im Text verwiesen wird. Um inhaltliche Zusammenhänge nicht auseinanderzureißen, sind die Aufgaben und dazugehörigen Lösungen gesondert am Ende des jeweiligen Textteils zu finden.

Kontrollfragen zu jedem Abschnitt erleichtern die schnelle Wiederholung des Stoffgebiets.

Ein besonderes Anliegen ist die **Praxisbezogenheit** des Werkes, die u. a. durch Berücksichtigung der Belange einer EDV-gerechten und umsatzsteuergerechten Buchungsweise zum Ausdruck kommt, z. B. auch unter Verwendung des **DATEV-Kontenrahmens SKR 03**.

Stuttgart, im Juli 2013   Norbert Leuz

Vorwort zur 13. Auflage

Der Schwierigkeitsgrad der Bilanzbuchhalterprüfung hat in den letzten Jahren ständig zugenommen. Deshalb kommt der **mündlichen Prüfung,** in der das Ergebnis des schriftlichen Examens zum Positiven korrigiert werden kann, immer größere Bedeutung zu.

Das Mündliche unterliegt eigenen Gesetzmäßigkeiten, nicht nur weil die **besondere »Prüfer-Prüflings-Atmosphäre«** Aufregung, Lampenfieber und eventuelle rhetorische Hemmnisse zur Folge haben kann und Unsicherheit oder mangelnde Überzeugungskraft sehr schnell zum Vorschein kommen, sondern auch weil die Prüfung als Gespräch zwischen Prüfer und Prüfling wenig Zeit zwischen Frage und Antwort lässt und oft schon zum Sprechen zwingt, obwohl man noch gerne mehr Zeit zum Überlegen gehabt hätte. Eine gezielte, ganz auf die Besonderheiten der mündlichen Prüfung ausgerichtete Vorbereitung ist deshalb zwingend notwendig.

Der vorliegende Band zur mündlichen Bilanzbuchhalterprüfung stellt zu Beginn dar,
- wie die **Vorbereitung auf die mündliche Prüfung** optimal zu gestalten ist,
- wie die **Prüfung abläuft** und
- welche **Verhaltensregeln während der Prüfung** beachtet werden sollten.

Im Anschluss daran sind
- zum einen **Fragen und Antworten für mündliche Ergänzungsprüfungen und das Fachgespräch,**
- zum anderen Beispiele und Anregungen für die **Präsentation** ausgearbeitet.

Gegenüber der Vorauflage waren wieder umfangreiche Anpassungen notwendig, insbesondere aufgrund des Kleinstkapitalgesellschaften-Bilanzrechtsänderungsgesetzes (MicroBilG) vom 27.12.2012, die stetig im Fluss sich befindlichen IFRS und eine Vielzahl steuerlicher Änderungen, z.B. durch das Steuervereinfachungsgesetz 2011 und das Gesetz zur Änderung und Vereinfachung der Unternehmensbesteuerung und des steuerlichen Reisekostenrechts.

Damit entspricht der vorliegende Band wieder dem aktuellen Gesetzesstand.

Stuttgart, im Juli 2013   Norbert Leuz

Verzeichnis der Bearbeiter des Gesamtwerks

Prof. Dr. Dr. Ekbert Hering, Hochschule Aalen – Technik und Wirtschaft

Dr. Werner Klein, Universität zu Köln

Dr. Lieselotte Kotsch-Faßhauer, Steuerberaterin, Stuttgart

Dipl.-Finanzwirt (FH) Angelika Leuz, Stuttgart

Dipl. oec. Norbert Leuz, Steuerberater, Stuttgart

Christa Loidl, Stuttgart

Prof. Eberhard Rick, Hochschule für öffentliche Verwaltung und Finanzen Ludwigsburg

Prof. Dr. Werner Rössle, Duale Hochschule BW Stuttgart

Prof. Dr. Jan Schäfer-Kunz, Hochschule Esslingen

Dr. Monika Simoneit, Bad Soden

Prof. Dr. Herbert Sperber, Hochschule für Wirtschaft und Umwelt Nürtingen-Geislingen

Prof. Dr. Michael Wobbermin, Hochschule Reutlingen

Überblick über das Gesamtwerk

Im Band Rechnungswesen werden behandelt:

1. Hauptteil   Arbeitsmethodik
Dr. Monika Simoneit

2. Hauptteil   Kosten- und Leistungsrechnung
Prof. Dr. Jan Schäfer-Kunz

3. Hauptteil   Finanzwirtschaftliches Management
Prof. Dr. Werner Rössle/Prof. Dr. Herbert Sperber

4. Hauptteil   Buchführung und GoB
Dipl. Finanzwirt (FH) Angelika Leuz/Dipl. oec. Norbert Leuz StB/Christa Loidl

5. Hauptteil   Abschlüsse nach Handels- und Steuerrecht (national)
Dr. Lieselotte Kotsch-Faßhauer StB/Dipl. Finanzwirt (FH) Angelika Leuz/
Dipl. oec. Norbert Leuz StB

6. Hauptteil   Auswertung der Rechnungslegung (Bilanzanalyse)
Prof. Dr. Dr. Ekbert Hering/Dipl. oec. Norbert Leuz

Im Band Steuerrecht, Internationale Rechnungslegung werden behandelt:

7. Hauptteil   Internationale Rechnungslegung
Prof. Dr. Michael Wobbermin

8. Hauptteil   Steuerrecht (national und international)
Dipl. Finanzwirt (FH) Angelika Leuz/Dipl. oec. Norbert Leuz StB/
Prof. Eberhard Rick

9. Hauptteil   Recht
Prof. Eberhard Rick

10. Hauptteil Volks- und betriebswirtschaftliche Grundlagen
Dr. Werner Klein/Prof. Dr. Michael Wobbermin

Im Band zur mündlichen Bilanzbuchhalterprüfung werden behandelt:

Fragen und Antworten zur mündlichen Bilanzbuchhalter-Prüfung, Präsentation
und Fachgespräch
Prof. Dr. Dr. Ekbert Hering, Dr. Werner Klein, Dipl.-Finanzwirt (FH) Angelika
Leuz, Dipl. oec. Norbert Leuz StB, Prof. Eberhard Rick, Prof. Dr. Werner Rössle,
Prof. Dr. Jan Schäfer-Kunz, Prof. Dr. Herbert Sperber, Prof. Dr. Michael Wobbermin

**Der Band Sonderbilanzen (mit Fallbeispielen und Musterbilanzen,
nicht für Prüfungsbelange) beinhaltet:**

Sonder-
bilanzen
- Gründungsbilanzen (einschließlich steuerliche Sonder- und Ergänzungsbilanzen)
- Umwandlungsbilanzen
- Auseinandersetzungsbilanzen
- Sanierungsbilanzen, Insolvenzbilanzen und Liquidationsbilanzen

Dipl.-Finanzwirt (FH) Angelika Leuz, Dipl. oec. Norbert Leuz StB,
Prof. Eberhard Rick

Inhaltsverzeichnis

Abkürzungsverzeichnis

Abs.	Absatz
Abschn.	Abschnitt
ADS	Adler/Düring/Schmaltz, Rechnungslegung und Prüfung der Unternehmen, Stuttgart
AfA	Absetzung für Abnutzung
AfaA	Absetzung für außergewöhnliche technische und wirtschaftliche Abnutzung
AfS	Absetzung für Substanzverringerung
AG	Aktiengesellschaft
AK	Anschaffungskosten
AktG	Aktiengesetz
AO	Abgabenordnung
a.o.	außerordentlich
BAB	Betriebsabrechnungsbogen
BB	Betriebs-Berater (Zeitschrift)
BDI	Bundesverband der Deutschen Industrie e.V.
BewG	Bewertungsgesetz
BFH	Bundesfinanzhof
BFH/NV	Sammlung amtlich nicht veröffentlichter Entscheidungen des Bundesfinanzhofs
BGB	Bürgerliches Gesetzbuch
BGBl	Bundesgesetzblatt
BiRiLiG	Gesetz zur Durchführung der Vierten, Siebenten und Achten Richtlinie des Rates der Europäischen Gemeinschaften zur Koordinierung des Gesellschaftsrechts (Bilanzrichtlinien-Gesetz)
BilMoG	Gesetz zur Modernisierung des Bilanzrechts (Bilanzrechtsmodernisierungsgesetz)
BilReG	Bilanzrechtsreformgesetz
BMF	Bundesminister der Finanzen
BStBl	Bundessteuerblatt
BT-Drucksache	Bundestags-Drucksache
DB	Der Betrieb (Zeitschrift)
DIHK	Deutscher Industrie- und Handelskammertag
DRS	Deutscher Rechnungslegungs Standard
DRSC	Deutsches Rechnungslegungs Standards Committee e.V.
DSR	Deutscher Standardisierungsrat (vom Bundesministerium der Justiz mit Vertrag vom 03. 09. 1998 als privates Rechnungslegungsgremium i.S.v. § 342 HGB anerkannt)
eG	eingetragene Genossenschaft
EGHGB	Einführungsgesetz zum Handelsgesetzbuch
EStDV	Einkommensteuer-Durchführungsverordnung
EStG	Einkommensteuergesetz
EStH	Einkommensteuer-Hinweise
EStR	Einkommensteuer-Richtlinien
EU	Europäische Union
F	Framework (IASB) Beispiel: F.10 = Framework Paragraph 10
FAIT	Fachausschuss für Informationstechnologie des Instituts der Wirtschaftsprüfer in Deutschland e.V.

GAS	German Accounting Standard
GenG	Gesetz betreffend die Erwerbs- und Wirtschaftsgenossenschaften (Genossenschaftsgesetz)
GewStDV	Gewerbesteuer-Durchführungsverordnung
GewStG	Gewerbesteuergesetz
GewStR	Gewerbesteuer-Richtlinien
GKR	Gemeinschaftskontenrahmen der Industrie
GmbH	Gesellschaft mit beschränkter Haftung
GmbHG	Gesetz betreffend die Gesellschaften mit beschränkter Haftung
GoB	Grundsätze ordnungsmäßiger Buchführung
GoBS	Grundsätze ordnungsmäßiger DV-gestützter Buchführungssysteme
GoF	Geschäfts- oder Firmenwert (= Goodwill)
GuV	Gewinn- und Verlustrechnung
HB	Handelsbilanz
HFA	Hauptfachausschuss des Instituts der Wirtschaftsprüfer in Deutschland e.V.
HGB	Handelsgesetzbuch
HK	Herstellungskosten
HR	Handelsregister
IAS	International Accounting Standards
IASB	International Accounting Standards Board
IASC	International Accounting Standards Committee
IDW	Institut der Wirtschaftsprüfer in Deutschland e.V.
IDW RS FAIT	IDW Stellungnahmen zur Rechnungslegung des Fachausschusses für Informationstechnologie
IDW RS HFA	IDW Stellungnahmen zur Rechnungslegung des Hauptfachausschusses
IFRS	International Financial Reporting Standards
IHK	Industrie- und Handelskammer
IKR	Industriekontenrahmen
JA	Jahresabschluss
KapCoRiliG	Kapitalgesellschaften- und Co-Richtlinie-Gesetz (2000)
KG	Kommanditgesellschaft
KGaA	Kommanditgesellschaft auf Aktien
KLR	Kosten- und Leistungsrechnung
KStG	Körperschaftsteuergesetz
KStR	Körperschaftsteuer-Richtlinien
OFD	Oberfinanzdirektion
OHG	Offene Handelsgesellschaft
PublG	Gesetz über die Rechnungslegung von bestimmten Unternehmen und Konzernen (Publizitätsgesetz)
StGB	Strafgesetzbuch
StPO	Strafprozessordnung
SvEV	Sozialversicherungsentgeltverordnung
T€	Tausend EUR
Tz	Textziffer
US-GAAP	United States Generally Accepted Accounting Principles
UStDV	Verordnung zur Durchführung des Umsatzsteuergesetzes (Mehrwertsteuer)
UStG	Umsatzsteuergesetz
UStR	Umsatzsteuer-Richtlinien
VO	Verordnung

WpttG	Wertpapierhandelsgesetz
ZPO	Zivilprozessordnung
& Co	und Co-Gesellschaften nach § 264a HGB (vor allem GmbH & Co KG)

A. Die mündliche Bilanzbuchhalterprüfung

Bearbeitet von: Norbert Leuz

1 Allgemeines

Die Bilanzbuchhalterprüfung ist eine **sehr weit verbreitete Weiterbildungsprüfung** im kaufmännischen Bereich. Sie vermittelt eine Qualifikation, die die Grundlage bietet, um in Führungspositionen des betrieblichen Rechnungswesens aufzusteigen. In der Wirtschaft genießt sie einen ausgezeichneten Ruf, sodass Arbeitsmarkt und Entwicklungsmöglichkeiten für Bilanzbuchhalter seit jeher gut sind.

Die **Modernisierung der Prüfung** zum anerkannten Abschluss »Geprüfter Bilanzbuchhalter/Geprüfte Bilanzbuchhalterin« durch die Rechtsverordnung vom 18.10.2007 (BGBl I 2007 S. 2485, geändert durch Verordnung vom 25.08.2009, BGBl I 2009 S. 2960, **abgedruckt im Anhang S. 397**) hat nicht nur das **Berufsbild an aktuelle und neue Anforderungen angepasst**, sondern – entsprechend den erhöhten Anforderungen an die Kompetenz des Bilanzbuchhalters – zu einer **Erhöhung des Schwierigkeitsgrades** geführt. Damit einhergehend ist die Bedeutung des mündlich zu absolvierenden Teils als Korrektiv zum Schriftlichen gestiegen. In den **mündlichen Prüfungsteilen** hat deshalb der zukünftige Bilanzbuchhalter nicht nur sein Berufswissen unter Beweis zu stellen, sondern – angesichts der besonderen »Prüfer-Prüfling-Atmosphäre« – auch psychische Belastbarkeit zu demonstrieren, vor allem wenn es um Bestehen oder Nichtbestehen geht. Um so wichtiger ist eine systematische, auf Stärken und Schwächen des jeweiligen Prüfungsteilnehmers ausgerichtete Vorbereitung auf das Mündliche.

2 Umfang der Prüfung

2.1 Systematik der Prüfung

Die Prüfung zum anerkannten Abschluss »Geprüfter Bilanzbuchhalter/Geprüfte Bilanzbuchhalterin« gliedert sich in folgende Prüfungsteile und Handlungsbereiche (§ 3 Abs. 1 BiBuVO):

Prüfungsteil A: Handlungsbereiche:
1. Erstellen einer Kosten- und Leistungsrechnung und zielorientierte Anwendung,
2. Finanzwirtschaftliches Management.

Prüfungsteil B: Handlungsbereiche:
1. Erstellen von Zwischen- und Jahresabschlüssen und des Lageberichts nach nationalem Recht,
2. Erstellen von Abschlüssen nach internationalen Standards,
3. Steuerrecht und betriebliche Steuerlehre,
4. Berichterstattung; Auswerten und Interpretieren des Zahlenwerkes für Managemententscheidungen.

Prüfungsteil C:
Präsentation und Fachgespräch.

2.2 Prüfungsumfang, Zusatzqualifikation

Zu beachten ist, dass im Prüfungsteil B. »2. Erstellen von **Abschlüssen nach internationalen Standards**« inhaltlich in Grundlagenteil und Hauptteil unterschieden wird.
- Im **Grundlagenteil** werden Kenntnisse über die Grundzüge der Bilanzierung, Bewertung und Bestandteile eines IFRS-Abschlusses verlangt, während
- im **Hauptteil** nachzuweisen ist, einen IFRS-Abschluss erstellen und analysieren zu können.

Eigentlich war **ursprünglich** nach § 3 Abs. 3 Satz 2 BiBuVO a. F. vorgesehen, dass **lediglich bis zum 31.12.2010** auf Antrag des Prüfungsteilnehmers die Prüfung in diesem Handlungsbereich **auf den Grundlagenteil beschränkt werden könne**. Der Verordnungsgeber ging mit dieser Maßgabe davon aus, dass die IFRS durch das anstehende BilMoG in breitem Umfang ins HGB Einzug nehmen würden, was aber, insbesondere auf Grund der Finanzkrise, nicht geschah. Da der Großteil der Bilanzbuchhalter in der Praxis keinen internationalen Abschluss erstellen muss und die Prüfung nicht unnötig erschwert werden sollte, wurde **im Nachhinein** durch Verordnung vom 25.08.2009 (BGBl I 2009 S. 2960) die **Beschränkung der Prüfung auf den Grundlagenteil bis zum 31.12.2020 verlängert.**

Nunmehr gilt: Wer die Prüfung zum Bilanzbuchhalter (mit Beschränkung auf den Grundlagenteil) erfolgreich abgelegt oder einen gleichwertigen Abschluss oder wirtschaftswissenschaftlichen Abschluss einer Hochschule erworben hat, kann die Prüfung im Handlungsbereich »Erstellen von Abschlüssen nach internationalen Standards« als Zusatzqualifikation ablegen. Wurde innerhalb der letzten fünf Jahre der Grundlagenteil abgelegt, kann dieser auf Antrag des Prüfungsteilnehmers angerechnet werden (§ 8 BiBuVO).

2.3   Durchführung der Prüfung

Die Prüfung in den Handlungsbereichen im **Prüfungsteil A und im Prüfungsteil B ist schriftlich** in Form von praxisorientierten, situationsbezogenen Aufgaben durchzuführen (§ 3 Abs. 2 BiBuVO). Der **Prüfungsteil C** gliedert sich in eine **Präsentation und ein darauf aufbauendes Fachgespräch.**

Die **einzelnen Prüfungsteile sind nacheinander abzulegen**.
- Zur Prüfung im Prüfungsteil B wird zugelassen, wer nachweist, innerhalb der letzten zwei Jahre den Prüfungsteil A abgelegt zu haben.
- Zur Prüfung im Prüfungsteil C wird zugelassen, wer alle Prüfungsleistungen im Prüfungsteil A und B bestanden hat.

2.4   Mündliche Prüfung

2.4.1   Prüfungsteile A und B

Der Umfang der mündlichen Prüfung **in den Prüfungsteilen A und B ist abhängig von den schriftlichen Noten.** Wurden im Prüfungsteil A und im Prüfungsteil B jeweils **nicht mehr als eine mangelhafte Leistung** erbracht, ist nach § 3 Abs. 4 BiBuVO jeweils darin eine mündliche Ergänzungsprüfung anzubieten. Bei einer oder mehreren **ungenügenden Leistungen** besteht diese Möglichkeit nicht.

Die mündliche Ergänzungsprüfung soll anwendungsbezogen durchgeführt werden und je Ergänzungsprüfung in der Regel nicht länger als 20 Minuten dauern. Die Bewertungen der schriftlichen Prüfungsleistung und der mündlichen Ergänzungsprüfung werden zu einer Note zusammengefasst. Dabei wird die Bewertung der schriftlichen Prüfung doppelt gewichtet.

Die Prüfung ist bestanden, wenn in allen Prüfungsleistungen der Prüfungsteile A und B **mindestens ausreichende Leistungen** erbracht wurden. Die einzelnen Prüfungsleistungen sind jeweils gesondert zu bewerten (§ 6 BiBuVO).

Hinweis: Da die einzelnen Prüfungsteile nacheinander abzulegen sind, kann ein Prüfungsteilnehmer unter Umständen insgesamt drei mündliche Prüfungstermine haben, für A, B und C (wobei der Prüfungsteil C ausschließlich aus Präsentation und Fachgespräch besteht).

Die mündlichen Prüfungen in den **Teilen A und B** können nach Maßgabe des jeweiligen Prüfungsausschusses entweder als **Einzel- oder als Gruppenprüfung** abgehalten werden.

2.4.2 Prüfungsteil C

Der Prüfungsteil C gliedert sich in eine **Präsentation und ein darauf aufbauendes Fachgespräch**. Die Präsentation soll in der Regel nicht länger als 15 Minuten und das Fachgespräch in der Regel nicht länger als 30 Minuten dauern. Dem Prüfungsteilnehmer ist eine Vorbereitungszeit von in der Regel 30 Minuten einzuräumen.

Die Prüfung im Prüfungsteil C ist bestanden, wenn eine **mindestens ausreichende Leistung** erbracht wurde.

Der **Prüfungsteil C** wird als **Einzelprüfung** abgehalten.

2.5 Optionale Qualifikation

Wer die Prüfung zum Bilanzbuchhalter oder Geprüften Bilanzbuchhalter bestanden hat, kann beantragen, die Prüfung im Handlungsbereich »Organisations- und Führungsaufgaben« abzulegen (§ 9 BiBuVO).

3 Rechtsgrundlagen, Prüfungsausschuss

Die Prüfung wird nach den Bestimmungen des Berufsbildungsgesetzes (BBiG), der Prüfungsordnung für die Durchführung von Fortbildungsprüfungen der Industrie- und Handelskammern und der bundesweiten Verordnung über die Prüfung Geprüfter Bilanzbuchhalter/Geprüfte Bilanzbuchhalterin vom 18.10.2007 (geändert durch Verordnung vom 25.08.2009) durchgeführt.

Nach § 47 Abs. 1 BBiG erlassen die Industrie- und Handelskammern für ihren Bezirk Prüfungsordnungen für die Durchführung von Fortbildungsprüfungen, zu der auch die Bilanzbuchhalterprüfung zählt. Die Prüfungsordnungen entsprechen sich größtenteils, können aber in Details auch voneinander abweichen.

Mündliche Prüfungsteile (z.B. im Bereich der Industrie- und Handelskammer Region Stuttgart) werden vor einem mindestens dreiköpfigen Prüfungsausschuss abgelegt. Dem Prüfungsausschuss müssen als Mitglieder Beauftragte der Arbeitgeber und der Arbeitnehmer in gleicher Zahl sowie mindestens eine Person, die als Lehrkraft im beruflichen Schul- oder Fortbildungswesen tätig ist, angehören. Mindestens zwei Drittel der Gesamtzahl der Mitglieder müssen Beauftragte der Arbeitgeber und der Arbeitnehmer sein (§ 40 Abs. 1 und 2 BBiG).

4 Die Vorbereitung auf die mündlichen Prüfungsteile (eventuelle mündliche Ergänzungsprüfungen sowie Präsentation und Fachgespräch)

4.1 Der Zeitrahmen

Fortbildungsprüfungen vor der Industrie- und Handelskammer wie die Bilanzbuchhalter-Prüfung finden nach Bedarf statt, in Abstimmung mit den beruflichen Bildungsmaßnahmen der im Bezirk der Kammer vorhandenen Fortbildungseinrichtungen. Derzeit werden **i.d.R. zwei Prüfungstermine pro Jahr** angeboten. Der Zeitraum zwischen dem **Ende der**

schriftlichen Prüfung und dem Beginn der mündlichen Prüfung beträgt ca. **zwei bis drei Monate.** Die Zahl der einzelnen Prüfungstermine für die mündliche Prüfung hängt von der Anzahl der Teilnehmer und der Anzahl der eingesetzten Prüfungsausschüsse ab.

Der Zeitraum zwischen Ende des schriftlichen Examens und dem jeweiligen mündlichen Prüfungstermin steht einem Kandidaten für die mündliche Vorbereitung zur Verfügung. Dadurch, dass die Prüfung in zwei schriftlichen Teilen nacheinander abgelegt wird, ist auch eine **eventuelle mündliche Ergänzungsprüfung** – in Abhängigkeit von den schriftlichen Noten (vgl. Kapitel 2.4.1) – punktuell auf die Inhalte des jeweiligen Prüfungsteils A oder B beschränkt.

Der **Prüfungsteil C (Präsentation und Fachgespräch)** ist für jeden Prüfling **obligatorisch** (vgl. Kapitel 2.4.2). Dieser Teil findet nach der letzten mündlichen Ergänzungsprüfung zum Prüfungsteil B statt.

4.2   Körperliche und geistige Fitness

Grundsätzlich gilt, dass ein umsichtiger Prüfungskandidat möglichst bald mit der Vorbereitung auf eine eventuelle mündliche Ergänzungsprüfung bzw. Präsentation und Fachgespräch beginnen sollte. Damit ist aber nicht der erste Tag nach dem Schriftlichen gemeint. Jeder, der das Schriftliche teilweise oder ganz abgeschlossen hat, hat bei Absolvierung eines Teilzeitkurses i.d.R. ein bis zwei Jahre nebenberufliche Fortbildung mit Prüfungsstress hinter sich, die an den Kräften gezehrt hat. Kein Leichtathlet würde direkt nach dem Ende eines Wettkampfes in den nächsten Wettkampf gehen, sondern benötigt – in Abhängigkeit von den Ansprüchen seiner Disziplin und der eigenen körperlichen Verfassung – eine **Regenerierungsphase**. Deshalb rate ich dringend, nach Ablegung des Schriftlichen mindestens eine Woche Erholung einzulegen und dann bei guter körperlicher und geistiger Verfassung wieder in die Lernphase einzusteigen. Wer das nicht berücksichtigt, bleibt auf einem **niedrigen Leistungsniveau**, was sich letztlich auch negativ auf die für das Mündliche so wichtige psychische Verfassung auswirkt.

Auch die anschließende Lernphase sollte darauf ausgerichtet sein, über einen längeren Zeitraum möglichst gute Lernergebnisse zu erreichen. Hierzu ist eine **Ausgewogenheit zwischen Lern- und Erholungsphasen** sehr wichtig.

Auf keinen Fall sollte man am letzten Tag vor einer mündlichen Ergänzungsprüfung bzw. vor dem Prüfungsteil C in hektische Lernerei verfallen und eventuell bis in die Nacht hinein über den Büchern sitzen. Sammlung und innere Ruhe sind angesagt: Die Prüfung erfordert Konzentration und Stehvermögen.

4.3   Gruppen- oder Einzelvorbereitung

Vor Lernbeginn sollte der jeweils anstehende Prüfungsstoff darauf geprüft werden, was man bereits oder noch beherrscht und wo Lücken sind, die man schließen sollte, und danach einen **Zeitplan** aufstellen.

Eine optimale Vorbereitung sollte auch auf die Frage eingehen: Einzel- oder Gruppenvorbereitung. Beide Arten haben ihre Vorteile.

Gruppenvorbereitung (Arbeitsgemeinschaft)

- Die »Gruppenerfahrung« kann sich generell positiv in einer mündlichen Prüfung auswirken, wenn diese als Gruppenprüfung abgehalten wird.
- Wem es schwerfällt, sich zum Lernen aufzuraffen, hilft die Gruppendisziplin, d.h. zu einer bestimmten Uhrzeit an einem bestimmten Ort zusammenzukommen. Die gegenseitige Aufmunterung ist ein gutes Hilfsmittel gegen emotionales »Durchhängen«.

- In der Gruppe kann die Prüfung besser simuliert werden. Man übt, seine Antworten nicht nur zu denken, sondern tatsächlich in Worte zu fassen (was schwieriger ist).
- Dadurch wird auch das (bloße) Sprechen geübt. Die Gruppe wird Rückkoppelung geben, ob man zu zaghaft, zu leise, zu undeutlich oder zu hektisch spricht. Da »Sprache« im Mündlichen das wesentliche Kommunikationsmittel ist, ist sie auch für den Gesamteindruck, den der Kandidat bei den Prüfern macht, von wesentlicher Bedeutung.
- Man lernt den Umgang mit Gegenargumenten.
- Noch offene Probleme kann eine Gruppe meist schneller beantworten. Jeder profitiert von den Stärken der anderen.
- In der Gruppe lernt man sich und seine Fähigkeiten besser einzuschätzen. Dies gibt Sicherheit und Selbstvertrauen, ein Faktor, der die psychische Stabilität fördert und Prüfungsangst reduziert.

Einzelvorbereitung
- Die Einzelvorbereitung ist individueller, ausschließlich auf die Bedürfnisse und Fähigkeiten des Einzelnen zugeschnitten.
- Thema und Lerngeschwindigkeit bestimmt der Kandidat allein.
- Der Umgang mit der Zeit ist dadurch u. U. effektiver: keine Fahrzeiten zur Gruppe, Konzentration auf Ausmerzung vorhandener Schwachstellen.

Fazit: Man kann nicht generell der Gruppen- oder der Einzelvorbereitung den Vorzug geben. Vielleicht ist es am sinnvollsten, beide Vorbereitungsarten miteinander zu verbinden.

Zum Teil wird die optimale Vorbereitung auch typenbedingt sein. Es gibt den eingefleischten **Autodidakten**, der sich zum Lernen nie in eine Gruppe einfügen könnte. Für ihn wäre Gruppenarbeit die reinste Zeitverschwendung. Der Gegenpol ist der **Kontaktmensch**, der die Lerndisziplin der Gruppe braucht und das Durchhaltevermögen allein nicht aufbringen würde, andererseits der Gruppe vielleicht auch viel zu geben vermag.

4.4 Die inhaltliche Struktur des Prüfungsstoffes und ihre Auswirkung auf die Vorbereitung

Was der Kandidat sich zur mündlichen Prüfung erarbeiten muss, wird man grob untergliedern können in
(1) Grundkenntnisse und
(2) Problemlösungswissen.

Das **Erstere** wird viele Elemente beinhalten, die man schlicht **auswendig** zu lernen hat, z. B.:
- Welche Angaben sind bei Aufzeichnungspflichten über Warenein- und -ausgang zu machen?
- Welche Rechnungslegungsunterlagen sind zehn Jahre aufzubewahren?
- Welche Bestandteile muss ein gezogener Wechsel aufweisen?
- Welche Arten von Handlungsvollmacht gibt es?
- Wie werden verdeckte Gewinnausschüttungen definiert?

Auswendiglernen ist kein Kraftakt, den man z. B. an einem Stück abends zwischen 19.00 und 22.00 Uhr vollziehen kann, sondern lebt einzig und allein von der **Wiederholung**. Es genügt, die entsprechende Definition oder Aufzählung **oft genug zur Hand zu nehmen und zu lesen** – und auf einmal kann man den Text automatisch abspulen wie ein Tonband.

Wer geschickt auswendig lernen will, nutzt die vielen täglichen Gelegenheiten etwa beim Warten auf Bus oder Zug, beim Schlangestehen vor der Kasse, beim Warten auf den Chef, der sich zu einem Termin verspätet u. Ä. Dieser Tipp hört sich zwar etwas ungewöhnlich an, funktioniert aber wirklich. Voraussetzung ist, dass man die zu speichernden Texte auf einer Kopie oder sonst in kleinem Format bei sich trägt.

Völlig anders ist der Umgang mit der zweiten Kategorie, dem **Problemlösungswissen**, z. B. nachfolgenden Aufgaben:

- Warum verliert der Einzelabschluss eines Konzernunternehmens an Aussagefähigkeit?
- Erläutern Sie die Vorgehensweise bei der Kapitalkonsolidierung.
- Was versteht man unter dem Leverage-Effekt?
- Skizzieren Sie die Besteuerung von Körperschaften.
- Welche rechtlichen Überlegungen stellen Sie an, wenn ein Unternehmen neu gegründet werden soll?
- Weshalb gilt die Fair-Value-Bewertung in Krisenzeiten als anfälliger als eine Bewertung zum Anschaffungskosten- und Niederstwertprinzip?

Hierzu benötigt man Ruhe und Zeit, um das entsprechende Problem in all seinen Facetten zu **verstehen**. Die Problemlösung folgt einer **logischen Struktur**, die, sobald sie verstanden wurde, sehr **einprägsam** ist und deshalb keiner ständigen Wiederholung bedarf. Wer solche Fragen auswendig lernt, ohne sie verstanden zu haben, wird bei der ersten Zwischenfrage eine Bauchlandung erleben.

Fazit: Es ist zweckmäßig, reine Wiederholungsfragen z. B. mit einem Farbstift zu kennzeichnen, sie auf diese Weise von den Problemlösungsfragen zu trennen und die Lernmethode auf die unterschiedlichen Fragenkategorien auszurichten.

5   Der Prüfungsablauf und das Verhalten während der Prüfung

5.1   Aufwärmphase

Der **Prüfungszweck** besteht darin, festzustellen, ob ein Prüfling nach seinem Wissen und Können den **Anforderungen entspricht**. Daher fordert eine Prüfung in erster Linie die Rationalität der Kandidaten.

Prüfungen erschöpfen sich aber nicht im Rationalen, sondern erzeugen als Prüfung eine **emotionale Ausnahmesituation**, mit der die Prüflinge unterschiedlich gut fertig werden. Es gibt emotional stabile Menschen, die Prüfungsangst nicht aus dem Gleichgewicht bringt. Bei anderen ist das Lampenfieber so groß, dass ihr Wissen aktuell nicht verfügbar ist, weil das sprichwörtliche »Brett vor dem Kopf« das verhindert. In dieser Hinsicht ist eine mündliche Prüfung schwieriger als eine schriftliche, da die emotionale Belastung aufgrund ihrer besonderen »Prüfer-Prüfling-Atmosphäre« höher ist.

Der Prüfungsvorsitzende hat daher die **Pflicht**, alles zu fördern, was der **Leistungserkenntnis** dient, und alles zu unterlassen, was die Leistungserkenntnis behindert. Man wird daher eine mündliche Ergänzungsprüfung in Steuerrecht kaum mit der Frage beginnen: »Welche Vergünstigungen kommen nach den Vorschriften des Umwandlungsteuerrechts bei Umwandlungen in Frage?« und dadurch »Bretter« provozieren, sondern mit relativ einfachen Einzelfragen, der sog. »**Warming-up-Phase**«. Damit erhalten die Prüflinge Gelegenheit, sich auf die Prüfung einzustimmen und die allgemeine diffuse Angst vor Prüfungsbeginn loszuwerden.

5.2 Die mündlichen Prüfungsteile als Fachgespräch

Vom Ablauf her wird zwischen mündlichen Ergänzungsprüfungen und dem Prüfungsteil C mit Präsentation und Fachgespräch unterschieden.

5.2.1 Mündliche Ergänzungsprüfungen

Mündliche Ergänzungsprüfungen sollen anwendungsbezogen durchgeführt werden und je Prüfungsteilnehmer in der Regel nicht länger als 20 Minuten dauern (§ 3 Abs. 4 BiBuVO). Dabei wird die Prüfungskommission versuchen, das erforderliche Berufswissen als Bilanzbuchhalter möglichst nicht in einem einfachen »**Frage-Antwort-Abhak-Verfahren**« zu prüfen, sondern ein **Problementwicklungsgespräch** anstreben.

Hierzu werden die Prüfer mit einer **einfachen einführenden Frage** beginnen und darauf aufbauend weiterführende Fragen stellen. Ein **Beispiel** ist der Bereich »Körperschaftsteuer«:

- Woran knüpft die Steuerpflicht bei der Körperschaftsteuer an?
- Wer ist unbeschränkt körperschaftsteuerpflichtig?
- Wer unterliegt der beschränkten Steuerpflicht?
- Welche Einkünfte umfasst die unbeschränkte Steuerpflicht?
- Was versteht man unter Einkommen im Körperschaftsteuerrecht?
- Welche Einkunftsarten können im Körperschaftsteuerrecht vorkommen?
- Welcher Einkunftsart ist der Gewinn einer GmbH zuzuordnen?
- In welcher Weise ist der durch eine Handelsbilanz ermittelte Gewinn einer GmbH für körperschaftsteuerliche Zwecke zu verändern?

Wenn der Prüfungsteilnehmer diese Fragen beantworten konnte, wird die Antwort auf weitere Spezialfragen zu diesem Gebiet i. d. R. nicht mehr an Prüfungsangst scheitern.

Im seltensten Fall wird ein Prüfer in einem Fachgebiet »springen«, d. h. zusammenhanglos Fragen aneinanderreihen, die nicht aufeinander aufbauen.

Besonderheiten der Gruppenprüfung

In einer Gruppenprüfung hat ein Prüfer die Möglichkeit,

- entweder die Prüfung in eine Anzahl von Einzelprüfungen aufzulösen und einen Kandidaten nach dem anderen zu prüfen oder
- innerhalb der Gruppe immer wieder den Ansprechpartner zu wechseln.

Letzteres bietet sich für ein Fachgespräch geradezu an. Hat beispielsweise ein Teilnehmer eine falsche oder teilweise richtige Antwort gegeben und auf ein erstes Nachhaken nicht richtiggestellt, wird der Prüfer zur besseren Entwicklung des Prüfungsgesprächs die **Frage weitergeben**: »Sind Sie mit der Antwort des Herrn X einverstanden?« oder »Sind Sie der gleichen Meinung?«

Das bedeutet aber für die Prüfungskandidaten, dass sie während der ganzen Prüfung **ständig parat** sein müssen, weil jeder Einzelne auch Teilfragen ständig beantworten können muss. Wer in einem sachlich fortschreitenden Prüfgespräch nicht von Anfang an mitdenkt, auch wenn er gerade nicht an der Reihe ist, läuft Gefahr, plötzlich nicht nur mit einer Einzelfrage, sondern mit einem **Problemkomplex** konfrontiert zu werden, zu dessen Beantwortung die **Kenntnis der »Vorgeschichte«** Voraussetzung ist.

Ein **gutes Prüfungsgespräch** kommt allen Kandidaten zugute. In Prüfgruppen mit unterschiedlichem Leistungsniveau ist das Konkurrenzverhältnis unter den Prüflingen weniger stark ausgeprägt als in einer Prüfgruppe mit einer einheitlichen Leistungsdichte. Wettbewerb und Konkurrenzdenken untereinander sollten Prüflinge auf jeden Fall unterlassen. Der **Drang, sich ins Licht zu rücken**, wird von den Prüfern als äußerst negativ vermerkt und schadet nicht nur dem Ichsüchtigen, sondern über eine **unangenehme Prüfungsatmosphäre** auch allen anderen.

5.2.2   Präsentation und Fachgespräch

Inhalt und Ablauf des Prüfungsteils C wird in § 3 Abs. 5 BiBuVO im Detail beschrieben. Der Prüfungsteil C gliedert sich in eine **Präsentation und ein darauf aufbauendes Fachgespräch.** Der Prüfungsteilnehmer kann aus zwei Aufgabenstellungen eine Aufgabe auswählen, die einen Auftrag zur Berichterstattung nach § 3 Abs. 1 Nr. 4 des Prüfungsteils B enthält (also Berichterstattung, Auswerten und Interpretieren des Zahlenwerkes für Managemententscheidungen).

Das darauf aufbauende Fachgespräch soll auch die Handlungsbereiche nach § 3 Abs. 1 Nr. 1 und 2 des Prüfungsteils B einbeziehen (d.h. Erstellen von Abschlüssen nach nationalem Recht und nach internationalen Standards).

Die Präsentation soll in der Regel nicht länger als 15 Minuten und das Fachgespräch in der Regel nicht länger als 30 Minuten dauern. Dem Prüfungsteilnehmer ist eine Vorbereitungszeit von in der Regel 30 Minuten einzuräumen.

Der **Prüfungsteil C** wird als **Einzelprüfung** abgehalten.

Zur **Vorbereitung auf die Präsentation** siehe ausführlich Kresse/Leuz, Rechnungswesen, Stuttgart 2010, Hauptteil 1, Kapitel 7 Grundlagen der Rede- und Präsentationstechnik. Zur **Vorbereitung auf Auswertung und Interpretieren des Zahlenwerkes** für Managemententscheidungen siehe ausführlich Kresse/Leuz, a.a.O., Hauptteil 6. Dort wird eine **Jahresabschlussanalyse am praktischen Fall** durchgeführt.

5.3   Rückfragen

In der Prüfungswirklichkeit kommt es immer wieder vor, dass

- eine Frage **akustisch nicht verstanden** oder
- der **Sinn einer Frage nicht erfasst** wird, weil der Kandidat beim besten Willen nicht erkennt, worauf der Prüfer eigentlich hinaus will.

In solchen Fällen sollte der Kandidat nicht lange herumrätseln, sondern um **Wiederholung oder Präzisierung** bitten. Es wäre purer Zufall, wenn der Prüfling durch Raten zur gewünschten Antwort käme. Meist wird der Prüfungsvorsitzende zu Beginn der Prüfung auch auf die **Rückfragemöglichkeit** hingewiesen haben. Wenn notwendig, sollte man davon Gebrauch machen. Rückfragen haben keine negativen Konsequenzen.

5.4   Zum Umgang mit Rückschlägen

Wichtig ist der richtige Umgang mit Rückschlägen, z.B. wenn Lücken offenbar werden, weil ein Prüfling

- sich selbst ungeschickt aufs Glatteis bewegt hat oder
- bei einer Frage passen musste.

Unabhängig davon, ob der Prüfer die Frage wiederholt oder eine Frage umformuliert, das Thema wechselt oder die Frage an einen Mitstreiter weiterreicht, der Prüfling muss diesen Lapsus abhaken und sich auf die vor ihm liegenden Aufgaben konzentrieren. Wer sich über sich selbst ärgert, mit Niedergeschlagenheit reagiert oder verpassten Chancen nachtrauert, weil sich herausstellt, dass er vielleicht doch die richtige Antwort gewusst hätte, läuft Gefahr, im weitergehenden Prüfgespräch den Faden zu verlieren und innerhalb kurzer Zeit den nächsten Rückschlag einstecken zu müssen.

Insbesondere sogenannte **problematische Kandidaten**, bei denen es um alles oder nichts geht, müssen damit rechnen, dass sie einer **intensiveren Prüfung** unterzogen werden als Kandidaten, bei denen bereits alles entschieden ist. Mit jeder neuen Frage, die ein Prüfer einem solchen Kandidaten stellt, signalisiert der Prüfer, dass er noch kein abschließendes negatives Urteil gebildet hat. Jede weitere Frage bietet die Chance, Punkte zu sammeln, und die sollte man sich nicht durch Rückwärtsdenken verschenken. Wer sich selbst aufgibt, wird auch von den Prüfern aufgegeben, **Kampfgeist** dagegen zahlt sich aus. Die mündliche Prüfung endet erst mit der letzten Frage und erfordert bis zum Schluss die volle Konzentration und höchste geistige Präsenz. Erst danach kann man abschalten.

B. Fragen und Antworten
zur mündlichen Bilanzbuchhalterprüfung

1. Hauptteil:

Lern- und Arbeitsmethodik

Bearbeitet von: Monika Simoneit

Lern- und Arbeitsmethodik gibt praktische Hilfen für die Organisation des Lernens, ist jedoch **selbst nicht Gegenstand der Prüfung**. Zu Lerntechniken und Präsentationstechnik siehe ausführlich Kresse/Leuz, Rechnungswesen, Stuttgart 2010, Hauptteil 1 S. 1 ff. und 29 ff.

2. Hauptteil:

Kosten- und Leistungsrechnung

Bearbeitet von: Jan Schäfer-Kunz

1 Einordnung der Kosten- und Leistungsrechnung ins Rechnungswesen

1.   Was ist Gegenstand des Rechnungswesens?
Gegenstand des Rechnungswesens ist die Ermittlung und die Bereitstellung von Informationen über monetäre Größen in Betrieben und die ihnen gegebenenfalls zugrunde liegenden mengenmäßigen Größen.

2.   Was sind Beispiele für im Rechnungswesen ermittelte monetäre Größen und die ihnen zugrunde liegenden mengenmäßigen Größen?
Im Rechnungswesen werden beispielsweise folgende Informationen ermittelt:
- Materialkosten und Mengen an verbrauchten Rohstoffen,
- Personalkosten und Mengen an verbrauchten Arbeitsstunden oder
- Umsatzerlöse und Mengen an verkauften Produkten.

3.   In welche Teilbereiche kann das Rechnungswesen unterteilt werden?
Das Rechnungswesen kann in folgende Teilbereiche unterteilt werden:
- externes Rechungswesen und
- internes Rechnungswesen.

4.   Was ist Gegenstand des internen Rechnungswesens?
Gegenstand des internen Rechnungswesens ist die Ermittlung und die Bereitstellung von Informationen, die benötigt werden, um die betriebliche Leistungserstellung zu planen und zu kontrollieren.

5.   Für wen sind die Informationen des internen Rechnungswesens bestimmt?
Die Informationen des internen Rechnungswesens sind für Informationsempfänger innerhalb des Unternehmens, wie beispielsweise das Management oder bestimmte Unternehmensbereiche, wie das Controlling oder das Marketing, bestimmt.

6.   Wie wird die Kostenrechnung noch bezeichnet?
Weitere Bezeichnungen der Kostenrechnung sind:
- Kosten- und Leistungsrechnung oder
- Betriebsbuchführung.

7.   In welche Rechnungen kann die Kostenrechnung unterteilt werden?
Die Kostenrechnung kann in folgende Teilrechnungen unterteilt werden:
- Kalkulationen,
- Erfolgsrechnungen,

- Entscheidungsrechnungen sowie
- Kontrollrechnungen.

8. **Auf welche Objekte werden in den Rechnungen der Kostenrechnung Kosten und Leistungen verteilt?**

Im Rahmen der Rechnungen der Kostenrechnung werden Kosten und Leistungen auf folgende Objekte verteilt:

- Über die Kalkulationen erfolgt eine Verteilung von Kosten und Leistungen auf Kostenträger, wie beispielsweise Produkte,
- über die Erfolgsrechnungen auf Geschäftsbereiche,
- über die Entscheidungsrechnung auf Entscheidungsalternativen, wie beispielsweise die Eigenerstellung oder den Zukauf von Gütern, und
- über die Kontrollrechnungen auf Projekte oder Kostenstellen, wie beispielsweise Abteilungen.

9. **Was ist der Gütemaßstab für die Verteilung von Kosten und Leistungen auf Objekte?**

Die Kosten und Leistungen sollen in der Kostenrechnung möglichst verursachungsgerecht auf die Objekte verteilt werden.

1.1 Unterteilung von Kostenrechnungssystemen

10. **Nach welchen zwei Kriterien können Kostenrechnungssysteme unterteilt werden?**

Kostenrechnungssysteme können unterteilt werden nach:

- dem Zeitbezug und nach
- dem Ausmaß der verrechneten Kosten.

11. **Welche Grundtypen von Kostenrechnungssystemen lassen sich nach dem Zeitbezug unterscheiden?**

Nach dem Zeitbezug lassen sich folgende Grundtypen von Kostenrechungssystemen unterscheiden:

- Istkostenrechnungen,
- Normalkostenrechnungen und
- Plankostenrechnungen.

12. **Welche Grundtypen von Kostenrechnungssystemen lassen sich nach dem Ausmaß der verrechneten Kosten unterscheiden?**

Nach dem Ausmaß der verrechneten Kosten lassen sich folgende Grundtypen von Kostenrechungssystemen unterscheiden:

- Vollkostenrechnungen und
- Teilkostenrechnungen.

13. **Welche Kostenrechnungssysteme sind vergangenheitsorientiert?**

Ist- und Normalkostenrechnungen sind vergangenheitsorientiert.

14. **Welche Kostenrechnungssysteme sind zukunftsorientiert?**

Plankostenrechnungen sind zukunftsorientiert.

15.   Welche Vorteile weist die Normal- gegenüber der Istkostenrechnung auf?

Die Normalkostenrechnung verwendet die durchschnittlich angefallenen Istkosten. Mit der Durchschnittsbildung werden Schwankungen der Kosten in verschiedenen Perioden ausgeglichen.

16.   Für welche Rechnungen wird die Vollkostenrechnung insbesondere verwendet und warum?

Die Vollkostenrechnung wird insbesondere für die Kalkulation von Kostenträgern verwendet, da sichergestellt wird, dass mit den kalkulierten Kosten alle entstehenden Kosten gedeckt werden.

17.   Warum wird die Teilkostenrechnung insbesondere für Erfolgs- und Entscheidungsrechnungen verwendet?

Die Teilkostenrechnung wird insbesondere für Erfolgs- und Entscheidungsrechnungen verwendet, da sie es ermöglicht, Kostenträgern nur die Kosten zuzurechnen, die diese wirklich verursacht haben.

1.2   Vorgehensweise bei der Kostenrechnung

18.   Welche Stufen umfasst die Kostenrechnung?

Die Kostenrechnung erfolgt immer in drei aufeinander aufbauenden Stufen, nämlich:
- der Kostenartenrechnung,
- der Kostenstellenrechnung und
- der Kostenträgerrechnung.

1.3   Theoretische Grundlagen der Kosten- und Leistungsrechnung

19.   Auf welchen Theorien baut die Kosten- und Leistungsrechnung auf?

Die Kosten- und Leistungsrechnung basiert auf der Kostentheorie, die ihrerseits auf der Produktionstheorie aufbaut.

20.   Was erklärt die Kostentheorie?

Die Kostentheorie erklärt, wie sich die Gesamtkosten im Verhältnis zur Anzahl der produzierten Güter verändern.

2   Grundbegriffe und Abgrenzungen

2.1   Einzahlung und Auszahlung

21.   Wie wirken sich Ein- und Auszahlungen auf die Bilanz aus?

Einzahlungen erhöhen die flüssigen Mittel, Auszahlungen vermindern sie.

22.   Wie wirken sich Ein- und Auszahlungen auf die Kapitalflussrechnung aus?

Einzahlungen erhöhen die Kapitalflüsse beziehungsweise Finanzmittel, Auszahlungen vermindern sie.

23. Können sich Ein- und Auszahlungen auf die Gewinn- und Verlustrechnung auswirken?

Ein- und Auszahlungen können sich nur auf die Gewinn- und Verlustrechnung auswirken, wenn sie zugleich Erträge oder Aufwendungen sind, beispielsweise bei der Überweisung von Löhnen.

24. Was ist ein Beispiel für einen Geschäftsfall, bei dem es sich um eine Einzahlung handelt?

Der Kunde eines Unternehmens bezahlt eine verbuchte Rechnung. Durch den Geschäftsfall erhöhen sich die flüssigen Mittel.

25. Was ist ein Beispiel für einen Geschäftsfall, bei dem es sich um eine Auszahlung handelt?

Ein Unternehmen bezahlt die verbuchte Rechnung eines Lieferanten. Durch den Geschäftsfall vermindern sich die flüssigen Mittel.

2.2 Einnahme und Ausgabe

26. Was wird unter dem Geldvermögen verstanden?

Das Geldvermögen umfasst die Bilanzposten flüssige Mittel zuzüglich Forderungen abzüglich Verbindlichkeiten.

27. Wie wirken sich Einnahmen und Ausgaben auf die Bilanz aus?

Einnahmen erhöhen das Geldvermögen, Ausgaben vermindern es.

28. Was ist ein Beispiel für einen Geschäftsfall, bei dem es sich um eine Einnahme, aber nicht um eine Einzahlung handelt?

Ein Unternehmen stellt einem Kunden eine Rechnung. Durch den Geschäftsfall erhöhen sich die Forderungen, aber nicht die flüssigen Mittel.

29. Was ist ein Beispiel für einen Geschäftsfall, bei dem es sich um eine Ausgabe, aber nicht um eine Auszahlung handelt?

Ein Unternehmen erhält die Rechnung eines Lieferanten. Durch den Geschäftsfall erhöhen sich die Verbindlichkeiten, während die flüssigen Mittel nicht vermindert werden.

2.3 Ertrag und Aufwand

30. Wie wirken sich Erträge und Aufwendungen auf die Bilanz aus?

Erträge erhöhen die Posten Eigenkapital beziehungsweise Bilanzgewinn, Aufwendungen vermindern sie.

31. Wie wirken sich Erträge und Aufwendungen auf die Gewinn- und Verlustrechnung aus?

Erträge erhöhen den Gewinn, Aufwendungen vermindern ihn.

32.   Können sich Erträge und Aufwendungen auf die Kapitalflussrechnung auswirken?

Erträge und Aufwendungen können sich nur auf die Kapitalflussrechnung auswirken, wenn sie zugleich Ein- oder Auszahlungen sind, beispielsweise bei der Überweisung von Löhnen.

33.   Was ist ein Beispiel für einen Geschäftsfall, bei dem es sich um einen Ertrag, aber nicht um eine Einnahme handelt?

Die Produktion von unfertigen und fertigen Erzeugnissen oder die Aktivierung von Eigenleistungen haben keinen Einfluss auf das Geldvermögen.

34.   Was ist ein Beispiel für einen Geschäftsfall, bei dem es sich um einen Aufwand, aber nicht um eine Ausgabe handelt?

Der Verbrauch von Werkstoffen und unfertigen Erzeugnissen in der Produktion oder die Abschreibungen von Maschinen haben keinen Einfluss auf das Geldvermögen.

35.   Was sind Beispiele für Geschäftsfälle, bei denen es sich zwar um einen Ertrag, aber nicht um einen Umsatzerlös handelt?

Die Aktivierung einer Eigenleistung ist ein Ertrag, der nicht aus dem Verkauf von Gütern herrührt.

2.4   Leistung und Kosten

36.   Worin unterscheiden sich Leistungen und Kosten von Erträgen und Aufwendungen?

Während es sich bei den Erträgen beziehungsweise den Aufwendungen um alle Arten der Erfolgserhöhung beziehungsweise der Erfolgsreduzierung handelt, umfassen Leistungen beziehungsweise Kosten nur die Erfolgserhöhungen beziehungsweise die Erfolgsreduzierung, die im Rahmen einer betriebstypischen Tätigkeit in nicht außerordentlicher Weise innerhalb der Periode, also in der Regel des Geschäftsjahres, entstehen.

37.   Wie werden Leistungen genannt, die Erträgen entsprechen?

Leistungen, denen Erträge in gleicher Höhe gegenüberstehen, werden als Grundleistungen bezeichnet.

38.   Wie werden Kosten genannt, die Aufwendungen entsprechen?

Kosten, denen Aufwendungen in gleicher Höhe gegenüberstehen, werden als Grundkosten bezeichnet.

39.   Was wird unter Zusatzleistungen und -kosten verstanden?

Zusatzleistungen sind Leistungen, die nicht gleichzeitig einen Ertrag darstellen, Zusatzkosten sind Kosten, denen kein Aufwand gegenübersteht, wie dies insbesondere auf kalkulatorische Unternehmerlöhne und Mieten zutrifft.

40.   Welche kalkulatorischen Kosten werden unterschieden?

Die kalkulatorischen Kosten umfassen:

- die kalkulatorischen Abschreibungen,
- die kalkulatorischen Wagnisse,

- die kalkulatorischen Zinsen,
- die kalkulatorischen Unternehmerlöhne und
- die kalkulatorischen Mieten.

41. **Was wird unter neutralen Erträgen und Aufwendungen verstanden?**

Neutrale Erträge sind Erträge ohne Leistungsbezug, neutrale Aufwendungen sind Aufwendungen ohne Kostenbezug.

42. **Welche drei Arten von neutralen Erträgen und Aufwendungen werden unterschieden?**

Es werden folgende Arten von neutralen Erträgen und Aufwendungen unterschieden:
- betriebsfremde Erträge und Aufwendungen, die in nicht betriebstypischer Weise entstanden sind,
- periodenfremde Erträge und Aufwendungen, die in einer anderen Periode entstanden sind und
- außerordentliche Erträge und Aufwendungen, die in unerwarteter Höhe auftreten.

2.5 Überleitung von Erträgen und Aufwendungen in Leistungen und Kosten

43. **Über welche Rechnung erfolgt die Überleitung von Erträgen und Aufwendungen in Leistungen und Kosten?**

Die Überleitung von Erträgen und Aufwendungen in Leistungen und Kosten erfolgt über eine Abgrenzungsrechnung.

44. **Wie kann das Gesamtergebnis in das Betriebsergebnis überführt werden?**

Das Gesamtergebnis kann durch Abspaltung eines neutralen Ergebnisses in das Betriebsergebnis überführt werden.

3 Kalkulation

45. **Welche Aufgabe hat die Kalkulation?**

Die Kalkulation hat die Aufgabe die Kosten von Kostenträgern beziehungsweise Produkten zu ermitteln.

46. **Um welche Art von Kostenrechnungssystem handelt es sich bei der Kalkulation normalerweise?**

Bei der Kalkulation handelt es sich normalerweise um eine Vollkostenrechnung auf Ist- oder Normalkostenbasis.

3.1 Kostenartenrechnung

47. **Welche Aufgaben hat die Kostenartenrechnung?**

Die Kostenartenrechnung hat die Aufgabe, die in der Kostenrechnung zu verteilenden Kosten zu ermitteln und die Kosten für die Festlegung von deren weiterer Behandlung in Einzel- und Gemeinkosten sowie in fixe und variable Kosten zu unterteilen.

48.   Woher stammen die Informationen, die in der Kostenartenrechnung verwendet werden hauptsächlich?

Die meisten Informationen, die in der Kostenrechnung verwendet werden, stammen aus dem externen Rechnungswesen beziehungsweise aus der Buchführung.

49.   Was wird unter Kostenarten verstanden?

Kostenarten sind Teilmengen der Gesamtkosten, die nach der Art der ver- und gebrauchten Güter gebildet werden.

50.   Wozu dienen Kostenartenpläne?

Kostenartenpläne dienen zur Dokumentation der in einem Unternehmen vorhandenen Kostenarten.

51.   Welche Kostenarten werden üblicherweise unterschieden?

Üblicherweise werden folgende Kostenarten unterschieden:

- Materialkosten,
- Personalkosten,
- Abschreibungen,
- Fremdleistungskosten,
- Wagniskosten,
- Zinsen sowie
- Steuern, Gebühren und Abgaben.

3.1.1   Kostenerfassung

3.1.1.1   Materialkosten

52.   In welche Kosten können die Materialkosten weiter unterteilt werden?

Die Materialkosten können weiter unterteilt werden in Kosten für:

- Rohstoffe,
- Hilfsstoffe,
- Betriebsstoffe und
- Waren.

53.   Mit welchen Methoden können verbrauchte Materialmengen ermittelt werden?

Die verbrauchten Materialmengen können mittels folgender Methoden ermittelt werden:

- der Zugangsrechnung,
- der Inventurmethode (Befundmethode),
- der Fortschreibungsmethode (Skontraktionsrechnung) und
- der retrograden Methode (Rückrechnung).

54.   Welche Möglichkeiten der historischen Bewertung von Verbrauchsmengen gibt es?

Die verbrauchten Materialmengen können mittels folgender Verfahren bewertet werden:

- gewogenes arithmetisches Mittel,
- permanente Durchschnittswertermittlung,
- Fifo-Methode,
- Lifo-Methode.

55.   Warum handelt es sich bei Hilfs- und Betriebsstoffen in der Regel um Kostenträgergemeinkosten?

Es handelt sich bei Hilfs- und Betriebsstoffen in der Regel um Kostenträgergemeinkosten, weil sie anders als die Rohstoffe den Kostenträgern nicht über Stücklisten oder Rezepte mengenmäßig direkt zugerechnet werden können.

56.   In welchem Fall handelt es sich bei Hilfs- und Betriebsstoffen um Kostenträgereinzelkosten?

Es handelt sich bei Hilfs- und Betriebsstoffen um Kostenträgereinzelkosten, wenn das Unternehmen nur ein einziges Produkt herstellt.

57.   Um welche Art von Materialkosten handelt es sich in der Regel bei Verpackungsmaterial?

Bei Verpackungsmaterial handelt es sich in der Regel um Roh- oder Hilfsstoffe, da sie zu einem Teil der Produkte werden.

58.   Um welche Art von Materialkosten handelt es sich in der Regel bei Energie?

Bei Energie handelt es sich in der Regel um Betriebsstoffe, da die Energie nicht in die Produkte eingeht, aber bei deren Produktion verbraucht wird.

59.   Um welche Art von Materialkosten handelt es sich in der Regel bei Werkzeugen wie Bohrern oder Wendeschneidplatten?

Bei Werkzeugen wie Bohrern oder Wendeschneidplatten, die auch als Verbrauchswerkzeuge bezeichnet werden, handelt es sich in der Regel um Betriebsstoffe, da sie nicht in die Produkte eingehen, aber bei deren Produktion verbraucht werden.

3.1.1.2   Personalkosten

60.   In welche Kosten können die Personalkosten weiter unterteilt werden?

Die Personalkosten können weiter unterteilt werden in:

- Lohnkosten,
- Gehaltskosten,
- Personalzusatzkosten und
- kalkulatorische Unternehmerlöhne.

61.   Wann und warum wird ein kalkulatorischer Unternehmerlohn angesetzt?

Der kalkulatorische Unternehmerlohn wird bei Einzelunternehmen und Personengesellschaften angesetzt, weil der Unternehmer beziehungsweise die geschäftsführenden Gesellschafter kein Geschäftsführergehalt beziehen.

62.   An wen wird der kalkulatorische Unternehmerlohn ausgezahlt?

Der kalkulatorische Unternehmerlohn wird nicht ausgezahlt, sondern nur im Rahmen der Kostenrechnung berücksichtigt.

3.1.1.3   Abschreibungen

63.   Welche Aufgabe haben Abschreibungen?

Abschreibungen bilden Wertminderungen des Vermögens ab.

64.   Worin können sich kalkulatorische von bilanziellen Abschreibungen unterscheiden?

Kalkulatorische Abschreibungen können sich in folgenden Punkten von bilanziellen Abschreibungen unterscheiden:

- sie beziehen sich nur auf betriebsnotwendige und nicht auf alle Anlagegüter,
- ihre Abschreibungsbasis ist der erwartete Wiederbeschaffungswert und nicht die Anschaffungs- oder Herstellungskosten,
- als Resterlöswert werden die erwarteten Liquidationserlöse und nicht 0,00 € angenommen,
- Nutzungsdauer ist die erwartete und nicht die gesetzlich vorgeschriebene Nutzungsdauer,
- als Abschreibungsmethode wird eine Methode gewählt, die die Wertminderung möglichst gut abbildet, und nicht die gesetzlich mögliche.

65.   Wie lange erfolgen kalkulatorische Abschreibungen?

Die kalkulatorischen Abschreibungen erfolgen, solange der abzuschreibende Vermögensgegenstand genutzt wird.

3.1.1.4   Fremdleistungskosten

66.   Was wird unter Fremdleistungskosten verstanden?

Fremdleistungskosten entstehen durch die Inanspruchnahme von Dienstleistungen Unternehmensexterner. Beispiele für solche Dienstleistungen sind Instandhaltungs-, Rechtsberatungs-, Reinigungs-, Wach-, Transport-, Versicherungs- und Forschungsleistungen sowie die Miete von Gebäuden und Anlagen.

67.   Wann wird eine kalkulatorische Miete angesetzt?

Die kalkulatorische Miete wird bei Einzelunternehmen und bei Personengesellschaften angesetzt, wenn diese Grundstücke und Gebäude nutzen, die im Eigentum der Unternehmer beziehungsweise Gesellschafter liegen.

68.   Wann wird die kalkulatorische Miete ausgezahlt?

Die kalkulatorische Miete wird nicht ausgezahlt, sondern nur im Rahmen der Kostenrechnung berücksichtigt.

3.1.1.5   Wagniskosten

69.   Warum werden Wagniskosten angesetzt?

Durch das Ansetzen von Wagniskosten sollen Einzelrisiken in der Kostenrechnung berücksichtigt werden.

70.   Welche Einzelrisiken können bei Unternehmen unterschieden werden?

Abhängig vom Gegenstand des Unternehmens können insbesondere folgende Risiken unterschieden werden:

- Anlagenrisiken, wie beispielsweise der Verlust von Anlagegütern aufgrund von außergewöhnlichen Schäden,
- Lagerhaltungsrisiken, wie beispielsweise der Verlust von gelagerten Fertigprodukten,
- Forschungs- und Entwicklungsrisiken, wie beispielsweise der Verlust durch fehlgeschlagene Forschungsvorhaben,

- Herstellungsrisiken, wie beispielsweise Gewährleistungsansprüche aufgrund fehlerhafter Produkte,
- Transportrisiken, wie beispielsweise der Verlust durch Transportschäden,
- Finanzrisiken, wie beispielsweise die Verluste aus Forderungsausfällen und Wechselkursänderungen.

71.   Wofür werden keine Wagniskosten angesetzt?

Keine Wagniskosten werden angesetzt:

- für das allgemeine Unternehmerrisiko, das sich auf Nachfrageänderungen und den technischen Fortschritt bezieht und
- für Risiken, die versichert sind.

72.   Woran orientiert sich die Höhe von Wagniskosten?

Die Höhe der anzusetzenden Wagniskosten kann sich an den Schadensaufwendungen der Vergangenheit oder an den entsprechenden Versicherungsprämien orientieren.

3.1.1.6   Zinsen

73.   Wodurch unterscheiden sich kalkulatorische Zinsen von Fremdkapitalzinsen?

Kalkulatorische Zinsen umfassen zusätzlich auch Zinsen für das im betriebsnotwendigen Kapital enthaltene Eigenkapital.

74.   In welchen Schritten erfolgt die Ermittlung von kalkulatorischen Zinsen?

Die Ermittlung der kalkulatorischen Zinsen erfolgt in folgenden Schritten:

- Ermittlung des betriebsnotwendigen Vermögens,
- Ermittlung des betriebsnotwendigen Kapitals und
- Ermittlung der kalkulatorischen Zinsen.

75.   Was wird unter Abzugskapital verstanden?

Abzugskapital ist zinslos zur Verfügung gestelltes Kapital, wie Rückstellungen, Anzahlungen von Kunden sowie Verbindlichkeiten aus Lieferungen und Leistungen.

76.   Welche kalkulatorischen Zinssätze können zur Berechnung der kalkulatorischen Zinsen verwendet werden?

Als kalkulatorischer Zinssatz kann einer der folgenden Sätze verwendet werden:

- Weighted Average Cost of Capital (WACC),
- Zinsen für Staatsanleihen,
- höchster Fremdkapitalzinssatz, den das Unternehmen zahlt.

3.1.1.7   Steuern, Gebühren und Abgaben

77.   Welche Steuerarten haben Kostencharakter?

Die Aufwandsteuern, wie die Grundsteuer oder die Kraftfahrzeugsteuer, haben Kostencharakter, während dies bei Personensteuern, wie der Einkommen- oder der Körperschaftssteuer umstritten ist.

3.1.2   Kostencharakterisierung zur Einteilung der Kosten

78.   Welche Zusammenhänge bestehen zwischen den Kostenträgereinzel- und den -gemeinkosten auf der einen und den fixen und den variablen Kosten auf der anderen Seite?

Kostenträgereinzelkosten sind immer variabel, Kostenträgergemeinkosten sind größtenteils fix, können aber auch variabel sein.

3.1.2.1   Einzel- und Gemeinkosten

79.   Wie lassen sich Einzel- und Gemeinkosten voneinander abgrenzen?

Einzel- und Gemeinkosten lassen sich danach voneinander abgrenzen, ob die Kosten einem Kalkulationsobjekt, wie einem Kostenträger oder einer Kostenstelle, zugerechnet werden können oder nicht.

80.   Wie können Gemeinkosten Kostenträgern oder Kostenstellen zugerechnet werden?

Gemeinkosten können Kostenträgern oder Kostenstellen über Schlüssel zugerechnet werden.

81.   Was sind unechte Gemeinkosten?

Unechte Gemeinkosten sind Kosten, die Kalkulationsobjekten zwar eindeutig zugerechnet werden könnten, dies aus Wirtschaftlichkeitsgründen aber nicht werden.

82.   In welche Einzel- und Gemeinkosten werden Kosten in der Kostenartenrechnung aufgeteilt?

In der Kostenartenrechnung erfolgt eine Aufteilung der Kosten in Kostenträgereinzel- und Kostenträgergemeinkosten.

83.   Welche Gemeinkosten werden weiter in Kostenstelleneinzel- und Kostenstellengemeinkosten unterteilt?

Die Kostenträgergemeinkosten werden weiter in Kostenstelleneinzel- und Kostenstellengemeinkosten unterteilt.

84.   In welcher Rechnung erfolgt eine Aufteilung der Kostenträgergemeinkosten in Kostenstelleneinzel- und Kostenstellengemeinkosten?

In der Kostenstellenrechnung erfolgt eine Aufteilung der Kostenträgergemeinkosten in Kostenstelleneinzel- und Kostenstellengemeinkosten.

85.   Über welche Belege können Rohstoffkosten Produkten zugerechnet werden?

Rohstoffkosten können Produkten über Stücklisten zugerechnet werden.

86.   Über welche Belege können Fertigungslöhne Produkten zugerechnet werden?

Fertigungslöhne können Produkten über Arbeitspläne zugerechnet werden.

87.   Über welche Belege können Betriebsstoffkosten Kostenstellen zugerechnet werden?

Betriebsstoffkosten können Kostenstellen über die in der Lagerbuchführung verwalteten Materialentnahmescheine zugerechnet werden.

88. **Über welche Belege können Gehälter Kostenstellen zugerechnet werden?**

Gehälter können Kostenstellen über die in der Lohn- und Gehaltsbuchführung verwalteten Lohn- und Gehaltslisten zugerechnet werden, die Informationen darüber enthalten, welche Angestellten in welchen Kostenstellen arbeiten.

89. **Über welche Belege können die Abschreibungen auf Anlagegüter Kostenstellen zugerechnet werden?**

Abschreibungen auf Anlagegüter können Kostenstellen über die in der Anlagenbuchführung geführten Inventarlisten zugerechnet werden.

90. **Über welchen Schlüssel kann die Miete, die ein Unternehmen zahlt, Kostenstellen zugerechnet werden?**

Die Miete, die ein Unternehmen zahlt, kann den Kostenstellen beispielsweise über deren Anteil an der Gesamtfläche des Unternehmens zugerechnet werden.

91. **Welche Kostenträgergemeinkosten können bei Einproduktunternehmen auftreten?**

Bei Einproduktunternehmen können keine Kostenträgergemeinkosten auftreten, da alle Kosten im Hinblick auf den einen Produkttyp Kostenträgereinzelkosten sind.

3.1.2.2 Fixe und variable Kosten

92. **Worin unterscheiden sich variable von fixen Kosten?**

Variable Kosten unterscheiden sich von fixen darin, dass sie sich mit der Beschäftigung ändern.

93. **Was ist der klassische Beschäftigungsmaßstab?**

Der klassische Beschäftigungsmaßstab ist die produzierte Stückzahl an Kostenträgern.

3.1.2.2.1 Fixe Kosten

94. **Wie werden intervallfixe Kosten noch bezeichnet?**

Intervallfixe Kosten werden auch als sprungfixe Kosten bezeichnet.

95. **Was ist kennzeichnend für intervallfixe Kosten?**

Kennzeichnend für intervallfixe Kosten ist, dass sie sich bei der Überschreitung bestimmter Beschäftigungsgrenzen schlagartig verändern.

96. **Was ist ein Beispiel für intervallfixe Kosten?**

Ein Beispiel für intervallfixe Kosten sind die Abschreibungen für Maschinen, die bis zu einer bestimmten Produktionsmenge fix sind. Wird diese Menge überschritten, muss eine weitere Maschine gekauft werden, wodurch sich die Abschreibungen entsprechend erhöhen.

3.1.2.2.2 Variable Kosten

97. **Welche Arten von variablen Kosten können nach dem Verlauf unterschieden werden?**

Die variablen Kosten können sich zur Beschäftigung folgendermaßen verändern:

- proportional,
- degressiv, wie zum Beispiel Materialkosten beim Vorliegen von Mengenrabatten, oder
- progressiv, wie zum Beispiel beim Vorliegen von Schichtzulagen.

3.1.2.2.3 Kostenauflösung

98. **Was wird unter Mischkosten verstanden?**
Mischkosten sind Kosten, die sich aus fixen und variablen Kostenbestandteilen zusammensetzen.

99. **Was wird im Rahmen der Kostenauflösung gemacht?**
Im Rahmen der Kostenauflösung erfolgt eine Aufteilung der Mischkosten in ihre fixen und variablen Bestandteile und damit die Aufstellung einer Kostenfunktion.

100. **Wofür dienen die im Rahmen der Kostenauflösung ermittelten Kostenfunktionen?**
Die Kostenfunktionen sind von Bedeutung:
- für die Ermittlung der variablen Kosten für Erfolgsrechnungen auf Teilkostenbasis,
- für die Ermittlung der variablen Kosten für Entscheidungsrechnungen sowie
- für Prognosen, beispielsweise um das Budget einer Kostenstelle für das kommende Geschäftsjahr auf der Basis der erwarteten Beschäftigung festzulegen.

101. **Welche Vor- und Nachteile hat die lineare Regression gegenüber dem Zweipunktverfahren?**
Die lineare Regression ist vom Ergebnis her genauer, aber von der Rechnung her aufwendiger als das Zweipunktverfahren.

3.2 Kostenstellenrechnung – Verrechnung der Kosten auf Kostenstellen

102. **Welche Aufgaben hat die Kostenstellenrechnung?**
Im Rahmen der Kostenstellenrechnung werden die Kostenträgergemeinkosten auf Kostenstellen verteilt. Dadurch ist es zum einen möglich, zu analysieren und zu kontrollieren, in welchen Bereichen des Unternehmens welche Kosten anfallen, und zum anderen können Kalkulationssätze gebildet werden, mit denen sich diese Kosten den Kostenträgern des Unternehmens zuordnen lassen.

3.2.1 Bildung und Strukturierung von Kostenstellen

103. **Was sind Kostenstellen?**
Kostenstellen sind Teilbereiche eines Unternehmens, deren Kosten erfasst, geplant und kontrolliert werden.

104. **Woran orientiert man sich bei der Bildung und Strukturierung von Kostenstellen in der Regel?**
In der Regel werden die Kostenstellen analog zu der Organisationsstruktur und damit zu den Verantwortungsbereichen von Unternehmen gebildet.

105.   Was sind Kostenstellengruppen?

Kostenstellengruppen, die auch als Kostenstellenbereiche bezeichnet werden, sind den Kostenstellen übergeordnet und umfassen in der Regel mehrere Kostenstellen.

106.   Wofür werden Kostenplätze beispielsweise verwendet?

Kostenplätze sind den Kostenstellen untergeordnet und werden beispielsweise zur Erfassung der Kosten einer einzelnen Maschine innerhalb der Kostenstelle Fräserei verwendet.

107.   Worin unterscheiden sich Profit- von Cost-Centern?

Profit-Center umfassen auch die Verantwortung für die Ertrags- beziehungsweise Einnahmenseite während Cost-Center nur die Verantwortung für das Einhalten vorgegebener Kostenbudgets umfassen.

108.   Wozu dienen Kostenstellenpläne?

Kostenstellenpläne dienen zur Dokumentation der in einem Unternehmen vorhandenen Kostenstellen.

109.   Worin unterscheiden sich Vor- und Endkostenstellen?

In den Vorkostenstellen werden Leistungen für andere Kostenstellen erbracht. Die Leistungen dienen dabei nur mittelbar der Erstellung der Kostenträger. Endkostenstellen dienen im Gegensatz zu den Vorkostenstellen unmittelbar der Erstellung der Kostenträger.

110.   Was sind Beispiele für Vorkostenstellen?

Beispiele für Vorkostenstellen sind die Kantine, die Informationsverarbeitung, die Arbeitsvorbereitung oder die Energieversorgung.

111.   Welche Endkostenstellen existieren klassischerweise in deutschen Unternehmen?

In deutschen Unternehmen werden klassischerweise folgende Endkostenstellen verwendet:

- Materialkostenstelle,
- Fertigungskostenstelle,
- Verwaltungskostenstelle und
- Vertriebskostenstelle.

3.2.2   Verrechnung der Kostenträgergemeinkosten

112.   Was wird unter primären Gemeinkosten verstanden?

Primäre Gemeinkosten sind die in der Kostenartenrechnung erfassten Kostenträgergemeinkosten. Vor der innerbetrieblichen Leistungsverrechnung sind entsprechend alle Kosten von Kostenstellen primäre Gemeinkosten.

113.   Über welche Arten von Schlüsseln können Kostenstellengemeinkosten auf Kostenstellen verrechnet werden?

Kostenstellengemeinkosten können auf Kostenstellen über folgende Arten von Schlüsseln verrechnet werden:

- Mengenschlüssel, wie beispielsweise die Fläche, oder
- Wertschlüssel, wie beispielsweise der Wert des Anlagevermögens,

114. Was sind Beispiele für Kostenstelleneinzelkosten?

Beispiele für Kostenstelleneinzelkosten sind:
- Hilfs- und Betriebsstoffe,
- Gehälter,
- Abschreibungen.

115. Was sind Beispiele für Kostenstellengemeinkosten und Schlüssel, über die diese auf Kostenstellen verrechnet werden können?

Beispiele für Kostenstellengemeinkosten und die Schlüssel, über die diese auf Kostenstellen verrechnet werden können, sind:
- Energie über die Fläche oder den Wert des Anlagevermögens,
- Kalkulatorische Zinsen über den Wert des Anlagevermögens,
- Grundsteuer über die Fläche.

116. Warum sind die kalkulatorischen Zinsen in der Regel Kostenstellengemeinkosten?

Eine Ermittlung der kalkulatorischen Zinsen für jede Kostenstelle anhand des dort vorhandenen betriebsnotwendigen Vermögens scheitert daran, dass das Abzugskapital, wie beispielsweise Verbindlichkeiten aus Lieferungen und Leistungen, nicht einer Kostenstelle direkt zugeordnet werden kann.

117. Wozu dient der Betriebsabrechnungsbogen?

Im Betriebsabrechnungsbogen (BAB) wird die Verrechnung der Kostenträgergemeinkosten auf Kostenstellen durchgeführt.

118. Wie ist der Betriebsabrechnungsbogen aufgebaut?

Es handelt sich beim Betriebsabrechnungsbogen um eine Tabelle, bei der in der Vertikalen die zu verrechnenden Kostenarten und in der Horizontalen die empfangenden Kostenstellen, unterteilt in Vor- und Endkostenstellen, aufgeführt werden.

119. In welchen zeitlichen Intervallen erfolgt normalerweise eine Verrechnung über den Betriebsabrechnungsbogen?

Die Verrechnung der Kostenträgergemeinkosten auf Kostenstellen und die Ermittlung neuer Verrechnungs- und Zuschlagssätze über den Betriebsabrechnungsbogen wird in der Regel monatlich oder jährlich durchgeführt.

3.2.3 Verrechnung innerbetrieblicher Leistungen

120. Was wird unter sekundären Gemeinkosten verstanden?

Sekundäre Gemeinkosten sind die Kosten, die Kostenstellen von anderen Kostenstellen im Rahmen der innerbetrieblichen Leistungsverrechnung erhalten, also beispielsweise die verrechneten anteiligen Kosten der Kostenstelle Kantine.

121. Worin besteht die größte Problematik bei der Verrechnung innerbetrieblicher Leistungen?

Die Problematik bei der Verrechnung innerbetrieblicher Leistungen besteht insbesondere darin, dass gegenseitige Leistungsbeziehungen zwischen den Vorkostenstellen zu zirkulären Verrechnungen zwischen diesen führen. Kostenstelle A verrechnete also Kosten auf Kostenstelle B. Diese verrechnete die höheren Kosten wiederum auf Kostenstelle A. Die dadurch dort steigenden Kosten werden wieder auf Kostenstelle B verrechnet und so weiter.

122.   **Welche drei Verfahren existieren zur Verrechnung innerbetrieblicher Leistungen?**

Zur Verrechnung innerbetrieblicher Leistungen existieren folgende Verfahren:

- Anbauverfahren,
- Treppenverfahren und
- Simultanverfahren.

123.   **Welches Verfahren zur Verrechnung innerbetrieblicher Leistungen ist am genausten?**

Das Simultanverfahren ist das genauste, aber auch das aufwendigste und am schwierigsten nachzuvollziehende Verfahren zur Verrechnung innerbetrieblicher Leistungen.

124.   **Über welchen Schlüssel können die Kosten der Vorkostenstelle Kantine auf andere Kostenstellen verrechnet werden?**

Die Kosten der Vorkostenstelle Kantine können beispielsweise über die Anzahl der Arbeitnehmer je Kostenstelle auf andere Kostenstellen verrechnet werden.

125.   **Über welchen Schlüssel können die Kosten der Vorkostenstelle EDV auf andere Kostenstellen verrechnet werden?**

Die Kosten der Vorkostenstelle EDV können beispielsweise über die Anzahl der Personalcomputer je Kostenstelle auf andere Kostenstellen verrechnet werden.

126.   **Über welchen Schlüssel können die Kosten der Vorkostenstelle Instandhaltung auf andere Kostenstellen verrechnet werden?**

Die Kosten der Vorkostenstelle Instandhaltung können beispielsweise über die geleisteten Instandhaltungsstunden je Kostenstelle oder über den Wert des Anlagevermögens je Kostenstelle auf andere Kostenstellen verrechnet werden.

3.2.4   Ermittlung von Kalkulationssätzen

127.   **Wozu dienen Kalkulationssätze?**

Kalkulationssätze dienen dazu, die Kosten der Endkostenstellen auf die Kostenträger umzulegen.

128.   **Welche Arten von Kalkulationssätzen gibt es?**

Abhängig vom Kalkulationsverfahren werden zwei Typen von Kalkulationssätzen unterschieden:

- Verrechnungssätze und
- Zuschlagssätze.

129.   **Worin unterscheiden sich Verrechnungs- von Zuschlagssätzen?**

Verrechnungssätze unterscheiden sich von Zuschlagssätzen darin, dass:

- bei Verrechnungssätzen die Bezugsbasis eine Mengen- oder Zeitgröße ist, wie beispielsweise die Anzahl produzierter Kostenträger,
- bei Zuschlagssätzen die Bezugsbasis hingegen eine Wertgröße ist, wie beispielsweise die Einzelkosten der Kostenträger.

130.   **Welche Größen werden bei Zuschlagssätzen zueinander ins Verhältnis gesetzt?**
Bei Zuschlagssätzen werden die Gemeinkosten der Endkostenstellen ins Verhältnis zu Kostenträgereinzelkosten gesetzt.

3.3   Kostenträgerrechnung – Verrechnung der Kosten auf Kostenträger

131.   **Welche Aufgaben hat die Kostenträgerrechnung?**
Im Rahmen der Kostenträgerrechnung werden die Selbstkosten ermittelt, die bei der Produktion und dem Absatz von Kostenträgern entstehen.

132.   **Wie wird die Kalkulation noch bezeichnet?**
Die Kalkulation wird auch als Kostenträgerstückrechnung bezeichnet.

133.   **Was sind Beispiele für verrechnungssatzbasierte Verfahren der Kostenträgerrechnung?**
Verrechnungssatzbasierte Verfahren der Kostenträgerrechnung sind:
- die Divisionskalkulation,
- die Äquivalenzziffernkalkulation und
- die Kuppelkalkulation.

134.   **Was sind Beispiele für zuschlagssatzbasierte Verfahren der Kostenträgerrechnung?**
Zuschlagssatzbasierte Verfahren der Kostenträgerrechnung sind:
- die summarische Zuschlagskalkulation und
- die differenzierte Zuschlagskalkulation.

3.3.1   Divisionskalkulation

135.   **Bei welcher Art von Unternehmen wird die Divisionskalkulation insbesondere eingesetzt?**
Die Divisionskalkulation findet insbesondere bei sogenannten Einproduktunternehmen Anwendung, die nur ein einziges Produkt herstellen, da auf alle Kostenträger unabhängig von Unterschieden zwischen diesen die gleichen Kosten verrechnet werden.

3.3.1.1   Einstufige Divisionskalkulation

136.   **Was dient bei der einstufigen Divisionskalkulation als Bezugsgröße zur Verrechnung der Kostenträgergemeinkosten?**
Bei der einstufigen Divisionskalkulation dienen die Stückzahlen der Kostenträger als Bezugsgröße zur Verrechnung der Kostenträgergemeinkosten auf Kostenträger. Dabei können Unterschiede zwischen Produktions- und Absatzstückzahlen nicht berücksichtigt werden.

137.   **Welche Anforderungen stellt die einstufige Divisionskalkulation an die Kostenstellenrechnung?**
Die einstufige Divisionskalkulation erfordert keine Unterteilung in mehrere Kostenstellen.

3.3.1.2   Zweistufige Divisionskalkulation

138.   Welche Vorteile bietet die zweistufige Divisionskalkulation gegenüber der einstufigen Divisionskalkulation?

Bei der zweistufigen Divisionskalkulation werden Unterschiede zwischen den Produktions- und den Absatzstückzahlen über eine entsprechende Aufteilung in die zwei Stufen Produktion und Absatz berücksichtigt. Zudem können Bestandsveränderungen zwischen der Produktion und dem Absatz bewertet werden.

139.   Welche Anforderungen stellt die zweistufige Divisionskalkulation an die Kostenstellenrechnung?

Die zweistufige Divisionskalkulation erfordert eine Unterteilung in zwei Kostenstellen und zwar in der Regel eine für die Herstellkosten und eine für die Verwaltungs- und Vertriebskosten.

3.3.1.3   Mehrstufige Divisionskalkulation

140.   Welche Vorteile bietet die mehrstufige Divisionskalkulation gegenüber der zweistufigen Divisionskalkulation?

Bei der mehrstufigen Divisionskalkulation werden sowohl Unterschiede zwischen den Produktions- und den Absatzstückzahlen als auch Lagerbestände innerhalb der Produktion berücksichtigt. Für Letzteres erfolgt eine Unterteilung der Herstellung in mehrere Stufen und eine entsprechende Aufteilung der Herstellkosten im Rahmen einer Kostenstellenrechnung.

141.   Welche Anforderungen stellt die mehrstufige Divisionskalkulation an die Kostenstellenrechnung?

Die mehrstufige Divisionskalkulation erfordert, dass für jede Stufe eine Kostenstelle vorhanden ist.

142.   Wie werden die Selbstkosten nach der Durchwälzmethode im Rahmen der mehrstufigen Divisionskalkulation ermittelt?

Bei der stufenweisen Ermittlung der Selbstkosten nach der Durchwälzmethode werden jeweils die Selbstkosten der vorangegangenen Stufe um die in der Stufe anfallenden Kosten erhöht. Dies wird von der ersten Herstellungsstufe bis zum Absatz durchgeführt, wodurch die kompletten Kosten auf die Kostenträger verrechnet werden.

143.   Wie kann es bei der Durchwälzmethode zu Abweichungen zwischen der Input- und der Outputstückzahl einer Stufe kommen?

Zu Abweichungen zwischen der Input- und der Outputstückzahl einer Stufe kann es insbesondere durch Montagevorgänge und durch Ausschuss kommen.

3.3.2   Äquivalenzziffernkalkulation

144.   Bei welcher Art von Unternehmen wird die Äquivalenzziffernkalkulation insbesondere eingesetzt?

Die Äquivalenzziffernkalkulation wird in erster Linie bei Unternehmen eingesetzt, die im gleichen Leistungserstellungsprozess zwar verschiedene, aber miteinander verwandte Produkte herstellen.

145. Wozu dient die Äquivalenzziffer?

Mittels der Äquivalenzziffern wird angegeben, wie viel größer oder kleiner der Aufwand zur Herstellung eines bestimmten Produkts im Vergleich zu einem Einheitsprodukt ist.

3.3.2.1 Einstufige Äquivalenzziffernkalkulation

146. Was dient bei der einstufigen Äquivalenzziffernkalkulation als Bezugsgröße zur Verrechnung der Kostenträgergemeinkosten?

Bei der einstufigen Äquivalenzziffernkalkulation dient das Produkt aus der Stückzahl der Kostenträger und der Äquivalenzziffer als Bezugsgröße zur Verrechnung der Kostenträgergemeinkosten auf die Kostenträger. Dabei können Unterschiede zwischen Produktions- und Absatzstückzahlen nicht berücksichtigt werden.

147. Welche Anforderungen stellt die einstufige Äquivalenzziffernkalkulation an die Kostenstellenrechnung?

Die einstufige Äquivalenzziffernkalkulation erfordert keine Unterteilung in mehrere Kostenstellen.

3.3.2.2 Mehrstufige Äquivalenzziffernkalkulation

148. Welche Vorteile bietet die mehrstufige Äquivalenzziffernkalkulation gegenüber der einstufigen Äquivalenzziffernkalkulation?

Die mehrstufige Äquivalenzziffernkalkulation bietet gegenüber der einstufigen Äquivalenzziffernkalkulation den Vorteil, dass durch die Aufteilung auf mehrere Herstellungs- und Absatzstufen eine genauere Kalkulation der Kostenträger möglich ist.

149. Welche Anforderungen stellt die mehrstufige Äquivalenzziffernkalkulation an die Kostenstellenrechnung?

Die mehrstufige Äquivalenzziffernkalkulation erfordert, dass für jede Stufe eine Kostenstelle vorhanden ist.

3.3.3 Kuppelkalkulation

150. In welchen Branchen wird die Kuppelkalkulation insbesondere eingesetzt?

Die Kuppelkalkulation findet insbesondere bei Unternehmen der chemischen Industrie und der Nahrungsmittelindustrie Anwendung.

151. Was wird unter Kuppelprodukten verstanden?

Kuppelprodukte sind Produkte, die aus technischen Gründen gleichzeitig bei der Produktion entstehen. Die Kuppelprodukte werden häufig noch aus Absatzsicht weiter in Haupt- und Nebenprodukte unterteilt.

152. Was sind Beispiele für Produktionsprozesse, bei denen Kuppelprodukte entstehen?

Produktionsprozesse, bei denen Kuppelprodukte entstehen, finden sich beispielsweise:
- in Raffinerien, bei denen gleichzeitig Benzine, Öle und Gase entstehen,
- in Hochöfen, bei denen gleichzeitig Roheisen, Gichtgase und Schlacken entstehen, oder
- in Mälzereien, bei denen gleichzeitig Malze und Treber entstehen.

3.3.4   Summarische Zuschlagskalkulation

153.   Bei welcher Art von Unternehmen wird die summarische Zuschlagskalkulation insbesondere eingesetzt?

Die summarische Zuschlagskalkulation wird insbesondere bei Mehrproduktunternehmen mit unterschiedlichen Produkten eingesetzt.

154.   Welche Anforderungen stellt die summarische Zuschlagskalkulation an die Kostenstellenrechnung?

Die summarische Zuschlagskalkulation erfordert keine Unterteilung in mehrere Kostenstellen.

155.   Was dient bei der summarischen Zuschlagskalkulation als Bezugsgröße zur Verrechnung der Kostenträgergemeinkosten?

Bei der summarischen Zuschlagskalkulation können folgende Kosten als Bezugsgrößen zur Verrechnung der Kostenträgergemeinkosten auf die Kostenträger verwendet werden:

- die Materialeinzelkosten aller Kostenträger,
- die Fertigungseinzelkosten aller Kostenträger oder
- die Summe aus Material- und Fertigungseinzelkosten aller Kostenträger.

156.   Welche Kosten umfassen die Materialeinzelkosten in erster Linie?

Die Materialeinzelkosten umfassen in erster Linie die Rohstoffkosten.

157.   Welche Kosten umfassen die Fertigungseinzelkosten in erster Linie?

Die Fertigungseinzelkosten umfassen in erster Linie die Fertigungslöhne.

3.3.5   Differenzierte Zuschlagskalkulation

158.   Welche Vorteile bietet die differenzierte Zuschlagskalkulation gegenüber der summarischen Zuschlagskalkulation?

Die differenzierte Zuschlagskalkulation bietet gegenüber der summarischen Zuschlagskalkulation den Vorteil, dass unterschiedliche Kostenträger genauer kalkuliert werden können und Unterschiede zwischen den Produktions- und den Absatzstückzahlen berücksichtigt werden können.

159.   Bei welcher Art von Unternehmen wird die differenzierte Zuschlagskalkulation insbesondere eingesetzt?

Die differenzierte Zuschlagskalkulation wird insbesondere bei Mehrproduktunternehmen mit sehr unterschiedlichen Produkten eingesetzt.

160.   Welche Endkostenstellen werden zur Durchführung der differenzierten Zuschlagskalkulation benötigt?

Zur Durchführung der differenzierten Zuschlagskalkulation werden folgende Endkostenstellen benötigt:

- Materialkostenstelle,
- Fertigungskostenstelle,
- Verwaltungskostenstelle und
- Vertriebskostenstelle.

161.   Welche Zuschlagssätze werden im Rahmen der differenzierten Zuschlagskalkulation in der Regel verwendet?

Im Rahmen der differenzierten Zuschlagskalkulation werden in der Regel folgende Zuschlagssätze verwendet:

- Materialgemeinkostenzuschlagssatz,
- Fertigungsgemeinkostenzuschlagssatz,
- Verwaltungsgemeinkostenzuschlagssatz und
- Vertriebsgemeinkostenzuschlagssatz.

162.   Welche Kosten dienen als Bezugsgröße der Verwaltungs- und der Vertriebsgemeinkostenzuschlagssätze?

Als Bezugsgröße der Verwaltungs- und der Vertriebsgemeinkostenzuschlagssätze dienen die Herstellkosten.

163.   Aus welchen Kosten setzen sich die Herstellkosten zusammen?

Die Herstellkosten setzen sich insbesondere aus folgenden Kosten zusammen:

- den Materialeinzel- und -gemeinkosten sowie
- den Fertigungseinzel- und -gemeinkosten inklusive
- den Sondereinzelkosten der Fertigung.

164.   Sind die Herstellkosten mit den Herstellungskosten identisch?

Die Herstellkosten können, müssen aber nicht mit den im externen Rechnungswesen verwendeten Herstellungskosten identisch sein, da bei diesen Bewertungsspielräume bestehen.

165.   Wie verändert sich der Fertigungsgemeinkostenzuschlagssatz, wenn in der Fertigung Arbeiter durch Maschinen ersetzt werden?

Der Fertigungsgemeinkostenzuschlagssatz wird größer, da durch die Maschinen die Fertigungsgemeinkosten größer werden, während gleichzeitig die Fertigungslöhne und damit die Fertigungseinzelkosten kleiner werden.

166.   Von welchen Kosten hängen die sich im Rahmen der differenzierten Zuschlagskalkulation ergebenden Selbstkosten eines Kostenträgers insbesondere ab?

Die Selbstkosten eines Kostenträgers hängen bei der differenzierten Zuschlagskalkulation insbesondere von den Materialeinzel- und den Fertigungseinzelkosten der Kostenträger ab.

167.   Wie wirkt es sich auf die Zuschlagssätze aus, wenn ein Unternehmen ein neues, zusätzliches Produkt auf den Markt bringt, ohne das sich dadurch die Kostenträgergemeinkosten verändern?

Die Zuschlagssätze werden kleiner, da gleich hohe Kostenträgergemeinkosten auf mehr Kostenträgereinzelkosten umgelegt werden.

168.   Was wird unter Sondereinzelkosten der Fertigung verstanden?

Sondereinzelkosten der Fertigung sind Kosten, die nicht immer, sondern nur bei einem bestimmten Auftrag anfallen, beispielsweise wenn ein Kunde sein Logo auf den Produkten platziert haben möchte und dafür neue Arbeitspläne und Werkzeuge erstellt werden müssen.

169. **Was wird unter Sondereinzelkosten des Vertriebs verstanden?**

Sondereinzelkosten des Vertriebes sind Kosten, die nicht immer, sondern nur für einen bestimmten Auftrag anfallen, beispielsweise wenn ein Kunde seine Produkte per Luftfracht statt per Seefracht geliefert haben möchte oder eine besondere Form der Verpackung wünscht.

3.3.6 Maschinenstundensatzrechnung

170. **Die Kosten welcher Endkostenstelle werden über die Maschinenstundensatzrechnung verrechnet?**

Über die Maschinenstundensatzrechnung werden die Fertigungsgemeinkosten, die sich in der Fertigungsendkostenstelle ergeben, verrechnet.

171. **Welchen Vorteil bietet die Erweiterung einer differenzierten Zuschlagskalkulation um eine Maschinenstundensatzrechnung?**

Die Erweiterung einer Zuschlagskalkulation um eine Maschinenstundensatzrechnung ermöglicht eine genauere, da verursachungsgerechtere Kalkulation der Kostenträger.

172. **Wann ergeben sich bei der Maschinenstundensatzrechnung Restgemeinkosten?**

Bei der Maschinenstundensatzrechnung ergeben sich (Fertigungs-)Restgemeinkosten, wenn nicht alle Fertigungsgemeinkosten Werkstätten oder Maschinen zugerechnet werden können.

173. **Handelt es sich bei der Maschinenstundensatzrechnung um eine Verrechnungssatz- oder um eine Zuschlagssatzkalkulation?**

Es handelt sich bei der Maschinenstundensatzrechnung in erster Linie um eine Verrechnungssatzkalkulation. Allerdings werden zusätzlich verbleibende Fertigungsrestgemeinkosten über einen Zuschlagssatz auf Basis der Fertigungseinzelkosten auf die Kostenträger verrechnet.

174. **Was für zusätzliche Kostenstellen werden zur Durchführung der Maschinenstundensatzrechnung benötigt?**

Zur Durchführung der Maschinenstundensatzrechnung wird die Fertigungsendkostenstelle weiter unterteilt:
- in Maschinenkostenstellen für Werkstätten mit gleichartigen Maschinen, wie beispielsweise eine Dreherei, eine Fräserei oder eine Lackiererei, oder noch differenzierter
- in Maschinenkostenplätze für einzelne Maschinen.

3.4 Ermittlung des Verkaufspreises

175. **Was wird in der Regel auf die Selbstkosten zur Ermittlung des Bruttoverkaufspreises aufgeschlagen?**

Zur Ermittlung des Bruttoverkaufspreises werden in der Regel auf die Selbstkosten folgende Posten aufgeschlagen:
- der Gewinn, der erzielt werden sollte,
- das Skonto, das Kunden erfahrungsgemäß gewährt wird,
- der Rabatt, der Kunden erfahrungsgemäß gewährt wird und
- die Umsatzsteuer.

176. **Warum werden Preisnachlässe bei der Ermittlung des Verkaufspreises addiert?**
Erfahrungsgemäß gewährte Preisnachlässe werden bei der Ermittlung des Verkaufspreises addiert, damit sie bei ihrer wirklichen Gewährung nicht den angestrebten Gewinn schmälern.

4 Erfolgsrechnungen

177. **Worin unterscheiden sich die Erfolgsrechnungen im internen von denen im externen Rechnungswesen?**
Die im internen Rechnungswesen durchgeführten Erfolgsrechnungen unterscheiden sich von den im externen Rechnungswesen durchgeführten Gewinn- und Verlustrechnungen dadurch, dass Leistungen und Kosten statt Erträge und Aufwendungen einander gegenübergestellt werden. Dadurch wird das Betriebs- und nicht das Finanzergebnis ermittelt. Zudem werden häufig für kürzere Zeiträume wie einen Monat oder ein Quartal Erfolgsrechnungen durchgeführt.

178. **Welche Erfolgsrechnungen auf Vollkostenbasis werden unterschieden?**
Auf Vollkostenbasis werden folgende Erfolgsrechnungen unterschieden:
- Gesamtkostenverfahren und
- Umsatzkostenverfahren.

179. **Welche Erfolgsrechnungen auf Teilkostenbasis werden unterschieden?**
Auf Teilkostenbasis werden folgende Erfolgsrechnungen unterschieden:
- Einstufige Deckungsbeitragsrechnung,
- Mehrstufige Deckungsbeitragsrechnung und
- Relative Einzelkosten- und Deckungsbeitragsrechnung.

4.1 Erfolgsrechnungen auf Vollkostenbasis

180. **Wie werden die Erfolgsrechnungen auf Vollkostenbasis noch bezeichnet?**
Die Erfolgsrechnungen auf Vollkostenbasis werden auch als Kostenträgerzeitrechnungen bezeichnet.

181. **Bei welcher Erfolgsrechnung auf Vollkostenbasis werden Bestandsveränderungen ausgewiesen?**
Beim Gesamtkostenverfahren werden Bestandsveränderungen ausgewiesen.

4.1.1 Gesamtkostenverfahren

182. **Welche Kosten und Leistungen werden beim Gesamtkostenverfahren gegenübergestellt?**
Beim Gesamtkostenverfahren werden den produzierten Leistungen die Primärkosten aus der Kostenartenrechnung gegenübergestellt.

183.   Was lässt sich mittels der Erfolgsrechnungen auf Basis des Gesamtkostenverfahrens analysieren?

Mittels der Erfolgsrechnungen auf Basis des Gesamtkostenverfahrens ist es insbesondere möglich, die Kostenartenstruktur und deren Einfluss auf das Ergebnis zu analysieren und beispielsweise zu ermitteln, welchen Anteil die Personalkosten an den Gesamtkosten haben oder wie sich Änderungen der Personalkosten durch Tarifänderungen oder Änderungen von Materialkosten durch Preiserhöhungen der Lieferanten auf das Betriebsergebnis auswirken.

4.1.2   Umsatzkostenverfahren

184.   Welche Kosten und Leistungen werden beim Umsatzkostenverfahren gegenübergestellt?

Beim Umsatzkostenverfahren werden den abgesetzten Leistungen die Sekundärkosten aus der Kostenstellenrechnung gegenübergestellt.

185.   Was lässt sich mittels der Erfolgsrechnungen auf Basis des Umsatzkostenverfahrens analysieren?

Mittels der Erfolgsrechnungen auf Basis des Umsatzkostenverfahrens ist es insbesondere möglich zu analysieren, welchen Anteil Betriebsbereiche oder Produkte zu Vollkosten am Erfolg haben.

4.2   Erfolgsrechnungen auf Teilkostenbasis

186.   Was wird allgemein unter dem Deckungsbeitrag verstanden?

Der Deckungsbeitrag ist der Betrag, den ein Kostenträger zur Deckung von noch nicht abgezogenen Kosten und damit zum Erfolg beiträgt.

4.2.1   Einstufige Deckungsbeitragsrechnung

187.   Wie wird die einstufige Deckungsbeitragsrechnung noch bezeichnet?

Die einstufige Deckungsbeitragsrechnung wird auch als Direct Costing bezeichnet.

188.   Wie wird der Deckungsbeitrag im Rahmen der einstufigen Deckungsbeitragsrechnung berechnet?

Im Rahmen der einstufigen Deckungsbeitragsrechnung wird der Deckungsbeitrag berechnet, indem von den Umsatzerlösen die variablen Selbstkosten abgezogen werden.

189.   Was gibt der im Rahmen der einstufigen Deckungsbeitragsrechnung berechnete Deckungsbeitrag an?

Der im Rahmen der einstufigen Deckungsbeitragsrechnung berechnete Deckungsbeitrag gibt an, welchen Anteil ein Kostenträger zur Deckung der Fixkosten des Unternehmens beiträgt.

190.   Welche Posten umfassen die variablen Selbstkosten?

Die variablen Selbstkosten umfassen die Kostenträgereinzel- und die variablen Kostenträgergemeinkosten.

191. Was lässt sich mittels der einstufigen Deckungsbeitragsrechnung analysieren?

Mit der einstufigen Deckungsbeitragsrechnung können insbesondere unprofitable Produkte mit einem negativen Deckungsbeitrag identifiziert werden. Die ermittelten variablen Selbstkosten werden zudem für die nachfolgenden Entscheidungsrechnungen benötigt.

192. Welche Handlungsoptionen bestehen, wenn ein Produkt einen negativen Deckungsbeitrag aufweist?

Wenn ein Produkt einen negativen Deckungsbeitrag aufweist, bestehen folgende Handlungsoptionen:
- das Produkt wird trotzdem zur Komplettierung des Sortiments beibehalten,
- es wird versucht, die variablen Selbstkosten zu senken,
- es wird versucht, den Verkaufspreis zu erhöhen.

4.2.2 Mehrstufige Deckungsbeitragsrechnung

193. Wie wird die mehrstufige Deckungsbeitragsrechnung noch bezeichnet?

Die mehrstufige Deckungsbeitragsrechnung wird auch als stufenweise Fixkostendeckungsrechnung bezeichnet.

194. Worin unterscheidet sich die mehrstufige von der einstufigen Deckungsbeitragsrechnung?

Im Rahmen der mehrstufigen Deckungsbeitragsrechnung werden verschiedene Deckungsbeiträge ermittelt, indem von den Umsatzerlösen erst die variablen Selbstkosten und dann in mehreren Schritten die Fixkosten verschiedener Hierarchiestufen abgezogen werden.

195. Wie können die fixen Kostenträgergemeinkosten des Betriebes beispielsweise hierarchisch weiter untergliedert werden?

Die fixen Kostenträgergemeinkosten des Betriebes können beispielsweise in folgende Posten weiter untergliedert werden:
- Erzeugnisfixkosten, wie beispielsweise Kosten für produktspezifische Spritzgussformen,
- Erzeugnisgruppenfixkosten, wie beispielsweise Kosten zur Entwicklung von Erzeugnisgruppen,
- Bereichsfixkosten, wie beispielsweise Kosten eines Bereichscontrollings, und
- Betriebsfixkosten, wie beispielsweise Kosten der Unternehmensführung.

196. Was lässt sich mittels der mehrstufigen Deckungsbeitragsrechnung analysieren?

Die mehrstufige Deckungsbeitragsrechnung erlaubt eine noch differenziertere Analyse als die einstufige Deckungsbeitragsrechnung. Sie gibt insbesondere Hinweise darauf, welche Unternehmensbereiche aufgrund hoher Fixkosten für negative Deckungsbeiträge verantwortlich sind und von anderen Bereichen »quersubventioniert« werden.

197. Welche Handlungsoptionen bestehen, wenn ein Produkt einen positiven Deckungsbeitrag 1 und einen negativen Deckungsbeitrag 2 aufweist?

Wenn ein Produkt einen positiven Deckungsbeitrag 1 und einen negativen Deckungsbeitrag 2 aufweist, bestehen folgende Handlungsoptionen:
- es wird versucht, die Produktions- und Absatzstückzahl zu erhöhen,
- es wird versucht, die Fixkosten der Hierarchiestufe zu senken.

5 Entscheidungsrechnungen

198. **Was sind entscheidungsrelevante Kosten?**

Entscheidungsrelevante Kosten sind Kosten, die abhängig von der gewählten Entscheidungsalternative anfallen. Kosten, die unabhängig von der gewählten Entscheidungsalternative für alle Alternativen anfallen sind nicht entscheidungsrelevant.

5.1 Produktionsprogramm

199. **Was wird im Rahmen der Programmplanung festgelegt?**

Im Rahmen der Programmplanung wird festgelegt, welche Produkte kurz- oder langfristig in welcher Menge produziert werden.

200. **Was sind Engpässe?**

Engpässe verhindern, dass so viele Kostenträger hergestellt werden, wie eigentlich hergestellt werden sollten. So kann beispielsweise eine Maschine, über die alle Kostenträger gehen, aufgrund ihrer monatlichen Produktionskapazität einen Engpass darstellen.

201. **Welche Produkte sollen produziert werden, wenn kein Engpass vorliegt?**

Wenn keine Engpässe bestehen, so verbleiben alle Kostenträger im Produktionsprogramm, die einen positiven Deckungsbeitrag aufweisen.

202. **Welche Produkte sollen produziert werden, wenn ein Engpass vorliegt?**

Wenn ein Engpass vorliegt, sollten diejenigen Produkte produziert werden, die bezogen auf die Inanspruchnahme des Engpassfaktors den größten Deckungsbeitrag aufweisen.

5.2 Preisober- und -untergrenzen

203. **Für welche Unternehmensbereiche stellen Preisobergrenzen wichtige Informationen dar?**

Preisobergrenzen stellen für den Beschaffungs- beziehungsweise Einkaufsbereich wichtige Informationen dar, da sie die in Verhandlungen mit Lieferanten höchstens zu erzielenden Preise angeben.

204. **Was ist kennzeichnend für die Preisobergrenze?**

Die Preisobergrenzen von Werkstoffen sind dadurch gekennzeichnet, dass die Produkte, in denen die Werkstoffe verwendet werden, gerade keinen Deckungsbeitrag mehr erbringen.

205. **Für welche Unternehmensbereiche stellen Preisuntergrenzen wichtige Informationen dar?**

Preisuntergrenzen stellen für den Verkaufs- beziehungsweise Vertriebsbereich wichtige Informationen dar, da sie die in Verhandlungen mit Kunden mindestens zu erzielenden Preise angeben.

206. **Wie ergibt sich die langfristige Preisuntergrenze?**

Zur Bestimmung von langfristigen Preisuntergrenzen werden die im Rahmen der Kalkulation auf Vollkostenbasis ermittelten Selbstkosten herangezogen. Durch die Wahl dieser Preisuntergrenze wird sichergestellt, dass durch den Verkauf der Produkte alle Kosten des Unternehmens gedeckt werden.

207.   Wie ergibt sich die kurzfristige Preisuntergrenze, wenn kein Engpass vorliegt?
Zur Bestimmung von kurzfristigen Preisuntergrenzen werden die im Rahmen der Erfolgsrechnung auf Teilkostenbasis ermittelten variablen Selbstkosten verwendet.

208.   Wie ergibt sich die kurzfristige Preisuntergrenze, wenn ein Engpass vorliegt?
Muss beim Vorliegen eines Engpasses, eine Preisuntergrenze für zusätzlich herzustellende
Produkte bestimmt werden, beispielsweise aufgrund der Anfrage eines Kunden, so müssen
zu den variablen Selbstkosten noch die Deckungsbeiträge von anderen Produkten addiert
werden, die bei Durchführung des Auftrages nicht produziert und abgesetzt werden könnten.

5.3   Break-even-Analyse

209.   Wie wird die Break-even-Analyse noch bezeichnet?
Die Break-even-Analyse wird auch als Gewinnschwellenanalyse bezeichnet.

210.   Wozu dient die Break-even-Analyse?
Die Break-even-Analyse dient insbesondere dazu, die Absatz- und die Produktionsmenge
zu bestimmen, ab der sowohl die fixen als auch die variablen Kosten durch die Umsatzerlöse gedeckt sind, sodass ein Gewinn erwirtschaftet wird.

211.   Wie wird der Punkt bezeichnet, ab dem Gewinne erwirtschaftet werden?
Der Punkt, ab dem Gewinne erwirtschaftet werden, wird als Break-even-Point, Kostende-
ckungspunkt, Nutzenschwelle oder Gewinnschwelle bezeichnet.

5.4   Make-or-buy-Analysen

212.   Welche Aufgabe haben Make-or-buy-Analysen?
Im Rahmen von Make-or-buy-Analysen wird darüber entschieden, welche Teile von Produkten oder welche internen Leistungen selbst erstellt werden und welche bei Zulieferern
zugekauft werden.

**213.   Welche Kosten werden herangezogen, um darüber zu entscheiden, ob bisher
selbst erstellte Teile von Produkten zugekauft werden oder nicht?**
Um zu überprüfen, ob durch den Zukauf von bisher selbst erstellten Teilen von Produkten
Kosten reduziert werden können, können näherungsweise die in der Erfolgsrechnung
ermittelten variablen Selbstkosten mit den von Lieferanten angebotenen Preisen verglichen
werden. Für eine genauere Analyse muss dann untersucht werden, welche Kosten wirklich
durch den Fremdbezug abgebaut werden könnten.

5.5   Auswahl von Produktionsverfahren und Maschinen

**214.   Über welche Art von Rechnungen erfolgt die Maschinenauswahl bei neu zu
beschaffenden Maschinen?**
Bestehen keine oder keine ausreichenden Maschinenkapazitäten, um die geforderten Produktionsaufgaben durchzuführen, müssen neue Maschinen beschafft und im Zuge dessen
auch die Entscheidungen für ein Produktionsverfahren und einen Maschinentyp getroffen

werden. In solchen Situationen sollte ein Alternativenvergleich mittels der Verfahren der Investitionsrechnung erfolgen.

215. Nach welchem Kriterium erfolgt die Maschinenauswahl bei vorhandenen Maschinen mit freien Kapazitäten?

Hat ein Unternehmen zur Durchführung bestimmter Produktionsaufgaben unterschiedliche freie Produktionskapazitäten zur Verfügung, erfolgt die Wahl der Maschine unter Kostengesichtspunkten durch einen Vergleich der variablen Kosten je Stück, indem die Maschine mit den geringsten variablen Kosten je Stück gewählt wird.

6   Kostenkontrolle

6.1   Systeme der Kostenkontrolle

216. Welche Systeme der Kostenkontrolle werden unterschieden?

Systeme der Kostenkontrolle sind insbesondere:

- Plankostenrechnungen, die Abweichungen zwischen geplanten und entstandenen Kosten von Kostenstellen analysieren,
- Ergebnisabweichungsanalysen, die Abweichungen zwischen geplanten und erzielten Ergebnissen analysieren und
- Projektkontrollrechnungen, die Abweichungen zwischen geplanten und entstandenen Kosten und Zeiten von Projekten analysieren.

6.2   Plankostenrechnungen

217. Wozu dient die Plankostenrechnung?

Die Plankostenrechnung dient dazu, die Ursachen von Abweichungen zwischen geplanten und entstandenen Kosten von Kostenstellen zu analysieren.

218. Welche Systeme der Plankostenrechnung werden unterschieden?

Die Plankostenrechnungen werden unterteilt in:

- die starre Plankostenrechnung, die auf Vollkostenbasis erfolgt,
- die Grenzplankostenrechnung, die auf Teilkostenbasis erfolgt und
- die flexible Plankostenrechnung auf Vollkostenbasis, die Elemente der Voll- und der Teilkostenrechnung enthält.

219. Welche Abweichungsarten werden im Rahmen der Plankostenrechnung betrachtet?

Im Rahmen der Plankostenrechnung werden folgende Abweichungsarten betrachtet:

- Gesamtabweichungen,
- Beschäftigungsabweichungen,
- Verbrauchsabweichungen,
- Preisabweichungen und
- Überschneidungen von Abweichungen.

220. Was wird unter der Planbeschäftigung und den Plankosten verstanden?

Unter der Planbeschäftigung und den Plankosten werden die Beschäftigung und die Kosten verstanden, die ursprünglich im Rahmen der Budgetierung prognostiziert wurden.

221. Was wird unter der Istbeschäftigung und den Istkosten verstanden?

Unter der Istbeschäftigung und den Istkosten werden die Beschäftigung und die Kosten verstanden, die wirklich angefallen sind, weshalb sie als Vergleichsgrößen zu den geplanten Werten dienen.

222. Welche Ursachen haben Beschäftigungsabweichungen?

Beschäftigungsabweichungen ergeben sich durch Abweichungen der Ist- von der Planbeschäftigung, beispielsweise, wenn aufgrund von veränderten Absatzstückzahlen, mehr oder weniger als ursprünglich geplant produziert wurde.

223. Welche Ursachen haben Verbrauchsabweichungen?

Verbrauchsabweichungen können sich durch ein Input-Output-Verhältnis ergeben, das anders als geplant ist, im Produktionsbereich beispielsweise aufgrund ungünstig gewählter Fertigungsverfahren, ungünstiger Losgrößen, hoher Rüstkosten, ungünstiger Erzeugniseinlastungen, fehlerhafter Maschinenbedienungen oder hoher Ausschussquoten.

224. Welche Ursachen haben Preisabweichungen?

Preissabweichungen ergeben sich durch ungeplante Veränderungen der Preise von Produktionsfaktoren, beispielsweise durch unerwartete Erhöhung der Rohstoffpreise oder durch unerwartet hohe Tarifabschlüsse.

225. Für welche Abweichungen kann der Leiter einer Kostenstelle verantwortlich gemacht werden?

In der Regel ist der Leiter einer Kostenstelle nur für das Input-Output-Verhältnis der Kostenstelle und somit nur für Verbrauchsabweichungen verantwortlich.

226. Angenommen für eine Kostenstelle gibt es eine negative Verbrauchsabweichung und eine positive Beschäftigungsabweichung. Hat der Kostenstellenverantwortliche dann insgesamt gut oder schlecht gearbeitet?

Der Kostenstellenverantwortliche ist nur für die Verbrauchsabweichung zuständig und hat gut gearbeitet, da weniger verbraucht wurde, als bei der Beschäftigung hätte verbraucht werden sollen.

227. Was geben die im Rahmen der Plankostenrechnung ermittelten Sollkosten an?

Die im Rahmen der Plankostenrechnung ermittelten Sollkosten geben an, welche Kosten bei der Istbeschäftigung eigentlich hätten anfallen müssen.

228. Worin besteht die Problematik von Abweichungsüberschneidungen bei der Plankostenrechnung?

Die Problematik von Abweichungsüberschneidungen besteht darin, dass die Ursache der Abweichungen nicht mehr eindeutig bestimmt werden kann.

7   Kostencontrolling und Kostenmanagement

7.1   Zielkostenrechnung

229.   Wie wird die Zielkostenrechnung noch bezeichnet?
Die Zielkostenrechnung wird auch als Target-Costing bezeichnet.

230.   Wozu dient die Zielkostenrechnung?
Die Zielkostenrechnung dient dazu, Kostenziele für die einzelnen Bestandteile eines neu zu entwickelnden Produkts aus dem am Markt vermeintlich erzielbaren Preis für das gesamte Produkt abzuleiten.

231.   In welchem Unternehmensbereich wird die Zielkostenrechnung insbesondere eingesetzt?
Die Zielkostenrechnung wird insbesondere in der Forschung- und Entwicklung zur Vorgabe von Kostenzielen verwendet.

7.2   Prozesskostenrechnung

232.   Welche Zielsetzung wird mit der Prozesskostenrechnung verfolgt?
Hauptziel der Prozesskostenrechnung ist die Erhöhung der Kostentransparenz in den Gemeinkostenbereichen, wie der Verwaltung, dem Marketing oder der Forschung und Entwicklung, um die Kosten besser kontrollieren zu können und um Ansatzpunkte für Kostenreduzierungen zu finden.

233.   Wie wird bei der Prozesskostenrechnung vorgegangen?
Bei der Prozesskostenrechnung werden die Prozesse in den Gemeinkostenbereichen kostenstellenübergreifend analysiert und kalkuliert.

234.   Welche Prozesse können beispielsweise Gegenstand der Prozesskostenrechnung sein?
Gegenstand der Prozesskostenrechnung können beispielsweise folgende Prozesse sein:
- Änderung eines Produkts,
- Gewinnung neuer Kunden oder
- Erstellung von Rechnungen.

235.   Was wird unter Kostentreibern verstanden?
Kostentreiber, die auch als cost driver bezeichnet werden, sind die Größen, mit denen sich die Kosten der Prozesse ändern.

3. Hauptteil:

Finanzwirtschaftliches Management

Bearbeitet von: Werner Rössle
Herbert Sperber

1 Finanzwirtschaftliche Grundbegriffe

1. **Erläutern Sie den Begriff »Finanzwirtschaft«.**
Finanzwirtschaft ist ein alle Funktionen übergreifendes Subsystem. Dieses umfasst die zielgerichtete
- Beschaffung (Finanzierung),
- Verwendung (Investition) und
- Steuerung von Finanzmitteln.

2. **Welche Beziehungen bestehen zwischen Finanzierung und Investition?**
Finanzierung beinhaltet die Herkunft von Finanzmitteln (insbesondere die Passivseite der Bilanz), Investition die Verwendung von Finanzmitteln (insbesondere die Aktivseite der Bilanz).

3. **Begründen Sie die Bedeutung der betrieblichen Finanzwirtschaft.**
Die betrieblichen Vorgänge sind durch Leistungs- und Zahlungsströme gekennzeichnet. Letztere sind mit Ein- und/ oder Auszahlungen verbunden, die die Liquidität als notwendige Voraussetzung für das Unternehmensleben beeinflussen.

4. **Definieren Sie die finanzwirtschaftlichen Grundbegriffe »Einzahlungen« und »Auszahlungen« sowie »Vermögen« und »Kapital«.**
Ein- und Auszahlungen sind Zahlungsvorgänge, die die Liquidität des Unternehmens beeinflussen. Einzahlung bedeutet Geldzufluss jeglicher Art, Auszahlung bedeutet Geldabfluss jeglicher Art.

Vermögen ist der Sammelbegriff für die materiellen und immateriellen Güter. Im bilanziellen Sinne ist dies die Summe des auf der Aktivseite der Bilanz ausgewiesenen Anlage- und Umlaufvermögens. Nach Abzug der Verbindlichkeiten ergibt sich das Reinvermögen.

Kapital bedeutet volkswirtschaftlich einer der drei Produktionsfaktoren neben Boden und Arbeit. Betriebswirtschaftlich handelt es sich um Finanzmittel (Eigen- und Fremdkapital) auch im Sinne von investierten Mitteln (Real- und Geldkapital).

5. **Erläutern Sie statische und dynamische Aspekte in der betrieblichen Finanzwirtschaft anhand von Beispielen.**
Statische und dynamische Aspekte spielen in der betrieblichen Finanzwirtschaft eine wichtige Rolle.

Beispiele für statische, d.h. zeitpunktbezogene Problemstellungen sind die statischen Liquiditätsgrade und statischen Finanzkennzahlen, wie z.B. der Anlagendeckungsgrad.

Beispiele für dynamische, d.h. zeitraumbezogene Problemstellungen sind die Finanz- oder Liquiditätsplanung sowie die dynamischen Investitionsrechenverfahren, wie z.B. die Kapitalwertmethode oder die Methode des Internen Zinsfußes.

2   Finanzwirtschaftliches Zielsystem

6.   Nennen Sie finanzwirtschaftliche Ziele. Welchen Rang haben sie?

In der Betriebswirtschaftslehre unterscheidet man zwischen Ober- und Unterzielen. Die finanzwirtschaftlichen Ziele sind Unterziele. Man spricht allgemein vom finanziellen Gleichgewicht und meint damit eine »optimale« Abstimmung von »Rentabilität« und der notwendigen Nebenbedingung »Liquidität«. Weitere Zielsetzungen sind »Sicherheit« der Kapitalüberlassung und »Unabhängigkeit« vom Kapitalgeber.

7.   Ein Zielsystem kann induktiv und deduktiv entwickelt werden. Was versteht man darunter?

Bei der induktiven Entwicklung des Zielsystems werden aus den einzelnen Teilzielen durch Zusammenfassen Oberziele und damit eine Zielhierarchie gebildet.

Bei der deduktiven Ermittlung geht man von einem einheitlichen Oberziel aus. Dieses wird auf Teilziele herabgebrochen und operationlisiert, d.h. anwendbar gemacht.

8.   Warum ist die Rentabilität als Zielgröße besser geeignet als der Gewinn?

Der Gewinn (Jahresüberschuss) wird in der Gewinn- und Verlustrechnung durch Gegenüberstellen von Aufwand und Ertrag ermittelt. Für einen Betriebs- bzw. Branchen- oder Zeitvergleich ist aber nicht allein der absolute Vergleich sinnvoll, sondern die Einbeziehung eines Kapital- bzw. Werteinsatzes.

Beispiel: 1 Mio. € Gewinn bei einem Kapitaleinsatz von 10 Mio. € ergibt eine Rentabilität von 10 %, bei einem Kapitaleinsatz von 100 Mio. € eine Rentabilität von nur 1 %.

9.   Sicherheit und Unabhängigkeit werden als qualitative finanzwirtschaftliche Ziele genannt. Beschreiben Sie diese beiden Ziele.

Sicherheit bedeutet in diesem Zusammenhang die Vermeidung von Risiken, insbesondere das Kündigungsrisiko des Kapitalgebers sowie das Zinsänderungs-, Insolvenz- und Inflationsrisiko.

Unabhängigkeit beinhaltet den Wunsch des Kapitalnehmers, den Einfluss des Kapitalgebers so gering wie möglich zu halten. Dieser Einfluss kann sich einerseits auf die Berichterstattung, aber auch auf die Mitwirkungs- und Entscheidungsbefugnis erstrecken.

3   Liquidität und Liquiditäts- sowie Finanzplanung

10.   Definieren Sie den Sachverhalt »Liquidität«.

»Liquidität« ist die jederzeitige Fähigkeit eines Unternehmens oder einer Person, fällige Zahlungsverpflichtungen zum fälligen Termin in voller Höhe erfüllen zu können.

11.   Was versteht man unter dem Sachverhalt »Illiquidität«?

Kann den fälligen Zahlungsverpflichtungen nicht in voller Höhe nachgekommen werden, liegt »Illiquidität« vor. Zusammen mit der drohenden Illiquidität und der Überschuldung ist die Illiquidität eine der Insolvenzursachen nach der Insolvenzordnung.

12.   **Unterscheiden Sie zwischen »Liquidität« und »Liquidation« bzw. »Liquidierbarkeit«.**

»Liquidität« bedeutet die Fähigkeit, fällige Zahlungsverpflichtungen in voller Höhe erfüllen zu können, »Liquidation« bzw. »Liquidierbarkeit« ist die Eigenschaft von Vermögensgegenständen, in liquide Mittel überführt zu werden, ohne dass das Unternehmen voll oder teilweise fortgeführt wird (Zerschlagung).

13.   **Welche Messalternativen der Liquidität werden in Theorie und Praxis unterschieden?**

Die absolute Messung geht von der Geldnähe eines Vermögensgegenstandes unter Berücksichtigung der Fortführung (und nicht der Zerschlagung) des Unternehmens aus.

Die Liquidität kann auch als relative Größe statisch gemessen werden und ergibt sich aus dem Verhältnis unterschiedlicher Positionen des Umlaufvermögens zu kurzfristigen Verbindlichkeiten. Man unterscheidet die Liquidität 1. Grades (Barliquidität), 2. Grades (Inkassoliquidität) und 3. Grades (Umsatzliquidität). Durch die Zeitpunktbezogenheit und Nichtberücksichtigung aller Auszahlungen ist die statische Methode kritisch zu betrachten.

Als dynamische Größe wird die Liquidität über Cashflow-Analysen, Bewegungsbilanzen, Kapitalflussrechnungen oder die Finanzplanung gemessen.

14.   **Was versteht man allgemein unter Planung?**

Planung ist ein systematischer Prozess zur Erkennung und Lösung von Zukunftsproblemen.

15.   **Welche Planungsarten können unterschieden werden?**

Man kann die Planung nach unterschiedlichen Bezugsgrößen unterscheiden und zwar hinsichtlich

- des Bezugszeitraums (kurz-, mittel- und langfristige Pläne),
- des Funktionsbereiches (z.B. Beschaffungs-, Finanz- und Absatzplanung) und
- der Hierarchie (Gesamtunternehmens-, Teilbereichs- und Stellenplan).
- Nach der Anpassungsfähigkeit kann in flexible oder starre Planung getrennt werden.

16.   **Beschreiben Sie Ziel, Aufbau und Problematik der Finanzplanung.**

Das Ziel der Finanzplanung ist die Erhaltung bzw. Sicherung der Unternehmensliquidität. Prinzipiell werden bei der Finanzprognose kurz-, mittel- und langfristig den voraussichtlichen Einzahlungen die voraussichtlichen Auszahlungen nach Möglichkeit zeitpunktgenau gegenübergestellt (Aufbau).

Durch Saldierungen ergeben sich Überschüsse und Defizite, die jeweils im Sinne der Zielerreichung durch entsprechende Maßnahmen ausgeglichen werden müssen (Planung).

Das Hauptproblem der Finanzplanung liegt in der Prognostizierbarkeit vor allem der Einzahlungen bezüglich Sicherheit, Höhe und Termintreue. Je größer die Unsicherheiten sind, umso mehr sollten aus Risikogründen heraus Liquiditätsreserven gehalten werden (sog. latente Liquidität).

17.   **Zählen Sie einige Maßnahmen zum Ausgleich von Defiziten auf.**

Die angeführten Maßnahmen sind beispielhaft und immer unter dem Gesichtspunkt der Machbarkeit zu sehen:

- Verschieben von Auszahlungen (Zahlungsaufschub),
- Senken von Auszahlungen z.B. durch Rationalisierungsmaßnahmen,

- Erhöhen der Einzahlungen z.B. Umsatzsteigerung durch verstärkte Marketingmaßnahmen sowie
- Intensivierung des Mahnwesens.

18.   Welche Unterschiede bestehen zwischen operativer und strategischer Finanzplanung?

Die operative Finanzplanung
- ist kurzfristig ausgerichtet und kurzfristig veränderbar,
- hat einen hohen Detaillierungsgrad und
- betrifft überschaubare Teilbereiche des Gesamtunternehmens.

Die strategische Finanzplanung
- ist langfristig ausgerichtet und nur langfristig veränderbar,
- weist einen geringen Detaillierungsgrad auf und
- betrifft das Gesamtunternehmen oder zumindest einen großen Teil davon.

19.   Was versteht man unter simultaner und was unter sukzessiver Finanzplanung?

Simultane Finanzplanung bedeutet, dass alle Planbereiche des Unternehmens hinsichtlich ihrer finanziellen Auswirkung gleichzeitig geplant werden.

Sukzessive Finanzplanung bedeutet, dass die Planung engpassbezogen ist und die anderen Planungen sich daran ausrichten.

20.   Welche Phasen werden bei der Finanzplanung unterschieden?

Zunächst ist das finanzwirtschaftliche Ziel zu definieren. Danach schließt sich die Finanzprognose an, die die erwarteten Zahlungsströme erfasst. Anschließend sind die Alternativen zu planen, d.h. es sind Maßnahmenbündel festzulegen und nach ihrem Zielerreichungsgrad zu ordnen. Die Umsetzung der Maßnahmen ist zu überwachen und im Falle von Soll-Ist-Abweichungen sind Verantwortliche gesucht bzw. es sind Plananpassungen vorzunehmen.

21.   Welche Prognosemethoden kennen Sie aus der Literatur? Führen Sie einige Beispiele an.

Man unterscheidet subjektive, extrapolierende und kausale Verfahren (Literaturmeinung).
- Kennzeichen der subjektiven Verfahren sind Erfahrung und Intuition. Beispiele: Einzel-, Gruppen- und Expertenurteil sowie die Delphi-Methode.
- Extrapolierende Verfahren analysieren die zu prognostizierende Größe aus der Vergangenheit und versuchen, diese Größe aus dem Vergangenheitsverlauf in die Zukunft zu projizieren. Beispiele: Mittelwertbildung, gleitende Durchschnitte, kleinste quadratische Abweichung und exponentielle Glättungen 1. und 2. Ordnung.
- Kausale Verfahren erforschen die Ursachen-Wirkungs-Zusammenhänge, die für die Entwicklung einer Größe maßgeblich sind. Beispiele: Deterministische Ursachen-Wirkungszusammenhänge bei sicheren Erwartungen und stochastische, auf einer Wahrscheinlichkeitsverteilung beruhende Ursachen-Wirkungszusammenhänge bei unsicheren Erwartungen.

22.   Beschreiben Sie das Verhältnis von Rentabilität zu Liquidität.

Kurzfristig ist die Liquidität wichtiger als die Rentabilität. Illiquidität ist ein Insolvenzgrund, mangelnde Rentabilität nicht, wenigstens nicht sofort. Allerdings droht durch Eigenkapitalverlust die Überschuldung.

4 Kapitalbedarf

23. **Beschreiben Sie den Grund für das Entstehen eines Kapitalbedarfs.**
Kapitalbedarf entsteht durch das zeitliche Auseinanderfallen von Einzahlungen und Auszahlungen, wenn die Einzahlungen den Auszahlungen zeitlich nachgelagert sind.

24. **Welche Arten des Kapitalbedarfs werden in der betrieblichen Praxis unterschieden?**
Nach der Entstehung im Unternehmen lassen sich nachstehende Unterscheidungen vornehmen:
(1) Betrieblich notwendiger Kapitalbedarf
   ▪ in fixer Höhe, z. B. durch Investitionen in das Anlagevermögen bei Erweiterungs- und/oder Ersatzinvestitionen oder feststehende Auszahlungsverpflichtungen oder fixe Mietverpflichtungen,
   ▪ in variabler Höhe, z. B. für Roh-, Hilfs- und Betriebsstoffe, fertige und unfertige Erzeugnisse, Waren und auszahlungswirksame variable Kosten.
(2) Nicht betrieblich notwendiger Kapitalbedarf, z. B. für nicht betrieblich genutztes Anlagevermögen.
(3) Reserven zur Liquiditätssicherung, z. B. Festgeld und Wertpapaiere des Umlaufvermögens.
(4) Nicht prognostizierbarer Kapitalbedarf, z. B. für unvorhersehbare Reparaturen.

25. **Welchen Einfluss hat die Kapitalbindungsdauer auf die Höhe des Kapitalbedarfs für das Umlaufvermögen?**
Zur Ermittlung des Kapitalbedarfs für das Umlaufvermögen werden die Auszahlungen pro Kapitalbindungstag mit der Zahl der Kapitalbindungstage multipliziert. Die Kapitalbindungstage ergeben sich aus dem Zeitraum zwischen Auszahlung und Einzahlung. Gelingt es z. B. durch Reorganisation die Kapitalbindungsdauer zu verkürzen, sinkt auch der Kapitalbedarf.

26. **Nennen Sie drei Einflussfaktoren auf die Höhe des Kapitalbedarfs für das Anlagevermögen, vor allem bei Gründungsvorgängen.**
Eine große Bedeutung hat die Ermittlung des Kapitalbedarfs für das Anlagevermögen bei der Betriebsgründung. Dabei sind folgende Einflussfaktoren wichtig:
(1) die Dimension (Größe und Tiefe) des Unternehmens,
(2) die Rechtsform (insbesondere bei Kapitalgesellschaften),
(3) die Standortkosten.

27. **Welche Sachverhalte beeinflussen nach Erich Gutenberg die Höhe des Kapitalbedarfs?**
Erich Gutenberg beschreibt in seinen Publikationen folgende Sachverhalte als wesentliche Einflussfaktoren:
▪ Anordnung, Ablauf und Geschwindigkeit des Leistungsprozesses,
▪ Beschäftigungsschwankungen,
▪ das Preisniveau,
▪ die Betriebsgröße,
▪ die Änderungshäufigkeit des Produktionsprogramms.

5 Außen- und Innenfinanzierung

28. **Erklären Sie die Begriffe Außen- und Innenfinanzierung.**

Bei der Außenfinanzierung handelt es sich um die Beschaffung von Eigen- und/oder Fremdkapital von außerhalb des Unternehmens.

Bei der Innenfinanzierung werden dem Unternehmen liquide Mittel aus den Umsatzerlösen (z. B. Gewinnen oder Abschreibungen), aus der Freisetzung von und der Rationalisierung bei Vermögenspositionen zugeführt.

29. **Wie verhält sich die Einteilung »Außen- und Innenfinanzierung« zu der Einteilung »Eigen- und Fremdfinanzierung«?**

Bei der Einteilung »Außen- und Innenfinanzierung« handelt es sich um die Frage der Kapitalherkunft (Kapitalquelle), bei der Einteilung »Eigen- und Fremdfinanzierung« um die Kapitalform (Eigen- oder Fremdkapital).

5.1 Außenfinanzierung

30. **Im Rahmen der Außenfinanzierung wird die Eigen- und Fremdfinanzierung unterschieden. Beschreiben Sie die beiden Finanzierungsarten.**

Bei der Eigenfinanzierung (Beteiligungsfinanzierung) handelt es sich um einen substanziellen Anspruch, der aus dem Teilhaberverhältnis stammt. Dieses Teilhaberverhältnis ist mit einer Erfolgsbeteiligung verbunden und mit einer Haftung in Höhe des Kapitalanteils oder je nach Rechtsform auch mit dem Privatvermögen. Ein Eigenkapitalgeber hat Informationsrechte, teilweise auch Mitbestimmungs-, Mitsprache- oder sonstige Mitwirkungsrechte. In Abhängigkeit von der Rechtsform ist er zur Geschäftsführung berechtigt oder sogar verpflichtet. Die Beteiligungsfinanzierung ist unbefristet, es ist keine Sicherheitsstellung notwendig.

Bei der Fremdfinanzierung hat der Gläubiger einen nominellen Anspruch auf Rückzahlung ohne Beteiligung an den stillen Reserven und einem originären Firmenwert. Der Fremdkapitalgeber hat keine Haftung, er hat nur das Risiko eines nicht ordnungsmäßigen Kapitaldienstes, aber keine Mitsprache- und Mitwirkungsrechte. Eine Mitarbeit des Fremdkapitalgebers ist nicht vorgesehen, er hat aber den Anspruch auf Verzinsung des von ihm überlassenen Kapitals. Fremdkapital ist in der Regel befristet und es hat eine Sicherheitenstellung zu erfolgen, was zu einer Verfügungsbeschränkung führen kann.

31. **Welche Entscheidungskriterien sind bei der Kapitalbeschaffung zu beachten?**

Die wesentlichen Kriterien sind:

- Die Finanzierungsart und deren Auswirkung auf die Kapitalstruktur. Ein Hinweis auf den Leverage-Effekt ist sinnvoll.
- Die Höhe der Kapitalbeschaffung. Dies ist u. a. wichtig in Bezug auf die Zahl potenzieller Kapitalgeber.
- Die Kapitalkosten (auszahlungswirksame Kosten und Opportunitätskosten). Ihre Höhe beeinflusst im Rahmen des Leverage-Effektes den Einfluss auf die Rentabilität des Eigenkapitals.

5.1.1   Eigen- oder Beteiligungsfinanzierung

32.   **Welche Möglichkeiten hat eine Personengesellschaft, ihr Eigenkapital im Rahmen der Außenfinanzierung zu erhöhen?**
Bei der Eigen- oder Beteiligungsfinanzierung muss man zwischen Personen- und Kapitalgesellschaften unterscheiden.

Prinzipiell hat eine Personengesellschaft zwei Möglichkeiten:
- die Aufnahme zusätzlicher Gesellschafter oder
- die Erhöhung der Einlagen durch den oder die seitherigen Gesellschafter.

Ein Beschluss des entsprechenden Gremiums ist in der Regel notwendig.

33.   **Das Aktiengesetz sieht für die AG mehrere Möglichkeiten vor, das gezeichnete Kapital zu erhöhen. Welche Möglichkeiten sind dies?**
Das Aktiengesetz sieht vier Möglichkeiten vor:
(1)   die Kapitalerhöhung gegen Einlagen (§§ 182 ff AktG),
(2)   die bedingte Kapitalerhöhung (§§ 192 ff AktG),
(3)   die genehmigte Kapitalerhöhung (§§ 202 ff AktG),
(4)   die Kapitalerhöhung aus Gesellschaftsmitteln (§§ 207 ff AktG).

34.   **Bei der Aktienfinanzierung werden mehrere Aktienarten unterschieden. Welche Arten kennen Sie?**
Beispielhaft können genannt werden:
(1)   Die Inhaberaktie: Die Gesellschaftsrechte werden von dem ausgeübt, der die Aktie besitzt.
(2)   Die Namensaktie: Die Aktionäre werden im Aktienbuch vermerkt. Es ist erkennbar, wer der Eigentümer der Aktie ist.
(3)   Die vinkulierte Namensaktie: Sie ist nur mit Zustimmung des Vorstandes der AG übertragbar.
(4)   Die Stammaktie: Sie verbrieft die üblichen, im Aktiengesetz aufgeführten Mitgliedschaftsrechte.
(5)   Die Vorzugsaktie: Sie ist mit bestimmten Vorzugsrechten ausgestattet (z.B. höhere Dividende). Andererseits verzichtet der Aktionär in der Regel auf das Stimmrecht in der Hauptversammlung (stimmrechtslose Vorzugsaktie).
(6)   Die Quotenaktie: Im Gegensatz zur Nennwertaktie ist vor allem in angelsächsischen Ländern die Quotenaktie verbreitet. Sie verbrieft nur einen Anteil am gezeichneten Kapital.
(7)   Die Belegschaftsaktie: Sie wird den Arbeitnehmern meist zu Vorzugsbedingungen angeboten mit dem Ziel, eine Bindung an das Unternehmen zu erreichen und eine Vermögensbildung der Arbeitnehmer zu fördern.
(8)   Die Gratisaktie: Sie wird bei einer Kapitalerhöhung aus Gesellschaftsmitteln ausgegeben, um die Anzahl der Aktien zu erhöhen, deren Wert pro Stück allerdings sinkt, sodass sich das Vermögen des Aktionärs nicht verändert. Der AG fließen keine liquiden Mittel zu.

35.   **Was ist das Bezugsrecht und wie lässt sich der rechnerische Wert des Bezugsrechtes ermitteln?**
Das Recht auf Bezug junger Aktien (Bezugsrecht) gibt dem Aktionär das Recht, sich an der Kapitalerhöhung zu beteiligen.

Der rechnerische Wert des Bezugsrechtes lässt sich durch Anwendung einer Formel errechnen. Man erkennt, dass die einzige Variable dieser Formel der Kurs der alten Aktie ist. Sein Verlauf und damit die Wertschätzung der Aktie bzw. des betreffenden Unternehmens beeinflusst den Wert des Bezugsrechtes. Die Formel lautet:

$$\frac{\text{Kurs der alten Aktie} - \text{Kurs der jungen Aktie (Emissionskurs)}}{\text{Bezugsverhältnis} + 1}$$

36. Bei der bedingten Kapitalerhöhung unterscheidet das Aktiengesetz drei Möglichkeiten. Welche sind dies?

Die bedingte Kapitalerhöhung ist möglich (§§ 192 ff AktG):

(1) zur Gewährung eines Umtauschrechtes bei Wandelschuldverschreibungen oder eines Bezugsrechtes bei Optionsanleihen,

(2) zur Vorbereitung des Zusammenschlusses von Unternehmen (Fusionen),

(3) zur Gewährung von Bezugsrechten an Arbeitnehmer (Belegschaftsaktien), die ihnen aus einer Gewinnbeteiligung zustehen.

37. Was sagt die genehmigte Kapitalerhöhung aus?

Bei der genehmigten Kapitalerhöhung (§§ 202 ff AktG) wird der Vorstand einer Aktiengesellschaft für maximal 5 Jahre ermächtigt, Kapitalerhöhungen durch die Ausgabe junger Aktien durchzuführen. Der Nennbetrag der neu auszugebenden Aktien darf 50 % des bisherigen gezeichneten Kapitals nicht übersteigen. Die Ausübung der Ermächtigung bedarf der Zustimmung des Aufsichtsrates. Bei Ausübung der Ermächtigung gelten die Vorschriften einer ordentlichen Kapitalerhöhung (Kapitalerhöhung gegen Einlagen).

38. Welche Gründe werden für die Durchführung einer Kapitalerhöhung aus Gesellschaftsmitteln angeführt?

Folgende Gründe können für eine Kapitalerhöhung aus Gesellschaftsmitteln genannt werden:

(1) Umstrukturierung des Eigenkapitals, d. h. Stärkung des gezeichneten Kapitals.

(2) Senkung des Aktienkurses zur Erhöhung der Attraktivität der Aktie. Nachweisbar ist dies am Bilanzkurs der Aktie.

$$\text{Bilanzkurs} = \frac{\text{Bilanziertes Eigenkapital} \times 100}{\text{gezeichnetes Kapital}}$$

(3) Ausgabe von Gratisaktien an seitherige Aktionäre, allerdings bei Senkung des Kurses.

(4) Vorbereitung einer Kapitalerhöhung gegen Einlagen.

39. Bei Kapitalgesellschaften gibt es Vorschriften für die Verteilung des Jahresüberschusses. Was besagt in diesem Zusammenhang der Begriff »Ausschüttungssperre«?

»Ausschüttungssperre« bezeichnet die Kopplung der Ausschüttung (z. B. Dividende) an einen Erfolgsausweis. Dies ist besonders wichtig bei Rechtsformen mit Haftungsbeschränkung. Darüber hinaus ist eine Zuführung zu den offenen Rücklagen ebenso eine Vorsorgemaßnahme wie die bewertungsbedingte Bildung stiller Reserven.

5.1.2   Fremdfinanzierung

40.   Welche Vor- und Nachteile weist die Fremdfinanzierung gegenüber der Eigenfinanzierung auf?

Folgende Gesichtspunkte (positiv bzw. negativ) sind maßgebend:

- Einflussbeschränkung des Fremdkapitalgebers im Gegensatz zum Eigenkapitalgeber,
- Kreditkosten sind eine feste Kalkulationsgrundlage,
- Kreditkosten sind aufwands- und daher steuerwirksam,
- Kreditkosten sind auszahlungs- und damit liquiditätswirksam,
- Zinsen auf das Eigenkapital (z.B. Dividende) machen einen Gewinn erforderlich,
- Fremdkapital erfordert in der Regel Sicherheiten,
- Eigenkapital erhöht die Kreditwürdigkeit.

41.   Zählen Sie einige potenzielle Fremdkapitalgeber auf!

Nachstehende Fremdkapitalgeber können genannt werden, wobei die Reihenfolge unerheblich ist: das Bankensystem (Kredite), Lieferanten (Lieferantenkredit), Kunden (An- und Vorauszahlungen), Mitarbeiter (Mitarbeiterdarlehen), Gesellschafter (Gesellschafterdarlehen), Staat (Steuerstundung).

42.   Vor allem bei Bankkrediten geht der Kreditvergabe eine Kreditwürdigkeitsprüfung voraus. Nennen Sie einige wichtige Inhalte dieser Prüfung! Welche Rolle spielt in diesem Zusammenhang »Basel III«?

Folgende Inhalte können bei einer Kreditwürdigkeitsprüfung eine Rolle spielen: Kreditzweck, Kredithöhe, jetzige und zukünftige wirtschaftliche Situation des Antragsstellers, gebotene und verlangte Sicherheiten, Laufzeit des Kredits, Kapitaldienst (Zins und Tilgung). Die Kernidee von »Basel III« besteht darin, die Höhe des Eigenkapitals, mit dem jede Bank einen Kredit unterlegen muss, von der künftig erwartbaren Zahlungsfähigkeit des Kreditnehmers gegenüber Basel II noch stärker abhängig zu machen. Strategisch wie operativ gut geführte Unternehmen werden geringere Kreditzinsen zahlen müssen als »schlechte« Unternehmen, die sich zudem noch in krisengeschüttelten Branchen befinden. Die Unternehmen müssen sich einem »Rating« unterziehen, bei dem letztlich durch Berücksichtigung »harter« und »weicher« Faktoren die zukünftige Bedienung des Kapitaldienstes untersucht wird. Das Unternehmen erhält eine Ratingziffer.

43.   Man unterscheidet verstärkte Personalkredite und Realkredite. Führen Sie Beispiele für beide Bereiche an!

Beispiele für verstärkte Personalkredite sind: der Wechseldiskontkredit, der Bürgschaftskredit, der Zessionskredit.

Beispiele für Realkredite sind: der Lombardkredit, die Sicherungsübereignung, der Grundkredit (Hypothek und Grundschuld, Rentenschuld).

44.   Zählen Sie je zwei Beispiele für Personal- und Realsicherheiten auf!

Beispiele für Personalsicherheiten sind der Eigentumsvorbehalt, die Bürgschaft, die Garantie sowie die Wechselsicherung.

Beispiele für Realsicherheiten sind die Verpfändung, die Sicherungsübereignung mobiler Gegenstände sowie die grundpfandrechtlichen Sicherheiten wie Hypothek, Grund- und Rentenschuld.

45.   **Was versteht man unter einer Zession? Welche Arten von Zessionen kennen Sie bezüglich der Information des Dritten?**

Forderungen a. L. u. L. können als Kreditsicherheit abgetreten werden. Man spricht von der Zession.

Bei der Forderungsabtretung unterscheidet man die offene und die stille Zession, je nachdem ob der Dritte (= Kunde des Kreditnehmers) von der Abtretung (Zession) informiert wird oder nicht. Bei der offenen Zession zahlt der Dritte mit schuldbefreiender Wirkung nur an den Kreditgeber. Bei der stillen Zession wird der Dritte nicht informiert.

46.   **Welche Formen der Bürgschaft sind Ihnen bekannt?**

Im Rahmen der verstärkten Personalkredite ist die Bürgschaft ein Sicherungsmittel.

Man unterscheidet u. a. die selbstschuldnerische Bürgschaft und die Ausfallbürgschaft.

Bei der selbstschuldnerischen Bürgschaft tritt der Bürge für die Schuld wie für eine eigene Schuld ein. Der Bürge hat keine Möglichkeit zur Einrede der Vorausklage. Die selbstschuldnerische Bürgschaft ist die Bürgschaftsform der Kaufleute.

Die Ausfallbürgschaft ermöglicht die Einrede der Vorausklage für den Bürgen. Er kann den Gläubiger auf den Rechtsweg gegen den Hauptschuldner verweisen und muss erst nach erfolgloser Zwangsvollstreckung (»endgültiger Ausfall«) gegen den Hauptschuldner bezahlen.

47.   **Sicherungsübereignung und Verpfändung (Lombardierung) sind wesentliche Bestandteile der Realkredite. Wie unterscheiden sich beide Sicherheiten?**

Bei der Verpfändung (Lombardierung) ist eine körperliche Übergabe des Pfandgutes erforderlich. Der Kreditnehmer kann den Sicherungsgegenstand während der Kreditfrist nicht nutzen. Er ist Eigentümer, aber nicht mehr Besitzer. Der Kreditnehmer erhält nicht den vollen Wert des Pfandes, sondern nur einen bestimmten Satz, den Beleihungssatz, dessen Höhe von den Wertschwankungen des Pfandes abhängt.

Bei der Sicherungsübereignung tritt an die Stelle der körperlichen Übergabe das sog. Besitzkonstitut. Das Sicherungsgut kann weiterhin vom Kreditnehmer genutzt werden. Probleme können sich ergeben, wenn das Sicherungsgut vom Sicherungsgeber (Kreditnehmer) vertragswidrig verpfändet oder veräußert wird.

48.   **Welche Grundpfandrechte werden unterschieden?**

Man unterscheidet

- die Hypothek,
- die Grundschuld und
- die Rentenschuld.

Es handelt sich um den Überbegriff aller Rechte an oder aus einem Grundstück (bebaut und/oder unbebaut), die unabhängig vom jeweiligen Eigentum bestehen können. Die Grundpfandrechte sind im Grundbuch (= öffentliches Register) eingetragen.

49.   **Was bedeutet im Rahmen der Grundpfandrechte »akzessorisch«?**

Das Bestehen einer Hypothek ist mit dem Bestehen einer Kreditforderung verbunden. Besteht die Forderung nicht mehr, existiert auch die Hypothek nicht mehr.

50.   **In der Praxis werden zwei leistungswirtschaftliche Kreditarten unterschieden. Welche sind dies?**

Es handelt sich zum einen um den Lieferantenkredit, d. h. der Lieferant gewährt (mit oder ohne Skontoangebot) dem Kunden ein Zahlungsziel.

Zum anderen handelt es sich um die Kundenanzahlung oder -vorauszahlung, d.h. der Kunde zahlt aus unterschiedlichen Gründen (z.B. Spezialanfertigung, neuer Kunde, lange Produktionsdauer usw.) einen gewissen Betrag an den Auftragnehmer. Zur Sicherheit lässt sich der Kunde meist eine Bankbürgschaft (Aval) geben. Es fällt eine Avalprovision an.

51.   Der Vorteil einer Inanspruchnahme des Skontoangebots des Lieferanten wird immer noch diskutiert. Weisen Sie anhand eines Beispiels die Vorteilhaftigkeit der Inanspruchnahme von Skonto nach.

Bei einer Zahlungsbedingung »2 % Skonto innerhalb von 10 Tagen oder 30 Tage rein netto« entspricht der Verzicht auf 2 % von der Rechnungssumme nach grober Rechnung einem Kreditzinssatz von ca. 36 %.

Dies kann anhand einer einfachen Formel nachgewiesen werden. Sie lautet:

$$\text{Jahreszinssatz} = \frac{\text{Skontosatz in \%} \times 360}{\text{Zahlungsziel} - \text{Skontofrist}}$$

Werden die Zahlen des obigen Beispiels in die Formel eingesetzt, erhalten wir 36 %.

52.   Ein Lieferantenkredit kann auch in Wechselform gewährt werden. Welche Verwendungsmöglichkeiten hat der Inhaber eines Wechsels?

Der Inhaber kann den Wechsel

- diskontieren und den sog. Barwert auszahlen lassen,
- zahlungshalber durch Indossament weitergeben an einen Gläubiger oder
- bis zur Fälligkeit aufbewahren und dann durch die Bank einziehen lassen, d.h. zum Inkasso geben.

53.   Was versteht man unter »Kreditleihe« und welche Formen kennen Sie?

Bei der Kreditleihe wird kein Geld »verliehen«, sondern die Kreditwürdigkeit einer Person oder Institution (z.B. Bank). Man unterscheidet den Akzept- und den Avalkredit. Beim Akzeptkredit räumt die Bank einem Kunden das Recht ein, auf sie einen Wechsel zu ziehen. Beim Avalkredit ist eine Bank Bürge. Diese Bankbürgschaft spielt im Rahmen der Außenhandelsfinanzierung eine wichtige Rolle. Außerdem kommt das Aval im Rahmen der Forfaitierung und bei Anzahlungen vor. Bei beiden Formen fällt eine Provision an (Akzeptprovision bzw. Avalprovision).

54.   Beschreiben Sie kurz das Dokumentenakkreditiv. Wo spielt es eine Rolle?

Im Rahmen der Außenhandelsfinanzierung gibt es mehrere Absicherungsalternativen. Das Dokumentenakkreditiv spielt dabei eine wichtige Rolle.

Beim Dokumentenakkreditiv beauftragt ein Bankkunde seine Bank zu seinen Lasten an einen Dritten, in der Regel den Lieferant, eine bestimmte Geldsumme zu bezahlen, wenn die im Akkreditiv gestellten Bedingungen durch den Begünstigten erfüllt sind. Diese Bedingungen werden durch die Vorlage von Dokumenten nachgewiesen, die der Begünstigte bei seiner Bank und diese bei der Bank des Auftraggebers zur Prüfung vorlegen muss. Die Dokumente haben eine Beweis- und eine Sperrfunktion. So wird z.B. der ordnungsmäßige Versand einer Ware durch ein Versanddokument, z.B. ein Konnossement = Seefrachtpapier, nachgewiesen.

Es werden mehrere Arten von Dokumentenakkreditiven unterschieden, wie z.B. ein widerrufliches oder unwiderrufliches, ein befristetes oder unbefristetes, ein bestätigtes oder ein unbestätigtes Dokumentenakkreditiv.

Der Akkreditivbetrag entspricht meist nicht der Kaufpreissumme, damit eine Kaufpreisminderung des Kunden wegen Mängeln am Kaufgegenstand möglich ist.

55.   Welche weiteren Absicherungsalternativen kennen Sie?

Weitere Möglichkeiten sind

- das Dokumenteninkasso,
- der Rembourskredit und die Forfaitierung.

56.   Beschreiben sie diese Alternativen aus Frage 55 kurz.

Das Dokumenteninkasso setzt dieselbe Abwicklung wie beim Akkreditiv voraus, d. h. die Warendokumente für die Einfuhr werden dem Importeur nur gegen Bezahlung ausgehändigt. Das Risiko für den Lieferanten besteht allerdings darin, dass der Kunde die Ware und damit auch die Dokumente nicht abnimmt. Das bedeutet, dass der Lieferant entweder die Ware auf eigene Kosten wieder zurücktransportieren muss oder über einen Preisnachlass den Kunden zur Zahlung bewegt.

Eine Sonderform ist das Dokumentenakzept, bei dem die Warendokumente für die Einfuhr dem Importeur nur gegen Akzept eines Wechsels ausgehändigt werden.

Beim Rembourskredit wird der Wechsel bei Vorlage ordnungsmäßiger Dokumente nicht durch den Käufer akzeptiert sondern durch eine Bank, die sich dazu verpflichtet hat.

Bei der Forfaitierung handelt es sich um den regresslosen Verkauf einer Auslandsforderung an einen Forfaiteur (= Forfaitierungsgesellschaft). Dieser erhält als Sicherheit vom Kunden (= Schuldner) zeitlich aufeinanderfolgende Solawechsel, die zur Sicherheit mit einem Aval versehen sind. Die Forfaitierung empfiehlt sich nur bei hohen Rechnungsbeträgen. Die Kosten sind sehr hoch, bringen dem Lieferanten (Gläubiger) aber einen enormen Liquiditätsvorteil.

5.2   Innenfinanzierung

57.   Was versteht man unter Innenfinanzierung?

Bei der Innenfinanzierung handelt es sich um die Kapitalzufuhr aus dem Unternehmen selbst in Form von Eigen- oder Fremdkapital.

58.   Welche Finanzierungsarten umfasst die Innenfinanzierung?

In der Literatur werden folgende Arten genannt:

- die Finanzierung durch Einbehalten von Gewinnen (Selbstfinanzierung),
- die Finanzierung durch Rückstellungsbildung,
- die Finanzierung aus Abschreibungen und den Kapazitätserweiterungseffekt,
- die Finanzierung durch Umschichtung (Umschuldung von Kapital) und Freisetzung von Vermögen (Umfinanzierung).

59.   Was versteht man unter der Selbstfinanzierung?

Selbstfinanzierung bedeutet das Nichtausschütten bzw. Nichtentnehmen von Gewinnen (Jahresüberschüssen) aus dem Unternehmen zur Stärkung der Eigenkapitalausstattung und der Kreditwürdigkeit. Man unterscheidet die offene und die verdeckte Selbstfinanzierung.

60.   Wie unterscheidet sich die offene von der verdeckten Selbstfinanzierung?

Die offene Selbstfinanzierung behält die als Gewinn (Jahresüberschuss) ausgewiesenen Beträge ein. Diese werden, je nach Rechtform, als Gewinnrücklagen, als Gewinnvortrag oder direkt auf dem Eigenkapitalkonto ausgewiesen.

Bei der verdeckten Selbstfinanzierung ist der Gewinn als »stille Reserve« in der Bilanz bzw. im Unternehmen enthalten. Beispiele sind die überhöhte Bildung von Rückstellungen, die Vornahme außerplanmäßiger Abschreibungen, die Nichtaktivierung von Vermögensgegenständen, für die ein Ansatzwahlrecht besteht (z. B. geringwertiges Wirtschaftsgut), die Unterlassung von Wertaufholungen usw.

61.   Wie erklärt sich die Finanzierung durch Rückstellungsbildung?

Rückstellungen bedeuten eine begründete Aufwandsbildung für zukünftige erfolgswirksame, aber in der Höhe und im zeitlichen Anfall ungewisse Auszahlungen. Durch die Buchung der Rückstellung als Aufwand werden der Jahresüberschuss und mit ihm die erfolgsabhängigen Zahlungen, z. B. Gewinnauszahlungen, verringert. Die so vermiedenen Ausschüttungen sind im Betrieb gebunden. Dies macht sich besonders bei sog. Pensionsrückstellungen bemerkbar.

Der Finanzierungseffekt von Rückstellungen stammt also nicht aus einem Zufluss liquider Mittel, sondern aus einer Vermeidung gewinnabhängiger Auszahlungen. Rückstellungen werden dem Fremdkapital zugerechnet.

62.   Was versteht man unter der Finanzierung aus Abschreibungen und insbesondere unter dem sog. Kapazitätserweiterungseffekt (Lohmann-Ruchti-Effekt)?

Da planmäßige Abschreibungen auf abnutzbare Vermögensgüter Kosten darstellen, werden diese in der Kalkulation zur Preisermittlung berücksichtigt. Sie fließen unter der Voraussetzung der Kostendeckung dem Unternehmen als liquide Mittel (im Rahmen des sog. Cashflow) zu. Damit stehen sie dem Unternehmen zu Investitionszwecken, z. B. der Ersatzinvestition, zur Verfügung, da sie in der Gewinn- und Verlustrechnung zwar Aufwand, aber keine Auszahlung darstellen.

Der Lohmann-Ruchti-Effekt oder auch Kapazitätserweiterungseffekt bedeutet, dass durch die sofortige Reinvestition der im Umsatz zurückfließenden Abschreibungen unter bestimmten Voraussetzungen die Produktionskapazität erhöht werden kann. Die Voraussetzungen sind:

- Es muss sich um einen wachsenden Markt handeln, der die Produkte der erhöhten Kapazität abnimmt.
- Die Anfangsinvestition muss mit Eigenkapital finanziert sein.
- Die liquiden Mittel in Form der Abschreibungen müssen dem Unternehmen auch zur Verfügung stehen.

Die Erfüllung dieser Voraussetzungen schränkt die Praxisrelevanz dieses Effektes stark ein.

63.   Erklären Sie die Umfinanzierung auf der Passivseite und auf der Aktivseite der Bilanz!

Umfinanzierung auf der Kapitalseite erfolgt durch:

(1) Umwandlung von Fremdkapital in Eigenkapital (z. B. bei Wandelschuldverschreibungen oder die Umwandlung einer Lieferantenschuld in eine Einlage),

(2) die Umwandlung kurzfristigen Fremdkapitals in langfristiges Fremdkapital.

Umfinanzierung auf der Vermögenseite erfolgt durch:

(1) die Veräußerung nicht (mehr) betriebsnotwendigen Vermögens (z. B. durch den Verkauf von Grundstücken oder Gebäuden oder Maschinen usw.),

(2) sale and lease back (vgl. Frage 65),

(3) die Verminderung der Kapitalbindung durch Rationalisierungsvorgänge, die zu kürzeren Produktions- und Debitorendauern, zu Factoring, vgl. Frage 67), zu geringeren Lagerbeständen und zur Senkung auszahlungswirksamer Kosten führen.

64.   Was versteht man unter dem Cashflow und wie kann er ermittelt werden?

Der Cashflow ist der Überschuss der Erfolgseinnahmen über die Aufwandsausgaben einer Periode. Er ist ein Indikator für die Ertrags- und die Finanzkraft eines Unternehmens.

Es gibt eine Vielzahl von Berechnungsvorschlägen. Eine häufig gebrauchte, vereinfachte Ermittlungsmöglichkeit ist folgende:

Jahresüberschuss
+ Abschreibungen
+/– Veränderung langfristiger Rückstellungen
    (hauptsächlich Pensionsrückstellungen)
= Cashflow

6   Leasing und Factoring

65.   Wie kann man Leasing definieren und welche gebräuchlichen Leasingarten kennen Sie?

Leasing ist die Gebrauchsüberlassung einer Sache gegen Entgelt, wobei eine feste Grundmietzeit vereinbart sein kann, innerhalb der der Leasingvertrag von keiner Seite kündbar ist (Finance-Leasing). Ebenfalls fakultativ möglich sind Mietverlängerungs- oder Kaufoptionen am Ende der Grundmietzeit.

In der Praxis unterscheidet man eine Reihe von Leasingarten (-formen):

- Operate-Leasing: Es handelt sich um einen normalen Mietvertrag, der unter Einhaltung einer Kündigungsfrist von jeder Vertragspartei zu jedem Zeitpunkt gekündigt werden kann. Anwendbar ist das Operate-Leasing vor allem bei Universalgegenständen (Universalleasing).
- Beim Finance-Leasing wird eine feste Grundmietzeit vereinbart. Der Leasingnehmer trägt das volle Investitionsrisiko und die Gefahr, dass sich das Leasingobjekt als Fehlinvestition herausstellt.
- Beim Personalleasing geht es um die »Vermietung« von Arbeitskräften auf Zeit. Der Leasinggeber übernimmt die Anwerbung, Vermittlung, Einstellung, Verwaltung und Gehaltsabrechnung von Arbeitskräften. Der Leasingnehmer fordert die Arbeitskräfte bei Bedarf an. Es ist eine gute Möglichkeit, fixe Personalkosten in variable Kosten umzuwandeln.
- Beim »sale and lease back« kauft ein Unternehmen die Anlagegegenstände, verkauft diese oder bereits vorhandene Anlagegegenstände (z.B. Gebäude) sofort danach an eine Leasinggesellschaft (Liquiditätszufluss) und »least« diese von ihr zum Gebrauch zurück.

66.   Stellen Sie Leasing und Kreditfinanzierung einander gegenüber!

Leasing schont die Liquidität, weil keine Anschaffungsauszahlung entsteht, sondern nur die Leasingraten während der Leasingdauer.

Es kann eine nutzungskonforme Laufzeit des Leasingvertrages vereinbart werden. Es sind auch keine dinglichen Sicherheiten notwendig.

Leasingraten stellen fixe Kosten dar und erleichtern dadurch die Kalkulation beim Leasingnehmer.

Durch die Möglichkeit, die Vertragsdauer an die technische Entwicklung anzupassen, ist eine schnelle Anpassung an technologische Veränderungen gegeben.

Die Nachteile des Leasing liegen vor allem in der Höhe der Kosten. Die Leasinggesellschaft möchte über die Leasingraten Finanzierungskosten und Gewinne erwirtschaften. In umsatz- und gewinnschwachen Jahren stellen die Leasingraten unter Umständen hohe Anforderungen an die Liquidität.

67. Erklären Sie den Sachverhalt des »Factoring«!
Factoring bedeutet den Ankauf von Kundenforderungen vor deren Fälligkeit durch eine Factoringgesellschaft (Factor) unter Übernahme bestimmter Servicefunktionen wie z.B. Debitorenbuchhaltung, Inkasso- und Mahnwesen und auch das Ausfallrisiko (= Delkredere = echtes Factoring i.G. zum unechten Factoring). Bis zur Zahlung durch den Schuldner werden allerdings nur ca. 80 % der Forderungen vom Factor ausbezahlt.

68. Welche Probleme werden dem Factoring angelastet?
Hat eine Factoringgesellschaft eine Forderung oder einen Forderungsbestand aufgekauft, kommt es ihr nur auf die Eintreibung der Forderung an, nicht aber auf die Pflege der Geschäftsbeziehungen. Die Kunden sind oftmals durch ein zu standardisiertes und »strenges« Mahnwesen verärgert. Durch die Auszahlung von zunächst nur ca. 80 % der Forderungen tritt ein Liquiditätsnachteil gegenüber der Situation ein, dass der Kunde sofort bezahlt.

7   Finanzierungsgrundsätze

69. Was versteht man unter Finanzierungsempfehlungen bzw. -regeln oder -grundsätzen?
Finanzierungsempfehlungen (-grundsätze) haben das Ziel, dem Finanzverantwortlichen Hinweise bzw. Ratschläge für Finanzentscheidungen zu geben. Die Empfehlungen erstrecken sich auf die horizontale und auch vertikale Ebene.

70. Führen Sie Beispiele für vertikale Vermögens- bzw. Kapitalstrukturregeln an!
Vertikale Vermögensstrukturregeln beschreiben durch Kennzahlen das Verhältnis von Anlage- und Umlaufvermögen bzw. den Anteil des Anlagevermögens (Anlageintensität) oder den Anteil der Vorräte am Umlaufvermögen (Vorratsintensität).
Vertikale Kapitalstrukturregeln betreffen z.B. das Verhältnis von Eigenkapital bzw. Fremdkapital zum Gesamtkapital (sog. Eigen- bzw. Fremdkapitalquote), die Rücklagenquote (Anteil der Rücklagen am Eigenkapital), den Selbstfinanzierungsgrad (Anteil der Gewinnrücklagen am Gesamtkapital) oder die Rückstellungsquote (Anteil der Rückstellungen am Gesamtkapital).
Horizontale Finanzierungsregeln werden auch als Deckungsgrad A und B (bzw. I und II) bezeichnet und stellen die Beziehungen zwischen Positionen der Aktiv- und der Passivseite dar. Beispiele sind die Anlagendeckung (Deckungsgrade), die das Verhältnis von Eigenkapital – ggf. erweitert um langfristiges Fremdkapital – zum Anlagevermögen beschreibt, die Liquiditätsgrade, die das Verhältnis von Teilen des Umlaufvermögens zu kurzfristigen Verbindlichkeiten untersuchen sowie die so genannte Fristenkongruenz, d.h. die Deckungsgleichheit von Mittelherkunft und Mittelverwendung.

71.   Zur »optimalen« Struktur der Kapitalseite werden die Aussagen des »Leverage-Effektes« (= Hebeleffekt) herangezogen. Was besagt er?

Der Leverage-Effekt ist ein betriebswirtschaftliches Theorem. Es drückt aus, dass, solange die Fremdkapitalzinsen niedriger sind als die Gesamtkapitalrentabilität, eine zusätzliche Aufnahme von Fremdkapital zu einer Erhöhung der Eigenkapitalrentabilität führen kann (= positiver Leverage-Effekt).

72.   Welche Kritikpunkte können zum Aussagegehalt des Leverage-Effekt angeführt werden?

Der Leverage-Effekt setzt voraus, dass die Gesamtkapitalrentabilität auch nach der Fremdkapitalaufnahme noch dauerhaft höher ist als die Zinsen für Fremdkapital. Ferner setzt er voraus, dass die Fremdkapitalzinsen konstant sind. Dies kann für eine Zeit vertraglich gewährleistet sein. Die Abhängigkeit des Marktzinses von der Notenbankpolitik, dem internationalen Zinsniveau, und anderen Faktoren zeigt nachteilige Auswirkungen auf die Stabilität.

Problematisch ist ferner, dass mit wachsendem Verschuldungsgrad der Einfluss des Fremdkapitalgebers auf die Unternehmensentscheidungen und damit die Abhängigkeit des Unternehmens von seinen Gläubigern zunimmt.

Weiter muss beachtet werden, dass die Verschuldung bei geänderten Rahmenbedingungen nicht kurzfristig abgebaut werden kann, da die Mittel nicht in liquider Form vorliegen. Sie sind u. a. in Sach- und Finanzanlagen und in nicht-aktivierungsfähigen Vorleistungen investiert.

Weiter müssen die prognostizierten Gewinnerwartungen eintreten, was nicht immer gesichert ist.

73.   Eine Empfehlung der Praxis ist die sog. »1:1 Regel«. Was ist damit gemeint?

Diese Regel empfiehlt, dass jedem Euro Fremdkapital ein Euro Eigenkapital gegenüberstehen soll. Damit soll das Risiko der Gewinn- und Zinsänderung eingeschränkt werden. Die derzeitigen Durchschnittswerte in der Unternehmenspraxis sind weit von dieser Forderung entfernt.

8   Kapitalflussrechnung

74.   Wie kann der Begriff »Kapitalflussrechnung« definiert werden?

Eine Kapitalflussrechnung ist ein Instrument zur Abbildung der Zahlungsströme im Unternehmen.

75.   Welche Arten von Kapitalflussrechnungen werden unterschieden?

Nach einer weitgehaltenen Definition zählen hierzu die Beständedifferenzbilanz, die Bewegungsbilanz und die Cashflow-Rechnungen. Nach der engeren Auslegung stellt die Kapitalflussrechnung eine Weiterentwicklung der Bewegungsbilanz dar.

76.   Was versteht man unter einer Beständedifferenzbilanz?

Eine Beständedifferenzbilanz ermittelt die Nettosalden aller Bilanzpositionen gegenüber dem Vorjahr. Dabei ist nicht erkennbar, welche Bruttobewegungen in welcher zeitlichen Verzögerung zu diesen Nettobewegungen geführt haben.

77. **Beschreiben Sie eine Bewegungsbilanz und beurteilen Sie ihre Anwendung!**

In einer Bewegungsbilanz werden die »Mittelverwendung«, d.h. die Zugänge der Aktiva und die Abgänge der Passiva und andererseits die »Mittelherkunft«, d.h. die Zugänge der Passiva und die Abgänge der Aktiva gegenübergestellt.

Der analytische Aussagegehalt der Bewegungsbilanz ist insofern stark eingeschränkt, als eine so definierte Mittelherkunft und -verwendung häufig auf reinen Bewertungsvorgängen, z.B. einer Zuschreibung im Anlagevermögen beruht und daher keine zuverlässigen Aussagen zur Liquiditätsentwicklung ermöglichen. Diesen Mangel versucht die Kapitalflussrechnung zu beseitigen, die nicht an die bilanziellen Bestandsveränderungen anknüpft, sondern an liquiditätswirksame Veränderungen.

78. **Eine Kapitalflussrechnung im engeren Sinne vereinigt verwandte Aktivas und dazugehörige Passivas zu einer Mittelgesamtheit – sog. Fonds. Beschreiben Sie diese Sachverhalte!**

Ein Fonds ist eine buchhalterische Einheit, in der die Konten zusammengefasst werden, die finanzwirtschaftlich als gleich oder gleichwertig anzusehen sind, d.h. dieselben Fristigkeiten und Fälligkeiten haben.

Der Aufbau der Kapitalflussrechnung in dieser Form ermöglicht nicht nur eine separate Darstellung der in der laufenden Periode erfolgten Bindung und Freisetzung an flüssigen Mitteln z.B. aus der laufenden Geschäfts-, Investitions- und Finanzierungstätigkeit, sondern auch eine zahlenmäßige Überleitung zu den in der Bilanz auszuweisenden flüssigen Mitteln am Jahresende. Außerdem kann durch eine zusätzliche Unterteilung eine detaillierte Analyse der Finanzquellen erfolgen, die zu einer entsprechenden Mittelveränderung aus der laufenden Geschäftstätigkeit führt, die aus dem Jahresüberschuss stammt.

79. **Welche Fonds sind in der betrieblichen Praxis üblich?**

Folgende Fonds sind üblich:

- Geldfonds wie Kasse, Bank und Postgiro,
- Fonds der flüssigen Mittel: Geldfonds plus Schecks, Wechsel, leicht verwertbare Wertpapiere,
- Fonds der demnächst verfügbaren liquiden Mittel: wie oben plus kurzfristige Forderungen (z.B. Forderungen aus Lieferungen und Leistungen) abzüglich kurzfristige Verbindlichkeiten,
- Fonds des Reinumlaufvermögens: alle Vermögenspositionen, die sich innerhalb eines Jahres in Geld verwandeln lassen abzüglich aller Passivpositionen, die innerhalb eines Jahres zu bezahlen sind.

9 Finanzinnovationen oder Finanzderivate

80. **Wie kann man den Begriff »Finanzinnovationen« definieren? Was versteht man unter »Mezzanine Finanzierung (Mezzanine Kapital)«?**

Bei Finanzinnovationen handelt es sich im eigentlichen Sinne um neue Produkte auf den Finanzmärkten (im Gegensatz zu den originären finanzwirtschaftlichen Instrumenten). Der Begriff wird angesichts der Vielfalt an Produktvariationen häufig für neue Kombinationen von Finanzierungsmöglichkeiten bezüglich der Zinsmodalitäten, der Tilgung und der Laufzeit bzw. weiterer vertraglicher Pflichten benutzt.

Man unterscheidet in der Literatur zwischen

- Produktinnovationen und
- Prozessinnovationen.

Aufgrund des Trends zum Sicherheitsdenken, des technischen Fortschritts in der Informations- und Abwicklungstechnologie und der Internationalisierung von Kapitalbeschaffungsmöglichkeiten sind in der Durchführung von Finanztransaktionen zahlreiche Neuerungen geschaffen worden.

Zwischen echtem Eigenkapital und klassischem Fremdkapital steht das Mezzanine Kapital (Mezzanin = Mitte). Es verbindet charakteristische Merkmale des Eigenkapitals und des Fremdkapitals.

Beispiele: Nachrangdarlehen, Stille Beteiligung (typisch und atypisch), Wandel- und Optionsanleihen, Genussscheine und Genussschuldverschreibungen.

81. Zählen Sie einige Produkt- und Prozessinnovationen auf!

Als Beispiele können angeführt werden:

- Financial Futures, Optionen (vgl. Fragen 82 und 83), Swaps, Caps, Floors, Collars als Beispiele für Produktinnovationen (vgl. auch Frage 86) und
- Electronic Banking als Beispiel für eine Prozessinnovation.

82. Was versteht man unter »Financial Futures«?

Bei »Financial Futures« handelt es sich um standardisierte Verträge, in denen sich ein Partner gegenüber dem Stillhalter verpflichtet, gegen Hinterlegung einer Kaution bzw. eines »Einschusses« (Initial Margin) die im Kontrakt definierte Menge an Geld, Wertpapieren oder Devisen zu einem bestimmten Termin zu kaufen oder zu verkaufen (z. B. Devisentermingeschäfte). Die Standardisierung der Kontrakte erfolgt hinsichtlich der Erfüllungstermine und Mengen sowie der vorab festgelegten Kauf- und Verkaufspreise.

Im Gegensatz zu den Warenterminkontrakten handelt es sich bei den Finanzterminkontrakten vornehmlich um Zinsterminkontrakte und Devisenterminkontrakte sowie Aktienindexterminkontrakte.

In der Regel erfolgen bei den Termingeschäften keine physichen Erfüllungen durch die zugrunde liegenden Basiswerte, d. h. die Lieferung von Devisen oder Wertpapieren, sondern am Ende der Laufzeit werden offene Kontrakte »glattgestellt«, d. h. durch Gegengeschäfte kompensiert.

83. Erklären Sie kurz den Sachverhalt, der sich aus einer »Option« ergibt!

Bei einer Option handelt es sich um ein Termingeschäft zur Absicherung von Währungsrisiken, insbesondere Wechselkursrisiken sowie Kursschwankungen von Wertpapieren an Börsen bzw. Terminmärkten (z. B. deutsche Terminbörse). In der Praxis werden mehrere Optionsarten unterschieden, z. B. eine Kaufoption (»call«) und eine Verkaufsoption (»put«).

84. Was versteht man unter einem Optionsschein?

Es handelt sich um ein verbrieftes Recht zum Kauf (call) oder Verkauf (put) eines dem Optionsschein zugrunde liegenden Basiswertes innerhalb einer bestimmten Optionsfrist (sog. Amerikanische Option) oder zu einem Optionstermin (sog. Europäische Option). Basiswerte können Aktien, Anleihen (z. B. Optionsanleihen), Genussscheine oder auch Währungen oder Waren sein.

85. Definieren Sie den Sachverhalt des »Swap« und führen Sie ein Beispiel an!

Beim Swap handelt es sich um den Austausch unterschiedlicher Zins- und Devisenfazilitäten, d. h. Rechte und Pflichten aus Währungs- und Zinspositionen. Tauschen z. B. zwei Partner ihre Zinszahlungsvereinbarung, z. B. Partner 1 mit fixem Zinssatz und Partner 2 mit variabler Verzinsung, so liegt ein Zinssatzswap vor. Werden zwei unterschiedliche

Währungen getauscht bzw. diese noch zu unterschiedlichen Terminen (z.B. Kauf von Euro am Kassamarkt und gleichzeitig Verkauf des Gegenwertes in Dollar am Terminmarkt), so liegt ein sogenannter Currency Swap vor. Bei einer Kombination aus Zins- und Devisenswap spricht man von Cross Currency Swap.

Der Swapsatz ist die Zinsdifferenz aus Devisenkassakurs und Devisenterminkurs in Abhängigkeit von der Laufzeit des zugrunde gelegten Devisentermingeschäfts.

86.   Grenzen Sie die Begriffe »Cap«, »Floor« und »Collar« gegeneinander ab!

Beim »Cap« liegt ein Zinsbegrenzungsvertrag bzw. Kauf einer Garantie vor, damit die eigenen Zinszahlungen eine bestimmte Zinsobergrenze nicht übersteigen. Der Käufer eines »Cap« hat somit die Gewissheit, dass seine Zinskosten eine festgelegte Obergrenze nicht überschreiten bzw. bei steigenden Zinsen vom Vertragspartner ausgeglichen werden.

Bei Vereinbarung einer Zinsuntergrenze spricht man von einem »Floor«. Werden sowohl Zinsunter- als auch Zinsobergrenzen vereinbart, handelt es sich um einen »Collar«. (Vgl. auch die Fragen 196–198).

87.   Als Beispiel für Prozessinnovationen kann »Electronic Banking« angeführt werden. Was ist darunter zu verstehen?

Unter »Electronic Banking« versteht man die Vorbereitung und die Durchführung von Bankgeschäften unter Nutzung neuester elektronischer Technologien, z.B. elektronischer bargeldloser Zahlungsverkehr durch Datenträgeraustausch, Datenfernübertragung oder Nutzung von Informationssystemen. Unter diesen Begriff fallen ferner Geldausgabeautomaten, Kontoauszugdrucker oder Selbstbedienungsbankschalter sowie der bargeldlose Zahlungsverkehr durch eine Euroscheckkarte oder andere Kreditkarten, mit denen mit einer Identifikationsnummer bei vielen Handelsbetrieben meist bargeldlos bezahlt werden kann. Letzteres wird auch als »Electronic Cash« bezeichnet. In den letzten Jahren hat auch die Nutzung des »Homebanking«, d.h. die Abwicklung von Bankgeschäften am Personal Computer zuhause erheblich zugenommen.

10   Investitionsplanung

10.1   Investitionsbegriff und Investitionsarten

88.   Definieren Sie den Begriff »Investition«!

In großen Teilen der Literatur unterscheidet man einen Investitionsbegriff im weiteren und engeren Sinne. Im weiteren Sinne wird Investition definiert als Umwandlung liquider Mittel in andere Vermögensteile, gleichgültig, ob diese Vermögensteile aktiviert werden oder nicht und unabhängig von der Fristigkeit.

Im engeren Sinne umschließt der Investitionsbegriff nur die Umwandlung liquider Mittel in Gegenstände des Anlagevermögens, und zwar sowohl des Sach- als auch des Finanzanlagevermögens (z.B. Beteiligungen).

89.   Welche Investitionsarten gibt es in der Praxis?

- Nach dem Zweck kann man Investitionen in das Anlage- und Umlaufvermögen unterscheiden. Beim Anlagevermögen gibt es Investitionen in Sachanlagen, Finanzanlagen und in immaterielle Vermögensgüter.
- Sachinvestitionen, die die Kosten senken oder die Qualität des Produktes oder des Produktionsprozesses verbessern sollen, werden als Rationalisierungsinvestitionen bezeichnet,

- Investitionen zur Vergrößerung der betrieblichen Kapazität werden als Erweiterungsinvestitionen bezeichnet.
- Der Ersatz von abgeschrieben Vermögensgütern wird als Ersatz- oder Reinvestition definiert.

90.   Werden alle Investitionen aktiviert?

Nicht alle Investitionsarten werden in der Bilanz aktiviert. So erscheinen z. B. Investitionen in das Humanvermögen (human ressources) oder Investitionen in eine Werbekampagne nicht als Vermögen in der Bilanz. Sie sind sofort aufwands- und auszahlungswirksam.

10.2   Investitionsrechnungen und -entscheidungen

91.   Welche Rolle spielt die Investitionsrechnung im Investitionsentscheidungsprozess?

Eine Investitionsrechnung ist ein Hilfsmittel zur Verbesserung der Sicherheit bei der Investitionsentscheidung. Dies lässt sich u. a. dadurch begründen, dass neben rein quantitativen Aspekten auch qualitative Aspekte, neben ökonomischen auch nicht ökonomische Entscheidungsgesichtspunkte eine Rolle spielen können und auch spielen.

92.   Welche Abschnitte lassen sich beim Investitionsentscheidungsprozess unterscheiden?

Im Allgemeinen sind es die Phasen, wie sie vom betrieblichen Entscheidungsprozess her bekannt sind: Die Anregungs- (Problem-), Such-, Bewertungs-, Entscheidungs-, Realisations- und Kontrollphase. Auch bei diesem Prozess ist ein jederzeitiges Feedback möglich bzw. notwendig.

93.   Wodurch unterscheiden sich Investitionseinzel- von Investitionsprogrammentscheidungen?

Bei Einzelentscheidungen geht es um das Entscheidungsproblem, ob eine Investition vorgenommen wird oder nicht, welche von mehreren Alternativen gewählt werden bzw. ob eine vorhandene Investition durch eine andere – meist bessere – ersetzt werden soll (Ersatzinvestition).

Bei Programmentscheidungen steht eine Vielzahl von sich nicht ausschließenden Alternativen zur Wahl, unter denen bei gegebenen Restriktionen, z. B. im Finanz- oder Produktionsbereich, ein möglichst optimaler Mix ausgewählt werden soll. Dieser Mix muss u. U. zeitlich horizontale, zeitlich vertikale wie auch sachliche Verbindungen zwischen den einzelnen Investitionsobjekten berücksichtigen. Die Verbindungen können sowohl sukzessiv als auch simultan berücksichtigt werden.

94.   Wie lassen sich die unterschiedlichen Verfahren der Investitionsrechnung einteilen?

Man unterscheidet statische und dynamische Verfahren der Investitionsrechnung.

Statische Verfahren sind zeitpunktbezogen und gehen von einem – durchschnittlichen – Jahr der Investition aus (vgl. Fragen 95–98). Die Vorteilhaftigkeit wird mit

- der Kostenvergleichsrechnung,
- der Gewinnvergleichsrechnung,
- der Rentabilitätsrechnung sowie
- der Amortisationsrechnung

ermittelt. Die in der Literatur häufig erwähnte MAPI-Methode ist eine in der Praxis entwickelte Sonderform.

Dynamische Verfahren sind zeitraumbezogen und betrachten die Zahlungsvorgänge in ihrer jeweiligen zeitlichen Struktur und zeitlichen Verteilung unter Beachtung des soge-nannten Kalkulationszinssatzes (vgl. Fragen 99–102). In der Literatur werden folgende Ver-fahren aufgeführt:

- die Kapitalwertmethode,
- die Interne Zinsfußmethode sowie
- die Annuitätenmethode.

10.2.1   Statische Verfahren

95.   Unter welchen Voraussetzungen kann die Kostenvergleichsrechnung ange-wandt werden?
Die Kostenvergleichsrechnung vergleicht die Kosten (pro Leistungseinheit oder Gesamt-kosten) eines Jahres zweier oder mehrerer Alternativen. Diese Methode kann angewandt werden, wenn die betrachtete Periode repräsentativ für alle Perioden ist und die Erlöse, das (durchschnittlich) investierte Kapital sowie die Nutzungsdauer aller zu vergleichenden Alternativen ungefähr gleich sind.

96.   Worin liegen die Unterschiede zwischen der Gewinnvergleichs- und der Renta-bilitätsrechnung?
Bei der Gewinnvergleichsrechnung werden die absoluten Gewinne (jeweils nach gleicher Art ermittelt) der einzelnen Alternativen pro Zeitperiode verglichen. Zu wählen ist die Alternative, die den vergleichsweise höchsten Gewinn erwirtschaftet.
Bei der Rentabilitätsrechnung werden die Gewinne einzelner zu vergleichender Alter-nativen pro Zeitperiode ins Verhältnis zum durchschnittlich eingesetzten Kapital und/oder zum mit der Investition erzielten Umsatz gesetzt. Die Alternative mit der vergleichsweise höchsten Rentabilität ist zu wählen, wenn keine anderen Kriterien dominierend sind.

97.   Auf welche Frage kann die Amortisationsrechnung eine Antwort geben?
Die Amortisationsrechnung gibt eine Antwort auf die Frage der Zeitdauer, innerhalb derer das investierte Kapital über die Umsatzerlöse abzüglich der Auszahlungen wieder erwirt-schaftet wird. Diese Fragestellung ist aus Sicherheitsüberlegungen abgeleitet. Es wird ermittelt, ab welchem Zeitpunkt die Überschüsse aus einem Investitionsobjekt Gewinn sind und damit die Rentabilität beginnt.

98.   Welche Kritik ist an den statischen Investitionsrechnungen anzubringen?
Problematisch bei den statischen Methoden ist die weitgehende Zeitpunktbezogenheit der Berechnungen und die Annahme, die gewählte Zeitperiode sei immer gleich. Außerdem muss das Zurechnungsproblem vor allem der Einnahmen (z. B. Umsätze) auf das Investiti-onsobjekt gelöst werden.

10.2.2   Dynamische Verfahren

99.   Bei den dynamischen Methoden spielt der sog. Kalkulationszinssatz (Diskon-tierungszinssatz) eine wichtige Rolle. Was soll er ausdrücken?
Der Kalkulationszinssatz kann vom Investor frei gewählt werden und drückt seinen Verzin-sungswunsch aus. Dieser kann sich am Kapitalmarktzins unter Berücksichtigung des Risi-kos orientieren. Die Höhe des Kalkulationszinssatzes und der Rückflussbetrag beeinflussen die Höhe des Barwertes und damit den sogenannten Kapitalwert.

100.   Warum ist die Kapitalwertmethode die wichtigste dynamische Investitions-rechnungsmethode? Was sagt dem Investor ein positiver Kapitalwert aus?

Die Kapitalwertmethode ist die wichtigste dynamische Investitionsrechnungsmethode, da auf ihr die anderen dynamischen Methoden aufbauen. Der Kapitalwert ergibt sich, wenn von der Summe der abgezinsten Rückflüsse (= Barwerte) die Investitionssumme abgezogen wird.

Ein positiver Kapitalwert drückt aus, dass die Investitionssumme sich mit einem höheren Zinssatz als dem angenommenen Kalkulationszinssatz verzinst, wenn die Rückflüsse in der angenommenen Höhe und Reihenfolge anfallen. Der Rückfluss ist mit dem Cashflow identisch, also der Differenz aus Einzahlungen und Auszahlungen.

101.   Was versteht man unter der Internen Zinsfußmethode und was sagt der Interne Zinsfuß aus?

Die Interne Zinsfußmethode ist eine von der Kapitalwertmethode abgeleitete Methode. Der Interne Zinsfuß drückt die tatsächliche Verzinsung des investierten Kapitals aus, wenn die Rückflüsse in der angenommenen Höhe und Reihenfolge anfallen. Beim »Internen Zinsfuß« ist der Kapitalwert = 0.

102.   Die Annuitätenmethode ist eine von der Kapitalwertmethode abgeleitete Investitionsrechnung. Was sagt diese Methode aus?

Es wird die Annuität (= jährlich gleich bleibender Kapitaldienst aus Zins und Tilgung über die Nutzungsdauer hinweg) der Investitionssumme mit der Annuität der Rückflüsse verglichen. Wenn die Annuität der Rückflüsse größer ist als die Annuität der Investitionssumme, dann verzinst sich die Investition mit einem höheren Zinssatz als dem angenommenen (gewünschten) Kalkulationszinssatz.

103.   Worin liegt die Problematik aller dynamischen Investitionsrechnungen?

Die Problematik aller dynamischen Investitionsrechnungen und -entscheidungen liegt vor allem in der Unsicherheit und Unvollständigkeit der prognostizierten Einzahlungen und Auszahlungen und der sie beeinflussenden Faktoren. In der Literatur werden folgende Verfahren zu deren Berücksichtigung genannt:
- die Korrekturverfahren,
- die Sensitivitätsanalyse und
- die Simulationsmethode.

104.   Skizzieren Sie diese Verfahren kurz!

- Bei den Korrekturverfahren werden die Entscheidungsvariablen aus Sicherheits- bzw. Risikogründen eher schlechter als besser angesetzt.
- Bei der Sensitivitätsanalyse wird die »Sensibilität« des Ergebnisses (Zielgröße) durch die Ausprägung der unterschiedlichen Variablen untersucht.
- Bei der Simulation werden – vereinfacht formuliert – unterschiedliche Umweltsituationen unterstellt, in die Rechnungen mit einbezogen und die Ergebnisse dann analysiert. Entscheidend ist, mit welcher Wahrscheinlichkeit die Variablen eintreten und das Ergebnis verändern.

105.   Spielen Steuern bei der Ermittlung der Vorteilhaftigkeit einer Investition eine Rolle?

Eine Berücksichtigung der Steuern ist dann notwendig, wenn durch ihre Einbeziehung die Vorteilhaftigkeit oder die Rangfolge der Alternativen (wesentlich) verändert wird.

106.   Was versteht man unter einer vollständigen Alternative?

Von einer vollständigen Alternative spricht man, wenn sich bei den zu vergleichenden Alternativen die Anschaffungskosten, d.h. der Kapitaleinsatz und die Nutzungsdauer unterscheiden. Zur Lösung kann eine Differenzinvestition empfohlen werden, wenn diese eine eigenständige Alternative darstellt.

11   Internationales Finanzmanagement

11.1   Begriffe und Wesen des internationalen Finanzmanagements

107.   Definieren Sie den Begriff des internationalen Finanzmanagements.

Das internationale Finanzmanagement ist die zielgerichtete Steuerung der internationalen Zahlungsströme eines Unternehmens.

108.   Worin unterscheiden sich Innen- und Außenfinanzierung innerhalb eines Unternehmens?

Der Unterschied zwischen der Innenfinanzierung und der Außenfinanzierung eines Unternehmens liegt in der Mittelherkunft. Die für die Innenfinanzierung zur Verfügung stehenden Mittel eines Unternehmens wurden von diesem selbst erwirtschaftet. Bei der Außenfinanzierung hingegen werden die benötigten Mittel über die Finanzmärkte beschafft. Vgl. auch Frage 28.

109.   Welche Aufgaben und Ziele verfolgt das internationale Finanzmanagement?

Zu den Aufgaben des internationalen Finanzmanagements gehören:

- Beschaffung finanzieller Mittel (Finanzierung),
- zielgerichtete Verwendung der Finanzmittel (Investition),
- Optimierung der Kapital- und Vermögensstruktur,
- Cash-Management und
- Risikomanagement.

Die Ziele des internationalen Finanzmanagements sind:

- Steigerung der Rentabilität,
- Maximierung des Shareholder Value,
- Gewährleistung der dauerhaften Zahlungsfähigkeit des Unternehmens (Liquidität),
- Verringerung der Abhängigkeit von einzelnen Kapitalgebern bzw. Kapitalmärkten (Autonomie) und
- Sicherheit.

110.   Welche Vorteile bietet ein zentralisiertes Finanzmanagement?

Ein zentral geführtes Finanzmanagement kann die Kosten der Kapitalbeschaffung senken, die Steuerung der Zahlungsströme verbessern und die finanzielle Schlagkraft des Unternehmens vergrößern.

111.   Auf welche Weise kann eine Finanzholding die steuerliche Belastung eines Unternehmens verringern?

Eine Verringerung der steuerlichen Belastung kann durch eine Finanzholding erreicht werden, indem Gewinne aus allen Konzernteilen in der Holding angesammelt werden und die Finanzholding selbst an einem steuerlich günstigen Standort angesiedelt wird.

12 Internationale Finanzmärkte

112. Was versteht man unter dem Begriff Euromarkt?
Der Euromarkt bildet den Markt für internationale Einlagen- und Kreditgeschäfte in den wichtigsten Währungen außerhalb der Länder, in denen diese Währungen gesetzliches Zahlungsmittel sind.

113. Welche Gründe gibt es für die günstigeren Zinsen an den Euromärkten im Vergleich zu nationalen Märkten?
Die Euromarkt-Transaktionen selbst unterliegen keiner unmittelbaren geldpolitischen Steuerung oder bankaufsichtsrechtlichen Kontrolle. Euroeinlagen sind typischerweise von Mindestreserveverpflichtungen, ebenso wie von Quellenbesteuerung, befreit. Daraus resultieren große Volumina und eine günstige Kostenstruktur.

114. In welche Teilmärkte lässt sich der Euromarkt unterteilen?
Die Teilmärkte des Euromarktes sind der Euromarkt im engeren Sinn (europäische Finanzplätze), der Asien-Dollar-Markt sowie die amerikanischen Offshore-Märkte.

115. Was kennzeichnet einen sogenannten Offshore-Markt?
Als Offshore-Markt werden Märkte bezeichnet, in denen sowohl Kapitalgeber als auch Kapitalnehmer gebietsfremd sind, eine Trennung zwischen den Transaktionen der Gebietsfremden und der Gebietsansässigen erfolgt und es weitgehend keine staatliche Kontrolle der Transaktionen gibt.

116. Welche Funktion erfüllt der Devisenmarkt?
Der Devisenmarkt ist der Markt für den Handel mit ausländischen Währungen. Folglich werden am Devisenmarkt das Angebot und die Nachfrage nach Fremdwährungen zusammengeführt.

13 Devisenmärkte und Devisengeschäfte

13.1 Fachbegriffe des Devisenhandels

117. Was versteht man unter dem Kassakurs und dem Terminkurs einer Währung?
Der Kassakurs einer Währung gibt an, wie viele Einheiten einer anderen Währung für den Kauf aufgebracht werden müssen, wenn die Währungstransaktion sofort durchgeführt wird (wobei die Belastung der Konten der Vertragspartner bis zu zwei Tage dauern kann). Der Terminkurs einer Währung ist der Wechselkurs, der für Transaktionen gilt, deren Erfüllung mehr als zwei Tage in der Zukunft liegt.

118. Erläutern Sie die Begriffe Report und Deport.
Die Differenz zwischen dem Kassakurs und dem Terminkurs einer Währung bezeichnet man als Swapsatz. Für den Fall, dass dieser Swapsatz positiv ist (d.h. der Terminkurs ist höher als der Kassakurs), spricht man von einem Report. Ein negativer Swapsatz wird als Deport bezeichnet.

13.2   Motive und Teilnehmer des Devisenhandels

119.   Woraus resultieren das Angebot und die Nachfrage am Devisenmarkt?
Angebot und Nachfrage kommen am Devisenmarkt unter anderem dadurch zustande, dass Im- und Exporteure Devisen für den Währungsraum übergreifenden Zahlungsverkehr benötigen. Der Großteil des Angebots und der Nachfrage am Devisenmarkt lässt sich jedoch auf internationale Finanztransaktionen zurückführen.

120.   Welche Ursachen haben Finanztransaktionen am Devisenmarkt?
Finanztransaktionen am Devisenmarkt resultieren aus:
- der Ausnutzung von Marktunvollkommenheiten (Arbitrage),
- den Devisenspekulationen (Trading) und
- der Absicherung gegenüber Währungsrisiken (Hedging).

121.   Welche Akteure treten am Devisenmarkt auf?
Die Teilnehmer am Devisenmarkt sind vor allem Geschäftsbanken, zu denen auch die so genannten Broker zählen. Zusätzlich zu den Banken sind auch multinationale Unternehmen durch eigens dafür eingerichtete Abteilungen sowie Notenbanken am Devisenmarkt tätig.

13.3   Devisenmarktgeschäfte

122.   Was versteht man unter Platz- bzw. Quotierungsarbitrage?
Platz- bzw. Quotierungsarbitrage beschreibt einen Prozess, der einsetzt, wenn für eine Währung an verschiedenen Handelsplätzen Preisunterschiede existieren. Die Marktteilnehmer werden dann die Währung günstig an einem Handelsplatz erwerben und anschließend teurer am anderen Handelsplatz verkaufen. Dieser Vorgang führt zu einem Ausgleich der Kurse an beiden Handelsplätzen.

123.   Welchen Grund könnte es geben, dass trotz eines Zinsvorteils der Auslandsanlage keine Zinsarbitrage betrieben werden kann?
Für den Fall, dass die Kurssicherungskosten den aus dem Zinsvorteil der Auslandsanlage resultierenden Mehrertrag übersteigen, ist keine gewinnbringende Zinsarbitrage möglich. Falls der Zinsvorteil der Auslandsanlage ohne Kurssicherung ausgenützt wird, kann man nicht mehr von Zinsarbitrage sprechen, denn die Voraussetzung für die Arbitrage ist ein risikoloser Gewinn.

124.   Wie geht ein Spekulant am Devisenmarkt vor?
Ein Spekulant wird, je nachdem welche Erwartungen er hat, eine Währung am Kassa- oder Terminmarkt kaufen bzw. verkaufen in der Hoffnung, dass der Kurs dieser Währung steigt (sinkt) und er sie mit Gewinn verkaufen bzw. zurückkaufen kann.

14 Instrumente des internationalen Finanzmanagements

125. **Nennen Sie die wichtigsten Bereiche, die die sogenannten International Commercial Terms (Incoterms) regeln.**

In den Incoterms der internationalen Handelskammer in Paris werden vor allem der Kostenübergang, der Gefahrenübergang und der Übergang der Sorgfaltspflicht auf den Käufer geregelt.

126. **Welche Zahlungsbedingungen favorisiert ein Importeur bzw. ein Exporteur und aus welchem Grund?**

Ein Exporteur bevorzugt eine möglichst schnelle Bezahlung der gelieferten Ware, weil sich dadurch seine Finanzierungskosten verringern und das Abnehmerisiko sehr gering ist.

Der Importeur favorisiert eine möglichst späte Bezahlung der Ware, weil er die Ware schon vor der Bezahlung weiterverkaufen kann und somit seine Finanzierungskosten verringert.

127. **Wie unterscheidet sich der dokumentäre Zahlungsverkehr vom reinen Zahlungsverkehr?**

Im Gegensatz zum reinen Zahlungsverkehr ist der dokumentäre Zahlungsverkehr an die Übergabe spezieller Dokumente gekoppelt. Dies führt dazu, dass der reine Zahlungsverkehr auch ein höheres Risiko in sich birgt, weil entweder der Käufer der Ware ein Risiko eingehen muss, falls nach Bezahlen der Ware keine Lieferung erfolgt, oder der Verkäufer sich einem Risiko aussetzt, falls die gelieferte Ware nicht bezahlt wird.

128. **Wie unterscheidet sich das Dokumenteninkasso vom Dokumentenakkreditiv?**

Sowohl beim Dokumenteninkasso als auch beim Dokumentenakkreditiv gibt der Verkäufer die Ware nur Zug um Zug gegen Bezahlung aus den Händen. Der wesentliche Unterschied liegt aber darin, dass beim Dokumenteninkasso immer noch die Möglichkeit besteht, dass der Käufer der Ware diese bei Lieferung nicht abnimmt. Beim Dokumentenakkreditiv hingegen wird dem Verkäufer die Bezahlung seiner Waren garantiert. Vgl. auch Fragen 54 und 56.

129. **Wodurch lässt sich die erhöhte Verpflichtung der Banken, Statistiken und Meldungen zu erstellen, erklären?**

Die von der Bundesbank und der BaFin ausgeübte Bankenregulierung sowie die Sicherstellung der Finanzmarktstabilität macht die Erstellung von Statistiken und Meldungen durch Kreditinstitute notwendig.

130. **Welche Vorschriften müssen insbesondere bei der Bekämpfung der Geldwäsche beachtet werden?**

Zum einen müssen Banken eine Legitimationsprüfung durchführen, d.h. eine Bank (aber auch andere Institutionen) müssen sich bei jeder Kontoeröffnung von der Identität des Kontoinhabers sowie aller Bevollmächtigten überzeugen. Des Weiteren besteht die Pflicht zur Verdachtsanzeige, falls eine Finanztransaktion die notwendigen Charakteristika der Geldwäsche aufweist.

15 Die Finanzierung des Außenhandels

15.1 Formen der Außenhandelsfinanzierung

131. **Erklären Sie, welchen Vorteil ein Bestellerkredit gegenüber einem Lieferantenkredit für einen Exporteur von Waren hat.**

Längere Zahlungsziele, die ein Exporteur einem Importeur gewährt, bedürfen oft einer Finanzierung. Im Fall eines Lieferantenkredites ist der Exporteur der Primärschuldner, falls jedoch ein Bestellerkredit gewährt wird, ist der Importeur der Primärschuldner. Fällt die Wahl auf den Bestellerkredit, ist dies insoweit vorteilhaft für den Exporteur, als dass dieser kein bzw. nur ein geringes Risiko tragen muss.

132. **Geben Sie Beispiele für die kurzfristige Außenhandelsfinanzierung und für die mittel- bis langfristige Außenhandelsfinanzierung.**

- Kurzfristig: Factoring, Wechselkredite und andere auf Wechsel basierende Finanzierungsformen, Gewährung von Import- und Exportvorschüssen.
- Mittel- bis langfristig: Finanzierungen über die AKA-Ausfuhrkredit GmbH sowie die Kreditanstalt für Wiederaufbau (KfW) und Forfaitierungen.

15.2 Kurzfristige Außenhandelsfinanzierung

133. **Beschreiben Sie, wie sich für eine Bank bei einer Akkreditiveröffnung ein Kreditrisiko ergeben kann.**

Wenn ein Importeur ein Kreditinstitut beauftragt, ein Akkreditiv zu eröffnen, ohne dass die benötigte Akkreditivsumme bereits bei der Bank vorhanden ist, ergibt sich für die Bank ein Kreditrisiko, weil sie bei der Vorlage der entsprechenden Dokumente zur Zahlung verpflichtet ist, ganz gleich ob der Importeur die nötigen Geldmittel bereits zur Verfügung gestellt hat oder nicht.

134. **Erläutern Sie die Funktionsweise eines Wechselkredites.**

Bei einem Wechsel- oder Diskontkredit wird dem Inhaber eines Wechsels die Wechselsumme, abzüglich eines Abschlages, bereits vor der Fälligkeit des Wechsels ausbezahlt. Man spricht in diesem Zusammenhang von einem Wechselkredit, weil der Käufer des Wechsels dem Verkäufer einen Geldbetrag (Wechselsumme) gegen Entgelt (Abschlag) leiht.

135. **Wie unterscheidet sich ein gezogener Wechsel von einem Solawechsel?**

Bei einem gezogenen Wechsel weist der Wechselaussteller den Bezogenen an, einen bestimmten Geldbetrag an einem bestimmten Tag an sich selbst oder eine dritte Person zu bezahlen. Bei einem Solawechsel hingegen verpflichtet sich der Aussteller selbst, eine bestimme Geldsumme an einem bestimmten Tag an eine andere Person zu bezahlen.

136. **Nennen Sie die verschiedenen Arten des Wechselkredites.**

Die verschiedenen Arten des Wechselkredites sind:

- der Wechsel- oder Diskontkredit,
- die Promissory Note,
- der Akzeptkredit,
- der Rembourskredit sowie
- der Negoziationskredit.

15.3   Finanzierung am Euromarkt

137.   Inwiefern spielen LIBOR und EURIBOR eine Rolle bei einem Roll-over-Kredit?
Ein Roll-over-Kredit ist ein Kredit, bei dem der Zinssatz regelmäßig angepasst wird. In der Regel setzt sich der Zinssatz aus einem Basiszinssatz und einer Marge zusammen. LIBOR und EURIBOR spielen insofern eine Rolle bei einem Roll-over-Kredit, als dass sie oft als Basiszinssatz (Referenzzinssatz) herangezogen werden.

15.4   Sonderformen der internationalen Finanzierung

138.   Welche Vorteile ergeben sich aus einer Forfaitierung für einen Exporteur?
Ein Exporteur, der die Forfaitierung einer konventionellen Finanzierung vorzieht, vermeidet dadurch das Entstehen von Kreditversicherungskosten, geht Eventualverbindlichkeiten aus dem Weg und verbessert seine Liquidität. Darüber hinaus ist der Exporteur nach dem Verkauf der Forderung keinen Wechselkursrisiken ausgesetzt.

139.   Welcher Faktor ist maßgebend für die Kosten bzw. für die maximale Laufzeit einer Forfaitierung?
Das Land, in dem der Schuldner ansässig ist, spielt eine überaus wichtige Rolle für die Kosten und die maximale Laufzeit einer Forfaitierung, denn je höher das Länderrisiko ist, desto kürzer ist die maximale Laufzeit und desto höher wird der für die Forfaitierung veranschlagte Diskontsatz sein.

140.   Worin unterscheiden sich Forfaitierung und Factoring?
Unter Forfaitierung versteht man den regresslosen Ankauf von Wechseln (in der Praxis von Solawechseln), während man unter Factoring den Ankauf von in der Zukunft fällig werdenden Forderungen versteht. Vgl. auch Frage 67.

141.   Beschreiben Sie die Dienstleistungsfunktion, die Finanzierungsfunktion und die Delkrederefunktion des Factorings.
Die Dienstleistungsfunktion des Factorings ergibt sich daraus, dass für den Verkäufer von Forderungen die Debitorenbuchhaltung auf ein Minimum reduziert wird, da der Forderungsverkauf nur noch eine Kontoführung gegenüber dem Factor erfordert. Vgl. auch Frage 67.

Das Factoring erfüllt auch eine Finanzierungsfunktion, weil über den Verkauf von Forderung (vor der Fälligkeit der Forderung) liquide Mittel beschafft werden.

Die Delkrederefunktion des Factorings besteht in der Übernahme des Ausfallrisikos der Forderung. Abgesehen von politischen Risiken geht im Falle eines echten Factorings das volle Ausfallrisiko auf den Factor über, die Haftung des Factoringnehmers beschränkt sich darauf, dass die verkaufte Forderung auch wirklich entstanden ist.

142.   Was ist der wichtigste Unterschied zwischen dem echten und dem unechten Factoring?
Der wichtigste Unterschied zwischen dem echten und dem unechten Factoring liegt darin, dass der Factor beim echten Factoring die Delkrederefunktion übernimmt, d.h. das Ausfallrisiko geht auf den Factor über (mit Ausnahme von politischen Risiken). Beim unechten Factoring verbleibt das Ausfallrisiko hingegen beim Exporteur. Vgl. auch Frage 67.

143.   Erläutern Sie die Funktionsweise des Leasings.

Beim Leasing stellt ein Leasinggeber (z. B. ein Exporteur) einem Leasingnehmer (Importeur) ein Leasingobjekt für einen bestimmten Zeitraum zur Verfügung. Der Leasinggeber erhält im Gegenzug für die Bereitstellung des Leasinggegenstandes eine Leasingrate. Vgl. auch Frage 65.

15.5   Sicherungsfazilitäten

144.   Was versteht man unter einer Bankgarantie?

Eine Bankgarantie ist eine Erklärung eines Kreditinstitutes, die im Auftrag eines Kunden zugunsten eines Dritten abgegeben wird. In der Regel beinhaltet eine Bankgarantie die Zahlung einer bestimmten Geldsumme, falls ein in der Garantie genanntes Szenario eintritt.

145.   Was unterscheidet eine Hermes-Garantie von einer Hermes-Bürgschaft?

Eine Hermes-Garantie deckt sowohl das wirtschaftliche als auch das politische Risiko ab. Die Hermes-Bürgschaft dient lediglich zur Abdeckung des politischen Risikos.

16   Finanzierungs- und Absicherungsinstrumente an internationalen Finanzmärkten

16.1   Entscheidungsparameter und Formen der internationalen Finanzierung

146.   Mit welchen vier Grundfragen muss sich ein multinationales Unternehmen bei der Finanzierung einer Tochtergesellschaft auseinandersetzen? Beschreiben Sie diese kurz.

1. Finanzierungsart: Das Unternehmen muss zwischen der Innenfinanzierung und der Außenfinanzierung wählen.
2. Der Ort und die Währung der Kapitalaufnahme: Es gilt zu entscheiden, an welchem Ort (Inlandskapitalmarkt oder Auslandsmarkt) und in welcher Währung (Inlandswährung oder Auslandswährung) die Finanzierung durchgeführt werden soll.
3. Träger: Das Finanzmanagement eines multinationalen Unternehmens muss entscheiden, ob es eine Finanzierung über die Tochtergesellschaft (unmittelbare Kapitalbeschaffung) oder über einen anderen Konzernteil (mittelbare Kapitalbeschaffung) bevorzugt.
4. Im Fall einer mittelbaren Kapitalbeschaffung muss auch die Frage nach der Form dieser Kapitalbeschaffung geklärt werden. Grundsätzlich gibt es die Möglichkeiten der Eigen- und Fremdkapitalfinanzierung, aber auch der verdeckten Finanzierung. Unter anderem muss auch die Transferwährung festgelegt werden.

147.   Erklären Sie, wie die Konzernsteuerlast anhand von Verrechnungspreisen reduziert werden kann.

Wenn in einem Konzern die Muttergesellschaft ihrer Tochter Waren bzw. Dienstleistungen besonders günstig überlässt, wird sich der Gewinn der Tochter erhöhen, der Gewinn der Muttergesellschaft jedoch sinken. Wenn die Tochtergesellschaft in einem Niedrig-Steuerland angesiedelt ist, verringert sich somit die Konzernsteuerlast.

148.   Nennen Sie Beispiele für die Innenfinanzierung, die konzerninterne Außenfinanzierung und für die konzernexterne Außenfinanzierung einer Tochtergesellschaft
eines multinationalen Unternehmens.

- Innenfinanzierung: Gewinne, Abschreibungen, Rückstellungen.
- Konzerninterne Außenfinanzierung: Eigen- bzw. Fremdkapital von der Muttergesellschaft bzw. Finanzierungsgesellschaft.
- Konzernexterne Außenfinanzierung: Eigen- und Fremdkapital vom lokalen Kapitalmarkt, sowie Eigen- und Fremdkapital von internationalen Märkten (Land der Muttergesellschaft, Drittländer, Euromärkte).

16.2   Geld- und Kapitalmarktinstrumente

149.   Sowohl Straight Bonds als auch Zero Bonds gehören zu den festverzinslichen
Anleihen. Worin unterscheiden sie sich?

Der maßgebliche Unterschied zwischen Straight Bonds und Zero Bonds liegt darin, dass
für Straight Bonds über die gesamte Laufzeit Kuponzahlungen (Zinszahlungen) anfallen,
bei Zero Bonds hingegen werden keine Zinsen gezahlt. Die Verzinsung von Zero Bonds
ergibt sich dadurch, dass sie mit einem Diskont begeben werden und am Ende der Laufzeit
zu ihrem vollen Wert zurückbezahlt werden.

150.   Beschreiben Sie, wie die Verzinsung variabel verzinslicher Anleihen erfolgt.

Bei variabel verzinslichen Anleihen wird der Zinssatz zu bestimmten Terminen mehrmals
im Jahr angepasst. In der Regel wird der LIBOR oder EURIBOR als Referenzwert genommen und ein Aufschlag (Spread), der abhängig von der Bonität des Schuldners ist, vereinbart.

151.   Welche Arten von Indexanleihen gibt es und wie funktionieren diese?

Die gängigsten Indexanleihen sind Bull-Anleihen und Bear-Anleihen. Bei beiden Formen
ist die Verzinsung oder auch der Rückzahlungsbetrag an die Entwicklung eines Marktinde-
xes gekoppelt. Der Rückzahlungskurs eine Bull-Anleihe steigt für den Fall, dass der Index
steigt, während der Kurs der Bear-Anleihe dadurch sinkt.

152.   Welche Vorteile ergeben sich aus der Verbriefung von Krediten für Banken?

Die Verbriefung von Krediten ermöglicht es Banken, das durch die Ausgabe von Krediten
eingegangene Kreditrisiko (z. B. das Ausfallrisiko) auf Investoren in aller Welt abzuwälzen.
Die Verbriefung von Krediten ist somit ein wichtiges Instrument für das Risikomanagement eines Kreditinstitutes.

153.   Welches sind die wichtigsten Instrumente des Kreditrisikotransfers?

Die wichtigsten Instrumente sind Asset-Backed-Securities (ABS), Mortgage-Backed-Secu-
rities (MBS) und Collateralized-Debt-Obligations (CDO).

154.   Welche Gemeinsamkeit weisen Asset-Backed-Securities (ABS) und Mortgage-
Backed-Securities (MBS) auf? Worin unterscheiden sie sich?

Sowohl ABS als auch MBS sind verbriefte Zahlungsansprüche, die durch ihre Verbriefung
handelbar gemacht werden. Der Unterschied zwischen ABS und MBS liegt in den ihnen
zugrunde liegenden Forderungen. ABS sind Verbriefungen aus einem Pool bestimmter
Finanzaktiva (z. B. Automobilkredite), während MBS mit grundpfandrechtlich besicherten
Hypothekendarlehen unterlegt sind.

155.   Die Collateralized-Debt-Obligations (CDO), stellen eine besondere Form der ABS-Konstruktion dar. Beschreiben Sie die Besonderheiten einer CDO.

Eine Besonderheit der CDO liegt darin, dass sie im Vergleich zu ABS viel weniger Referenzwerte enthält. Neben der kleineren Anzahl von Referenzwerten stellt die Einteilung in verschiedene Tranchen die wichtigste Besonderheit von CDOs dar. In der Regel werden CDOs in Senior-, Mezzanine- und Equity-Tranchen unterteilt. Die verschiedenen Tranchen unterscheiden sich in ihrem Risikogehalt und dadurch auch in ihrer Verzinsung.

156.   Was versteht man unter einem Credit-Default-Swap (CDS)? Wie funktioniert dieser?

Ein CDS ist ein Kreditderivat, welches als solches zur Absicherung der Kreditrisiken einzelner Kredite oder ganzer Kreditportfolien eingesetzt werden kann. Durch den Kauf eines CDS kann sich ein Kreditgeber, gegen die Zahlung einer Prämie, für ein vorher genau definiertes Szenario (z. B. Kreditausfall) absichern. Dabei ist der Verkäufer des CDS verpflichtet, für den Fall des Eintretens des vorher bestimmten Szenarios, eine Ausgleichszahlung an den Käufer zu leisten.

157.   Was sind Euronote-Fazilitäten?

Euronote-Fazilitäten sind Finanzierungsvereinbarungen zwischen einer oder mehreren Banken und einem Kapitalnehmer, die es dem Kapitalnehmer durch die revolvierende Platzierung von Geldmarktinstrumenten ermöglichen, liquide Mittel zu beschaffen.

158.   Welche ökonomische Funktion übernehmen derivative Finanzinstrumente?

Derivative Finanzinstrumente ermöglichen es, Markpreisrisiken getrennt zu bewerten, dadurch können Risiken zusammengefasst und handelbar gemacht werden.

159.   Nennen Sie drei Basiswerte, auf die sich derivative Finanzinstrumente beziehen können.

Derivative Finanzinstrumente können sich auf eine Reihe von Basiswerten beziehen, insbesondere sind dies Zinssätze, Aktienkurse, Wechselkurse und Warenpreise.

160.   Was ist der Unterschied zwischen einem bedingten und einem unbedingten Terminkontrakt?

Ein unbedingter Terminkontrakt ist dadurch gekennzeichnet, dass beide Vertragspartner zur Erfüllung des vereinbarten Geschäfts verpflichtet sind. Ein bedingter Terminkontrakt räumt einem der beiden Vertragspartner die Möglichkeit (Option) ein, das vereinbarte Geschäft tatsächlich durchzuführen oder die Option verfallen zu lassen.

161.   Welche Einsatzmöglichkeiten gibt es für derivative Finanzinstrumente?

Derivative Finanzinstrumente können zum Zweck der Spekulation, der Absicherung und der Arbitrage eingesetzt werden.

162.   Was versteht man unter Hedging?

Als Hedging wird der Einsatz von Finanzinstrumenten, um sich gegen Risiken (z. B. Wechselkursrisiken oder Zinsänderungsrisiken) abzusichern, bezeichnet. In der Regel wird beim Hedging zusätzlich zum Grundgeschäft noch ein Terminkontrakt eingegangen, welcher mögliche negative Entwicklungen ausgleichen soll.

17 Internationales Risikomanagement

17.1 Überblick

163. Nennen Sie die Chancen und Risiken der Internationalisierung.
Die Chancen der Internationalisierung liegen zum einen darin, dass Risiken diversifiziert werden können, Währungs- und Zinsgefälle ausgenutzt und allgemein Kostenvorteile realisiert werden können. Neben den Chancen, die die Internationalisierung bietet, setzt sich ein Unternehmen aber auch neuen Risiken aus, wie z. B. dem Wechselkursrisiko.

17.2 Wechselkursrisiken und ihre Absicherung

164. Definieren Sie den Begriff Währungsrisiko.
Als Währungsrisiko wird die mögliche Abweichung eines in die Inlandswährung umgerechneten Fremdwährungsbetrags von seinem erwarteten Wert bezeichnet. Unter den Begriff des Währungsrisikos fallen sowohl positive als auch negative Abweichungen.

165. Was versteht man unter dem Translation Exposure? Wie wird es berechnet und von welchen Faktoren wird es beeinflusst?
Das Translation Exposure ist eine Form des Währungsrisikos, das vor allem multinationale Unternehmen bei der Erstellung von Konzernbilanzen betrifft, weil Bilanz-, Gewinn- und Verlustpositionen von ausländischen Tochtergesellschaften in die heimische Währung der Muttergesellschaft umgerechnet werden.

Die Berechnung des Translation Exposure erfolgt durch die Ermittlung der Differenz zwischen Aktiv- und Passivpositionen, die Wechselkursänderungen unterliegen. Das Translation Exposure wird neben der Wechselkursvolatilität auch von der Umrechnungsmethode beeinflusst.

166. Wie kommt das Transaction Exposure zustande?
Das Transaction Exposure kommt dadurch zustande, dass der Zeitpunkt der aus einer Forderung bzw. Verbindlichkeit resultierenden Zahlungen in Fremdwährung oft zeitlich von ihrer Entstehung abweicht. Wechselkursänderungen können nun in der Zeit zwischen der Entstehung der Forderung und der Zahlung zu einer Veränderung des Wertes der Positionen in Inlandswährung führen.

167. Welche Bedeutung kommt dem Economic Exposure zu?
Das Economic Exposure bewertet den Einfluss von Wechselkursänderungen auf die langfristige Wettbewerbsfähigkeit eines Unternehmens. Dadurch wird das Economic Exposure zu einem strategischen Faktor für ein Unternehmen.

168. Welche Faktoren beeinflussen die Wechselkursentwicklung?
Die Wechselkursentwicklung wird vor allem von der Zinsdifferenz, der Inflationsdifferenz, der Wachstumsdifferenz, den Leistungsbilanzsalden und von politischen Entwicklungen beeinflusst.

169.   Wie wirkt sich ein im Vergleich zum Rest der Welt hohes Zinsniveau auf den Wechselkurs der Währung eines Landes aus?

Ein hohes Zinsniveau wird tendenziell Kapital aus dem Ausland anziehen. Dadurch steigt die Nachfrage nach der Inlandswährung, was zu einer Aufwertung der Inlandswährung führt.

17.3   Absicherungsinstrumente

170.   Welche Bedeutung kommt der Wahl der Fakturierungswährung bei internationalen Handels- und Finanztransaktionen zu?

Die Wahl der Fakturierungswährung spielt eine wichtige Rolle für das Wechselkursrisiko, welchem sich die Vertragspartner von internationalen Handels- und Finanztransaktionen aussetzen. Eine Fakturierung in der Heimatwährung eines Vertragspartners befreit diesen von jeglichen Wechselkursrisiken. Im Gegensatz ist der andere Vertragspartner der alleinige Träger des Wechselkursrisikos.

171.   Nennen Sie zwei Faktoren, die Einfluss darauf haben, ob eine Fakturierung in Heimatwährung durchgesetzt werden kann.

Entscheidend für das Durchsetzen der Heimatwährung als Fakturierungswährung sind die Erwartungen des ausländischen Vertragspartners hinsichtlich der Kursentwicklung sowie die Marktmacht der einzelnen Geschäftspartner.

172.   Was ist eine Währungsklausel? Welchen Zweck hat sie?

Eine Währungsklausel ist eine im Kaufvertrag festgeschriebene Vereinbarung, durch die die Vertragswährung und damit der zu zahlende Betrag mit einem bestimmten Wechselkurs an eine andere Währung (oder mehrere Währungen) gebunden wird. Das Ziel einer solchen Währungsklausel ist es, den Wert einer Geldschuld zu erhalten.

173.   Welchen Vorteil hat ein Währungsoptionsrecht für einen Gläubiger?

Da der Gläubiger bei einem Währungsoptionsrecht die Option besitzt, die Rückzahlung des geschuldeten Betrag in der Kreditwährung oder in einer vorher festgelegten Währung zu verlangen, kann der Gläubiger die Rückzahlung des Betrags in der Währung fordern, die sich für ihn am günstigsten entwickelt hat.

174.   Wie funktioniert das sogenannte Matching und welche Wirkung hat es im Idealfall?

Beim Matching versuchen Unternehmen, die sowohl Import- als auch Exportumsätze in Fremdwährung haben, diese so zu gestalten, dass Importverbindlichkeiten in Fremdwährung möglichst Exportforderungen in derselben Fremdwährung bei gleicher Höhe und Laufzeit gegenüberstehen. Im Idealfall kann ein Unternehmen sein Fremdwährungsrisiko dadurch eliminieren.

175.   Was ist eine Devisenswap? Welche Kombinationen sind denkbar?

Als Devisenswap werden Transaktionen bezeichnet, bei denen Kassa- gegen Termindevisen oder Termindevisen untereinander getauscht werden. Denkbar sind dabei:

- Kassakauf von Devisen und Verkauf von Termindevisen,
- Kauf von Termindevisen und Verkauf von Kassadevisen sowie
- Tausch von Termindevisen verschiedener Fälligkeit.

176. Was versteht man unter Long-Positionen und Short-Positionen im Options-handel?

Das Eingehen einer Long-Position bedeutet den Kauf einer Option, analog dazu wird beim Verkauf einer Option eine Short-Position eingegangen.

177. Nennen Sie den Unterschied zwischen amerikanischen und europäischen Devisenoptionen?

Der Unterschied zwischen amerikanischen und europäischen Devisenoptionen liegt darin, dass amerikanische Optionen innerhalb einer bestimmten Frist (meistens innerhalb der gesamten Laufzeit) und europäische Optionen zu einem bestimmten Zeitpunkt (in der Regel am Ende der Laufzeit) ausgeübt werden können.

178. Was versteht man unter einer Put-Option? Welche Rechten und Pflichten ergeben sich für Käufer und Verkäufer?

Eine Put-Option ist eine Verkaufsoption. Der Käufer einer Put-Option verpflichtet sich, dem Verkäufer die Optionsprämie zu bezahlen, im Gegenzug erwirbt der Käufer das Recht, die Währung zum vereinbarten Basispreis zu verkaufen. Analog dazu verpflichtet sich der Verkäufer, die Währung zum vereinbarten Basispreis zu kaufen und hat das Recht auf Erhalt der Optionsprämie.

179. Welches Risiko birgt eine Devisenoption für den Käufer dieser Option?

Da der Käufer der Option nur das Recht, nicht aber die Pflicht erwirbt, eine bestimmte Währung zum vereinbarten Basispreis zu kaufen (Call-Option) oder zu verkaufen (Put-Option), beschränkt sich das Risiko des Käufers einer Option auf den Verlust der gezahlten Optionsprämie.

180. Welche Möglichkeiten haben multinationale Unternehmen, um sich gegen Kursänderungsrisiken abzusichern?

Die Absicherung gegen Kursänderungsrisiken kann grundsätzlich durch Devisenkassage-schäfte (Fremdwährungskreditaufnahme bzw. -geldanlage) erfolgen oder über Devisenter-mingeschäfte. Weitere Möglichkeiten bestehen etwa in der Vereinbarung von Währungs-swaps sowie in Wechselkursversicherungen, Factoring oder Forfaitierung. Hinzu treten die o.g. Instrumente im Zusammenhang mit der Fakturierung.

181. Welche Punkte charakterisieren einen Währungsswap?

Nachstehende Punkte können genannt werden:
- Tausch von Devisen zu einem vereinbarten Wechselkurs,
- jährlicher bzw. halbjährlicher Austausch von Zinszahlungen auf der Grundlage der ver-einbarten Kapitalsumme und des vereinbarten Zinssatzes,
- Rücktausch des anfänglichen Betrags am Ende der Laufzeit zum ursprünglichen Kurs und
- ein Swap wird buchhalterisch als Posten außerhalb der Bilanz angesehen.

182. Welche Vorteile bringt ein Währungsswap mit sich? Was ist aus risikotechnischen Gesichtspunkten bei einem solchen Geschäft zu beachten?

Neben der Flexibilität, die ein Währungsswap bezüglich des Betrags und der Laufzeit mit sich bringt, können noch die relativ geringen Kosten eines Swaps als Vorteile dieses Geschäfts angesehen werden. Das Risiko, welches bei einem Swap-Geschäft eingegangen wird, kann darauf zurückgeführt werden, dass bei der Zahlungsunfähigkeit des einen Partners sowohl die Zinszahlungen als auch die Kapitalbeträge einem Wechselkursrisiko unterliegen.

183. Was unterscheidet einen Währungsswap von einem Devisenswap?
Bei einem Währungsswap wird heute eine Kapitalsumme und die darauf zu bedienende Zinsverpflichtung in ein entsprechendes Kapitalvolumen einer anderen Währung einschließlich der damit verbundenen Zinsverpflichtung getauscht. Am Ende der Laufzeit erfolgt dann ein Rücktausch zum ursprünglichen Wechselkurs. Ein Devisenswap hingegen beinhaltet nur den Tausch der Fälligkeiten von Geldbeträgen in einer bestimmtern Währung (Zinszahlungen sind nicht Gegenstand eines Devisenswaps).

17. 4   Zinsänderungsrisiken und ihre Absicherung

184.   Erklären Sie, wie das passivische Zinsänderungsrisiko zustande kommt.
Das passivische Zinsänderungsrisiko ergibt sich daraus, dass fest verzinste Bilanzpositionen auf der Aktivseite variabel verzinsten Positionen auf der Passivseite der Bilanz gegenüberstehen. Bei steigendem Zinsniveau führt dieses zu steigenden Zinsaufwendungen bei gleichbleibenden Zinseinnahmen.

185.   Was versteht man unter dem Abschreibungsrisiko?
Als Abschreibungsrisiko wird das Risiko bezeichnet, welches sich aus einem Kursrückgang bei Wertpapieren aufgrund von Marktzinsänderungen ergibt. Die Bezeichnung Abschreibungsrisiko resultiert daraus, dass Kursabschläge zu Abschreibungen führen können.

186.   In welchem Fall ist ein Unternehmen, unter Berücksichtigung des Duration-Konzepts, vollständig gegen Änderungen des Marktzinsniveaus abgesichert?
Ein Unternehmen ist dann immun gegen Änderungen des Marktzinsniveaus, wenn die Duration mit dem Planungshorizont des Unternehmens übereinstimmt.

187.   Nennen Sie drei Faktoren, die das Zinsniveau eines Landes beeinflussen.
Nachstehende Faktoren können genannt werden:
- Wirtschaftswachstum und Konjunkturverlauf,
- Inflationsrate und Geldmengenwachstum,
- Wechselkurse und ausländisches Zinsniveau,
- Notenbankpolitik und
- öffentliche Verschuldung.

188.   Was versprechen sich Unternehmen von variabel verzinsten Finanzinstrumenten, wenn durch Nicht-Einsatz solcher Instrumente (sowohl auf der Aktiv- als auch Passivseite der Bilanz) das Zinsänderungsrisiko größtenteils vermieden werden kann?
Eine Vermeidung von variabel verzinsten Finanzinstrumenten eliminiert zwar einen großen Teil des Zinsänderungsrisikos, es verhindert jedoch auch, dass Unternehmen von günstigen Entwicklungen des Marktzinsniveaus profitieren können (z. B. günstige Refinanzierungs-Möglichkeiten).

189.   Was ist ein Zinsswap? Geben Sie ein Beispiel für einen solchen Zinsswap.
Ein Zinsswap ist ein Tauschgeschäft zwischen zwei Vertragspartnern, die Zinszahlungsströme austauschen. Denkbar wäre dabei, dass ein Vertragspartner die Zinszahlungen aus seinem fest verzinsten Kredit gegen variable Zinszahlungen tauschen möchte.

190. Ist ein Tausch von zwei variablen Zinssätzen sinnvoll?

Ein Tausch von zwei variablen Zinssätzen macht nur dann Sinn, wenn sich die Verzinsung an unterschiedlichen Referenzzinssätzen orientiert. Vgl. auch Frage 137.

191. Warum geht ein Unternehmen ein Forward Rate Agreement (FRA) ein?

Ein Forward Rate Agreement sichert einem Unternehmen den heutigen Zinssatz für eine in der Zukunft liegenden Periode. Wenn ein Unternehmen die Erwartung hat, dass die Marktzinsen bis zum Zeitpunkt der Kreditaufnahme steigen, wird es sich den heutigen (günstigeren) Zinssatz durch ein FRA sichern. Es besteht auch die Möglichkeit, dass ein Unternehmen eine Geldanlage in der Zukunft tätigen will und fallende Zinsen erwartet. Auch in diesem Fall wird sich ein Unternehmen mit Hilfe eines FRA den heutigen Zinssatz sichern.

192. Welches Recht erhält der Käufer einer Zinsoption?

Durch den Kauf einer Zinsoption erhält der Käufer das Recht, aber nicht die Pflicht, ein bestimmtes festverzinsliches Wertpapier zu einem vorab bestimmten Preis zu verkaufen (Put) oder zu kaufen (Call).

193. Geben Sie ein Beispiel für den Einsatz einer Call-Zinsoption?

Ein Anleger möchte in der Zukunft ein bestimmtes festverzinsliches Wertpapier erwerben, rechnet aber mit sinkenden Zinsen, was zu einem Anstieg des Kurses des Wertpapiers führen würde. Durch den Kauf einer Call-Zinsoption kann der Anleger das gewünschte Wertpapier zum aktuellen Preis kaufen.

194. Kann ein Verkauf von Zinsoptionen zur Absicherung gegen Zinsänderungen genutzt werden?

Nein, der Verkäufer von Zinsoptionen kann zwar die Optionsprämie vereinnahmen, ist aber dem Zinsänderungsrisiko in voller Höhe ausgesetzt.

195. Worin liegt der große Vorteil einer Zinsoption gegenüber anderen Zinssicherungsinstrumenten?

Der Vorteil, den eine Option gegenüber anderen Zinssicherungsinstrumenten hat, ist, dass sie ihrem Käufer die Möglichkeit eröffnet, ein bestimmtes Geschäft einzugehen, ihn aber nicht dazu verpflichtet.

196. Was unterscheidet Caps, Floors, Collars und Korridore von gewöhnlichen Zinsoptionen?

Zinsoptionen ermöglichen es, den heutigen Zinssatz für die Zukunft zu sichern. Caps, Floors, Collars und Korridore werden dagegen eingesetzt, um bestimmte Zinsober- bzw. -untergrenzen nicht zu über- bzw. zu unterschreiten. Vgl. auch Frage 86.

197. Beschreiben Sie die Wirkung von Caps und Floors.

- Cap: Durch den Erwerb eines Caps kann der Schuldner eines variabel verzinsten Kredits den zu zahlenden Zinssatz auf eine vorher vereinbarte Obergrenze begrenzen.
- Floor: Der Käufer eines Floors sichert seine variabel verzinste Geldanlage gegen das Unterschreiten einer bestimmten Zinsuntergrenze ab.

198.   Was ist ein Collar?

Ein Collar ist die Kombination eines Caps und eines Floors. Dabei kauft ein Kreditnehmer einen Cap und sichert sich somit eine Zinsobergrenze, gleichzeitig verkauft er einen Floor (z. B. an die Bank). Somit entsteht eine Bandbreite, in der sich die Zinsen bewegen können.

17.5   Länderrisiken und ihre Beurteilung

199.   Nennen Sie Beispiele für politische Länderrisiken.

- Regierungs- oder Politikwechsel,
- Kriege,
- Embargos bzw. Blockademaßnahmen,
- Politische Unruhen und
- Streiks.

200.   Welche Faktoren müssen bei der Beurteilung von politischen Länderrisiken beachtet werden?

Die Beurteilung der politischen Lage eines Landes bedarf der Einschätzung von:

- innen- und außenpolitischer Lage,
- Staats- und Regierungsform sowie
- Gesellschaftssystem, Administration und Rechtsstaatlichkeit.

201.   Was versteht man unter dem wirtschaftlichen Länderrisiko?

Unter dem wirtschaftlichen Länderrisiko versteht man die Unfähigkeit eines Landes, seinen Verpflichtungen in Fremdwährung nachzukommen. Darunter fallen sowohl Verpflichtungen der öffentlichen Hand, der privaten Haushalte und der Unternehmen.

202.   Nennen Sie die wichtigsten Indikatoren, die zur Bewertung von wirtschaftlichen Länderrisiken herangezogen werden.

- Wirtschaftsstruktur und Wirtschaftspolitik,
- Bruttoinlandsprodukt pro Kopf,
- Arbeitslosenquote,
- Inflationsrate,
- Zahlungsbilanz,
- Wechselkursentwicklung,
- Exporteinnahmen und
- Importdeckung,
- Terms of Trade,
- Auslandschuldenquote und
- Schuldendienstquote.

203.   Wie ist ein Überschuss in der Leistungsbilanz in Bezug auf das wirtschaftliche Länderrisiko zu beurteilen?

Ein Überschuss in der Leistungsbilanz eines Landes kann grundsätzlich positiv bewertet werden. Zum einen lässt ein Leistungsbilanzüberschuss auf ein hohes Maß an Konkurrenzfähigkeit des Landes schließen, zum anderen geht ein Leistungsbilanzüberschuss mit dem Aufbau von Devisenreserven einher.

204.   Welche Einrichtungen liefern Informationen zur Bonität von Ländern?

Informationen zur Bonität von Ländern werden unter anderem von Banken und Rating-agenturen bereitgestellt. Daneben liefern der Institutional Investor Index eines amerikanischen Wirtschaftsmagazins sowie der BERI-Index (Business Environment Risk Information) Angaben zur Bonität von Ländern.

4. Hauptteil:

Buchführung und GoB

Bearbeitet von: Angelika Leuz
Norbert Leuz

1 Grundlagen der Buchführung

1.1 Aufgaben und Gliederung des kaufmännischen Rechnungswesens

1. Was versteht man unter dem Begriff »betriebliches Rechnungswesen«?
Unter dem betrieblichen Rechnungswesen versteht man die Gesamtheit von Buchführung, Kostenrechnung, Betriebsstatistik und Planungsrechnung.

Das betriebliche Rechnungswesen umschließt alle Maßnahmen und Verfahren zur systematischen Erfassung, Darstellung und Abrechnung des betrieblichen Geschehens, soweit dies zahlenmäßig erfassbar ist. Es dient dazu, Vermögen und Schulden einer Unternehmung mengenmäßig (kg, m, Stück u. a.) und wertmäßig in Geld (€) zu erfassen und die betrieblichen Vorgänge rechnerisch zu verfolgen und die wirtschaftliche Situation eines Unternehmens aufzubereiten und darzustellen.

2. Unterscheiden Sie zwischen Buchführung und Buchhaltung.
Oft wird zwischen diesen beiden Begriffen nicht genau getrennt. Buchführung ist funktional aufzufassen als Tätigkeit oder als ihr Ergebnis (das Buchführungswerk). Buchhaltung wird institutionell verstanden als diejenige Betriebsabteilung, in der sich die Buchführungsarbeiten vollziehen.

3. Worüber wird Buch geführt?
Die Buchführung zeichnet Vorgänge auf, die Vermögen, Schulden und Eigenkapital sowie Aufwendungen und Erträge eines Unternehmens betreffen.

4. Welchen Zwecken dient die Buchführung?
Die Buchführung dient folgenden Zwecken:
(1) Dokumentation der Geld- und Güterbewegungen,
(2) Grundlage der Rechenschaftslegung für sich selbst, für Beteiligte und die Öffentlichkeit,
(3) Gewinnermittlung,
(4) Auskunftsquelle und Dispositionsgrundlage für die Unternehmensführung.

1.2 Die Bilanz als Ausgangspunkt der doppelten Buchführung (Doppik)

5. Was versteht man unter dem Begriff Doppik?
Dieser Begriff ist eine Kurzbezeichnung für doppelte Buchführung. Der Ausdruck soll das Grundprinzip der doppelten Buchführung kennzeichnen, das im zweiseitigen (doppelten)

Verbuchen jedes Vorganges liegt und eine Fortführung der Bilanzgleichung bedeutet. Wesensmerkmal der Doppik ist, dass

- zum einen die Summe von Soll und Haben stets gleich sein muss (immanente Kontroll-wirkung der Doppik),
- zum anderen der Periodenerfolg auf zwei Wegen ermittelt wird, die zum gleichen Ergebnis führen müssen, nämlich Saldo in der Bilanz als Vermögenszuwachs und Saldo in der GuV-Rechnung als Differenz zwischen Aufwendungen und Erträgen.

6. Was versteht man unter dem Begriff Bilanzgleichung?

Er ist Ausdruck für den Wesenszug der Doppik, wonach

Summe der Aktiva = Summe der Passiva.

Die Buchführung wird daraus als »bewegte Bilanz« erklärt, da die Bilanzgleichung zwar durch die Buchungen verändert, aber nie zerstört wird.

7. Warum bezeichnet man die Buchführung auch als »bewegte Bilanz«?

Der Begriff »bewegte Bilanz« ist Ausdruck dafür, dass in der Buchführung die Bilanzglei-chung fortgeführt wird. Alle zu buchenden Vorgänge lassen sich auf vier typische Fälle der Bilanzbeeinflussung zurückführen:

(1) Umschichtung innerhalb der Aktiven (Aktivtausch),
(2) Umschichtung innerhalb der Passiven (Passivtausch),
(3) Zugang auf beiden Bilanzseiten (Bilanzvergrößerung),
(4) Abgang auf beiden Bilanzseiten (Bilanzverkleinerung).

1.2.1 Konten

8. Was bedeutet das Wort Konto?

Das Konto ist eine zweiseitig geführte Rechnung, in der Zu- und Abgänge auf getrennten Seiten erfasst werden. Das Wort stammt aus dem Lateinischen (computare = rechnen).

9. Was ist unter Aktiv- und Passivkonten zu verstehen?

Aktivkonten sind solche Konten, die aktive Bestände verrechnen und deshalb unmittelbar oder mittelbar aus der Aktivseite der Bilanz hervorgehen. Passivkonten sind Konten, die Passivbestände verrechnen und die sich deshalb mittelbar oder unmittelbar aus der rechten Bilanzseite ableiten. Zu den Passivkonten gehören auch die Erfolgskonten (Kapitalkonten).

10. Was ist der Unterschied zwischen ruhenden und bewegten Konten?

Ruhende Konten sind Konten, die im Laufe eines Abrechnungszeitraumes gewöhnlich nicht oder nur wenig bewegt werden, also die Anlage- und Eigenkapitalkonten, aber auch Konten für langfristige Forderungen und Verbindlichkeiten, Wertberichtigungen, Rück-stellungen und Posten der Rechnungsabgrenzung. Deshalb wird in prozessgegliederten Kontenrahmen die Kontenklasse 0, sofern sie für die entsprechenden Konten vorgesehen ist, häufig als Klasse der ruhenden Konten bezeichnet.

Bewegte Konten sind Konten, auf die regelmäßig im Laufe einer Abrechnungsperiode, also nicht erst beim Abschluss, gebucht wird.

11. Was ist der Unterschied zwischen Bestandskonten und Erfolgskonten?

Bestandskonten sind Konten, in denen Bestände verrechnet werden (z. B. Anlage- und Kapitalkonten, Finanzkonten, Konten der Vorräte). Bei reinen Bestandskonten muss der Saldo (Buchbestand) gleich dem Inventurbestand sein. Die Inventur dient dann nur der

Kontrolle. Bestandskonten werden mit dem durch die Inventur festgestellten Bestand auf dem Schlussbilanzkonto abgeschlossen.

Sog. gemischte Konten enthalten eine Mischung von Bestand und Erfolg. Die Inventur ist hier Voraussetzung des Abschlusses.

Erfolgskonten sind Konten, die Aufwand oder Ertrag nachweisen, also das Ergebnis beeinflussen (z.B. Abgrenzungskonten, Konten für Personalaufwand und Materialaufwand, Erlöskonten). Sie finden ihren Abschluss über das GuV-Konto. Erfolgskonten haben den Charakter von Kapitalkonten (Vor- oder Unterkonten).

12.   Definieren Sie die Begriffe Sachkonten und Personenkonten.

Sachkonten sind alle Konten des Kontensystems (Bestandskonten und Erfolgskonten), die nicht Personenkonten sind.

Personenkonten, auch als Kontokorrentkonten bezeichnet, gliedern die Sachkonten Verbindlichkeiten aus Lieferungen und Leistungen und Forderungen aus Lieferungen und Leistungen weiter auf, geben also den Nachweis über die Schuldverhältnisse im Einzelnen. Sie sind also auf den einzelnen Kunden oder Lieferanten lautende Unterkonten. Für Geschäftspartner, mit denen nur wenige Geschäftsvorfälle anfallen, wird regelmäßig ein sog. Diverse-Konto geführt.

13.   Warum versucht man gemischte Konten möglichst zu vermeiden? Nennen Sie Beispiele für gemischte Konten.

Gemischte Konten haben den Nachteil, dass sie Elemente des Bestands- und des Erfolgskontos enthalten.

Ein typisches Beispiel für gemischte Konten ist das Wareneinkaufskonto, das den Anfangsbestand empfängt, mit allen Zugängen belastet wird und den durch Inventur ermittelten Schlussbestand übernimmt. Es ist deswegen kein reines Bestandskonto, weil es noch einen Erfolgsteil enthält, nämlich den Wareneinsatz.

Aber auch die Konten für abnutzbare Anlagegüter können gemischte Konten sein, und zwar dann, wenn die Abschreibung direkt auf dem Anlagekonto vorgenommen wird. Bei der indirekten Abschreibung werden Bestands- und Erfolgselemente getrennt.

1.2.2   Kontierungsregeln

14.   Welche Fachbezeichnungen gibt es für die Buchungen auf der Soll- und Habenseite eines Kontos?

Das Buchen auf der Sollseite bezeichnet man als belasten oder debitieren, beim Buchen auf der Habenseite schreibt man gut, erkennt bzw. kreditiert oder entlastet.

15.   Erläutern Sie, warum Zugänge immer auf der Seite des Anfangsbestandes stehen, Abgänge dagegen auf der Gegenseite.

Zugänge erhöhen den Anfangsbestand und sind ihm deshalb zuzurechnen. Abgänge schreibt man auf die Gegenseite, damit man dann durch Vergleich beider Seiten den Schlussbestand leicht ermitteln kann.

16.   Erklären Sie den Begriff Saldo.

Saldo bedeutet Überschuss bzw. Restbetrag, d.h. Überschuss einer Kontenseite gegenüber der anderen. Ein Sollsaldo wird zum Kontenausgleich im Haben eingesetzt, ein Habensaldo im Soll. Beide Kontenseiten haben dann gleiche Endsummen.

17.   Welche Kontierungsregeln sind bei Aktiv- und Passivkonten zu beachten?

Zugänge von Aktivposten gehören ins Soll (Lastschrift). Zugänge von Passivkonten gehören ins Haben (Gutschrift). Abgänge von Aktivkonten gehören ins Haben. Abgänge von Passivkonten gehören dagegen ins Soll.

18.   Warum wird jeder Geschäftsvorfall auf mindestens zwei Konten gebucht?

Jeder Geschäftsfall berührt mindestens zwei Bilanzposten, also muss er sich auch auf zwei Konten niederschlagen.

19.   Welche Überlegungen sind vor jeder Buchung anzustellen?

Man muss sich folgende Fragen stellen:

(1)   Welche Konten werden berührt?

(2)   Welchen Charakter haben die berührten Konten: Aktiv- oder Passivkonto?

(3)   Liegt ein Zugang oder liegt ein Abgang vor?

(4)   Auf welche Kontenseiten ist also zu buchen?

20.   Was ist der Unterschied zwischen kontieren und buchen?

Die Kontierung ist eine Vorbereitungshandlung der Buchführung, durch Bestimmung des Buchungssatzes. Sie ist die Buchungsanweisung im Beleg durch Angabe der Kontennummern, sodass ersichtlich ist, welches Konto auf welcher Seite mit welchem Betrag bebucht werden soll. Oft werden Kontierungsstempel verwendet. Bei vorsortierten Belegen (z.B. Ein- oder Ausgangsrechnungen), bei denen die Last- oder Gutschrift feststeht, genügt die Angabe des Gegenkontos.

Durch Buchen werden dagegen Geschäftsfälle in die zur Buchführung gehörenden Geschäftsbücher bzw. Konten und Journale eingetragen.

1.3   Die Buchung des Warenverkehrs

21.   Ordnen Sie das Wareneinkaufs- und das Warenverkaufskonto Ihnen bekannten Kontenarten zu.

Das Wareneinkaufskonto ist ein Aktivkonto, das Warenverkaufskonto ein Erfolgskonto.

22.   Wie bucht man in der Regel Wareneinkauf und -verbrauch in Industrie und Handel?

Bei Industriebetrieben wird zwischen Wareneinkaufs- und GuV-Konto meistens das Materialaufwandskonto geschoben. Dadurch wird das Wareneinkaufskonto zum reinen Bestandskonto, Materialeinsatz bzw. -verbrauch sind auf einen Blick ersichtlich. Im Handel wird dagegen vielfach auf die Führung eines Warenansatzkontos (Warenverbrauchskontos) verzichtet. Die Wareneingangskonten werden – wie das auch die meisten Kontenrahmen vorsehen – als Erfolgskonten behandelt. Das Warenbestandskonto zeigt nur den Anfangsbestand und bleibt das Jahr über unverändert. Am Jahresende übernimmt es den durch Inventur ermittelten Endbestand. Die Differenz wird dem Wareneinkaufskonto belastet oder gutgeschrieben, wodurch das Wareneinkaufskonto den Wareneinsatz bzw. -verbrauch des Geschäftsjahres aufzeigt.

Wenn allerdings im Handel Warenwirtschaftssysteme (WWS) zum Einsatz kommen, die über Strichcodes die Warendaten bei Bestellung bzw. Wareneingang und im gesamten Warenfluss mittels Kassenterminals oder Scanner computergenau verfolgen, dann werden die Eingänge als Bestand und die Warenausgänge als Verbrauch (Wareneinsatz) erfasst.

23. Welchen Nachteil sehen Sie in der oben angeführten Buchung des Warenverkehrs im Handel (ohne Nutzung eines WWS)?

Die oben dargestellte Verbuchung unterstellt, dass der Wareneingang gleich dem Wareneinsatz ist. Zwischenabschlüsse ergeben nur zufällig ein genaues Bild. Soll bei der kurzfristigen Erfolgsrechnung der Wareneinsatz annähernd exakt ermittelt werden, ohne dass der Warenbestand durch Inventur festgestellt ist, so ist die Rechnung über die Nettoverkaufspreise und den Rohaufschlagsatz in der Regel genauer. Der Wareneinsatz wird dabei nach folgender Formel bestimmt:

$$\text{Wareneinsatz} = \frac{\text{Nettoverkaufserlöse}}{100\,\% + \text{Rohaufschlagsatz in \%}}$$

Beispiel:
Bei Nettoverkaufserlösen von 51 000 € und einem Rohaufschlagsatz von 50 % ergibt sich ein Wareneinsatz von 34 000 €, nämlich 51 000 € : 1,5.

24. Welchen Vorteil hat der Einsatz von Scanner-Kassen im Handel?

Durch den Einsatz von Scanner-Kassen wird der Verbrauch bzw. Wareneinsatz exakt ermittelt, sodass sich der erzielte Rohgewinn – wenn gewünscht – sogar täglich ermitteln lässt.

1.4 Die Umsatzsteuer in der Buchführung

25. Wie wird die Umsatzsteuer behandelt, die sich auf Ausgangsrechnungen findet? Welches Konto ist für sie bestimmt, und welchen Charakter hat dieses Konto?

Die Umsatzsteuer auf Ausgangsrechnungen ist einerseits Bestandteil der Forderungen gegenüber dem Kunden. Sie bedeutet andererseits eine Verbindlichkeit gegenüber dem Finanzamt (Passivkonto Umsatzsteuer).

26. Welchen Charakter hat das Konto Vorsteuer, und wie wird es am Monatsende und im Jahresabschluss behandelt?

Das Konto Vorsteuer hat den Charakter eines Forderungskontos.

Am Monatsende ist es unzweckmäßig, das Konto Vorsteuer mit dem Konto Umsatzsteuer abzuschließen, weil Umsatzsteuer und Vorsteuer sowie die Bemessungsgrundlage der Umsatzsteuer in der Umsatzsteuer-Voranmeldung sowie der Umsatzsteuer-Jahreserklärung gesondert auszuweisen sind (§ 18 UStG). Erst in der Schlussbilanz erfolgt eine Saldierung von Traglast und Vorsteuer.

27. Unter welchen Voraussetzungen ist in einem Abrechnungszeitraum die Vorsteuer größer als die sich aus den Ausgangsrechnungen ergebende Steuer? Wie wird der Differenzbetrag behandelt?

Wenn die dem Kunden in Rechnung gestellte Umsatzsteuer einer Abrechnungsperiode kleiner ist als die von den Lieferern dem Unternehmen selbst berechnete, so ergibt sich im Saldo eine Forderung gegenüber dem Finanzamt. Das kommt vor allem im Exportgeschäft vor, weil Ausfuhrlieferungen und innergemeinschaftliche Lieferungen steuerfrei sind, ohne dass das Recht auf Vorsteuerabzug verloren geht. Auch vor Beginn einer Saison kann wegen hoher Einkäufe das Vorsteuer-Guthaben höher sein als die Umsatzsteuer. Der Differenzbetrag wird i.d.R. aufgrund der Umsatzsteuer-Voranmeldung dem Steuerpflichtigen vergütet.

28.   Erläutern Sie die umsatzsteuerrechtlichen Begriffe Traglast und Zahllast.

Die Steuerschuld (Zahllast) des Unternehmers ergibt sich aus der Gleichung

Zahllast = Traglast ·/· Vorsteuer.

Die Traglast ergibt sich aus der Umsatzsteuer auf die Ausgangsrechnungen, die abzugsfähige Vorsteuer aus den Eingangsrechnungen.

1.4.1   Entgeltminderungen

29.   Erläutern Sie, was Boni und Skonti sind.

Boni sind nachträgliche Preisnachlässe bei Erreichen bestimmter Umsätze (gestaffelt). Kundenboni bedeuten eine Minderung von Erlösen, Lieferantenboni eine Minderung des Einstandspreises.

Skonti stellen Abzüge wegen vorzeitiger Zahlung dar. Sowohl Lieferanten- als auch Kundenskonti mindern nachträglich den Rechnungsbetrag und wirken deshalb auch auf Umsatzsteuer bzw. Vorsteuer ein.

30.   Kennen Sie außer Boni und Skonti auch andere Entgeltminderungen?

Andere Entgeltminderungen sind nachträgliche Preisnachlässe, nachträgliche Treuerabatte, Preisminderungen wegen Mängelrüge oder zu vergütender Nacharbeit u. a.

31.   Warum werden Sofortrabatte buchhalterisch überhaupt nicht ausgewiesen?

Sofortrabatte sind bereits in der Rechnung abgesetzt, sodass sie von vornherein den Rechnungsbetrag mindern.

32.   Wie wird bei nachträglichen Entgeltminderungen die Umsatzsteuer korrigiert?

Bei EDV-Buchführung erfolgt die Ermittlung und Buchung der Vor- oder Mehrwertsteueranteile nach Eingabe eines Umsatzsteuerschlüssels programmgesteuert. Bei manueller Buchführung muss die im Bruttobetrag enthaltene Umsatzsteuer mit dem Faktor 19/119 (bei vollem Umsatzsteuersatz) bzw. 7/107 (bei ermäßigtem Umsatzsteuersatz) multipliziert werden. In der Praxis wird es nicht beanstandet, wenn als Multiplikatoren 15,97 bzw. 6,54 hierfür angewendet werden. Allerdings entstehen dabei Rundungsdifferenzen.

Wenn man die Umsatzsteuerkorrektur sofort bei der Buchung durchführt, spricht man von Nettobuchung, im anderen Falle von Bruttobuchung.

1.4.2   Unentgeltliche Wertabgaben

33.   Wie sind private Sachentnahmen zu verbuchen?

Unentgeltliche Wertabgaben (sog. Eigenverbrauch) unterliegen einer besonderen Aufzeichnungspflicht (§ 22 Abs. 2 Nr. 3 UStG). Deshalb dürfen Sachentnahmen nicht auf das allgemeine Warenverkaufskonto gebucht werden, sondern die Buchung muss lauten (nach EDV-Kontenrahmen DATEV SKR 03):

1800 Private Sachentnahmen
       an 8910 Entnahme von Gegenständen
           1770 Umsatzsteuer

1.5 Abschreibungen auf Anlagen

34. Warum sind Abschreibungen notwendig?

Die meisten Anlagegüter unterliegen der Entwertung durch Gebrauch, Veralten, Witterungseinflüsse, technischen Fortschritt oder Zeitablauf (z.B. bei Patenten). Diesem wird durch die Abschreibung Rechnung getragen.

35. Wozu dienen Abschreibungen?

Abschreibungen dienen dazu, die Anschaffungs- oder Herstellungskosten abnutzbarer Anlagegüter auf die voraussichtliche Gesamtdauer der Verwendung oder Nutzung zu verteilen. Sie repräsentieren den dem jeweiligen Geschäftsjahr zugerechneten Wertverlust.

36. Erläutern Sie, wovon die Höhe der jährlichen Abschreibungen abhängt.

Die Höhe der jährlichen Abschreibungen hängt ab von dem Anschaffungswert, von der Nutzungsdauer und der gewählten Abschreibungsmethode.

37. Welche Abschreibungsmethoden kennen Sie? Welche sind steuerlich zulässig?

Man unterscheidet folgende Abschreibungsmethoden:

(1) lineare Abschreibung,
(2) degressive Abschreibung, und zwar geometrisch degressive Abschreibung, digitale Abschreibung und Abschreibung nach Staffelsätzen,
(3) progressive Abschreibung,
(4) Abschreibung nach Maßgabe der Leistung,
(5) Kombinationsformen, z.B. Übergang von zunächst degressiver Abschreibung auf lineare Abschreibung.

Steuerlich nicht zulässig ist die digitale Abschreibung und die progressive Abschreibung.

38. Wie können Abschreibungen verbucht werden?

Für die Buchung sind zwei Verfahren möglich: direkte oder indirekte Abschreibung. Beim direkten Verfahren werden die abzuschreibenden Beträge direkt als Abgänge im Haben des Anlagekontos gebucht. Zum Beispiel:

    Abschreibungen
        an Betriebs- und Geschäftsausstattung

Die indirekte Abschreibung wird mit Hilfe eines Wertberichtigungskontos (Passivkonto) durchgeführt. Das Anlagenkonto wird nicht berührt. Zum Beispiel:

    Abschreibungen an Wertberichtigungen

39. Welche Unterschiede bestehen hinsichtlich des Ausweises von Abschreibungen bei Personen- und Kapitalgesellschaften?

Einzelkaufleute und Personengesellschaften sind frei in der Wahl der Form der Abschreibung. Falls Kapitalgesellschaften die indirekte Abschreibung anwenden wollen, müssen sie die Wertberichtigung in der Bilanz jedoch aktivisch absetzen, denn eine Passivierung der Wertberichtigung ist ihnen nach § 266 Abs. 3 i.V.m. § 268 Abs. 2 HGB nicht gestattet.

1.6 Abschreibungen auf Forderungen

40. **Was versteht man unter Delkredere?**

Delkredere ist die Wertberichtigung für voraussichtliche Ausfälle bei aktivierten Forderungen.

41. **Warum können Abschreibungen auf Forderungen notwendig sein? Worauf ist buchhalterisch hierbei besonders zu achten?**

Der wirkliche Wert einer Forderung deckt sich nicht immer mit ihrem Nennwert. Ausfälle, vor allem wegen Zahlungsunfähigkeit der Kunden, sind möglich. Das muss spätestens beim Abschluss durch Abschreibung berücksichtigt werden. Hierbei muss man jedoch unterscheiden zwischen

- Abschreiben uneinbringlicher Forderungen und
- Abschreiben wahrscheinlicher Kundenverluste.

Eine Umsatzsteuerkorrektur darf nämlich erst dann vorgenommen werden, wenn die Uneinbringlichkeit endgültig ist, wenn man also mit Sicherheit weiß, dass mit dem Eingang einer Forderung nicht mehr zu rechnen ist, z. B. bei Insolvenz.

42. **Welche Risiken umfasst die Pauschalwertberichtigung?**

Die Pauschalwertberichtigung erfasst das Ausfallrisiko, Zinsverluste durch verspätete Kundenzahlungen, noch zu erwartende Skontoabzüge und Kosten der Beitreibung (Kosten für Mahnungen, Zwangsvollstreckungen u. a.).

43. **Wie werden Einzel- und Pauschalwertberichtigung durchgeführt?**

Bei einem größeren Bestand gleichartiger Forderungen kann ein Teil der Forderungen einzeln (z. B. bei Großabnehmern), der Rest pauschal bewertet werden. Dabei ist der Betrag der pauschalen Wertberichtigung wegen des Ausfallwagnisses auf der Grundlage der Erfahrungen der Vergangenheit mit einem Prozentsatz des zu bewertenden Forderungsbestandes zu schätzen.

Von der Finanzverwaltung wird ein dem Grunde nach berechtigtes Pauschaldelkredere – nach Aussonderung der Einzelwertberichtigungen – bis zu 1 % der Forderungen (ohne Umsatzsteuer) anerkannt (Nichtaufgriffsgrenze). Ein höherer Pauschalsatz muss von der Unternehmung nachgewiesen werden.

1.7 Zeitliche Abgrenzung

44. **Was versteht man unter zeitlicher Abgrenzung?**

Die Abgrenzungen der Jahresrechnung bezwecken, die Aufwendungen und Erträge zeitlich so abzugrenzen, dass sie dem Zeitabschnitt zugerechnet werden, den sie tatsächlich betreffen. Dabei unterscheidet man transitorische Posten und antizipative Posten.

45. **Was versteht man unter Transitorien?**

Transitorische Posten der Rechnungsabgrenzung umfassen Ausgaben bzw. Einnahmen einer Abrechnungsperiode, die erst in einer späteren Periode Aufwand bzw. Ertrag darstellen.

Beispiele: Vorausbezahlte Löhne (transitorische Aktiven), im Voraus erhaltene Mieten (transitorische Passiven).

Transitorische Posten werden im aktiven bzw. passiven Konto der Rechnungsabgrenzung ausgewiesen.

46. Was versteht man unter antizipativen Posten?

Der Begriff antizipativ stammt aus dem Lateinischen (anticipere = vorwegnehmen). Antizipative Posten der Rechnungsabgrenzung umfassen Aufwand und Ertrag einer Abrechnungsperiode, die erst in einer späteren Periode Ausgabe bzw. Einnahme werden.

Beispiele: Rückständige Löhne (antizipatives Passivum), noch nicht gutgeschriebene Guthabenzinsen (antizipatives Aktivum).

Antizipativa werden in den Konten Sonstige Verbindlichkeiten bzw. Sonstige Forderungen ausgewiesen.

1.8 Hauptabschlussübersicht

47. Welchen Zwecken dient die Hauptabschlussübersicht?

Sie ist eine tabellarische Übersicht, die dazu dient, aus dem Zahlenmaterial der Finanzbuchhaltung und der Inventur den Jahresabschluss bei manueller Buchführung zu entwickeln. Der praktische Vorteil liegt darin,

- dass sämtliche Konten der Buchführung mit Umsatzsummen und Salden aufgelistet werden, um zunächst eine Abstimmung nach den Regeln der Doppik zu erhalten,
- dadurch formelle Buchungsfehler aufgedeckt werden,
- alle Abschlussbuchungen systematisch zusammengestellt werden und
- eine Probebilanz aufgestellt werden kann vor Realisierung bilanzpolitischer Erwägungen.

48. Wie ist die Hauptabschlussübersicht aufgebaut?

Sie kann bis zu acht Doppelspalten aufweisen, nämlich die Eröffnungsbilanz als erste Doppelspalte, die Verkehrszahlen bzw. Umsatzbilanz als zweite Doppelspalte. Die Summenbilanz ergibt sich dann aus Addition der Eröffnungsbilanz und der Umsatzbilanz. In der Saldenbilanz I findet sich der Unterschied zwischen Soll und Haben der Summenbilanz. Da nicht alle Beträge der Saldenbilanz I mit den durch Inventur ermittelten Beständen übereinstimmen, werden in der Umbuchungsspalte Umbuchungen und sonstige vorbereitende Abschlussbuchungen gesammelt. Aus Saldenbilanz I und Umbuchungsspalte wird schließlich die Saldenbilanz II entwickelt, aus der dann die Vermögensbilanz und die Erfolgsbilanz hervorgehen.

49. Warum ist die Hauptabschlussübersicht bei konventioneller Buchführung von größerer Bedeutung als bei EDV-Buchführung?

Bei EDV-Buchführung ist eine listenmäßige Darstellung des Buchungsstoffes in Form einer Hauptabschlussübersicht nicht mehr notwendig. Zum einen wird die Soll-Haben-Gleichheit durch das Programm sichergestellt, zum anderen ist die Auswirkung von Abschlussbuchungen auf Bilanz und GuV-Rechnung sofort am Bildschirm ersichtlich.

50. Ist die Hauptabschlussübersicht dem Finanzamt einzureichen?

Gemäß § 60 Abs. 1 EStDV hat der bilanzierende Steuerpflichtige Bilanz und GuV-Rechnung als Unterlagen zur Steuererklärung dem Finanzamt einzureichen. Die Hauptabschlussübersicht ist seit Veranlagungszeitraum 1996 nicht mehr mit beizulegen.

2 Allgemeine rechtliche Vorschriften und Grundsätze ordnungsmäßiger Buchführung

2.1 Buchführungspflicht

51. Was soll durch die Buchführungspflicht erreicht werden?

Durch die Buchführungspflicht soll sichergestellt werden, dass die Zwecke der Buchführung erreicht werden. Eine ordnungsgemäße Buchführung liegt sowohl im Interesse des Einzelbetriebs als auch im gesamtwirtschaftlichen Interesse. Buchführungsvorschriften gibt es daher im Handels- und im Steuerrecht.

2.1.1 Buchführungspflicht nach Handelsrecht

52. Was ist der Unterschied zwischen Buchführungspflicht nach Handels- und nach Steuerrecht?

Die Buchführungspflicht nach Handelsrecht erstreckt sich nur auf Kaufleute. Die steuerrechtlichen Regelungen sind umfassender und sehen daneben noch weitere besondere Aufzeichnungen vor.

53. Wann beginnt und endet die Buchführungspflicht nach Handelsrecht?

Hier muss man nach der Art der Kaufleute unterscheiden:

(1) Istkaufleute, die nicht wegen Unterschreitens bestimmter Größenmerkmale durch BilMoG von der Buchführungspflicht ausgenommen sind (s. § 241a HGB), und Vereinigungen von Kaufleuten (OHG, KG) sind buchführungspflichtig vom Zeitpunkt der Eröffnung des Unternehmens bzw. Aufnahme des Geschäftsbetriebes an bis zur Liquidation.

(2) Bei Kannkaufleuten (§§ 2, 3 HGB) beginnt die Buchführungspflicht mit der Eintragung, endet mit der Löschung im Handelsregister.

(3) Formkaufleute (§ 6 HGB, z. B. AG, GmbH) sind buchführungspflichtig mit Gründung der Gesellschaft (Abschluss des Gesellschaftsvertrags), spätestens von der Eintragung an, bis zur Beendigung der Liquidation.

2.1.2 Buchführungspflicht nach Steuerrecht

54. Was beinhaltet die abgeleitete und die originäre steuerliche Buchführungspflicht?

Die abgeleitete Buchführungspflicht ergibt sich aus § 140 AO: Wer nach anderen als den Steuergesetzen Bücher und Aufzeichnungen zu führen hat, die für die Besteuerung von Bedeutung sind, hat die damit auferlegten Verpflichtungen auch im Interesse der Versteuerung zu erfüllen. Von dieser Bestimmung werden die Kaufleute erfasst.

Daneben besteht eine originäre steuerliche Buchführungspflicht (§ 141 Abs. 1 AO). Danach sind gewerbliche Unternehmer sowie Land- und Forstwirte buchführungspflichtig, wenn sie bestimmte Größenmerkmale überschreiten, z. B.

- Umsätze von mehr als 500 000 € im Kalenderjahr,
- Gewinn von mehr als 50 000 € im Wirtschaftsjahr.

2.1.3   Besondere steuerliche Aufzeichnungspflichten

55.   Welche Angaben sind bei Aufzeichnungen über Warenein- und -ausgang zu machen?
Die Aufzeichnungen müssen nach §§ 143, 144 AO folgende Angaben enthalten:
(1)   Tag des Warenein- oder -ausgangs oder Datum der Rechnung,
(2)   Name oder Firma und Anschrift des Lieferers oder Abnehmers,
(3)   handelsübliche Bezeichnung der Ware,
(4)   Preis der Ware,
(5)   Beleghinweis.

56.   Welche Aufzeichnungspflichten hat ein Kleingewerbetreibender zu erfüllen?
Ein Kleingewerbetreibender (§ 1 Abs. 2 HGB) ist nach Handelsrecht nicht buchführungspflichtig. Wenn er die Grenzen für die originäre steuerliche Buchführungspflicht nach § 141 Abs. 1 AO nicht überschreitet, besteht aber trotzdem Aufzeichnungspflicht
- über Wareneingang (§ 143 AO) und Warenausgang (§ 144 AO),
- zur Feststellung und Berechnung der Umsatzsteuer (§ 22 UStG, §§ 63 ff. UStDV),
- zur Berücksichtigung bestimmter Betriebsausgaben (z.B. Geschenke, Bewirtungskosten u.Ä., § 4 Abs. 5 und 7 EStG).

Kleingewerbetreibende können zur Kaufmannseigenschaft optieren (§ 2 HGB) und sind dann Kannkaufleute.

2.2   Grundsätze ordnungsmäßiger Buchführung (GoB)

2.2.1   Allgemeines

57.   Was versteht man unter GoB?
Die GoB sind Regeln, nach denen Geschäftsvorfälle aufzuzeichnen und im Jahresabschluss darzustellen sind. Sie stellen einen sog. »unbestimmten Rechtsbegriff« dar, d.h. ihr Inhalt ist nicht durch einen fest umrissenen Sachverhalt ausgefüllt, sondern bedarf bei Rechtsanwendung der Fixierung (entsprechend wie z.B. bei den unbestimmten Rechtsbegriffen »Gemeinwohl« oder »gute Sitten«). Die Verwendung unbestimmter Rechtsbegriffe in der Gesetzgebung dient dazu, Raum für die Weiterentwicklung zu geben und Lücken in Gesetzen zu schließen, hier z.B. Ordnungsmäßigkeitsanforderungen bei EDV und Internet, Behandlung von Finanzinnovationen in Buchführung und Jahresabschluss.
Hinsichtlich der Rechtsnatur der GoB wird in kodifizierte (z.B. Grundsatz der Vorsicht, § 251 Abs. 1 Nr. 4 HGB) und nicht kodifizierte GoB unterschieden.

58.   Worin liegt der Unterschied zwischen kodifizierten und nicht kodifizierten GoB?
Kodifizierte Buchführungs- und Abschlussregeln sind Gesetzesnormen, die zugleich GoB darstellen und im Detail geregelt sind. Die Kodifikation von Regeln, die bereits als GoB galten, beruht darauf, dass der Gesetzgeber bestimmte Grundsätze, die er für besonders wichtig hielt, eindeutig fixiert haben wollte.
Aber auch nicht kodifizierte GoB sind rechtsverbindlich, allerdings als Normbefehl in der Form eines unbestimmten Rechtsbegriffs. Vgl. hierzu Frage 57.

59.   Wie werden GoB gewonnen?

Man ermittelt die GoB auf deduktive Weise, d.h., die GoB werden aus den Zielen von Buchführung und Jahresabschluss abgeleitet. Richtungsweisend ist vor allem die Rechtsprechung des BFH (z.B. zur Leasingbilanzierung oder zu Drohverlustrückstellungen) und inzwischen auch des EuGH, die Stellungnahmen zur Rechnungslegung des Hauptfachausschusses des Instituts der Wirtschaftsprüfer (IDW), in Zweifelsfragen auch inzwischen die Behandlung in der internationalen Rechnungslegung (IFRS) und die einschlägige Fachliteratur.

60.   Zählen Sie einige wichtige kodifizierte GoB auf.

Folgende wichtige GoB wurden durch das BiRiLiG kodifiziert:

- Anschaffungswertprinzip (§ 253 Abs. 1 HGB),
- Grundsatz der Stetigkeit (§ 252 Abs. 1 Nr. 6 HGB),
- Vorsichtsprinzip (§ 252 Abs. 1 Nr. 4 HGB),
- Vollständigkeitsgrundsatz (§ 239 Abs. 2 und § 246 Abs. 1 HGB),
- Going-concern-Prämisse (§ 252 Abs. 1 Nr. 2 HGB).

61.   In welche Kategorien kann man die GoB unterteilen?

Die GoB können unterteilt werden in

- Dokumentationsgrundsätze,
- Bilanzierungsgrundsätze und
- Grundsätze ordnungsmäßiger Inventur.

2.2.2   Dokumentationsgrundsätze

62.   Wie lauten die Grundsätze ordnungsmäßiger Dokumentation?

Man unterscheidet formelle und materielle Dokumentationsgrundsätze:

(1) Formelle Dokumentationsgrundsätze: Klarheit und Nachprüfbarkeit

    (a) Grundsatz der Klarheit: Eine klare und übersichtliche Erstellung der Buchführung setzt z.B. lesbare Aufzeichnungen und sachgerechte Kontierung nach einem systematischen Kontenplan voraus.

    (b) Grundsatz der Nachprüfbarkeit: Die Buchführung muss so beschaffen sein, dass sie einem sachverständigen Dritten innerhalb angemessener Zeit einen Überblick über die Geschäftsvorfälle und die Lage des Unternehmens vermitteln kann. Die Geschäftsvorfälle müssen sich in ihrer Entstehung und Abwicklung verfolgen lassen (§ 238 Abs. 1 Satz 2 und 3 HGB).

Einhaltung von Aufbewahrungsfristen (10 Jahre für Bücher und Belege, 6 Jahre für Handelsbriefe, § 257 HGB).

(2) Materielle Dokumentationsgrundsätze: Sicherung der Richtigkeit und Vollständigkeit der Aufzeichnungen

    (a) Belegprinzip: Alle buchungspflichtigen Geschäftsvorfälle müssen belegt sein.

    (b) Grundbuchfunktion: Geschäftsvorfälle müssen vollständig, richtig und zeitgerecht (chronologisch) erfasst werden (§ 239 Abs. 3 HGB).

    (c) Internes Kontrollsystem: Es soll Fehler bei Erfassung und Verbuchung verhindern und gegen Verlust, Wegnahme und Veränderung schützen.

Vgl. ergänzend die Ausführungen zu den Grundsätzen ordnungsmäßiger DV-gestützter Buchführungssysteme (GoBS) Frage 65 ff.

2.2.3 Bilanzierungsgrundsätze

63. Wie lauten die Grundsätze ordnungsmäßiger Bilanzierung?

Man unterscheidet formelle und materielle Grundsätze ordnungsmäßiger Bilanzierung:
(1) Formelle Bilanzierungsgrundsätze:
   (a) Grundsatz der Klarheit und Übersichtlichkeit: Die formale Darstellung des Jahresabschlussinhalts muss klar und übersichtlich sein (§ 243 Abs. 2 HGB). Ausflüsse dieses Grundsatzes sind z. B.
   - die Forderung nach einer inhaltlich hinreichenden Aufgliederung der Bilanzpositionen (§ 247 Abs. 1 HGB) und
   - das Verrechnungsverbot (§ 246 Abs. 2 HGB).
   (b) Grundsatz der formellen und materiellen Bilanzkontinuität:
   - formell: Bilanzidentität (Schlussbilanz des vorangegangen Jahres ist identisch mit der Anfangsbilanz des Folgejahres, § 252 Abs. 1 Nr. 1 HGB), Gliederungsstetigkeit (265 Abs. 1 HGB).
   - materiell: Grundsatz der Methodenstetigkeit (§ 246 Abs. 3, § 252 Abs. 1 Nr. 6 HGB).
(2) Materielle Bilanzierungsgrundsätze:
   (a) Ansatzgrundsätze: Sie machen Aussagen über die Bilanzierungsfähigkeit, bestimmen also, welche Vermögensgegenstände und Schulden in die Bilanz aufgenommen werden. Nach § 246 Abs. 1 HGB hat der Jahresabschluss sämtliche Vermögensgegenstände, Schulden, Rechnungsabgrenzungsposten, Aufwendungen und Erträge zu enthalten, soweit gesetzlich nichts anderes bestimmt ist (Vollständigkeitsgebot).
   (b) Bewertungsgrundsätze: Sie regeln die Bilanzierung der Höhe nach.
   - Vorsichtsprinzip: Die deutsche Rechnungslegung ist gläubigerschutzorientiert. Diese Ausrichtung findet ihren Niederschlag im Vorsichtsprinzip (»es ist vorsichtig zu bewerten«), das konkretisiert wird durch das Realisations- und Imparitätsprinzip (§ 252 Abs. 1 Nr. 4 HGB),
   - Anschaffungswertprinzip (§ 253 Abs. 1 HGB),
   - Einzelbewertungsgrundsatz (§ 252 Abs. 1 Nr. 3 HGB),
   - Maßgeblichkeitsprinzip (§ 5 Abs. 1 EStG).
   (c) ergänzende Grundsätze:
   - Grundsatz der Richtigkeit und Vollständigkeit,
   - Grundsatz der Wirtschaftlichkeit (angemessenes Verhältnis zwischen Kosten und Informationszuwachs der Rechnungslegung) und Wesentlichkeit (sog. Materiality-Grundsatz, Aufnahme solcher Tatbestände, die wesentlich sind, Außerachtlassung unwesentlicher Einflussfaktoren),
   - Going-concern-Prämisse (§ 252 Abs. 1 Nr. 2 HGB).

2.2.4 Grundsätze ordnungsmäßiger Inventur

64. Inwiefern zählen auch Grundsätze ordnungsmäßiger Inventur zu den GoB?

Mit Hilfe der Inventur soll geprüft werden, ob die tatsächlich vorhandenen Vermögensgegenstände und Schulden (Istbestände) mit den sich aus der Buchführung ergebenden Sollbeständen nach Art, Menge und Wert übereinstimmen. Unterschiede zwischen Ist- und Sollbeständen können auf Schwund, Verderb, Veruntreuung oder falsche Buchung zurückgehen. Maßgeblich sind die Istbestände, die in der Bilanz erscheinen. Die Buchführung ist entsprechend zu korrigieren.

2.2.5   Grundsätze ordnungsmäßiger DV-gestützter Buchführungssysteme (GoBS)

65.   Warum werden für die EDV-Buchführung besondere Grundsätze ordnungs-mäßiger Buchführung benötigt?

Nach den GoB muss die Buchführung so beschaffen sein, dass sie einem sachverständigen Dritten innerhalb angemessener Zeit einen Überblick über die Geschäftsvorfälle und über die Lage eines Unternehmens vermitteln kann (§ 238 HGB, § 145 AO). Dazu sind die auf-zeichnungspflichtigen Geschäftsvorfälle vollständig, richtig, zeitgerecht und geordnet fest-zuhalten (§ 239 Abs. 2 HGB). Die Feststellung, ob diese Anforderungen von einer Buch-führung erfüllt werden, sind bei einer konventionellen Buchführung anhand der Aufzeichnungen ohne weiteres zu treffen, bei computergestützten Verfahren ist dies nicht ohne weiteres möglich. Die Ordnungsmäßigkeit der EDV-Buchführung steht und fällt mit der Einhaltung bzw. Nichteinhaltung besonderer Anforderungen, die konkretisiert werden durch die Grundsätze ordnungsmäßiger DV-gestützter Buchführungssysteme (GoBS).

66.   Wozu dienen die GoBS?

GoBS (Grundsätze ordnungsmäßiger DV-gestützter Buchführungssysteme) ersetzen nicht die GoB; sie stellen lediglich eine Präzisierung der GoB im Hinblick auf die DV-Buchfüh-rung dar und beschreiben die Maßnahmen, die der Buchführungspflichtige ergreifen muss, will er sicherstellen, dass die Buchungen und sonst erforderlichen Aufzeichnungen voll-ständig, richtig, zeitgerecht und geordnet vorgenommen werden.

67.   Nach welchen Kriterien wird die Ordnungsmäßigkeit einer EDV-Buchführung geprüft?

Grundsätzlich gilt: Die Richtigkeit einer Buchführung muss nachprüfbar sein. Aus dieser Forderung lassen sich für EDV-Verfahren besondere Ordnungsmäßigkeitskriterien ablei-ten. Sie umfassen:
(1)   die Nachvollziehbarkeit des einzelnen Geschäftsvorfalls von seinem Ursprung bis zur endgültigen Darstellung (also vom Beleg über das Journal bis zum Konto),
(2)   die Nachvollziehbarkeit des Verarbeitungsverfahrens (Verfahrensdokumentation),
(3)   die Angemessenheit und Wirksamkeit des internen Kontrollsystems (IKS),
(4)   Datensicherheit.

68.   Wodurch wird die Nachvollzielbarkeit eines einzelnen Geschäftsvorfalls bei der EDV-Buchführung gewährleistet?

Die Nachvollziehbarkeit des einzelnen buchführungspflichtigen Geschäftsvorfalls wird durch die Beachtung der Beleg-, Journal- und Kontenfunktion gewährleistet.

69.   Beschreiben Sie die Belegfunktion bei einer EDV-Buchführung.

Die Belegfunktion ist Grundvoraussetzung für die Beweiskraft der Buchführung. Hierzu sind folgende Angaben erforderlich:
(1)   Belegtext,
(2)   Betrag,
(3)   Ausstellungsdatum,
(4)   Autorisation,

und bei Ausführung der Buchung:
(5)   Kontierung,
(6)   Belegnummer bzw. Ordnungskriterium für die Ablage,
(7)   Buchungsdatum.

Im Unterschied zu den konventionell abgewickelten Geschäftsvorfällen muss die Belegfunktion zu programminternen Buchungen, Buchungen auf der Basis einer automatischen Betriebsdatenerfassung (BDE) und Buchungen auf der Basis eines elektronischen Datentransfers (EDI, Datenträgeraustausch) durch das jeweilige Verfahren erfüllt werden. Das Verfahren ist in diesem Zusammenhang wie ein Dauerbeleg zu betrachten. Die Erfüllung der Belegfunktion ist in diesen Fällen durch die ordnungsgemäße Anwendung des jeweiligen Verfahrens nachzuweisen (also durch Verfahrensdokumentation und Verfahrenskontrollen).

70.   Wie wird die Journalfunktion bei einer EDV-Buchführung erfüllt?

Unter Journalfunktion versteht man den Nachweis über die vollständige, zeitgerechte und formal richtige Erfassung, Verarbeitung und Wiedergabe eines Geschäftsvorfalls. Bei EDV-Buchführung kann dieser Nachweis durch Protokollierung auf verschiedenen Stufen des Verarbeitungsprozesses erbracht werden (bei der Datenerfassung bzw. -übernahme, im Verlauf oder am Ende der Verarbeitung).

(1) Die Protokollierung kann sowohl auf Papier als auch auf einem Bildträger oder anderen Datenträgern erfolgen.

(2) Die Journalfunktion muss während der gesetzlichen Aufbewahrungsfrist innerhalb eines angemessenen Zeitraums darstellbar sein. Die Geschäftsvorfälle müssen dabei übersichtlich und verständlich dargestellt werden können (in zeitlicher Reihenfolge sowohl vollständig als auch auszugsweise).

71.   Wie ist die Kontenfunktion bei EDV-Buchführung zu erfüllen?

(1) Zur Erfüllung der Kontenfunktion müssen die Geschäftsvorfälle nach Sach- und Personenkonten geordnet dargestellt werden können.

(2) Bei Buchung verdichteter Zahlen auf Sach- oder Personenkonten muss die Möglichkeit bestehen, die in den verdichteten Zahlen enthaltenen Einzelposten nachzuweisen.

(3) Das Medium der Darstellung ist beliebig. Soweit eine Darstellung per Bildschirmanzeige oder anderem Datenträger erfolgt, ist bei berechtigter Anforderung eine ohne Hilfsmittel lesbare Wiedergabe bereitzustellen.

(4) Aufzeichnungen zur Erfüllung der Kontenfunktion sollten i.d.R. folgende Angaben enthalten:

- Kontenbezeichnung,
- Nachweis der lückenlosen Blattfolge,
- Kennzeichnung der Buchungen, Summen und Salden nach Soll und Haben,
- Buchungsdatum, Belegdatum,
- Gegenkonto,
- Belegverweis,
- Buchungstext oder dessen Verschlüsselung.

72.   Wozu dient eine Verfahrensdokumentation bei der EDV-Buchführung?

Aus der Verfahrensdokumentation müssen bei EDV-Buchführung Inhalt, Aufbau und Ablauf des Abrechnungsverfahrens vollständig ersichtlich sein, insbesondere die Umsetzung der Anforderungen an Belegfunktion, Journalfunktion und Kontenfunktion.

73.   Worauf erstreckt sich die Verfahrensdokumentation bei einer EDV-Buchführung?

Die Verfahrensdokumentation muss insbesondere beinhalten:

(1) eine Beschreibung der sachlogischen Lösung (generelle Aufgabenstellung, Beschreibung der Anwenderoberflächen für Ein- und Ausgaben, Beschreibung der Datenbe-

ände und der Verarbeitungsregeln, Beschreibung des Datenaustausches, Beschreibung der maschinellen und manuellen Kontrollen, der Fehlermeldungen, Schlüsselverzeichnisse, Schnittstellen zu anderen Systemen),

(2)   Dokumentation der programmtechnischen Umsetzung der sachlogischen Anforderungen einschließlich Ausweis von Programmänderungen,

(3)   Nachweis der Programmidentität (Freigabeerklärung),

(4)   Nachweis der Datenintegrität (Zugriffsberechtigungen, Vorkehrungen gegen unbefugte Veränderungen),

(5)   schriftliche Arbeitsanweisungen für den Anwender.

74.   Welche Aufgabe fällt dem internen Kontrollsystem bei einer EDV-Buchführung zu?

Das interne Kontrollsystem (IKS) hat durch geeignete organisatorische Vorkehrungen (z. B. fehlerverhindernde oder fehleraufdeckende Kontrollen) sicherzustellen, dass

- unvollständige,
- falsche und
- nicht zeitgerechte Aufzeichnungen

selbsttätig aufgedeckt werden. Es umfasst den gesamten Bereich der Datenverarbeitung im Hinblick auf die Buchführung.

75.   Welche Datensicherungsmaßnahmen muss der Buchführungspflichtige bei EDV-Buchführung ergreifen?

Ziel der Datensicherungsmaßnahmen ist es, die Risiken für die gesicherten Programme/Datenbestände hinsichtlich

- Unauffindbarkeit,
- Vernichtung,
- Diebstahl,
- unbefugter Veränderungen und
- unberechtigter Kenntnisnahme

zu vermeiden. Dies kann durch Anlegen systematischer Verzeichnisse, durch geeignete Aufbewahrungsorte und Sicherungskopien, durch Zugriffsberechtigungskontrollen u. Ä. geschehen.

2.2.6   Grundsätze ordnungsmäßiger Buchführung bei Einsatz von Electronic Commerce (E-Commerce)

76.   Wie lassen sich E-Commerce und Grundsätze ordnungsmäßiger Buchführung miteinander verbinden?

Die GoB als Regeln, nach denen Geschäftsvorfälle aufzuzeichnen und im Jahresabschluss darzustellen sind, stellen einen sog. »unbestimmten Rechtsbegriff« dar, der Raum für die Weiterentwicklung gibt (vgl. Frage 57).

Der Fachausschuss für Informationstechnologie (FAIT) des IDW hat sich zu den Besonderheiten hinsichtlich der Risiken und Anforderungen beim Einsatz von E-Commerce in einer Verlautbarung geäußert: IDW RS FAIT 2: Grundsätze ordnungsmäßiger Buchführung bei Einsatz von Electronic Commerce, in: IDW Prüfungsstandards (IDW PS), IDW Stellungnahmen zur Rechnungslegung (IDW RS), Loseblattwerk, Düsseldorf.

77.   Was versteht man unter E-Commerce?

E-Commerce beinhaltet die Anbahnung und Abwicklung von Geschäftsvorfällen von der Kontaktaufnahme bis zum Zahlungsverkehr zwischen Marktteilnehmern in elektronischer Form unter Verwendung verschiedener Informations- und Kommunikationstechnologien über öffentlich zugängliche Netzwerke.

E-Commerce umfasst somit alle Aktivitäten, die das Ziel verfolgen, den Handel mit Informationen, Gütern und Dienstleistungen über alle Phasen der Geschäftsabwicklung hinweg elektronisch zu ermöglichen (IDW RS FAIT 2 Rz 1).

78.   Welche rechtliche Problemstellungen sind bei E-Commerce zu beachten? Wie wird Rechtssicherheit gewährt?

Neben rechnungslegungsspezifischen Vorschriften (§§ 238, 239 HGB und GoB) bestehen beim Einsatz von E-Commerce zahlreiche weitere rechtliche Anforderungen, insbesondere wegen der Internationalität des Internets und grenzüberschreitender Geschäftsabwicklung, z. B.

- nationale und internationale Rechtsfragen des Handels-, Steuer-, Straf- und Zivilrechts,
- Datenschutz (insbesondere personenbezogener Daten),
- Urheberschutzrechte (IDW RS FAIT 2 Rz 12).

Um Rechtssicherheit und informationelle Selbstbestimmung beim E-Commerce zu gewährleisten, hat der Gesetzgeber mit dem Gesetz zur Regelung von Rahmenbedingungen für Informations- und Kommunikationsdienste (IuKDG) spezielle Rechtsnormen erlassen (IDW RS FAIT 2 Rz 13), z. B.

- Gesetz zur digitalen Signatur (SigG),
- Teledienstegesetz (TDG),
- Teledienstedatenschutzgesetz (TDDSG),
- Fernabsatzgesetz (FernAbsG).

79.   Worin bestehen die besonderen IT-Risiken beim Einsatz von E-Commerce-Systemen?

Durch den Einsatz von internetbasierten Kommunikationstechnologien, die Erweiterung des Kreises der möglichen Geschäftspartner und Beeinflussung durch Dritte (Internet-Service-Provider) ergeben sich E-Commerce-spezifische Probleme (IDW RS FAIT 2 Rz 20 ff.):

(1) Kommunikationsrisiken, die sich insbesondere aus der fehlenden Kontrolle über den Datentransfer im Internet ergeben, z. B.
   - unzureichender Schutz vor Verfälschung (Verlust der Integrität),
   - Angriffe durch Viren, Trojaner, Hacker (Verlust der Verfügbarkeit),
   - fehlende wirksame Authentisierungsmechanismen (falsche Adressen und Rechnernamen),
   - unzureichende Protokollierung der Transaktionsdaten, so dass gewollte Rechtsfolgen nicht bindend herbeigeführt werden können (Verlust der Verbindlichkeit).

(2) Verarbeitungsrisiken, die sich bei der Transaktionsdatenverarbeitung insbesondere aus der Konvertierung, Entschlüsselung und Formatierung von Daten in der Schnittstelle zu anderen Teilen des IT-Systems ergeben, z. B.:
   - Durch Integritätsverletzungen bei Daten werden aufzeichnungspflichtige Geschäftsvorfälle nicht oder unvollständig erfasst (Verletzung des Vollständigkeitsgrundsatzes).
   - Mangelnde Authentizität bewirkt, dass Geschäftsvorfälle inhaltlich unzutreffend abgebildet werden (Verletzung des Grundsatzes der Richtigkeit).

- Störungen bei der Verfügbarkeit des E-Commerce-Systems können eine zeitgerechte Aufzeichnung des Geschäftsvorfalls beeinträchtigen (Verletzung des Grundsatzes der Zeitgerechtheit).
- Unzureichende Aufzeichnung der eingehenden Daten kann zu einer Beeinträchtigung der Nachvollziehbarkeit der Buchführung und zu einem Verstoß gegen die Aufbewahrungspflichten führen.

80. Welche Kriterien müssen für die Beurteilung der Ordnungsmäßigkeit und Sicherheit eines Geschäftsvorfalls beim Einsatz von E-Commerce-Systemen erfüllt sein?
Die Nachvollziehbarkeit des einzelnen buchführungspflichtigen Geschäftsvorfalls beim Einsatz von E-Commerce-Systemen setzt die Einhaltung bestimmter Ordnungsmäßigkeitskriterien voraus (IDW RS FAIT 2 Rz 27), nämlich
- Belegfunktion,
- Journal- und Kontenfunktion,
- Verfahrensdokumentation,
- Aufbewahrungspflichten und
- Datensicherheit (IT-Kontrollsystem).

81. Worin besteht die Besonderheit der Belegfunktion beim Einsatz von E-Commerce-Systemen?
Nach § 238 Abs. 1 HGB muss jede Buchung und ihre Berechtigung durch einen Beleg nachgewiesen werden (Grundsatz der Belegbarkeit). Die Nachvollziehbarkeit vom Urbeleg zum Abschluss und zurück ist die Grundvoraussetzung für die Beweiskraft der Buchführung. Bei E-Commerce gilt nach IDW RS FAIT 2 Rz 29 ff.: Der Vorgang
- muss den Bilanzierenden erreichen,
- durch den Empfänger autorisiert sein (wann, wie und durch wen),
- und ein buchungspflichtiger Vorgang sein.

82. Ist beim Einsatz von E-Commerce-Systemen eine elektronische Unterschrift des Absenders notwendig?
Eine elektronische Unterschrift des Absenders ist generell nicht zwingend erforderlich, da die Buchung bei einer E-Commerce-Transaktion nicht durch die Unterschrift oder digitale Signatur begründet wird, sondern durch den vom Empfänger als buchungspflichtig erkannten Inhalt der übermittelten Daten. Allerdings kann eine digitale Signatur zur Akzeptanz der übermittelten Daten notwendig sein (IDW RS FAIT 2 Rz 33).

83. Wie müssen beim Einsatz von E-Commerce-Systemen automatisierte Buchungen nachgewiesen werden?
Sofern E-Commerce-Geschäftsprozesse automatisierte Buchungen auf Grundlage der übermittelten Transaktionsdaten auslösen und ein Nachweis durch konventionelle Belege nicht erbracht werden kann, ist die Belegfunktion nach IDW RS FAIT 2 Rz 34 über den verfahrensmäßigen Nachweis (Verfahrensdokumentation) zu erbringen.

84. Wie wird die Journal- und Kontenfunktion beim Einsatz von E-Commerce-Systemen erfüllt?
Das Buchführungsverfahren muss für Konvertierung und Verarbeitung gewährleisten (IDW RS FAIT 2 Rz 35 ff.), dass die buchungspflichtigen Geschäftsvorfälle bei Versand und Empfang
- chronologisch aufgezeichnet werden (Journalfunktion) und

- die sachliche Ordnung (Kontenfunktion) bei Transaktionen mit mehreren Transaktionsschritten gewahrt bleibt.
- Die Daten müssen innerhalb angemessener Zeit festgestellt und optisch lesbar gemacht werden können (§ 239 Abs. 4 HGB).

85. Welche Anforderungen sind an die Verfahrensdokumentation beim Einsatz von E-Commerce-Systemen zu stellen?

Für die Verfahrensdokumentation von E-Commerce-Systemen gelten die allgemeinen Anforderungen an die Dokumentation von IT-Systemen entsprechend (vgl. hierzu Frage 73).

86. Welche besonderen Aufbewahrungspflichten sind beim Einsatz von E-Commerce-Systemen zu beachten?

Sofern empfangene Daten ein Handelsgeschäft betreffen, gelten sie als empfangene Handelsbriefe (Aufbewahrung analog § 257 Abs. 1 Nr. 2 i.V.m. Abs. 4 HGB für die Dauer von 6 Jahren). Die Aufbewahrung für Daten mit Belegfunktion beträgt analog § 257 Abs. 1 Nr. 4 i.V.m. Abs. 4 HGB 10 Jahre.

Um die Beweiskraft empfangener Daten sicherzustellen, müssen technische und organisatorische Vorkehrungen gewährleisten, dass ein Verlust oder eine Veränderung des Originalzustands der übermittelten Daten über den Zeitraum der gesetzlichen Aufbewahrungsfrist verhindert wird (IDW RS FAIT 2 Rz 41 ff.).

Nach Auffassung der Finanzverwaltung – BMF-Schreiben BStBl I 2001, 415 »Grundsätze zum Datenzugriff und zur Prüfbarkeit digitaler Unterlagen (GDPdU)« – sind derzeit (abweichend von handelsrechtlichen Anforderungen) empfangene Daten

- in ihrer ursprünglichen Form (Originaldaten) und
- bei Konvertierung in ein unternehmenseigenes Format (Inhouse-Format) auch in der umgewandelten Form

zu archivieren.

Werden Signatur- und Verschlüsselungsverfahren eingesetzt, so sind die Schlüssel und Algorithmen ebenfalls während der gesetzlichen Aufbewahrungsfrist vorzuhalten. Die Verfahrensdokumentation beim Einsatz von E-Commerce ist gemäß § 257 Abs. 1 Nr. 1 i.V.m. Abs. 4 HGB 10 Jahre aufzubewahren (IDW RS FAIT 2 Rz 45, 46).

87. Wie ist Datensicherheit beim Einsatz von E-Commerce-Systemen zu gewährleisten?

IT-Risiken können insbesondere bei Unternehmen, deren Geschäftstätigkeit überwiegend E-Commerce umfasst, bestandsgefährdend sein. Die gesetzlichen Vertreter haben ein angemessenes und wirksames IT-Kontrollsystem einzurichten, das

- ein angemessenes Problembewusstsein aller Mitarbeiter,
- den Einsatz von Firewalls zum Schutz vor unautorisierten Systemzugriffen,
- den Einsatz von kryptographischen Verfahren zur Vermeidung von Datenmanipulationen

u.a. umfasst (IDW RS FAIT 2 Rz 50 ff.

2.3 Ordnungsvorschriften für die Aufbewahrung von Unterlagen

88. Welche Rechnungslegungsunterlagen sind zehn Jahre aufzubewahren?

Gemäß § 257 HGB und § 147 AO gilt die zehnjährige Frist für

(1) Handelsbücher bzw. Bücher und Aufzeichnungen und bestimmte Zollunterlagen nach § 147 Abs. 1 Nr. 4a AO,

(2) Inventare,

(3) Eröffnungsbilanzen, Jahresabschlüsse/Konzernabschlüsse,

(4) Lageberichte/Konzernlageberichte,

(5) die zum Verständnis erforderlichen Arbeitsanweisungen,

(6) sonstige Organisationsunterlagen,

(7) Buchungsbelege.

89.   **Welche Rechnungslegungsunterlagen sind sechs Jahre aufzubewahren?**

Nach § 257 HGB und § 147 AO gilt eine sechsjährige Frist für

(1) empfangene Handels- oder Geschäftsbriefe,

(2) Wiedergabe der abgesandten Handels- oder Geschäftsbriefe,

(3) sonstige Unterlagen, soweit sie für die Besteuerung von Bedeutung sind.

90.   **Wie lange sind das Konto »Bank« der Finanzbuchhaltung und Bankkontoauszüge aufzubewahren?**

Das Konto »Bank« der Finanzbuchhaltung gehört zu den Aufzeichnungen, die zehn Jahre aufzubewahren sind. Bankkontoauszüge von Geschäftskonten sind Buchungsbelege und deshalb ebenfalls zehn Jahre aufzubewahren.

91.   **Wann beginnen die Aufbewahrungsfristen zu laufen?**

Die Aufbewahrungsfristen beginnen nicht mit Schluss des Geschäftsjahres, sondern mit Schluss des Kalenderjahres zu laufen, in dem die letzte Eintragung gemacht bzw. der Buchungsbeleg entstanden ist (§ 257 Abs. 5 HGB, § 147 Abs. 4 AO). Endet beispielsweise ein Geschäftsjahr am 30. Juni 04, so endet die zehnjährige Frist am 31. Dezember des Jahres 14.

92.   **Dürfen Rechnungslegungsunterlagen in jedem Fall nach Ablauf der zehn- oder sechsjährigen Frist vernichtet werden?**

Nein. In besonderen Fällen müssen auch die Unterlagen früherer Jahre noch aufbewahrt werden, nämlich dann, wenn die Unterlagen für Steuern von Bedeutung sind, für die die Festsetzungsverjährung nach § 169 AO noch nicht abgelaufen ist (§ 147 Abs. 3 S. 3 AO). Solche Fälle liegen z. B. vor, wenn Rechtsbehelfe schweben, eine Außenprüfung begonnen hat oder die Steuerfestsetzung nur vorläufig erfolgte.

93.   **Entfallen die Aufbewahrungsfristen bei einer liquidierten Unternehmung?**

Die Aufbewahrungsfristen werden durch die Liquidation einer Unternehmung nicht berührt. Die Aufbewahrungspflichten bleiben für den bisherigen Firmeninhaber bzw. den geschäftsführenden Gesellschafter weiterhin bestehen.

94.   **Darf der Jahresabschluss in Form der Wiedergabe auf einem Bild- oder anderen Datenträger aufbewahrt werden?**

Nein, der Jahresabschluss ist als Original aufzubewahren (§ 257 Abs. 3 HGB, § 147 Abs. 2 AO).

95.   **Wann dürfen Buchungsbelege auf einem Bildträger oder anderen Datenträger aufbewahrt werden?**

Buchungsbelege dürfen nach § 257 Abs. 3 HGB auf einem Bildträger oder anderen Datenträger aufbewahrt werden, wenn sichergestellt ist, dass die Wiedergabe mit dem Buchungsbeleg bildlich übereinstimmt, während der Aufbewahrungsfrist verfügbar ist und jederzeit innerhalb angemessener Frist lesbar gemacht werden kann (§ 257 Abs. 3 HGB, § 147 Abs. 2 AO).

96. Worin unterscheiden sich die Aufbewahrungspflichten im Handels- und im Steuerrecht?

Ab 2002 gilt § 147 Abs. 6 AO, der den Finanzbehörden im Rahmen einer Außenprüfung erlaubt, bei EDV-Buchführung Einsicht in gespeicherte Daten zu nehmen und das Datenverarbeitungssystem zur Prüfung zu nutzen. Deshalb wurde § 147 Abs. 2 AO, früher gleichlautend wie § 257 Abs. 3 HGB, dahingehend geändert, dass die Wiedergaben auf Datenträgern jederzeit verfügbar sind und unverzüglich (statt in angemessener Frist) lesbar gemacht und maschinell ausgewertet werden können. Die ausgedruckte Aufbewahrung wurde aus der AO-Vorschrift gestrichen; d.h., die ausgedruckte Aufbewahrung von Unterlagen ist für steuerliche Zwecke nicht mehr genügend.

3 Organisation der Buchführung und EDV

3.1 Buchführungssysteme

97. Welche Buchführungssysteme unterscheidet man?

Man unterscheidet kameralistische, einfache und doppelte Buchführung.

98. Warum wird die kameralistische Buchführung nicht zu den kaufmännischen Buchführungssystemen gezählt?

Die kameralistische Buchführung gibt es nur in hoheitlichen Verwaltungen. Sie ist eine Haushaltsrechnung, die den Nachweis über Einnahmen und Ausgaben sowie über Abweichungen vom Haushaltsplan (Etat) zu führen hat. Die Vermögens- und Erfolgsrechnung gehört nicht zu ihren Systembestandteilen. Für Betriebe gewerblicher Art der öffentlichen Hand ist aber die doppelte Buchführung vorgeschrieben.

99. Welche Arten von Konten kommen in der einfachen Buchführung nicht vor?

Bei der einfachen Buchführung werden alle Geschäftsfälle nur chronologisch erfasst. Eine systematische bzw. sachliche Ordnung der einzelnen Buchungen wird nicht vorgenommen. Sachkonten werden also nicht benötigt.

100. Warum erfüllt die einfache Buchführung die Buchführungspflicht der Kaufleute nicht?

Nach § 242 Abs. 2 HGB hat jeder Kaufmann, der bestimmte Größenmerkmale überschreitet, für den Schluss eines jeden Geschäftsjahres eine Gegenüberstellung der Aufwendungen und Erträge des Geschäftsjahres (GuV-Rechnung) aufzustellen. Da die einfache Buchführung keine Erfolgskonten kennt, kann man mit ihr keine GuV-Rechnung erstellen, wie sie das Gesetz verlangt. Nur bei der doppelten Buchführung ist der Gewinn sowohl in der GuV-Rechnung als auch in der Schlussbilanz feststellbar (Doppik).

101. Welche Funktion haben Grundbücher, Hauptbuch und Nebenbücher bei der doppelten Buchführung?

Die Funktion der Grundbücher (auch als Journale, Primanoten oder Memoriale bezeichnet) besteht darin, alle Geschäftsvorfälle in zeitlicher Folge aufzuzeichnen.

Das Hauptbuch (Sachkontenbuch) ist das Kernstück der doppelten Buchführung. Es nimmt die Sachkonten auf und dient damit der sachlichen oder systematischen Gliederung des gesamten Buchungsstoffes.

Die Funktion der Nebenbücher, die i.d.R. außerhalb des Kontensystems geführt werden, besteht darin, bestimmte Sachkonten des Hauptbuchs weiter zu untergliedern oder näher zu erläutern. So ergänzt z.B. das Lagerbuch die wertmäßigen Aufzeichnungen der entsprechenden Sachkonten um mengenmäßige Nachweise. Weitere Nebenbücher sind z.B. das Anlagen- sowie Lohn- und Gehaltsbuch.

102. **Wodurch unterscheidet sich das Kontokorrentbuch von den anderen Nebenbüchern?**

Das Kontokorrentbuch splittet die Sachkonten »Forderungen aus Lieferungen und Leistungen« und »Verbindlichkeiten aus Lieferungen und Leistungen« in die Personen- bzw. Einzelkonten für Kunden und Lieferanten auf. Damit gehört es seiner Funktion nach zu den Nebenbüchern. Bei EDV- und Durchschreibebuchführung ist das Kontokorrentbuch jedoch integraler Bestandteil der Finanzbuchführung.

3.2 Belegorganisation

103. **Was versteht man unter einem Beleg? Welche Bedeutung kommt ihm zu?**

Der Beleg ist ein Informationsträger, der einen oder mehrere Geschäftsvorfälle dokumentiert. Er gibt die Grundlage jeder Buchung ab (Belegprinzip) und erläutert die Buchung (durch entsprechende Belegaufbereitung, Vorkontierung).

104. **Was versteht man unter Urbeleg und Ersatzbeleg? Nennen Sie Beispiele.**

Urbelege sind Belege, die unmittelbar mit einem Geschäftsfall anfallen und dessen erste Aufzeichnung enthalten, z.B. Frachtbriefe, Kassenquittungen, Eingangsrechnungen.

Ersatzbelege sind Belege von Vorgängen, bei denen nicht automatisch ein Dokument anfällt, sondern bei denen erst eine schriftliche Beschreibung des Vorgangs mit den erforderlichen Angaben erstellt werden muss, z.B. bei Verbuchung von Abschreibungen, Auflösung von Rückstellungen, Rechnungsabgrenzungsposten.

105. **Was ist der Unterschied zwischen Einzelbeleg, Sammelbeleg und Dauerbeleg?**

Ein Einzelbeleg stellt nur einen Geschäftsvorfall dar (z.B. Ausgangsrechnung). Ein Sammelbeleg dokumentiert eine Menge sachlich gleichartiger Vorgänge (z.B. Sammelüberweisung, Lohnlisten). Ein Dauerbeleg enthält einen Geschäftsvorfall, der sich in verschiedenen Perioden in gleicher Weise wiederholt (z.B. für Mietaufwendungen).

106. **Welche wesentlichen Bestandteile muss ein Beleg enthalten?**

Wesentliche Bestandteile eines Beleges sind:

(1) Belegtext,
(2) Betrag,
(3) Ausstellungsdatum,
(4) Autorisation (Bestätigung des Geschäftsvorfalls durch den Verantwortlichen),
(5) Ablagekriterium.

107.   Welches sind die wichtigsten Grundsätze der Belegbehandlung?
Es gelten folgende Grundsätze:

- Belegzwang,
- einheitliche Belegwahl (wenn mehrere Belege für den gleichen Vorfall anfallen, z.B. Bankauszug, Scheckliste),
- urkundliche Behandlung,
- Kontierung,
- Belegregistratur (einheitliche und übersichtliche Belegablage).

108.   Was versteht man unter urkundlicher Behandlung eines Belegs?
In Belegen darf nichts radiert oder unleserlich gemacht werden. Belege sind abzuzeichnen, Änderungen sind zu beglaubigen (vgl. § 239 Abs. 3 HGB).

109.   Was ist die Folge einer Verletzung des Belegprinzips?
Das Belegprinzip bzw. Grundsatz des Belegzwanges besagt: Keine Buchung ohne Beleg. Eine Vernachlässigung des Belegprinzips führt zum Verwerfen der Buchführung.

110.   Wie prüft man einen Beleg?
Eine Belegprüfung, die den Buchungen vorausgeht, gliedert sich in folgende Schritte:
(1)   formelle Prüfung, durch die festgestellt wird, ob der Beleg überhaupt berechtigt ist,
(2)   sachliche Prüfung, die ergibt, dass der Vorgang richtig dargestellt ist,
(3)   rechnerische Prüfung.

111.   Was versteht man unter dem Prinzip der Sammelgegenbuchung?
Dieses Prinzip kommt bei der Belegvorbereitung nach Buchungskreisen zum Tragen, nämlich dann, wenn bei jeder Buchung die Personenkonten wechseln, die Sachkonten dagegen für eine große Zahl von Buchungen die gleichen bleiben. Deshalb können die Buchungen auf den Sachkonten jeweils in einem Posten zusammengefasst werden.
Beispiel: 10 Postbankeingänge ergeben zehn Gutschriften auf den Kundenkonten und eine Lastschrift auf dem Postbankkonto.

Dieses Vorgehen gewährleistet zügiges Kontieren und vereinfacht die Belegablage. Als Buchungskreise kommen z.B. Kasse, Bank, Postbank, Eingangsrechnungen, Ausgangsrechnungen und Sonstiges (z.B. für Vornahme von Anlagenverkäufen, Wechselbuchungen u.Ä.) in Betracht.

3.3   Konventionelle Verfahren der doppelten Buchführung

112.   Worin liegen die Vor- und Nachteile des amerikanischen Journals?
Das amerikanische Journal hat die Form einer Tabelle und kann z.B. folgende Spalten aufweisen: Belegnummer, Tag, Text, Betrag, dann folgen die Konten, unterteilt in Soll und Haben. Das Prinzip des amerikanischen Journals bedeutet eine Zusammenfassung von Journal und Hauptbuch in einem einzigen Buch. Es bietet ein enges Fehlerfeld (eine Journalseite). Allerdings ist es nur bei relativ geringer Kontenzahl in reiner Form anwendbar.

113.   Worin liegt das Wesen der Durchschreibebuchführung?
Während bei einer Übertragungsbuchführung die zeitliche und die sachliche Buchung getrennt (nacheinander) durchgeführt wird, ist es mit Hilfe des Durchschreibens möglich, Hauptbuch und Grundbuch gleichzeitig zu bebuchen. Bei diesem Verfahren entfällt auch die zweite Stufe der Übertragung, die getrennte Durchführung der Personenbuchung.

Die Buchung eines Kreditgeschäfts z.B. erfolgt unmittelbar auf dem betreffenden Personenkonto, das unterlegte Grundbuchblatt empfängt die Durchschrift. Aus dem Vorgang des Durchschreibens ergibt sich, dass die Durchschreibebuchführung notwendig eine Loseblattbuchführung ist.

114. Welche Vorteile hat die Durchschreibebuchführung gegenüber den Übertragungsverfahren?

Die Durchschreibebuchführung bringt folgende Vorteile:

(1) Einsparung von Arbeitszeit durch Ausschalten von Übertragungsarbeiten,

(2) beliebige Erweiterbarkeit des Kontensystems,

(3) Zuverlässigkeit des gesamten Buchhaltungswerkes durch zwangsläufige Übereinstimmung zwischen Journal und Konteneintrag,

(4) Vereinfachung der Kontrolle, die sich automatisch am Ende jeder Journalseite ergibt; das Fehlerfeld ist also klein.

115. Was ist unter einer Offenen-Posten-Buchhaltung zu verstehen?

Eine Offene-Posten-Buchhaltung liegt vor, wenn die Buchführung mit Journal und Konten durch die Sammlung von Belegen ersetzt wird. Die Belege treten an die Stelle der Buchung, sortiert nach erledigten und unerledigten Vorgängen. Die Offene-Posten-Buchhaltung wird auch als Belegbuchhaltung oder als kontenlose Buchhaltung bezeichnet. Ihr wichtigstes Anwendungsgebiet ist der Kontokorrentverkehr.

116. Beschreiben Sie die Kontokorrentbuchführung als Offene-Posten-Buchhaltung.

Bei der Kontokorrentbuchführung als Offene-Posten-Buchhaltung sind Belege zweifach auszufertigen.

▪ Eine Kopie der Aus- und Eingangsrechnungen wird als Nummernkopie chronologisch als Ersatz für das Journal abgelegt.

▪ Die Namenskopie (nach Kunden- oder Lieferantennamen geordnet) dient als Ersatz für das Kunden- oder Lieferantenkonto.

Durch die chronologische Ablage der Nummernkopie können Bewegungen nach Tagen addiert und als Tagessummen in die entsprechenden Sachkonten übernommen werden. Die Ablage der Namenskopie bis zum Ausgleich des Rechnungsbetrages in der Akte »Offene Posten« gewährleistet, dass sich Forderungen und Schulden gegenüber den einzelnen Kunden und Lieferanten jederzeit feststellen lassen. Nach dem Zahlungsausgleich, der auf der Namenskopie zu vermerken ist, ist die Namenskopie in der Akte »Bezahlte Rechnungen« abzulegen.

117. Warum sind bei der Offenen-Posten-Buchhaltung die Zahlungseingänge bei den Namenskopien zu vermerken?

Nur wenn man die Zahlungseingänge vermerkt, lässt sich aus den Namenskopien der Forderungsstand ersehen.

118. Warum können bei vollem Zahlungsausgleich die Namenskopien endgültig abgelegt werden?

Die Namenskopien haben nach Forderungsausgleich ihre Funktion erfüllt. Die Offene-Posten-Buchhaltung will in den getrennt registrierten, noch nicht ausgeglichenen Rechnungskopien den Forderungsstand ermitteln.

119.   **Weshalb ist in nicht völlig ausgeglichenen Rechnungen der Restbetrag zu vermerken?**

Restbeträge in den noch nicht völlig ausgeglichenen Rechnungen werden für die Abstimmung benötigt.

120.   **Wie lange sind Nummern- und Namenskopien aufzubewahren?**

Nummern- und Namenskopien einschließlich etwaiger Zusammenstellungen müssen zehn Jahre aufbewahrt werden, da sie Grundbuchfunktion haben (vgl. H 5.2 EStH).

3.4   EDV-Buchführung

121.   **Was versteht man unter einem EDV-Buchführungssystem?**

Als EDV-gestütztes Buchführungssystem wird eine Buchführung bezeichnet, die insgesamt oder in Teilbereichen kurzfristig oder auf Dauer unter Nutzung von Hardware und Software auf DV-Datenträgern geführt wird.

122.   **Nennen Sie einige wesentliche Merkmale einer EDV-Finanzbuchführung.**

- Wesenhaftes Merkmal der EDV-Buchführung sind jederzeit verfügbare Salden.
- Das laufende Buchen per Computer ist durch Zeitersparnis, Tagfertigkeit und ständige Auskunftsbereitschaft ohne Papierberge geprägt.
- Gegenbuchungen können automatisch gebildet werden.
- Vor- und Umsatzsteuer werden (auch aus Skontobeträgen) laufend errechnet, verdichtet, gebucht.
- Die Kontenpflege im Personenkontenbereich wird durch Anzeige offener Posten auf dem Bildschirm automatisiert.
- Kontrollsummen sorgen für kleine Fehlerfelder.
- Eventuelle Differenzen zwischen Soll und Haben werden durch eine Fehlermeldung angezeigt.
- Prüfprogramme sorgen dafür, dass z. B. die offenen Posten mit den Kontensalden und die Personenkonten mit den zugehörigen Sachkonten übereinstimmen.

3.5   Nebenbuchführung

123.   **Welche Aufgaben hat die Lohn- und Gehaltsabrechnung als Nebenbuchführung?**

Die Lohn- und Gehaltsabrechnung hat im Wesentlichen die Aufgabe, die Bruttobezüge zu ermitteln, die Abzüge festzustellen, die auszuzahlenden Nettoentgelte zu errechnen sowie die gesetzlich geforderten Nachweise gegenüber Finanzamt und Sozialversicherungsträger zu führen.

124.   **Was versteht man unter Bruttolohnrechnung und Nettolohnrechnung?**

Die Bruttolohnrechnung dient zur Ermittlung des Bruttolohns. Zur Bruttolohnrechnung gehört auch das Erfassen der Arbeitszeit, Ermittlung von Zeit-, Akkord- und Prämienlohn sowie die Hinzurechnung von Zulagen. Bruttolohnrechnung ist Ausgangspunkt der Nettolohnrechnung. Diese dient der Ermittlung der Abzüge und des Auszahlungsbetrags (Nettolohn).

125. **Worin bestehen die Aufgaben der Anlagenbuchführung?**

Die Anlagenbuchführung als wichtige Nebenbuchhaltung hat folgende Aufgaben zu erfüllen:

(1) Nachweis von Zu- und Abgängen für jeden Anlagegegenstand,

(2) Nachweis der jährlichen Abschreibungen je Wirtschaftsgut und Anlagegruppe,

(3) Vermögenskontrolle,

(4) Anlagennachweis in Verbindung mit Bilanz (§ 268 Abs. 2 HGB),

(4) Voraussetzung dafür, dass ggf. auf die steuerlich vorgeschriebene jährliche körperliche Bestandsaufnahme in der Anlagenbuchführung verzichtet werden kann (R 5.4 Abs. 4 EStR).

Sie ist somit zugleich Zahlenlieferant für die Finanzbuchführung, für die Kostenrechnung und für die Bilanz.

126. **Wozu dient eine Lagerbuchführung?**

Die Lagerbuchführung bzw. Materialrechnung ist eine wichtige Nebenbuchhaltung zum Einzelnachweis des Vorratsvermögens und seiner Veränderungen. Sie ist Voraussetzung für die Durchführung der permanenten und zeitlich verlegten Inventur nach § 241 Abs. 2 und 3 HGB. Darüber hinaus stellt sie Ausgangsdaten zur Verfügung für Betriebsabrechnung, Kalkulation und Materialdisposition.

127. **Wozu dient die Wechselbuchführung?**

Die Wechselbuchführung dient einem ins Einzelne gehenden Nachweis des Besitz- und Schuldwechselverkehrs. Die Organisation der Wechselaufzeichnungen muss so gestaltet sein, dass eine genaue Verfallkontrolle möglich ist und gleichzeitig ein Obligonachweis gegeben wird (§ 251 HGB). Die Wechselbuchführung hat den gesamten Wechselverkehr lückenlos zu erfassen, insbesondere Ausstellungsdatum, Wechselsumme, Verfalltag, Name und Anschrift des Ausstellers und eventueller Vormänner, Name und Anschrift des Bezogenen, Zahlungsort, Diskontierung. In der EDV-Buchführung sind Besitz- und Schuldwechselnachweise häufig im Finanzbuchhaltungsprogramm enthalten.

3.6 Filialbuchführung

128. **Wie kann man eine Filialbuchführung organisieren?**

Unter Filialbuchführung versteht man die Buchführung der Zweiggeschäfte. Sie kann nach dem Grad der Selbstständigkeit der Filialbuchführung unterschiedlich entwickelt sein.

(1) Der niedrigste Organisationsgrad besteht darin, dass in der Filiale nur Nebenaufzeichnungen, im Wesentlichen Kassenabrechnung und Lagerbuchführung geführt werden. Die systematische Buchführung erfolgt nur im Hauptgeschäft. Dazu muss die Filiale alle Belege an das Hauptgeschäft abgeben.

(2) Die Filiale kann die Journalführung aber auch selbst übernehmen. Dann erfolgt in der Zentrale aufgrund von Kopien lediglich eine summarische Buchung der Filialvorgänge. Auch dann liegt weiterhin nur ein einziger Kontenkreis vor.

(3) Für das Hauptgeschäft und jede Filiale können auch selbstständige komplette Kontenkreise eingerichtet werden, die durch Verrechnungskonten miteinander verbunden sind. Die Verbindung mit dem Hauptgeschäft erfolgt über das Konto »Zentrale«, dem in der Zentrale das Konto »Abrechnung der Filiale« entspricht. Auf diesen Verrechnungskonten werden alle Geschäftsvorfälle gebucht, die zwischen Zentrale und den Filialen ablaufen. Bei der Bilanzierung werden die Abrechnungen der Filialen mit der

des Hauptgeschäfts konsolidiert, d.h. die Salden der Verrechnungskonten werden gegeneinander aufgerechnet.

3.7   Kontenrahmen und Kontenpläne

129.   Unterscheiden Sie zwischen Kontenrahmen und Kontenplan.
Ein Kontenrahmen bildet die allgemeine Richtschnur z.B. für den Großhandel, den Einzelhandel, einen bestimmten Industriezweig, das Handwerk u.a. Der Kontenplan ist die betriebsindividuelle Ordnung der Konten, die sich gewöhnlich in einen bestehenden Kontenrahmen einpassen lässt.

3.7.1   Notwendigkeit der Kontensystematik

130.   Begründen Sie die Notwendigkeit der Ordnung von Konten nach einem Kontenplan.
Der Kontenplan bildet die Richtschnur für die Buchungen. Er sichert eine einheitliche Darstellung der betrieblichen Vorgänge und schafft eine klare Übersicht über die Konten.

131.   Warum genügt es nicht, die Konten dem Alphabet nach zu ordnen?
Die Grundsätze ordnungsmäßiger Buchführung erfordern eine systematische Gliederung der Konten in Form eines Kontenplans. Eine Ordnung der Konten nach dem Alphabet hätte nur formalen Charakter und würde nichts über die Zuordnung der Konten zueinander aussagen.

132.   Nach welchem Kontenrahmen richtet sich eine Unternehmung bei der Aufstellung eines Kontenplans?
Bei der Aufstellung des Kontenplans richtet man sich nach dem für das betreffende Unternehmen maßgeblichen Fachkontenrahmen und übernimmt die in Betracht kommenden Konten mit den Bezeichnungen und Nummern des Kontenrahmens.

In der Praxis spielen allerdings EDV-Kontenrahmen von Dienstleistungsrechenzentren wie DATEV eine immer wichtigere Rolle. Sie sind branchenübergreifend konzipiert, sodass bei ihnen die Anzahl der Konten im Vergleich zu den meisten Branchenkontenrahmen erheblich höher ist. Für den einzelnen Anwender reduziert sich die Kontenanzahl jedoch, da es von seinen Bedürfnissen abhängt, welche Konten er benötigt und welche nicht.

3.7.1.1   Formale Gliederung

133.   Nach welchem formalen Gliederungsprinzip sind Kontenrahmen und Kontenpläne geordnet?
Kontenrahmen und Kontenpläne sind nach dem dekadischen System aufgebaut und gliedern gewöhnlich die Konten in zehn Klassen, von denen wiederum jede in zehn Gruppen unterteilt ist, wobei eine Gruppe zehn Kontenarten (Einzelkonten) umfasst. Eine Kontenart kann außerdem noch in zehn Unterkonten aufgespalten werden.

134.   Warum beginnen Kontenrahmen mit Klasse 0 und nicht mit Klasse 1?
Wenn man mit Kontenklasse 0 beginnt, kann man zehn Kontenklassen einstellig kennzeichnen.

135. **Nach welchen Ordnungsprinzipien sind Kontenrahmen und Kontenpläne aufgebaut?**

(1) Inhaltlich gleichartige Konten werden zusammengefasst und als Einheit (Kontenklasse, Kontengruppe, Kontenuntergruppe) ausgewiesen.

(2) Eine später eventuell notwendige Ausweitung der Kontenzahl sollte sich ohne Systembruch vollziehen lassen.

(3) Überschneidungen von Konteninhalten müssen vermieden werden. Eine einheitliche Kontierung muss gewährleistet sein.

(4) Jedes Konto muss eindeutig einer bestimmten Abschlussposition zugeordnet werden können.

(5) Einander entsprechende Konten sollen der leichteren Handhabung des Kontennetzes wegen bei Vergabe von Kontennummern jeweils gleichlautende Endziffern erhalten.

(6) Umsatzsteuerrelevante Konten müssen mit einer eindeutigen Schlüsselung versehen werden.

3.7.1.2 Einkreis- oder Zweikreissystem

136. **Wann spricht man von Ein-, Zwei- oder Mehrkreissystemen?**

Werden Finanz- und Betriebsbuchführung in einem einzigen geschlossenen Kontensystem dargestellt, so spricht man von einem Einkreissystem. Sind sie dagegen in zwei Kontenkreise getrennt, so spricht man von einem Zweikreissystem.

Die Buchführung von Unternehmen mit Filialen kann im Ein-, Zwei- oder Mehrkreissystem geführt werden.

137. **Was ist der Unterschied zwischen Finanzbuchführung und Betriebsbuchführung?**

Die Finanzbuchführung (gelegentlich auch Geschäftsbuchführung genannt) umfasst alle die Konten, in denen die Vorgänge mit der Außenwelt in chronologischer Reihenfolge bzw. entsprechend sachlogischer Zusammenhänge abgebildet werden. Sie mündet in den Abschluss als offizielle Jahresrechnung, der nach Form und Inhalt handels- und steuerrechtlichen Vorschriften unterliegt. Die Finanzbuchführung ist als kaufmännische Buchführung im engeren Sinne regelmäßig vom Prinzip der Doppik bestimmt, pagatorisch ausgerichtet und an das Anschaffungswertprinzip gebunden.

In der Betriebsbuchführung (auch als kalkulatorische Buchführung bzw. Betriebsabrechnung bezeichnet) werden die gesamten Ergebnisse der Kosten- und Leistungsrechnung in kontenmäßiger oder tabellarischer Form erfasst. Sie ist nicht an das Anschaffungswertprinzip gebunden (Verrechnungs- bzw. Wiederbeschaffungspreise sind ansetzbar). Die Betriebsbuchführung hat folgende Aufgaben:

(1) Ermittlung des Betriebsergebnisses,

(2) kurzfristige Erfolgsrechnung,

(3) Überwachung der Wirtschaftlichkeit.

138. **Wie lässt sich das Einkreissystem kennzeichnen?**

Das Ordnungskonzept des Einkreissystems ist die Prozessgliederung. Beim Einkreissystem werden sowohl Vorgänge mit der Außenwelt wie auch der innerbetriebliche Wertefluss in einem Kontenkreis dargestellt. Finanzbuchführung und Betriebsbuchführung sind also in einem Kreis vereinigt und überlagern sich teilweise.

Die Buchhaltung ist nach dem betrieblichen Wertefluss in Kontenklassen gegliedert. Das Ordnungskonzept ist der Ablauf der betrieblichen Prozesse (z. B. Beschaffung, Produktion, Absatz). Man spricht vom Prozessgliederungsprinzip. Auf die Stellung der Konten zum Abschluss nimmt die Gliederung der Buchführung keine Rücksicht, sodass sich Bilanz und GuV-Rechnung aus diesem Kontensystem nur über Umgruppierungen aufstellen lassen.

Das Prozessgliederungsprinzip liegt auch heute noch den meisten Kontenrahmen und Kontenplänen zugrunde, z. B. dem DATEV-Kontenrahmen SKR 03.

139.   Wie lässt sich das Zweikreissystem kennzeichnen?

Das Zweikreissystem hat zwei getrennte Kontenkreise für die Finanzbuchführung und die Betriebsbuchführung. Die Finanzbuchführung z. B. des IKR ist in den Kontenklassen 0–8 nach dem sog. Abschlussgliederungsprinzip aufgebaut, einem Ordnungsschema, dessen Kontengliederung vom Aufbau der Bilanz und GuV-Rechnung her bestimmt wird. Dieses Ordnungsschema wird im europäischen Ausland bisher schon überwiegend angewandt. Es hat den Vorteil der klaren Zuordnung aller Konten zu den entsprechenden Abschlusspositionen.

Die für die Kostenrechnung reservierte Kontenklasse 9 ist für die Betriebsbuchführung vorgesehen. Dem Charakter der Betriebsbuchführung gemäß ist diese Kontenklasse prozessorientiert.

Während im Einkreissystem das Rechnungswesen als Ganzheit im Vordergrund steht, ist im Zweikreissystem die unterschiedliche Aufgabenstellung von Finanz- und Betriebsbuchführung durch strikte Trennung und unterschiedliche Gliederung der beiden Kreise voll berücksichtigt.

3.7.2   Sachliche Abgrenzung

140.   Worin liegt die Bedeutung der sachlichen Abgrenzung?

Die sachliche Abgrenzung ist das Bindeglied zwischen Finanz- und Betriebsbuchführung. Finanz- und Betriebsbuchführung bauen auf unterschiedlichen Erfolgsbegriffen auf. In der Finanzbuchführung werden die Begriffe Aufwand und Ertrag verwendet, in der Betriebsbuchführung die Begriffe Kosten und Leistungen. Diese Begriffspaare sind inhaltlich nicht deckungsgleich, wodurch sich das Problem der sachlichen Abgrenzung (oft auch kalkulatorische Abgrenzung genannt) zwischen Finanz- und Betriebsbuchführung ergibt.

Aufgabe der Abgrenzungsrechnung ist es, das Zahlenmaterial der Finanzbuchführung (Aufwendungen und Erträge) so aufzubereiten und zu untergliedern, dass es (in Form von Kosten und Leistungen) für Zwecke der Kostenrechnung (z. B. für die Kalkulation, Bestimmung der Selbstkosten) genutzt werden kann.

141.   Wo wird die sachliche Abgrenzung bei prozessgegliederten Kontenrahmen durchgeführt?

Prozessgegliederte Kontenrahmen nehmen in den sogenannten Abgrenzungskonten (i. d. R. Kontenklasse 2) die Abgrenzung der neutralen Aufwendungen und Erträge vor, also solcher Erfolgsbestandteile, die nicht aus der Erfüllung des eigentlichen Betriebszwecks stammen. Dadurch werden die gesamten Aufwendungen nach Kostengesichtspunkten in betriebsbedingte und in nicht betriebsbedingte Aufwendungen (keine Kosten und damit nicht in die Kalkulation einfließend) getrennt, wobei letztere sich aus außerordentlichen, betriebsfremden und periodenfremden Elementen zusammensetzen. Darüber hinaus sind dort Konten für kalkulatorische Kosten vorgesehen.

142.   Wie und wo wird die sachliche Abgrenzung in abschlussgegliederten Kontenrahmen durchgeführt?

Bei abschlussgegliederten Kontenrahmen werden in der Finanzbuchführung überhaupt keine Buchungen, die auf die Kosten- und Leistungsrechnung abzielen, vorgenommen. Die Verrechnungsprozesse zwischen den beiden Rechnungskreisen laufen deshalb als Vorstufe innerhalb der Kosten- und Leistungsrechnung ab. Ob die Kosten- und Leistungsrechnung buchführungsmäßig (z. B. beim IKR in der Klasse 9, beim DATEV-Kontenrahmen SKR 04 in der Klasse 8) oder, was in der Praxis häufiger der Fall sein dürfte, tabellarisch durchgeführt wird, hat auf die Datentransformation als solche keinen Einfluss; der Filterungsprozess erhält nur eine andere Form.

143.   Was versteht man unter einer Abgrenzungstabelle?

Die Abgrenzungstabelle dient in abschlussgegliederten Kontenrahmen dazu, die Abgrenzungsrechnung durchzuführen, was bei prozessgegliederten Kontenrahmen durch die Abgrenzungskonten geschieht.

Ausgangsbasis der Abgrenzungstabelle sind die Aufwendungen und Erträge der Finanzbuchhaltung. Diese Daten werden daraufhin untersucht, ob sie dem Betriebsergebnis zugehören; wenn nicht, werden sie dort herausgefiltert, und zwar getrennt nach den Kategorien betriebsfremd, außerordentlich, wertverschieden und periodenfremd.

144.   Sind die Begriffe außerordentlicher Aufwand und außerordentlicher Ertrag in der sachlichen Abgrenzung und in der GuV-Rechnung identisch?

Die Aufspaltung des Jahresergebnisses in der GuV-Rechnung in »Ergebnis der gewöhnlichen Geschäftstätigkeit« und »außerordentliches Ergebnis« hat zwar eine der sachlichen Abgrenzung ähnliche Struktur, entspricht ihr jedoch in wesentlichen Punkten nicht.

Der Begriff außerordentlich ist in der GuV-Rechnung enger gefasst als in der Abgrenzungsrechnung. Unter außerordentlich gehören in die GuV-Rechnung nur solche Geschäftsvorfälle, die ungewöhnlich und selten und von einiger materieller Bedeutung sind. Erträge aus Anlagenabgängen beispielsweise sind zwar in der Abgrenzungsrechnung grundsätzlich als außerordentlich einzustufen, weil sie sonst zu Schwankungen in der Kalkulation führen würden, in der GuV-Rechnung jedoch nur, wenn sie die oben genannten drei Bedingungen erfüllen.

3.7.3   Grundaufbau von Kontenrahmen

145.   Welchen Grundaufbau haben prozessgegliederte Kontennetze bei der Aufteilung in Kontenklassen?

Als typischer prozessgegliederter Kontenrahmen ist der GKR anzusehen. Er ist wie folgt aufgebaut:

Klasse 0:	Anlagevermögen und langfristiges Kapital
Klasse 1:	Finanzumlaufvermögen und kurzfristige Verbindlichkeiten
Klasse 2:	neutrale Aufwendungen und Erträge
Klasse 3:	Stoffe-Bestände
Klasse 4:	Kostenarten
Klasse 5 + 6:	frei für Kostenstellen
Klasse 7:	Bestände an halbfertigen und fertigen Erzeugnissen
Klasse 8:	Erträge
Klasse 9:	Abschluss

Die Kontenklassen 0, 1, 3 und 7 beinhalten Bestandskonten. Sie werden über das Bilanzkonto abgeschlossen. Die Kontenklassen 2, 4 und 8 beinhalten Ergebniskonten. Ihr Abschluss erfolgt über das GuV-Konto, dem das neutrale Ergebniskonto und das Betriebsergebniskonto vorgeschaltet sind.

146. **Welchen Grundaufbau haben abschlussgegliederte Kontenrahmen bei der Aufteilung in Kontenklassen?**

Als typischer abschlussgegliederter Kontenrahmen gilt der IKR. Er ist wie folgt aufgebaut:

Klasse 0, 1 und 2:   Aktivkonten
Klasse 3 und 4:   Passivkonten
Klasse 5, 6 und 7:   Erfolgskonten
Klasse 8:   Abschlusskonten, statistische Konten
Klasse 9:   frei für Kosten- und Leistungsrechnung

Die Kontenklassen 0 bis 8 des IKR bilden den Rechnungskreis I und umschließen die Finanzbuchführung. Die Kontenklasse 9 ist dem Rechnungskreis II vorbehalten. Die Kontenaufteilung im Rechnungskreis I des IKR führt durch ihre Abschlussorientierung automatisch zum klaren Ablauf der Abschlussarbeiten.

4   Besondere Buchungsvorgänge

4.1   Der Wechsel

147.   Was versteht man unter einem Wechsel?

Der Wechsel ist ein schuldrechtliches Wertpapier in der Form des geborenen Orderpapiers, das in bestimmter Form ausgestellt werden muss und die unbedingte Anweisung enthält, eine bestimmte Geldsumme zu zahlen. Der Wechsel dient als Zahlungs-, Kredit- und Sicherheitsmittel.

148.   In welchen Fällen kann es für einen Lieferanten sinnvoll sein, einen Wechsel auszustellen?

Ein Wechselgeschäft bietet sich als Finanzierungs- und Absatzhilfe an, wenn sich bei einem wichtigen Auftrag die allgemein üblichen Zahlungsbedingungen (z.B. 14 Tage mit 2% Skonto, 30 Tage netto) als zu kurzfristig herausstellen und der Lieferant den Zahlungszielwünschen des Kunden im Rahmen einer für ihn größtmöglichen Sicherheit entgegenkommen will. Die dazu notwendigen Rahmenbedingungen regelt das Wechselgesetz.

Wechsel sind zwar nach wie vor Kredit- und Zahlungsmittel, jedoch haben sie im heutigen Wirtschaftsleben an Bedeutung verloren, sodass auf die Buchhaltungsvorgänge nicht mehr näher eingegangen wird.

4.2   Buchungen bei Leasinggeschäften

4.2.1   Leasingarten

149.   Welche Haupttypen des Finanzierungs-Leasings unterscheidet man?

Nach der Zahlung des Entgelts unterscheidet man beim Finanzierungs-Leasing zwei Haupttypen:

- Vollamortisationsverträge (Full-pay-out-Leasing) und
- Teilamortisationsverträge (Non-pay-out-Leasing).

150. Wodurch ist ein Vollamortisationsvertrag gekennzeichnet?

Full-pay-out-Leasing ist dann anzunehmen, wenn der Leasing-Nehmer mit den in der Grundmietzeit zu entrichtenden Raten mindestens die Gesamtinvestitionskosten des Leasing-Gebers deckt.

Diese setzen sich zusammen aus Anschaffungs- oder Herstellungskosten, Nebenkosten einschließlich Finanzierungskosten des Leasing-Gebers und einer eventuellen Gewinnspanne des Leasing-Gebers. Je nach Vertragstyp unterscheidet man

- Verträge ohne Option,
- Verträge mit Kaufoption des Leasing-Nehmers nach der Grundmietzeit,
- Verträge mit Mietverlängerungsoption des Leasing-Nehmers nach der Grundmietzeit und
- Spezial-Leasing.

151. Wodurch sind Teilamortisationsverträge gekennzeichnet?

Non-pay-out-Leasing ist dann anzunehmen, wenn der Leasing-Nehmer mit den in der unkündbaren Grundmietzeit zu entrichtenden Raten die Gesamtinvestitionskosten des Leasing-Gebers nur zum Teil deckt. Der noch nicht amortisierte Teil wird in den einzelnen Vertragstypen auf verschiedene Weise abgesichert:

- Verträge mit Andienungsrecht des Leasing-Gebers ohne Optionsrecht des Leasing-Nehmers,
- Verträge mit Kündigungsrecht des Leasing-Gebers,
- Verträge mit Mehrerlösbeteiligung des Leasing-Nehmers,
- Spezial-Leasing.

4.2.2 Regelung der Zurechnungsfrage

152. Welche Problembereiche sind bei Buchungen von Leasinggeschäften zu klären?

Um die Buchungen vornehmen zu können, ist zu klären,

- um welche Form des Leasings es sich handelt,
- welchem der Vertragspartner das Leasinggut zuzurechnen ist und
- wie die Leasing-Raten buchungstechnisch zu behandeln sind.

153. Nach welchem Hauptkriterium richtet sich die Zurechnung eines Leasinggegenstandes beim Finanzierungsleasing?

Für die Zurechnung eines Leasinggegenstandes zum Leasing-Geber oder Leasing-Nehmer ist insbesondere das Verhältnis zwischen betriebsgewöhnlicher Nutzungsdauer und Grundmietzeit von Bedeutung. Bei einer Grundmietzeit von mindestens 40 % und maximal 90 % der betriebsgewöhnlichen Nutzungsdauer erfolgt eine Zurechnung zum Leasing-Geber, andernfalls zum Leasing-Nehmer.

4.2.2.1 Zurechnung zum Leasing-Geber

154. Was sind die Folgen der Zurechnung eines Leasinggegenstandes zum Leasing-Geber?

Die Zurechnung zum Leasing-Geber führt dazu, dass dieser den Leasinggegenstand zu aktivieren und über die betriebsgewöhnliche Nutzungsdauer abzuschreiben hat. Die Leasing-Raten stellen bei ihm Betriebseinnahmen und beim Leasing-Nehmer Betriebsausgaben dar. Die Leasing-Raten sind umsatzsteuerpflichtig, es sei denn bei Immobilienleasing, wenn nicht der Leasing-Geber gem. § 9 UStG zur Umsatzsteuer optiert.

155. Wie sind Sonderzahlungen bei Zurechnung des Gegenstandes zum Leasing-Geber zu verbuchen?

Beim Leasing-Nehmer ist eine Sonderzahlung zu Beginn der Grundmietzeit als aktiver Rechnungsabgrenzungsposten anzusetzen und während der Grundmietzeit fortlaufend aufzulösen. Beim Leasing-Geber ist die Sonderzahlung entsprechend als passiver Rechnungsabgrenzungsposten anzusetzen und auf die Grundmietzeit zu verteilen.

156. Wie wird die Ausübung einer Kaufoption bei Zurechnung eines Leasinggegenstandes zum Leasing-Geber buchungstechnisch behandelt?

Es handelt sich beim Leasing-Nehmer um ein »normales« Anschaffungsgeschäft nach vorherigem Leasing. Der Leasinggegenstand wird zum Optionspreis aktiviert und auf die Restnutzungsdauer abgeschrieben.

157. Wie ist die Ausübung einer Mietverlängerungsoption bei vorheriger Zurechnung des Gegenstandes zum Leasing-Geber zu buchen?

Die Anschlussmiete ist beim Leasing-Geber als laufender Ertrag und beim Leasing-Nehmer als laufender Aufwand zu behandeln.

4.2.2.2 Zurechnung zum Leasing-Nehmer

158. Was sind die Folgen einer Zurechnung des Leasinggegenstandes zum Leasing-Nehmer?

In diesem Fall ist das Leasinggeschäft wie ein Veräußerungs-/Anschaffungsgeschäft mit vereinbarter Ratenzahlung zu behandeln.

- Der Leasing-Nehmer hat den Leasinggegenstand zu aktivieren und über die betriebsgewöhnliche Nutzungsdauer abzuschreiben.
- Außerdem ist in Höhe der aktivierten Anschaffungs- oder Herstellungskosten mit Ausnahme der nicht in den Leasing-Raten berücksichtigten Anschaffungs- oder Herstellungskosten des Leasing-Nehmers eine Verbindlichkeit gegenüber dem Leasing-Geber zu passivieren.
- Die Leasing-Raten sind in einen Zins- und Kostenanteil sowie einen Tilgungsanteil aufzuteilen. Der Zins- und Kostenanteil stellt eine sofort abzugsfähige Betriebsausgabe dar, während der Tilgungsanteil die passivierte Verbindlichkeit verringert.

Der Leasing-Geber ist zwar zivilrechtlicher, jedoch nicht wirtschaftlicher Eigentümer und darf deshalb nicht den Leasinggegenstand, sondern nur eine Kaufpreisforderung an den Leasing-Nehmer in Höhe der in den Leasing-Raten zugrunde gelegten Anschaffungs- oder Herstellungskosten aktivieren. Dieser Betrag ist grundsätzlich mit der vom Leasing-Nehmer ausgewiesenen Verbindlichkeit identisch. Die Leasing-Raten sind auch beim Leasing-

Geber in einen Zins- und Kostenanteil sowie in einen Anteil Tilgung der Kaufpreisforderung aufzuteilen.

4.3 Buchungen bei Verkauf von Anlagegegenständen

159. **Warum sind Verkäufe von Anlagegegenständen buchungstechnisch anders zu behandeln als die üblichen Umsatzerlöse?**

Beim Verkauf von Anlagegegenständen treffen umsatzsteuerliche und ertragssteuerliche Tatbestände aufeinander, die buchhalterisch zu erfassen sind. Für Zwecke der Gewinnermittlung ist der Gewinn oder Verlust aus dem Verkaufsvorgang von Interesse. Für Zwecke der Umsatzsteuer kommt es auf das Entgelt an.

Vor allem in der EDV-Buchführung ist es zwingend notwendig, beide Tatbestände nebeneinander zu erfassen, und zwar sowohl für die Umsatzsteuer-Verprobung als auch für die Erstellung der Umsatzsteuer-Voranmeldung. Zu diesem Zweck sind zwei Zwischenkonten einzufügen, durch die der umsatzsteuerliche Vorgang einwandfrei erfasst werden kann, nämlich »Erlöse aus Anlagenverkauf (umsatzsteuerpflichtig)« und »Neutralisationskonto zu Erlöse aus Anlagenverkauf«.

160. **Wie lauten die Buchungssätze bei einem Anlagenverkauf?**

Zunächst ist die umsatzsteuerliche Buchung vorzunehmen, nämlich

> Forderungen aus Lieferungen und Leistungen
>> an Erlöse aus Anlagenverkauf (umsatzsteuerpflichtig)
>> an Umsatzsteuer

Der Saldo des Kontos »Erlöse aus Anlagenverkauf (umsatzsteuerpflichtig)« geht in die Umsatzsteuer-Voranmeldung ein und unterliegt der Umsatzsteuer-Verprobung.

Dann erfolgt als Zweites die Korrekturbuchung zur Gewinnermittlung, die z.B. bei einem Gewinn aus Anlagenverkauf wie folgt lautet:

> Neutralisationskonto (zu Erlöse aus Anlagenverkauf)
>> an Maschinen
>> an Ertrag aus Anlagenverkauf.

4.4 Abzahlungs-/Teilzahlungsgeschäfte

161. **Worin liegt die besondere Problematik der Verbuchung von Teilzahlungs-, Abzahlungs- und Ratengeschäften?**

Bei Teilzahlung, Abzahlung oder Ratenzahlung handelt es sich immer um ein Geschäft, bei welchem der Verkäufer dem Erwerber die Ware gegen Bezahlung des Kaufpreises in monatlichen Raten (Teilzahlungen) aushändigt und Zinsen, Bearbeitungsgebühren oder sonstige Risikozuschläge einkalkuliert. Bei diesen Geschäften sind die Bestimmungen des Verbraucherdarlehensvertrages (§§ 491 ff. BGB) zu beachten, wenn der Kunde eine Privatperson ist.

Sowohl die Bestimmungen des BGB zum Verbraucherdarlehen als auch das Umsatzsteuergesetz trennen zwischen Warenlieferung und Kreditgewährung. Beim Abzahlungsgeschäft ist die Warenlieferung umsatzsteuerpflichtig, das Kreditgeschäft einschließlich Kreditzinsen, Bearbeitungsgebühren, Risikogebühren jedoch umsatzsteuerfrei. Deshalb ist bei Abzahlungsgeschäften die Aufteilung in umsatzsteuerpflichtige und umsatzsteuerfreie Erlöse unabdingbar. Es müssen beispielsweise folgende Konten geführt werden:

- »Teilzahlungsforderung Kunde XY«,
- »Erlöse aus Warenverkauf (umsatzsteuerpflichtig)«,
- »Erlöse aus Teilzahlungszuschlägen (umsatzsteuerfrei)«.

Da der Abzahlungszeitraum sich auch über einen längeren Zeitraum erstrecken kann, besteht eine besondere Aufgabe der Debitorenbuchhaltung in der Überwachung des periodischen Zahlungseinganges.

4.5 Anzahlungen/Vorauszahlungen

162. Was versteht man unter Anzahlungen/ Vorauszahlungen?

Anzahlungen/Vorauszahlungen sind Zahlungen bei Geschäften, für die eine Abrechnung noch nicht vorliegt (schwebendes Geschäft). Man unterscheidet zwischen geleisteten Anzahlungen und erhaltenen Anzahlungen.

Für die geleisteten Anzahlungen gibt es drei Bilanzpositionen, nämlich geleistete Anzahlungen auf immaterielle Vermögensgegenstände, auf Sachanlagen und auf Vorräte.

Die erhaltenen Anzahlungen auf Bestellungen sind entweder unter den Verbindlichkeiten gesondert auszuweisen oder bei den Vorräten offen abzusetzen.

163. Wie sind Anzahlungen/ Vorauszahlungen umsatzsteuerlich zu behandeln?

Wird das Entgelt oder ein Teil des Entgelts bereits vor Ausführung der Leistung bezahlt, so entsteht die Umsatzsteuer nach § 13 Abs. 1 Nr. l a Satz 4 UStG bereits mit Ablauf des Voranmeldungszeitraums, in dem das Entgelt oder Teilentgelt vereinnahmt worden ist. Die Umsatzsteuer entsteht also bereits mit Zahlung, und zwar unabhängig davon, ob sie in der Rechnung offen ausgewiesen ist oder nicht.

Bei Nichtausweis der Umsatzsteuer kann der Leistungsempfänger jedoch trotz Fälligkeit der Umsatzsteuer keine Vorsteuer geltend machen. Erleichterungen bestehen lediglich für sogenannte Kleinbetragsrechnungen bis 150 € (§ 33 UStDV).

164. Welchen Vorteil hat die Verbuchung von erhaltenen Anzahlungen über ein Verrechnungskonto?

Zur besseren Überwachung und zur richtigen Verrechnung von erhaltenen Anzahlungen bei Erteilung der Schlussrechnung ist es in der Praxis ratsam, auf jeden Fall die Verbuchung mittels Anzahlungsverrechnungskonto vorzunehmen.

165. Worin liegt die Problematik beim Ausweis erhaltener Anzahlungen/ Vorauszahlungen am Jahresende?

Für die relativ aufwendige Verbuchung erhaltener Anzahlungen sind drei Aspekte verantwortlich:

- Zum einen sind erhaltene Anzahlungen gem. BFH-Urteil brutto auszuweisen (einschließlich Umsatzsteuer).
- Andererseits müssen gem. § 22 Abs. 2 Nr. 5 UStG Entgelte und Teilentgelte (also Nettobeträge) sowie die darauf entfallenden Umsatzsteuerbeträge in der Buchhaltung ersichtlich sein.
- Als Drittes ist zur Wahrung der Erfolgsneutralität der Anspruch auf Rückerstattung der Umsatzsteuer als Rechnungsabgrenzungsposten zu aktivieren, und zwar als Gegenposten für die Umsatzsteuer auf erhaltene Anzahlungen auf der Passivseite (§ 5 Abs. 5 Satz 2 Nr. 2 EStG).

4.6 Kommissionsgeschäfte

166. **Was versteht man unter Kommissionsgeschäften?**

Kommissionsgeschäfte sind in §§ 383 ff. HGB geregelt. Danach ist derjenige Kommissionär, der es gewerbsmäßig übernimmt, Waren oder Wertpapiere für Rechnung eines anderen (des Kommittenten) in eigenem Namen zu kaufen oder zu verkaufen. Der Kommissionär hat Anspruch auf Provision und Ersatz seiner Aufwendungen.

Umsatzsteuerlich ist zu beachten, dass gem. § 3 Abs. 3 UStG beim Kommissionsgeschäft zwischen dem Kommittenten und dem Kommissionär eine Lieferung vorliegt. Bei der Verkaufskommission gilt der Kommissionär, bei der Einkaufskommission der Kommittent als Abnehmer.

167. **Wie ist bei der Einkaufskommission zu buchen?**

Der Einkaufskommissionär erwirbt zwar das rechtliche Eigentum an der Ware, diese ist aber sofort dem Kommittenten zuzurechnen. Deshalb aktiviert er nicht die Ware (hier genügt mengenmäßige Erfassung in einem Nebenbuch), sondern er aktiviert die Forderung, die er für den Einkauf an den Kommittenten hat. Die Forderung an den Kommittenten wird auf dem Kommittentenkonto gebucht (Kontokorrentkonto). Unter Umständen wird ein Kommissionsabrechnungskonto vorgeschaltet. Für seine Provision führt er das Konto »Provisionsertrag«.

Der Kommittent dagegen führt ein Kommissionärskonto (Kontokorrentkonto) und bucht die bezogene Ware auf sein gewöhnliches Wareneinkaufskonto.

168. **Wie ist bei der Verkaufskommission zu buchen?**

Bei der Verkaufskommission liegt nach Abschn. 24 Abs. 2 UStR eine Lieferung des Kommittenten an den Kommissionär erst im Zeitpunkt der Lieferung an den Abnehmer vor. Bei Empfang der Ware hat der Verkaufskommissionär deshalb keine systematische Buchung vorzunehmen; mengenmäßige Aufzeichnungen in einem Nebenbuch genügen. Bei Verkauf ist das Kommittentenkonto zu erkennen, dessen Stand bei Abrechnung durch Provisionserträge und Aufwandsersatz gemindert wird.

Der Kommittent nimmt bei Warenzusendung an den Kommissionär eine erfolgsneutrale Umbuchung von Wareneinkauf auf Kommissionsware vor und trennt damit seine Bestände. Bei der Verkaufsmeldung des Kommissionärs werden das Kommissionärskonto und das Erlöskonto »Kommissionswarenverkauf« angesprochen.

4.7 Reisekosten

169. **Was versteht man unter Reisekosten?**

Reisekosten sind Kosten, die einem Unternehmer anlässlich einer Geschäftsreise oder einem Arbeitnehmer anlässlich einer Dienstreise entstehen und ausschließlich oder fast ausschließlich durch die Reise verursacht sind.

4.7.1 Fallgruppen und Prüfungsschema für Reisekosten

170. **Was versteht man unter Dienst- bzw. Geschäftsreise?**

Eine Dienst- oder Geschäftsreise liegt bei einer vorübergehenden Auswärtstätigkeit vor (außerhalb der Wohnung oder einer regelmäßigen Arbeitsstätte). Vgl. R 9.4 Abs. 2 LStR.

171. Welche Arten von Auswärtstätigkeiten sind traditionell bei einem Arbeitnehmer zu unterscheiden?

Während die Reise eines Unternehmers immer eine Geschäftsreise ist, sind bei Reisen eines Arbeitnehmers traditionell

- Dienstreise (§ 4 Abs. 5 Nr. 5 Satz 2 EStG),
- Fahrtätigkeit oder
- Einsatzwechseltätigkeit (§ 4 Abs. 5 Nr. 5 Satz 3 EStG

zu unterscheiden. Für alle gemeinsam gilt, dass Reisekosten nur außerhalb des regelmäßigen Tätigkeitsorts anfallen.

172. Was hat sich im Reisekostenrecht durch eine Serie von BFH-Entscheidungen geändert?

Der BFH hat in einer Serie von Entscheidungen im Jahr 2005 einen neuen Ansatz entwickelt. Ausgehend von der Überlegung, dass sämtliche beruflich veranlassten Reisekosten als Werbungskosten abgezogen werden können und nur dann Einschränkungen bestehen, wenn die gesetzlichen Abzugsbeschränkungen des § 9 Abs. 1 Nr. 4, 5, Abs. 2 EStG zum Tragen kommen, wird nun der Weg eines negativen Ausschlussverfahrens beschritten:

- Nicht zu den Reisekosten gehören die nicht beruflich veranlassten Aufwendungen sowie die Aufwendungen für Wege zwischen Wohnung und regelmäßiger Arbeitsstätte.
- Sämtliche danach verbleibenden Reisekosten sind als Kosten einer Auswärtstätigkeit hingegen unbeschränkt abzugsfähig.

173. Welche Bedeutung kommt den Begriffen Dienstreise, Fahrtätigkeit und Einsatzwechseltätigkeit zu?

Die Unterscheidung zwischen Dienstreise, Einsatzwechseltätigkeit und Fahrtätigkeit hat keine rechtsbegründende Bedeutung mehr. Die Begriffe beschreiben jedoch nach wie vor verschiedene Ausgestaltungen der Auswärtstätigkeit.

174. Welches Prüfungsschema ist bei Reisekosten heute anzuwenden?

Für Fälle, in denen Reisekosten geltend gemacht werden, ergibt sich mithin folgendes Prüfungsschema:

(1) Ist die Reise beruflich veranlasst?
(2) Wenn ja: Sucht der Arbeitnehmer eine regelmäßige Arbeitsstätte bzw. erste Tätigkeitsstätte auf?

Die zweite Frage ist deshalb besonders bedeutsam, weil bei einer Tätigkeit an einer regelmäßigen Arbeitsstätte bzw. ersten Tätigkeitsstätte ein Abzug von Verpflegungsmehraufwendungen ausgeschlossen ist und Fahrtkosten, die für Wege zwischen Wohnung und Arbeitsstätte anfallen, nur mit der Entfernungspauschale berücksichtigt werden können.

4.7.2 Umfang der Reisekosten

175. In welche Kostenbestandteile werden Reisekosten untergliedert?

Zu den Reisekosten gehören alle Aufwendungen, die durch die Reise unmittelbar verursacht werden, nämlich

- Fahrtkosten,
- Verpflegungsmehraufwendungen,
- Übernachtungskosten und
- Reisenebenkosten.

4.7.2.1 Fahrtkosten

176. **Was ist unter Fahrtkosten zu verstehen?**

Fahrtkosten sind die Aufwendungen, die durch die persönliche Benutzung eines Beförderungsmittels entstehen (R 9.5 Abs. 1 LStR). Sie können durch die Vorlage von Fahrkarten, Quittungen von Reisebüros oder Tankstellen, Fahrtenbücher oder in ähnlicher Weise nachgewiesen werden.

177. **Welche Kosten sind bei Benutzung öffentlicher Verkehrsmittel als Reisekosten abzugsfähig?**

Bei öffentlichen Verkehrsmitteln ist der entrichtete Fahrpreis einschließlich etwaiger Zuschläge anzusetzen. Die Kosten sind nachzuweisen.

178. **Wie sind die Fahrtkosten bei einem betrieblichen Pkw zu behandeln?**

Bei der Benutzung eines betrieblichen Pkw sind die durch die Reise verursachten Aufwendungen in den Kfz-Kosten enthalten. Tankquittungen sind vorzulegen. Ein Ansatz von Pauschsätzen ist bei Nutzung des Betriebsfahrzeugs bei der Reisekostenabrechnung nicht möglich.

179. **Welche Fahrtkosten können bei der Nutzung eines Privat-Pkw für betriebliche Zwecke geltend gemacht werden?**

Bei der Nutzung eines Privat-Pkw für betriebliche Zwecke gibt es zwei Möglichkeiten:

(1) Bei Benutzung eines Privatfahrzeugs ist der Abzug der tatsächlichen Kosten nur zulässig, wenn sie individuell für dieses Fahrzeug ermittelt werden (d.h. Aufzeichnung der Kosten und gefahrenen Strecken). In diesem Fall ist der Teilbetrag der jährlichen Gesamtkosten dieses Fahrzeugs anzusetzen, der dem Anteil der zu berücksichtigenden Fahrten an der Jahresfahrleistung entspricht.

(2) Ohne Einzelnachweis der tatsächlichen Gesamtkosten können die Fahrtkosten mit pauschalen Kilometersätzen angesetzt werden, die die folgenden Beträge nicht überschreiten dürfen (R 4.12 EStR, H. 9.5 EStH »pauschale Kilometersätze«):

- bei einem Pkw 0,30 € je Fahrtkilometer,
- bei einem Motorrad oder einem Motorroller 0,13 € je Fahrtkilometer,
- bei einem Moped oder Mofa 0,08 € je Fahrtkilometer,
- bei einem Fahrrad 0,05 € je Fahrtkilometer.

Für jede Person, die bei einer Dienst- oder Geschäftsreise mitgenommen wird, erhöhen sich diese Sätze bei einem Pkw um 0,02 € je Fahrtkilometer und bei einem Motorrad oder Motorroller um 0,01 € je Fahrtkilometer.

180. **Welche Kosten gehören zu den Gesamtkosten eines Fahrzeugs bei exakter Ermittlung eines Kilometer-Satzes?**

Zu den Gesamtkosten eines Fahrzeugs gehören die Betriebsstoffkosten, die Wartungs- und Reparaturkosten, die Kosten einer Garage am Wohnort, die Kraftfahrzeugsteuer, die Aufwendungen für die Halterhaftpflicht- und Fahrzeugversicherungen, die AfA auf der Grundlage einer Nutzungsdauer von sechs Jahren sowie die Zinsen für ein Anschaffungsdarlehen. Bei einer hohen Fahrleistung kann auch eine kürzere Nutzungsdauer anerkannt werden.

4.7.2.2 Verpflegungsmehraufwendungen

181. Welche Verpflegungsmehraufwendungen sind als Reisekosten abzugsfähig?
Ein Ansatz von Verpflegungsmehraufwendungen in tatsächlicher Höhe ist nicht möglich. Die Verpflegungsmehraufwendungen dürfen stattdessen nur mit folgenden Pauschbeträgen angesetzt werden (R 9.6 LStR i.V.m. § 4 Abs. 5 Satz 1 Nr. 5 EStG):
- bei einer Abwesenheit von 24 Stunden und mehr: 24 €,
- bei einer Abwesenheit von weniger als 24 Stunden, aber mindestens 14 Stunden: 12 €,
- bei eine Abwesenheit von weniger als 14 Stunden, aber mindestens 8 Stunden: 6 €.

Durch das **Gesetz zur Änderung und Vereinfachung der Unternehmensbesteuerung und des steuerlichen Reisekostenrechts** wird **ab 2014** bei den Verpflegungspauschalen die bisher geltende dreistufige durch eine **zweistufige Staffel** ersetzt:
- ab 8 Stunden 12 € und
- ab 24 Stunden 24 €.

Für den An- und Abreisetag können bei einer mehrtägigen auswärtigen Tätigkeit ohne Prüfung einer Mindestabwesenheitszeit pauschal 12 € als Werbungskosten abgezogen werden.

182. Wie sind Verpflegungsmehraufwendungen bei Auslandsreisen zu behandeln?
Für den Abzug von Verpflegungsmehraufwendungen bei Auslandsreisen gelten länderweise unterschiedliche Pauschbeträge (Auslandstagegelder), die vom Bundesminister der Finanzen bekannt gemacht werden.

4.7.2.3 Übernachtungskosten

183. Wie können Übernachtungskosten als Reisekosten geltend gemacht werden?
Übernachtungskosten können in tatsächlicher Höhe als Reisekosten abgezogen werden. Bei Inlandsreisen kann kein Pauschbetrag angesetzt werden.

Wird durch Zahlungsbelege nur ein Gesamtpreis für Unterkunft und Frühstück nachgewiesen und lässt sich der Preis für das Frühstück nicht feststellen, so ist der Gesamtpreis um die Kosten für das Frühstück zu kürzen, bei einer Übernachtung im Inland um 4,80 €, bei einer Übernachtung im Ausland um 20 % des für den Unterkunftsort maßgebenden Pauschbetrags für Verpflegungsmehraufwendungen bei einer mehrtägigen Dienstreise (R 9.7 Abs. 1 LStR).

184. Wie ist eine Hotelrechnung zu behandeln, bei der umsatzsteuerlich nicht begünstigte Leistungen in der Rechnung zu einem Sammelposten (z.B. »Business-Package«) zusammengefasst werden und der darauf entfallende Entgeltanteil in einem Betrag ausgewiesen wird?
Ist in einer Rechnung neben der Beherbergungsleistung ein Sammelposten für andere, dem allgemeinen Umsatzsteuersatz unterliegende Leistungen einschließlich Frühstück ausgewiesen und liegt keine Frühstücksgestellung durch den Arbeitgeber vor, so ist die Vereinfachungsregelung nach R 9.7 Abs. 1 Satz 4 Nr. 1 LStR (für das Frühstück 20 % des maßgebenden Pauschbetrags für Verpflegungsmehraufwendungen = 4,80 €) auf diesen Sammelposten anzuwenden. Der verbleibende Teil dieses Sammelpostens ist als Reisenebenkosten zu behandeln, wenn kein Anlass für die Vermutung besteht, dass in diesem Sammelposten etwaige nicht als Reisenebenkosten anzuerkennende Nebenleistungen enthalten sind (etwa Pay-TV, private Telefonate, Massagen).

4.7.2.4 Reisenebenkosten

185. **Welche Kosten können als Reisenebenkosten geltend gemacht werden?**

Als Nebenkosten einer Reise gelten z.B. Gepäckbeförderung und Aufbewahrung, Taxi, Telefon, Messeeintrittskarten, Straßenbahnkarten u.Ä. Diese Kosten sind einzeln nachzuweisen.

4.7.3 Erstattung von Reisekosten

186. **Wie ist die Erstattung von Reisekosten lohn- bzw. einkommensteuerlich geregelt?**

Dem Arbeitnehmer können Reisekosten nach § 3 Nr. 13 EStG (bei öffentlichen Arbeitgebern) und nach § 3 Nr. 16 EStG (bei privaten Arbeitgebern) steuerfrei erstattet werden, soweit sie die beruflich veranlassten Mehraufwendungen, bei Verpflegungsmehraufwendungen die Pauschbeträge nach § 4 Abs. 5 Satz 1 Nr. 5 EStG nicht übersteigen.

Soweit die vorgenannten Aufwendungen vom Arbeitgeber nicht erstattet werden, stellen diese Werbungskosten im Rahmen der Einkünfte aus nichtselbstständiger Arbeit dar.

Die Erstattung von höheren Beträgen als den Pauschbeträgen oder höheren als den ermittelten tatsächlichen Kosten ist steuerpflichtiger Arbeitslohn.

Bei Übernachtungskosten gilt eine Besonderheit. Obwohl der Arbeitnehmer keine Pauschbeträge für Übernachtungskosten als Werbungskosten geltend machen kann, darf ihm der Arbeitgeber nach R 9.7 Abs. 3 LStR einen Pauschbetrag von 20 € steuerfrei zahlen.

187. **Welche umsatzsteuerlichen Besonderheiten sind bei der Erstattung von Reisekosten zu beachten?**

Hier gilt Folgendes:

- Für Verpflegungskosten: Ein Vorsteuerabzug ist dann möglich, wenn die Aufwendungen durch Rechnungen mit gesondertem Ausweis der Umsatzsteuer auf den Namen des Unternehmers bzw. durch Kleinbetragsrechnungen i.S. des § 33 UStDV belegt sind und außerdem in voller Höhe vom Arbeitgeber getragen (bezahlt) worden sind. Ohne Essensbelege entfällt der Vorsteuerabzug.
- Für Übernachtungskosten: Ein Vorsteuerabzug ist dann möglich, wenn die Übernachtung anlässlich einer Dienstreise des Arbeitnehmers erfolgt ist, aber der Unternehmer als Empfänger der Übernachtungsleistungen anzusehen ist und die Rechnung mit dem gesonderten Ausweis der Umsatzsteuer auf seinen Namen ausgestellt ist. Ein Beleg auf den Namen des Arbeitnehmers erlaubt den Vorsteuerabzug dagegen nicht.

Darüber hinaus vorsteuerabzugsfähig sind

- die dem Arbeitnehmer ersetzten Fahrtkosten für öffentliche Verkehrsmittel,
- belegmäßig nachgewiesene Reisenebenkosten für Mietwagen, Parkgebühren u.Ä. und
- Nutzung unternehmenseigener Fahrzeuge (Dienstwagen, Fuhrparkfahrzeuge) während der Dienstreise.

Diese Regelungen gelten für den Vorsteuerabzug aus Geschäftsreisekosten des Unternehmers gleichermaßen.

4.8   Löhne und Gehälter

4.8.1   Allgemeines

188.   Wie werden abrechnungstechnisch die Auszahlungsbeträge für Löhne bzw. Gehälter ermittelt?

Abrechnungstechnisch ergibt sich aus Sicht des Arbeitnehmers folgendes Schema:

Bruttolohn/Bruttogehalt
·/·   Lohnsteuer
·/·   Kirchensteuer
·/·   Solidaritätszuschlag
·/·   Arbeitnehmeranteil zur Sozialversicherung
=   Nettoverdienst
·/·   Sonstige Abzüge (z. B. Sparbeitrag für vermögenswirksame Leistung, Sachbezüge, Lohn- und Gehaltsvorschuss)
=   Auszahlungsbetrag an Arbeitnehmer

189.   Wie hoch ist die Summe des Personalaufwands einer Unternehmung?

Die Summe der Bruttolöhne und -gehälter ist nicht gleichzusetzen mit den gesamten Personalkosten. Diese ermitteln sich wie folgt:

Bruttolöhne /Bruttogehälter
+   tarifliche Sozialleistungen
+   Arbeitgeberanteil zur Sozialversicherung
+   freiwillige Sozialleistungen
+   Beitrag zur Berufsgenossenschaft
=   Summe Personalaufwand

4.8.2   Lohn-/Gehaltskonten in der Finanzbuchführung

190.   Welche Kontengruppen werden in der Finanzbuchhaltung für die Lohn- und Gehaltsabrechnung benötigt?

Man muss hier drei Gruppen von Konten unterscheiden:

(1)   Konten für Personalaufwendungen (z. B. für Löhne, Gehälter, Bedienungsgelder, Verkaufsprämien, vermögenswirksame Leistungen, Aufwendungen für Altersversorgung u. Ä.),

(2)   Konten für vorgenommene und abzuführende Abzüge (es handelt sich um sonstige Verbindlichkeiten für Lohn- und Kirchensteuer, Solidaritätszuschlag, für Sozialversicherung und für vermögenswirksame Leistungen),

(3)   Konten für Verrechnung mit dem Nettoverdienst (Lohnvorschüsse, Gehaltsvorschüsse, Lohn- und Gehaltsverrechnungskonto).

4.8.3   Technik der Lohn-/Gehaltsbuchung

191.   Wie lauten die Grundbuchungen einer Lohn- und Gehaltsabrechnung?

Unabhängig von der Zahl mehr oder weniger umfangreich geführter Konten lässt sich jede Lohn- bzw. Gehaltsbuchung in drei Schritten exemplarisch darstellen:

1. Schritt: Lohn- und Gehaltsbuchung

Löhne/Gehälter (brutto)
    an Sonstige Verbindlichkeiten (Lohn- und Kirchensteuer, Solidaritätszuschlag)

an Sonstige Verbindlichkeiten (Sozialversicherung)
an Sonstige Verbindlichkeiten (vermögenswirksame Leistungen)
an Bank (Auszahlungsbetrag)

2. Schritt: Buchung des Arbeitgeberanteils zur Sozialversicherung
Arbeitgeberanteil zur Sozialversicherung
an Sonstige Verbindlichkeiten (Sozialversicherung)

3. Schritt: Abführung der einbehaltenen Abzüge im Folgemonat
Sonstige Verbindlichkeiten (Lohn- und Kirchensteuer, Solidaritätszuschlag)
an Bank
Sonstige Verbindlichkeiten (Sozialversicherung)
an Bank
Sonstige Verbindlichkeiten (vermögenswirksame Leistungen)
an Bank.

192.   Wie ist die Abführung von einbehaltenen Abzügen geregelt?

Die Abführung der einbehaltenen Lohn- und Kirchensteuer und des Solidaritätszuschlags
hat zusammen mit der Abgabe der Lohnsteueranmeldung i. d. R. bis zum 10. des folgenden
Monats an das Finanzamt zu erfolgen, in dessen Bezirk sich die Betriebsstätte befindet
(§ 41a EStG).

Ähnliches gilt für die Abführung der Sozialversicherungsbeiträge, die aus dem einbehaltenen Arbeitnehmeranteil und dem gesetzlich vorgeschriebenen Arbeitgeberanteil
bestehen.

**193.   Welchen Vorteil hat die Buchung unter Einschaltung eines Lohn- und Gehalts-
verrechnungskontos?**

In der betrieblichen Praxis werden Lohn- und Gehaltsbuchungen und der Zahlungszeit-
punkt von Löhnen und Gehältern voneinander zeitlich abweichen. Zudem ist eine beleg-
mäßige Trennung dieser Arbeitsgänge zwangsläufig, da der Finanzbuchhalter den Auszahlungsbetrag bei den Bankbelegen eventuell auch bei den Kassenbelegen vorfindet und
dabei nicht gleichzeitig – diesen Zahlungsmittel-Buchungskreis durchbrechend – die
Buchungen anhand der umfangreichen Lohnbelege vornehmen kann. Die zahlenmäßige
Verklammerung dieser zeitlich unterschiedlichen Arbeitsschritte besorgt das Lohn- und
Gehaltsverrechnungskonto.

4.8.4   Vorschüsse/Abschlagszahlungen

**194.   Wie sind Abschlagszahlungen und Lohn-/Gehaltsvorschüsse voneinander ab-
zugrenzen?**

Vorschüsse sind unabhängig von eventuell erbrachten Leistungen. Sie dienen in aller Regel
dem Arbeitnehmer zur Überbrückung und Bestreitung der Lebenshaltungskosten bis zur
nächsten Lohnabschlagszahlung, Restlohnzahlung oder Gehaltszahlung. Vorschussbeträge
stellen deshalb bis zur Verrechnung mit der der monatlichen Endabrechnung folgenden
Lohnzahlung, Restlohnzahlung oder Gehaltszahlung kurzfristige Forderungen des Arbeitgebers an den Arbeitnehmer dar. Der vorgeschossene Betrag ist erfolgsneutral in der Kontengruppe »Sonstige Forderungen« zu erfassen. Zweckmäßigerweise richtet man hierfür
ein spezielles Unterkonto ein, z. B. »Lohn- und Gehaltsvorschüsse«.

Da es sich bei der Abschlagszahlung (im Gegensatz zu einem Vorschuss) um einen dem
Arbeitnehmer zustehenden Lohn handelt, dem eine erbrachte Arbeitsleistung gegenüber-

steht, kann der ausbezahlte Abschlag demzufolge direkt aufwandswirksam auf das Lohnkonto gebucht werden. Für die Praxis empfiehlt sich jedoch wegen der Übersichtlichkeit der Buchführung und deren Abstimmung am Monatsende die Einschaltung eines Abschlags-Verrechnungskontos.

4.8.5   Sachbezüge

195.   Was versteht man unter Sachbezügen?

Sachbezüge sind nach § 8 Abs. 2 EStG Einnahmen, die nicht in Geld bestehen (Wohnung, Kost, Waren, Dienstleistungen und sonstige Sachbezüge). Sie sind mit den üblichen Endpreisen am Abgabeort (einschließlich Umsatzsteuer, abzüglich übliche Preisnachlässe) anzusetzen.

196.   Unter welchen Bedingungen können Sachbezüge steuerlich begünstigt sein?

Grundsätzlich gehören Sachbezüge aus dem Arbeitsverhältnis zum steuerpflichtigen Arbeitslohn. Die steuerliche Begünstigung setzt nach § 8 Abs. 3 EStG voraus, dass
- die Sachbezüge dem Arbeitnehmer aufgrund seines Dienstverhältnisses zufließen und
- in der Überlassung von Waren bestehen, die vom Arbeitgeber hergestellt oder vertrieben werden oder
- in Dienstleistungen (z. B. Beförderungsleistungen, Beratung, Versicherungsschutz) bestehen, die vom Arbeitgeber erbracht werden.

Bei den begünstigten Abzügen hat der Arbeitgeber die Möglichkeit,
- entweder um 4 % geminderte Endpreise anzusetzen und einen Rabattfreibetrag von 1 080 € (Jahresfreibetrag) in Abzug zu bringen,
- oder den Sachbezug pauschal zu versteuern.

197.   Wie sind Sachbezüge innerhalb der Lohnbuchhaltung und innerhalb der Finanzbuchhaltung aufzuzeichnen?

In der Lohnbuchhaltung hat der Arbeitgeber den Arbeitslohn, getrennt nach Barlohn und Sachbezügen, und die davon einbehaltene Lohnsteuer aufzuzeichnen (§ 4 Abs. 2 Nr. 3 LStDV). Dabei sind die Sachbezüge einzeln zu bezeichnen und mit dem nach § 8 Abs. 2 oder 3 EStG maßgebenden und um das Entgelt geminderten Wert zu erfassen. Sachbezüge im Sinne des § 8 Abs. 3 EStG sind jeweils als solche kenntlich zu machen und ohne Kürzung um Freibeträge einzutragen.

In der Finanzbuchführung ist von den Sachbezügen sowohl das Entgelt als auch die Umsatzsteuer aufzuzeichnen.

5. Hauptteil:

Abschlüsse nach Handels- und Steuerrecht (national)

Bearbeitet von: Angelika Leuz
                   Norbert Leuz

1   Grundsätzliches

1.1   Aufgaben und Zwecke des Jahresabschlusses

1.   **Welche Aufgaben und Rechnungslegungszwecke hat ein handelsrechtlicher Jahresabschluss?**
Die handelsrechtlichen Rechnungslegungszwecke sind heterogen:
- Dokumentation – und damit verbunden – Selbstinformation des Kaufmanns und Rechenschaft gegenüber Außenstehenden,
- Ermittlung einer Ausschüttungsbemessungsgrundlage
- und damit einhergehend – nominelle Kapitalerhaltung von Unternehmen,
- Grundlage für die Besteuerung.

2.   **Weshalb ist der Dokumentationszweck der Rechnungslegung so wichtig?**
Ohne ordnungsgemäße Dokumentation ist die Rechnungslegung nicht aussagefähig. Die handelsrechtliche Rechnungslegung normiert drei Dokumentationsinstrumente:
(1) die laufende Buchführung,
(2) das Inventar und
(3) die Bilanz, die alle im Inventar erfassten Vermögensgegenstände und Schulden in zusammengefasster Form anführt.

Bilanz und Inventar dokumentieren Aktiva und Passiva alljährlich neu. Die vollständige Dokumentation erschwert nachträgliche Änderungen, z.B. »Beiseiteschaffen« von Vermögensgegenständen und »Erdichten« von Schulden (vgl. hierzu auch § 283b StGB, Frage 234), und ist damit unentbehrliches Gläubigerschutzinstrument. Kreditgeber haben ein Interesse daran, ob der Kaufmann den Kapitaldienst pflichtgemäß erfüllen kann.
    Entsprechend dient sie (bei mehreren Unternehmenseignern) auch dem Gesellschafterschutz; sie erschwert die Gefahr der Bereicherung eines Gesellschafters durch heimlichen Entzug von Gesellschaftsvermögen auf Kosten der Mitgesellschafter.
    Darüber hinaus dient der Zwang zur Dokumentation der Selbstinformation des Kaufmanns; Bilanz und GuV-Rechnung gewähren ihm einen Überblick über die Vermögens- und Ertragslage.

3.   **Erläutern Sie den handelsrechtlichen Bilanzzweck Ausschüttungsbemessungsfunktion.**
Die Ermittlung des erzielten Periodenerfolgs ist systemimmanenter Bestandteil der doppelten Buchführung. Er zeigt sich sowohl in der Bilanz als Veränderung des Eigenkapitals als auch in der GuV-Rechnung, in der die Erfolgsquellen im Einzelnen offengelegt werden.

Fraglich ist dabei aber die Beschaffenheit oder Qualität des ermittelten Periodenergebnisses. Der handelsrechtlich ermittelte Jahresüberschuss ist eine Ausschüttungsrichtgröße: Das, was im Geschäftsjahr an Vermögen zugeflossen ist (Vermögenszuwachs), ist ausschüttbar. Diese Formel kommt auch im Betriebsvermögensvergleich nach § 4 Abs. 1 Satz 1 EStG zum Ausdruck (Gewinn als Unterschiedsbetrag zwischen dem Betriebsvermögen am Schluss und Anfang des Geschäftsjahres, berichtigt um Entnahmen und Einlagen).

Die Beschränkung des ausschüttbaren Gewinns auf den Vermögenszuwachs hat automatisch eine (nominelle) Kapitalerhaltung zur Folge, die damit als weiterer Jahresabschlusszweck aufgeführt werden kann.

4.   Durch welche Vorschriften wird der ausschüttbare Gewinn auf den Vermögenszuwachs begrenzt?

Eine Begrenzung des ausschüttbaren Gewinns auf den Vermögenszuwachs und damit Sicherung der Kapitalerhaltung und Gläubigerschutz wird durch folgende Vorschriften erreicht:

(1) Ansatzvorschriften: Aktivierungs- und Passivierungsgebote sowie -verbote und das Vollständigkeitsprinzip (§ 246 Abs. 1 HGB),

(2) Bewertungsvorschriften:
   - Festlegung der Anschaffungs- und Herstellungskosten als Wertobergrenze (§ 253 Abs. 1 HGB),
   - Realisationsprinzip (§ 252 Abs. 1 Nr. 4 HGB),

die bei Unternehmen, deren Haftung beschränkt ist, um weitere Kapitalerhaltungsvorschriften ergänzt werden:

(3) Verbot der Rückgewähr von Einlagen (§ 30 GmbHG, § 57 Abs. 1 AktG),

(4) Verpflichtung zur Bildung einer gesetzlichen Rücklage (§ 150 Abs. 2 AktG).

5.   Gibt es daneben auch Mindestausschüttungsregelungen im Handelsrecht?

Mindestausschüttungsregelungen sind nur dann vorgesehen, wenn ein Unternehmen mehrere »Eigner« hat, da in solchen Fällen unterschiedliche Ausschüttungsinteressen bestehen können. Mindestausschüttungsregelungen, die das »Aushungern« von Minderheiten verhindern sollen, finden sich daher nicht in den Rechnungslegungsvorschriften für alle Kaufleute (§§ 238 ff. HGB), sondern in gesellschaftsrechtlichen Vorschriften.

- § 122 HGB für die OHG: Anspruch auf 4 % des letzten Kapitalanteils und, soweit es nicht zum Schaden gereicht, auf den darüber hinaus gehenden Anteil am letzten Jahresgewinn.

- § 169 HGB für die KG: Anspruch des Kommanditisten auf Auszahlung seines Gewinnanteils.

- § 29 Abs. 1 GmbHG für die GmbH: Anspruch der Gesellschafter auf den Jahresüberschuss zuzüglich eines Gewinnvortrags und abzüglich eines Verlustvortrags, soweit der sich ergebende Betrag nicht nach Gesetz, Gesellschaftsvertrag oder durch Gesellschafterbeschluss von der Verteilung unter die Gesellschafter ausgeschlossen ist.

- § 58 Abs. 2 und 3 AktG für die AG: Hier ist die Entscheidungskompetenz aufgeteilt: Die Aktionäre haben Anspruch auf den Bilanzgewinn (nicht auf den Jahresüberschuss!), verbunden mit dem Recht zur Anfechtung des Gewinnverwendungsbeschlusses nach § 254 Abs. 1 AktG. Stellen Vorstand und Aufsichtsrat den Jahresabschluss fest (§ 58 Abs. 2, 2a AktG), so können sie einen Teil des Jahresüberschusses, höchstens jedoch die Hälfte, in andere Gewinnrücklagen einstellen.

Diese Regelungen wurden bei Kapitalgesellschaften (und Co) bis zum Inkrafttreten des BilMoG durch Bewertungsvorschriften flankiert, die Wertuntergrenzen festlegten und ein Wertaufholungsgebot vorschrieben. Durch BilMoG, das für alle Kaufleute die Bewertungsvorschriften verschärft hat, wurden diese besonderen Vorschriften für Kapitalgesellschaften (§§ 279 ff. HGB a. F.) überflüssig.

6. Inwiefern dient der handelsrechtliche Jahresabschluss als Grundlage für die Besteuerung?

Die deutschen steuerlichen Vorschriften beinhalten kein in sich geschlossenes steuerliches Rechnungslegungsrecht. Deshalb ist das Steuerrecht gezwungen, zur Ermittlung der Steuerbemessungsgrundlage die Handelsbilanz als Ausgangsbasis zu nehmen (Grundsatz der Maßgeblichkeit, § 5 Abs. 1 EStG) und unter Berücksichtigung zwingender steuerlicher Vorschriften daraus die Steuerbilanz abzuleiten (§ 60 Abs. 2 EStDV).

Vgl. hierzu auch die Fragen 23 ff.

Da die gemeinsame Inanspruchnahme steuerlicher Wahlrechte (z. B. Sonderabschreibungen) in Handels- und Steuerbilanz den Einblick in die Vermögens- und Ertragslage erschweren und damit handelsrechtlichen Zielen zuwiderlaufen kann, stand die umgekehrte Maßgeblichkeit (immer wieder) auf dem Prüfstand und wurde schließlich durch BilMoG aufgehoben.

7. Sind handels- und steuerrechtliche Jahresabschlusszwecke identisch?

Die Besteuerung richtet sich nach dem Grundsatz der Leistungsfähigkeit und dem Grundsatz der Gleichmäßigkeit der Besteuerung (Art. 3 Abs 1 GG). In der Regel wird ein Steuerpflichtiger Steuerminimierung anstreben.

Handelsrechtlich steht der Einblick in die Vermögens- und Ertragslage im Vordergrund. Das Ziel Steuerminimierung durch Minderung der Bemessungsgrundlage wird vielfach nicht identisch sein mit der gewünschten handelsrechtlichen Bilanzpolitik, die die Leistungsfähigkeit eines Unternehmens z. B. für Aktionäre und Gläubiger gerne durch einen tendenziell höheren Gewinnausweis darstellen möchte; handels- und steuerrechtliche Bilanzierungszwecke können daher konkurrieren.

8. Entsprechen die handelsrechtlichen Jahresabschlusszwecke den Zwecken der Bilanzierung nach IFRS?

Die in den Fragen 1 ff. angesprochenen handelsrechtlichen Jahresabschlusszwecke sind nicht mit den Zwecken der IFRS-Bilanzierung identisch.

Die IFRS haben hauptsächlich informatorischen Charakter. Ihr Zweck ist es, bestehenden und potentiellen Anteilseignern möglichst umfassende Informationen über die wirtschaftliche Lage eines Unternehmens zu vermitteln (investororientiert). Als Grundlage für die Besteuerung und zur Ermittlung einer Ausschüttungsbemessungsgrundlage haben sie keinerlei Relevanz.

Aus diesen Gründen sind Ansatz- und Bewertungsvorschriften zum Teil anders ausgestaltet als beim HGB (vgl. Hauptteil 7 Frage 9 ff.).

9. Warum ist ein IFRS-Abschluss als Ausschüttungsbemessungsgrundlage ungeeignet?

Zur Ermittlung einer Ausschüttungsbemessungsgrundlage ist ein IFRS-Abschluss kaum geeignet. Dies beruht darauf, dass in den IFRS – in konsequenter Verfolgung des Informationszweckes – der Fair-Value-Gedanke sehr stark betont ist, mit der Folge, dass (nach dem Verständnis des HGB) noch nicht realisierte Gewinne (z. B. bloße Wertschwankungen aufgrund der Veränderung von Aktienkursen, Zinssätzen o. Ä.) zu erfassen sind, und zwar in zunehmendem Maße auch erfolgswirksam. Während solch ein Ansatz unter Berücksichtigung des Informationsinteresses Sinn machen kann, erscheint es demgegenüber wenig sinnvoll, nicht realisierte Gewinne bereits an Anteilseigner auszuschütten. Selbst der IASB erklärt stets, dass sein Regelwerk allein für Informationszwecke bestimmt ist(BMJ, Referentenentwurf zum Bilanzrechtsreformgesetz, S. 7).

10. Warum ist ein IFRS-Abschluss zur Besteuerung ungeeignet?

Auch als Grundlage für die Besteuerung ist ein IFRS-Abschluss ungeeignet. Dem steht die oben (Frage 9) erwähnte vorverlagerte Erfassung von Gewinnen entgegen, die dem Prinzip einer leistungsgerechten Besteuerung nicht entspricht. Entscheidend ist aber, dass die IFRS von einem privaten Gremium, dem IASB, beschlossen werden. Insofern ist es kaum vorstellbar, dass sich der nationale Gesetzgeber hinsichtlich der Steuergesetze seiner Gesetzgebungskompetenz teilweise gewissermaßen entledigt und diese Befugnisse auf ein privates Gremium überträgt.

Ebenso seien laut Referentenentwurf zum Bilanzrechtsreformgesetz, S. 7 die bei der Bilanzierung nach IFRS häufig von Jahr zu Jahr stark schwankenden Ergebnisse keine geeignete Steuerbemessungsgrundlage: Sowohl Steuerzahler als auch Fiskus brauchen Planungssicherheit und haben ein deutliches Interesse an einer Verstetigung der steuerlichen Belastungen einerseits und der staatlichen Einnahmen andererseits.

1.2 Der Einfluss der Bilanztheorien auf die handelsrechtliche Rechnungslegung

11. Was versteht man unter dem Begriff »Bilanztheorie«?

Bilanztheorien bzw. Bilanzauffassungen sind wissenschaftliche Begründungen von Zweck und Inhalt von Bilanz und GuV-Rechnung. Im Mittelpunkt steht dabei die Überlegung, dass die Wahl zwischen unterschiedlichen Bilanzierungsmethoden davon abhängt, welcher Bilanzierungszweck erreicht werden soll.

Ältere Bilanztheorien sind die statische, die dynamische und die organische Bilanztheorie, jüngere die kapitaltheoretische und informationstheoretische. In der deutschen Rechnungslegung hat sich vor allem statisches und dynamisches Gedankengut niedergeschlagen.

12. Welche Aussagen vertritt die statische Bilanztheorie?

Die statische ist die älteste Bilanzauffassung (basierend auf der Entscheidung des Reichsoberhandelsgerichts von 1873, Herman Veit Simon u.a.). Nach ihr hat die Bilanz die Aufgabe, den Zustand eines Unternehmens zu einem bestimmten Stichtag aufzuzeigen, d.h., die Bilanz zu einem bestimmten Stichtag ist als eine wertmäßige Gegenüberstellung von Vermögen und Kapital zum Zweck der Schuldendeckungskontrolle gedacht. Die Gliederung der Einzelpositionen ist an Liquiditätsgesichtspunkten orientiert und nach der zeitlichen Bindung bzw. steigenden Liquidierbarkeit ausgerichtet (vom Anlagevermögen zu den flüssigen Mitteln). Bei der Bewertung wird auf Basis von Einzelveräußerungspreisen ein Zerschlagungsvermögen ermittelt.

Die Erfolgsrechnung wird als sekundär angesehen (Statik = Zustand, Ruhe).

13. Welche Aussagen vertritt die dynamische Bilanztheorie?

Im Gegensatz zur statischen Bilanzlehre legt die dynamische Bilanzauffassung das Hauptgewicht nicht auf die Vermögensdarstellung, sondern auf die Erfolgsrechnung als Maßstab der Wirtschaftlichkeit. Statt des Vermögens soll nach Schmalenbach die Höhe des Gewinns ermittelt werden.

Die Erfolgsrechnung stellt den Gewinn als Ergebnis von Aufwand und Ertrag dar, die sich aber nur in der Totalerfolgsrechnung, welche den Zeitraum zwischen Gründung und Auflösung eines Unternehmens umfasst, mit Ausgaben und Einnahmen decken. Um innerhalb der Einzelperioden Informationen zur Wirtschaftlichkeit zu erhalten, müssen die Einzelperioden gegeneinander abgrenzbar und ihre Ergebnisse vergleichbar gemacht werden.

Die Bilanz dient wie die GuV-Rechnung dazu, die Wertbewegungen periodisch abzugrenzen und wird als »Momentaufnahme der Bestände in einem Fließprozess« bezeichnet. Die Bewertung der Bestände erfolgt demgemäß nach Going-Concern-Werten.

14. Welche Rechnungslegungsvorschriften im HGB sind von der statischen Bilanztheorie beeinflusst?

Beispiele für statisches Gedankengut in der heutigen Rechnungslegung:
- Vollständigkeitsgebot (§ 239 Abs. 2 und § 246 Abs. 1 HGB),
- Niederstwertprinzip (§ 253 Abs. 3 Satz 3, Abs. 4 HGB),
- Gliederungsvorschriften (§ 247 Abs. 1, § 266 HGB),
- Ausweis von Forderungen und Verbindlichkeiten nach Restlaufzeiten (§ 268 Abs. 4, 5 HGB).

Statischen Charakter haben darüber hinaus bestimmte Sonderbilanzen wie z. B. Umwandlungsbilanz, Auseinandersetzungsbilanz, Überschuldungsbilanz, Liquidationsbilanz.

15. Welche Rechnungslegungsvorschriften im HGB sind von der dynamischen Bilanztheorie beeinflusst?

Beispiele für dynamisches Gedankengut in der heutigen Rechnungslegung:
(1) Bewertung
- Going-Concern-Werte (§ 252 Abs. 1 Nr. 2 HGB)
(2) Periodisierung
- Rechnungsabgrenzungsposten (§ 250 HGB)
- planmäßige Abschreibungen im abnutzbaren Anlagevermögen (§ 253 Abs. 3 Satz 1 HGB)
(3) Vergleichbarkeit
- Methoden- und Darstellungsstetigkeit (§ 246 Abs. 3 HGB, § 252 Abs. 1 Nr. 6, § 265 Abs. 1 HGB)
- Angabe von Vorjahreszahlen (§ 265 Abs. 2 HGB)
- Angabe von Abweichungen von Bilanzierungs- und Bewertungsmethoden (§ 284 Abs. 2 Nr. 3 HGB)
(4) Nachhaltigkeit der Erfolgskomponenten
- Aufteilung in Ergebnis der gewöhnlichen Geschäftstätigkeit und außerordentliches Ergebnis (§ 275 HGB)

2 Handelsrechtliche Rechnungslegungsvorschriften

16. In welche Anwendungsbereiche sind die handelsrechtlichen Rechnungslegungsvorschriften aufgeteilt?

Die Rechnungslegungsvorschriften des HGB sind in sechs Anwendungsbereiche untergliedert:
(1) Vorschriften für alle Kaufleute,
(2) ergänzende Vorschriften für Kapitalgesellschaften sowie bestimmte Personenhandelsgesellschaften (sog. KapCo),
(3) ergänzende Vorschriften für eingetragene Genossenschaften,
(4) ergänzende Vorschriften für Unternehmen bestimmter Geschäftszweige (Kreditinstitute, Versicherungsunternehmen),
(5) privates Rechnungslegungsgremium, Rechnungslegungsbeirat,
(6) Prüfstelle für Rechnungslegung.

17. In welchem Verhältnis stehen die Rechnungslegungsvorschriften des HGB für alle Kaufleute und die ergänzenden Vorschriften für Kapitalgesellschaften?

Die §§ 238 bis 263 HGB gelten allgemein für Einzelkaufleute und Personenhandelsgesellschaften, die nicht unter § 264a HGB einzuordnen sind. Unterhalb der Größen des Publizitätsgesetzes (§ 1 PublG) regeln sie die bilanziell-buchhalterischen Fragen abschließend. Die Anwendung der strengeren Vorschriften für Kapitalgesellschaften ist möglich.

Die ergänzenden Vorschriften für Kapitalgesellschaften (& Co) haben den Charakter eines besonderen Teils, der regelt, welchen Vorschriften Kapitalgesellschaften und Konzerne zusätzlich unterworfen sind. Für Gesellschaften, die unter das Publizitätsgesetz fallen, gelten diese Vorschriften sinngemäß (§§ 1, 3, 5 PublG).

Durch die ergänzenden Vorschriften sollen die Kapitalgesellschaften (& Co) verpflichtet werden, ihre Jahresabschlüsse nach einheitlichen Grundsätzen aufzustellen, und zwar sowohl was Form und Gliederung als auch was den materiellen Inhalt des Jahresabschlusses anbelangt. Zudem müssen Kapitalgesellschaften einen Anhang erstellen und ihre Jahresabschlüsse offenlegen.

Aufgrund des **Kleinstkapitalgesellschaften-Bilanzrechtsänderungsgesetzes (Micro-BilG)** vom 20.12.2012 können allerdings Kleinstkapitalgesellschaften auf die Erstellung eines Anhangs verzichten, wenn bestimmte Angaben unter der Bilanz ausgewiesen werden (§ 264 Abs. 1, 2 HGB), und künftig wählen, ob sie die Offenlegungspflicht durch Veröffentlichung (Bekanntmachung der Rechnungslegungsunterlagen) oder durch Hinterlegung der Bilanz beim Betreiber des elektronischen Bundesanzeigers erfüllen wollen (§ 326 Abs. 2 HGB).

18. Welche Bedeutung hat die Einordnung einer Kapitalgesellschaft in eine bestimmte Größenklasse?

Nicht alle Kapitalgesellschaften (& Co) sind hinsichtlich
- Umfang des Jahresabschlusses,
- Aufstellungs- und Feststellungsfristen,
- Offenlegung und Prüfung des Jahresabschlusses und
- Erstellung eines Lageberichts
gleich strengen Verpflichtungen unterworfen. Kleinstkapitalgesellschaften (& Co) haben die geringsten, große Kapitalgesellschaften (& Co) die umfassendsten Pflichten.

19. Anhand welcher Merkmale werden die Größenklassen für Kapitalgesellschaften festgelegt?

Die Unterscheidung in große, mittelgroße, kleine und Kleinstkapitalgesellschaften treffen §§ 267 und 267a HGB anhand der drei Merkmale Bilanzsumme, Umsatz sowie Zahl der Arbeitnehmer, von denen bereits zwei für eine Klassifizierung genügen.

3 Steuerrechtliche Vorschriften zur Gewinnermittlung

20. Welche Art der steuerlichen Gewinnermittlung haben Kaufleute anzuwenden?

Für Kaufleute ist der Betriebsvermögensvergleich (Bestandsvergleich) nach § 4 Abs. 1 und § 5 EStG verbindlich.

21. Wie lautet die Formel für die Gewinnermittlung nach § 4 Abs. 1 und § 5 EStG?

Die Formel für die Gewinnermittlung nach § 4 Abs. 1 und § 5 EStG lautet:

	Betriebsvermögen Abschlussjahr
·/·	Betriebsvermögen Vorjahr
+	Entnahmen im Abschlussjahr
·/·	Einlagen im Abschlussjahr
=	Gewinn im Abschlussjahr

22. Welcher Personenkreis kommt für die Gewinnermittlung nach § 5 EStG in Betracht?

Die Gewinnermittlung nach § 5 EStG kann nur bei Einkünften aus Gewerbebetrieb vorkommen. Hierfür kommt folgender Personenkreis in Betracht:

- Kaufleute, die die Richtwerte des § 241a HGB (500 000 € Umsatzerlöse und 50 000 € Jahresüberschuss) überschreiten,
- Gewerbetreibende, die nur steuerlich zur Buchführung verpflichtet sind (§§ 140, 141 AO),
- Personen, die freiwillig Bücher führen und regelmäßig Abschlüsse machen.

4 Die Maßgeblichkeit der Handelsbilanz für die Steuerbilanz

23. Was besagt der Grundsatz der Maßgeblichkeit der Handelsbilanz für die Steuerbilanz?

Ein wesentliches Charakteristikum der deutschen Rechnungslegungsvorschriften ist die enge Verzahnung von handels- und steuerrechtlichen Bestimmungen; es gibt kein in sich geschlossenes steuerliches Rechnungslegungs- und Bilanzrecht. Deshalb ist das Steuerrecht gezwungen, auf der handelsrechtlichen Rechnungslegung aufzubauen.

Das Maßgeblichkeitsprinzip ist in § 5 Abs. 1 EStG gesetzlich verankert. Danach ist bei Gewerbetreibenden, die aufgrund gesetzlicher Vorschriften verpflichtet sind, Bücher zu führen und regelmäßig Abschlüsse zu machen, oder die dies freiwillig tun, für den Schluss des Wirtschaftsjahres das Betriebsvermögen anzusetzen, das nach den handelsrechtlichen Grundsätzen ordnungsmäßiger Buchführung auszuweisen ist, es sei denn, im Rahmen der Ausübung eines steuerlichen Wahlrechts wird oder wurde ein anderer Ansatz gewählt.

Aufgrund der Bindung der Steuerbilanz an die Handelsbilanz wird die Steuerbilanz auch als aus der Handelsbilanz abgeleitete Bilanz bezeichnet.

Den IAS/IFRS ist das Maßgeblichkeitsprinzip fremd (vgl. Frage 10).

24.   Was bedeutete die umgekehrte Maßgeblichkeit? Weshalb ist sie durch BilMoG entfallen?

Um gewisse steuerliche Vergünstigungen in Anspruch nehmen zu können, war bis BilMoG eine einheitliche Behandlung in Handels- und Steuerbilanz erforderlich. § 5 Abs. 1 Satz 2 EStG a. F. kodifizierte die sogenannte umgekehrte Maßgeblichkeit, wonach »steuerrechtliche Wahlrechte in Übereinstimmung mit der handelsrechtlichen Jahresbilanz« auszuüben waren.

Diese Handhabung stand immer wieder in der Kritik, vor allem, da

- internationalen Gepflogenheiten diese Verknüpfung von Handels- und Steuerbilanz fremd ist und
- der Zwang zum Ausweis steuerlicher Subventionen die Aussagekraft des handelsrechtlichen Jahresabschlusses beeinträchtigte.

Mit dem Wegfall der umgekehrten Maßgeblichkeit entfällt in der Handelsbilanz der sogenannte Sonderposten mit Rücklageanteil. Die früher für die Übernahme nur steuerlicher Wahlrechte in die Handelsbilanz im HGB erforderlichen Vorschriften (§§ 247 Abs. 3, 254, 273, 279 Abs. 2 und 280 Abs. 2 HGB a. F.) sind aufgehoben.

25.   Weshalb war die Vornahme gewisser steuerlicher Vergünstigungen auch an die Vornahme in der Handelsbilanz gekoppelt?

Weshalb der Gesetzgeber die Vornahme gewisser steuerlicher Vergünstigungen auch an die Vornahme in der Handelsbilanz gekoppelt hatte, beruhte auf wirtschaftspolitischen Erwägungen. Der Gesetzgeber gewährt z. B. aus infrastrukturpolitischen oder sonstigen wirtschaftspolitischen Gründen den Unternehmen die Möglichkeit zur Steuerersparnis. Wenn er die Ausübung steuerlicher Wahlrechte nicht mehr an die Vornahme in der Handelsbilanz koppelt, dann führen Sonderabschreibungen in der Steuerbilanz zu einer niedrigeren Steuerlast, die den Unternehmen u. a. höhere Ausschüttungen ermöglicht. Der Gesetzgeber wollte den Unternehmen aber über Steuerersparnisse zu einer verbesserten Kapitalausstattung verhelfen und nicht zur Finanzierung höherer Ausschüttungen beitragen.

26.   Führen Sie Beispiele für »nur steuerliche« Wahlrechte auf.

Zu den sogenannten »nur steuerlichen« Wahlrechten zählen:

- Rücklage nach § 6b EStG,
- Rücklage für Ersatzbeschaffung (R 6.6 EStR)
- erfolgswirksame Investitionszuschüsse (R 6.5 EStR),
- erhöhte Absetzungen (§§ 7c, 7d, 7h, 7i, 7k EStG; §§ 82a, 82g, 82i EStDV),
- Sonderabschreibungen (§§ 7f, 7g EStG; §§ 81, 82 EStDV),
- Sonderbehandlung Erhaltungsaufwand (§§ 11a, 11b EStG).

27.   Wodurch wird das Maßgeblichkeitsprinzip eingeschränkt?

Das Maßgeblichkeitsprinzip wird durch § 5 Abs. 6 EStG eingeschränkt. Danach sind die steuerlichen Vorschriften

- über die Entnahmen und Einlagen,
- über die Zulässigkeit der Bilanzänderung,
- über die Betriebsausgaben,
- über die Bewertung und
- über die Absetzung für Abnutzung oder Substanzverringerung zu befolgen.

Diese Durchbrechung des Maßgeblichkeitsgrundsatzes wird als steuerlicher Bewertungsvorbehalt bezeichnet.

Das Maßgeblichkeitsprinzip gilt somit nur dann, wenn der handelsrechtliche Ansatz nicht gegen ein steuerliches Bewertungsgebot bzw. -verbot verstößt.

28. Zählen Sie einige Durchbrechungen des Maßgeblichkeitsprinzips auf.

Der allgemeine Bewertungsvorbehalt (siehe Frage 27) wurde im Laufe der Zeit aufgrund fiskalischer Abwehrmaßnahmen durch die besonderen steuerlichen Bilanzierungsvorbehalte des § 5 Abs. 2–5 EStG ergänzt, die allerdings in der Praxis nicht von großer Bedeutung sind. Es handelt sich um Regelungen für

- nicht entgeltlich erworbene immaterielle Wirtschaftsgüter des Anlagevermögens (§ 5 Abs. 2 EStG),
- Verpflichtungen im Gefolge künftiger Einnahmen oder Gewinne (§ 5 Abs. 2a EStG),
- Rückstellungen wegen Verletzung fremder Patent-, Urheber- oder ähnlicher Schutzrechte (§ 5 Abs. 3 EStG), für Dienstjubiläen (§ 5 Abs. 4 EStG), für Drohverluste (§ 5 Abs. 4a EStG), für künftige Anschaffungs- oder Herstellungskosten (§ 5 Abs. 4b EStG),
- Rechnungsabgrenzungsposten (§ 5 Abs. 5 EStG).

Aufgrund dieser Durchbrechungen und des Wegfalls der umgekehrten Maßgeblichkeit wird die Erstellung einer sog. Einheitsbilanz, die sowohl handels- als auch steuerlichen Vorschriften entspricht, immer häufiger nicht mehr möglich.

29. Welche Bedeutung haben handelsrechtliche Bilanzierungsgebote, -verbote und -wahlrechte für die Steuerbilanz?

Ein handelsrechtliches Bilanzierungsgebot oder -verbot hat – von wenigen Ausnahmen abgesehen (z.B. bei Drohverlustrückstellungen, § 5 Abs. 4a EStG) – auch ein Bilanzierungsgebot oder -verbot für die Steuerbilanz zur Folge.

Da Zweck der steuerlichen Gewinnermittlung ist, den vollen Gewinn zu erfassen, kann es nicht im Belieben des Kaufmanns stehen, sich durch Ausnutzung von Bilanzierungswahlrechten ärmer zu machen, als er ist. Das stünde auch nicht im Einklang mit dem verfassungsrechtlichen Grundsatz der Gleichmäßigkeit der Besteuerung (Art. 3 GG). Deshalb hat der BFH (BStBl II 1969, S. 291) das Maßgeblichkeitsprinzip bezüglich Bilanzierungswahlrechte wie folgt eingeschränkt:

- Ein handelsrechtliches Aktivierungswahlrecht ergibt eine steuerliche Aktivierungspflicht,
- ein handelsrechtliches Passivierungswahlrecht ergibt ein steuerliches Passivierungsverbot.

30. Welcher Zusammenhang besteht für die Bewertung zwischen Handels- und Steuerbilanz?

Das Maßgeblichkeitsprinzip gilt nicht nur für Ansatzvorschriften, sondern auch für die Bewertung. Eine Bindung des Wertansatzes der Handelsbilanz für die Steuerbilanz kommt aber nur dann in Betracht, wenn der handelsrechtliche Ansatz nicht gegen zwingende steuerliche Vorschriften verstößt (sog. Bewertungsvorbehalt des § 5 Abs. 6 EStG, vgl. Frage 27).

Aufgrund des BFH-Urteils aus 1969 (vgl. Frage 29) gelten folgende Grundsätze:

- Besteht handelsrechtlich ein Bewertungsgebot, steuerlich ein Wahlrecht, so gebietet das Maßgeblichkeitsprinzip, dass das handelsrechtliche Bewertungsgebot auch im Steuerrecht beachtet wird.

- Besteht handelsrechtlich ein Bewertungswahlrecht, steuerlich ein Bewertungsgebot, tritt der Maßgeblichkeitsgrundsatz aufgrund von § 5 Abs. 6 hinter dem steuerlichen Bewertungsgebot zurück.
- Dissens besteht zwischen Schrifttum und Finanzverwaltung in der Frage, welcher Wert in der Steuerbilanz anzusetzen ist, wenn handels- und steuerrechtlich ein inhaltsgleiches Wahlrecht besteht. Während das Schrifttum vor dem Hintergrund der Entstehung des BilMoG eine einheitliche Handhabung für zutreffend erachtet hat, gestattet das BMF (BStBl I 2010, 239 Tz 16) eine unterschiedliche Ausübung aufgrund des § 5 Abs. 1 Satz 2 Halbsatz 2 EStG; die letztere Auffassung hat sich in der Praxis durchgesetzt.

5 Inventur und Inventar

31.   Was ist der Unterschied zwischen Inventur und Inventar?

Inventur ist die Vermögens- und Schuldenaufnahme zwecks Aufstellen des Inventars. Das bedeutet eine körperliche Bestandsaufnahme der Vermögensteile einer Unternehmung durch Messen, Zählen und Wiegen, ergänzt durch buchmäßige Aufzeichnungen, z. B. zum Feststellen und Prüfen von Forderungen und Verbindlichkeiten.

Das Inventar dagegen ist eine ins Einzelne gehende Zusammenstellung der Vermögens- und Schuldenposten einer Unternehmung, wie sie in der Inventur festgestellt wird, ergänzt durch Sonderlisten. Dabei werden Mengen und Werte angegeben.

32.   Worin unterscheiden sich Inventar und Bilanz?

Das Inventar ist eine ins Einzelne gehende Darstellung über Vermögen und Schulden eines Unternehmens und zeichnet sowohl Mengen als auch Werte auf. Die Bilanz ist eine gegliederte wertmäßige Gegenüberstellung von Vermögen und Kapital des Unternehmens.

33.   Worin liegt die Bedeutung der Inventur?

Die Inventur ist wesentliche Voraussetzung für den Abschluss einer Buchführung, denn ihr Ergebnis, das Inventar, bildet die unmittelbare Grundlage ordnungsmäßiger Bilanzierung. Deshalb gefährden Mängel bei der Inventur die Ordnungsmäßigkeit der gesamten Buchführung, und zwar für zwei Jahre zugleich, weil Inventurfehler sowohl das Abrechnungsergebnis eines abgelaufenen als auch das des kommenden Wirtschaftsjahres beeinflussen.

Die Inventur dient darüber hinaus Gläubigerinteressen, weil sie einen mengen- und wertmäßigen Nachweis über Vermögen und Schulden eines Unternehmers bietet. Sie dokumentiert, was da ist. Im Falle der Insolvenz bildet sie die Grundlage zur Feststellung der Insolvenzmasse und verbietet unredlichen Schuldnern, Vermögenswerte beiseite zu schaffen.

Zudem ist die Inventur ein Mittel innerbetrieblicher Kontrolle. Sie dient der Überprüfung der Buchbestände, der Zuverlässigkeit der Lagerführung und kontrolliert alle Mitarbeiter, die betriebliche Mittel zu verwalten haben.

5.1   Nicht ordnungsgemäße Inventur

34.   Was sind die Folgen einer nicht ordnungsgemäßen Inventur?

Fehlt eine Bestandsaufnahme oder enthält das Inventar in formaler oder materieller Hinsicht nicht nur unwesentliche Mängel, so ist die Buchführung nicht als ordnungsmäßig anzusehen (R 5.2 Abs. 2 EStR). Steuerliche Vorteile, die an eine ordnungsmäßige Buchführung geknüpft sind, können dann nicht in Anspruch genommen werden und die Besteuerung erfolgt aufgrund des geschätzten Gewinnes (R 4.1 Abs. 2 EStR).

Wird das Inventar in der Absicht, eine Steuerverkürzung oder Steuerhinterziehung zu ermöglichen, fehlerhaft oder überhaupt nicht angefertigt, so liegt eine Steuergefährdung (§ 379 AO) oder Steuerhinterziehung (§ 370 AO) vor. Die Steuergefährdung ist eine Ordnungswidrigkeit, die mit einer Geldbuße bis zu 5 000 € geahndet werden kann. Die Steuerhinterziehung hat strafrechtliche Konsequenzen.

35. Wie sind geringfügige Fehler der Inventur zu bewerten?

Geringfügige Fehler in der Inventur reichen nicht aus, der Buchführung die Ordnungsmäßigkeit abzusprechen. Sind z. B. bei der Inventur Teile des Vorratslagers nicht aufgenommen worden, lässt sich aber dieser Mangel aufgrund vorhandener und bewerteter Bestandsaufnahme noch beheben, so wird dadurch die Ordnungsmäßigkeit der Buchführung nicht verletzt.

5.2 Stichtagsinventur

36. In welchem Zeitraum ist eine Stichtagsinventur durchzuführen?

Die Stichtagsinventur muss nicht am Bilanzstichtag, aber zeitnah – i. d. R. innerhalb einer Frist von zehn Tagen vor oder nach dem Bilanzstichtag – durchgeführt werden. Dabei muss sichergestellt sein, dass Bestandsveränderungen zwischen dem Bilanzstichtag und dem Tag der Bestandsaufnahme anhand von Belegen oder Aufzeichnungen ordnungsgemäß berücksichtigt werden (R 5.3 Abs. 1 EStR).

5.3 Inventurerleichterungen

37. Welche Inventurerleichterungen gibt es?

Zeitliche Erleichterungen werden durch die permanente und die verlegte Inventur, Aufnahmeerleichterungen durch die Stichprobeninventur sowie durch Festwert- und Gruppenbildung gewährt. Eine Inventur entfällt lediglich bei beweglichem Anlagevermögen, wenn ein fortlaufendes Bestandsverzeichnis hierfür geführt wird (R 5.4 Abs. 4 EStR).

38. Worin liegt der Vorteil der permanenten Inventur?

Bei der permanenten Inventur (§ 241 Abs. 2 HGB) kann die Erfassung der einzelnen Bestände über das gesamte Geschäftsjahr verteilt werden, entsprechend den betrieblichen Bedürfnissen. Zum Bilanzstichtag selbst erfolgt eine buchmäßige Bestandsaufnahme. Die permanente Inventur setzt voraus, dass alle Bestände, Zu- und Abgänge nach Tag, Art und Menge festgehalten werden und jeder Inventurposten einmal im Jahr inventurmäßig erfasst wird.

39. Worin liegt der Vorteil der zeitlich verlegten Inventur?

Die zeitlich verlegte Inventur (§ 241 Abs. 3 HGB) gestattet die Aufstellung eines besonderen Inventars auf einen Zeitpunkt innerhalb der letzten drei Monate vor oder der beiden ersten Monate nach dem Bilanzstichtag, dessen einzelne Inventarposten lediglich wertmäßig, nicht nach Art und Menge fortzuschreiben bzw. zurückzurechnen sind. Die in dem besonderen Inventar erfassten Vermögensgegenstände brauchen nicht im Inventar für den Schluss des Geschäftsjahres verzeichnet zu werden (R 5.3 Abs. 2 EStR).

40.   Unter welchen Bedingungen ist die permanente Inventur und die zeitlich verlegte Inventur nicht zulässig?

Diese Inventurerleichterungen sind für Wirtschaftsgüter, die besonders wertvoll sind (abgestellt auf die Verhältnisse des Betriebs) oder unkontrollierbaren Abgängen unterliegen (z.B. durch Schwund, Verderb, Zerbrechlichkeit), nicht zulässig, es sei denn, dass diese Abgänge Aufgrund von Erfahrungssätzen schätzungsweise annähernd zutreffend berücksichtigt werden können (R 5.3 Abs. 3 EStR).

41.   Was ist das Wesen der Stichprobeninventur?

Bei der Aufstellung des Inventars darf der Bestand der Vermögensgegenstände nach Art, Menge und Wert auch mit Hilfe anerkannter mathematisch-statistischer Methoden aufgrund von Stichproben ermittelt werden (§ 241 Abs. 1 HGB). Während die anderen Inventurformen auf dem Prinzip des Zählens aller Bestände beruhen, sucht die Stichprobeninventur über das Zählen einiger, in der Stichprobe erfasster Vermögensgegenstände, und das dort erkannte Ausmaß der Richtigkeit bzw. Fehlerhaftigkeit auf die herrschende bzw. fehlende Übereinstimmung zwischen den Soll- und Istbeständen der restlichen Inventurposten zu schließen. Sind die Ergebnisse der Stichprobe zufrieden stellend ausgefallen, können die übrigen Sollbestände ohne weitere Prüfung, der Stichprobe angepasst, in das Inventar übernommen werden, wenn nicht, ist zu erfassen wie bisher.

5.4   Organisation der Inventur

42.   Weshalb bestimmt man den Lagerverwalter grundsätzlich nicht zum verantwortlichen Inventurleiter?

Inventur bedeutet nicht nur Bestandsermittlung, sondern auch Kontrolle der Zuverlässigkeit der Lagerführung. Es gilt das Vier-Augen-Prinzip.

43.   Welche Inhalte hat ein Inventurplan?

Inventurplanung soll gewährleisten, dass Inventurarbeiten zügig ablaufen, die Bestände vollständig und richtig erfasst und Doppelaufnahmen vermieden werden. Zu einem Inventurplan gehören:
- Abgrenzung der einzelnen Aufnahmebereiche und der jeweiligen Verantwortlichen,
- Festlegung der Aufnahmeverfahren und Aufnahmezeiten,
- Vorbereiten der Aufnahmeblocks und Inventurlisten,
- Einteilung des Personals,
- Vorordnen am Lager.

5.5   Besonderheiten bei der Erfassung der verschiedenen Bestände

44.   Warum stimmen die durch Inventur festgestellten Bestände oftmals nicht mit den Aufzeichnungen überein?

Häufigste Ursachen: Buchungsfehler, Schwund, Verderb, Veruntreuung, Diebstahl, Liefer- und Versandfehler.

45.   Für welche Wirtschaftsgüter wird eine Inventuraufnahme anhand von Urkunden erfolgen?

Eine Aufnahme anhand von Urkunden erfolgt insbesondere bei immateriellen Wirtschaftsgütern und bei den bei Dritten lagernden Vermögensgegenständen. Die Bestände werden z. B. durch Lizenzverträge, Patenturkunden, Lagerscheine und Versandpapiere nachgewiesen.

46.   Wie wird sich die Inventur der Geschäftsausstattung vollziehen?

Bei Inventur der Geschäftsausstattung muss jedes einzelne Inventarobjekt aufgenommen und in seinem Wert bestimmt werden.

47.   Welche Besonderheiten sind bei der Inventarisierung von Finanzanlagen gegebenenfalls zu beachten?

Man benötigt zu den Inventurlisten unter Umständen weitere Unterlagen, z. B. Auszüge aus dem Grundbuch zur Inventarisierung von durch Grundschulden gesicherten Forderungen, Depotbestätigungen für in Depot gegebene Wertpapiere, Saldenbestätigungen bzw. entsprechende Vertragsunterlagen für Ausleihungen.

48.   Warum werden bei der Inventur einer Schraubengroßhandlung kleinere Schrauben nicht gezählt, sondern gewogen?

Das Wiegeverfahren ist eine Vereinfachung. Man bestimmt das Gewicht je Stück oder je 100 Stück und kann daraus vom Gewicht auf die Stückzahl schließen. Wiegen größerer Posten ist weniger zeitaufwändig als Zählen.

49.   Wo liegen die größten Schwierigkeiten bei der Bewertung des Vorratsvermögens?

Erfassungsschwierigkeiten sind bei Erfassung der unfertigen Erzeugnisse, die sich in Bearbeitung befinden, am größten. Die mengenmäßige Erfassung wird hier nicht nur ein einfaches Auszählen, Wiegen oder Messen bedeuten, vielmehr sind die in Bearbeitung befindlichen Gegenstände nach dem jeweiligen Fertigungsgrad zu gruppieren, damit sie dem unterschiedlichen Kostenanfall entsprechend bewertet werden können.

50.   Wie inventarisiert man Forderungen?

Hier tritt an die Stelle der körperlichen Aufnahme die Saldenliste. In einer Aufstellung werden sämtliche Kunden mit Namen, Ort und Saldo aufgeführt. Die Endsummen müssen mit den entsprechenden Sachkonten für Forderungen übereinstimmen. Saldenbestätigungen werden meist nur bei großen Beträgen gefordert.

51.   Wie wird der Kassenbestand inventarisiert?

Der Kassenbestand ist in einem Aufnahmeprotokoll festzustellen, in dem seine Zusammensetzung im Einzelnen nachgewiesen wird. Zu den Barbeständen rechnen auch Briefmarken und andere Wertzeichen.

52.   Ein Kassierer hat einen Vorschussbeleg in der Kasse. Wie wird dieser Beleg bei einem Aufnahmeprotokoll behandelt?

Vorschussbelege dürfen nicht als Bargeldersatz betrachtet werden, vielmehr ist der durch sie belegte Vorgang ordnungsmäßig zu buchen.

53.   Wie werden Bankguthaben und Bankschulden bei der Inventur erfasst?

Guthaben und Schulden bei Banken werden durch Auszug belegt. Gegebenenfalls bedürfen die Salden wegen unterwegs befindlicher Überweisungen oder Auszahlungen noch der Korrektur.

5.6   Inventar

54.   Wie ist das Inventar gegliedert?

Das Inventar folgt der Staffelform und gliedert sich in

- Vermögenswerte,
- Schuldwerte sowie
- Reinvermögen (Gegenüberstellung der Vermögens- und Schuldwerte).

Die Vermögenswerte werden unterteilt in Anlage- und Umlaufvermögen, die Schulden nach Fälligkeit der Zahlung (beginnend mit langfristigen, endend mit kurzfristigen Schulden).

55.   Welche Aufstellungsfristen sind für das Inventar vorgeschrieben?

Während der Zeitpunkt der Bestandsaufnahme vom jeweiligen Inventurverfahren bestimmt ist, gibt es keine genaue Zeitvorgabe für die Aufstellung des Inventars. § 240 Abs. 2 HGB besagt lediglich, dass die Aufstellung des Inventars innerhalb der einem ordnungsmäßigen Geschäftsgang entsprechenden Zeit zu bewirken ist. Da dieselbe Formulierung für die Aufstellungsfristen des Jahresabschlusses in § 243 Abs. 3 HGB verwendet wird, sind die Fristen für die Aufstellung des Inventars identisch mit denen zur Jahresabschlussaufstellung (vgl. Frage 60).

6   Geschäftsjahr, Rumpfgeschäftsjahr

56.   Definieren Sie die Begriffe Geschäftsjahr, Wirtschaftsjahr und Rumpfgeschäftsjahr.

Der Zeitraum, für den ein Jahresabschluss aufzustellen ist, wird Geschäftsjahr genannt (steuerlich: Wirtschaftsjahr). Die Dauer des Geschäftsjahres darf 12 Monate nicht überschreiten (§ 240 Abs. 2 HGB). Ein kürzerer Zeitraum als 12 Monate (Rumpfgeschäftsjahr) ist zulässig, wenn ein Betrieb eröffnet, erworben, aufgegeben oder veräußert wird oder wenn das Geschäftsjahr auf einen anderen Bilanzstichtag umgestellt wird (§ 8b EStDV).

7   Aufstellung und Feststellung des Jahresabschlusses

57.   Was versteht man unter dem Begriff Jahresabschluss?

Jahresabschluss ist der Teil der Rechnungslegung, der für ein Geschäftsjahr die Jahresschlussbilanz und die GuV-Rechnung umfasst (§ 242 HGB). Kapitalgesellschaften und eingetragene Genossenschaften haben noch einen Anhang beizufügen (§§ 264, 336 HGB), kapitalmarktorientierte Unternehmen zusätzlich noch eine Kapitalflussrechnung und einen Eigenkapitalspiegel (§ 264 Abs. 1 Satz 2 HGB).

58.   Was ist der Unterschied zwischen Aufstellung und Feststellung eines Jahresabschlusses?

Wenn, wie beim Einzelkaufmann, ein besonderes Feststellungsverfahren rechtsform- oder gesellschaftsvertraglich entfällt, fallen die Begriffe Aufstellung und Feststellung zusammen. Die Unternehmen, in denen die endgültige Fixierung der Wertansätze noch von anderen Personen als denen der Aufsteller abhängt, ist jedoch unter Aufstellung der vollständige unterschriftsreife Vorschlag der Geschäftsführung für den Jahresabschluss zu verstehen. Feststellung ist die Genehmigung des Jahresabschlusses durch die zuständigen Organe.

59.   Welche Organe sind für die Feststellung des Jahresabschlusses zuständig?

Für OHG, KG und GmbH (§ 42a GmbHG) obliegt der Gesellschafterversammlung die Feststellung, es sei denn, dass der Gesellschaftsvertrag etwas anderes bestimmt. Bei der AG wird im Normalfall der Jahresabschluss von Vorstand und Aufsichtsrat festgestellt (§ 172 AktG), im Ausnahmefall von der Hauptversammlung (§ 173 AktG).

7.1   Aufstellungs- und Feststellungsfristen

60.   Innerhalb welchen Zeitraumes ist der Jahresabschluss aufzustellen? Wovon ist die Frist abhängig?

Die Aufstellungsfristen für den Jahresabschluss sind von Rechtsform, Betriebsgröße und Wirtschaftszweig abhängig. Es gelten folgende Fristen (gerechnet vom Zeitpunkt nach Ablauf des Geschäftsjahres):

(1) für Einzelkaufleute und Personenhandelsgesellschaften keine feste Frist (gemäß § 243 Abs. 3 HGB innerhalb der einem ordnungsgemäßen Geschäftsgang entsprechenden Zeit), nach BFH-Urteil aus dem Jahre 1983 jedoch nicht länger als ein Jahr;

(2) drei Monate: große und mittlere Kapitalgesellschaften & Co (§ 264 Abs. 1 HGB), publizitätspflichtige Unternehmen (§ 5 PublG), Kreditinstitute (§ 340a Abs. 1 HGB);

(3) vier Monate: Versicherungsunternehmen (§ 341a Abs. 1 HGB);

(4) fünf Monate: Erwerbs- und Wirtschaftsgenossenschaften (§ 336 Abs. 1 HGB), Konzerne (§ 290 HGB, § 13 PublG);

(5) sechs Monate: kleine Kapitalgesellschaften & Co (§ 264 Abs. 1 HGB);

(6) zehn Monate: Rückversicherungsunternehmen (§ 341a Abs. 5 HGB).

61.   Welche Feststellungsfristen gibt es für den Jahresabschluss?

Sie sind wie die Aufstellungsfristen von Rechtsform und Unternehmensgröße abhängig. Es gelten folgende Feststellungsfristen (vom Zeitpunkt nach Ablauf des Geschäftsjahres an gerechnet):

(1) Einzelkaufleute und Personenhandelsgesellschaften keine Fristen (vgl. daher Aufstellungsfristen),

(2) GmbH nicht länger als acht Monate, kleine GmbH nicht länger als 11 Monate (§ 42a Abs. 2 GmbHG),

(3) AG ca. sieben bis acht Monate. Der Jahresabschluss muss nämlich vor Einberufung der Hauptversammlung festgestellt sein, die nach 175 Abs. 1 AktG in den ersten acht Monaten des neuen Geschäftsjahres stattfindet (mit einer Einberufungsfrist von einem Monat, § 123 Abs. 1 AktG), es sei denn, die Hauptversammlung selbst stellt den Jahresabschluss fest.

7.2   Unterzeichnung

62.   Wer muss den Jahresabschluss bei Personen und Kapitalgesellschaften unterzeichnen?

Nach § 245 HGB hat der Kaufmann den Jahresabschluss unter Angabe des Datums zu unterzeichnen, bei Personengesellschaften alle persönlich haftenden Gesellschafter. Bei Kapitalgesellschaften sind von dieser Pflicht die gesetzlichen Vertreter betroffen, d.h. alle Mitglieder des Vorstands bzw. der Geschäftsführung.

63.   Kann ein Prokurist den Jahresabschluss unterzeichnen?

Prokuristen und andere Bevollmächtigte sind zur Unterzeichnung nicht berechtigt.

8   Bilanzierung dem Grunde nach: Aktivierung und Passivierung

8.1   Bilanzierungsfähigkeit

64.   Skizzieren Sie die Struktur einer Bilanzierungsentscheidung.

Um den materiellen Bilanzinhalt zu bestimmen, müssen folgende Fragen beantwortet werden:

Schritt	Fragen	Antworten	
(1)	Ist Bilanzierungsfähigkeit, d.h. Aktivierungs- oder Passivierungsfähigkeit gegeben?	Nein:	Wird nicht Bilanzinhalt
		Ja:	Schritt (2)
(2)	Besteht ein Aktivierungs- oder Passivierungsverbot?	Nein:	Schritt (3)
		Ja:	Wird nicht Bilanzinhalt
(3)	Ist Aktivierungs- oder Passivierungspflicht gegeben?	Nein:	Schritt (4)
		Ja:	Wird Bilanzinhalt, Schritt (5)
(4)	Besteht ein Aktivierungs- oder Passivierungswahlrecht?	Nein:	Wird nicht Bilanzinhalt
		Ja:	Wird Bilanzinhalt, Schritt (5)
(5)	Mit welchem Betrag ist der Posten anzusetzen (Bewertung)?		

65.   Welche bilanzierungsfähigen Posten enthält der Jahresabschluss?

Die bilanzierungsfähigen Posten werden in § 246 Abs. 1 HGB aufgezählt: Vermögensgegenstände, Schulden und Rechnungsabgrenzungsposten.

66.   Wann ist ein Posten als Vermögensgegenstand aufzufassen?

Nach handelsrechtlichem Sprachgebrauch werden als Vermögensgegenstände nur solche Gegenstände angesehen, die als Aktiva ausgewiesen werden. Der Begriff umfasst körperliche Gegenstände und immaterielle Werte. Vermögensgegenstände müssen

- selbstständig verkehrsfähig und
- selbstständig bewertbar sein.

67.   Wann liegen Schulden im bilanzrechtlichen Sinne vor?

Schulden sind der handelsrechtliche Begriff für Verbindlichkeiten und Rückstellungen. Es muss sich um eine selbstständig bewertbare, gegenwärtige oder zukünftige Last handeln.

- Ist die Belastung dem Grunde und der Höhe nach gewiss, handelt es sich um eine Verbindlichkeit,
- ist die Belastung dem Grunde und/oder der Höhe nach ungewiss, handelt es sich um eine Rückstellung.

68.   Was versteht man unter dem Begriff Wirtschaftsgut?

Im Steuerrecht spricht man nicht von Vermögensgegenständen und Schulden, sondern von Wirtschaftsgütern. »Positive Wirtschaftsgüter« sind das Pendant zu den Vermögensgegenständen, »negative« zu den Schulden.

69.   Was ist unter einem Rechnungsabgrenzungsposten zu verstehen?

Rechnungsabgrenzungsposten sind keine Vermögensgegenstände oder Schulden, sondern dienen der periodengerechten Gewinnermittlung. Man unterscheidet antizipative und transitorische Rechnungsabgrenzungsposten.

- Bei Transitorien liegen Einnahmen/Ausgaben vor dem Abschlussstichtag, Ertrag/Aufwand betreffen die Zeit danach (z. B. im Voraus erhaltene Mieten),
- bei Antizipativa liegen Einnahmen/Ausgaben nach dem Abschlussstichtag, Ertrag/Aufwand betreffen die Zeit davor (z. B. Umsatzprämien, Provisionen).

Transitorien sind gem. § 250 Abs. 1 und 2 HGB bzw. § 5 Abs. 5 EStG in der Bilanz unter der Bezeichnung aktive bzw. passive Rechnungsabgrenzungsposten auszuweisen. Antizipativa gehören zu den sonstigen Forderungen bzw. Verbindlichkeiten.

Vgl. auch 4. Hauptteil Frage 44 ff.

8.2   Bilanzierungspflicht, Bilanzierungsverbote/-wahlrechte

70.   Ist die Bilanzierungspflicht an den Eigentumsbegriff gekoppelt?

Gem. § 242 Abs. 1 HGB hat der Kaufmann einen das Verhältnis seines Vermögens und seiner Schulden darstellenden Abschluss aufzustellen.

Grundsätzlich gilt, dass Wirtschaftsgüter dem Eigentümer zuzurechnen sind (§ 246 Abs. 1 Satz 2 und 3 HGB, § 903 BGB).

Fallen jedoch rechtliches und wirtschaftliches Eigentum auseinander, so gilt nach § 39 Abs. 2 AO: Übt ein anderer als der Eigentümer die tatsächliche Herrschaft über ein Wirtschaftsgut in der Weise aus, dass er den Eigentümer im Regelfall für die gewöhnliche Nutzungsdauer von der Einwirkung auf das Wirtschaftsgut ausschließen kann, so ist ihm das Wirtschaftsgut zuzurechnen. Man spricht in diesem Fall vom Rechtsinstitut des wirtschaftlichen Eigentums.

71.   Nennen Sie Beispiele für wirtschaftliches Eigentum.

Wirtschaftlicher Eigentümer ist z. B.

- der Erwerber, auch wenn unter Eigentumsvorbehalt geliefert,
- der Sicherungsgeber bei vereinbartem Sicherungseigentum (es sei denn Bareinlagen),
- der Treugeber bei Treuhandverhältnissen (§ 39 Abs. 2 Nr. 1 AO),
- bei der Einkaufskommission der Kommittent,
- der Grundstückskäufer vor der Eintragung, wenn Nutzen und Lasten auf ihn übergegangen sind.

72. Hat ein Kaufmann auch sein Privatvermögen zu bilanzieren?

Das zu bilanzierende Vermögen eines Kaufmanns erstreckt sich nur auf sein Betriebsvermögen. Gem. § 5 Abs. 4 PublG dürfen das sonstige Vermögen des Einzelkaufmanns oder der Gesellschafter einer Personenhandelsgesellschaft (Privatvermögen) nicht in die Bilanz und die auf das Privatvermögen entfallenden Aufwendungen und Erträge nicht in die GuV-Rechnung aufgenommen werden.

Zur Abgrenzung zwischen Betriebsvermögen, gewillkürtem Betriebsvermögen und Privatvermögen vgl. Hauptteil 8 Frage 80.

73. Nennen Sie Beispiele für handelsrechtliche Bilanzierungsverbote.

Grundsätzlich gilt:

- Ein Gut darf in der Bilanz eines Unternehmens nicht erscheinen, wenn es weder bürgerlich-rechtlicher noch wirtschaftlicher Eigentümer ist.
- Außerdem besteht ein Aktivierungsverbot für Privatvermögen.

Darüber hinaus ergeben sich aus handelsrechtlichen Einzelvorschriften weitere Bilanzierungsverbote:

- Aufwendungen für Gründung des Unternehmens und Eigenkapitalbeschaffung (§ 248 Abs. 1 Nr. 1 und 2 HGB),
- Aufwendungen für den Abschluss von Versicherungsverträgen (§ 248 Abs. 1 Nr. 3 HGB),
- selbst geschaffene Marken, Drucktitel, Verlagsrechte, Kundenlisten oder vergleichbare immaterielle Vermögensgegenstände des Anlagevermögens (§ 248 Abs. 2 Satz 2 HGB),
- andere als in § 249 Abs. 1 und 2 HGB genannte Rückstellungsarten (§ 249 Abs. 2 HGB).

74. Nennen Sie Beispiele für handelsrechtliche Aktivierungswahlrechte.

Handelsrechtliche Aktivierungswahlrechte sind:

- Disagio (§ 250 Abs. 3 HGB),
- selbst geschaffene immaterielle Vermögensgegenstände des Anlagevermögens, ausgenommen für selbst geschaffene Marken, Drucktitel, Verlagsrechte, Kundenlisten oder vergleichbare immaterielle Vermögensgegenstände des Anlagevermögens (§ 248 Abs. 2 HGB),
- aktive latente Steuern (Sonderposten eigener Art, § 274 Abs. 1 Satz 2 HGB).

75. Nennen Sie Beispiele für handelsrechtliche Passivierungswahlrechte.

- Pensionsrückstellungen für Altzusagen (vor dem 01. 01. 1987, Art. 28 EGHGB),
- Wertaufholungsrücklagen bei Kapitalgesellschaften (§ 58 Abs. 2a AktG, § 29 Abs. 4 GmbHG).

9 Gliederung der Bilanz

9.1 Gliederung in Abhängigkeit von Rechtsform und Unternehmensgröße

76. Worüber wird mit der Gliederung von Bilanz oder GuV-Rechnung entschieden?

Mit der Gliederung wird entschieden über

- die Auswahl der gesondert auszuweisenden Posten,
- die Bezeichnung der Posten,
- die Reihenfolge und Anordnung der Posten.

77.   Welches ist der zentrale Grundsatz, der die Anforderungen an die Rechnungslegung von Kapitalgesellschaften beschreibt?

Sowohl formell wie materiell hat der Jahresabschluss aller Kaufleute den Grundsätzen ordnungsmäßiger Buchführung (GoB) zu entsprechen. Das verlangt § 243 HGB. Von Kapitalgesellschaften (& Co) verlangt der Gesetzgeber gem. § 264 Abs. 2 HGB darüber hinaus, dass der Jahresabschluss ein den tatsächlichen Verhältnissen entsprechendes Bild der Vermögens-, Finanz- und Ertragslage zu vermitteln hat (Grundsatz des true and fair view). Ist dies auf Grund besonderer Umstände einmal nicht möglich, so sind im Anhang zusätzliche Angaben zu machen. Personenunternehmen sind deshalb z.B. in der Gliederung des Jahresabschlusses relativ frei.

78.   Wodurch unterscheidet sich die Bilanzgliederung von Personengesellschaften inhaltlich von derjenigen von Kapitalgesellschaften?

Die Bilanzgliederung von Personengesellschaften unterscheidet sich vor allem durch
- haftungsrechtliche Bestimmungen und
- die notwendige Abgrenzung zwischen Gesellschafts- und Gesellschafterkapital

von derjenigen der Kapitalgesellschaften.

79.   Welche Erleichterungen sind Kleinstkapitalgesellschaften, kleinen und mittelgroßen Kapitalgesellschaften hinsichtlich der Bilanzgliederung gestattet?

Kleine Kapitalgesellschaften (& Co) können bereits bei Aufstellung des Jahresabschlusses bestimmte Bilanzpositionen zusammenfassen und eine verkürzte Bilanz aufstellen (§ 266 Abs. 1 Satz 3 HGB). Sie haben lediglich die mit Buchstaben und römischen Zahlen bezeichneten Posten gesondert und in der vorgeschriebenen Reihenfolge zu übernehmen. **Kleinstkapitalgesellschaften** (& Co) brauchen nur die mit Buchstaben bezeichneten Posten gesondert und in der vorgeschriebenen Reihenfolge aufzunehmen (§ 266 Abs. 1 Satz 4 HGB).

Mittelgroßen Kapitalgesellschaften (& Co) sind bestimmte Erleichterungen hinsichtlich der Bilanzgliederung erst im Rahmen der Offenlegung gestattet (§ 327 HGB), nicht schon bei der Aufstellung.

9.2   Gliederungsprinzipien

80.   Nach welchen Gliederungsprinzipien sind Bilanz und GuV-Rechnung aufzustellen?

Das HGB verlangt in § 247 Abs. 1 bei Nichtkapitalgesellschaften lediglich die hinreichende Aufgliederung bestimmter Aktiv- und Passivposten der Bilanz. Maßstab hierfür ist der Grundsatz der Klarheit und Übersichtlichkeit (§ 243 Abs. 2 HGB).

Für Bilanz und GuV-Rechnung von Kapitalgesellschaften (& Co) legt § 265 HGB acht allgemeine Gliederungsprinzipien fest. Die wichtigsten sind:
- Darstellungsstetigkeit,
- Angabe des Vorjahresbetrags,
- Möglichkeit, Leerposten wegzulassen, es sei denn, im Vorjahr wurde unter diesem Posten ein Betrag ausgewiesen,
- Änderungspflicht von Postenbezeichnungen, wenn dies der größeren Klarheit und Übersichtlichkeit des Jahresabschlusses dient,
- Möglichkeit einer weitergehenden Untergliederung.

81. **Eine Kapitalgesellschaft hat als flüssige Mittel, Schecks und Guthaben bei Kreditinstituten. Wie ist auszuweisen?**

Der Ausweis lautet: »Guthaben bei Kreditinstituten und Schecks«.

Die Beibehaltung der vollen im Gesetz vorgegebenen Bezeichnung »Kassenbestand, Bundesbankguthaben, Guthaben bei Kreditinstituten und Schecks« wäre eine Irreführung.

Dieser Posten kann auch nicht mit der Kurzbezeichnung »flüssige Mittel« versehen werden, da nämlich nicht zu erkennen wäre, aus welchen Vermögensposten er sich im Einzelnen am Bilanzstichtag zusammensetzt.

9.3 Die einzelnen Bilanzpositionen

9.3.1 Aktivposten der Bilanz

82. **Was versteht man unter dem Begriff Anlagevermögen?**

Zum Anlagevermögen gehören nach § 247 Abs. 2 HGB nur Gegenstände, die bestimmt sind, dauernd dem Geschäftsbetrieb zu dienen. Die Zugehörigkeit richtet sich nach der betriebsindividuellen Zweckbestimmung des zu aktivierenden Wirtschaftsguts. Vermögensgegenstände, die aus betrieblicher Sicht Gebrauchsgüter darstellen (mehrmalige Nutzung), zählen nach steuerlicher Rechtsprechung zum Anlagevermögen.

Vermögensgegenstände des Umlaufvermögens sind dagegen durch eine einmalige Nutzung (Verbrauch, Verarbeitung, Verkauf, bei Forderungen Überführung in liquide Form) gekennzeichnet.

83. **Welche Bedeutung hat die Zuordnung eines Vermögensgegenstands zum Anlage- oder Umlaufvermögen?**

Anlage- und Umlaufvermögen werden unterschiedlich bewertet. Im Umlaufvermögen gilt das strenge Niederstwertprinzip.

Zudem sind in der Steuerbilanz bestimmte steuerliche Vergünstigungen an die Zuordnung zum Anlagevermögen geknüpft, z.B. Investitionszulagen (§ 2 InvZulG), Bildung einer Rücklage für Reinvestitionen (§ 6b Abs. 4 EStG).

84. **Sind Vorführwagen und Musterhäuser im Anlage- oder Umlaufvermögen auszuweisen?**

Vorführwagen und Musterhäuser gehören zwingend ins Anlagevermögen.

85. **Ein Bauunternehmer erwirbt ein Grundstück, um hierauf zum Verkauf bestimmte Häuser zu errichten. Wo erfolgt der Ausweis?**

Das Grundstück ist dem Umlaufvermögen zuzuordnen, da von vornherein die Absicht der Weiterveräußerung besteht.

86. **Muss eine Umwidmung vom Anlage- zum Umlaufvermögen erfolgen, wenn Sachanlagen ersetzt oder verkauft werden sollen?**

Soll ein dem Anlagevermögen zugeordneter Vermögensgegenstand aus der Unternehmung ausscheiden, so spielt die veränderte Nutzungsabsicht erst dann eine Rolle, wenn auch tatsächlich nachhaltig eine veränderte Nutzung erfolgt. Das bloße Verkaufsfertigmachen rechtfertigt keine Umbuchung.

87. Was ist unter immateriellen Vermögensgegenständen zu verstehen?

Immaterielle Vermögensgegenstände sind nicht-körperliche Gegenstände (Rechte und sonstige wirtschaftliche Werte), soweit sie nicht zu den Finanzanlagen gehören. Für die Bilanzierung müssen folgende Voraussetzungen vorliegen:

(1) Selbstständig bewertungsfähige Vorteile (z. B. Rechte oder Werte).

(2) Es müssen Aufwendungen angefallen sein, die dem Betrieb über den Bilanzstichtag hinaus zugute kommen und von anderen Aufwendungen eindeutig und klar abgrenzbar sind.

(3) Ein Erwerber des Betriebs würde dafür ein besonderes Entgelt aufwenden.

88. Was sind Konzessionen?

Konzessionen sind Befugnisse, kraft derer ein Unternehmen berechtigt ist, Tätigkeiten auszuüben, für die die öffentliche Verwaltung ein Verleihungsrecht besitzt (z. B. beim Gaststättengewerbe, Personenbeförderung).

89. Was ist unter gewerblichen Schutzrechten zu verstehen?

Zu den gewerblichen Schutzrechten gehören Patente, Gebrauchsmuster, Geschmacksmuster, Warenzeichen (Handelsmarken), Urheber- und Verlagsrechte.

90. Was versteht man unter ähnlichen Rechten und ähnlichen Werten?

Ähnliche Rechte ergeben sich aus Ansprüchen gegenüber Dritten, z. B. Nießbrauch, Optionsrecht zum Erwerb von Aktien, Brenn- und Braurecht, Hotelbelegungsrecht, Wegerecht, Fischereirecht, Wettbewerbsverbote.

Zu den ähnlichen Werten gehören Rezepte, Kundenkarteien, Know-how, ungeschützte Erfindungen.

91. Wie ist Software zu bilanzieren?

Nach R 5.5 Abs. 1 EStR kann Software immaterielles oder materielles Wirtschaftsgut sein.

- Systemsoftware, die im Rechner fest integriert ist (Lieferung zusammen mit der Hardware ohne besondere Berechnung, sog. Bundling), ist unselbstständiger Teil der Hardware und folglich mit ihr zusammen ein materielles, abnutzbares, bewegliches Wirtschaftsgut.

- Anwendersoftware (Individual- als auch Standardsoftware) ist als immaterielles Wirtschaftsgut zu behandeln, das i. d. R. eigenständig und abnutzbar ist.

- Aus Vereinfachungsgründen werden aber Trivialprogramme (und damit auch Standardsoftware) mit Anschaffungskosten von nicht mehr als 410 € (geringwertiges Wirtschaftsgut im Sinne von § 6 Abs. 2 EStG) als materielle, abnutzbare, bewegliche Wirtschaftsgüter behandelt.

92. Wie sind eine Homepage und ein Onlineshop bilanziell zu behandeln?

Die Kosten für die Erstellung (also Programmierung) der Homepage und des Onlineshops sind nicht aktivierbar, sondern müssen sofort als Aufwand verbucht werden.

Es handelt sich hierbei nicht um immaterielle Vermögensgegenstände, da Homepage und Onlineshop nur virtuell existieren. Nur wenn in diesem Zusammenhang Software oder Lizenzen erworben werden, sind diese zu bilanzieren und abzuschreiben.

93.   Warum werden grundstücksgleiche Rechte nicht unter den immateriellen Vermögensgegenständen bilanziert?

Grundstücksgleiche Rechte sind dingliche Rechte, die bürgerlich-rechtlich wie Grundstücke behandelt werden, d.h., sie erhalten ein eigenes Grundbuchblatt, und sie können belastet werden. Beispiele sind: Erbbaurecht, Abbaurecht, Wohnungseigentum und Teileigentum, Dauerwohnrecht sowie Dauernutzungsrecht.

94.   Warum kann die Abgrenzung zwischen Bauten und technischen Anlagen und Maschinen bzw. Betriebsvorrichtungen schwierig sein?

Wenn Bauten lediglich Teile von Maschinen oder technischen Anlagen sind (z.B. Transformatorenhaus, Schornstein, Ofen, Kanal), so dürfen sie nicht unter den Immobilien ausgewiesen werden, sondern unter den technischen Anlagen und Maschinen.

Für die Abgrenzung des Grundvermögens von den Betriebsvorrichtungen besteht für Zwecke der Besteuerung ein übereinstimmender Ländererlass:

(1) Anlagen im Gebäude sind danach Betriebsvorrichtungen, sofern sie nicht zum Gebäude selbst rechnen.

(2) Gebäude ist ein Bauwerk,
   - das Menschen oder Sachen durch räumliche Umschließung gegen äußere Einflüsse Schutz gewährt,
   - den Aufenthalt von Menschen gestattet,
   - fest mit dem Grund und Boden verbunden, von einiger Beständigkeit und ausreichend standfest ist.

Es ist im Einzelfall zu prüfen, ob ein wesentlicher Bestandteil eines Gebäudes vorliegt oder nicht.

95.   Nach welchem Kriterium ist abzuwägen, ob bei einer baulichen Anlage ein unselbstständiger oder ein selbstständiger Gebäudeteil gegeben ist.

Als Abgrenzungskriterium kommt der Grundsatz der Bewertungseinheit zur Anwendung. Er besagt: Verschiedene Teile (Aggregate), die nach wirtschaftlicher Betrachtungsweise eine Einheit bilden, d.h. in einem einheitlichen Nutzungs- und Funktionszusammenhang stehen, sind bilanzrechtlich als ein Vermögensgegenstand zu behandeln.

Unselbstständige Gebäudeteile sind dann einheitlich mit dem Gebäude abzuschreiben.

Selbstständige Gebäudeteile dagegen sind als selbstständige Wirtschaftsgüter gesondert vom Gebäude abzuschreiben.

96.   Nennen Sie Beispiele für unselbstständige Gebäudeteile.

Unselbstständige Gebäudeteile stehen in einem einheitlichen Nutzungs- und Funktionszusammenhang mit dem Gebäude.

Hierzu zählen z.B. Bäder und Duschen eines Hotels, Fahrstühle zur Personenbeförderung, Garagenkipptore, Klimaanlagen in Warenhäusern, Rolltreppen in Kaufhäusern und Geschäftshäusern, Sprinkleranlagen.

97.   Nennen Sie Beispiele für selbstständige Gebäudeteile.

Zu den selbstständigen Gebäudeteilen rechnen

(1) Betriebsvorrichtungen (z.B. Autoaufzüge in Parkhäusern, Förderbänder, Fördertürme, Lastenaufzüge, Zapfsäulen),

(2) Scheinbestandteile (Einbauten für vorübergehende Zwecke, § 95 BGB),

(3) modeabhängige Einbauten wie Ladeneinbauten, Schaufensteranlagen, Gaststätteneinbauten,

(4) sonstige Mietereinbauten,

(5) sonstige selbstständige Gebäudeteile.

98.   Was gehört zu der Position »Bauten auf fremden Grundstücken«?

Zu den Bauten auf fremden Grundstücken gehören selbstständige bauliche Einrichtungen auf gepachteten Grundstücken z. B. Gebäudeparkplätze. Hier sind auch Mietereinbauten auszuweisen.

Gebäude, die auf Grund eines Erbbaurechts erbaut wurden, gelten als wesentlicher Bestandteil des Erbbaurechts und sind dort (unter den »grundstücksgleichen Rechten«) auszuweisen.

99.   Was versteht man unter Anlagen im Bau?

Unter Anlagen im Bau werden Investitionen aktiviert, die noch nicht zu fertigen Gegenständen des Sachanlagevermögens geführt haben. Sie werden hier bis zur endgültigen Fertigstellung bilanziert und dann den einzelnen Sachanlagepositionen zugewiesen.

100.   Was ist bilanzrechtlich unter verbundenen Unternehmen zu verstehen?

Ob Unternehmen im Sinne des Bilanzrechts als verbunden gelten, wird durch das Bestehen eines Mutter-Tochter-Verhältnisses bestimmt (§ 271 Abs. 2 HGB). Ein solches Mutter-Tochter-Verhältnis zwischen Unternehmen ist anzunehmen, wenn ein Beherrschungsverhältnis vorliegt. Auch die jeweiligen Tochterunternehmen untereinander sind verbundene Unternehmen.

101.   Was versteht man unter Beteiligungen?

§ 271 Abs. 1 HGB definiert Beteiligungen als Anteile an anderen Unternehmen, die bestimmt sind, dem eigenen Geschäftsbetrieb durch Herstellung einer dauernden Verbindung zu jenen Unternehmen zu dienen. Im Zweifelsfall wird eine Beteiligung an einer Kapitalgesellschaft vermutet, wenn der Nennwert der Anteile mehr als 20 % des Nennkapitals dieser Kapitalgesellschaft beträgt.

Beteiligungen können vorliegen in Form von Aktienbesitz, von GmbH-Anteilen oder in Form von Gesellschaftsrechten an einer OHG oder KG.

102.   Wo ist die Mitgliedschaft an einer eingetragenen Genossenschaft auszuweisen?

Die Mitgliedschaft an einer eingetragenen Genossenschaft gilt nicht als Beteiligung im Sinne des Bilanzrechts. Sie ist deshalb als gesonderter Posten unter den Finanzanlagen auszuweisen.

Gleiches gilt für diejenigen GmbH-Anteile, die nicht zu den Beteiligungen zu rechnen sind, weil sie nicht der Herstellung einer dauernden Verbindung dienen.

103.   Was versteht man unter Wertpapieren des Anlagevermögens?

Zu den Wertpapieren des Anlagevermögens gehören Wertpapiere, die zur langfristigen Kapitalanlage gehalten werden und nicht zu Anteilen an verbundenen Unternehmen oder Beteiligungen zu rechnen sind, noch zu eigenen Anteilen zählen. Im Einzelnen sind auszuweisen:

- Festverzinsliche Wertpapiere, z. B. Industrieobligationen, Zero-Bonds, Wandelschuldverschreibungen, Bundesanleihen, Schatzanweisungen.
- Wertpapiere mit variablem Zinsertrag, z. B. Aktien, Gewinnschuldverschreibungen, Investmentanteile, Anteile an Immobilienfonds, entgeltlich erworbene Genussscheine.

104. Was ist unter Finanzinstrumenten zu verstehen? Wo wird dieser Begriff im HGB verwendet?

Dieser Begriff kam durch das Bilanzrechtsreformgesetz (BilReG vom 04. 12. 2004) bzw. BilMoG in das HGB, ohne dort definiert zu werden. In § 285 Nr. 18 HGB heißt es: Werden zu den Finanzanlagen (Aktiva A. III.) gehörende Finanzinstrumente in Anwendung des gemilderten Niederstwertprinzips über dem beizulegenden Zeitwert ausgewiesen, sind der Buchwert und der beizulegende Zeitwert, die Gründe für das Unterlassen der Abschreibung und Hinweise auf fehlende Dauerhaftigkeit der Wertminderung anzugeben.

Die Bezeichnung Finanzinstrumente stammt aus der Begriffswelt der IFRS; man versteht darunter

- die originären finanzwirtschaftlichen Instrumente, d. h. das Einlagen-, Kredit- und Wertpapiergeschäft, und
- die modernen finanzwirtschaftlichen Instrumente, sog. Finanzinnovationen oder Derivate (vgl. Frage 105).

In Bezug auf die Anhangangabe des § 285 Nr. 18 HGB (d. h. der zu den Finanzanlagen Aktiva A. III. gehörenden Finanzinstrumente) sind demnach Aktien, Beteiligungen, Darlehen u. Ä. gemeint.

Darüber hinaus werden Finanzinstrumente auch im Lagebericht angesprochen (§ 289 Abs. 2 HGB). Vgl. Frage 209.

105. Was besagt der Begriff »derivative Finanzinstrumente«? Wo wird er im HGB aufgeführt?

Mittelgroße und große Gesellschaften haben nach § 285 Nr. 19 HGB über Art und Umfang von derivativen Finanzinstrumenten (sog. Finanzderivate) und ihren beizulegenden Zeitwert (soweit verlässlich ermittelbar) zu berichten.

Diese Anhangangaben wurden durch das BilMoG aufgrund der Fair-Value-Richtlinie in das HGB aufgenommen. Bei Finanzderivaten handelt es sich um Wertpapiere, die ihre Werthaltigkeit aus »Basisgegenständen« ableiten, die i. d. R. börsennotierte Werte aufweisen (Kurse, Indizes) und primär der Absicherung von Risiken dienen oder als Spekulationspapiere gehalten werden. Darunter fallen Termingeschäfte, Optionsgeschäfte, Zinsbegrenzungsvereinbarungen (Caps, Floors, Collars), Futures, Swaps u. Ä.

106. Wo sind Ansprüche auf Erträge aus den Wertpapieren des Anlagevermögens zu bilanzieren?

Die Ansprüche auf Erträge aus den Wertpapieren des Anlagevermögens sind als »sonstige Vermögensgegenstände« des Umlaufvermögens auszuweisen.

107. Was ist der Unterschied zwischen Roh-, Hilfs- und Betriebsstoffen?

Rohstoffe gehen als Hauptstoffe bzw. wesentliche Bestandteile unmittelbar in das zu produzierende Erzeugnis ein. Darunter fallen nicht nur unbearbeitete Grundstoffe wie Erz, Rohöl, sondern auch von Dritten bezogene Erzeugnisse, z. B. Autositze, Chips. Hierher gehören auch Reserve- und Ersatzteile, die nicht dem Anlagevermögen zuzuordnen sind.

Den Rohstoffen gleichzusetzen sind von Dritten erbrachte Fremdleistungen.

Hilfsstoffe sind Stoffe, die ohne Rohstoffe zu sein, in die Erzeugnisse unmittelbar eingehen und Neben- oder Kleinmaterial darstellen (Farben, Lacke, Schrauben, Nieten).

Hierzu gehört auch die sog. Innenverpackung, die ein Produkt erst verkaufsfertig macht, wie Pralinenschachtel, Dose für Dosenbier oder der Flakon für ein Parfüm.

Betriebsstoffe sind Stoffe, die zwar unmittelbar oder mittelbar der Fertigung dienen und dabei verbraucht werden, aber stofflich nicht in das Produkt eingehen, wie Reinigungs- und Schmiermittel, Brennstoffe, Treibstoffe, noch lagerndes Büromaterial, Küchen- und Kantinenvorräte, Außenverpackung (die nicht als Bestandteil des fertigen Erzeugnisses anzusehen ist).

108.   Zu welchen Bilanzposten gehören Wertpapiere, die als Liquiditätsreserve dienen?
Solche Wertpapiere sind im Umlaufvermögen als sonstige Wertpapiere auszuweisen.

109.   In welchem Fall wird auf der Aktivseite der Bilanz der Posten »nicht durch Eigenkapital gedeckter Fehlbetrag« ausgewiesen?
Ist das Eigenkapital durch Verluste aufgebraucht, sodass sich ein Überschuss der Passiv- über die Aktivposten ergibt, dann ist dieser Betrag am Schluss der Bilanz auf der Aktivseite unter der Bezeichnung »nicht durch Eigenkapital gedeckter Fehlbetrag« anzugeben (§ 268 Abs 3 HGB).

Zu beachten ist, dass die so ausgewiesene buchmäßige Überschuldung nicht notwendigerweise eine Überschuldung im Sinne des Insolvenzrechts darstellen muss. Hierzu wären in einer Überschuldungsbilanz Aktiva und Passiva mit den jeweiligen Zeitwerten anzusetzen.

9.3.2   Passivposten der Bilanz

110.   Wie ist das gezeichnete Kapital auszuweisen, wenn noch nicht alle Einlagen eingezahlt sind?
Für den Fall der nicht vollen Einzahlung des Haftungskapitals gab es früher in der Bilanz der Kapitalgesellschaft zwei unterschiedliche Darstellungsmöglichkeiten. Beim Bruttoausweis standen die ausstehenden Einlagen auf der Aktivseite als Anfangsposition der Aktiva. Seit BilMoG ist nur noch die Nettodarstellung möglich. Beim Nettoausweis wird das gezeichnete Kapital auf der Passivseite lediglich in der Vorspalte angegeben und dort um die bisher nicht eingeforderten ausstehenden Einlagen gekürzt. Die Differenz wird in der Hauptspalte unter der Bezeichnung »eingefordertes Kapital« ausgewiesen. Soweit Beträge zwar eingefordert, aber noch nicht eingezahlt wurden, sind sie auf der Aktivseite unter den Forderungen gesondert aufzuführen und entsprechend zu bezeichnen.

111.   Welche Eigenkapitalpositionen sind in der Bilanzgliederung für Kapitalgesellschaften vorgesehen? Welche Ergebnisverwendung wird dabei angenommen?
Im Bilanzschema nach § 266 Abs. 2 HGB sind folgende Eigenkapitalpositionen auszuweisen:

I.   Gezeichnetes Kapital

II.   Kapitalrücklage

III. Gewinnrücklagen (unterteilt in gesetzliche Rücklage, Rücklage für Anteile an einem herrschenden oder mehrheitlich beteiligten Unternehmen, satzungsmäßige Rücklagen und andere Gewinnrücklagen)

IV. Gewinnvortrag/Verlustvortrag

V.   Jahresüberschuss/Jahresfehlbetrag

Der Regelfall des gesetzlichen Bilanzgliederungsschemas unterstellt, dass noch keine Gewinnverwendungsentscheidungen getroffen wurden. Dies trifft z.B. auf eine GmbH zu, bei der der Geschäftsführer den Jahresabschluss aufgestellt hat und die Gesellschafterversammlung bei der Feststellung keine Entscheidung über die Gewinnverwendung vornimmt.

112. Wie ist das Eigenkapital einer Kapitalgesellschaft auszuweisen, wenn eine Ergebnisverwendung teilweise berücksichtigt wurde?

Gemäß § 270 Abs. 2 HGB kann die Bilanz auch unter Berücksichtigung der teilweisen oder vollständigen Verwendung des Jahresergebnisses aufgestellt werden. Die teilweise Ergebnisverwendung ist für die AG vorgeschrieben, die nach § 150 AktG eine gesetzliche Rücklage bilden muss und bei der die Kompetenz zur Gewinnverwendung zwischen Vorstand und Aufsichtsrat sowie Hauptversammlung aufgeteilt ist (§ 58 AktG).

Im bilanziellen Eigenkapitalblock ändern sich dadurch die letzten drei Positionen. Die Gewinnrücklagen weisen Rücklagenveränderungen durch Einstellungen und Entnahmen aus. Die Posten Gewinnvortrag/Verlustvortrag sowie Jahresüberschuss/Jahresfehlbetrag werden zum Bilanzgewinn zusammengefasst.

So lauten die letzten Positionen:

III. Gewinnrücklagen (einschließlich Zuführung und Auflösung)

IV. Bilanzgewinn/Bilanzverlust, davon Gewinn-/Verlustvortrag.

113. Wie sieht der Eigenkapitalblock einer Kapitalgesellschaft aus, die die Bilanz unter vollständiger Berücksichtigung der Ergebnisverwendung aufgestellt hat?

Der Fall der vollständigen Ergebnisverwendung kann bei einer GmbH auftreten, bei der die Gesellschafterversammlung dies spätestens im Rahmen der Jahresabschlussfeststellung so beschlossen hat. Wird die Bilanz nach voller Gewinnverwendung erstellt, gibt es keinen gesonderten Ausweis eines Jahresüberschusses/Jahresfehlbetrages (nur bei Erstellung vor Gewinnverwendung) bzw. eines Bilanzgewinnes/Bilanzverlustes (nur bei Erstellung nach teilweiser Gewinnverwendung).

Im Beschluss über die Verwendung des Ergebnisses können die Gesellschafter nach § 29 Abs. 2 GmbHG – neben einer Ausschüttung – auch Beträge in Gewinnrücklagen einstellen oder als Gewinn vortragen. Das Eigenkapital stellt sich dann wie folgt dar:

I.   Gezeichnetes Kapital

II. Kapitalrücklage

III. Gewinnrücklage

IV. Gewinn-/Verlustvortrag (ins neue Jahr)

Die beschlossene Ausschüttung ist unter den Verbindlichkeiten gegenüber Gesellschaftern auszuweisen (§ 42 Abs. 3 GmbHG).

114. Wie werden eigene Anteile bilanziell behandelt? Was bedeutet wirtschaftlich der Erwerb eigener Anteile?

Mit der Einfügung des Absatzes 1a in § 272 HGB durch BilMoG ist eine rechtsformunabhängige Vorschrift zur handelsbilanziellen Erfassung eigener Anteile gegeben, die deren Ausweis auf der Passivseite vorschreibt, nämlich durch offene Absetzung des Nennbetrages oder, falls ein solcher nicht vorhanden ist, des rechnerischen Wertes der erworbenen eigenen Anteile in der Vorspalte von dem Posten »Gezeichnetes Kapital«.

Der Erwerb eigener Anteile entspricht wirtschaftlich der Rückzahlung von Eigenkapital. Kapitalerhaltungsgesichtspunkten wird dadurch Rechnung getragen, dass die Anschaffungskosten der eigenen Anteile mit den frei verfügbaren Rücklagen zu verrechnen sind (§ 272 Abs. 1a Satz 2 HGB). Von dieser Verrechnung sind solche Aufwendungen ausgenommen, die gemäß § 255 Abs. 1 Satz 2 HGB als Anschaffungsnebenkosten zu klassifizieren sind. Diese Aufwendungen sind – wie bisher – als Aufwand des Geschäftsjahres zu berücksichtigen.

115.   Was ändert sich bilanzgliederungsmäßig bei einer späteren Veräußerung eigene Anteile?

§ 272 Abs. 1b Satz 1 HGB sieht vor, dass der Vorspaltenausweis nach § 272 Abs. 1a Satz 1 HGB bei der Veräußerung eigener Anteile (analog ihrer Bildung) wieder entfällt.

116.   Wie werden Rückstellungen nach HGB eingeteilt?

Durch BilMoG wurden zuvor bestehende Bilanzierungswahlrechte für Rückstellungen abgeschafft. Die passivierungspflichtigen Rückstellungen sind in § 249 Abs. 1 HGB im Einzelnen aufgezählt:

- ungewisse Verbindlichkeiten,
- drohende Verluste aus schwebenden Geschäften,
- im Geschäftsjahr unterlassene Aufwendungen für Instandhaltung, die im folgenden Geschäftsjahr innerhalb von drei Monaten nachgeholt werden,
- im Geschäftsjahr unterlassene Aufwendungen für Abraumbeseitigung, die im folgenden Geschäftsjahr nachgeholt werden,
- Gewährleistungen, die ohne rechtliche Verpflichtung erbracht werden.

Für andere Zwecke dürfen keine Rückstellungen gebildet werden.

Nach IFRS ist eine Rückstellungsbildung nur zulässig für Aufwendungen, die Dritte betreffen (IAS 37.10).

117.   Welches sind die grundsätzlichen Voraussetzungen für die Bildung von Rückstellungen?

Rückstellungen sind Verpflichtungen, deren Eintritt hinsichtlich Bestehen und Zeitpunkt als noch nicht sicher gilt und/oder deren betragsmäßige Höhe noch unbestimmt ist (§ 249 HGB). Sie müssen im abgelaufenen Geschäftsjahr verursacht worden sein.

Die zukünftigen Ausgaben müssen abzugsfähige Betriebsausgaben sein.

Darüber hinaus darf das Risiko nicht bereits bei der Bewertung von Aktivposten der Bilanz durch entsprechend niedrigeren Ansatz einzelner Wirtschaftsgüter berücksichtigt worden sein.

118.   Nennen Sie Beispiele für Rückstellungen für ungewisse Verbindlichkeiten.

Zu den Rückstellungen für ungewisse Verbindlichkeiten zählen:

Garantierückstellungen, Pfandrückstellungen, Rückstellungen für Urlaubsansprüche, Rückstellungen für Weihnachtsgratifikationen, Rückstellungen für Jubiläumszuwendungen, Rekultivierungsrückstellung, Rückstellungen für Ausgleichszahlungen an Handelsvertreter, Rückstellungen für Wechselobligo, Rückstellungen für Patentverletzungen und Prozesskosten, Gewerbesteuerrückstellung, Rückstellung für Jahresabschluss-, Prüfungs- und Beratungskosten, Rückstellungen für Altlasten, Pensionsrückstellungen.

119.   Wann sind handelsrechtlich Rückstellungen für drohende Verluste aus schwebenden Geschäften zu bilden?

Grundsätzlich gilt, dass schwebende Geschäfte nicht bilanziert werden. Ändern sich die wirtschaftlichen Verhältnisse und droht auf einer Seite ein Verlust, dann ist der Betrag, zu dem die Verbindlichkeit den Wert der Forderung übersteigt, zurückzustellen. Dabei wird zwischen drohenden Verlusten

- aus schwebenden Beschaffungsgeschäften und
- aus schwebenden Absatzgeschäften unterschieden.

120. Wie hoch ist die Rückstellungsbildung bei einem drohenden Verlust aus einem schwebenden Beschaffungsgeschäft?

Sind die Wiederbeschaffungskosten von Wirtschaftsgütern am Bilanzstichtag niedriger als zur Zeit des Geschäftsabschlusses, so ist die Differenz

- zwischen dem im Vertrag vereinbarten Übernahmepreis (Kaufpreisschuld) und
- den Wiederbeschaffungskosten am Bilanzstichtag für die bestellten Wirtschaftsgüter

zurückzustellen.

121. In welcher Höhe sind Rückstellungen für drohende Verluste aus schwebenden Absatzgeschäften zu bilden?

Bei schwebenden Absatzgeschäften bemißt sich die Rückstellung für drohende Verluste nach den eigenen Selbstkosten abzüglich des vereinbarten Abgabepreises.

122. Welche Folgen hat das steuerliche Verbot der Bildung von Drohverlustrückstellungen?

Die steuerliche Untersagung von Drohverlustrückstellungen nach § 5 Abs. 4a EStG ist systemwidrig und verstößt gegen das Vorsichtsprinzip sowie gegen die Bestimmung des § 249 Abs. 1 Satz 1 HGB. Ob es notwendig war, zur Verbreiterung der Bemessungsgrundlage wichtige GoB steuerlich außer Kraft zu setzen, darf bezweifelt werden.

Die Durchbrechung der Maßgeblichkeit erzwingt eine Abkehr von der Einheitsbilanz, zumindest muss eine statistische (außerbilanzielle) Überleitung gem. § 60 Abs. 2 EStDV erfolgen.

Handelsrechtlich kann ein Abgrenzungsposten in Höhe der voraussichtlichen Steuerentlastung nachfolgender Geschäftsjahre (aktive latente Steuern, § 274 Abs. 1 Satz 3 HGB) gebildet werden.

123. Warum muss man Rückstellungen für rückständige Urlaubsansprüche bilden?

Hat ein Arbeitnehmer am Bilanzstichtag den ihm zustehenden Urlaub noch nicht in vollem Umfang genommen, so hat der Arbeitgeber für den rückständigen Urlaub eine Rückstellung zu bilden, weil er die arbeitsvertragliche Verpflichtung, Urlaub zu gewähren, nur teilweise erfüllt hat.

Die Urlaubsrückstellung errechnet sich aus den noch offenen Urlaubstagen mal dem durchschnittlichen Jahresarbeitsentgelt pro Arbeitstag, erhöht um Urlaubsgeld (soweit vereinbart) und um die Arbeitgeberanteile zur Sozialversicherung.

124. Wie sind Pensionsverpflichtungen zu bilanzieren, die durch eine Rückdeckungsversicherung abgedeckt sind?

Hat ein Unternehmen eine betriebliche Pensionsverpflichtung durch Abschluss eines Versicherungsvertrags rückgedeckt, so sind der Versicherungsanspruch (Rückdeckungsanspruch) und die Pensionsverpflichtung (Pensionsrückstellung) seit BilMoG nicht mehr getrennt zu bilanzieren, sondern gemäß § 246 Abs. 2 Satz 2 HGB miteinander zu verrechnen. Für die Steuerbilanz bleibt es allerdings beim Verrechnungsverbot (§ 5 Abs. 1a Satz 1 EStG).

Ansprüche aus der Rückdeckung von Pensionsverpflichtungen sind als Forderungen grundsätzlich mit ihren Anschaffungskosten anzusetzen. Das sind die bis zum jeweiligen Bilanzstichtag vom Versicherungsnehmer unmittelbar aufgewendeten Sparanteile der Versicherungsprämien (Sparbeiträge) zzgl. der Zinsansprüche sowie der Guthaben aus Überschussbeteiligungen. Hierfür ist das vom Versicherer jeweils nachgewiesene Deckungskapital die Bewertungsgrundlage (H 6a Abs. 23 EStH »Rückdeckungsanspruch«).

125. Was versteht man unter Anleihen?

Anleihen sind ein Sammelbegriff für festverzinsliche langfristige Schuldverschreibungen, die sowohl von der öffentlichen Hand (also von Bund, Ländern, Gemeinden) als auch von privaten Unternehmen (Industrieobligationen) zur Finanzierung von Investitionsvorhaben ausgegeben werden.

Anleihen können dinglich gesichert sein durch Hypotheken, Grund- oder Rentenschulden u. a.

126. Was versteht man unter konvertiblen Anleihen?

Konvertibel bedeutet Veränderbarkeit der Rechtsverhältnisse, womit insbesondere Wandelschuldverschreibungen angesprochen sind (vgl. § 221 AktG).

Im Bilanzschema ist der Betrag konvertibler Anleihen als sog. Davon-Posten (d. h. in der Vorspalte) zu vermerken.

9.4 Anlagenspiegel

127. Wozu dient der Anlagenspiegel? Wie ist er aufgebaut?

In der Bilanz oder im Anhang ist nach § 268 Abs. 2 HGB die Entwicklung der einzelnen Bilanzposten des Anlagevermögens darzustellen (Anlagenspiegel). Dabei sind – ausgehend von den gesamten Anschaffungs-/Herstellungskosten – die Zugänge, Abgänge, Umbuchungen und Zuschreibungen des Geschäftsjahres ebenso anzugeben wie die kumulierten Abschreibungen. Die Addition dieser Posten ergibt den Buchwert des Abschlussjahres.

Darüber hinaus sind die Zuschreibungen des Geschäftsjahres und der Buchwert des Vorjahres anzugeben.

128. Wodurch können im Anlagenspiegel Umbuchungen notwendig werden?

Umbuchungen sind Ausweisänderungen, d. h. Umgliederungen innerhalb des Anlagevermögens, vor allem zwischen den Anlagen im Bau und den entsprechenden Posten nach Beendigung der Investitionsvorhaben.

129. Wie werden im Anlagenspiegel die kumulierten Abschreibungen errechnet?

Die kumulierten Abschreibungen ergeben sich aus dem Vorjahresstand dieser Position zuzüglich der entsprechenden Jahresabschreibungen. Wenn ein Wirtschaftsgut voll abgeschrieben ist, dann gleichen sich im Anlagenspiegel die Positionen »gesamte Anschaffungs-/Herstellungskosten« und »kumulierte Abschreibungen« aus.

130. Wie sind geringwertige Wirtschaftsgüter im Anlagenspiegel zu erfassen?

Geringwertige Wirtschaftsgüter können im Fall der Sofortabschreibung im Jahr der Anschaffung sowohl als Zugang als auch als Abgang behandelt werden. Entsprechend den steuerlichen Aufzeichnungsvorschriften brauchen Anlagegüter mit Anschaffungskosten bis zu 150 € (netto) im Anlagenspiegel nicht erscheinen (§ 6 Abs. 2 Satz 4 EStG).

10   Bilanzansatz der Höhe nach: Bewertung

10.1   Allgemeine Bewertungsgrundsätze

131.   Welche allgemeinen Bewertungsgrundsätze sind im Handelsrecht verbindlich?

Die allgemeinen Bewertungsgrundsätze haben sich als GoB im Lauf der Zeit entwickelt und werden systematisch in § 252 HGB aufgeführt und beschrieben.

(1)   formelle Bilanzkontinuität (vgl. Hauptteil 4 Frage 63)
(2)   Going-Concern-Concept
(3)   Stichtags- und Einzelbewertungsprinzip
(4)   Grundsatz der Vorsicht
(5)   Periodenabgrenzung
(6)   Bewertungsstetigkeit (materielle Bilanzkontinuität).

132.   Warum wird das Vorsichtsprinzip als zentrales Prinzip der GoB bezeichnet?

Die Rechnungslegung nach HGB ist gläubigerschutz- und haftungsorientiert. Diese Ausrichtung findet ihren Niederschlag im Vorsichtsprinzip, einem zentralen Prinzip der GoB. Es besagt, dass vorsichtig zu bewerten ist; der Kaufmann darf sich nicht reicher darstellen, als er ist.

133.   Welche Rolle spielt das Vorsichtsprinzip bei den IFRS?

Das Vorsichtsprinzip kommt in den IFRS zwar vor (RK.37), spielt aber nur eine untergeordnete Rolle. Es wird dominiert von dem übergeordneten Bilanzzweck »entscheidungsnützlicher Informationen« für Investoren (vgl. RK. 9 ff.).

134.   Durch welche GoB wird das Vorsichtsprinzip konkretisiert?

§ 252 Abs. 1 Nr. 4 HGB, der das Vorsichtsprinzip kodifiziert, führt namentlich drei weitere Prinzipien auf, nach denen sich vorsichtige Bewertung vollzieht. Die Bewertung erwarteter Gewinne und Verluste erfolgt ungleichmäßig:

(1)   Noch nicht durch Umsatz realisierte Gewinne dürfen nicht ausgewiesen werden (Realisationsprinzip), während
(2)   noch nicht durch Umsatz realisierte Verluste ausgewiesen werden müssen (Imparitätsprinzip).
(3)   Schließlich ist in § 252 Abs. 1 Nr. 4 HGB noch das Wertaufhellungsprinzip aufgeführt.

135.   Was besagt das Wertaufhellungsprinzip?

Da die Bilanzaufstellung nach dem Bilanzstichtag erfolgt, erhebt sich die Frage, wie mit besseren Kenntnissen, die man nach dem Bilanzstichtag über Tatsachen vor dem Bilanzstichtag erlangt, umzugehen ist. Je größer der Zeitraum zwischen Bilanzstichtag und Bilanzaufstellung, desto genauer wird man z.B. über zweifelhafte Forderungen Bescheid wissen. Das Wertaufhellungsprinzip verlangt, dass Kenntnisse über Vorgänge, die sich zwar bis zum Bilanzstichtag ereignet haben, aber erst danach bekannt werden, noch bis zur Bilanzaufstellung berücksichtigt werden müssen.

136.   Welche weiteren Bewertungsvorschriften sind Ausfluss des Vorsichtsprinzips?

Aus dem Vorsichtsprinzip sind z.B. folgende weitere Bewertungsvorschriften abgeleitet:

(1)   das Niederstwertprinzip für die Bewertung des Vermögens,

(2) das Höchstwertprinzip für die Bewertung von Verbindlichkeiten sowie

(3) das Anschaffungswertprinzip.

137. Was versteht man unter dem strengen und dem gemilderten Niederstwertprinzip?

Das strenge Niederstwertprinzip betrifft die Bewertung des Umlaufvermögens (§ 253 Abs. 4 HGB) und besagt, dass beim Vergleich zwischen den Anschaffungs-/ Herstellungskosten einerseits und dem Börsen- /Marktpreis bzw. beizulegenden Wert andererseits stets der niedrigste Wert anzusetzen ist.

Das gemilderte Niederstwertprinzip betrifft die Bewertung des Anlagevermögens (§ 253 Abs. 3 Satz 3 HGB) und verlangt lediglich dann eine Wertherabsetzung, wenn die Wertminderung von Dauer ist; bei vorübergehender Wertminderung besteht ein Abschreibungswahlrecht nur bei Finanzanlagen (§ 253 Abs. 3 Satz 4 HGB).

138. Was versteht man unter dem Höchstwertprinzip?

Das Höchstwertprinzip für Passiva ist das Pendant zum Niederstwertprinzip für Aktiva. Es ist im Gegensatz zum Niederstwertprinzip nicht kodifiziert. Seine Anwendung wird aus den GoB abgeleitet (analoge Anwendung des Niederstwertprinzips). Aufgrund des Höchstwertprinzips sind z.B. Valutaverbindlichkeiten mit einer Restlaufzeit über einem Jahr, deren Wechselkurs gegenüber der Erstverbuchung gestiegen ist, zwingend mit dem höheren Wechselkurs des Bilanzstichtages anzusetzen (§ 256a HGB).

139. Wie sind das Niederstwert- und Höchstwertprinzip in der Steuerbilanz geregelt?

Aufgrund der Änderung durch das StEntlG 1999/2000/2002 lassen § 6 Abs. 1 Nr. 1 Satz 2 und Nr. 2 Satz 2 EStG einen Ansatz von Wirtschaftsgütern zum niedrigeren Teilwert (Wahlrecht) nur dann zu, wenn es sich um eine voraussichtlich dauernde Wertminderung handelt.

Auch der Ansatz des höheren Teilwerts bei Verbindlichkeiten in § 6 Abs. 1 Nr. 3 EStG ist nur dann noch möglich, wenn es sich um eine dauernde Werterhöhung der Verbindlichkeit handelt.

Die angesprochenen steuerlichen Regelungen sind zwar als Kann-Bestimmungen (»so kann dieser angesetzt werden«) ausgelegt. Über das Maßgeblichkeitsprinzip kommt aber bei voraussichtlich dauernden Wertminderungen (bzw. analog Werterhöhungen bei Verbindlichkeiten) das handelsrechtliche Niederstwertprinzip auch in der Steuerbilanz zum Tragen.

Bei voraussichtlich vorübergehenden Wertminderungen kommt es jedoch

- im Umlaufvermögen zu einer zwingenden Durchbrechung des Maßgeblichkeitsgrundsatzes,
- beim Anlagevermögen nur dann, wenn das Unternehmen vom handelsrechtlichen Abschreibungswahlrecht Gebrauch gemacht hat.
- Für Verbindlichkeiten gilt dies analog.

140. Erläutern Sie den Grundsatz der Methodenstetigkeit.

Der Grundsatz der Methodenstetigkeit (materielle Bilanzkontinuität, vgl. Hauptteil 4 Frage 63) besagt, dass die auf den vorhergehenden Jahresabschluss angewandten Bewertungsmethoden beizubehalten sind (§ 252 Abs. 1 Nr. 6 HGB). Aufgrund § 252 Abs. 2 HGB ist diese Vorschrift sehr eng auszulegen, weil nur in begründeten Ausnahmefällen Abweichungen erlaubt sind.

Das Stetigkeitsgebot hat eine zeitliche und eine sachliche Seite:
- Zeitlich begrenzt es durch den Entscheid früherer Bewertung die Bewertung des laufenden Jahres.
- Sachlich betrifft es dasselbe Wirtschaftsgut, aber auch art- und funktionsgleiche Wirtschaftsgüter.

Nicht von der Methodenstetigkeit betroffen sind steuerliche Wahlrechte, da steuerliche Ausnahmeregelungen jenseits des Handelsrechts geregelt sind.

141.   Gibt es einen der Bewertungsstetigkeit entsprechenden Grundsatz bezüglich des Bilanzansatzes?

Seit BilMoG wird der Grundsatz der Bewertungsstetigkeit durch den Grundsatz der Ansatzstetigkeit flankiert (vgl. § 246 Abs. 3 HGB). Er besagt, dass die auf den vorhergehenden Jahresabschluss angewandten Ansatzmethoden beizubehalten sind.

142.   Nennen Sie Ausnahmen vom Grundsatz der Methodenstetigkeit.

Die Forderung nach der temporären Vergleichbarkeit verbietet sachlich unbegründete Verfahrenswechsel der Wertfindung (§ 252 Abs. 2 HGB). Begründete Ausnahmen vom Grundsatz der Methodenstetigkeit liegen z. B. vor bei
- Gesetzes- oder Rechtsprechungsänderung,
- Anpassungen aufgrund steuerlicher Betriebsprüfungen,
- wesentlichen Änderungen der Verhältnisse, z. B. Verschlechterung der Unternehmensentwicklung u. Ä.

10.2   Bewertungsmaßstäbe

143.   Mit welchen Werten dürfen Vermögensgegenstände höchstens angesetzt werden?

Gem. § 253 Abs. 1 HGB sind Vermögensgegenstände höchstens mit den Anschaffungs- oder Herstellungskosten, vermindert um Abschreibungen, anzusetzen (Anschaffungswertprinzip).

144.   Erläutern Sie, wie durch Bewertung zu Anschaffungskosten stille Reserven entstehen können. Was ist unter dem Begriff »stille Reserven« zu verstehen?

Stille Reserven sind Teile des Eigenkapitals, deren Höhe jedoch aus der Bilanz nicht ersichtlich ist. Man unterscheidet Zwangs-, Ermessens- und Willkürreserven.
- Zwangsreserven können zwangsläufig entstehen, wenn man die gesetzlichen Rechnungslegungsvorschriften beachtet. Sie entstehen z. B. aufgrund des Anschaffungskostenprinzips, das verbietet, Wertsteigerungen über die Anschaffungskosten hinaus (etwa bei Grundstücken) auszuweisen.
- Ermessensreserven entstehen durch Bewertungswahlrechte (z. B. über das gemilderte Niederstwertprinzip) oder bei der Ungewissheit von Schätzungen bei der Bildung von Rückstellungen.
- Willkürreserven sind dagegen nicht zulässig. Sie entstehen bei Nichtbeachtung zwingender Bilanzierungsvorschriften, z. B. Bildung unzulässiger Rückstellungen oder Nichtbeachtung des Wertaufholungsgebots.

145.   Was ist beim Anschaffungskostenbegriff unter Aufwendungen zur Erlangung der Betriebsbereitschaft zu verstehen?

§ 255 Abs. 1 HGB bezeichnet als Anschaffungskosten die Aufwendungen, die geleistet werden, um einen Vermögensgegenstand zu erwerben und ihn in einen betriebsbereiten Zustand zu versetzen, soweit sie dem Vermögensgegenstand einzeln zugeordnet werden können. Die Formulierung stellt klar, dass der Anschaffungsvorgang erst mit der Erlangung der Betriebsbereitschaft endet. Hierzu gehören:

- Kosten für das Aufstellung und die Montage des Vermögensgegenstandes, auch wenn sie erst nach dem Übergang der Verfügungsmacht angefallen sind,
- zusätzliche Fundamentierung,
- innerbetrieblicher Transport,
- Kosten für eine eventuelle Umrüstung,
- Kosten für Einweisung und Schulung des Bedienungspersonals.

146.   Nennen Sie Beispiele für einzubeziehende Nebenkosten des Anschaffungsvorgangs.

Als Anschaffungsnebenkosten fallen z. B. an:

(1) bei Grundstückserwerb:
- Notar- und Grundbuchgebühren für den Erwerb des Grundstücks sowie die Eintragung einer Vormerkung
- Maklergebühren
- Kosten für Annoncen
- Gutachergebühren
- Vermessungsgebühren
- Reisekosten zur Besichtigung und zum Abschluss der Verträge
- Grunderwerbsteuer

(2) beim Erwerb von Wertpapieren und Anteilen an Kapitalgesellschaften:
- Provisionen für Banken und Makler (Courtage)
- Beurkundungskosten

(3) beim Erwerb sonstiger beweglicher Vermögensgegenstände:
- Verpackungskosten
- Fracht- und Transportkosten
- Transportversicherung
- Zölle und Verbrauchsteuern.

147.   Wie ist ein Zuschuss bei der Ermittlung der Anschaffungskosten zu behandeln?

Ein Zuschuss ist ein Vermögensvorteil, den ein öffentlicher oder privater Zuschussgeber zur Förderung eines auch in seinem Interesse liegenden Zwecks zuwendet. Werden Zuschüsse zur Anschaffung eines Anlageguts gezahlt, so hat der Zuschussempfänger ein Wahlrecht (R 6.5 Abs. 2 EStR):

(1) Die Zuschüsse werden als Betriebseinnahmen angesetzt und als laufende Einkünfte versteuert; die AK/HK des angeschafften Anlageguts werden durch die Zuschüsse nicht berührt.

(2) Die Zuschüsse können erfolgsneutral (ohne sofortige Versteuerung) behandelt werden. In diesem Fall dürfen die Anlagegüter, für die die Zuschüsse gewährt worden sind, nur mit den vom Steuerpflichtigen selbst aufgewendeten AK/HK angesetzt werden, d. h., die AK/HK werden um die Zuschüsse gekürzt. Hierdurch ergibt sich bei

abnutzbaren Vermögensgegenständen in der Folge durch die niedrigere Bemessungsgrundlage eine geringere Abschreibung.

Nach R 6.5 Abs. 2 Satz 4 EStR i.d.F. EStÄR 2012 wird keine einheitliche Vorgehensweise
in Handels- und Steuerbilanz mehr verlangt.

148.   Was versteht man unter Herstellungskosten im bilanzrechtlichen Sinne?
Herstellungskosten sind gem. § 255 Abs. 2 HGB die Aufwendungen, die durch den Verbrauch von Gütern und die Inanspruchnahme von Diensten für
- die Herstellung eines Vermögensgegenstandes,
- die Erweiterung eines Vermögensgegenstandes und
- die über den ursprünglichen Zustand hinausgehende wesentliche Verbesserung eines
  Vermögensgegenstandes.

**149.   Aus welchen Kostenkategorien setzen sich Herstellungskosten zusammen?
Warum ist diese Unterscheidung wichtig?**
Die Herstellungskosten setzen sich aus zwei Kostenkategorien zusammen:
- Einzelkosten und
- Gemeinkosten.
Während direkt zurechenbare Einzelkosten auf jeden Fall als Herstellungskosten zu akti-
vieren sind, ist handelsrechtlich die erst seit BilMoG bestehende Aktivierungspflicht von
Gemeinkosten von ihrer Nähe zur Produktion abhängig (vgl. § 255 Abs. 2 Satz 2 HGB).
Verwaltungsgemeinkosten können beispielsweise aktiviert werden, müssen aber nicht
(§ 255 Abs. 2 Satz 3 HGB).

Nach IFRS sind die zurechenbaren Einzel- und Gemeinkosten (Vollkosten) ansatzpflichtig (IAS 2.10 ff.), dies gilt auch für Kosten des Managements und der Verwaltung
(IAS 2.12).

150.   Welche Aufwendungen zählen zu den Herstellungseinzelkosten?
Zu den Herstellungseinzelkosten zählen (§ 255 Abs. 2 Satz 2 HGB):
- Materialkosten (z.B. Roh-, Hilfs- und Betriebsstoffe, bezogene Teile, fremde Lohnar-
  beit, Innenverpackung),
- Fertigungskosten (unmittelbar zurechenbare Löhne und Gehälter),
- Sonderkosten der Fertigung (unmittelbar zurechenbare Kosten für Modelle, auftrags-
  gebundene Entwicklungs-, Versuchs- und Konstruktionskosten).

151.   Welche Aufwendungen zählen zu den Herstellungsgemeinkosten?
Zu den Herstellungsgemeinkosten zählen (§ 255 Abs. 2 Satz 2 und 3 HGB):
- Materialgemeinkosten (z.B. Materialverwaltung, Lagerhaltung, Rechnungsprüfung),
- Fertigungsgemeinkosten (z.B. Kosten der Fertigungsvorbereitung und -kontrolle,
  innerbetrieblicher Transport, Abschreibungen auf Fertigungsanlagen, Energiekosten,
  Grundsteuer),
- allgemeine Verwaltungskosten (z.B. Kosten der Geschäftsführung, des Rechnungswe-
  sens, Feuerwehr, Werkschutz),
- Aufwendungen für soziale Einrichtungen, freiwillige soziale Leistungen, betriebliche
  Altersversorgung.

152. Wie ist steuerlich die Grenze zwischen Aktivierungspflicht und Aktivierungswahlrecht von Herstellungskosten bestimmt?

Der aktivierungspflichtige Teil der Herstellungskosten ist in R 6.3 EStR 2008 identisch mit der Aktivierungspflicht gemäß § 255 Abs. 2 HGB lt. BilMoG. Die Finanzverwaltung (BMF vom 12.03.2010, BStBl I 2010, 239 Tz 8 und R 6.3 Abs. 9 EStÄR 2012) zieht jedoch inzwischen den aktivierungspflichtigen Teil unter Bezugnahme auf ein BFH-Urteil aus dem Jahre 1993 weiter auf alle in § 255 Abs. 2 Satz 3 HGB genannten Aufwendungen (allgemeine Verwaltung, soziale Einrichtungen etc.).

Das BMF argumentiert: Bei der steuerlichen Gewinnermittlung sind nach § 6 Abs. 1 Nr. 2 Satz 1 EStG die Herstellungskosten anzusetzen, also alle Aufwendungen, die ihrer Art nach Herstellungskosten sind (BFH vom 21.10.1993, BStBl II 1994, 176). Dazu gehören auch die in § 255 Abs. 2 Satz 3 HGB aufgeführten Kosten. Die steuerrechtliche Bewertungsvorschrift geht wegen des Bewertungsvorbehaltes in § 5 Abs. 6 EStG der handelsrechtlichen Regelung vor. Das gilt auch dann, wenn der Kaufmann gem. § 255 Abs. 2 Satz 3 HGB vom Ansatz dieser Kosten als Teil der Herstellungskosten in der Handelsbilanz absehen kann.

Die Fachwelt wundert sich allerdings, denn dieses BFH-Urteil war von der Finanzverwaltung bis zu BilMoG diesbezüglich nicht so ausgelegt worden (s. R 6.3 Abs. 4 EStR 2008).

153. Was ist unter dem Teilwert zu verstehen?

Der Teilwert ist ein ausschließlich steuerlicher Bewertungsmaßstab. Er ist in § 6 Abs. 1 Nr. 1 EStG und § 10 BewG nahezu wortgleich definiert als der Betrag, den ein Erwerber des ganzen Betriebs im Rahmen des Gesamtkaufpreises für das einzelne Wirtschaftsgut ansetzen würde; dabei ist davon auszugehen, dass der Erwerber den Betrieb fortführt.

154. Welche Funktion kommt dem Teilwert in der Steuerbilanz zu?

Neben den Anschaffungskosten und den Herstellungskosten ist der Teilwert der wichtigste steuerlich zulässige Bewertungsmaßstab im Bilanzsteuerrecht.

- Während die AK/HK als die primären Ausgangwerte die Obergrenze des Wertansatzes in der Steuerbilanz bestimmen,
- stellt der niedrigere Teilwert die Wertuntergrenze für alle positiven (bzw. höhere Teilwert für alle negativen) Wirtschaftsgüter dar.

155. Wie wird der Teilwert bestimmt?

Zur Erleichterung der Teilwertermittlung hat die Rechtsprechung eine Reihe von widerlegbaren Vermutungen über die Höhe des Teilwerts aufgestellt. An den der Anschaffung oder Herstellung folgenden Abschlussstichtagen gilt für die Teilwertermittlung:

- bei abnutzbaren Wirtschaftsgüter des Anlagevermögens: AK/HK abzüglich AfA,
- bei nichtabnutzbaren Wirtschaftsgüter des Anlagevermögens: AK/HK,
- bei Wirtschaftsgütern des Umlaufvermögens: Wiederbeschaffungskosten.

156. Welchem allgemeinen handelsrechtlichen Bewertungsgrundsatz entspricht die Teilwertfindung?

Die Teilwertfindung entspricht der in § 252 Abs. 1 Nr. 2 HGB kodifizierten Going-Concern-Prämisse, wonach bei der Bewertung von der Fortführung der Unternehmenstätigkeit auszugehen ist, sofern dem nicht tatsächliche oder rechtliche Gegebenheiten entgegenstehen.

157.   Skizzieren Sie die Struktur der Bewertungsentscheidungen, die ein Bilanzersteller treffen muss.

Bei der Bewertung zwingt das Niederstwertprinzip dazu, dass die AK/HK stets mit dem Tageswert am Bilanzstichtag verglichen werden müssen. Hieraus ergibt sich folgendes Vorgehen:

Erster Schritt (Ausgangswert primärer Bewertungsmaßstab): Feststellung der AK/HK, beim abnutzbaren Anlagevermögen vermindert um planmäßige Abschreibungen. Sie sind der Höchstansatz der Bewertung.

Zweiter Schritt (sekundäre Bewertungsmaßstäbe): Dem Niederstwertprinzip entsprechend müssen den Ausgangswerten Vergleichswerte als sekundäre Bewertungsmaßstäbe gegenübergestellt werden. Es ist zu prüfen, ob außerplanmäßige Abschreibungen erforderlich sind oder gegebenenfalls § 253 Abs. 5 HGB eine Zuschreibung notwendig macht.

Ein dritter Schritt wie zur Rechtslage vor BilMoG kommt nicht mehr in Betracht, da Bewertungswahlrechte (wie z. B. Abschreibung nach vernünftiger kaufmännischer Beurteilung) durch BilMoG aus dem HGB entfernt wurden.

158.   Wie ist eine eventuelle Wertaufholung handels- und steuerrechtlich geregelt?

Mit der Neufassung des § 253 Abs. 5 HGB wird ein umfassendes und rechtsformunabhängiges Wertaufholungsgebot bezüglich aller Formen von außerplanmäßigen Abschreibungen im HGB verankert. Ein niedrigerer Wertansatz darf nicht mehr beibehalten werden, wenn die Gründe dafür nicht mehr bestehen. Ausgenommen davon ist der niedrigere Wertansatz eines entgeltlich erworbenen Geschäfts- oder Firmenwerts, dessen Wert ausdrücklich beizubehalten ist (§ 253 Abs. 5 HGB).

Für die Steuerbilanz besteht bereits seit StEntlG 1999/2000/2002 ein striktes Wertaufholungsgebot (§ 6 Abs. 1 Nr. 1 Satz 4 und Nr. 2 Satz 3 EStG), sodass diesbezüglich Handels- und Steuerbilanz – bis auf die Zuschreibung zum Geschäfts- oder Firmenwert – im Einklang sind.

10.3   Bewertungsvereinfachungsverfahren

159.   Welche Abweichungen vom Einzelbewertungsgrundsatz erlaubt das Handelsrecht?

Aus Wirtschaftlichkeitsgründen, da Einzelbewertung zum Teil nur mit unverhältnismäßig hohen Kosten möglich wäre, ist es unter bestimmten Voraussetzungen möglich, von der Einzelbewertung (§ 252 Abs. 1 Nr. 3 HGB) abzusehen und statt dessen sog. Bewertungsvereinfachungsverfahren anzuwenden. Hierzu zählen:

- Festbewertung (§ 240 Abs. 3 HGB),
- Gruppenbewertung (§ 240 Abs. 4 HGB),
- Verbrauchsfolgeverfahren (§ 256 HGB).

Eine weitere Abweichung vom Einzelbewertungsgrundsatz stellt die Stichprobeninventur dar (§ 241 Abs. 1 HGB, vgl. Frage 41).

160.   Worin liegt das Wesen der Festbewertung?

Der Festwert ist ein grundsätzlich unveränderlicher Wertansatz in der Bilanz. Sein Ansatz führt dazu,

- dass die im Einzelnen anfallenden Kosten für Ersatzbeschaffung sofort erfolgswirksam verbucht werden.
- Abschreibungen haben zu unterbleiben.

161.   Welche Voraussetzungen müssen für die Bildung eines Festwerts vorliegen?

Gem. § 240 Abs. 3 HGB können

- Gegenstände des Anlagevermögens sowie
- Roh-, Hilfs- und Betriebsstoffe des Vorratsvermögens

mit einem gleichbleibenden Wert angesetzt werden, wenn sie

- regelmäßig ersetzt werden,
- ihr Gesamtwert für das Unternehmen von nachrangiger Bedeutung ist und
- ihr Bestand in seiner Größe, seinem Wert und seiner Zusammensetzung nur geringfügigen Änderungen unterliegt.

162.   Wann ist ein Festwert zu ändern?

I.d.R. ist lediglich alle drei Jahre eine Bestandsaufnahme durchzuführen (§ 240 Abs. 3 Satz 2 HGB), um zu prüfen, ob die Voraussetzungen für den Festwert noch gegeben sind.

Für Änderungen des Festwerts schreibt R 5.4 Abs. 3 EStR ein 10%-Grenze vor, die auch handelsrechtlich Anwendung findet. Danach gilt:

(1)   Bei einer Werterhöhung um mehr als 10% ist der neue Wert als Festwert maßgebend.

(2)   Bei einer Werterhöhung zwischen 0% und 10% kann der bisherige Festwert beibehalten oder aufgestockt werden.

(3)   Bei einer Wertminderung kommt es auf die Art der Minderung an:
- Bei einer Mindermenge ist immer der niedrigere Wert anzusetzen.
- Bei Preissenkungen besteht handelsrechtlich beim Anlagevermögen ein Wahlrecht, beim Umlaufvermögen das strenge Niederstwertprinzip, wohingegen steuerlich der niedrigere Wert in beiden Fällen nur bei voraussichtlich dauernder Wertminderung angesetzt werden darf (§ 6 Abs. 1 Nr. 1 und 2 EStG).

163.   Nennen Sie Beispiele, für die ein Festwert zum Ansatz kommen kann.

Sofern die Voraussetzungen hierfür vorliegen, kommt für folgende Vermögensgegenstände ein Festwert in Betracht:

(1)   beim Anlagevermögen:
- Behälter, Flaschen, Kisten im Brauereigewerbe
- Besteck, Geschirr und Wäsche in Hotelbetrieben, Gaststätten und Fahrgastschiffen
- Gerüst- und Schalungsteile im Baugewerbe
- Laboreinrichtungen
- Rebstöcke im Weinbau

(2)   beim Umlaufvermögen:
- Brennstoffe
- Schmier- und Reinigungsmittel
- Bürobedarf
- Verpackungsmaterial
- Heizöl, Benzin, Dieselkraftstoff in Produktionsbetrieben (dagegen nicht in Mineralölunternehmen, da es sich dort um Fertigprodukte handelt).

164.   Unter welchen Voraussetzungen ist eine Gruppenbewertung möglich?

Bei der Gruppenbewertung bzw. Durchschnittsmethode werden nach § 240 Abs. 4 HGB

- gleichartige Vermögensgegenstände des Vorratsvermögens,
- andere gleichartige oder annähernd gleichwertige bewegliche Vermögensgegenstände sowie
- Schulden

jeweils zu einer Gruppe zusammengefasst. Das Verfahren ist auch steuerlich anerkannt (R 6.8 Abs. 4 EStR).

165. Was ist bei der Gruppenbewertung unter »gleichartig« und »annähernd gleichwertig« zu verstehen?

Gleichartig sind Vermögensgegenstände, wenn sie der gleichen Warengattung angehören oder funktionsgleich sind.

Annähernde Gleichwertigkeit liegt vor, wenn die Preise nur geringfügig voneinander abweichen. Ein Spielraum von bis zu 20 % gilt als vertretbar.

166. Wie ist bei der Gruppenbewertung der gewogene Durchschnitt zu ermitteln?

Der gewogene Durchschnittswert ergibt sich,

- indem die jeweiligen Teilmengen der zu einer Gruppe zusammengefassten Vermögensgegenstände mit dem Preis pro Teilmenge multipliziert werden und anschließend
- der Gesamtwert durch die Gesamtmenge der Einzelstücke dividiert wird.

Im Unterschied zum einfachen Durchschnittspreis wird hier die Menge berücksichtigt.

167. Was versteht man unter Verbrauchsfolgeverfahren?

Verbrauchsfolgeverfahren sind Verfahren zur vereinfachten Ermittlung der AK/HK, bei denen eine bestimmte Verbrauchs- oder Veräußerungsfolge unterstellt wird.

168. Wie ist die Zulässigkeit von Verbrauchsfolgeverfahren handels- und steuerrechtlich geregelt?

Soweit es den GoB entspricht, kann nach § 256 HGB für den Wertansatz gleichartiger Vorratsgüter unterstellt werden, dass die zuerst oder die zuletzt angeschafften oder hergestellten Vermögensgegenstände zuerst verbraucht oder veräußert worden sind. Handelsrechtlich sind daher grundsätzlich möglich:

- Fifo-Methode (first in – first out),
- Lifo-Methode (last in – first out).

Weitere Verfahren wie die Hifo-Methode (highest in – first out) sind der Gesetzesänderung durch BilMoG zum Opfer gefallen.

Steuerrechtlich ist entgegen dem Maßgeblichkeitsprinzip in § 6 Abs. 1 Nr. 2a EStG nur die Lifo-Methode zugelassen, andere Verbrauchsfolgeverfahren werden ausdrücklich für nicht zulässig erklärt (R 6.9 Abs. 1 EStR).

169. Worin liegt das Wesen der Verbrauchsfolgeverfahren?

Die Bewertung gleichartiger Vorratsgüter, die als sog. vertretbare Sachen im Verkehr nach Maß, Zahl oder Gewicht bestimmt werden, stößt in der Praxis auf besondere Schwierigkeiten. Wegen der Identität im Aussehen und der Beschaffenheit entziehen sie sich einer exakten Ermittlung ihrer AK/HK, wenn sie aus verschiedenen Einkäufen oder Produktionen stammen und daher unterschiedliche Einstandspreise haben. Der Wert dieser Güter wird daher mittels Verbrauchsfolgeverfahren geschätzt.

10.4 Sonstige Bewertungsfragen

170. Wie sind Rückstellungen handelsrechtlich zu bewerten?

Seit BilMoG gilt für die handelsrechtliche Rückstellungsbewertung Folgendes:

(1) Grundsatz: Rückstellungen sind in Höhe des nach vernünftiger kaufmännischer Beurteilung notwendigen Erfüllungsbetrages anzusetzen (§ 253 Abs. 1 Satz 2 HGB). Damit finden handelsrechtlich (entgegen Stichtagsprinzip) künftige Preis- und Kostensteigerungen Berücksichtigung. Hierzu ist aber erforderlich, dass ausreichende objektive Hinweise auf den Eintritt künftiger Preis- und Kostensteigerungen schließen lassen.

(2) Abzinsung: Rückstellungen mit einer Restlaufzeit von mehr als einem Jahr sind mit dem ihrer Restlaufzeit entsprechenden durchschnittlichen Marktzinssatz der vergangenen sieben Geschäftsjahre abzuzinsen (§ 253 Abs. 2 Satz 1 HGB). Dieser Zinssatz wird durch die Deutsche Bundesbank bekanntgegeben (§ 253 Abs. 2 Satz 4 und 5 HGB).

171. **Zeigen Sie die grundsätzlichen Unterschiede zwischen handelsrechtlicher und steuerlicher Rückstellungsbewertung auf.**

Steuerlich gilt im Gegensatz zur Frage zuvor:

(1) Grundsatz: Für die Bewertung von Rückstellungen sind die Wertverhältnisse am Bilanzstichtag maßgebend (Stichtagsprinzip). Preis- und Kostensteigerungen, die bis zum Erfüllungstag noch erwartet werden, dürfen nicht berücksichtigt werden (§ 6 Abs. 1 Nr. 3a Buchst f EStG).

(2) Abzinsung: Rückstellungen mit einer Restlaufzeit von mehr als einem Jahr sind mit 5,5 % abzuzinsen (§ 6 Abs. 1 Nr. 3a Buchst e EStG).

172. **Können Sie weitere steuerliche Besonderheiten bei der Rückstellungsbewertung anführen?**

Die steuerliche Bewertung von Rückstellungen richtet sich nach weiteren in § 6 Abs. 1 Nr. 3a EStG niedergelegten Grundsätzen, die gegenüber dem Handelsrecht teilweise einschränkend sind:

- Bei Rückstellungen für gleichartige Verpflichtungen ist auf der Grundlage von Erfahrungswerten die Wahrscheinlichkeit zu berücksichtigen, dass nur zum Teil eine Inanspruchnahme erfolgt.
- Rückstellungen für Sachleistungsverpflichtungen sind mit den Einzelkosten und den angemessenen Teilen der notwendigen Gemeinkosten zu bewerten.
- Künftige Vorteile, die mit der Erfüllung einer Verpflichtung voraussichtlich verbunden sein werden, sind bei ihrer Bewertung wertmindernd zu berücksichtigen, soweit sie nicht als Forderung zu aktivieren sind.
- Rückstellungen für Verpflichtungen, für deren Entstehen der laufende Betrieb ursächlich ist, sind zeitanteilig in gleichen Raten anzusammeln, für die Verpflichtung zur Stilllegung von Kernkraftwerken in 25 Jahren.

173. **Skizzieren Sie die wesentlichen Unterschiede bei der Bewertung von Pensionsrückstellungen.**

Auch bei der Bewertung von Pensionsrückstellungen bestehen handels- und steuerrechtlich erhebliche Unterschiede (vgl. § 253 Abs. 2 HGB, § 6a EStG):

- Handelsrechtlich erfolgt der Ansatz mit dem künftigen Erfüllungsbetrag, steuerlich zu Wertverhältnissen des Bilanzstichtags.
- Handelsrechtlich ist mit einem durchschnittlichen Marktzins von sieben Geschäftsjahren (individuell für jede einzelne Pensionsrückstellung) oder alternativ (pauschal für alle Pensionsverpflichtungen) 15 Geschäftsjahren abzuzinsen, steuerlich mit 6 %.
- Bei Pensionsrückstellungen mit ausgegliedertem Planvermögen (Pensionsfonds, Unterstützungs-, Pensions- oder Versorgungskassen) besteht nach § 246 Abs. 2 Satz 2 und 3

HGB ein Verrechnungsgebot (Angabe der verrechneten Beträge nach § 285 Nr. 25 HGB im Anhang), steuerlich ist eine solche Verrechnung unzulässig (§ 5 Abs. 1a Satz 1 EStG).

174. Wie sind Verbindlichkeiten handelsrechtlich zu bewerten?

Handelsrechtlich sind Verbindlichkeiten zu ihrem Erfüllungsbetrag anzusetzen (§ 253 Abs. 1 Satz 2 HGB). Das bei Verbindlichkeiten geltende Höchstwertprinzip (vgl. Frage 138) verbietet eine Abzinsung niedriger oder unverzinslicher Verbindlichkeiten.

175. Wie sind Verbindlichkeiten steuerrechtlich zu bewerten?

Steuerrechtlich besteht für Verbindlichkeiten nach § 6 Abs. 1 Nr. 3 EStG ein generelles Abzinsungsgebot mit einem Zinssatz von 5,5 %. Nicht abgezinst werden müssen

- Verbindlichkeiten mit einer Laufzeit am Bilanzstichtag von weniger als 12 Monaten,
- verzinsliche Verbindlichkeiten sowie
- Anzahlungen oder Vorauszahlungen.

176. Wie kommt es zur Bilanzierung latenter Steuern? Erläutern Sie den Begriff der latenten Steuern.

Das Problem der Abgrenzung latenter Steuern stellt sich dann nicht, wenn eine sogenannte Einheitsbilanz erstellt wird, Handels- und Steuerbilanz also identisch sind. Unterscheiden sich jedoch Wertansätze, so resultieren daraus Steuerwirkungen, die durch die Bilanzierung latenter Steuern dargestellt werden (vgl. § 274 HGB).

177. Wann ergeben sich aktive latente Steuern? Nennen Sie Beispiele.

Eine sich aus der Abgrenzung ergebende Steuerentlastung wird als aktive latente Steuer bezeichnet. Sie ergibt sich, wenn der steuerliche Wertansatz (Einzeldifferenzenbetrachtung)

- bei Aktiva höher und
- bei Passiva niedriger als in der Handelsbilanz ist.

Beispiele:

- Aktivierungspflicht des Disagios in der Steuerbilanz, Nichtaktivierung nach § 250 Abs. 3 HGB in der Handelsbilanz,
- 15-jährige AfA des derivativen Firmenwertes in der Steuerbilanz (§ 7 Abs. 1 Satz 3 EStG), schnellere planmäßige Abschreibung nach § 253 Abs. 3 Satz 1 und 2 HGB in der Handelsbilanz
- Ansatzverbot von Drohverlustrückstellungen in der Steuerbilanz (§ 5 Abs. 4a EStG), Passivierungspflicht in der Handelsbilanz (§ 249 Abs. 1 HGB)
- infolge eines höheren Diskontierungszinssatzes (6 %) niedrigerer Ansatz von Pensionsrückstellungen in der Steuerbilanz (§ 6a EStG) als in der Handelsbilanz.

178. Wann ergeben sich passive latente Steuern? Nennen Sie Beispiele.

Eine sich aus der Abgrenzung ergebende Steuerbelastung wird als passive latente Steuer bezeichnet. Sie ergibt sich, wenn der steuerliche Wertansatz (Einzeldifferenzenbetrachtung)

- bei Aktiva niedriger und
- bei Passiva höher als in der Handelsbilanz ist.

Beispiele:

- Aktivierungsverbot selbst erstellter immaterieller Anlagegüter in der Steuerbilanz (§ 5 Abs. 2 EStG), Aktivierung in der Handelsbilanz gemäß § 248 Abs. 2 HGB
- Sonderabschreibung nach § 7g EStG in der Steuerbilanz sowie

- Ansatz steuerfreier Rücklagen in der Steuerbilanz, die wegen der Aufhebung der umgekehrten Maßgeblichkeit in der Handelsbilanz nicht mehr angesetzt werden dürfen.

179.   Wie sind latente Steuern in der Bilanz auszuweisen?

Für den Ausweis der latenten Steuern in der Bilanz bietet § 274 Abs. 1 HGB ein Wahlrecht:

- Die sich ergebende Steuerbe- und die sich ergebende Steuerentlastung können unverrechnet angesetzt oder
- im Rahmen einer Gesamtdifferenzenbetrachtung saldiert ausgewiesen werden, nämlich bei einer sich insgesamt ergebenden Steuerbelastung als passive latente Steuern (§ 266 Abs. 3 E. HGB), bei einer sich insgesamt ergebenden Steuerentlastung als aktive latente Steuern (§ 266 Abs. 2 D. HGB). Im letzteren Fall besteht Aktivierungswahlrecht nach § 274 Abs. 1 Satz 2 HGB, d.h., bei Überwiegen der aktiven latenten Steuern kann auf den Ausweis – wie vor BilMoG – verzichtet werden.

180.   Was ist bei einem eventuellen Ausweis aktiver latenter Steuern bilanzrechtlich zusätzlich zu beachten?

Werden aktive latente Steuern in der Bilanz ausgewiesen, besteht, dem Vorsichtsprinzip Rechnung tragend, eine Ausschüttungssperre auf den Betrag, um den die aktiven latenten Steuern die passiven latenten Steuern übersteigen (§ 268 Abs. 8 Satz 2 HGB).

181.   Schildern Sie die Bewertung latenter Steuern. Muss der Ansatz abgezinst werden?

Für die Berechnung der abzugrenzenden Steuern ist gemäß § 274 Abs. 2 Satz 1 HGB auf die individuellen – steuersubjektbezogenen – Steuersätze abzustellen, die wahrscheinlich im Zeitpunkt der Umkehrung der zeitlichen Differenzen gültig sind. Sind die individuellen Steuersätze im Zeitpunkt der Umkehrung nicht bekannt, sind die am Bilanzstichtag gültigen individuellen Steuersätze anzuwenden (BT-Drucks. 16/10067 S. 68).

Die Abzinsung der latenten Steuern schließt § 274 Abs. 2 Satz 1 HGB ausdrücklich aus.

182.   Wie hoch ist der Steuersatz zur Berechnung latenter Steuern, wenn er der derzeitigen ertragsteuerlichen Belastung (einschließlich Solidaritätszuschlag) einer Kapitalgesellschaft bei einem Gewerbesteuerhebesatz von 400 % entspricht?

Der Unternehmensteuersatz, bestehend aus Körperschaft-, Gewerbesteuer (bei einem Hebesatz von 400 %) und Solidaritätszuschlag, beträgt 29,825 %, nämlich

- Körperschaftsteuer 15 % (§ 23 Abs. 1 KStG),
- Solidaritätszuschlag (§ 4 SolZG) 5,5 % der festgesetzten Körperschaftsteuer (5,5 % x 15 % = 0,825 %),
- Gewerbesteuer (§ 11 Abs. 2 und § 16 GewStG) Steuermesszahl 3,5 % x gemeindeindividueller Hebesatz (hier 400 %) = 14 %.

Man rechnet dann aber mit einem gerundeten Steuersatz von 30 %.

183.   Müssen sich alle Unternehmen um die Bilanzierung latenter Steuern kümmern?

Mit dem Thema der Bilanzierung latenter Steuern (§ 274 HGB) müssen sich **jedenfalls mittelgroße und große Kapitalgesellschaften** auseinandersetzen. Über § 264a HGB gilt das auch für haftungsbeschränkte Personenhandelsgesellschaften dieser Größenklassen.

Zur Frage der Anwendung für **kleine Kapitalgesellschaften (Befreiung nach § 274a Nr. 5 HGB), kleine haftungsbeschränkte Personenhandelsgesellschaften und Einzelkaufleute** gehen die **Ansichten auseinander:**

(1) Nach **Auffassung des IDW** (siehe IDW RS HFA 7 Tz. 26) sind diese drei Gruppen nicht von latenten Steuern befreit, soweit diese auch einen Rückstellungscharakter gem. § 249 Abs. 1 HGB (der für alle Kaufleute gilt) haben. Eine entsprechende Formulierung findet sich auch in der Regierungsbegründung zum BilMoG, BT-Drucksache 16/10067, S. 68.

(2) Gegen die Berücksichtigung latenter Steuern in Jahresabschlüssen dieser drei Gruppen wenden sich die **Bundessteuerberaterkammer und der DStV** (DStR 2012, 2296). Nach deren Auffassung können **latente Steuerverbindlichkeiten nur in vom Gesetzgeber gewollten Steuerstundungsfällen** entstehen. Das sind ausschließlich Fälle des früheren Sonderposten mit Rücklageanteils (nämlich bei Bildung einer steuerfreien Rücklage nach § 6b Abs. 3 EStG oder R. 6.6 Abs. 4 EStR sowie bei Inanspruchnahme des Investitionsabzugsbetrages nach § 7 g Abs. 1 EStG), bei denen jedoch von vornherein keine Übertragung vorgesehen ist.

(3) Im Schrifttum finden sich Ansichten, die zwischen diesen beiden Meinungen anzusiedeln sind, also teilweise (1) und teilweise (2) zustimmen.

IDW, Bundessteuerberaterkammer und DStV gelten als so genannte Standardsetter (Regelersteller bzw. Normgeber), sodass beide Auffassungen – obwohl gravierend unterschiedlich – als »richtig« einzustufen sind (auch gerichtlich). Allerdings wird zu Recht kritisiert, dass derart wichtige Berufsorganisationen zur Frage der Bilanzierung latenter Steuern nicht zu einer einheitlichen Linie finden.

184. Welches Ziel wird mit der Bildung von Bewertungseinheiten verfolgt?

Mit der Bildung von Bewertungseinheiten, d.h. der kompensatorischen Betrachtung von Aufwendungen und Erträgen, wird das Ziel verfolgt, durch Zusammenfassung von Grundgeschäft und Sicherungsgeschäft zum Ausgleich vergleichbarer Risiken zu kommen. Absicherungsfähige Risiken sind das Zins-, Währungs-, Ausfall- und Preisänderungsrisiko, nicht das allgemeine Unternehmerrisiko.

185. Wie werden Bewertungseinheiten in der Praxis gebildet?

Bewertungseinheiten werden in der Praxis in der Weise gebildet (BT-Drucks. 16/10067 S. 58),

- dass entweder das aus einem einzelnen Grundgeschäft resultierende Risiko durch ein einzelnes Sicherungsinstrument unmittelbar abgesichert wird (auch sog. Micro-Hedging),
- dass die Risiken mehrerer gleichartiger Grundgeschäfte durch ein oder mehrere Sicherungsinstrumente abgedeckt werden (auch sog. Portfolio-Hedging) oder
- dass die risikokompensierende Wirkung ganzer Gruppen von Grundgeschäften zusammenfassend betrachtet wird (sog. Macro-Hedging).

186. Wie werden handelsrechtlich eventuell gebildete Bewertungseinheiten in der Steuerbilanz behandelt?

Der konkrete Handelsbilanzansatz ist auch in die Steuerbilanz zu übernehmen (§ 5 Abs. 1a EStG). Ist bei Bewertungseinheiten infolge eines Verpflichtungsüberschusses eine Drohverlustrückstellung zu bilden, wird diese auch steuerlich anerkannt (§ 5 Abs. 4a Satz 2 EStG).

11   Mehr- und Weniger-Rechnung

187.   **Was versteht man unter einer Mehr- und Weniger-Rechnung? Wo wird sie eingesetzt?**

Bei steuerlichen Außenprüfungen wird häufig festgestellt, dass die Wertansätze in den Bilanzen den gesetzlichen Bestimmungen, insbesondere steuerlichen Vorschriften nicht entsprechen. Auch Entnahmen und Einlagen werden häufig korrigiert. In der Mehr- und Weniger-Rechnung werden Abweichungen zwischen Steuer- und Prüferbilanz tabellarisch dargestellt, und zwar Gewinnerhöhungen als Pluposten, Gewinnminderungen als Minusposten.

Darüber hinaus wird die Mehr- und Weniger-Rechnung auch für die Ableitung der Steuerbilanz aus der Handelsbilanz verwendet. Das ist dann notwendig, wenn keine Einheitsbilanz aufgestellt wurde, sondern handelsrechtlich zulässige Bewertungen und Aufwandsverbuchungen vorgenommen wurden, die steuerrechtlich nicht erlaubt sind (vgl. § 60 Abs. 2 EStDV).

12   Bilanzänderung/Bilanzberichtigung

188.   **Was ist der Unterschied zwischen Bilanzänderung und Bilanzberichtigung?**

Unter Bilanzänderung versteht man den Übergang von einem erlaubten Bilanzansatz zu einem anderen, ebenfalls erlaubten Bilanzansatz (Folge eines Wahlrechts). Unter Bilanzberichtigung ist die Korrektur eines unzulässigen Bilanzansatzes zu verstehen.

12.1   Bilanzänderung

189.   **Wann ist eine Bilanzänderung handelsrechtlich zulässig?**

Handelsrechtlich ist hinsichtlich einer Bilanzänderung Folgendes zu beachten:
(1) Die Bilanzänderung muss durch gewichtige Gründe gerechtfertigt sein.
(2) Die Änderung ist unzulässig, wenn Rechte Dritter beeinträchtigt würden, es sei denn, dass deren Einverständnis erteilt wird.

Diese Bestimmungen haben zur Folge, dass bei Personengesellschaften sich die Gesellschafter über die Änderung einig sein müssen. Bei Kapitalgesellschaften dürfen bereits entstandene Rechte der Gesellschafter bzw. Aktionäre nicht gegen deren Willen beeinträchtigt werden.

Erfolgt bei großen und mittelgroßen Kapitalgesellschaften (& Co) die Änderung nach erfolgter Pflichtprüfung, so muss erneut geprüft und testiert und offen gelegt werden.

190.   **Wann ist eine Bilanzänderung steuerlich zulässig?**

Die handelsrechtliche Bilanzänderung ist wegen des Maßgeblichkeitsgrundsatzes auch Voraussetzung für die steuerliche Bilanzänderung. Nach § 4 Abs. 2 Satz 2 EStG wird dem Steuerpflichtigen die Möglichkeit einer Bilanzänderung eröffnet, wenn

- die Änderung in einem engen zeitlichen und sachlichen Zusammenhang mit einer Bilanzberichtigung nach § 4 Abs. 2 Satz 1 EStG steht (d.h. Bezug beider Maßnahmen auf dieselbe Bilanz, keine Beschränkung auf den berichtigten Bilanzposten) und
- soweit die Auswirkung der Bilanzberichtigung auf den Gewinn reicht.

12.2   Bilanzberichtigung

191.   Ist für eine Bilanzberichtigung die Zustimmung des Finanzamts notwendig?
Im Gegensatz zur Bilanzänderung bedarf die Bilanzberichtigung keiner Zustimmung
durch das Finanzamt. Ein Bilanzansatz der gegen GoB, Handelsrecht oder Steuerrecht verstößt, muss richtiggestellt werden. Der Steuerpflichtige ist gem. § 153 AO sogar zur Berichtigung verpflichtet, wenn der Fehler zu einer Steuerverkürzung führt.

192.   Wie weit zurück kann bzw. muss eine Fehlerquelle berichtigt werden?
Bilanzen sind grundsätzlich bis ins Jahr der Fehlerquelle zurück zu berichtigen. Dies ist vor
Bestandskraft der Veranlagung jederzeit möglich, nach Bestandskraft der Veranlagungen
nur,
- wenn Veranlagungsberichtigungen auf Grund der Vorschriften der Abgabenordnung
  noch möglich sind, (z. B. wegen Nachprüfungsvorbehalt, Bekanntwerden neuer Tatsachen, Betriebsprüfung) oder
- wenn die Berichtigung auf die Höhe der veranlagten Steuer ohne Einfluss ist.

**193.   Was hat zu geschehen, wenn eine Berichtigung bis zur Fehlerquelle zurück
nicht mehr möglich ist?**
Ist die Berichtigung bis zur Fehlerquelle nicht mehr möglich, so ist der unrichtige Bilanzansatz in der Schlussbilanz des ersten Jahres erfolgswirksam richtigzustellen, dessen Veranlagung geändert werden kann (R 4.4 Abs. 1 Satz 9 EStR).

**194.   Was ist der Unterschied zwischen erfolgswirksamer und erfolgsneutraler
Bilanzberichtigung?**
Die erfolgsneutrale Bilanzberichtigung betrifft folgende Fälle:
- falsche Behandlung von Entnahmen oder Einlagen bzw. unterlassene und zu Unrecht
  vorgenommene Bilanzierung,
- wenn in den Vorjahren im Hinblick auf eine zu niedrige Bemessungsgrundlage zu
  wenig AfA geltend gemacht wurden, kann die letzte Anfangsbilanz gewinnneutral
  berichtigt werden, indem der richtige höhere Anfangswert gekürzt um die tatsächlich
  vorgenommenen Absetzungsbeträge in die Bilanz eingestellt wird (H 4.4 EStH »Bilanzberichtigung«),
- wenn zur Erlangung ungerechtfertigter Steuervorteile ein Aktivposten bewusst zu hoch
  oder ein Passivposten bewusst zu niedrig bewertet wurde (H 4.4 EStH »Berichtigung
  einer Bilanz, die einer bestandskräftigen Veranlagung zugrunde liegt«).
  Alle anderen Fälle sind stets erfolgswirksam zu berichtigen.

13   GuV-Rechnung

195.   In welcher Form und welchen Verfahren ist die GuV-Rechnung aufzustellen?
Die GuV-Rechnung als Teil des Jahresabschlusses ist eine periodische Erfolgsrechnung
durch Gegenüberstellung der Erträge und Aufwendungen eines Abrechnungszeitraums
(§ 242 Abs. 2 HGB).
   Für alle Kaufleute ist lediglich das Bruttoprinzip verbindlich (Verrechnungsverbot,
§ 246 Abs. 2 HGB) und kein Schema vorgeschrieben.

Für Kapitalgesellschaften (& Co) schreibt § 265 die Staffelform (im Gegensatz zur Kontoform) vor, wobei die Wahl zwischen Gesamtkosten- und Umsatzkostenverfahren besteht.

Auch nach IFRS besteht eine Wahlmöglichkeit zwischen Gesamt- und Umsatzkostenverfahren (IAS 1.99 ff.).

196.   Was versteht man unter dem Gesamtkostenverfahren?

Beim Gesamtkostenverfahren (§ 275 Abs. 2 HGB) werden die gesamten in einer Periode angefallenen Aufwendungen den Erlösen gegenübergestellt, wobei die Aufwendungen getrennt nach den wichtigsten Kostenarten ausgewiesen werden, z.B. Material, Personal, Abschreibungen, Zinsen, Steuern.

Im Mittelpunkt dieses Verfahrens steht – im Gegensatz zum Umsatzkostenverfahren – die Gesamtleistung, die neben den Umsatzerlösen auch

- den Auf- und Abbau von Lagerbeständen (Bestandsveränderungen) und
- aktivierte Eigenleistungen beinhaltet.

197.   Was versteht man unter dem Umsatzkostenverfahren?

Das Umsatzkostenverfahren (§ 275 Abs. 3 HGB) unterscheidet sich vom Gesamtkostenverfahren dadurch, dass

- die Aufwendungen nicht nach Aufwandsarten, sondern nach Funktionsbereichen (Herstellung, Vertrieb, allgemeine Verwaltung) gegliedert sind,
- die Bestandsveränderungen und aktivierten Eigenleistungen entfallen und
- folglich auch nur der Aufwand der abgesetzten statt der hergestellten Güter ausgewiesen wird.

Das Umsatzkostenverfahren stellt also den Umsatzerlösen (Pos. 1) nur die Herstellungskosten gegenüber, die ursächlich für die Umsätze waren (Pos. 2).

Trotzdem führen beide Verfahren zum gleichen Ergebnis.

198.   Welche Vor- und Nachteile sind mit dem Gesamtkosten- bzw. Umsatzkostenverfahren verbunden?

- Das Gesamtkostenverfahren ist bei langfristiger Fertigung dem Umsatzkostenverfahren überlegen.
- Das Umsatzkostenverfahren ist fast völlig von der Finanzbuchhaltung losgelöst und i.d.R. mit organisatorischem Mehraufwand verbunden.
- Während das Gesamtkostenverfahren in Deutschland dominiert, ist das Umsatzkostenverfahren international weitaus verbreiteter (z.B. angloamerikanische Länder) und für international agierende Unternehmen wichtiger.

199.   Welche betriebswirtschaftliche Grobstruktur weisen das Gesamt- und das Unsatzkostenverfahren auf?

Das Jahresergebnis wird unterteilt in

- Ergebnis der gewöhnlichen Geschäftstätigkeit,
- außerordentliches Ergebnis und
- Steuern.

Das Ergebnis der gewöhnlichen Geschäftstätigkeit lässt sich gedanklich weiter untergliedern

- in Ergebnis der eigentlichen Betriebstätigkeit und
- Finanzergebnis.

200. Welche größenabhängigen Gliederungserleichterungen werden bei der GuV-Rechnung gewährt?

§ 276 HGB gestattet **kleinen und mittelgroßen Kapitalgesellschaften** (& Co) die Zusammenfassung folgender Posten unter der Bezeichnung »Rohergebnis«:

Gesamtkostenverfahren	Umsatzkostenverfahren
1. Umsatzerlöse	1. Umsatzerlöse
2. Bestandsveränderungen	2. Herstellungskosten der zur Erzielung
3. Andere aktivierte Eigenleistungen	der Umsatzerlöse erbrachten Leistungen
4. Sonstige betriebliche Erträge	3. Bruttoergebnis vom Umsatz
5. Materialaufwand	6. Sonstige betriebliche Erträge

Auch **Kleinstkapitalgesellschaften** (§ 267a) können die GuV-Rechnung verkürzt darstellen. Folgende Mindestangaben sind gemäß § 275 Abs. 5 HGB zu beachten:

(1) Umsatzerlöse

(2) Sonstige Erträge

(3) Materialaufwand

(4) Personalaufwand

(5) Abschreibungen

(6) Sonstige Aufwendungen

(7) Steuern

(8) Jahresüberschuss/Jahresfehlbetrag.

Angaben zu außerordentlichen und Finanzposten sowie zu Bestandsveränderungen müssen bei dieser Gliederung unter den sonstigen Erträgen bzw. sonstigen Aufwendungen ausgewiesen werden.

201. Wie ist die GuV-Rechnung zu ergänzen, wenn ein Bilanzgewinn ausgewiesen werden soll?

Die GuV-Rechnung ist nach § 275 Abs. 4 HGB bei Ausweis des Bilanzgewinns in Anlehnung an § 158 AktG nach dem Posten Jahresüberschuss/-fehlbetrag in Fortführung der Nummerierung um folgende Posten zu ergänzen:

(1)   Gewinn-/Verlustvortrag aus dem Vorjahr

(2)   Entnahmen aus der Kapitalrücklage

(3)   Entnahmen aus Gewinnrücklagen (eventuell weiter untergliedert)

(4)   Einstellungen in Gewinnrücklagen (eventuell weiter untergliedert)

(5)   Bilanzgewinn/-verlust.

14 Anhang

202. Welchem Zweck dient der Anhang?

Der Anhang ist Pflichtbestandteil des Jahresabschlusses von Kapitalgesellschaften (& Co, § 264 Abs. 1 HGB). Er dient vornehmlich der näheren Erläuterung von Bilanz und GuV-Rechnung. Leitlinie für die Berichterstattung ist die Vermittlung eines den tatsächlichen Verhältnissen entsprechenden Bildes der Vermögens-, Finanz- und Ertragslage.

Der Anhang ist auch Pflichtbestandteil eines IAS/IFRS-Abschlusses (IAS 1.8e).

203.   Wovon ist der Umfang des Anhangs abhängig?

Der Umfang des Anhangs ist von der Größe der Gesellschaft und ihrer Rechtsform abhängig. Darüber hinaus kommt es darauf an, wie ein Unternehmen die Wahlrechte hinsichtlich der Zuordnung von Angaben zu den einzelnen Teilen des Jahresabschlusses in Anspruch genommen hat (Angabe in Bilanz oder Anhang, in GuV-Rechnung oder Anhang).

204.   Welche Berichterstattungsarten des Anhangs sind zu unterscheiden?

- Angaben: Nennung ohne Zusatz; ob es sich um eine quantitative oder qualitative Nennung handelt, ergibt sich aus der Einzelvorschrift.
- Aufgliederung: Quantitatives Unterteilen eines Postens in geforderte Einzelbestandteile.
- Erläuterung: Verbales Ersichtlichmachen von Inhalt und/oder Zustandekommen eines Bilanz- oder GuV-Postens.
- Darstellung: Angaben in Verbindung mit einer Aufgliederung oder Erläuterung.
- Begründung: Erläuterung und Rechtfertigung der Ursachen eines Handelns oder Unterlassens.

15   Lagebericht

205.   Welchem Zweck dient der Lagebericht? Worin unterscheidet er sich von den Inhalten des Jahresabschlusses?

Der Lagebericht ist nicht Bestandteil des Jahresabschlusses, sondern steht neben dem Abschluss, den er durch zusätzliche Informationen über Stand und Entwicklung des Unternehmens ergänzen soll (§ 289 HGB). Er ist ein Instrument der Rechenschaftslegung, das neben einer vergangenheitsorientierten Betrachtung auch zukunftsorientierte Informationen vermittelt.

Das Informationsinstrument des Lageberichts ist den IAS/IFRS fremd.

206.   Wie sind die Inhalte des Lageberichts gegliedert?

Die Vorschriften zum Lagebericht wurden durch das Bilanzrechtsreformgesetz in wesentlichen Teilbereichen neu gefasst und durch BilMoG für kapitalmarktorientierte Unternehmen ergänzt. Man unterscheidet die Berichterstattung

- zum Geschäftsverlauf (sog. Wirtschaftsbericht) und zur voraussichtlichen Entwicklung (sog. Prognosebericht) sowie
- die darüber hinausgehenden Informationen gemäß § 289 Abs. 2 HGB.

207.   Wie ist im Lagebericht die Berichterstattung zum Geschäftsverlauf und zur voraussichtlichen Entwicklung genauer zu skizzieren?

Die Berichterstattung zum Geschäftsverlauf und zur voraussichtlichen Entwicklung ist in § 289 Abs. 1 und 3 HGB angesprochen:

(1)   Der Geschäftsverlauf einschließlich des Geschäftsergebnisses und die Lage des Unternehmens (Wirtschaftsbericht) sind so darzustellen, dass ein den tatsächlichen Verhältnissen entsprechendes Bild vermittelt wird:

- ausgewogene und umfassende, dem Umfang und der Komplexität der Geschäftstätigkeit entsprechende Analyse,
- Einbeziehung der bedeutsamsten finanziellen Leistungsindikatoren und deren Erläuterung unter Bezugnahme auf die im Jahresabschluss ausgewiesenen Beträge und Angaben,

- bei großen Gesellschaften Einbeziehung nichtfinanzieller Leistungsindikatoren, wie Informationen über Umwelt- und Arbeitnehmerbelange, soweit sie für das Verständnis des Geschäftsverlaufs oder der Lage von Bedeutung sind.

(2) Ferner Beurteilung der voraussichtlichen Entwicklung mit ihren wesentlichen Chancen und Risiken (Prognosebericht).

208. **Was ist unter einer ausgewogenen und umfassenden, dem Umfang und der Komplexität der Geschäftstätigkeit entsprechende Analyse zu verstehen?**

Im Rahmen der Analyse des Geschäftsverlaufs hat der IDW (RS HFA 1, inzwischen aufgehoben) folgende Darstellungsbereiche vorgeschlagen:

- Entwicklung von Branche und Gesamtwirtschaft,
- Umsatz- und Auftragsentwicklung,
- Produktion, Beschaffung, Investition,
- Finanzierungsmaßnahmen bzw. Finanzierungsvorhaben,
- Personal- und Sozialbereich,
- Umweltschutz sowie
- sonstige wichtige Vorgänge im Berichtsjahr.

Diese Bereiche sind insgesamt analytisch darzustellen und aufzubereiten. Hierbei sind nach § 289 Abs. 1 Satz 3 HGB insbesondere finanzielle Leistungsindikatoren zu berücksichtigen und zu erläutern, d.h. die oben aufgeführten Bereiche unter Verwendung von Kennzahlen und Gesamtbeträgen im Vergleich der Jahre zu beschreiben.

209. **Welche Vorgänge/ Bereiche soll ein Lagebericht besonders ansprechen?**

Der Lagebericht soll nach § 289 Abs. 2 HGB auch eingehen auf:

(1) Vorgänge von besonderer Bedeutung, die nach dem Schluss des Geschäftsjahrs eingetreten sind;

(2) In Bezug auf die Verwendung von Finanzinstrumenten:
- Risikomanagementziele und -methoden der Gesellschaft einschließlich Absicherungsstrategien,
- Preisänderungs-, Ausfall- und Liquiditätsrisiken sowie die Risiken aus Zahlungsstromschwankungen,

(3) den Bereich Forschung und Entwicklung,

(4) bestehende Zweigniederlassungen,

(5) Vergütungssysteme für Vorstände börsennotierter AG.

210. **Gibt es Befreiungsvorschriften zum Lagebericht? Muss er unterzeichnet werden?**

§ 264 HGB regelt die Aufstellungspflicht des Lageberichts. Danach sind kleine Kapitalgesellschaften von seiner Aufstellung befreit (§ 264 Abs. 1 Satz 3 HGB).

Im Gegensatz zum Jahresabschluss (vgl. § 245 HGB) ist der Lagebericht von den gesetzlichen Vertretern nicht zu unterzeichnen.

211. **Was ist unter dem Corporate Governance Kodex zu verstehen?**

Der Deutsche Corporate Governance Kodex stellt wesentliche gesetzliche Vorschriften zur Leitung und Überwachung deutscher börsennotierter Gesellschaften dar und enthält international und national anerkannte Standards guter und verantwortungsvoller Unternehmensführung. Er soll das Vertrauen der Anleger und der Öffentlichkeit in die Leitung und Überwachung deutscher börsennotierter AGs fördern und ist im Internet unter www.corporate-governance-code.de abrufbar.

Der Kodex verdeutlicht die Verpflichtung von Vorstand und Aufsichtsrat, im Einklang mit den Prinzipien der sozialen Marktwirtschaft für den Bestand des Unternehmens und seine nachhaltige Wertschöpfung zu sorgen (Unternehmensinteresse).

212.   Was beinhaltet eine Corporate-Governance-Erklärung? Wer hat sie zu machen?

Mit dem neu eingefügten § 289a HGB werden insbesondere börsennotierte AG verpflichtet, eine Erklärung zur Unternehmensführung in ihren Lagebericht aufzunehmen, die dort einen gesonderten Abschnitt bildet. Diese Erklärung kann auch auf der Internetseite der Gesellschaft öffentlich zugänglich gemacht werden.

In der Erklärung zur Unternehmensführung sind nach Absatz 2 des § 289a HGB anzugeben:

- die Erklärung gemäß § 161 AktG zum Corporate Governance Kodex,
- relevante Angaben zu Unternehmensführungspraktiken, die über die gesetzlichen Anforderungen hinaus angewandt werden (z.B. unternehmensweit gültig ethische Standards),
- eine Beschreibung der Arbeitsweise von Vorstand und Aufsichtsrat sowie der Zusammensetzung und Arbeitsweise von deren Ausschüssen.

16   Prüfung der Rechnungslegung

213.   Welche Unternehmen sind prüfungspflichtig?

Jahresabschluss und Lagebericht aller mittleren und großen Kapitalgesellschaften (& Co) müssen gem. § 316 HGB durch einen Abschlussprüfer geprüft werden. Hat keine Prüfung stattgefunden, so kann der Jahresabschluss nicht festgestellt werden.

214.   Welche Ziele werden mit der Prüfung verfolgt?

Die Prüfungspflicht verfolgt drei Ziele:

- Kontrolle, ob die gesetzlichen Vorschriften über den Jahresabschluss eingehalten werden,
- Information der gesetzlichen Vertreter, des Aufsichtsrates und der Gesellschafter durch den Prüfungsbericht,
- Beglaubigung durch den Bestätigungsvermerk, wenn keine Einwendungen zu erheben sind.

215.   Was ist Gegenstand der Pflichtprüfung?

Gegenstand und Umfang der Prüfung ergibt sich aus § 317 HGB: Sie erstreckt sich auf

- Buchführung,
- Jahresabschluss und
- Lagebericht.

Die Prüfung hat sich darauf zu erstrecken, ob die gesetzlichen Vorschriften und die sie ergänzenden Bestimmungen des Gesellschaftsvertrags oder der Satzung beachtet worden sind. Die Prüfung ist so anzulegen, dass Unrichtigkeiten und Verstöße, die sich auf die Darstellung der Vermögens-, Finanz- und Ertragslage des Unternehmens wesentlich auswirken, bei gewissenhafter Berufsausübung erkannt werden.

216.   Welche Rechte hat ein Abschlussprüfer?

Nach § 320 HGB müssen die gesetzlichen Vertreter der Gesellschaft dem Abschlussprüfer den Jahresabschluss und den Lagebericht unverzüglich nach der Aufstellung vorlegen. Die

Abschlussprüfer haben nicht nur das Recht, Bücher und Schriften des Unternehmens einzusehen und Vermögensgegenstände und Schulden (namentlich die Kasse und die Bestände an Wertpapieren und Waren) zu prüfen, sondern können auch von den gesetzlichen Vertretern alle Aufklärungen und Nachweise verlangen, die für eine sorgfältige Prüfung notwendig sind. Hierzu wird er eine Vollständigkeitserklärung einholen. Diese ist eine umfassende Versicherung des geprüften Unternehmens über die Vollständigkeit der erteilten Auskünfte und Nachweise.

217.   Kann ein Prüfungsauftrag widerrufen werden, wenn ein Abschlussprüfer den Bestätigungsvermerk einschränken oder versagen will?

Ein Prüfungsauftrag kann nur widerrufen werden, wenn das zuständige Gericht aus einem in der Person des gewählten Prüfers liegenden Grund (insbesondere Besorgnis der Befangenheit) einen anderen Prüfer bestellt (§ 318 Abs. 3 HGB).

218.   Was steht im Prüfungsbericht?

Gem. § 321 HGB ist über das Ergebnis der Prüfung schriftlich und mit der gebotenen Klarheit zu berichten. Dabei sind folgende Sachverhalte darzustellen:

(1) Art, Umfang und Ergebnis der Prüfung
(2) Beurteilung der Lage aus der Sicht des Prüfers
(3) ob Unrichtigkeiten und Verstöße gegen gesetzliche Vorschriften, die den Bestand des Unternehmens gefährden, oder schwerwiegende Verstöße der gesetzlichen Vertreter oder Arbeitnehmer festgestellt wurden
(4) ob Buchführung, Jahresabschluss und Lagebericht den gesetzlichen Vorschriften entsprechen
(5) ob der Jahresabschluss ein den tatsächlichen Verhältnissen entsprechendes Bild vermittelt (true and fair view)
(6) Darlegung der wesentlichen Bewertungsgrundlagen und Darstellung des Einflusses sachverhaltsgestaltender Maßnahmen auf die Vermögens-, Finanz- und Ertragslage
(7) Aufgliederung der Posten des Jahresabschlusses und ausreichende Erläuterung
(8) ob die gesetzlichen Vertreter die verlangten Aufklärungen und Nachweise erbracht haben
(9) im Falle einer börsennotierten AG: ob der Vorstand für ein angemessenes Risikomanagement und eine angemessene interne Revision gem. 91 Abs. 2 AktG Sorge getragen hat.

219.   Was muss der Bestätigungsvermerk enthalten?

Der Bestätigungsvermerk fasst das Ergebnis der Prüfung zusammen. Dabei hat er Gegenstand, Art und Umfang der Prüfung zu beschreiben – unter Angabe der angewandten Rechnungslegungs- und Prüfungsgrundsätze – und eine Beurteilung des Prüfungsergebnisses zu enthalten (§ 322 Abs. 1 HGB). Sind keine Einwendungen zu erheben, so ist gem. § 322 Abs. 3 HGB zu erklären,

- dass die Prüfung zu keinen Einwendungen geführt hat,
- dass der Jahresabschluss nach Beurteilung des Prüfers unter Beachtung der GoB ein den tatsächlichen Verhältnissen entsprechendes Bild der Vermögens-, Finanz- und Ertragslage vermittelt.

220.   Wann ist der Bestätigungsvermerk einzuschränken oder zu versagen?

Sind Einwendungen zu erheben, so hat der Abschlussprüfer den Bestätigungsvermerk einzuschränken oder zu versagen. Die Versagung ist in den Vermerk, der nicht mehr als Bestätigungsvermerk zu bezeichnen ist, aufzunehmen. Einschränkung und Versagung sind zu begründen, wobei Einschränkungen so darzustellen sind, dass deren Tragweite erkennbar wird (§ 322 Abs. 4 HGB).

17 Offenlegung

221. Was versteht man unter Offenlegung?

Unter Offenlegung versteht man die Bekanntgabe von Jahresabschlussinformationen an die Öffentlichkeit.

222. Wer ist offenlegungspflichtig?

Die Offenlegung von Rechnungslegungsunterlagen ist in §§ 325 ff. HGB geregelt. Offenlegungspflichtig sind

- Kapitalgesellschaften und Genossenschaften,
- Einzelkaufleute und Personengesellschaften jedoch nur, wenn sie die Größenkriterien des Publizitätsgesetzes überschreiten.
- Für Kreditinstitute und Versicherungsunternehmen sind die Besonderheiten der §§ 340 l und 341 l HGB zu beachten. Für Kapitalgesellschaften und Genossenschaften werden größenabhängige Erleichterungen gewährt (vgl. §§ 326, 327 und 339 Abs. 2 HGB).

223. Wie hat die Offenlegung zu erfolgen?

Die zu veröffentlichenden Unternehmensdaten sind seit EHUG nicht mehr beim Handelsregister, sondern bei dem Betreiber des elektronischen Bundesanzeigers elektronisch einzureichen (§ 325 Abs. 1 Satz 1 HGB), der sie dann im elektronischen Bundesanzeiger und Unternehmensregister (§ 8b HGB) veröffentlicht (§ 325 Abs. 2 HGB). Die Einsichtnahme in das Handels- bzw. Unternehmensregister sowie in die dort eingereichten Dokumente ist jedem zu Informationszwecken gestattet (§ 9 Abs. 1 und 6 HGB). Die früher üblichen Bekanntmachungen in Tageszeitungen sind entfallen.

Kleinstkapitalgesellschaften können nach § 326 Abs. 2 HGB wählen, ob sie die Offenlegungspflicht durch Veröffentlichung (Bekanntmachung der Rechnungslegungsunterlagen) oder durch Hinterlegung der Bilanz beim Betreiber des elektronischer Bundesanzeigers erfüllen.

Unter www.unternehmensregister.de findet man ein neues zentrales Unternehmensregister, über das online alle wesentlichen publikationspflichtigen Daten eines Unternehmens für jedermann zu Informationszwecken einsehbar sind.

224. Welche Inhalte müssen große Kapitalgesellschaften offenlegen?

Die Offenlegung großer Kapitalgesellschaften (& Co) erstreckt sich (§ 325 Abs. 1 HGB) auf den

- Jahresabschluss,
- Bestätigungsvermerk oder Vermerk über dessen Versagung,
- Lagebericht,
- Bericht des Aufsichtsrates,
- Ergebnisverwendungsvorschlag und -beschluss (soweit nicht aus dem Jahresabschluss ersichtlich) unter Angabe des Jahresüberschusses oder -fehlbetrags,
- für börsennotierte AGs Erklärung nach § 161 AktG zum Corporate Governance Kodex (vgl. hierzu Frage 211).

225.   Ist es möglich, einen Einzeljahresabschluss nach IFRS offen zulegen?

§ 325 Abs. 2a und 2b HGB i.V.m. Art. 5 IAS-VO gewährt großen Kapitalgesellschaften ein Wahlrecht zur Aufstellung eines Einzelabschlusses ab 2005 nach IFRS, allerdings nur für Zwecke der Offenlegung im Bundesanzeiger. Daneben muss noch ein Jahresabschluss nach HGB erstellt und beim Handelsregister hinterlegt werden. Sinn und Zweck dieser Regelung ist, solchen Unternehmen, die bereits einen Konzernabschluss nach IFRS erstellen und offen legen (vgl. § 325 Abs. 3 HGB), die Möglichkeit zu geben, auch ihren Einzelabschluss nach IFRS zum Gegenstand ihrer Pflichtveröffentlichung zu machen. Dadurch erhalten die Adressaten der Offenlegung ein einheitliches Bild des jeweiligen Unternehmens, eventuelle Irritationen aufgrund unterschiedlicher Abschlüsse lassen sich vermeiden.

226.   Welche Erleichterungen sind mittelgroßen und kleinen Kapitalgesellschaften bei der Offenlegungspflicht gestattet?

Mittelgroße Kapitalgesellschaften (& Co) können Bilanz und Anhang verkürzt nach Maßgabe des § 327 HGB offenlegen.

Kleine Kapitalgesellschaften (& Co) haben lediglich Bilanz und Anhang einzureichen, die Bilanz verkürzt nach § 266 Abs. 1 Satz 3 HGB, den Anhang verkürzt nach § 326 HGB.

227.   Sind auch Kleinstkapitalgesellschaften zur Offenlegung verpflichtet?

Kleinstkapitalgesellschaften können nach § 326 Abs. 2 HGB wählen, ob sie die Offenlegungspflicht

- durch Veröffentlichung (Bekanntmachung der Rechnungslegungsunterlagen) oder
- durch Hinterlegung der Bilanz beim Betreiber des elektronischen Bundesanzeigers erfüllen. Dabei ist mitzuteilen, dass zwei der drei in § 267a Abs. 1 HGB genannten Größenmerkmale nicht überschritten werden (§ 325a Abs. 3, § 326 Abs. 2 HGB). Nachweise diesbezüglich werden nicht verlangt.

Im Falle der Hinterlegung erhalten Interessenten auf Antrag eine Kopie der Bilanz gegen Gebühr, § 9 Abs. 6 Satz 3 HGB. Die Gebühr ist mit 4,50 € veranschlagt (Nr. 504 der Anlage zur Justizverwaltungskostenordnung).

228.   Welche Offenlegungsfristen sind vorgeschrieben?

Die Offenlegungsfristen sind vereinheitlicht und betragen für die Kapitalgesellschaften (& Co) aller Größenklassen und für unter das Publizitätsgesetz fallende Unternehmen 12 Monate (§ 325 Abs. 1 HGB, § 9 PublG). Die Offenlegungsfrist kapitalmarktorientierter Kapitalgesellschaften (§ 264d HGB) ist verkürzt auf 4 Monate (§ 325 Abs. 4 HGB).

Für den IFRS-Abschluss gibt es zwar keinen verpflichtenden Offenlegungszeitraum. Nach IAS 1.52 a.F. galt hierfür eine Sollvorschrift von 6 Monaten; trotz Aufhebung dieser Vorschrift ist keine materielle Änderung eingetreten.

229.   Welche Erleichterungen gibt es bei der Offenlegung für GmbHs?

GmbHs dürfen auf die Offenlegung von Informationen über die Verwendung des Ergebnisses verzichten, wenn sich daraus die bezogenen Gewinnanteile von natürlichen Personen, die Gesellschafter sind, feststellen lassen (§ 325 Abs. 1 Satz 4 HGB).

Diese Erleichterung ist auf Grund des Datenschutzes erforderlich.

230.   Wer stellt Verstöße gegen die Offenlegung fest? Wie werden Verstöße geahndet?

Der Betreiber des elektronischen Bundesanzeigers prüft, ob die einzureichenden Unterlagen fristgemäß und vollzählig eingereicht worden sind (§ 329 Abs. 1 HGB). Ergibt die Prüfung, dass die offen zu legenden Unterlagen nicht oder unvollständig eingereicht wurden, wird das Bundesamt für Justiz zur Durchführung eines Ordnungsgeldverfahrens nach § 335 HGB unterrichtet (§ 329 Abs. 4 HGB). Verstöße gegen die vollständige und fristgerechte Offenlegung führen zu einem Ordnungsgeld von 2 500 €, höchstens 25 000 € (§ 329 i.V. mit § 335 HGB) und sollen so die Offenlegung erzwingen.

Die rigorose Festsetzung von Ordnungsgeld, auch wenn z.B. ein Unternehmen das Versäumnis nicht zu vertreten hatte, ist inzwischen auf erhebliche Kritik gestoßen. Derzeit werden Reformüberlegungen angestellt, die in manchen Fällen zu einer deutlichen Verringerung der Höhe des Ordnungsgelds führen sollen.

18 Rechtsfolgen bei Verstößen gegen Rechnungslegungsvorschriften

231. **In welchen Gesetzen sind Rechtsfolgen bei Verstößen gegen die Rechnungslegungsvorschriften niedergelegt?**
- Handelsrechtliche Vorschriften: im HGB die §§ 331 ff. sowie in handelsrechtlichen Spezialgesetzen, wie Aktiengesetz (§§ 399 ff.) oder im GmbH-Gesetz (§§ 79 ff.),
- steuerrechtliche Vorschriften: §§ 370 ff. AO,
- Vorschriften des Strafgesetzbuches: §§ 283 ff. StGB.

232. **Für welche Unternehmen gelten die Straf-, Bußgeld- und Zwangsgeldvorschriften des HGB?**
Die Straf-, Bußgeld- und Zwangsgeldvorschriften des HGB (§§ 331 ff. HGB) beziehen sich nicht auf Einzelkaufleute und Personenhandelsgesellschaften, sondern lediglich auf Kapitalgesellschaften (& Co, § 335b HGB). Infolge der Haftungsbeschränkung spielt bei Kapitalgesellschaften der Gläubigerschutz ja eine wichtigere Rolle.

Personenunternehmen jedoch, die unter das Publizitätsgesetz fallen, unterliegen gleich strengen Straf-, Bußgeld- und Zwangsgeldvorschriften wie Kapitalgesellschaften (§§ 17 ff. PublG).

233. **Welche Zuwiderhandlungen im Zusammenhang mit der Rechnungslegung sind mit Ordnungsgeld bzw. Zwangsgeld bedroht?**
(1) Handelsrecht: Verstöße gegen § 325 HGB über die Pflicht zur Offenlegung des Jahresabschlusses, des Lageberichts und anderer Unterlagen der Rechnungslegung sind gem. § 335 HGB mit einem Ordnungsgeld bedroht (Höchstbetrag 25 000 €). Der Offenlegungspflicht ist innerhalb einer Frist von 6 Wochen vom Zugang der Androhung nachzukommen oder die Unterlassung mittels Einspruchs zu rechtfertigen. Mit der Androhung des Ordnungsgeldes sind den Beteiligten zugleich die Kosten des Verfahrens aufzuerlegen.
(2) Steuerrecht: Die Finanzbehörde kann die Erfüllung der Buchführungs- und Aufzeichnungspflichten gem. §§ 328 f. AO durch Festsetzung von Zwangsmitteln herbeiführen (Höchstbetrag Zwangsgeld: 25 000 €).

234. **Welche Verstöße gegen Rechnungslegungsvorschriften können mit Bußgeld geahndet werden?**
(1) Handelsrecht: Verstöße gegen Form, Inhalt, Bewertung oder Gliederung (sowohl bei Aufstellung als auch bei Offenlegung von Jahresabschlüssen) sind gem. § 334 HGB mit Bußgeld bewehrt (Höchstbetrag: 50 000 €).

(2) Steuerrecht: Mit Bußgeld werden Steuerordnungswidrigkeiten geahndet (§ 377 AO). Die Einleitung eines Bußgeldverfahrens liegt im pflichtgemäßen Ermessen der Finanzbehörde (§ 410 AO). Man unterscheidet die leichtfertige Steuerverkürzung (Geldbuße bis zu 50 000 €, § 378 Abs. 2 AO) und die Steuergefährdung (Geldbuße bis zu 5 000 €, § 379 Abs. 4 AO).

235.   Welche Rechnungslegungsvorschriften sind mit Strafe bedroht?

(1) Handelsrecht: Nach § 331 HGB sind strafbar (Freiheitsstrafe bis zu 3 Jahren oder Geldstrafe):
- die unrichtige Darstellung des Unternehmens im Jahresabschluss oder Lagebericht und
- unrichtige Angaben in Aufklärungen oder Nachweisen gegenüber Abschlussprüfern.

(2) Steuerrecht: Nach § 370 AO wird mit Freiheitsstrafe bis zu 5 Jahren oder mit Geldstrafe bestraft, wer eine Steuerhinterziehung begeht, d.h.
- den Finanzbehörden über steuerlich erhebliche Tatsachen unrichtige oder unvollständige Angaben macht oder
- die Finanzbehörden pflichtwidrig über steuerlich erhebliche Tatsachen in Unkenntnis lässt

und dadurch Steuern verkürzt oder nicht gerechtfertigte Steuervorteile erlangt (z.B. zu Unrecht erhaltene steuerfreie Rücklagen).

In besonders schweren Fällen ist es eine Freiheitsstrafe von 6 Monaten bis zu 10 Jahren.

(3) Strafgesetzbuch: Es ahndet Verstöße gegen Rechnungslegungsvorschriften im Zusammenhang mit dem Bankrott. Bestraft wird nach § 283b StGB,
- wer Handelsbücher nicht führt oder verändert,
- vor Ablauf der Aufbewahrungsfristen beiseite schafft, zerstört oder beschädigt,
- unrichtige Bilanzen erstellt oder
- nicht in der vorgeschriebenen Zeit aufstellt.

Wird die Tat bei Überschuldung oder drohender Zahlungsunfähigkeit begangen, so droht Geld- oder Freiheitsstrafe bis zu 5 Jahren (§ 283 StGB), in schweren Fällen bis zu 10 Jahren (§ 283a StGB). Wenn das Vergehen vor Überschuldung oder drohender Zahlungsunfähigkeit vorlag, reduziert sich das Strafmaß auf Geld- oder Freiheitsstrafe bis zu 2 Jahren (§ 283b StGB).

19   Überwachung der korrekten Anwendung des Bilanzrechts (Enforcement-Verfahren)

236.   Was versteht man unter Enforcement-Verfahren?

Durch das Bilanzkontrollgesetz BilKoG (vom 15. 12. 2004, BGBl I 2004, 3408) wurde als Reaktion auf zahlreiche Bilanzskandale ein zweistufiges Enforcement-Verfahren (Bilanzkontrollverfahren) eingeführt, um die Rechtmäßigkeit von Unternehmensabschlüssen – neben der Prüfungspflicht nach §§ 316 ff. HGB – zu kontrollieren und das Vertrauen in- und ausländischer Investoren in die Verlässlichkeit von Unternehmensabschlüssen zu verbessern.

Mit dem Bilanzkontrollverfahren werden der zuletzt festgestellte Jahresabschluss und Lagebericht (bzw. der zuletzt gebilligte Konzernabschluss und Konzernlagebericht) kapitalmarktorientierter Unternehmen

- bei Verdacht einer Unrichtigkeit (z. B. aufgrund von Hinweisen von Aktionären oder Gläubigern oder von Berichten der Wirtschaftspresse),
- auf Verlangen der Bundesanstalt für Finanzdienstleistungsaufsicht (BAFin) und
- auch ohne besonderen Anlass durch Stichproben geprüft.

237.   Worauf erstreckt sich die Prüfung beim Enforcement-Verfahren?

Die Prüfung erstreckt sich nach § 342b Abs. 2 HGB auf Einhaltung der Vorschriften des HGB oder der IFRS, ist aber keine zweite (Voll-)Abschlussprüfung. Dem Enforcement-Verfahren unterliegen die Abschlüsse jener Unternehmen, deren Wertpapiere an einer inländischen Börse zum Handel im regulierten Markt zugelassen sind.

238.   Wie wird das Enforcement-Verfahren durchgeführt?

Auf der ersten Stufe des Enforcement-Verfahrens wird die Deutsche Prüfstelle für Rechnungslegung e. V. (DPR) tätig, die als privatrechtlich organisierte Institution von Berufs- und Interessenvertretungen aus dem Bereich der Rechnungslegung im Benehmen mit dem Bundesjustizministerium 2004 gegründet wurde (§ 342b Abs. 1 HGB). Sie fasst das Ergebnis in einem Prüfungsbericht zusammen und teilt es an das geprüfte Unternehmen und die BAFin mit (§ 342b Abs. 5 und 6 HGB). Ergibt die Prüfung, dass die Rechnungslegung fehlerhaft ist, ordnet die BAFin an, dass das Unternehmen den festgestellten Fehler samt den wesentlichen Teilen der Begründung bekannt zu machen hat, ausgenommen, an der Veröffentlichung besteht kein öffentliches Interesse oder sie schadet den berechtigten Interessen des Unternehmens (§ 37q WpHG). Bei Verdacht einer Straftat im Zusammenhang mit der Rechnungslegung hat die Prüfstelle Anzeige zu erstatten (§ 342b Abs. 8 HGB). Immer dann, wenn

- das zu prüfende Unternehmen seine Mitwirkung bei der Prüfung verweigert (z. B. Verweigerung der Akteneinsicht),
- mit dem Prüfungsergebnis der Prüfstelle (erste Stufe) nicht einverstanden ist oder
- erhebliche Zweifel an der Richtigkeit des Prüfungsergebnisses bestehen,

prüft auf der zweiten Stufe die BAFin (§ 37p Abs. 1 i. V. m. § 37o Abs. 1 WpHG). Sie kann die Prüfung der Rechnungslegung mit hoheitlichen Mitteln durchsetzen (§ 37o Abs. 5 WpHG).

6. Hauptteil:

Auswertung der Rechnungslegung (Bilanzanalyse), Präsentation und Fachgespräch

Bearbeitet von: Ekbert Hering (Kapitel 1–4 Fragen und Antworten)
Norbert Leuz (Kapitel 5 Präsentation und Fachgespräch)

1 Gegenstand und Zweck der Bilanzanalyse

1. **Welche Teile der Rechnungslegung werden in der Bilanzanalyse untersucht?**
Die Bilanzanalyse umfasst die Bilanz und die Gewinn- und Verlustrechnung. Bei Kapitalgesellschaften wird auch der Anhang und der Lagebericht in die Bilanzanalyse einbezogen.

2. **Welche Informationen erhält man aus der Bilanz, der GuV, dem Anhang und dem Lagebericht.**
(1) Die Bilanz zeigt:
- die Beurteilung des Vermögens nach Höhe und Zusammensetzung (Anlage- und Umlaufvermögen),
- die Beurteilung des Kapitals nach Höhe und Zusammensetzung (Eigen- und Fremdkapital),
- das Risiko der Finanzierung (Anlagevermögen muss durch Eigenkapital, ein Teil des Umlagevermögens muss durch langfristiges Fremdkapital finanziert sein).
(2) Die GuV zeigt an:
- die Höhe und Zusammensetzung der Aufwendungen (z.B. Höhe und Anteil der Personalaufwendungen) und der Erträge,
- die Höhe des Betriebsergebnisses (vor Steuern),
- die Höhe des Finanzergebnisses, des Ergebnisses der gewöhnlichen Geschäftstätigkeit, des außerordentlichen Ergebnisses und des Jahresergebnisses.
(3) Der Anhang enthält z.B. Informationen zu:
- den Bilanzierungsmethoden,
- der Wahl der Abschreibungsmethoden und zur Behandlung aktivierungsfähiger Aufwendungen,
- Abweichungen von Bilanzierungs- und Bewertungsmethoden.
(4) Der Lagebericht weist auf:
- besondere Ereignisse während und nach Schluss des Geschäftsjahres,
- die zukünftige Geschäftsentwicklung, wobei auch auf die Chancen und Risiken der künftigen Entwicklung einzugehen ist,
- Risikomanagementziele und -methoden bei Finanzinstrumenten,
- den Bereich Forschung und Entwicklung,
- bestehende Zweigniederlassungen der Gesellschaft.

3. Warum wird man eine Bilanzanalyse vornehmen?

Man kann damit folgende Bereiche beurteilen:

- Vermögensstruktur,
- Eigenkapital- und Fremdkapitalanteil,
- Liquidität und Sicherheit bei der Finanzierung,
- Kreditwürdigkeit,
- Ertragskraft,
- Kostenstruktur und
- Zukunftschancen des Unternehmens.

4. Für welche Personen ist eine Bilanzanalyse wichtig und welche Informationen sind für diese interessant?

- Für Eigentümer, Gesellschafter und mögliche Anleger: Rendite des eingesetzten Kapitals,
- für die Geschäftsführung als Steuerungsinstrument: Controlling der Kosten,
- für Mitarbeiter: Sicherheit der Arbeitsplätze,
- für Gewerkschaften: Abschluss spezieller Tarifverträge,
- für Banken: Sicherheit der gewährten Kredite,
- für Lieferanten: Beurteilung der Zahlungsmoral,
- für Kunden: dauerhaft sicherer Partner sowie
- für die Öffentlichkeit: sicherer Arbeitgeber, guter Steuerzahler.

5. Ist es sinnvoll, Bilanzen anderer Unternehmen als Vergleich heranzuziehen?

Sinnvoll ist nur, Bilanzen aus Unternehmen der gleichen Branche zu vergleichen; doch nur dann, wenn die Bewertungsmethoden gleich sind oder vergleichbar gemacht werden können.

6. Wo liegen die Grenzen der Bilanzanalyse?

- Die Bilanzanalyse ist lediglich auf die Betrachtung der Vergangenheit gerichtet, nicht auf die zukünftige Entwicklung.
- Die Bilanzanalyse liefert reine Zahlenwerte, die über die Qualität des Unternehmens und seiner Produkte bzw. Dienstleistungen nichts aussagen (z. B. Motivation der Mitarbeiter oder lohnende Märkte).
- Man kann durch Tätigkeiten kurz vor dem Bilanzstichtag noch erhebliche Veränderungen in der Bilanz sowie der GuV vornehmen.
- Wichtige Aussagen zur tatsächlichen Liquidität oder der Ertragsfähigkeit einzelner Produkte bzw. Dienstleistungen oder Bonität der Kunden oder Stärke des Wettbewerbs sind nicht direkt sichtbar.
- Unterschiedliche Möglichkeiten für Bilanzierungsregeln und Bewertungsmöglichkeiten erschweren den Vergleich mit anderen Bilanzen.

7. Welche Positionen einer Bilanz sind bei einem Vergleich mit anderen Unternehmen besonders zu betrachten?

Besonders zu beachten sind u. a.:

- Höhe des Eigenkapitals,
- Rückstellungen für Pensionen, Steuern, Garantien oder sonstige Risiken und
- Rechnungsabgrenzungsposten für Aktiva und Passiva.

2   Praktische Fälle

8.   **Geben Sie Beispiele für Abschreibungen, die Sie im Anhang der Bilanz aufführen werden.**

Es können folgende Abschreibungen aufgeführt werden:

- bei den Anhangangaben zu den Bilanzierungs- und Bewertungsmethoden (§ 284 Abs. 2 Nr. 1 HGB) generelle Angaben zur Vornahme von Abschreibungen, z.B. höchstmögliche Abschreibung (nach AfA-Tabellen zunächst degressive Abschreibung und dann lineare Abschreibung) und zur Behandlung von geringwertigen Wirtschaftsgütern,
- außerplanmäßige Abschreibungen z.B. auf Bauten nach § 253 Abs. 3 Satz 3 HGB oder auf Finanzanlagen nach § 253 Abs. 3 Satz 4 HGB (§ 277 Abs. 3 Satz 1 HGB).

9.   **Welche Arten von Verbindlichkeiten werden im Verbindlichkeitsspiegel des Anhangs aufgeführt?**

Es sind dies diejenigen Verbindlichkeiten, die in der zugehörigen Bilanz aufgeführt sind, z.B.:

- gegenüber Kreditinstituten,
- erhaltene Anzahlungen auf Bestellungen,
- aus Lieferungen und Leistungen,
- von Wechseln und
- sonstige Verbindlichkeiten, davon aus Steuern und davon im Rahmen der sozialen Sicherheit.

10.   **Im Vorjahr hatten Sie Verbindlichkeiten gegenüber Banken in Höhe von 1,5 Mio €, im betrachteten Jahr in Höhe von 2,2 Mio €. Ihre Gesamtverbindlichkeiten sind gleich groß geblieben. Welche anderen Verbindlichkeiten könnten sich um 0,7 Mio € verringert haben?**

- Abbau von Wechselverbindlichkeiten in Höhe von 0,4 Mio. €;
- Abbau von Verbindlichkeiten aus Lieferungen und Leistungen in Höhe von 0,25 Mio. € und Abbau von erhaltenen Anzahlungen auf Bestellungen in Höhe von 0,05 Mio. €.

11.   **Im Anhang ist ein Anteilsbesitz an einem brasilianischen Unternehmen in Höhe von 20 %, d.h. 4 Mio € erwähnt. Dieses Unternehmen hat 600 000 € Verlust erwirtschaftet. Welche Fragen würden Sie als Eigentümer an den Geschäftsführer stellen?**

Die Fragen könnten lauten:

- Sind diese Verluste erstmalig entstanden?
- Sind die Verluste durch Inflation in Brasilien entstanden?
- Können Sie sicher sein, dass die Ihnen genannten Ursachen für den Verlust stimmen?
- Mit welchen Maßnahmen stellen Sie sicher, dass diese Verluste nicht mehr entstehen werden?
- Warum werden diese Anteile nicht verkauft?
- Wann erfahren Sie von diesem Unternehmen Zahlen über die Ertragslage?
- Wie zuverlässig sind die Vorhersagen Ihrer brasilianischen Beteiligung?

12.   **Im Lagebericht steht, dass Ihr Unternehmen einen Umsatzrückgang um 25 % hinnehmen musste. Sie verlangen von Ihrem Geschäftsführer im nächsten Geschäfts-**

jahr eine Steigerung um 10 % (bezogen auf den letztjährigen Umsatz). Welche Maßnahmen kann Ihr Geschäftsführer ergreifen, um dieses Ziel zu erreichen?

Er könnte Ihnen folgende Maßnahmen vorschlagen:

- Kauf eines Unternehmens oder von Unternehmensanteilen mit der Bitte um Erhöhung der Kapitaleinlagen,
- Aufbau weiterer Vertriebsstätten in Deutschland und im Ausland,
- Suchen nach Vertriebspartnern, die die Produkte verkaufen,
- Anpassung der Preise (und der internen Kosten) an den Markt und Erhöhung der verkauften Stückzahlen sowie
- Konzentration auf weniger Produkte; höhere Vertriebs- und Marketinganstrengungen des Unternehmens.

13. **Sie lesen im Lagebericht, dass sich die Mitarbeiterzahl um 10 verringert hat. Sie fragen nach der Personalentwicklung und den Sozialkosten und ob die Verringerung sinnvoll war, nachdem eine Umsatzausweitung geplant ist. Was wird der Geschäftsführer antworten?**

Die möglichen Antworten könnten lauten:

- 8 Mitarbeiter sind altershalber ausgeschieden und wurden noch nicht ersetzt. 2 Mitarbeiter mussten entlassen werden. Dies kostete das Unternehmen 300 000 €.
- Ein Personal-Entwicklungsplan muss dringend verabschiedet werden.
- Ein Controlling-System mit den Kennzahlen Personalkostenanteil an den Gesamtkosten und Umsatz pro Mitarbeiter muss installiert werden.

3 Aufbereitung des Jahresabschlusses

14. **Was versteht man unter Aufbereitung des Jahresabschlusses?**

Der Jahresabschluss wird so verändert, dass er sinnvoll ausgewertet und mit Jahresabschlüssen anderer Unternehmen verglichen werden kann.

15. **Was versteht man unter einer Strukturbilanz?**

Die entsprechend aufbereitete bzw. veränderte Bilanz nennt man Strukturbilanz.

16. **Wie wird man eine Aufbereitung vornehmen?**

Man wird Änderungen in der Gliederung, Bewertung und in den Ansätzen vornehmen.

17. **Welche Änderungen in der Gliederung der Bilanz und der GuV wird man vornehmen?**

Bilanz: Die Aktivseite wird nach dem Liquiditätsgrad des Vermögens gegliedert (getrennt in Anlage- und Umlaufvermögen) und die Passivseite nach der Fristigkeit des Kapitals (getrennt in Eigen- und Fremdkapital).

GuV: Es werden die Trennung in Betriebsergebnis und in neutrales Ergebnis (bei interner Analyse) sowie Zusammenfassung einzelner Posten in Gruppen vorgenommen. Bei externer Analyse ist es sinnvoll, sich an der Grobstruktur des gesetzlichen GuV-Schemas zu orientieren.

18.   In der Ausgangsbilanz gibt es »ausstehende Einlagen auf das gezeichnete Kapital«. Wie verändert sich der Vermögensteil der Bilanz bei der Aufbereitung?

Die ausstehenden Einlagen müssen vom Eigenkapital abgezogen werden. Dadurch erhält man eine Bilanzverkürzung.

19.   In der Bilanz sind eingeforderte, noch ausstehende Kapitaleinlagen aufgeführt. Wie werden Sie in der Strukturbilanz berücksichtigt?

Noch ausstehende Kapitaleinlagen, die unter den Forderungen gesondert auszuweisen sind (§ 272 Abs. 1 HGB), sind bei Erstellung der Strukturbilanz durch Abzug vom gezeichneten Kapital zu eliminieren.

20.   Warum ist eine Aufbereitung des Eigenkapitals schwierig?

Eine Fülle von »gedachten« Aufwands- und Ertragskorrekturen erschweren eine Aufbereitung des Eigenkapitals.

21.   Sie haben in Ihrer Bilanz die Pensionsrückstellungen für Altzusagen nicht passiviert. Welche Korrekturen müssen Sie bei der Aufbereitung durchfahren?

Es müssen eine Erhöhung der Pensionsrückstellungen um den im Anhang erwähnten Betrag und eine Verminderung des Eigenkapitals um die gleiche Summe vorgenommen werden.

22.   Wie berücksichtigen Sie bei der Aufbereitung der Bilanz den Posten: »Erhaltene Anzahlungen auf Bestellungen«?

Man wird diesen Posten offen ausweisen und von den Vorräten abziehen. Dadurch ergibt sich eine Bilanzverkürzung. Man kann diesen Posten aber auch auf der Passivseite unter »Verbindlichkeiten« ausweisen.

23.   Warum ist es sinnvoller, den Posten »erhaltene Anzahlungen auf Bestellungen« von den Vorräten abzuziehen?

Diese Art von Verbindlichkeit wird nicht durch eine Zahlung, sondern durch eine Lieferung getilgt. Deshalb ist es sinnvoller, sie von den Vorräten abzuziehen.

24.   Sie haben eine Beteiligung an einer Firma in Höhe von 1 Mio. € erworben. Kann diese ohne Änderung in die Strukturbilanz übernommen werden?

Es kommt auf den Zweck der Bilanzanalyse an. Für eine interne Analyse wird man den »Zeitwert« der Beteiligung angeben. Für einen Vergleich mit anderen Betrieben wird man ihn mit dem Buchwert ansetzen.

25.   Wie behandeln Sie Pensionsrückstellungen bei einer Aufbereitung der Bilanz?

Rückstellungen für Pensionen wird man dem langfristigen Fremdkapital zuordnen.

26.   Wie behandeln Sie Steuerrückstellungen und sonstige Rückstellungen bei einer Aufbereitung der Bilanz?

Steuerrückstellungen und sonstige Rückstellungen wird man dem kurzfristigen Fremdkapital zuordnen.

27. **Nach welchen Gesichtspunkten wird man das Fremdkapital in der Strukturbilanz gliedern?**

Man wird es nach der Fristigkeit gliedern in:

- langfristiges (mehr als 5 Jahre),
- mittelfristiges (zwischen 1 und 5 Jahren) und
- kurzfristiges (bis zu 1 Jahr) Fremdkapital.

28. **Warum müssen Sie in der Strukturbilanz Korrekturen in der Bewertung vornehmen?**

Alle Daten müssen auf den gleichen Bewertungsgrundlagen stehen. D.h., es müssen zu hohe oder zu niedrige Wertansätze ausgeglichen werden. Allerdings kann bei externer Analyse die Vornahme von Bewertungskorrekturen an fehlenden Informationen scheitern.

29. **Nennen Sie ein Beispiel für eine mögliche Bewertungskorrektur.**

Am Bilanzstichtag kann der Börsen- oder Marktpreis anders sein als die Bewertung nach dem Niederstwertprinzip. Dies weist auf stille Reserven hin. Die Unterschiedsbeträge können den jeweiligen Bilanzposten hinzuaddiert werden, unter gleichzeitiger Erhöhung des Eigenkapitals.

30. **Sie haben außerplanmäßige Abschreibungen auf Finanzanlagen vorgenommen. Werden Sie in der Strukturbilanz diese Bewertung ändern?**

Bei Finanzanlagen können außerplanmäßige Abschreibungen auch bei voraussichtlich nicht dauernder Wertminderung vorgenommen werden. In diesem Fall wird man nicht apodiktisch von stillen Reserven reden können, denn diese Abschreibung ist nur möglich, wenn rückläufige Preisentwicklungen vorhanden sind. Wer in der Strukturbilanz stille Reserven in der Höhe der jeweils angegebenen Beträge ansetzt, unterstellt, dass der beizulegende Wert sich wieder erholt.

31. **Sie sind an einem Unternehmen zu 30 % beteiligt. Das Eigenkapital dieses Unternehmens beträgt 2 Mio. €. In Ihrer Bilanz haben Sie für diese Beteiligung 250 000 € ausgewiesen. Welchen Betrag müssen Sie in der Strukturbilanz ansetzen?**

Ihr Eigenkapitalanteil beträgt 30 % von 2 Mio. €, also 600 000 €. Diesen Betrag müssen Sie ansetzen bei internem Vergleich. Bei einem Betriebs- oder Branchenvergleich kommt es dagegen auf den Wertmaßstab der Vergleichswerte an, i.d.R. die Buchwerte.

32. **Wie können stille Reserven bei den Herstellungskosten entstehen?**

In den Herstellungskosten müssen nach § 255 Abs. 2 HGB lediglich die Materialkosten, die Fertigungskosten und die Sonderkosten der Fertigung sowie angemessene Teile der Materialgemeinkosten, der Fertigungsgemeinkosten und des Werteverzehrs des Anlagevermögens, soweit dieser durch die Fertigung veranlasst ist, enthalten sein. Für die Berücksichtigung allgemeiner Verwaltungskosten sowie der Kosten für soziale Einrichtungen, für freiwillige soziale Leistungen und für die betriebliche Altersversorgung besteht eine Wahlmöglichkeit. Wird die handelsrechtlich zulässige Wertuntergrenze gewählt, dann sind stille Reserven vorhanden, die den nicht bilanzierten Kostenanteilen entsprechen.

33. **Können Sie als externer Bilanzanalytiker diese stillen Reserven erkennen?**

Im Anhang zur Bilanz müssen die Bewertungskriterien ausgewiesen sein. Deshalb kann man feststellen, ob stille Reserven vorhanden sind. Die Höhe kann man aber als externer Bilanzanalytiker nicht bestimmen.

34.   Kann man in allen Fällen Ausschüttungen vom Eigenkapital abziehen und dem kurzfristigen Fremdkapital zuordnen?

Normalerweise ja. Nur beim »Schütt-aus-hol-zurück-Verfahren« nicht. In diesem Fall werden die Mittel ausgeschüttet und wieder eingelegt, d. h., die Mittel sind tatsächlich nicht abgeflossen.

4   Analyse durch Kennzahlen

35.   Welche Aufgaben haben Kennzahlen in der Bilanzanalyse?

Sie geben betriebswirtschaftliche Informationen eines Unternehmens und zeigen Entwicklungen des Unternehmens auf.

36.   Welche Arten von Kennzahlen gibt es in der Bilanz und der GuV?

Es sind dies folgende Gruppen:
- Vermögensaufbau (vertikale Bilanzanalyse der Aktiva),
- Kapitalstruktur (vertikale Bilanzanalyse der Passiva),
- Finanzanalyse (horizontale Bilanzanalyse: Vergleich der Vermögens- mit der Kapitalseite; vor allem die Liquidität ist zu beachten),
- Ertragskraft (Kosten und Rentabilitäten) und
- Wachstum (Entwicklung von Kennzahlen geben Wachstumspotenziale an).

37.   Welche Arten von Zahlen gehen in die Kennzahlen ein?

Man unterscheidet zwischen:
- Bestandszahlen, sie zeigen die Zustände im Unternehmen, beispielsweise Inventurdaten.
- Bewegungszahlen, sie unterliegen der Entwicklung, beispielsweise dem Gewinn als Differenz zwischen Netto-Umsatz und Kosten.

38.   In welche Arten kann man Kennzahlen einordnen?

Eine Einordnung ist möglich in:
- Gliederungs-Kennzahlen (Anteile am Ganzen) z. B.

$$\text{Eigenkapitalquote} \quad = \quad \frac{\text{Eigenkapital}}{\text{Gesamtkapital}} \times 100$$

- Beziehungszahlen (zwei unterschiedliche Zahlen werden zueinander in Beziehung gesetzt, z. B. Umsatz pro Mitarbeiter) und
- Indexzahlen (zeitliche Änderungen von Zahlen. Für einen bestimmten Zeitpunkt setzt man den Index auf 100 fest).

39.   Welche Kennzahlen zum Vermögensaufbau gibt es?

Folgende Kennzahlen sind üblich:

$$\text{Anlagevermögensintensität} \quad = \quad \frac{\text{Anlagevermögen}}{\text{Gesamtvermögen}} \times 100$$

$$\text{Umlaufvermögensintensität} \quad = \quad \frac{\text{Umlaufvermögen}}{\text{Gesamtvermögen}} \times 100$$

$$\text{Verhältnis von Anlage- zu Umlaufvermögen} \quad = \quad \frac{\text{Anlagevermögen}}{\text{Umlaufvermögen}} \times 100$$

$$\text{Anteil der Vorräte am Umlaufvermögen} \quad = \quad \frac{\text{Vorräte}}{\text{Umlaufvermögen}} \times 100$$

40. **Sie stellen fest, dass in den letzten beiden Jahren die Umlaufvermögensintensität immer angestiegen ist. Welche Ursachen könnte dies haben, und warum kann das gefährlich sein?**

Ursachen können sein:

- Einkauf zu großer Mengen (wegen höherer Mengenrabatte),
- mangelhafte Lagerorganisation und Bestandsführung (Bestellungen, obwohl Material vorhanden) und
- mangelhafte Fertigungssteuerung und deshalb zu lange Durchlaufzeiten. Hohe Vorräte sind deshalb gefährlich, weil sie viel Kapital unnütz binden und dadurch die Liquidität verringern.

41. **Was bedeuten Umschlagskoeffizienten im Vermögensbereich?**

Umschlagskoeffizienten im Vermögensbereich geben an, wie oft bestimmte Vermögensgegenstände verflüssigt wurden. Hohe Umschlagskoeffizienten bedeuten eine geringe Kapitalbindung und umgekehrt. Damit bestimmen die Umschlagskoeffizienten den Finanzbedarf.

42. **Nennen Sie die wichtigsten Umschlagskoeffizienten im Vermögensbereich.**

$$\text{Umschlagshäufigkeit der Vorräte} \quad = \quad \frac{\text{Umsatz}}{\text{durchschnittlicher Vorrätebestand}}$$

$$\text{Umschlagsdauer der Vorräte} \quad = \quad \frac{365 \text{ Tage}}{\text{Umschlagshäufigkeit der Vorräte}}$$

$$\text{Umschlagshäufigkeit der Forderungen aus Lieferungen und Leistungen} \quad = \quad \frac{\text{Umsatz}}{\substack{\text{durchschnittlicher Bestand an Forderungen} \\ \text{aus Lieferungen und Leistungen}}}$$

$$\text{Kundenziel} \quad = \quad \frac{365 \text{ Tage}}{\substack{\text{Umschlagshäufigkeit der Forderungen} \\ \text{aus Lieferungen und Leistungen}}}$$

43. **Das Kundenziel ist im Laufe der letzten drei Jahre immer länger geworden. Welche Ursachen könnte das haben, und wie kann man das Kundenziel verkürzen?**

Die Zahlungsmoral der Kunden ist schlechter geworden (zunehmende Liquiditätsprobleme) oder die Zahlungsziele sind zu großzügig ausgeweitet worden. Man kann vermehrt Skonto gewähren und das Mahnwesen verstärken. Dann wird das Geld schneller wieder ins Unternehmen zurückfließen.

44. **Welche Kennzahlen zur Kapitalstruktur sind wichtig?**

Es sind dies:

$$\text{Eigenkapitalquote} = \frac{\text{Eigenkapital}}{\text{Gesamtkapital}} \times 100$$

$$\text{Fremdkapitalquote} = \frac{\text{Fremdkapital}}{\text{Gesamtkapital}} \times 100$$

$$\begin{array}{l}\text{Verhältnis von} \\ \text{Fremdkapital} \\ \text{zu Eigenkapital} \\ \text{(Verschuldungsgrad)}\end{array} = \frac{\text{Fremdkapital}}{\text{Eigenkapital}} \times 100$$

$$\text{Rücklagenquote} = \frac{\text{Rücklagen}}{\text{Eigenkapital}} \times 100$$

$$\text{Rückstellungsquote} = \frac{\text{Rückstellungen}}{\text{Gesamtkapital}} \times 100$$

45. **Was versteht man unter Leverage-Effekt?**

Durch Einsatz kostengünstigen Fremdkapitals kann die Rentabilität des Eigenkapitals gesteigert werden.

46. **Sie stellen fest, dass Ihr Verschuldungsgrad ständig zugenommen hat. Welche Ursachen könnte diese Zunahme haben, und wie verhindern Sie sein weiteres Anwachsen?**

Der Eigenkapitalanteil ist ständig gesunken, weil beispielsweise Anteilseigner Anteile herausgenommen haben oder Umsatzwachstum fremdfinanziert wurde bzw. Fremdkapital günstiger war als Eigenkapital (Leverage-Effekt). Eine weitere Zunahme des Verschuldungsgrades wird man verhindern, wenn

- Eigenkapital zugeführt wird (z. B. Aufnahme eines neuen Gesellschafters oder durch Erhöhung der Einlagen bestehender Gesellschafter),
- durch Erhöhung der Erträge und
- Nichtausschüttung der Gewinne.

47. **Nennen Sie die wichtigsten Umschlagskoeffizienten im Kapitalbereich.**

$$\text{Kapitalumschlag} = \frac{\text{Umsatz}}{\text{durchschnittlich investiertes Gesamtkapital}}$$

$$\text{Umschlagshäufigkeit der Verbindlichkeiten aus Lieferungen und Leistungen} = \frac{\text{Materialaufwand}}{\text{durchschnittlicher Bestand aus Lieferungen und Leistungen}}$$

$$\text{Lieferantenziel} = \frac{365 \text{ Tage}}{\text{Umschlagshäufigkeit der Verbindlichkeiten aus Lieferungen und Leistungenn}}$$

48.   Was besagt die »goldene Bilanzregel«?

Die Vermögenswerte müssen entsprechend ihrer Verweildauer im Unternehmen mit entsprechend gleichen Kapitalfristen finanziert werden, d. h., langfristiges Vermögen wird durch langfristiges Kapital (z. B. Eigenkapital) finanziert. Dies wird durch die Kennzahl »Anlagendeckung« ausgedrückt:

$$\text{Anlagendeckung} = \frac{\text{Eigenkapital}}{\text{Anlagevermögen}} \times 100$$

Diese Kennzahl sollte mindestens 100 % betragen. Je größer die Anlagendeckung ist, desto solider ist die Finanzierung.

49.   Nennen Sie die Kennzahlen für die Liquidität 1., 2. und 3. Grades.

$$\text{Liquidität 1. Grades} = \frac{\text{flüssige Mittel}}{\text{kurzfristiges Fremdkapital}}$$

$$\text{Liquidität 2. Grades} = \frac{\text{Finanzumlaufvermögen}}{\text{kurzfristiges Fremdkapital}}$$

$$\text{Liquidität 3. Grades} = \frac{\text{Umlaufvermögen}}{\text{kurzfristiges Fremdkapital}}$$

50.   Wie beurteilen Sie Liquiditätsgrade eines Unternehmens?

Zunächst ist zu sagen, dass die Liquiditätsgrade stark branchenabhängig sind. Generell gilt für alle Liquiditätsgrade: Je höher die Liquidität, desto sicherer das Unternehmen. Die Kennzahlen müssen in kurzen Abständen (monatlich) im zeitlichen Verlauf beobachtet werden, um Liquiditätsengpässe frühzeitig zu erkennen.

51.   Mit welcher Kennzahl für Liquidität kann man frühzeitig Insolvenzen erkennen?

Dies ist die Liquidität 3. Grades. Sie besitzt den größten Informationsgehalt.

52.   Was versteht man unter Working Capital?

Das Working Capital ist das Kapital, das immer im Unternehmen arbeitet. Es errechnet sich aus der Differenz: Umlaufvermögen ·/· kurzfristiges Fremdkapital.

53.   Welche Informationen gibt das Working Capital?

Wenn das Working Capital positiv ist, dann sind Liquiditätsreserven vorhanden, die für das Unternehmen lebenswichtig sein können. Bei negativem Working Capital ist das Unternehmen insolvenzgefährdet.

54.   Was sagt die amerikanische Bankregel über das Working Capital?

Nach der amerikanischen Bankregel sollte das Umlaufvermögen doppelt so hoch sein wie das kurzfristige Fremdkapital.

55.   Wie errechnen sich der »Cashflow« und die »Cashflow-Umsatzrate«?

Cashflow sind die Erträge, die dem Unternehmen als Finanzmittel (cash) zur Verfügung stehen. Um ihn zu errechnen, muss man den ausgabelosen Aufwand (z. B. Abschreibungen) hinzuaddieren und den einnahmelosen Ertrag (z. B. Auflösung von Rückstellungen) abziehen.

Die Cashflow-Umsatzrate gibt an, wie viel Prozent des Umsatzes als verfügbare Finanzmittel dem Unternehmen zufließen. Er errechnet sich:

$$\text{Cashflow-Umsatzrate} \quad = \quad \frac{\text{Cashflow}}{\text{Umsatz}} \times 100$$

56.   Wie kann man aus dem Cashflow den Innenfinanzierungsgrad errechnen, und was bedeutet dieser?

Der Innenfinanzierungsgrad gibt an, in welchem Umfang Investitionen aus eigener Kraft finanziert werden könnten. Er sagt nichts darüber aus, ob es besser gewesen wäre, fremde Finanzmittel einzusetzen. Er errechnet sich wie folgt:

$$\text{Innenfinanzierungsgrad} \quad = \quad \frac{\text{Cashflow}}{\text{Zugänge des Anlagevermögens}} \times 100$$

57.   Mit dem Cashflow kann ein dynamischer Verschuldungsgrad ausgerechnet werden. Wie wird er ermittelt?

Der dynamische Verschuldungsgrad wird folgendermaßen errechnet:

$$\text{Dynamischer Verschuldungsgrad} \quad = \quad \frac{\text{Fremdkapital} \cdot / \cdot \text{Geldwerte}}{\text{Cashflow}}$$

58.   Es gibt auch einen statischen Verschuldungsgrad. Was ist der Unterschied zwischen dem dynamischen und dem statischen Verschuldungsgrad?

Der statische Verschuldungsgrad (vgl. Frage 46) ist der Quotient von Fremdkapital und Eigenkapital. Er beurteilt deshalb nur die Anteile von Fremd- und Eigenkapital.

Der dynamische Verschuldungsgrad ist eine Maßzahl für die Schuldentilgung aus eigenen Kräften. Er unterstellt allerdings, dass der ganze Cashflow zur Schuldentilgung herangezogen wird (häufig in der Praxis nicht der Fall).

59.   Was versteht man unter einer Bewegungsbilanz?

Die Bewegungsbilanz zeigt, wohin die Kapitalmittel geflossen sind (Mittelverwendung), d. h. eine Erhöhung der Aktiva und eine Verringerung der Passiva.

Sie zeigt außerdem, woher das Kapital kommt (Erhöhung der Passiva, Verminderung der Aktiva), das zum Vermögenszuwachs geführt hat (Mittelherkunft).

60. **Sie haben eine neue Maschine durch eine erhöhte Einlage des Gesellschafters gekauft. Wie geht diese Tätigkeit in die Bewegungsbilanz ein?**
Der Maschinenkauf bedeutet eine Erhöhung des Vermögens (Zuwachs an Aktiva), der durch Kapitalabfluss (Erhöhung der Passiva) finanziert wurde.

61. **Welche Bereiche umfassen Kennzahlen zur Ertragskraft?**
Es sind folgende Bereiche:
- Ergebnisentwicklung,
- Kostenstruktur und
- Rentabilität.

62. **Welche Kennzahlen würden Sie heranziehen, um die Ergebnisentwicklung eines Unternehmens beurteilen zu können.**
Folgende Kennzahlen sind wichtig:
- prozentuale Änderung des Jahresergebnisses vor Steuern und
- Anteil des Betriebsergebnisses am Gesamtergebnis.

63. **Sie stellen fest, dass der Anteil des Betriebsergebnisses am Gesamtergebnis im Vergleich zum Vorjahr gefallen ist. Was bedeutet das für Ihr Unternehmen?**
Das bedeutet, dass die Kosten des Unternehmens zunehmend mit Finanzerträgen oder außerordentlichen Erträgen gedeckt werden müssen. Eine Aktion zur Kostensenkung bzw. Ertragserhöhung ist dringend geboten.

64. **Nennen Sie wichtige Kennzahlen zur Kostenstruktur.**
Kennzahlen zur Kostenstruktur sind:

$$\text{Personalintensität} = \frac{\text{Personalaufwand}}{\text{Gesamtleistung}} \times 100$$

$$\text{Materialintensität} = \frac{\text{Materialaufwand}}{\text{Gesamtleistung}} \times 100$$

$$\text{Abschreibungsintensität} = \frac{\text{Abschreibungsaufwand}}{\text{Gesamtleistung}} \times 100$$

65. **Sie stellen fest: Die Abschreibungsintensität ist gesunken und die Personalintensität angestiegen. Welchen Schluss ziehen Sie daraus?**
Weil Rationalisierungs-Investitionen unterblieben sind, ist die Abschreibungsintensität gesunken und die Personalintensität angestiegen.

66. **Was versteht man unter Rentabilität und welche Rentabilitäten kennen Sie?**
Rentabilität ist das Verhältnis von Gewinn zu eingesetztem Kapital. Die Rentabilität ist ein Maß für die Verzinsung des eingesetzten Kapitals. Folgende Rentabilitäten sind gebräuchlich:

$$\text{Eigenkapitalrentabilität} = \frac{\text{Jahresergebnis vor Steuern}}{\text{durchschnittlich investiertes Kapital}} \times 100$$

$$\text{Gesamtkapitalrentabilität} = \frac{\text{Jahresergebnis vor Steuern + Zinsaufwand}}{\text{durchschnittlich investiertes Gesamtkapital}} \times 100$$

$$\text{Umsatzrentabilität} = \frac{\text{Betriebsergebnis}}{\text{Umsatz}} \times 100$$

67. **Die Gesamtkapitalrentabilität Ihres Unternehmens ist von 8 % im Vorjahr auf 1 % im betrachteten Jahr gesunken. Was bedeutet dies?**
Das Unternehmen ist in hohem Maße insolvenzgefährdet. Es müssen dringend Strategien und Maßnahmen zur Kostensenkung und Ertragserhöhung eingeleitet bzw. umgesetzt werden.

68. **Die Umsatzrentabilität Ihres gesamten Unternehmens ist von 14 % auf 3 % gesunken. Was gedenken Sie zu unternehmen?**
Zunächst ist anzuraten, genauere Untersuchungen anzustellen, welche Sparten, Produktgruppen oder Produkte zur Verringerung der Umsatzrentabilität beigetragen haben könnten. Erst dann ist eine Konzentration auf lohnende Produkte zu empfehlen.

69. **Es gibt Kennzahlen zum Wachstum eines Unternehmens. Welche halten Sie für besonders aussagefähig?**
Kennzahlen zum Wachstum sind:

$$\text{Umsatzwachstum} = \frac{\text{Umsatzänderung}}{\text{Umsatz der Vorperiode}} \times 100$$

$$\text{Betriebsergebniswachstum} = \frac{\text{Betriebsergebnisänderung}}{\text{Betriebsergebnis der Vorperiode}} \times 100$$

$$\text{Cashflow-Wachstum} = \frac{\text{Cashflow-Änderung}}{\text{Cashflow der Vorperiode}} \times 100$$

70. **Nehmen wir an, das Umsatzwachstum betrage 8 %, das Betriebsergebniswachstum 1 % und das Cashflow-Wachstum 8 %. Welche Schlüsse ziehen Sie daraus?**
Offensichtlich wurde eine Umsatzausweitung so vorgenommen, dass höhere Stückzahlen zu schlechteren Preisen auf Kosten der Finanzlage des Unternehmens erzielt wurden. Es muss dafür gesorgt werden, dass entweder die Marktpreise angepasst oder die Kostenstrukturen des Unternehmens entsprechend verändert werden.

71. **Nennen Sie eine Kennzahl für die Personalproduktivität.**
Die Kennzahl zur Personalproduktivität lautet:

$$\text{Pro-Kopf-Umsatz} = \frac{\text{Umsatz}}{\text{Anzahl der Mitarbeiter}}$$

72.   Nehmen wir an, der Pro-Kopf-Umsatz Ihres Unternehmens beträgt 200 000 €/ Mitarbeiter. Was sagt Ihnen diese Zahl?

Um diese Zahl zu beurteilen, ist es wichtig, die Durchschnittszahl in der Branche zu kennen. Anschließend kann man feststellen, ob das Unternehmen einen höheren oder niedrigeren Pro-Kopf-Umsatz hat.

73.   Nehmen wir weiter an, der Pro-Kopf-Umsatz liegt im Branchendurchschnitt bei 250 000 €. Was werden Sie unternehmen?

Die Personalproduktivität erreicht nur 80 % des Branchendurchschnitts, ist also um 20 % niedriger. Der Pro-Kopf-Umsatz kann erhöht werden durch folgende Maßnahmen:

- sichere und schnellere Auftragsabschlüsse,
- rationellere Auftragsabwicklung,
- schnellere Auslieferung und Rechnungsstellung,
- Umsatzerhöhung und
- Entlassen von Mitarbeitern.

74.   Was versteht man unter »Kapitalwachstums-Elastizität« und was gibt sie für Informationen?

$$\text{Kapitalwachstums-Elastizität} \quad = \quad \frac{\text{Wachstum des Gesamtkapitals des Unternehmens}}{\text{Wachstum des Gesamtkapitals der Branche}}$$

Die Kennzahl gibt an, wie stark das eigene Unternehmen am Branchenwachstum teilgenommen hat.

75.   Was ist das Besondere an Kennzahlen-Systemen?

Kennzahlen-Systeme bestehen aus Kennzahlen, die miteinander in Beziehung stehen. Die Kennzahlen-Systeme sind meist hierarchisch aufgebaut: die Kennzahlen der unteren Stufe gehen in die obere Stufe ein. Man kann auf diese Weise feststellen, wie stark einzelne Kennzahlen die Gesamtkennzahl beeinflussen.

76.   Was versteht man unter Return on Investment (ROI)?

ROI ist der Ertrag aus dem investierten Kapital und errechnet sich aus:

$$\text{ROI} \quad = \quad \frac{\text{Betriebsergebnis}}{\text{durchschnittlich investiertes Kapital}}$$

oder

$$= \quad \text{Umsatzrentabilität} \times \text{Kapitalumschlag}$$

oder

$$= \quad \frac{\text{Betriebsergebnis}}{\text{Umsatz}} \times \frac{\text{Umsatz}}{\text{durchschnittlich investiertes Kapital}}$$

77.   Wie können Sie den ROI in Ihrem Unternehmen erhöhen?

Der ROI kann erhöht werden

- durch die Steigerung der Umsatzrentabilität (höherer Ertragsanteil der Produkte) oder
- durch die Erhöhung des Kapitalumschlags (eingesetztes Kapital wird schneller zu verkauftem Umsatz).

5   Präsentation und Fachgespräch

5.1   Allgemeine Hinweise

Zum **Prüfungsablauf und zur Vorbereitung** auf den Prüfungsteil **Präsentation und Fachgespräch** siehe ausführlich S. 5 und 10 über die mündliche Bilanzbuchhalterprüfung.

Der Prüfungsteilnehmer kann aus zwei Aufgabenstellungen eine Aufgabe auswählen, die Berichterstattung, Auswerten und Interpretieren des Zahlenwerkes für Managemententscheidungen zum Inhalt hat. Danach schließt sich ein Fachgespräch an, das auch auf die Handlungsbereiche Erstellen von Abschlüssen nach nationalem Recht und nach internationalen Standards eingehen soll.

Zur **Vorbereitung auf die Präsentation** siehe ausführlich Kresse/Leuz, Rechnungswesen, Stuttgart 2010, Hauptteil 1 Kapitel 7 Grundlagen der Rede- und Präsentationstechnik.

Zur **Vorbereitung auf Auswertung und Interpretieren des Zahlenwerkes** für Managemententscheidungen sind außer den vorstehenden Fragen und Antworten 1–77 die Ausführungen in Kresse/Leuz, a. a. O., Band 1 Hauptteil 6 von Bedeutung. Denn dort wird eine **Jahresabschlussanalyse mit Auswertung und Interpretation des Zahlenwerkes am praktischen Fall** durchgeführt, sodass die dort angesprochenen Probleme der Aufgabenstellung im Prüfungsteil Präsentation und Fachgespräch entsprechen.

Im Folgenden sollen zwei Aufgabenstellungen für Präsentation und Fachgespräch beispielhaft angeführt werden.

5.2   Beispiele zur Präsentation

5.2.1   Aufgabenstellung

Ausgangslage: Die Schuh-Moden-GmbH hat im März des Geschäftsjahres 03 eine Filiale in der Nachbarstadt eröffnet. Sie hat zur Ausstattung der Filiale mit Schuhen ein Darlehen im Geschäftsjahr 03 von 230 000 € aufgenommen, die weitere Warenausstattung sollte aus erfolgten Umsätzen finanziert werden.

Infolge plötzlich notwendiger aufwändiger Kanalisationsarbeiten war die Filiale ab Mitte November nur noch sehr schwer für Kunden zu erreichen. Da sich die Bauarbeiten auf über zwei Jahre erstrecken sollen, musste die Filiale aufgegeben werden. Ein entsprechender Passus im ansonsten 10 Jahre laufenden Pachtvertrag erlaubte den Ausstieg aus dem Pachtvertrag zum 31.12.03 ablösefrei. Den Mitarbeiterinnen der Filiale konnte ebenfalls zum 31.12.03 ohne Entstehung weiterer Personalkosten gekündigt werden. Die Eröffnung einer »Ersatz«-Filiale ist nicht in Sicht.

Der Vorjahresabschluss und der Jahresabschluss des Geschäftsjahres 03 – aufbereitet für interne Auswertungen – zeigen folgendes Bild:

Bilanzen der Schuh-Moden-GmbH	Jahr 03	Jahr 02
Aktiva		
Sachanlagen	180 000	200 000
Sonstiges Anlagevermögen	10 000	10 000
Anlagevermögen	**190 000**	**210 000**

Bilanzen der Schuh-Moden-GmbH	Jahr 03	Jahr 02
Vorräte	700 000	400 000
Forderungen aus Lieferungen und Leistungen	4 000	5 000
Kassenbestand, Bank	10 000	5 000
Sonstiges Umlaufvermögen	10 000	10 000
Aktive Rechnungsabgrenzung	0	0
Summe Aktiva	**914 000**	**630 000**
Passiva		
Eigenkapital (Kapital, Rücklagen, Vorjahreserfolg)	70 000	28 000
Jahresergebnis	24 000	42 000
Eigenkapital	**94 000**	**70 000**
Rückstellungen	6 000	6 000
Kontokorrent	110 000	50 000
Sonstige Bankverbindlichkeiten	700 000	500 000
Verbindlichkeiten aus Lieferungen und Leistungen	0	0
Sonstige Verbindlichkeiten	4 000	4 000
Passive Rechnungsabgrenzung	0	0
Summe Passiva	**914 000**	**630 000**

GuV-Rechnungen der Schuh-Moden-GmbH	Jahr 03	Jahr 02
Umsatzerlöse	**1 200 000**	**1 000 000**
Bestandsveränderungen	0	0
Gesamtleistung	**1 200 000**	**1 000 000**
Sonstige betriebliche Erträge	0	0
Materialaufwand	–600 000	–500 000
Rohergebnis	**600 000**	**500 000**
Aufwendungen		
Personalaufwand	–350 000	–270 000
Abschreibungen	–20 000	–20 000
Raumkosten	–80 000	–50 000
Versicherungen/Beiträge	–6 000	–5 000
Werbe-/Reisekosten	–12 000	–10 000
Reparaturen und Instandhaltung	–10 000	–10 000
Sonstige Kosten	–40 000	–35 000
Aufwendungen gesamt	**–518 000**	**–400 000**

GuV-Rechnungen der Schuh-Moden-GmbH	Jahr 03	Jahr 02
Betriebsergebnis	82 000	100 000
Zinserträge u. Ä.	0	0
Zinsaufwendungen	−48 230	−40 000
Gewinne/Verluste aus Anlagenverkäufen	0	0
Sonstige neutrale Aufwendungen/Erträge	0	0
Neutrales Ergebnis	−48 230	−40 000
Ergebnis vor Steuern	33 770	60 000
Betriebliche Steuern	−9 770	−18 000
Jahresergebnis	24 000	42 000

Aufgabenstellung 1:

(1) Sie sollen als Bilanzbuchhalter dem Geschäftsführer der Schuh-Moden-GmbH beratend zur Seite stehen. Umreißen Sie zunächst im Groben die betriebswirtschaftliche Situation der Schuh-Moden-GmbH zum 31.12.03.

(2) Der Jahresabschluss 03 ist hinsichtlich der Bewertung der Waren in der Filiale insofern noch vorläufig, als diese inventurmäßig bislang zu Buchwerten erfasst sind, Höhe 300 000 €. Der Vorrätebestand im Geschäftsjahr 02 ist gegenüber dem des Geschäftsjahres 01 unverändert. Kann man den vorläufigen Jahresabschluss des Geschäftsjahres 03 ohne weiteres als endgültig erklären?

(3) Welche Managementaufgabe im Vorrätebereich sehen Sie für das folgende Geschäftsjahr am dringlichsten an? Untermauern Sie Ihre Vorschläge durch diesen Bereich betreffende Kennzahlen.

Aufgabenstellung 2:

(1) Sie sollen als Bilanzbuchhalter dem Geschäftsführer der Schuh-Moden-GmbH beratend zur Seite stehen. Umreißen Sie zunächst im Groben die betriebswirtschaftliche Situation der Schuh-Moden-GmbH zum 31.12.03.

(2) Ermitteln Sie Fremdkapitalquote, statischen Verschuldungsgrad und Working Capital (stufen Sie dabei die sonstigen Bankverbindlichkeiten als langfristig ein). Was besagen diese Kennzahlen zur generellen Finanzierungsstruktur der Schuh-Moden-GmbH?

(3) Ermitteln Sie den Cashflow und die Cashflow-Umsatzrate. Weshalb sind diese Kennzahlen für die Schuh-Moden-GmbH von besonderer Wichtigkeit? Welche Managementaufgaben sehen Sie in diesem Zusammenhang für das folgende Geschäftsjahr am dringlichsten an?

5.2.2   Vorbereitung der Präsentation

Man sollte nach sorgfältigem Durchlesen der beiden Aufgabenstellungen sich möglichst zügig für eine der Aufgabenstellungen entscheiden.

Für die Präsentation stehen i. d. R. Flipchart und/oder Overheadprojektor zur Verfügung, gegebenenfalls auch ein Beamer. Falls alle drei Präsentationsmittel zur Auswahl stehen, würde ich Flipchart oder Overheadprojektor generell den Vorzug geben, da der Einsatz eines Beamers mehr Zeit für den Umgang mit »Technik« verlangt und den Inhalten des Vortrags im Zweifel der Vorzug zu geben ist.

5.2.3 Präsentation Aufgabenstellung 1

Sehr geehrte(r) Frau/Herr Prüfungsvorsitzende(r), sehr geehrte Damen und Herren,
ich habe als Präsentation die Aufgabenstellung 1 gewählt. Zunächst werde ich mich der betriebswirtschaftlichen Situation der Schuh-Moden-GmbH im Allgemeinen zuwenden und anschließend mit den Fragen befassen,

- ob man den vorläufigen Jahresabschluss des Geschäftsjahres 03 ohne weiteres als endgültig erklären kann und
- welche Aufgaben im Vorrätebereich für das folgende Geschäftsjahr am dringlichsten anstehen.

Zu (1) Überblick über die betriebswirtschaftliche Situation der Schuh-Moden-GmbH
Die Schuh-Moden-GmbH hat eine Filiale in der Nachbarstadt eröffnet. Infolge plötzlich notwendiger aufwändiger Kanalisationsarbeiten war die Filiale ab Mitte November nur noch sehr schwer für Kunden zu erreichen und musste aufgegeben werden, zum Glück ablösefrei. Auch den Mitarbeiterinnen der Filiale konnte ebenfalls zum 31.12.03 ohne Entstehung weiterer Personalkosten gekündigt werden.

Da die Eröffnung einer »Ersatz«-Filiale nicht möglich war, ist die Schuh-Moden-GmbH mit folgenden Problemen konfrontiert:

- Der Warenbestand ist um 75 % (300 000 €) gegenüber der Ausgangslage ohne Filiale gestiegen.
- Gleichzeitig haben sich die Bankverbindlichkeiten einschließlich Kontokorrent um 260 000 € erhöht.

Im folgenden Geschäftsjahr oder den folgenden Geschäftsjahren ist es dringend erforderlich, die **Warenbestände und Bankverbindlichkeiten auf ein »erträgliches« Maß zurückzuführen**. Dies könnte – je nachdem, wie »modisch« die Ware der Filiale war – zu Problemen führen. Standardware wird man über einen längeren Zeitraum veräußern können, modische Ware dagegen nicht, unter Umständen nur mit hohen Abschlägen oder gar Verlusten. Im letzteren Fall wäre die Schuh-Moden-GmbH in einer existenzgefährdenden Situation. Zudem drückt die Zinsbelastung das Ergebnis.

Um die **Kapitaldienstfähigkeit** festzustellen und zu sichern, ist unbedingt ein **Finanzplan** aufzustellen, der sich insbesondere auch der **optimalen Einkaufspolitik** (und damit auch der Frage des **optimalen Lagerbestands**) widmen muss; trotz der hohen Bestände wird man – wegen der Mode – nicht Nichts einkaufen können.

Hinweis für den Medieneinsatz:
Angabe des Warenbestands und des Kontokorrents.

Zu (2) Kann man den vorläufigen Jahresabschluss des Geschäftsjahres 03 ohne weiteres als endgültig erklären?
Die Waren in der Filiale sind zwar inventurmäßig erfasst, aber bislang zu Buchwerten bewertet, Höhe 300 000 €.

Für die Bewertung des Umlaufvermögens gilt das **strenge Niederstwertprinzip**. Am Geschäftsjahresende ist den Anschaffungs- bzw. Herstellungskosten der Börsen- oder Marktpreis bzw. der beizulegende Wert als Vergleichswert gegenüberzustellen. Der jeweils niedrigere ist anzusetzen (§ 253 Abs. 4 HGB). Entstehen Wertminderungen durch Änderung des modischen Geschmacks (durch auslaufende Saison bei Modewaren), können **Gängigkeitsabschläge** notwendig sein.

Wie einleitend bereits dargestellt, kommt es für die Bewertung darauf an, ob es sich um **Standardware** (keine oder nur geringe Abschläge) oder **modeabhängige Waren** handelt.

- Sind keine Abschläge notwendig, bleibt es beim positiven Jahresergebnis von 24 000 €.
- Bei einem Gängigkeitsabschlag von 10 % (von 300 000 €) entsteht bereits ein Jahresfehlbetrag von 6 000 €.
- Ein Gängigkeitsabschlag von z. B. 40 % würde zu einem Jahresfehlbetrag von 96 000 € führen und das Eigenkapital von 70 000 € vollständig aufzehren, mit der Folge des Ausweises eines »Nicht durch Eigenkapital gedeckten Fehlbetrags« von 26 000 €. Auf Basis einer Überschuldungsbilanz (Überschuldungsstatus) müsste geprüft werden, ob in diesem Fall tatsächlich eine Überschuldung vorliegt (Vermögen deckt nicht mehr die Schulden). Bei einer GmbH ist spätestens drei Wochen nach Eintritt einer Überschuldung ein Insolvenzantrag zu stellen (§ 15a InsO).

Diese Daten belegen, in welch kritischer Situation die Schuh-Moden-GmbH ist.

Hinweis für den Medieneinsatz:
Angabe der Stichworte strenges Niederstwertprinzip und Gängigkeitsabschläge sowie Angabe der Veränderung des Jahresergebnisses.

Zu (3) Welche Managementaufgabe im Vorrätebereich sehen Sie für das folgende Geschäftsjahr am dringlichsten an? Untermauern Sie Ihre Vorschläge durch diesen Bereich betreffende Kennzahlen.

Zunächst sollen die wichtigsten Kennzahlen, den Vorrätebereich betreffend, zum noch besseren Verständnis der Lage beitragen:

	Berichtsjahr	Vorjahr
Umlaufvermögensintensität: $\dfrac{\text{Umlaufvermögen}}{\text{Gesamtvermögen}} \times 100$	$\dfrac{724\,000}{914\,000} \times 100 = 79{,}2\,\%$	$\dfrac{420\,000}{630\,000} \times 100 = 66{,}6\,\%$
Vorratsvermögenswachstum: $\dfrac{\text{Änderung des Vorratsvermögens}}{\text{Vorratsvermögen der Vorperiode}}$	$\dfrac{300\,000}{400\,000} = 75\,\%$	–
Umschlagshäufigkeit der Vorräte: $\dfrac{\text{Umsatz}}{\text{durchschnittlicher Vorrätebestand}}$	$\dfrac{1\,200\,000}{(400\,000 + 700\,000) : 2} = 2{,}18$	$\dfrac{1\,000\,000}{(400\,000 + 400\,000) : 2} = 2{,}5$
Umschlagsdauer der Vorräte: $\dfrac{365}{\text{Umschlagshäufigkeit der Vorräte}}$	$\dfrac{365}{2{,}18} = 167{,}4$ Tage	$\dfrac{365}{2{,}5} = 146$ Tage
Materialintensität: $\dfrac{\text{Materialaufwand}}{\text{Gesamtleistung}} \times 100$	$\dfrac{500\,000}{1\,000\,000} \times 100 = 50\,\%$	$\dfrac{600\,000}{1\,200\,000} \times 100 = 50\,\%$

Die **Kennzahlenanalyse** vervollständigt das bisher Festgestellte:
- Das Verhältnis des Umlaufvermögens zum Gesamtvermögen (Umlaufvermögensintensität) hat sich von 66,6 % auf fast 80 % erhöht. Dabei hat das Vorratsvermögen um exakt 75 % zugenommen.

- Die Umschlagshäufigkeit der Vorräte ging von 2,5 auf 2,18 zurück, was einer Erhöhung der Umschlagsdauer von 146 auf 167,4 Tagen entspricht. Daraus folgt eine entsprechende Erhöhung des Lagerrisikos und der Kapitalbindung, mit entsprechend negativem Einfluss auf die Liquidität.
- Einzig die Materialintensität hat sich nicht verschlechtert und ist bei einem Wert von 50 % stabil geblieben.

Diese Feststellungen untermauern, dass die dringlichste **Managementaufgabe** im Vorrätebereich darin besteht, den **Vorrätebestand möglichst schnell und drastisch zu reduzieren**, dadurch Liquidität zu gewinnen und den Bestand des Unternehmens zu sichern.

Wenn man die Daten der Aufgabenstellung auf das oben angesprochene »**Moderisiko**« hin analysiert, dann müsste das **Frühjahr- und Sommergeschäft** in der Filiale noch »normal« verlaufen sein, denn die Kanalisationsarbeiten behinderten den Kundenzugang erst ab Mitte November. Der Warenbestand in Buchwerten von 300 000 € müsste sich dann zum größeren Teil aus Winterware zusammensetzen, die nur insofern Gängigkeitsabschlägen zu unterziehen wäre, als sie in dieser – ja noch laufenden Wintersaison – nicht mehr im Hauptgeschäft verkauft werden kann.

Es sind **Verkaufsfördermaßnahmen** anzudenken und einzuleiten, die sich nur auf die Winterware beziehen, und dort insbesondere auf Modeware, den die muss verkauft werden, weil vor allem dort das Risiko der Abschläge oder gar des Verlusts vorhanden ist. Als Werbeaufhänger eignet sich die Aufgabe der Filiale sehr gut, um vermehrt Kunden und Kundinnen ins Geschäft zu locken. In dieser Branche werden teilweise auch Sonderverkäufe an anderen Standorten, z.B. in Hotels oder anderen geeigneten Räumlichkeiten, durchgeführt, um vor allem Modeartikel aus dem Lager zu entfernen. Denkbar wäre z.B. der Werbeslogan: »Junge Mode um xx % günstiger.«

Dadurch steigt notwendigerweise der Werbeaufwand. Die Schuh-Moden-GmbH hat bisher mit einem **Rohaufschlag** (= Prozentsatz im Handel, der dem Einstandspreis zugerechnet wird, um zum Verkaufspreis zu kommen) von 100 % kalkuliert (vgl. hierzu die Kennzahl Materialintensität). Ein Schuh, der für 50 € eingekauft wurde, hat so einen Verkaufspreis von 100 €. Bietet man ihn in Sonderverkäufen beispielsweise um 40 % günstiger an, also für 60 € (= Rohaufschlag von nur noch 20 %), dann kann, wenn man den anteiligen Werbeaufwand abzieht, gerade ein Nullergebnis erreicht werden.

Wenn es auf diese Weise z.B. gelingt, durch Sonderverkäufe das Lager um 100 000 € zu senken, dann ergäben sich beim Rohaufschlag von 20 % Umsatzerlöse von 120 000 €. Bei Werbekosten von z.B. 10 000 € verbliebe noch ein Gewinn von 10 000 € und ein **Liquiditätszuwachs** von 110 000 €. Das durch die Schließung der Filiale erhöhte Lagerrisiko wäre um ein Drittel gemindert.

Neben den Prozentsätzen, um die reduziert wird, sollte der Warenumfang ermittelt werden, der für Sonderverkäufe in der ausklingenden Wintersaison in Betracht kommt.

Darüber hinaus müsste man sich im Vorrätebereich intensiv der **Einkaufspolitik im kommenden Geschäftsjahr** widmen, und zwar sowohl der Höhe als auch des Sortiments nach.

Hiermit bin ich am Ende meiner Präsentation angelangt. Ich danke Ihnen für Ihre Aufmerksamkeit.

Hinweis für den Medieneinsatz:

Angabe der Kennzahlen sowie der Stichworte Verkaufsfördermaßnahmen, Rohaufschlag sowie Einkaufspolitik.

Fachgespräch: Hieran schließt sich nun das Fachgespräch an. Der Prüfungskommission steht es frei, ob Sie auf Ausführungen des Prüfungsteilnehmers in der Präsentation nochmals näher eingeht oder sich den Handlungsbereichen Erstellen von Abschlüssen nach nationalem Recht und nach internationalen Standards widmen will. Fragen und Antworten hierzu sind in den **Hauptteilen 4, 5 und 7** dieses Werkes formuliert.

5.2.4 Präsentation Aufgabenstellung 2

Sehr geehrte(r) Frau/Herr Prüfungsvorsitzende(r), sehr geehrte Damen und Herren,
ich habe als Präsentation die Aufgabenstellung 2 gewählt. Zunächst werde ich mich der betriebswirtschaftlichen Situation der Schuh-Moden-GmbH im Allgemeinen, danach der Analyse von

- Fremdkapitalquote, statischem Verschuldungsgrad und Working Capital sowie
- Cashflow und der Cashflow-Umsatzrate zuwenden und daraus ableiten, welche Aufgaben in diesem Zusammenhang für das folgende Geschäftsjahr am dringlichsten anstehen.

Zu (1) Überblick über die betriebswirtschaftliche Situation der Schuh-Moden-GmbH
Siehe hierzu die Ausführungen zu Kapitel 5.2.3 Aufgabenstellung 1.

Hinweis: Es wird viele Aufgabenstellungen geben, wo man beispielsweise sofort auf Spezifika wie Anlagendeckung, Eigenkapitalquote o. Ä. eingehen kann. Bei dieser Aufgabenstellung ist jedoch das Erfassen der generellen Problemsituation von besonderer Bedeutung, sodass sowohl die materialwirtschaftliche als auch die finanzielle Aufgabenstellung diese als Ausgangspunkt nimmt.

Zu (2) Ermitteln Sie Fremdkapitalquote, statischer Verschuldungsgrad und Working Capital (stufen Sie dabei die sonstigen Bankverbindlichkeiten als langfristig ein). Was besagen diese Kennzahlen zur generellen Finanzierungsstruktur der Schuh-Moden-GmbH?

Diese Kennzahlen ermitteln sich wie folgt:

	Berichtsjahr	Vorjahr
Fremdkapitalquote:		
$\dfrac{\text{Fremdkapital}}{\text{Gesamtkapital}} \times 100$	$\dfrac{820\,000}{914\,000} \times 100 = 89,7\,\%$	$\dfrac{560\,000}{630\,000} \times 100 = 88,9\,\%$
Statischer Verschuldungsgrad:		
$\dfrac{\text{Fremdkapital}}{\text{Eigenkapital}} \times 100$	$\dfrac{820\,000}{94\,000} \times 100 = 872,3\,\%$	$\dfrac{560\,000}{70\,000} \times 100 = 800\,\%$
Working Capital:		
Umlaufvermögen ./. kurzfristiges Fremdkapital	724 000 ./. 120 000 = 604 000	420 000 ./. 60 000 = 360 000

Beurteilung:
- **Fremdkapitalquote** und **statischer Verschuldungsgrad** entsprechen sich in ihrer Aussage: Die Schuh-Moden-GmbH ist zu einem hohen Maße fremdfinanziert. Die Fremd-

kapitalquote stieg von 88,9 % im Vorjahr auf 89,7 % im Berichtsjahr. Die Abhängigkeit von fremden Geldgebern, hier der Bank, ist entsprechend hoch.

- Das **Working Capital** soll möglichst positiv sein. Es stellt Liquiditätsreserven dar, die z. B. bei Schwierigkeiten beim Absatz für das Unternehmen lebenswichtig sein können. Nach der amerikanischen Bankregel fordern die Banken von den zu beleihenden Unternehmen, dass das Umlaufvermögen etwa doppelt so groß wie das kurzfristige Fremdkapital sein solle.

  Hier ist das Umlaufvermögen im Berichtsjahr sogar über sechsmal so groß wie das kurzfristige Kapital und gegenüber dem Vorjahr absolut um 244 000 € gestiegen. Diese Zahlen belegen, dass das Umlaufvermögen in entsprechend **hohem Maße langfristig finanziert** ist, im Berichtsjahr in Höhe von 604 000 €.

Fazit: Während die hohe Fremdkapitalquote in die negative Richtung weist, ist das Working Capital als sehr positiv zu beurteilen.

Hinweis für den Medieneinsatz:
Angabe der Kennzahlen.

Zu (3) Ermitteln Sie den Cashflow und die Cashflow-Umsatzrate. Weshalb sind diese Kennzahlen für die Schuh-Moden-GmbH von besonderer Wichtigkeit? Welche Managementaufgaben sehen Sie in diesem Zusammenhang für das folgende Geschäftsjahr am dringlichsten an?

Der Cashflow ist ein Maß für die vom Unternehmen innerhalb einer Periode erwirtschafteten Erträge, die zur Eigenfinanzierung bereitstehen. Bei seiner Berechnung wird deshalb vom Jahresergebnis ausgegangen, das um den ausgabelosen Aufwand erhöht und um den einnahmelosen Ertrag gekürzt wird.

			Berichtsjahr	Vorjahr
1.		Jahresüberschuss	24 000	42 000
2.	+	Abschreibung auf Anlagevermögen	20 000	20 000
3.	+/./.	Zunahme/Abnahme Rückstellungen	–	–
4.	=	**Cashflow**	44 000	62 000

Die Cashflow-Umsatzrate ermittelt sich wie folgt:

	Berichtsjahr	Vorjahr
Cashflow-Umsatzrate:		
$\dfrac{\text{Cashflow}}{\text{Umsatz}} \times 100$	$\dfrac{44\,000}{1\,200\,000} \times 100 = 3,7\,\%$	$\dfrac{62\,000}{1\,000\,000} \times 100 = 6,2\,\%$

Die **Analyse** dieser beiden Kennzahlen zeigt, dass die Schuh-Moden-GmbH finanziell vor großen Herausforderungen steht:

- Der **Cashflow** steht dem Unternehmen als Finanzierungspotenzial zur Verfügung. Er ist deshalb so wichtig, weil er die Schuldentilgungsfähigkeit aus dem laufenden Geschäft aufzeigt (Zinszahlungen sind bereits im Jahresüberschuss enthalten). Er ist von 62 000 € auf 44 000 € im Berichtsjahr gefallen. Einer Schuldentilgungsfähigkeit von 44 000 € stehen der Schuh-Moden-GmbH 700 000 € Darlehen und 110 000 € Kontokorrent gegenüber. Um die Schulden vollständig abzutragen, bräuchte die Schuh-Moden GmbH bei einer derartigen Tilgungsleistung **18,4 Jahre** (810 000 / 44 000). Bei einem weiteren Sinken des Cashflows stünde die Schuh-Moden-GmbH deshalb vor dem sicheren Aus.

- Die **Cashflow-Umsatzrate** gibt das Verhältnis des Cashflow zum Umsatz an und zeigt, wie viel Prozent des Umsatzes zur Selbstfinanzierung beitragen. Insofern ist die Cashflow-Umsatzrate auch als **Kennziffer zur Ertragskraft** interpretierbar. Diese ist von 6,2 % auf 3,7 % gefallen.

Diese beiden Kennziffern weisen auf, welche **Managementaufgaben** in diesem Zusammenhang für das folgende Geschäftsjahr am dringlichsten anstehen. Dadurch, dass die Personalkosten und Raumkosten lt. Beschreibung der Ausgangslage im Folgejahr wieder dem vorherigen Stand entsprechen, dürfte die Kostenseite künftig besser aussehen als im Berichtsjahr. Aber was **Ertragskraft und Schuldentilgungsfähigkeit** anbelangt, sind von der Managementseite größte Anstrengungen nötig. Insbesondere der hohe **Kontokorrentstand** sollte so schnell wie möglich abgebaut werden, z. B. durch Verkaufsfördermaßnahmen jeglicher Art, Lagerabbau etc.

Um die finanzielle Seite im Folgejahr genau im Blickfeld zu haben, ist darüber hinaus die **Erstellung eines Finanzplans unverzichtbar.**

Hiermit bin ich am Ende meiner Präsentation angelangt. Ich danke Ihnen für Ihre Aufmerksamkeit.

Hinweis für den Medieneinsatz:
Angabe der Kennzahlen sowie der Stichworte Ertragskraft und Schuldentilgungsfähigkeit sowie Finanzplan.

Fachgespräch:
Hieran schließt sich nun das Fachgespräch wie oben an.

7. Hauptteil:

Erstellen von Abschlüssen nach internationalen Standards

Bearbeitet von: Norbert Leuz (Kapitel 1 Grundzüge)
Michael Wobbermin (Kapitel 2 ff.)

1   Grundzüge der Bilanzierung und Bewertung sowie der notwendigen Bestandteile eines IFRS-Abschlusses

1.   **Warum haben internationale Rechnungslegungsstandards wie die IFRS stetig an Bedeutung gewonnen?**
Internationalen Kapitalmärkten und internationalen Unternehmensakquisitionen kommt eine immer höhere Bedeutung zu. Dies gilt insbesondere aus deutscher Sicht: Der nationale Kapitalmarkt ist für große deutsche Unternehmen immer häufiger zu klein.

Der wichtigste Hinderungsgrund für Internationalisierungsstrategien sind unterschiedliche Rechnungslegungsvorschriften. Um die Erstellung gesonderter Abschlüsse nach den Regeln des jeweiligen Börsenplatzes zu vermeiden, ist die Ausrichtung nach international anerkannten Standards geboten, d.h. nach US-GAAP oder IFRS.

1.1   Rechtscharakter, Aufbau und Zielsetzungen der IFRS

2.   **Von wem wird das IFRS-Regelwerk gestaltet?**
Bereits 1973 wurde das International Accounting Standards Committee (IASC), ein privater Zusammenschluss von mit Rechnungslegungsfragen befassten Berufsverbänden (Berufsorganisationen der Wirtschaftsprüfer), mit dem Ziel gegründet, eine weltweite Harmonisierung der Rechnungslegung voranzubringen. Damalige Triebkraft waren die britischen Berufsstände, die bestrebt waren, die Setzung internationaler Rechnungslegungsnormen im privaten Sektor zu halten.

In 2001 wurde das IASC in International Accounting Standards Board (IASB) umbenannt.

Inzwischen gehören dem IASB Berufsorganisationen aus mehr als 100 Ländern an, Tendenz steigend. Deutschland wird im IASB u.a. durch das Deutsche Rechnungslegungs Standards Commitee e.V. (vgl. § 342 Abs. 1 HGB) sowie das Institut der Wirtschaftsprüfer in Deutschland e.V. (IDW) und die Wirtschaftsprüferkammer (WPK) vertreten.

Das Ziel des IASB ist, Rechnungslegungsgrundsätze für die Offenlegung von Jahresabschlüssen zu entwickeln und deren weltweite Anerkennung und Beachtung zu fördern. Hierzu erarbeitet es International Accounting Standards (IAS) bzw. ab 2001 International Financial Reporting Standards (IFRS).

3. Welchen Rechtscharakter haben die IFRS?

Bezüglich der Rechtsnatur haben die IFRS als solche keinen Gesetzesrang, da sie lediglich Empfehlungen des IASB wiedergeben. Nur soweit nationale Gesetzgeber bestimmte IFRS gesetzlich normieren, erhalten diese Rechtsnormqualität.

4. Auf welcher Rechtstradition fußt das IFRS-Regelwerk? Wie ist es aufgebaut?

Die IFRS beruhen überwiegend auf der angloamerikanischen Bilanzierungstradition, die sich von kontinental-europäischen, insbesondere deutschen Bilanzierungsgrundsätzen erheblich unterscheiden.

Den IFRS ist ein Framework (Rahmenkonzept) vorangestellt, in dem die Grundzüge der IFRS-Rechnungslegung dargestellt sind. Die einzelnen IFRS-Regeln – ähnlich wie die US-GAAP – behandeln jeweils spezifische Themenkomplexe der Bilanzierung und Publizierung. Sie sind also nicht systematisch angelegt, sondern einzelfallorientiert.

5. Was bedeuten z. B. die Angaben F.10 oder RK.10 und IAS 1.11?

So werden zitiert:

- das Framework (hier F.10 = Framework § 10) bzw. die deutsche Übersetzung des Frameworks: das Rahmenkonzept (hier RK.10 = Rahmenkonzept § 10) und
- die IAS/IFRS (hier IAS 1.11 = IAS 1 § 11).

6. Welche Zielsetzungen verfolgen die IFRS?

Nach RK.12 des Rahmenkonzepts und IAS 1.15 hat der Jahresabschluss die Aufgabe,

- Informationen über die finanzielle Lage und die Leistung eines Unternehmens und
- die Veränderungen in dieser Hinsicht zu vermitteln.

Diese entscheidungsrelevanten Informationen sollen einer großen Zahl von Interessenten (hauptsächlich Investoren) die Möglichkeit geben, ökonomische Entscheidungen zu treffen.

Auf dieses Informationsinteresse ist der Jahresabschluss nach IFRS beschränkt. Er dient nicht dem Gläubigerschutz und nicht der Kapitalerhaltung von Unternehmen und hat folglich auch keine Ausschüttungsbemessungsfunktion. Er soll auch nicht der steuerlichen Gewinnermittlung zugrunde gelegt werden. Vgl. Hauptteil 5 Frage 8 ff.

7. Welche Rechnungslegungsgrundsätze sind bei einem IFRS-Abschluss verbindlich?

Die Vermittlung entscheidungsrelevanter Informationen als oberstes Ziel der Rechnungslegung ist nur möglich, wenn bestimmte Rechnungslegungsgrundsätze auf die Erreichung dieses Ziel ausgerichtet sind. Im Rahmenkonzept sind zwei grundlegende Annahmen hierfür bestimmt:

(1) Going-concern-Prinzip = Bewertung unter der Annahme der Unternehmensfortführung und

(2) Periodenabgrenzung = Abgrenzung des periodengerechten Gewinns.

Die Basisgrundsätze finden im Framework ihre Ergänzung in folgenden qualitativen Zusatzanforderungen (primären Grundsätzen) an die Rechnungslegung:

(a) Verständlichkeit: Informationen sollen für den typischen Adressaten verständlich sein.

(b) Relevanz: Informationen sind relevant, wenn sie die wirtschaftlichen Interessen der Adressaten beeinflussen und von ihrer Auswirkung wesentlich sind (Grundsatz der Wesentlichkeit bzw. Materiality als Sekundärgrundsatz).

(c) Verlässlichkeit und Objektivität: Informationen sollen frei von materiellen Fehlern, bewusster Verzerrung oder Manipulation sein (Sekundärgrundsätze glaubwürdige Darstellung, wirtschaftliche Betrachtungsweise, neutrale und vorsichtige Ermessensausübung und Vollständigkeit).

(d) Vergleichbarkeit (z. B. durch Angabe von Vorjahreszahlen, Angabe von Bilanzierungs- und Bewertungsmethoden u. Ä.).

8. Welche Bedeutung kommt dem Gläubigerschutz und dem Vorsichtsprinzip beim IFRS-Abschluss zu?

Die HGB-Rechnungslegung ist aufgrund statischen Gedankenguts (vgl. Hauptteil 5 Frage 11 ff.) insbesondere dem Gläubigerschutz verhaftet, einem Ziel, das durch eine Vielzahl von Regelungen (Vorsichtsprinzip, Anschaffungskostenprinzip, Niederstwertprinzip, Ausschüttungsbegrenzungsregelungen) abgesichert wird. Denn Kreditgeber haben ein existenzielles Interesse an der Kapitaldienstfähigkeit des Kaufmanns. Im Zweifel soll sich der Kaufmann ärmer darstellen (wodurch stille Reserven entstehen können), um Gläubiger nicht zu großzügiger Kreditvergabe zu verleiten.

Demgegenüber verfolgen die IFRS das Ziel, entscheidungsrelevante Informationen für bestehende und potenzielle Anteilseigner bereitzustellen. Der Grundsatz der Vorsicht kommt dort nur als Sekundärgrundsatz in einer schwachen Ausprägung vor: Bei IFRS markiert Vorsicht lediglich die Methode der Schätzung und Ermessensausübung.

1.2 Vergleich ausgewählter Ansatz- und Bewertungsvorschriften zwischen IFRS und HGB

9. In welchem Umfang hat BilMoG zu einer Annäherung zwischen IFRS und HGB-Vorschriften geführt?

Während im Schrifttum zunächst einer sehr weitgehenden Übernahme der IFRS das Wort geredet wurde, weil die Internationalisierung sich auf längere Sicht in der ganzen Wirtschaft durchsetzen würde und auf Dauer kein Zweiklassen-Bilanzrecht bestehen bleiben könne, hat sich nach und nach heftiger Widerstand in der Fachwelt und in der mittelständischen Wirtschaft formiert, weil die Internationalisierung der Rechnungslegung

- zu Parallel- und Nebenbuchhaltungen führt und
- mit einem erheblichen und nicht vertretbaren Mehraufwand verbunden ist.

Letztendlich führte die Wirtschaft- und Finanzkrise 2008/09, die den angloamerikanischen Bilanzierungsvorschriften mit ihrer Fair-Value-Bewertung (d. h. einer Bewertung zum beizulegenden Zeitwert bzw. Marktwert) zumindest eine Mitschuld an der Entwicklung auf den Finanzmärkten zugewiesen hat, dazu, dass die Umsetzung der Modernisierungs- und der Fair-Value-Richtlinie im Bilanzrechtsmodernisierungsgesetz (BilMoG) sehr moderat ausgefallen ist. Der Gesetzgeber hat sich dabei von der umgekehrten Maßgeblichkeit, die international am meisten in der Kritik stand, verabschiedet und zahlreiche bisherige Wahlrechte (z. B. bei Ansatz und Bewertung von Rückstellungen) gestrichen, sodass sich diesbezüglich die Unterschiede zwischen HGB- und IFRS-Rechnungslegung deutlich reduziert haben. Die HGB-Bilanz bleibt Grundlage der steuerlichen Gewinnermittlung und der Ausschüttungsbemessung.

Die Fair-Value-Bewertung, die ursprünglich noch für alle Unternehmen für Finanzinstrumente (wie Aktien, Schuldverschreibungen, Fondsanteile und Derivate, soweit sie im Handelsbestand gehalten werden) gelten sollte, wurde bei BilMoG aufgrund der Wirtschafts- und Finanzkrise letztlich aber auf Kreditinstitute beschränkt (vgl. § 340e Abs. 3 HGB).

10.   Zählen Sie einige wichtige Unterschiede hinsichtlich Ansatz und Bewertung zwischen IFRS und HGB auf.

Vor BilMoG bestanden die wichtigsten Ansatzunterschiede zwischen IFRS und HGB bei

- immateriellen Vermögensgegenständen,
- Entwicklungskosten und
- Rückstellungen.

Auch in Fragen der Bewertung brachte das BilMoG zwar eine Hinwendung zu den IFRS (z. B. bei Ermittlung der Herstellungskosten), die Unterschiede sind aber größer geblieben als bei den Ansatzvorschriften. Die wichtigsten Bewertungsunterschiede zwischen IFRS und HGB sind noch zu verzeichnen bei

- langfristiger Auftragsfertigung,
- Währungsumrechnung,
- entgeltlich erworbenem Geschäfts- oder Firmenwert und
- zu Handelszwecken gehaltenen Wertpapieren (trading).

11.   Welche Unterschiede bestehen beim Ansatz immaterieller Vermögensgegenstände zwischen IFRS und HGB?

Bei den immateriellen Vermögensgegenständen bestehen zwischen HGB und IFRS folgende Unterschiede:

- Diese werden nach IFRS im Jahresabschluss angesetzt, wenn sie sich vom Geschäfts- oder Firmenwert unterscheiden lassen und wenn es wahrscheinlich ist, dass dem Unternehmen der künftige wirtschaftliche Nutzen aus ihnen zufließen wird und wenn die AK/HK zuverlässig bemessen werden können (IAS 38.11–12, 21, 51). Das hat die Aktivierbarkeit bestimmter selbst geschaffener immaterieller Vermögensgegenstände zur Folge, z. B. Software, Patente, Urheberrechte.
- Durch BilMoG wurde das früher geltende Aktivierungsverbot für nicht entgeltlich erworbene immaterielle Vermögensgegenstände des Anlagevermögens (§ 248 Abs. 2 HGB a. F.) aufgehoben und in ein Aktivierungswahlrecht umgewandelt (§ 248 Abs. 2 HGB n. F.), verbunden mit einer Ausschüttungssperre (§ 268 Abs. 8 HGB).

12.   Welche Unterschiede bestehen beim Ansatz von Entwicklungskosten zwischen IFRS und HGB?

Bei den Entwicklungskosten bestehen zwischen HGB und IAS/IFRS folgende Unterschiede:

- Sie sind nach IFRS zu aktivieren, wenn das Unternehmen bestimmte Umstände demonstrieren kann, aus denen sich die Durchführbarkeit und der künftige Nutzen der Entwicklung ergibt (IAS 38.57).
- Eine solche Aktivierungsmöglichkeit war im HGB früher nicht vorgesehen (§ 248 Abs 2 HGB a. F.). Mit der Aktivierbarkeit selbst geschaffener immaterieller Vermögensgegenstände des Anlagevermögens durch BilMoG folgte konsequenterweise auch die Aktivierbarkeit von Entwicklungskosten (§§ 255 Abs. 2a HGB).

13.   Welche Unterschiede bestehen beim Ansatz von Rückstellungen zwischen IFRS und HGB?

Bei den Rückstellungen bestehen zwischen HGB und IFRS folgende Unterschiede:

- Die Regeln für die Bildung von Rückstellungen waren bei IFRS wesentlich enger als im HGB: Eine Rückstellungsbildung ist nur möglich für Aufwendungen, die Dritte betreffen (IAS 37.10).

- Im HGB waren daneben auch Rückstellungen möglich, die eigene Aufwendungen (d.h. das Unternehmen selbst) betreffen, z.B. Aufwandsrückstellungen, welche die Voraussetzungen nach § 249 Abs. 2 HGB a. F. erfüllten. Durch BilMoG fand hier ebenfalls eine Angleichung statt. Jetzt sind nur noch im Geschäftsjahr unterlassene Aufwendungen für Instandhaltung, die im folgenden Geschäftsjahr innerhalb von drei Monaten nachgeholt werden (§ 249 Abs. 1 HGB), als Aufwandrückstellungen verblieben.

14. **Welche Unterschiede bestehen beim Ansatz von Herstellungskosten zwischen IFRS und HGB?**

Bei den Herstellungskosten bestehen zwischen HGB und IFRS folgende Unterschiede:

- Nach IFRS sind die zurechenbaren Einzel- und Gemeinkosten (Vollkosten) ansatzpflichtig (IAS 2.10 ff.),
- während die Ansatzpflicht sich nach HGB früher nur auf die zurechenbaren Einzelkosten bezog. Für die zurechenbaren Gemeinkosten brachte BilMoG nun ebenfalls eine Ansatzpflicht (§ 255 Abs. 2 HGB), sodass die Bewertungsunterschiede hier nun fast aufgehoben sind. Vgl. ausführlich Frage 55.

15. **Welche Unterschiede bestehen beim Ansatz langfristiger Auftragsfertigung zwischen IFRS und HGB?**

Von langfristiger Auftragsfertigung spricht man, wenn Beginn und Beendigung des Auftrags in verschiedenen Rechnungsperioden liegen. Hierbei bestehen zwischen HGB und IFRS folgende Unterschiede:

- Nach IFRS erfolgt bei langfristiger Auftragsfertigung eine Gewinnrealisierung nach der »stage-of-completion-method«, nach der Umsatzerlöse und Bruttogewinne über die Vertragsdauer hinweg je nach Fertigungsfortschritt ausgewiesen werden (IAS 11.22).
- Eine derartige Teilgewinnrealisierung ist nach HGB aufgrund des Realisationsprinzips (§ 252 Abs. 1 Nr. 4 HGB) nicht möglich.

16. **Welche Unterschiede bestehen bei der Währungsumrechnung zwischen IFRS und HGB?**

Bei der Währungsumrechnung bestehen zwischen HGB und IFRS folgende Unterschiede:

- Valutaforderungen und -verbindlichkeiten sind nach IFRS zum Bilanzstichtagskurs umzurechnen (IAS 21.21, 23), wodurch sowohl unrealisierte Gewinne als auch unrealisierte Verluste erfasst werden.
- Handelsrechtlich schlagen sich aufgrund des Imparitätsprinzips (§ 252 Abs. 1 Nr. 4 Halbsatz 2 HGB) bei Restlaufzeiten von über einem Jahr nur unrealisierte Verluste nieder, bei Restlaufzeiten von unter einem Jahr können nicht realisierte Gewinne ausgewiesen werden (§ 256a HGB).

17. **Welche Unterschiede bestehen beim Ansatz des entgeltlich erworbenen Geschäfts- oder Firmenwerts zwischen IFRS und HGB?**

Er ist, sofern vorhanden, nach Erwerb bei IFRS zu bilanzieren, während im HGB früher hierfür ein Wahlrecht bestand, das durch BilMoG in eine Aktivierungspflicht umgewandelt wurde (§ 246 Abs. 1 Satz 4 HGB). Unterschiede gibt es jedoch noch bei der Folgebewertung eines entgeltlich erworbenen Geschäfts- oder Firmenwerts (also in den der Anschaffung folgenden Geschäftsjahren).

- Er ist bei IFRS durch eine Überprüfung der Werthaltigkeit (impairment test) nach IAS 36 jährlich und, wann immer es einen Anhaltspunkt gibt, daraufhin zu überprüfen, ob ein Wertminderungsbedarf besteht (IAS 36.90).

- Diese Neubewertungsnotwendigkeit verursacht im Verhältnis zur Regelung im HGB unnötige Kosten, weshalb diese Regelung in BilMoG nicht übernommen wurde. Im Handelsrecht ist er nach Maßgabe des § 253 HGB planmäßig, oder, bei Vorliegen der Tatbestandsvoraussetzungen, außerplanmäßig abzuschreiben.

18.   Welche Unterschiede bestehen bei zu Handelszwecken gehaltenen Wertpapieren (trading) zwischen IFRS und HGB?

Zu Handelszwecken gehaltene Wertpapiere (trading) werden in der Absicht erworben, Gewinne aus kurzfristigen Preisschwankungen zu erzielen. Hierbei bestehen zwischen HGB und IFRS folgende Unterschiede:

- Derartige Wertpapiere sind das typische Beispiel für eine sog. »Fair-value-Bewertung« bei den IFRS, d.h. einer Bewertung zum Zeitwert bzw. Marktwert. Sich daraus ergebende Wertänderungen gehen in das Ergebnis des Geschäftsjahres ein, in dem die Wertänderung eingetreten ist (IAS 39.55).
- Nach HGB kommen das Anschaffungskostenprinzip (§ 253 Abs. 1 Satz 1 HGB), das Realisationsprinzip (252 Abs. 1 Nr. 4 HGB) und das Niederstwertprinzip (§ 253 Abs. 4 HGB) zum Tragen: Bewertung zu fortgeführten Anschaffungskosten. Lediglich von Kredit- und Finanzdienstleistungsinstituten ist der beizulegende Zeitwert bei Finanzinstrumenten des Handelsbestands anzusetzen (§ 340e Abs. 3 HGB). Aufgrund der Finanzkrise ist es zu dieser Durchbrechung des Anschaffungskosten- und Realisationsprinzips bei den Vorschriften für alle Kaufleute nicht gekommen.

19.   Weshalb gilt die Fair-value-Bewertung in Krisenzeiten anfälliger als eine Bewertung zum Anschaffungskosten- und Niederstwertprinzip?

Mit der Finanzmarktkrise wurde über die Wirkung der unterschiedlichen nationalen und internationalen Rechnungslegungsvorschriften neu nachgedacht. Die IFRS ebenso wie die US-GAAP, die stärker als das HGB an den Informationsinteressen der Kapitalgeber orientiert sind, durchbrechen regelmäßig mit der Fair-value-Bewertung (marktpreisorientierten Bewertung) unter Hinweis auf die Relevanz der Informationen das Anschaffungswertprinzip. Diese Rechnungslegung zeigt deshalb den Anteilseignern besser, ob eine einmal getroffene Investitionsentscheidung gut oder weniger gut war. In Zeiten

- mit positiver Marktentwicklung hat eine marktpreisorientierte Bewertung positive Anreizeffekte, weshalb spekulative Blasen durch »Marktwerte« tendenziell verstärkt werden, während
- bei Abwärtsbewegungen eine Tendenz zur Beschleunigung nach unten entsteht.

In der jüngsten Wirtschafts- und Finanzkrise wurde der Fair-value-Bewertung deshalb zumindest eine Mitschuld an der Entwicklung auf den Finanzmärkten zugewiesen (These von der Fair-value-Bewertung als Brandbeschleuniger). Die angloamerikanischen Vorschriften zur Rechnungslegung stehen seither im Ruf einer »Schönwetter-Bilanzierung«. Die – zunächst geplante – Übernahme der Fair-Value-Konzeption für alle Kaufleute in § 253 HGB wurde im letzten Stadium des Gesetzgebungsprozesses bei BilMoG insbesondere aufgrund der damaligen Entwicklung an den Finanzmärkten zu Recht verhindert.

20.   Können IFRS-Abschlüsse künftig für die Entscheidung über die Kreditvergabe (Rating) von Vorteil sein?

Der Abschluss nach den IFRS ist

- durch eine Erweiterung des Aktivierungspotenzials
- bei gleichzeitiger Zurückdrängung der Passivierungsmöglichkeiten gekennzeichnet.

Dadurch werden im Verhältnis zum Abschluss nach HGB tendenziell höhere Gewinne ausgewiesen.

Dieses tendenziell höher mögliche Ergebnis mag es angezeigt erscheinen lassen, künftig für die Kreditvergabe – man denke an Basel III und Rating – Jahresabschlüsse nach IFRS zugrunde zu legen. Insofern sind aber Zweifel anzumelden, denn das Rating beschränkt sich nicht nur auf quantitative, sondern auch auf qualitative Informationen, wie Marktgeltung, Fähigkeit der Unternehmensleitung u. Ä. Darüber hinaus sind Kreditinstitute gut beraten, wegen der den Gläubigerschutz vernachlässigenden Struktur der IFRS zusätzliche Informationen einzufordern.

1.3 Bestandteile des IFRS-Abschlusses

21. **Aus welchen Bestandteilen setzt sich ein IFRS-Abschluss zusammen?**

Ein vollständiger IFRS-Abschluss (Einzel- oder Konzernabschluss) besteht nach IAS 1.10 aus folgenden fünf Elementen:

- Bilanz (Statement of financial position bzw. Balance sheet),
- Gesamtergebnisrechnung (Statement of comprehensive income) bzw. Darstellung von Gewinn oder Verlust und sonstigem Ergebnis der Periode,
- Eigenkapitalveränderungsrechnung (Statement of changes in equity),
- Kapitalflussrechnung (Statement of cash flows),
- Anhang (Notes).

Diese sind zu ergänzen

- bei kapitalmarktorientierten Unternehmen durch eine Segmentberichterstattung (Operating segments) und
- bei börsennotierten Unternehmen durch das Ergebnis je Aktie (Earnings per share).

1.3.1 Bilanz (Statement of financial position)

22. **Welche Elemente werden in der IFRS-Bilanz ausgewiesen?**

Der IFRS-Abschluss teilt die Abschlussposten in drei Klassen ein: Vermögenswerte (Assets), Schulden (Liabilities) und Eigenkapital (Equity). Diese werden in RK.49 wie folgt definiert:

- Ein Vermögenswert ist eine Ressource, die aufgrund von Ereignissen der Vergangenheit in der Verfügungsmacht des Unternehmens steht, und von der erwartet wird, dass dem Unternehmen aus ihr künftiger wirtschaftlicher Nutzen zufließt.
- Eine Schuld ist eine gegenwärtige Verpflichtung des Unternehmens, die aus Ereignissen der Vergangenheit entsteht und deren Erfüllung für das Unternehmen erwartungsgemäß mit einem Abfluss von Ressourcen mit wirtschaftlichem Nutzen verbunden ist.
- Eigenkapital ist der nach Abzug aller Schulden verbleibende Restbetrag der Vermögenswerte des Unternehmens.

Auffällig ist der Unterschied der Definition eines Vermögenswerts nach RK.49, wo »künftiger wirtschaftlicher Nutzen« bilanziert werden kann, zur Definition eines Vermögensgegenstandes oder Wirtschaftsguts nach deutschem Recht, das selbständige Verkehrsfähigkeit und Verwertbarkeit voraussetzt. Die »Chancen«-Bilanzierung der IAS/IFRS führt im Verhältnis zur HGB-Bilanz zu einem tendenziell höheren Ansatz von Aktivposten.

23. **Welche Gliederungsvorschriften sind für die IFRS-Bilanz vorgesehen?**

Während § 266 HGB eine detaillierte Gliederung für die Bilanz vorgibt, nach Größenklassen gestaffelt, begnügt sich IAS 1 mit Mindestangaben (IAS 1.54):

- Aktivposten: Sachanlagen, als Finanzinvestitionen gehaltene Immobilien, immaterielle, finanzielle und biologische Vermögenswerte, nach der Equity-Methode bilanzierte Finanzanlagen, Vorräte, Forderungen, Zahlungsmittel und Zahlungsmitteläquivalente.
- Passivposten: Verbindlichkeiten, Rückstellungen, Steuerschulden und -erstattungsansprüche, latente Steueransprüche und -schulden, Minderheitsanteile am Eigenkapital, gezeichnetes Kapital und Rücklagen

und Gliederungsmöglichkeiten (IAS 1.60):

- Darstellung kurz- und langfristiger Vermögenswerte sowie kurz- und langfristiger Schulden als getrennte Gliederungsgruppen in der Bilanz,
- sofern nicht eine Darstellung nach der Liquidität zuverlässig und relevanter ist. Trifft diese Ausnahme zu, sind alle Vermögenswerte und Schulden grob nach ihrer Liquidität darzustellen.

Die unterschiedlichen Gliederungsmöglichkeiten haben zwar den Vorteil der Flexibilität, stören aber die Vergleichbarkeit.

I. d. R. findet man folgende Grobstruktur vor:

Aktiva	Passiva
Langfristiges Vermögen	Eigenkapital
Kurzfristiges Vermögen	Langfristige Schulden Kurzfristige Schulden

1.3.2 Gesamtergebnisrechnung (Statement of comprehensive income)

24. **Welche Gliederungsvorschriften sind für die GuV-Rechnung vorgesehen?**

Die Wahlmöglichkeiten hinsichtlich der Gliederung der GuV-Rechnung sind zahlreich. Wie bei der Bilanz werden bestimmte Mindestangaben (IAS 1.82) gefordert:

- Umsatzerlöse,
- Kosten, aufgegliedert nach Gesamt- oder Umsatzkostenverfahren (IAS 1.102 und 1.103),
- Finanzierungsaufwendungen,
- Gewinn- oder Verlustanteile an assoziierten Unternehmen und Gemeinschaftsunternehmen, die nach der Equity-Methode bilanziert werden,
- Steueraufwendungen,
- Ergebnis aus aufgegebenen Geschäftsbereichen und
- Periodenergebnis.

Die GuV-Rechnungen weisen damit in der Grobstruktur eine große Ähnlichkeit entweder zum Gesamtkostenverfahren (§ 275 Abs. 2 HGB) oder dem Umsatzkostenverfahren (§ 275 Abs. 3 HGB) auf. Außerordentliche Posten wie in § 275 HGB sind jedoch nicht erlaubt (IAS 1.87).

IAS 1.98 zählt Umstände auf, die zu einer gesonderten Angabe von Ertrags- und Aufwandsposten führen können, wie z. B. Umstrukturierung, aufgegebene Geschäftsbereiche, Veräußerung von Sachanlagen.

25. **Wie wird die GuV-Rechnung zur Gesamtergebnisrechnung erweitert?**

Die GuV-Rechnung ist unterhalb des Periodenergebnisses (Darstellung in einem Rechenwerk) oder in einem zweiten Rechenwerk (zweigeteilte Darstellung) um weitere Aufwendungen und Erträge zu erweitern/ergänzen, die in ein »sonstiges Ergebnis« münden. Es handelt sich hauptsächlich um erfolgsneutrale Einkommensbestandteile, z.B. aus Währungsumrechnung, Neubewertung von Sachanlagen, Verbuchung von Cashflow-Hedges.

Periodenergebnis und sonstiges Ergebnis bilden als Summe das Gesamtergebnis.

Siehe hierzu auch Frage 128 und 129.

1.3.3 Eigenkapitalveränderungsrechnung (Statement of changes in equity)

26. **Worin bestehen Sinn und Zweck der Eigenkapitalveränderungsrechnung?**

Die Eigenkapitalveränderungsrechnung soll die Transparenz für die Adressaten der Rechnungslegung hinsichtlich der Veränderungen des Eigenkapitals während eines Geschäftsjahres erhöhen. Ausgehend vom Gesamtergebnis der Gesamtergebnisrechnung sind

- die Entwicklung der einzelnen Posten des Eigenkapitals (Eigenkapitalspiegel) aufzuzeigen und
- Angaben zu Änderungen zu machen, die sich aus Transaktionen mit Anteilseignern ergeben (z.B. Kapitaleinzahlungen, Rückerwerb der Eigenkapitalinstrumente und Dividenden des Unternehmens).

Handelsrechtlich ist seit BilMoG als Element des Konzernabschlusses (§ 297 Abs. 1 HGB) und für kapitalmarktorientierte Kapitalgesellschaften, die keinen Konzernabschluss aufstellen, als Element des Einzelabschlusses (§ 264 Abs. 1 Satz 2 HGB) ein Eigenkapitalspiegel verpflichtend. Da das HGB selbst hierzu keine Vorschriften aufweist, sind die Vorschriften für seine Aufstellung im Deutschen Rechnungslegungsstandard (DRS) 7 niedergelegt.

1.3.4 Kapitalflussrechnung (Statement of cash flows)

27. **Worin besteht die Aufgabe der Kapitalflussrechnung?**

Die Aufgabe einer Kapitalflussrechnung besteht darin, zusätzlich ergänzende Angaben über die finanzielle Entwicklung eines Unternehmens zu machen, die aus dem Jahres- oder Konzernabschluss (vgl. § 264 Abs. 1 Satz 2 und § 297 Abs. 1 HGB) nicht oder nur mittelbar entnommen werden können. Die Kapitalflussrechnung ist ein Instrumentarium zur Abbildung von Zahlungsströmen (Cashflows), das darüber Auskunft geben soll, wie das Unternehmen finanzielle Mittel erwirtschaftet hat und welche Investitions- und Finanzierungsmaßnahmen vorgenommen wurden.

Während ein Finanzplan immer eine Vorschaurechnung ist, ist die Kapitalflussrechnung als Ergänzung zum Abschluss eine Betrachtung im Nachhinein.

Handelsrechtlich ist seit BilMoG als Element des Konzernabschlusses (§ 297 Abs. 1 HGB) und für kapitalmarktorientierte Kapitalgesellschaften, die keinen Konzernabschluss aufstellen, als Element des Einzelabschlusses (§ 264 Abs. 1 Satz 2 HGB) eine Kapitalflussrechnung verpflichtend. Da das HGB selbst hierzu keine Vorschriften aufweist, sind die Vorschriften für seine Aufstellung in DRS 2 niedergelegt, in Anlehnung an IAS 7.

28. **Beschreiben Sie das Grundschema einer Kapitalflussrechnung.**

Das Grundschema einer Kapitalflussrechnung (vgl. IAS 7 und DRS 2) trennt die Zahlungsströme nach den Mittelzu- und Mittelabflüssen der Teilbereiche

- laufende Geschäftstätigkeit,

- Investitionstätigkeit (einschließlich Desinvestition) und
- Finanzierungstätigkeit,

wobei die Summe der Zahlungsmittelbewegungen aus diesen drei Teilbereichen nach Berücksichtigung des Anfangsbestands an liquiden Mitteln den Endbestand der liquiden Mittel lt. Bilanz ergibt.

Das Grundschema einer solchen Kapitalflussrechnung lautet demzufolge:

	Cashflow (Mittelzufluss/-abfluss) aus laufender Geschäftstätigkeit
+/./.	Cashflow (Mittelzufluss/-abfluss) aus der Investitionstätigkeit
+/./.	Cashflow (Mittelzufluss/-abfluss) aus der Finanzierungstätigkeit
=	Veränderung des Finanzmittelbestands (liquide Mittel)
+	Anfangsbestand der Finanzmittelbestand lt. Bilanz
=	Endbestand der Finanzmittelbestand lt. Bilanz

29.   Beschreiben Sie den Unterschied zwischen direkter und indirekter Ermittlung einer Kapitalflussrechnung.

Die Mittelbewegung aus der laufenden Geschäftstätigkeit lässt sich direkt (Einzahlungen von Kunden, Auszahlungen an Lieferanten zuzüglich sonstiger Ein- und Auszahlungen) oder indirekt (abgeleitet aus zwei Bilanzen und einer GuV-Rechnung) ermitteln. Außenstehenden bleibt nur die indirekte Methode. Die indirekte Ermittlung erfolgt in Form einer Rückrechnung: Das Jahresergebnis der Periode ist

- um die zahlungsunwirksamen Aufwendungen zu erhöhen,
- um die zahlungsunwirksamen Erträge zu vermindern und
- um zahlungswirksame, nicht in der GuV-Rechnung erfasste Vorgänge zu ergänzen.

1.3.5   Anhang (Notes)

30.   Worin besteht die Aufgabe des Anhangs? Welche Bedeutung kommt ihm beim IFRS-Abschluss zu?

Dem Anhang kommen drei Funktionen zu. Er soll nach IAS 1.112

- Informationen über die Grundlagen der Aufstellung des Abschlusses und die angewandten Rechnungslegungsmethoden darlegen,
- die nach den IFRS erforderlichen Informationen offenlegen, die nicht in der Bilanz, der GuV-Rechnung, der Eigenkapitalveränderungsrechnung oder der Kapitalflussrechnung ausgewiesen sind, und
- zusätzliche Informationen liefern, die nicht in der Bilanz, der GuV-Rechnung, der Eigenkapitalversänderungsrechnung oder der Kapitalflussrechnung ausgewiesen werden, für das Verständnis derselben jedoch relevant sind.

Die Anhangvorschriften im HGB wurden durch BilMoG wesentlich erweitert, bleiben in ihrer Anzahl aber weit hinter dem zurück, was im Anhang eines IFRS-Abschlusses an Informationen bereitgestellt werden muss. Um den Überblick zu behalten, muss jeder Posten des IFRS-Abschlusses einen Querverweis auf sämtliche dazugehörenden Informationen im Anhang enthalten.

Das Informationsinstrument des Lageberichts ist den IFRS fremd.

1.3.6 Segmentberichterstattung (Operating segments)

31. Beschreiben Sie die Zielsetzung der Segmentberichterstattung. Gibt es im HGB Anhangvorschriften, die eine ähnliche Zielrichtung haben?

Die Zielsetzung der Segmentberichterstattung (IAS 14) besteht darin, Grundsätze zur Darstellung von Finanzinformationen nach Segmenten – d.h. Informationen über die unterschiedlichen Arten von Produkten und Dienstleistungen, die ein Unternehmen produziert und anbietet, und die unterschiedlichen geografischen Regionen, in denen es Geschäfte tätigt – aufzustellen, um den Abschlussadressaten zu helfen,

- die bisherige Ertragskraft des Unternehmens besser zu verstehen,
- die Risiken und Erträge des Unternehmens besser einzuschätzen und
- das gesamte Unternehmen sachgerechter beurteilen zu können.

Eine Segmentberichterstattung ist bei kapitalmarktorientierten Unternehmen geboten (IAS 14.3). Handelsrechtlich kann der Konzernabschluss (§ 297 Abs. 1 HGB) bzw. Einzelabschluss einer kapitalmarktorientierten Kapitalgesellschaft (§ 264 Abs. 1 Satz 2 HGB) auf freiwilliger Basis um eine Segmentberichterstattung erweitert werden. Für Versicherungsunternehmen ist seine Aufstellung in DRS 3 niedergelegt.

In den Anhangvorschriften des HGB müssen große Kapitalgesellschaften nach § 285 Nr. 4 HGB die Umsatzerlöse nach Tätigkeitsbereichen sowie nach geographisch bestimmten Märkten aufgliedern, soweit sich, unter Berücksichtigung der Organisation des Verkaufs von unternehmenstypischen Leistungen, die Tätigkeitsbereiche und geographisch bestimmten Märkte untereinander erheblich unterscheiden.

1.3.7 Ergebnis je Aktie (Earnings per share)

32. Warum ist es sinnvoll, von börsennotierten Unternehmen zu verlangen, das Ergebnis je Aktie offenzulegen?

Ziel der Offenlegung ist die Festlegung von Leitlinien für die Ermittlung und Darstellung des Ergebnisses je Aktie, um die Ertragskraft

- unterschiedlicher Unternehmen in einer Berichtsperiode und
- ein- und desselben Unternehmens in unterschiedlichen Berichtsperioden

besser miteinander vergleichen zu können (IAS 33).

1.4 Grundlagen und Ziele der Konzernrechnungslegung

1.4.1 Rechtsgrundlagen nach IFRS und HGB

33. Wo sind die Rechtsgrundlagen für die Konzernrechnungslegung derzeit niedergelegt?

IFRS-Regelungen zur Konzernrechnungslegung sind im Wesentlichen in IAS 27 (ab 2014: IFRS 10) und IFRS 3 dargestellt, darüber hinaus sind IAS 28 und IAS 31 für die Einbeziehung von assoziierten Unternehmen und Gemeinschaftsunternehmen zu beachten.

Die Konzernrechnungslegungsvorschriften des HGB sind in den §§ 290 bis 315a HGB geregelt. Sie regeln allerdings nur die Rechnungslegung von Konzernen, deren Mutterunternehmen eine Kapitalgesellschaft ist.

Für Mutterunternehmen in anderer Rechtsform ergibt sich die Konzernrechnungslegungspflicht aus dem Publizitätsgesetz (§§ 11–15 PublG).

Die IAS-Verordnung vom 19.07.2002 (Verordnung EG Nr. 1606/2002) in Verbindung mit dem durch das Bilanzrechtsreformgesetz eingeführten § 315a HGB ist die Rechtsgrundlage für den Konzernabschluss nach internationalen Rechnungslegungsstandards.

34.   Was besagt die EU-Verordnung (1606/2002) betreffend die Anwendung internationaler Rechnungslegungsstandards?

Diese Verordnung verpflichtet kapitalmarktorientierte Unternehmen bei der Aufstellung ihrer konsolidierten Abschlüsse internationale Rechnungslegungsstandards (IFRS) anzuwenden.

Diese EU-Verordnung, die im Unterschied zu einer EU-Richtlinie in den Mitgliedsstaaten unmittelbar gilt, enthält ein Wahlrecht in Bezug auf nicht kapitalmarktorientierte Unternehmen, ihre konsolidierten Abschlüsse ebenfalls nach IFRS aufzustellen.

35.   In welchem Verhältnis stehen internationale und nationale Konzernrechnungslegungsvorschriften zueinander? Nach welchen Vorschriften entscheidet sich, ob überhaupt eine Konzernrechnungslegungspflicht gegeben ist?

§ 315a HGB ergänzt die IAS-VO vom 19.07.2002 betreffend die Anwendung internationaler Rechnungslegungsstandards und bildet mit dieser zusammen einen neuen Rechtsrahmen für die Konzernrechnungslegung nach internationalen Standards.

Die IAS-Verordnung vom 19.07.2002 bestimmt, welche Unternehmen zwingend einen Konzernabschluss nach IAS/IFRS zu erstellen haben.

Bei nicht kapitalmarktorientierten Mutterunternehmen wird nach den Vorschriften des HGB (§§ 290 ff. HGB) entschieden, ob sie einen Konzernabschluss aufzustellen haben. Ist eine Aufstellungspflicht gegeben, kann das »Wie« der Aufstellung entweder nach HGB- oder nach IAS/IFRS-Regeln erfolgen.

1.4.2   Ziele der Konzernrechnungslegung

36.   Was ist ein Konzern?

Nach aktienrechtlicher Definition (§ 18 Abs. 1 AktG) liegt ein Konzern vor, wenn rechtlich selbstständige Unternehmen unter einheitlicher Leitung zusammengefasst sind. Eine Konzernabschlusspflicht setzt nach IAS 27.4 (ab 2014: IFRS 10) eine Mutter-Tochter-Beziehung voraus. Ein Tochterunternehmen ist ein Unternehmen, das von einem anderen Unternehmen (als Mutterunternehmen bezeichnet) beherrscht wird. Beherrschung ist die Möglichkeit, die Finanz- und Geschäftspolitik eines Unternehmens zu bestimmen, um aus dessen Tätigkeit Nutzen zu ziehen.

37.   Warum verliert der Einzelabschluss eines Konzernunternehmens an Aussagefähigkeit?

Da Konzernunternehmen zwar rechtlich, aber nicht mehr wirtschaftlich selbstständig, sondern von der Konzernpolitik abhängig sind, können ihre Einzelabschlüsse erheblich an Aussagekraft einbüßen. Durch konzerninterne Geschäfte zu Preisen, die nicht marktgerecht sind, kann im Jahresabschluss eines Konzernunternehmens trotz einer Verlustsituation eine gute Liquiditäts- oder Ertragslage ausgewiesen werden. Die wirtschaftlichen Verhältnisse eines zu einem Konzern gehörenden Unternehmens können daher nur unter Berücksichtigung der Konzernzugehörigkeit und der wirtschaftlichen Situation des Konzerns zutreffend beurteilt werden.

38. **Was versteht man unter Konsolidierung?**

Unter Konsolidierung versteht man

- die (Horizontal-)Addition der Einzelabschlüsse von Konzernunternehmen zum sogenannten Summenabschluss
- unter gleichzeitiger Korrektur konzerninterner Verflechtungen.

39. **Worauf müssen sich Konsolidierungsmaßnahmen erstrecken?**

Konsolidierungsmaßnahmen erstrecken sich auf:

(1) Kapitalkonsolidierung: die Verrechnung der beim Mutterunternehmen bilanzierten Beteiligung mit dem darauf entfallenden Eigenkapital des Tochterunternehmens,

(2) Zwischenergebniseliminierung: die Eliminierung von Zwischengewinnen bzw. -verlusten,

(3) Schuldenkonsolidierung: das Weglassen von Forderungen und Schulden zwischen den Konzernunternehmen,

(4) Aufwands- und Ertragskonsolidierung: die Eliminierung der Innenumsatzerlöse.

40. **Welche organisatorischen Voraussetzungen sind für die Aufstellung eines Konzernabschlusses notwendig?**

Zur sachgerechten Aufstellung des Konzernabschlusses sind

- Bilanzierung und Bewertung,
- Abschlussstichtag und
- Recheneinheit (bei Einbeziehung ausländischer Konzernunternehmen)
  zu vereinheitlichen.

41. **Welche Aufgabe hat ein Konzernabschluss nach deutschem Bilanzrecht im Unterschied zum Einzelabschluss?**

Der Konzernabschluss hat nach deutschem Bilanzrecht nur Informationsaufgaben. Er ist weder Grundlage für die Gewinnverteilung noch für die Besteuerung. Auch Gläubigeransprüche können nicht aus dem Konzernabschluss abgeleitet werden, sondern richten sich wegen der rechtlichen Selbstständigkeit der Konzernunternehmen allein gegen das Unternehmen, dem gegenüber die Forderung besteht.

1.4.3 Grundsätze der Konzernrechnungslegung

42. **Nennen Sie die wichtigsten Grundsätze der Konzernrechnungslegung.**

(1) Einheitstheorie: Im Konzernabschluss ist sowohl nach § 297 Abs. 3 HGB als auch nach IAS 27.4 die Vermögens-, Finanz- und Ertragslage der einbezogenen Unternehmen so darzustellen, als ob diese Unternehmen insgesamt ein einziges Unternehmen wären (Fiktion der rechtlichen Einheit des Konzerns).

(2) Abschlussstichtag: Die Abschlüsse des Mutterunternehmens und seiner Tochterunternehmen, die bei der Aufstellung des Konzernabschlusses verwendet werden, sind auf den gleichen Abschlussstichtag aufzustellen. Haben Mutter und Tochterunternehmen nicht den gleichen Abschlussstichtag, dann stellt das Tochterunternehmen zu Konsolidierungszwecken einen Zwischenabschluss auf den Abschlussstichtag des Mutterunternehmens auf, sofern dies nicht undurchführbar ist (IAS 27.22 – bzw. ab 2014: IFRS 10 – und § 299 HGB).

(3) Konsolidierungskreis: Der Konzernabschluss nach IFRS hat alle Tochterunternehmen des Mutterunternehmens einzuschließen (IAS 27.12 bzw. ab 2014: IFRS 10). § 294 Abs. 1 HGB verpflichtet das Mutterunternehmen ebenfalls, grundsätzlich alle Toch-

terunternehmen ohne Rücksicht auf ihren Sitz in den Konzernabschluss einzube-ziehen (Weltabschluss), allerdings sind Einbeziehungswahlrechte nach § 296 HGB gegeben.

(4) Materiality-Grundsatz bzw. Grundsatz der Wesentlichkeit: Auf Konsolidierungsvor-gänge von untergeordneter Bedeutung kann verzichtet werden.

1.4.4   Kapitalkonsolidierung

1.4.4.1   Vollkonsolidierung

43.   Welchem Zweck dient die Kapitalkonsolidierung?

Bei der Kapitalkonsolidierung wird – um eine Doppelzählung bei der Horizontaladdition zu vermeiden – der Wertansatz der dem Mutterunternehmen gehörenden Anteile an einem Tochterunternehmen mit dem auf diese Anteile entfallenden Betrag des Eigenkapitals ver-rechnet.

44.   Wie erfolgt die Kapitalkonsolidierung

Das Eigenkapital ist dabei mit dem Betrag anzusetzen, der dem beizulegenden Zeitwert der in den Konzernabschluss aufzunehmenden Vermögenswerte und übernommenen Schulden entspricht (§ 301 Abs. 1 HGB; IFRS 3.18), d.h., der Beteiligungsansatz im Ein-zelabschluss des Mutterunternehmens wird durch die zum Zeitwert (fair value) bewerte-ten Vermögenswerte und Schulden des Tochterunternehmens ersetzt. Dabei können Ver-rechnungsdifferenzen auftreten, die

- aktivisch sind, wenn der Beteiligungsbuchwert größer ist als das anteilige Eigenkapital, dann ist ein Geschäfts- oder Firmenwert (Goodwill) auszuweisen, bzw.
- passivisch sind, wenn der Beteiligungsbuchwert kleiner ist als das anteilige Eigenkapital (passivischer Unterschiedsbetrag aus der Konsolidierung). In diesem Fall hat der Erwerber den Unterschiedsbetrag nach IFRS 3.34 als Gewinn zu vereinnahmen, nach § 309 Abs. 2 HGB nur, wenn er als realisiert feststeht.

Die Kapitalkonsolidierung nach IFRS und HGB ist also bis auf den geringen Unterschied der Behandlung eines passivischen Unterschiedsbetrags identisch.

1.4.4.2   Partielle Konsolidierungsmöglichkeiten

45.   Welche partiellen Konsolidierungsmöglichkeiten sehen IFRS und HGB vor?

Gemeinschaftlich geführte Unternehmen (Jointventures) sowie assoziierte Unternehmen sind keine verbundenen Unternehmen. Diese Art von Unternehmensverbindung ist jedoch von solcher Bedeutung, dass sie in einer partiellen Konsolidierung zum Ausdruck kommen soll. Man unterscheidet hierbei die

- Quotenkonsolidierung (anteilmäßige Konsolidierung, § 310 HGB sowie IAS 31) und
- Equity-Konsolidierung (§ 311 HGB sowie IAS 28).

46.   Was ist unter einem assoziierten Unternehmen zu verstehen?

Übt ein in den Konzernabschluss einbezogenes Unternehmen einen maßgeblichen Einfluss auf die Geschäfts- und Finanzpolitik eines nicht einbezogenen Unternehmens aus, so ist Letzteres als assoziiertes Unternehmen zu qualifizieren. Die an ihm bestehende Beteiligung ist

- nach der Equity-Methode (§ 312 HGB und IAS 28.13) zu bewerten sowie
- gesondert unter entsprechender Bezeichnung in der Konzernbilanz auszuweisen.

47. **Was ist der Kernpunkt der Equity-Methode?**

Die Equity-Methode lässt eine Fortschreibung des Beteiligungsbuchwertes für den Konzernabschluss zu. Der Wert einer Beteiligung wird – ausgehend von ihren jeweiligen Anschaffungskosten – um anteilige Gewinne oder Verluste, die von der Beteiligungsgesellschaft erwirtschaftet, aber noch nicht ausgeschüttet worden sind, erhöht oder ermäßigt.

In ihrer Wirkung kommt die Anwendung der Equity-Methode damit einer Vollkonsolidierung gleich, wobei jedoch der Beteiligungsbuchwert im Unterschied zur Vollkonsolidierung nicht durch Aktiv- und Passivposten der Beteiligungsgesellschaft ersetzt wird.

1.4.5 Schuldenkonsolidierung

48. **Was versteht man unter Schuldenkonsolidierung?**

Nach der Fiktion der rechtlichen Einheit (§ 297 Abs. 3 HGB und IAS 27.4 bzw. ab 2014: IFRS 10) sind Forderungen und Verbindlichkeiten zwischen den in den Konzernabschluss einbezogenen Unternehmen wegzulassen, da ein Unternehmen keine Forderungen oder Verbindlichkeiten gegen sich selbst haben kann.

In die Schuldenkonsolidierung (IAS 27.20 – bzw. ab 2014: IFRS 10 – § 303 HGB) sind auch entsprechende Ausleihungen, Rückstellungen und Rechnungsabgrenzungsposten einzubeziehen, also alle Posten, die auf innerkonzernlichen Schuldverhältnissen beruhen.

49. **Müssen Schulden in jedem Fall konsolidiert werden?**

Auch hier gilt der Grundsatz der Wesentlichkeit: Die Pflicht zur Schuldenkonsolidierung entfällt, wenn die wegzulassenden Beträge für die Vermittlung eines den tatsächlichen Verhältnissen entsprechenden Bildes der Vermögens-, Finanz- und Ertragslage des Konzerns nur von untergeordneter Bedeutung sind (RK. 29; § 303 Abs. 2 HGB).

1.4.6 Zwischenergebniseliminierung

50. **Aus welchen Gründen ist in der Konzernrechnungslegung eine Zwischenergebniseliminierung notwendig?**

Die Zwischenergebniseliminierung betrifft die Behandlung von Zwischenergebnissen, die in den Buchwert der Aktiva eingehen, z.B. bei Waren, die ein Konzernunternehmen von einem anderen erworben, aber noch nicht weiterveräußert hat. Solche Zwischenergebnisse sind nach IAS 27.21 (ab 2014: IFRS 10) bzw. § 304 Abs. 1 HGB wieder zu eliminieren, da diese Beträge aus Sicht des Konzerns als wirtschaftlicher Einheit Innenumsätze darstellen und noch nicht realisiert sind.

51. **Unter welchen Bedingungen kann die Verpflichtung zur Zwischenergebniseliminierung entfallen?**

Die Verpflichtung zur Eliminierung der Zwischenergebnisse entfällt (RK. 29; § 304 Abs. 2 HGB), wenn die Zwischenergebnisse für die Darstellung der Vermögens-, Finanz- und Ertragslage nur von untergeordneter Bedeutung sind.

1.4.7 Aufwands- und Ertragskonsolidierung

52. **Welche Funktion hat die Aufwands- und Ertragskonsolidierung?**

Die Erstellung der Konzern-GuV-Rechnung erfolgt durch Addition gleichartiger GuV-Posten der Konzerngesellschaften. Analog dem Vorgehen bei der Konzernbilanz ist eine Konsolidierung hinsichtlich der zwischengesellschaftlichen Lieferungen und Leistungen vorzunehmen, indem Innenumsatzerlöse und sonstige Erträge zwischen Konzernunternehmen mit den auf sie entfallenden Aufwendungen verrechnet werden.

IAS 27.20 (ab 2014: IFRS 10) und § 305 HGB schreiben eine Vollkonsolidierung vor.

2   Allgemeine Bewertungsgrößen sowie spezielle Ansatz- und Bewertungsvorschriften einzelner Bilanzposten

2.1   Anschaffungs- und Herstellungskosten

53.   Was verstehen die IFRS unter einem qualifizierten Vermögenswert? Nennen Sie Beispiele.

Ein qualifizierter Vermögenswerte ist ein Vermögenswert, für den ein beträchtlicher Zeitraum erforderlich ist, um ihn in seinen beabsichtigten gebrauchs- oder verkaufsfähigen Zustand zu versetzen (IAS 23.5). Beispiele sind der Bau von Kraftwerken, Brücken oder Flugzeugen.

54.   Unter welchen Voraussetzungen sind Fremdkapitalkosten als Anschaffungs- oder Herstellungskosten zu aktivieren?

Fremdkapitalkosten sind grundsätzlich als Aufwand zu erfassen (IAS 23.8). Für einen qualifizierten Vermögenswert sind direkt zurechenbare Fremdkapitalzinsen als Bestandteil der sonstigen Kosten nach IAS 2.17 zu aktivieren (IAS 23.8). Dabei muss es wahrscheinlich sein, dass dem Unternehmen hieraus ein künftiger wirtschaftlicher Nutzen erwächst. Die Kosten müssen verlässlich bewertet werden können (IAS 23.9).

55.   Nennen Sie die wesentlichen Unterschiede, die es nach BilMoG noch beim Aktivierungsumfang zwischen HGB und IFRS gibt. Kennen Sie Beispiele?

Durch BilMoG wurde die anzusetzende Obergrenze der Herstellungskosten nach HGB an den Vollkostenansatz nach IFRS angenähert. Den Unterschied machen die Ansatzwahlrechte der Stufe 3 nach HGB aus, die nach IFRS im Falle des Produktionsbezugs ansatzpflichtig sind.

Zur dritten Stufe gehören:

Angemessene sonstige Gemeinkosten, wie Kosten der allgemeinen Verwaltung, Aufwendungen für soziale Einrichtungen des Betriebs und für freiwillige soziale Leistungen, Aufwendungen für die betriebliche Altersversorgung und Zinsen für Fremdkapital unter bestimmten Voraussetzungen.

56.   Was versteht § 255 Abs. 2 HGB unter angemessenen Kosten?

Der Begriff der Angemessenheit bedeutet, dass die Zurechnung der Gemeinkosten zu einem bestimmten Produkt vernünftigen betriebswirtschaftlichen Kriterien folgen muss und nicht willkürlich vorgenommen werden darf. Ungewöhnlich hohe Kosten, betriebsfremde (z. B. Tantiemen) und periodenfremde Kosten sowie außergewöhnliche oder selten anfallende Kosten sollen ebenso vermieden werden wie Unterbeschäftigungs- und Leerkosten (z. B. Kurzarbeit).

57.   Gibt es nach IFRS eine Regelung, die in etwa dem Begriff der »Angemessenen Gemeinkosten« nach HGB entspricht?

Nach IAS 2.13 dürfen die Leerkosten der Produktion nicht in die Herstellungskosten einbezogen werden. Im Falle der Unterauslastung steigen die fixen Fertigungsgemeinkosten je

Stück. Die fixen Fertigungsgemeinkosten sind auf die Höhe der normalen Kapazität der Produktionsanlagen zu deckeln. Die normale Kapazität ist als das Produktionsvolumen definiert, das im Durchschnitt über eine Anzahl von Perioden und Saisons unter normalen Umständen und unter Berücksichtigung von Ausfällen auf Grund planmäßiger Instandhaltungen erwartet werden kann.

Im Falle der Überbeschäftigung sinken die fixen Produktionsgemeinkosten je Stück. In diesem Fall sind in der Kalkulation diese Kosten anzusetzen, da es ansonsten zur Aktivierung höherer als der tatsächlich angefallenen Herstellungskosten käme.

2.2 Immaterielle Vermögenswerte (IVW)

58. **Nennen Sie die Definition von immateriellen Vermögenswerten nach IFRS.**

Ein immaterieller Vermögenswert (IVW) ist ein identifizierbarer, nicht monetärer Vermögenswert ohne physische Substanz (IAS 38.8).

59. **Erwähnen Sie einige Beispiele für IVW nach IFRS.**

IAS 38.9 nennt folgende Beispiele für immaterielle Vermögenswerte: Computersoftware, Patente, Urheberrechte, Filmmaterial, Kundenlisten, Hypothekenbedienungsrechte, Fischereilizenzen, Importquoten, Franchiseverträge, Kunden- oder Lieferantenbeziehungen, Kundenloyalität, Marktanteile und Absatzrechte.

60. **Führen Sie die allgemeinen und speziellen Bilanzansatzkriterien für IVW nach IFRS auf.**

Allgemeinen Ansatzkriterien für Vermögenswerte nach IAS 38.21:

- Wahrscheinlichkeit des Nutzenzuflusses des IVW und
- verlässliche Wertermittlung der Anschaffungs- und Herstellungskosten des IVW.

Nach IAS 38.11–17 sind drei zusätzliche spezielle Ansatzkriterien zu erfüllen:

- Identifizierbarkeit des IVW,
- Beherrschung und
- künftiger wirtschaftlicher Nutzen des IVW.

61. **Erläutern Sie, was die IFRS unter einem identifizierbaren IVW verstehen.**

Das Kriterium der Identifizierbarkeit soll die Existenz des immateriellen Vermögenswerts sicherstellen. Es hilft, den immateriellen Vermögenswert von einem nicht identifizierbaren Geschäfts- oder Firmenwert zu trennen. Immaterielle Vermögenswerte können auf vertraglicher oder rechtlicher Grundlage beruhen, wie z.B. Patente oder Verträge oder sie müssen sich von anderen Posten trennen lassen. Dieses Kriterium gilt als erfüllt, wenn der Vermögenswert *allein* vermietet, verkauft oder getauscht werden kann. Der Wert eines Geschäfts- oder Firmenwerts besteht aus mehreren ertragsbeeinflussenden Komponenten, die einzeln nicht identifiziert werden können (IAS 38.11 f.).

62. **Wie erfolgt die Erstbewertung von IVW nach IFRS?**

Die Erstbewertung von IVW hat zu Anschaffungs- oder Herstellungskosten zu erfolgen (IAS 38.24).

63. **Nennen Sie Beispiele für direkt zurechenbare Kosten der IVW nach IFRS.**

IAS 38.66 erwähnt folgende Beispiele für direkt zurechenbare Kosten der IVW:

- Kosten für Materialien und Dienstleistungen,

- Aufwendungen für Leistungen an Arbeitnehmer gemäß IAS 19,
- Registrierungsgebühren eines Rechtsanspruches,
- Abschreibungen auf Patente und Lizenzen, die zur Erzeugung des immateriellen Vermögenswerts genutzt werden sowie
- Fremdkapitalzinsen für qualifizierte Vermögenswerte (IAS 23.8).

64. **Welche zwei Möglichkeiten zur Folgebewertung von IVW kennen die IFRS?**

Nach IAS 38.72 besteht ein Wahlrecht zwischen dem Anschaffungskostenmodell und dem Neubewertungsmodell.

65. **Begründen Sie, warum bei der Folgebewertung der IVW nach IFRS selten das Neubewertungsmodell angewendet wird.**

Die Anwendung des Neubewertungsmodells ist nur zulässig, wenn für den betreffenden Vermögenswert ein »aktiver Markt« existiert, auf dem die Vermögenswerte gehandelt werden. Auf einem aktiven Markt werden nur homogene, d.h. gleichartige und zu öffentlich bekannten Preisen, Güter gehandelt. Vertragswillige Käufer und Verkäufer können in der Regel jederzeit gefunden werden (IAS 38.8).

Da Märkte für homogene immaterielle Güter kaum vorkommen, wird das Neubewertungsmodell immaterielle Vermögenswerte selten angewandt. IFRS nennen z.B. Taxi- und Fischereilizenzen sowie Produktionsquoten (IAS 38.78).

Einen »aktiven Markt« für Markennamen, Drucktitel bei Zeitungen, Musik- und Filmverlagsrechte, Patente oder Warenzeichen gibt es nicht, da jeder dieser Vermögenswerte einzigartig ist. IVW werden zwar gekauft und verkauft, gleichwohl werden Verträge zwischen einzelnen Käufern und Verkäufern ausgehandelt, und Transaktionen finden relativ selten statt. Aus diesen Gründen gibt der für einen Vermögenswert gezahlte Preis möglicherweise keinen ausreichenden substanziellen Hinweis auf den beizulegenden Zeitwert eines anderen. Darüber hinaus stehen der Öffentlichkeit die Preise oft nicht zur Verfügung (IAS 38.78).

66. **Erläutern Sie die Abschreibungsregeln für IVW nach IFRS im Rahmen des Anschaffungskostenmodells.**

IVW mit begrenzter Nutzungsdauer sind planmäßig und bei Bedarf außerplanmäßig anhand eines Wertminderungstests abzuschreiben. IVW mit unbegrenzter Nutzungsdauer können nur außerplanmäßig anhand eines Wertminderungsaufwands abgeschrieben werden. Zur Bemessung des Wertminderungsaufwands ist zu prüfen, ob der erzielbare Betrag des IVW unterhalb der fortgeschriebenen Anschaffungs- oder Herstellungskosten des IVW liegt. Ist dies der Fall, so muss abgeschrieben werden (IAS 38.111 i.V.m. IAS 36.18ff.).

67. **Was verstehen IFRS unter dem erzielbaren Betrag?**

Der erzielbare Betrag eines Vermögenswerts ist der höhere der beiden Beträge aus beizulegendem Zeitwert abzüglich der Verkaufskosten und Nutzungswert (IAS 36.6).

68. **Was verstehen IFRS unter dem Nutzungswert?**

Der Nutzungswert ist der Barwert der künftigen Cashflows, der voraussichtlich aus einem Vermögenswert oder einer zahlungsmittelgenerierenden Einheit abgeleitet werden kann (IAS 36.6).

69.   Wie sind Wertaufholungen von IVW nach IFRS zu erfassen?

Die Behandlung von Wertaufholungen von Wertminderungen ist von der angewendeten Methode bei der Abschreibungsbildung abhängig. Beim Anschaffungskostenmodell erfolgt eine erfolgswirksame Zuschreibung im Gewinn oder Verlust (GuV) bis auf den erzielbaren Betrag. Die fortgeführten historischen Anschaffungs- oder Herstellungskosten dürfen dabei nicht überschritten werden (IAS 36.117/119).

Beim Neubewertungsmodell ist eine Werterhöhung erfolgsneutral im sonstigen Ergebnis zu erfassen und im Eigenkapital unter der Position Neubewertungsrücklage zu kumulieren, sofern nicht durch die Neubewertung eine im Gewinn oder Verlust (GuV) erfasste Wertminderung rückgängig gemacht wird. In diesem Umfang ist die Werterhöhung als Ertrag im Gewinn oder Verlust (GuV) zu erfassen (IAS 38.85).

Wertminderungen auf Grund einer Neubewertung sind zunächst mit dem sonstigen Ergebnis als Rückgang einer Neubewertungsrücklage für den betreffenden Vermögenswert zu verrechnen. Ein verbleibender Restbetrag ist als Aufwand in der GuV-Rechnung zu erfassen (IAS 38.86).

70.   Welche wesentlichen Unterschiede zu IFRS gibt es im Vergleich zur Bilanzierung immaterieller Vermögensgegenstände (IVG) nach HGB?

Nach reformiertem deutschem Handelsrecht besteht nach § 255 Abs. 2a i.V.m. § 248 Abs. 2 HGB ein Aktivierungswahlrecht für selbst geschaffene IVG des Anlagevermögens (z.B. Patente, Software oder Know-how). Dieses Wahlrecht ist auf die in der Entwicklungsphase anfallenden Herstellungskosten beschränkt. Für die auf die Forschungsphase entfallenden Herstellungskosten besteht ein Aktivierungsverbot. Für sonstige IVG, insbesondere entgeltlich erworbene IVG, besteht eine Aktivierungspflicht.

Zum Gläubigerschutz wird für Kapitalgesellschaften gemäß § 268 Abs. 8 HGB eine Ausschüttungssperre in Höhe des Ertrags aus der Aktivierung selbst geschaffener IVG (abzüglich passiver latenter Steuern) vorgeschrieben.

Im HGB sind immaterielle Vermögensgegenstände des Anlagevermögens, deren Nutzung zeitlich begrenzt ist, planmäßig abzuschreiben (§ 253 Abs. 3 Satz 1 HGB). Dies gilt grundsätzlich auch bei unbefristeten Nutzungsrechten. Außerplanmäßige Abschreibungen auf den beizulegenden Wert müssen nur bei dauernder Wertminderung erfasst werden (§ 253 Abs. 3 Satz 3 HGB).

Für immaterielle Vermögensgegenstände des Umlaufvermögens ist stets das Niederstwertprinzip anzuwenden (§ 253 Abs. 4 HGB). Ein niedrigerer Börsen- oder Marktpreis oder ein anderer beizulegender Wert, der unterhalb der Anschaffungs- oder Herstellungskosten liegt, ist durch außerplanmäßige Abschreibungen zu berücksichtigen.

Nach HGB ist ein Neubewertungsmodell nicht vorgesehen.

Wertaufholungen sind im Anlage- und Umlaufvermögen durchzuführen, wenn die Gründe für die außerplanmäßige Abschreibung nicht mehr bestehen (§ 253 Abs. 5 HGB). Die fortgeführten Anschaffungs- oder Herstellungskosten bilden dabei auf Grund des geltenden Vorsichtsprinzips die Wertobergrenze.

2.3   Geschäfts- oder Firmenwert (GoF)

71.   Wie ist ein GoF nach IFRS definiert?

Ein käuflich erworbener (derivativer) GoF ist definiert als Überschuss des Kaufpreises über den beizulegenden Zeitwert des Eigenkapitals und damit des Nettovermögens (IFRS 3.32).

72.   Welche Abschreibungsregeln für einen GoF nach IFRS sind Ihnen bekannt?

Der GoF ist durch eine Überprüfung der Werthaltigkeit (impairment test) nach IAS 36 jährlich und, wann immer es einen Anhaltspunkt gibt, daraufhin zu überprüfen, ob ein Wertminderungsbedarf besteht (IAS 36.90).

Nähere Ausführungsbestimmungen zum Zeitpunkt der Prüfung auf Wertminderung enthält IAS 36.96. Eine Überprüfung der Werthaltigkeit eines GoF hat schon im Zugangs-jahr zu erfolgen und kann somit zu einer sofortigen Wertminderung führen. Die Überprü-fung der Werthaltigkeit hat jedes Jahr zum gleichen Zeitpunkt stattzufinden. Planmäßige Abschreibungen sind nicht vorgesehen (IFRS 3.B63(a)/IAS 12.21B).

73.   Führen Sie einen Impairment-Test für einen GoF nach IFRS durch. Nennen Sie die einzelnen Prozessschritte.

Zur Durchführung des Impairment-Tests wird der GoF vom Übernahmetag an auf zah-lungsmittelgenerierende Einheiten (ZGE) verteilt (IAS 36.80). Die endgültige Verteilung des GoF muss spätestens bis zum Ende der ersten nach dem Erwerbszeitpunkt beginnen-den jährlichen Berichtsperiode durchgeführt werden (IAS 36.84).

Ein Wertminderungsbedarf ist mindestens einmal jährlich zu buchen, wenn gilt (IAS 36.90):

Buchwert der ZGE (mit GoF) > Erzielbarer Betrag der ZGE

Der Betrag des Wertminderungsaufwands ist nach IAS 36.104(a) zunächst mit dem GoF zu verrechnen, da dessen Werthaltigkeit nur schwer nachweisbar ist. Ist dieser vollständig abgeschrieben, muss eine anteilige Abschreibung der einzelnen Vermögenswerte der ZGE erfolgen, IAS 36.104(b).

Dabei ist zu beachten, dass als Untergrenze für die Buchwerte der Vermögenswerte der höchste Wert von

- beizulegendem Zeitwert abzüglich Verkaufskosten (sofern bestimmbar),
- Nutzungswert (sofern bestimmbar) und
- Null

nicht unterschritten werden darf, IAS 36.105 (a)/(b)/(c).

Der Betrag des Wertminderungsaufwands, der andernfalls dem Vermögenswert zuge-ordnet worden wäre, ist anteilig den anderen Vermögenswerten der Einheit (Gruppe von Einheiten) zuzuordnen (IAS 36.105 Satz 2).

Sollte aufgrund der Wertuntergrenzen nicht die gesamte Abschreibung erfasst werden können, dann ist der verbleibende Betrag daraufhin zu untersuchen, ob eine Schuld zu passivieren ist. Voraussetzung hierfür ist, dass ein anderer IFRS (z. B. IAS 37 – u. a. Rück-stellungen) den Ansatz einer Schuld erfordert (IAS 36.108).

74.   Erläutern Sie die Rückgängigmachung einer Wertminderung eines GoF nach IFRS.

Entfällt der Grund für die Wertminderung, so besteht in den nachfolgenden Berichtsperi-oden ein Zuschreibungsverbot für den GoF (IAS 36.124).

Eine Wertaufholung ist nur den wertberichtigten Vermögenswerten anteilig zuzuord-nen (IAS 36.122). Dabei darf höchstens auf den niedrigeren Wert aus erzielbarem Betrag und den fortgeführten Anschaffungskosten zugeschrieben werden (IAS 36.123).

75. Was verstehen die IFRS unter einem »Bargain Purchase«? Führen Sie ein konkretes Beispiel auf.

Ein passiver Unterschiedsbetrag entsteht, wenn das Reinvermögen zum beizulegenden Zeitwert die Anschaffungskosten des Unternehmenserwerbs übersteigt. Nach IFRS 3.34 wird dieser Betrag aus der Sicht des Erwerbers als Bargain Purchase (»Erwerb zu einem Preis unter dem Marktwert = Günstiger Erwerb«) bezeichnet.

Ein Erwerb zu einem Preis unter dem Marktwert ist z. B. denkbar, wenn in einem Unternehmen akute Zahlungsprobleme auftreten, so kann es sein, dass das betroffene Unternehmen dringend Finanzpartner sucht und bereit ist, sein Eigenkapital unterhalb des beizulegenden Zeitwerts zu veräußern.

76. Erläutern Sie die bilanzielle Behandlung eines »Erwerbs zu einem Preis unter dem Marktwert« nach IFRS.

Liegt beim Erwerb ein passiver Unterschiedsbetrag vor, so ist dieser durch erneute Beurteilung der erworbenen identifizierbaren Vermögenswerte und angenommenen Schulden des erworbenen Unternehmens zu überprüfen (IFRS 3.36). Ein verbleibender Betrag ist sofort im Gewinn oder Verlust (GuV) zu erfassen (IFRS 3.34). Ein negativer Unterschiedsbetrag wird somit in der IFRS-Bilanz nicht gesondert ausgewiesen.

77. Stellen Sie die wesentlichen Unterschiede bei der bilanziellen Behandlung eines GoF nach IFRS und HGB dar.

Nach IFRS ist ein GoF nur »außerplanmäßig« in der Form eines Wertminderungsbedarfs (impairment) abzuschreiben. Eine planmäßige Abschreibung ist nicht vorgesehen (IAS 36.90/IFRS 3.B63(a)). Nach HGB ist der GoF planmäßig abzuschreiben. Er ist außerplanmäßig nur bei dauerhafter Wertminderung abzuschreiben (§ 253 Abs. 3 Satz 3 HGB).

78. Nennen Sie die wesentlichen Unterschiede bei der bilanziellen Behandlung eines negativen Unterschiedsbetrags nach IFRS und HGB.

Ein Erwerb zu einem Preis unter dem Marktwert (bargain purchase) wird nach Überprüfung gemäß IFRS sofort als Ertrag gebucht und erscheint nicht in der Bilanz. Gleiches geschieht mit einem Lucky Buy nach HGB. Bei einem Badwill, den es nach IFRS nicht gibt, ist nach HGB eine Rückstellung zu bilden, die bei Eintritt der erwarteten schlechten Geschäftslage des Tochterunternehmens ertragswirksam aufgelöst wird (§ 309 Abs. 2 HGB).

2.4 Sachanlagen

79. Erläutern Sie den Komponentenansatz zur Bewertung von Sachanlagen nach IFRS anhand eines Beispiels.

Nach IFRS ist jeder Teil einer Sachanlage mit einem bedeutsamen Anschaffungswert im Verhältnis zum gesamten Wert des Gegenstands getrennt abzuschreiben (so genannter Komponentenansatz nach IAS 16.43). Nach IAS 16.44 kann es angemessen sein, bei einem Flugzeug, Flugwerk und Triebwerke aufgrund unterschiedlicher Nutzungsdauer unterschiedlich abzuschreiben.

80. Welche Möglichkeiten der Erst- und Folgebewertung von Sachanlagen gibt es nach IFRS?

Sachanlagen sind zu Anschaffungs- oder Herstellungskosten erst zu bewerten (IAS 16.15). Bei der Folgebewertung besteht nach IAS 16.29 ein Wahlrecht zwischen dem Anschaffungskostenmodell und dem Neubewertungsmodell.

81.   Beschreiben Sie die Möglichkeiten der Erfassung von Wertveränderungen einer Sachanlage im Rahmen des Anschaffungskostenmodells nach IFRS.
Neben planmäßigen Abschreibungen, die gemäß der Nutzungsdauer erfolgen, sind (»außerplanmäßige«) Wertminderungsaufwendungen zu berücksichtigen. Entfallen die Gründe für eine Wertminderung so ist maximal in Höhe der gebuchten Wertminderung eine Zuschreibung zu buchen.

Im Anschaffungskostenmodell nach IAS 16.30 i.V.m. IAS 36.117 hat eine Zuschreibung zu erfolgen

- bei vorheriger Wertminderung
- maximal bis zur Höhe der fortgeführten Anschaffungs- und Herstellungskosten (ohne außerplanmäßige Abschreibungen), unter der Voraussetzung, dass
- der erzielbare Betrag größer sein muss als der Buchwert.

Die Zuschreibung darf maximal bis zu den fortgeführten Anschaffungskosten erfolgen oder bis zur Höhe des erzielbaren Betrags, wenn dieser niedriger ist als die fortgeführten Anschaffungskosten. Die Zuschreibung ist im Gewinn oder Verlust (GuV) zu buchen.

82.   Beschreiben Sie die Möglichkeiten der Erfassung von Wertveränderungen einer Sachanlage im Rahmen des Neubewertungsmodells nach IFRS.
Im Gegensatz zum Anschaffungskostenmodell sind im Neubewertungsmodell unbegrenzte Wertänderungen möglich.

Die Erstbewertung erfolgt erfolgsneutral. Der Zuschreibungsbetrag wird im sonstigen Ergebnis erfasst und im Eigenkapital in Form einer Neubewertungsrücklage gebucht (IAS 16.39). Diese Zuschreibung bewirkt keine Veränderung des Gewinns oder Verlusts (GuV).

Die Folgebewertung führt zu einer planmäßigen Abschreibung der abnutzbaren Sachanlage auf der Basis des beizulegenden Zeitwerts. Die gebildete Neubewertungsrücklage kann wahlweise teilweise aufgelöst oder beibehalten werden (IAS 16.41). Die Auflösung erfolgt durch anteilsmäßige Umbuchung in die Gewinnrücklagen. Die Festlegung des Anteils hängt von der gewählten Abschreibungsmethode ab. Durch das Neubewertungsmodell wird eine Bewertung oberhalb des Buchwerts möglich. Dies geschieht erfolgsneutral über das sonstige Ergebnis und durch die Neubewertungsrücklage.

Wird die Sachanlage veräußert oder stillgelegt, ist die zugehörige Neubewertungsrücklage realisiert. Damit ist eine Umbuchung in die Gewinnrücklagen vorzunehmen. Wird der Restbuchwert am Markt nicht realisiert, muss die Rücklage teilweise oder ganz über den zugehörigen Aktivposten aufgelöst werden (IAS 16.41).

Eine Wertverringerung des Sachanlagevermögens ist im sonstigen Ergebnis zu erfassen und reduziert eine vorhandene Neubewertungsrücklage. Ein darüber hinausgehender Abwertungsbetrag ist als Aufwand im Gewinn oder Verlust (GuV) zu buchen (IAS 16.40). Eine negative Rücklage kann somit nicht gebildet werden.

Eine anschließende Wertsteigerung ist im Gewinn oder Verlust (GuV) bis auf die fortgeführten Anschaffungskosten zuzuschreiben. Darüber hinaus gehende Beträge sind im sonstigen Ergebnis zu erfassen und in die Neubewertungsrücklage einzustellen (IAS 16.39).

83. **Welche wesentlichen Unterschiede gibt es bei der Bewertung von Sachanlagen nach HGB im Vergleich zu IFRS?**

Sachanlagen werden in ihrer Gesamtheit planmäßig über die Nutzungsjahre abgeschrieben (§ 253 Abs. 3 Satz 2 HGB). Einen Komponentenansatz gibt es nach HGB nicht. Eine außerplanmäßige Abschreibung hat nur bei dauerhafter Wertminderung zu erfolgen (§ 253 Abs. 3 Satz 3 HGB). Ein marktorientierter Niederstwerttest ist nach HGB nicht vorgesehen. Eine Bewertung oberhalb der Anschaffungs- oder Herstellungskosten ist nicht möglich.

2.5 Finanzinstrumente

84. **Welche drei Wertpapierkategorien kennt IAS 39?**

IAS 39.9 führen drei Wertpapierkategorien auf:

- Finanzinstrumente, die erfolgswirksam folgebewertet werden,
- bis zur Endfälligkeit zu haltende finanzielle Vermögenswerte (held-to-maturity investments; HtM-Wertpapiere),
- zur Veräußerung verfügbare finanzielle Vermögenswerte (available-for-sale financial assets, AfS-Wertpapiere).

Zukünftig wird dieser Standard durch IFRS 9 ersetzt, der ab 01.01.2015 in der EU anzuwenden ist (siehe hierzu Frage 97).

85. **Nennen Sie die Finanzinstrumente, die nach IFRS erfolgswirksam zum beizulegenden Zeitwert folge zu bewerten sind.**

- Finanzielle Vermögenswerte oder Verbindlichkeiten des Handelsbestands (financial assets/liabilities held for trading), (Wertpapiere abgekürzt: Trading-Wertpapiere),
- sonstige finanzielle Vermögenswerte/Verbindlichkeiten (Wertpapiere abgekürzt: Wertpapiere mit Fair Value-Option).

86. **Was verstehen IFRS unter »geborenen« und »gekorenen« Finanzinstrumenten (Wertpapieren)?**

Zu den »geborenen« Trading-Wertpapieren zählen vor allem Wertpapiere, die kurzfristig zu Spekulationszwecken gehalten werden. Diese Wertpapiere sind immer erfolgswirksam zu verbuchen.

Bei sonstigen Wertpapieren mit Fair Value-Option (»gekorene Wertpapiere) besteht beim Erwerb ein eingeschränktes Wahlrecht beim erstmaligen Ansatz zukünftige Wertänderungen erfolgswirksam im Rahmen einer Fair Value-Option zu berücksichtigen, IAS 39.9(b).

87. **Welche Regeln zur Erstbewertung von Wertpapieren nach IFRS kennen Sie?**

Die Erstbewertung von Wertpapieren hat nach IFRS immer zum beizulegenden Zeitwert zu erfolgen. Bis auf die erfolgswirksam zu buchende Wertpapiere sind alle Wertpapiere einschließlich direkt zurechenbaren Transaktionskosten zu erfassen (IAS 39.43).

88. **Erläutern Sie die Folgebewertung von erfolgswirksam erfassten Wertpapieren nach IFRS.**

Wertänderungen von Trading-Wertpapieren und sonstigen als erfolgswirksam eingestuften Wertpapieren sind generell erfolgswirksam im Gewinn oder Verlust (GuV) zu buchen. Dabei können auch Bewertungen oberhalb der »Anschaffungskosten« vorkommen.

89.   Stellen Sie die Folgebewertung von AfS-Wertpapieren dar.

AfS-Wertpapiere sind bei der Folgebewertung mit dem beizulegenden Zeitwert anzusetzen. Dies ist der Kurswert (ohne Kosten der Transaktion). Die bei der Erstbewertung aktivierten Transaktionskosten sind nach IAS 39.AG67 gegen das sonstige Ergebnis und somit
die Wertänderungsrücklage oder AfS-Rücklage zu eliminieren.

**90.   Wie sind normale Kursschwankungen eines AfS-Wertpapiers nach IFRS zu
erfassen?**

Im Normalfall sind Kursschwankungen und somit vorübergehende Wertänderungen bei
AfS-Wertpapieren erfolgsneutral im sonstigen Ergebnis zu erfassen, IAS 39.55(b). Somit
bauen sich durch Wertänderungen der AfS-Wertpapiere durch den Abschluss des sonstigen Ergebnisses positive oder negative Eigenkapitalpositionen auf. Verlässt das AfS-Wert-
papier die Bilanz sind diese Eigenkapitalpositionen erfolgswirksam im Gewinn oder Verlust (GuV) aufzulösen (IAS 39.26).

Wertveränderungen werden in einer gesonderten Wertänderungsrücklage oder AfS-
Rücklage für jedes Wertpapier einzeln erfasst.

Diese Rücklage kann auch zu negativen Werten führen.

**91.   Wie sind außerplanmäßige Kurseinbrüche eines AfS-Wertpapiers nach IFRS
zu erfassen?**

Liegt ein außerplanmäßiger Wertminderungsbedarf aufgrund eines Impairment-Tests
vor, muss bei AfS-Wertpapieren eine erfolgswirksame Verrechnung des Aufwands im
Gewinn oder Verlust (GuV) erfolgen. Hierzu bedarf es objektiver Hinweise (IAS 39.58/59),
wie z. B.
- erhebliche finanzielle Schwierigkeiten des Emittenten oder des Schuldners,
- Vertragsbruch z. B. durch Ausfall oder Verzug von Zins- oder Tilgungszahlungen,
- eine erhöhte Wahrscheinlichkeit einer Insolvenz des Kreditnehmers,
- Verschwinden eines aktiven Markts infolge finanzieller Schwierigkeiten (d. h. ein Kurswert ist nicht mehr feststellbar).

Die außerplanmäßigen Wertminderungsursachen müssen dauerhaft oder nachhaltig sein
(siehe z. B. den Hinweis zu Aktien in IAS 39.61). Eine vorhandene Wertänderungsrücklage
muss zuerst aufgelöst werden. Reicht diese Rücklage nicht aus, so sind überschießende
Beträge erfolgswirksam zu erfassen (IAS 39.67). Eine negative Rücklage kann somit nicht
entstehen.

92.   Wie sind Zuschreibungen eines AfS-Wertpapiers nach IFRS zu erfassen?

Zuschreibungen nach dauerhafter Wertminderung für AfS-Wertpapiere sind bei
- Eigenkapitalinstrumenten (z. B. Aktien) erfolgsneutral durch Bildung einer Wertände-
  rungsrücklage oder AfS-Rücklage im sonstigen Ergebnis zu erfassen (IAS 39.69) und
  bei
- Fremdkapitalinstrumenten (z. B. Anleihen) erfolgswirksam im Gewinn oder Verlust
  (GuV) bis max. in Höhe des erfassten Aufwands zu buchen (IAS 39.70).

93.   Wie sind HtM-Wertpapiere Folge zu bewerten?

HtM-Wertpapiere sind mit fortgeführten Anschaffungskosten unter Anwendung der
Effektivzinsmethode Folge zu bewerten (IAS 39.46(b)). Die Anschaffungskosten bestehen
aus dem Anschaffungspreis plus den Transaktionskosten (IAS 39.43).

94.   Was versteht man unter der Effektivzinsmethode? Geben Sie ein Beispiel.

Bei der Effektivzinsmethode werden z. B. zukünftige Zahlungsüberschüsse nach finanzmathematischen Methoden auf den Bilanzstichtag abgezinst.

Erläuterndes Beispiel:

Die Zahlungsüberschüsse in den Geschäftsjahren 02 und 03 belaufen sich jeweils auf 1 000 €. Die Beträge sollen auf den Bilanzstichtag 31.12.01 abgezinst werden. Der kalkulatorische Zinssatz soll bei 8 % liegen.

$$1\ 000 : 1{,}08^1 + 1\ 000 : 1{,}08^2 = 1\ 783{,}27\ €$$

95.   Erläutern Sie die Wertminderung bei HtM-Wertpapieren nach IFRS.

Sofern für HtM-Wertpapiere objektive Hinweise vorliegen, dass nicht alle fälligen Beträge wahrscheinlich entrichtet werden, ist eine Wertminderung zu erfassen (IAS 39.59/61). Diese errechnet sich als Differenz aus dem bisherigen Buchwert des finanziellen Vermögenswerts zum Zeitpunkt der Entstehung und dem Barwert der erwarteten künftigen Cashflows, die mit dem ursprünglichen Effektivzinssatz des finanziellen Vermögenswerts abgezinst werden (IAS 39.63).

Die Wertminderung ist erfolgswirksam an einem auf den Bilanzstichtag der Wertminderung folgenden Bilanzstichtag aufzuheben, wenn die Gründe für eine solche Wertminderung nicht mehr bestehen (IAS 39.65).

96.   Welche wesentlichen Unterschiede bei der bilanziellen Behandlung von Wertpapieren gibt es nach HGB im Vergleich zu IFRS?

Wertpapiere des Anlagevermögens sind nach § 253 Abs. 3 Satz 1 HGB mit den Anschaffungskosten anzusetzen. Sie müssen handelsrechtlich im Anlagevermögen nur bei dauernder Wertminderung abgeschrieben werden. Bei einer nicht dauernden Wertminderung besteht bei Finanzanlagen ein Wahlrecht auf den niedrigeren beizulegenden Abschlussstichtagswert (gemildertes Niederstwertprinzip – § 253 Abs. 3 Satz 4 HGB).

Wertpapiere des Umlaufvermögens sind auch bei nur vorübergehender Wertminderung außerplanmäßig abzuschreiben (strenges Niederstwertprinzip – § 253 Abs. 4 HGB).

Zuschreibungen sind bei einem späteren Wegfall des Abschreibungsgrunds bis maximal zu den Anschaffungskosten vorzunehmen (§ 253 Abs. 5 HGB).

Zu Handelszwecken erworbene Finanzinstrumente sind nur bei Kreditinstituten mit ihrem beizulegenden Zeitwert zu bewerten (§ 340e Abs. 3 Satz 1 HGB). Mit dieser Zeitwertbewertung werden im HGB erstmals neben realisierten Gewinnen auch nicht realisierte so genannte realisierbare Gewinne ausgewiesen.

Eine den von HtM-Wertpapieren nach IFRS vergleichbare Verbuchung in der Form von Wertzuschreibungen der Wertpapiere in den einzelnen Geschäftsjahren auf Basis effektiver Zinsen ist nach HGB nicht vorgesehen. Hier werden nur die Anschaffung, die nominalen jährlichen Zinserträge und der Ertrag nach Ablauf der Laufzeit verbucht.

97.   Erläutern Sie die vom IASB beschlossenen wesentlichen Änderungen hinsichtlich Ansatz und Bewertung von finanziellen Vermögenswerten nach IFRS 9 im Vergleich zu IAS 39.

Nach IFRS 9 gibt es nur noch zwei Kategorien von finanziellen Vermögenswerten:

- bewertet zu fortgeführten Anschaffungskosten,
- bewertet zum beizulegenden Zeitwert.

Die Zuordnung zur Kategorie »fortgeführte Anschaffungskosten« erfordert die kumulative Erfüllung objektiver und subjektiver Kriterien.

Objektiv bedeutet, dass sich das primäre Interesse eines Unternehmens beim Kauf eines Wertpapiers an festen jährlichen Zinszahlungen orientiert, das subjektiv, vertraglich z. B. in Form einer garantierten Rückzahlung der Geldanlage erfolgen soll. Fremdkapitalinstrumente wie z. B. Schuldverschreibungen erfüllen diese Bedingungen.

Alle anderen Wertpapiere, die diese Bedingungen nicht erfüllen, wie z. B. Eigenkapitalinstrumente in der Form von Aktien, sind zum beizulegenden Zeitwert anzusetzen.

Finanzielle Vermögenswerte, die zu fortgeführten Anschaffungskosten bewertet wurden, sind bei der Folgebewertung nach der Effektivzinsmethode zu bewerten.

Beim Erwerb von langfristigen Eigenkapitalinstrumenten besteht ein Wahlrecht zwischen erfolgsneutraler Bewertung via Fair Value-Rücklage (Ausweis im sonstigen Ergebnis) und erfolgswirksamer Bewertung über den Gewinn oder den Verlust. Wertpapiere, die zu Handelszwecken erworben wurden, sind immer erfolgswirksam zu bewerten.

Wie nach IAS 39 besteht auch nach IFRS 9 weiterhin die Möglichkeit, jeden finanziellen Vermögenswert beim Erwerb erfolgswirksam über Gewinn oder Verlust (sog. Fair Value-Option) zu erfassen.

98.   Was verstehen die IFRS unter »als Finanzinvestition gehaltene Immobilien« (investment property = IP)?

Als Finanzinvestition gehaltene Immobilien sind Immobilien (Grundstücke oder Gebäude – oder Teile von Gebäuden – oder beides), die (vom Eigentümer oder vom Leasingnehmer im Rahmen eines Finanzierungsleasingverhältnisses) zur Erzielung von Mieteinnahmen und/oder zum Zwecke der Wertsteigerung gehalten werden (IAS 40.5). Sie zählen nicht zum produktiven Sachanlagevermögen sondern weisen den Charakter von Finanzinvestitionen auf. Sie dienen somit nicht der eigenbetrieblichen Nutzung.

99.   Erläutern Sie die Bewertungsvorschriften für IP nach IAS 40 und stellen Sie eventuelle Unterschiede zu den Vorschriften für Sachanlagen nach IAS 16 dar.

Beim Zugang von IP ist mit Anschaffungs- oder Herstellungskosten (einschl. Transaktionskosten) zu bewerten (IAS 40.20). Bei der Folgebewertung gewährt IAS 40.32A ein Wahlrecht, das gruppeneinheitlich (für alle betroffenen Grundstücke) auszuüben ist und stetig beibehalten werden muss.

Dieses Wahlrecht erlaubt die Folgebewertung entweder zum Anschaffungskostenmodell oder zum Modell des beizulegenden Zeitwertes.

Beim Anschaffungskostenmodell erfolgt die Folgebewertung wie bei den Sachanlagen nach IAS 16 (IAS 40.56). Die historischen Anschaffungs- und Herstellungskosten bilden die Wertobergrenze. Planmäßige Abschreibungen sind zu buchen. Ein außerplanmäßiger Wertminderungsbedarf aufgrund eines Impairment-Tests ist gemäß IAS 36.59 zu verrechnen.

Das Modell des beizulegenden Zeitwertes basiert auf einer Neubewertung zum beizulegenden Zeitwert und damit auf den Marktverhältnissen am Bilanzstichtag (IAS 40.38). Erträge und Aufwendungen aus Veränderungen des beizulegenden Zeitwertes sind in der Periode der Entstehung als Gewinn oder Verlust (GuV) zu erfassen (IAS 40.35). Planmäßige Abschreibungen entfallen.

Bei der Neubewertungsmethode für Sachanlagen (siehe IAS 16.39) erfolgt die erste Neubewertung bei Wertsteigerungen erfolgsneutral durch Rücklagenbildung, erst die Folgebewertung berücksichtigt die Abschreibungen. Die Rücklage kann anteilig aufgelöst werden und selbst bei Veräußerung der Immobilie durch Umbuchung in Gewinnrücklagen wertmäßig weiter bestehen bleiben (IAS 16.41). Führt eine Neubewertung zu einer Verringerung des Buchwertes eines Vermögenswerts, ist die Wertminderung im Gewinn oder Verlust (GuV) zu erfassen. Eine Verminderung ist direkt im Eigenkapital unter der Position Neubewertungsrücklage zu buchen, soweit sie den Betrag der entsprechenden Neubewertungsrücklage nicht übersteigt (IAS 16.40).

2.6   Vorräte

100.   In welcher Höhe sind Vorräte nach IFRS anzusetzen?
Nach IAS 2.9 sind Vorräte höchstens zu den historischen Anschaffungs- oder Herstellungskosten anzusetzen.

101.   Vergleichen Sie die Möglichkeiten der Verwendung von Verbrauchsfolgeverfahren bei gleichartigen Vermögenswerten bzw. Vermögensgegenständen nach IFRS, HGB und deutschem Steuerrecht.
Nach IAS 2.25 sind die Fifo-Methode oder die Durchschnittsmethode möglich. Daneben kann die Standardkostenmethode oder die retrograde Methode verwendet werden (IAS 2.21). Nach § 256 HGB können die Methoden Fifo oder Lifo oder die Durchschnittsmethode (i.V.m. § 240 Abs. 4 HGB) verwendet werden. Das deutsche Steuerrecht sieht zur Bewertungsvereinfachung die Durchschnittsbewertung oder die Lifo-Methode vor.

102.   Sind Festwertansätze für Vermögenswerte nachrangiger Bedeutung, wie z.B. Schrauben gemäß § 256 Satz 2 i.V.m. § 240 Abs. 3 HGB, auch nach IFRS möglich?
Festwertansätze für Vermögenswerte von nachrangiger Bedeutung, wie z.B. Schrauben, sind nach IFRS nicht vorgesehen.

Eine Übernahme von nach HGB gebildeten Festwerten in einen IFRS-Abschluss kann man für zulässig halten, da der Festwert eine Annäherung an den tatsächlichen Wert darstellen soll und mit einem Festwert bewertete Vermögenswerte für das Unternehmen von nachrangiger Bedeutung sein müssen (F.29 f.).

103.   Wie sind Vorräte nach IFRS Folge zu bewerten?
Die Vorräte sind mit dem niedrigeren Wert aus Anschaffungs- oder Herstellungskosten und Nettoveräußerungswert folge zu bewerten (IAS 2.9). Dies ist eine streng absatzmarktorientierte Folgebewertung.

> Vorratsbewertung: »lower of cost and net realisable value«
> - Anschaffungs- oder Herstellungskosten als Wertobergrenze
> - Abschreibungspflicht auf niedrigeren Nettoveräußerungswert am Bilanzstichtag

Der Nettoveräußerungswert ist der geschätzte, im normalen Geschäftsgang erzielbare Verkaufserlös abzüglich der geschätzten Kosten bis zur Fertigstellung und der geschätzten notwendigen Vertriebskosten (IAS 2.6).

104.   Welche Rolle spielen die Wiederbeschaffungskosten bei der Bewertung von Vorräten nach IFRS?
Von der Pflicht eine Abwertung auf den niedrigeren Nettoveräußerungswert vorzunehmen sind Roh-, Hilfs- und Betriebsstoffe (RHB) nach IAS 2.32 dann auszunehmen, wenn das Fertigerzeugnis, in welches die Produkte eingehen, mindestens zu den Herstellungs-

kosten verkauft werden kann. Nur wenn sich bei dem gesamten Herstellungs- und Absatzvorgang des Fertigerzeugnisses ein Verlust abzeichnet, wird eine Einzelbewertung der RHB durchgeführt. Dabei sind als Vergleichsmaßstab ausnahmsweise die Wiederbeschaffungskosten der Roh-, Hilfs- und Betriebsstoffe heranzuziehen. Liegen diese unterhalb der historischen Anschaffungs- oder Herstellungskosten, so ist nur im Verlustfall abzuschreiben.

105. Welche Zuschreibungsregeln für Vorräte nach IFRS sind Ihnen bekannt?
Zuschreibungen sind zu verbuchen, wenn der Nettoveräußerungswert wieder steigt. Bei Wegfall des Grundes der Abschreibung ist auf die fortgeführten Anschaffungs-/ Herstellungskosten oder einen niedrigeren Nettoveräußerungswert zuzuschreiben. Der Zuschreibungsbetrag von Werkstoffen mindert den Materialaufwand der Periode, in der die Wertaufholung stattfindet. Die Zuschreibung beschränkt sich auf den Betrag der ursprünglichen Wertminderung (IAS 2.33/34).

106. Erläutern Sie die Vorratsbewertung nach HGB.
Im Umlaufvermögen gilt das strenge Niederstwertprinzip (§ 253 Absatz 4 HGB). Ein niedrigerer Börsen- oder Marktpreis am Abschlussstichtag muss beachtet werden.

Ein Börsenpreis wird auf einer Börse festgestellt. Ein Marktpreis liegt vor, wenn Güter einer bestimmten Gattung und von durchschnittlicher Art und Güte an anderen Handelsplätzen regelmäßig umgesetzt werden. Ist kein Marktpreis zu bestimmen, so ist der beizulegende Stichtagswert relevant (§ 253 Abs. 4 Satz 2 HGB) und mit den historischen Anschaffungs- oder Herstellungskosten zu vergleichen.

Bei betriebsnotwendigen Werkstoffen ist der Beschaffungsmarkt und somit die Wiederbeschaffungs- oder Wiederherstellungskosten relevant. Bei Fertigerzeugnissen ist der Absatzmarkt und somit der Nettoveräußerungswert entscheidend. Eine Sonderstellung nehmen Waren ein. Hier ergeben sich mit dem absatzmarktorientierten Nettoveräußerungswert und den beschaffungsmarktorientierten Wiederbeschaffungs-/Wiederherstellungskosten zwei alternative Varianten eines beizulegenden Wertes. Im Sinne eines strengen Vorsichtsprinzips ist der niedrigere der beiden Werte zu wählen.

Fällt der Grund für die Abschreibung später weg, so besteht eine rechtsformunabhängige Zuschreibungspflicht bis max. auf die historischen Anschaffungs-/Herstellungskosten (§ 253 Abs. 5 HGB).

107. Die Vorratsbewertung nach US-GAAP lautet »Lower of cost or market«. Welche drei Schritte der Vorratsbewertung sind dabei zu beachten?
Folgende drei Schritte zur Bewertung der Vorräte nach US-GAAP sind notwendig:
(1) Berechnung des mittleren Marktwerts (Vergleichswert) aus Wiederbeschaffungskosten, Nettoveräußerungswert und Nettoveräußerungswert abzüglich Gewinnspanne.
(2) Vergleich mit den Anschaffungskosten.
(3) Niedrigeren Wert aus (1) und (2) ist anzusetzen.

108. Erläutern Sie den Begriff Fertigungsaufträge nach IAS 11.
Nach IAS 11.3–4 ist ein Fertigungsauftrag ein Vertrag über verschiedene Bilanzierungsperioden (siehe Zielsetzung) zur kundenspezifischen Produktion
- einzelner Gegenstände (z. B. Brücke, Damm, Pipeline, Straße, Schiff oder Tunnel) oder
- einer Anzahl von Vermögenswerten (z. B. komplexe Industrieanlagen wie Raffinerien oder Kraftwerke),

die hinsichtlich Design, Technologie, Funktion oder Verwendung aufeinander abgestimmt oder voneinander abhängig sind.

Nach IAS 11.5 umfassen Fertigungsaufträge

- Verträge über die Erbringung von Dienstleistungen, die im direkten Zusammenhang mit der Fertigung eines Vermögenswerts stehen, (z. B. Dienstleistungen von Projektleitern und Architekten), und
- Verträge über den Abriss oder die Restaurierung von Vermögenswerten sowie die Wiederherstellung der Umwelt nach einem erfolgten Abriss der Vermögenswerte.

Fertigungsaufträge sind dadurch gekennzeichnet, dass deren Erbringung längere Zeit in Anspruch nimmt. Zwischen Beginn und Fertigstellung liegt mindestens ein Bilanzstichtag (stichtagsübergreifende oder Langfristfertigung). Die Abwicklungsdauer des Vertrages ist allerdings nach IFRS kein Abgrenzungsmerkmal.

109. **Welche Methoden der Erfassung von Auftragserlösen und Auftragskosten kennen IFRS im Vergleich zum HGB/Deutsches Steuerrecht?**

IFRS schreiben die Methode der Gewinnrealisierung nach dem Fertigstellungsgrad (Percentage of Completion-Methode = PoC-Methode) vor (IAS 11.26). Nach HGB und deutschem Steuerrecht ist dem Vorsichtsprinzip folgend die Methode der Gewinnrealisierung bei Vertragserfüllung (Completed Contract-Methode = CC-Methode) anzuwenden.

110. **Erläutern Sie die wesentlichen Bestandteile der PoC-Methode bzw. der CC-Methode.**

Nach der PoC-Methode werden die Aufwendungen und Erlöse gemäß dem Fertigstellungsgrad des Fertigungsauftrages erfasst (Teilgewinnrealisierung gemäß dem Prinzip der Periodenabgrenzung). Der Grad der Fertigstellung erfolgt zumeist nach der Kostenvergleichsmethode, wonach das Verhältnis der bis zum Bilanzstichtag angefallenen Auftragskosten zu den am Bilanzstichtag geschätzten gesamten Auftragskosten gemessen wird (IAS 11.30).

Nach der CC-Methode werden die Gewinne aus Fertigungsaufträgen, dem Vorsichtsprinzip folgend, erst nach Beendigung des Auftrages gebucht (Rechtliche Betrachtungsweise).

2.7 Forderungen aus Lieferungen und Leistungen (F.a.LL.)

111. **Was verstehen die IFRS unter ausgereichte Forderungen?**

Von Unternehmen ausgereichte Forderungen sind als finanzielle Vermögenswerte in der Bilanz zu erfassen. Die Aktivierung hat zu dem Zeitpunkt zu erfolgen, zu dem das Unternehmen Vertragspartner ist und folglich das Recht auf Empfang von flüssigen Mitteln hat (IAS 39.14).

Die Forderungen lassen sich in Kapitalforderungen und Leistungsforderungen einteilen. Kapitalforderungen bestehen in der zeitlich befristeten Überlassung von Geldmitteln (z. B. Kredite). Leistungsforderungen entstehen aufgrund von vertraglichen Vereinbarungen und beinhalten die Erbringung von Produktions- oder Dienstleistungen. Hierzu zählen auch die zumeist kurzfristigen Forderungen aus Lieferungen und Leistungen oder Debitorenforderungen (F.a.LL.). Die Bewertung von Krediten und Forderungen ist aktuell in IAS 39 und ab 2015 EU-weit in IFRS 9 geregelt.

2.8   Eigenkapital

112.   Nennen Sie die Bestandteile des Eigenkapitals nach IFRS.

Bestandteile des Eigenkapitals nach u. a. IAS 1.106 ff. sind:

(1) Kapitaltransaktionen mit den Gesellschaftern (Einlagen und Dividenden),

(2) Gewinn oder Verlust (GuV),

(3) erfolgsneutralen Eigenkapitalveränderungen (z. B. Neubewertungen der Sachanlagen) des sonstigen Ergebnisses sowie

(4) direkt im Eigenkapital erfasste Geschäftsfälle.

Die Summe aus (2) und (3) stellt das Gesamtergebnis eines Unternehmens dar.

113.   Führen Sie Beispiele für direkt im Eigenkapital zu buchende Geschäftsfälle auf.

IFRS nennen folgende gesamtergebnisneutrale Sachverhalte, die direkt in den Gewinnrücklagen und somit im Eigenkapital zu buchen sind:

- Effekte aus retrospektiver Korrektur wesentlicher Bilanzierungs- und Bewertungsfehler (IAS 8.42),
- Effekte aus retrospektiver Änderung von Bilanzierungs- und Bewertungsmethoden (IAS 8.22/26),
- Effekte aus Übergang zur IFRS-Rechnungslegung (IFRS 1.11/IAS 8.19),
- Effekte aus Abgang der Neubewertungsrücklage durch Veräußerung oder sonstigen Abgang des neu bewerteten Vermögenswerts (IAS 16.41/38.87),
- Rückkauf oder Wiederausgabe eigener Aktien (IAS 32.33),
- Verrechnung von Eigenkapitalbeschaffungskosten (IAS 32.35).

114.   Erläutern Sie die Trennung des Eigenkapitals nach IFRS in eingezahltes und erwirtschaftetes Kapital.

Das eingezahlte Kapital besteht aus dem

- Aktienkapital (Stamm-/Vorzugsaktien) und den
- Kapitalrücklagen.

IAS 1.79(a)(ii) wird dahingehend interpretiert, dass nicht eingeforderte ausstehende Einlagen der Gesellschafter offen vom gezeichneten Kapital abzusetzen sind.

Die Kapitalrücklage enthält das Aufgeld (Agio) aus Kapitalerhöhungen und wird in den IFRS nicht gesondert erwähnt. Die Bildung dieser Unterposition ist aber vor dem Hintergrund der »fair presentation« (IAS 1.77) geboten. IAS 1.78(e) fordert einen solchen separaten Ausweis in der Bilanz und im Anhang.

Das erwirtschaftete Kapital in Form der Rücklagen lässt sich bei Orientierung an der Eigenkapitalveränderungsrechnung (IAS 1.10/106) einteilen in

- Gewinnrücklagen,
- Neubewertungsrücklagen für Sachanlagen und immaterielle Vermögenswerte,
- Wertänderungsrücklagen nach IAS 39 für AfS-Vermögenswerte/ Cashflow-Hedges,
- Rücklagen aus Währungsumrechnung,
- versicherungsmathematische Rücklagen nach IAS 19 (Leistungen an Arbeitnehmer).

115.   **Stellen Sie die wesentlichen Methoden zur Bilanzierung eigener Anteile nach IFRS dar.**

Die Bilanzierung eigener Anteile (treasury shares) regelt IAS 32.33 sowie IAS 32.AG36. Im Zeitpunkt des Erwerbs findet eine gesamtergebnisneutrale Kürzung des Eigenkapitals um die Anschaffungskosten eigener Aktien statt.

Für die Darstellung gibt es in Anlehnung an US-GAAP (ARB 43 Chapter 1A) sowie die inzwischen aufgehobenen SIC 16.10 alternative Bilanzierungsmöglichkeiten (in Übereinstimmung mit IAS 8.10–12):

- Anschaffungskostenmethode und
- Nennwertmethode.

Bei der Anschaffungskostenmethode erfolgt der Ausweis der Anschaffungskosten der zurück gekauften eigenen Aktien in einer Abzugsposition innerhalb des Eigenkapitals.

Bei Rückkauf der eigenen Aktien wird eine Buchung in Höhe der Anschaffungskosten gegen das Eigenkapital, ohne Aufteilung auf einzelne Eigenkapitalarten vorgenommen.

Bei der Nennwertmethode findet in Abhängigkeit des Rückkaufpreises eine Zuordnung der Anschaffungskosten der Aktien zu den Eigenkapitalbestandteilen statt. Beim Rückkauf der eigenen Aktien erfolgt, ohne dass eine Einziehungsabsicht besteht, eine anteilige Kürzung des auf die zurück gekauften Aktien entfallenden Eigenkapitals.

Liegt der Rückkaufpreis über dem Emissionspreis, sind die Gewinnrücklagen entsprechend zu kürzen. Liegt der Rückkaufpreis unter dem historischen Ausgabekurs der eigenen Aktien, so ist der Differenzbetrag zwischen Rückkaufpreis und historischem Ausgabepreis in eine Kapitalrücklage auf eigene Aktien einzustellen.

116.   **Welche Unterschiede sind Ihnen bei der Bilanzierung eigener Anteile nach HGB im Vergleich zu IFRS bekannt?**

Eigene Aktien sind mit dem Eigenkapital zu verrechnen (§ 272 Abs. 1a HGB). Der Nennbetrag (oder der rechnerische Wert) der Aktien wird vom »Gezeichneten Kapital« in einer Vorspalte abgesetzt. Der Unterschiedsbetrag zwischen Kurs- und Nennwert ist mit den frei verfügbaren Rücklagen (z. B. andere Gewinnrücklagen) zu verrechnen. Beim Erwerb anfallende Anschaffungsnebenkosten sind Aufwand des Geschäftsjahres (§ 272 Abs. 1a Satz 3 HGB).

Alle Erwerbe von eigenen Anteilen sind wie eine Kapitalherabsetzung auf der Passivseite der Bilanz abzubilden. Die Kapitalrücklage bleibt von dieser Darstellung unberührt.

Die Wiederveräußerung der eigenen Anteile ist spiegelbildlich als Kapitalerhöhung darzustellen. Die Kürzung des gezeichneten Kapitals ist in Höhe des Nennbetrages (oder des rechnerischen Wertes) rückgängig zu machen (§ 272 Abs. 1b Satz 1 HGB). Der Unterschiedsbetrag zwischen dem Nennbetrag (oder dem rechnerischen Wert) und den ursprünglichen Anschaffungskosten der eigenen Anteile ist wieder den frei verfügbaren Rücklagen zuzuführen (§ 272 Abs. 1b Satz 2 HGB). Ein die ursprünglichen Anschaffungskosten übersteigender Differenzbetrag aus dem Verkaufserlös soll als Agio nach § 272 Absatz 2 Nr. 1 HGB erfolgsneutral in die Kapitalrücklage eingestellt werden (§ 272 Abs. 1b Satz 3 HGB). Die Nebenkosten der Veräußerung sind wie beim Erwerb erfolgswirksam zu erfassen (§ 272 Abs. 1b Satz 4 HGB).

Die Vorgehensweise bei der Bilanzierung eigener Anteile nach HGB ist ähnlich wie nach den IFRS, allerdings unterscheiden sich beide Methoden hinsichtlich der Struktur des ausgewiesenen Eigenkapitals.

2.9   Nicht-finanzielle Schulden (Rückstellungen)

117.   Wie lassen sich die Schulden nach IFRS einteilen?

Rückstellungen sind im Unterschied zu Verbindlichkeiten ungewiss bezüglich ihres Eintretens oder ihrer Höhe. Rückstellungen werden zukünftig in IAS 37 (Liabilities = Schulden) geregelt, der 2005 als Exposure Draft (ED) vom IASB vorgelegt wurde und den alten IAS 37 (provisions, contingent liabilities and contingent assets = Rückstellungen, Eventualschulden und Eventualforderungen) ersetzen wird.

ED-IAS 37 verzichtet bewusst auf die Begriffe »provision« (Rückstellung), »contingent liability« (Eventualschulden) und »contingent asset« (Eventualforderungen). Stattdessen wird der gegenüber der Rückstellung inhaltlich weiter gefasste Begriff der »liability« (Schuld), unter welchem auch die bisherigen »provisions« (Rückstellungen) zusammen zu fassen sind (ED 37.9), verwendet. Anstelle der »contingent assets« und »contingent liabilities« soll zukünftig der Begriff »contingency« benutzt werden.

Finanzielle Schulden oder Verbindlichkeiten gehören nicht zum Regelungsumfang von IAS 37, sondern werden in IAS 32/39 bzw. IFRS 9 geregelt. Hierzu zählen z.B. die Lieferantenrechnungen (V.a.LL.).

Für einzelne Verpflichtungen gibt es spezielle Standards, wie z.B. IAS 19, der die Leistungen an Arbeitnehmer, z.B. Pensionsrückstellungen darstellt sowie laufende und latente Steuern gemäß IAS 12 im Rahmen der Ertragsteuern.

Bei den abgegrenzten Schulden (accruals), IAS 37.11(b), handelt es sich um finanzielle Verbindlichkeiten, deren Verpflichtungscharakter deutlich höher ist als der von Rückstellungen (z.B. ausstehende Verpflichtungen aus Urlaubsgeldern). Im Gegensatz zum HGB zählen die abgegrenzten Schulden nicht zu den sonstigen Rückstellungen sondern sind als Teil der Lieferantenverbindlichkeiten oder als sonstige Verbindlichkeit in der Bilanz darzustellen.

118.   Wie sind die Schulden in einer IFRS-Bilanz auszuweisen?

Rückstellungen sind in der Bilanz als eigenständige Bilanzposition, IAS 1.54(l), auszuweisen. Die abgegrenzten Schulden sind unter den sonstigen kurzfristigen Schulden auszuweisen (IAS 37.11).

119.   Welche Ansatzvorschriften von nicht-finanziellen Schulden gibt es nach IFRS?

Nach ED-IAS 37.11 ist eine Verpflichtung zukünftig als Schuld zu passivieren, wenn die

- Schuldendefinition erfüllt ist und
- ihre Höhe zuverlässig ermittelt werden kann.

Damit eine Rückstellung passiviert werden darf und somit die Schuldendefinition erfüllt ist, muss in der Vergangenheit eine Verpflichtung aus rechtlichen oder faktischen Gründen entstanden sein, die zukünftig zu einem Ressourcenabfluss führt (ED-IAS 37.10).

Nicht erforderlich ist das Vorliegen einer ausschließlich rechtlich begründeten Verpflichtung durch Verträge oder Gesetze. Für die Bildung von Rückstellungen ist ausreichend, dass eine faktische Verpflichtung vorliegt.

Eine faktische Verpflichtung liegt vor, wenn das Unternehmen durch sein bisheriges Verhalten, öffentlich angekündigte Maßnahmen oder ausreichend spezifizierte Aussagen anderen Parteien gegenüber die Übernahme gewisser Verpflichtungen angedeutet hat und das Unternehmen dadurch bei den anderen Parteien auch die gerechtfertigte Erwartung geweckt hat, dass es diesen Verpflichtungen nachkommt.

120.   Nennen Sie Beispiele für rechtliche und faktische Verpflichtungen zur Bildung von Rückstellungen nach IFRS.

Beispiele für rechtliche Ursachen sind:

- Rückstellungen für Ertragsteuern,
- Rückstellungen für die gesetzlich vorgeschriebene Aufstellung und Prüfung des Jahresabschlusses,
- vertraglich vereinbarte Schadenersatzpflichten.

Ein Beispiel für eine faktische Verpflichtung sind Garantierückstellungen für Gewährleistungen, welche nach Ablauf der gesetzlichen Frist der Gewährleistung erbracht werden, sofern das Unternehmen diese Gewährleistungen aus Kulanzgründen in der Vergangenheit erbracht hat und das Unternehmen bislang durch Ankündigungen oder sein Verhalten bei den Kunden den Eindruck erweckt hat, diese Gewährleistungen auch in Zukunft zu erbringen.

121.   Warum dürfen im Gegensatz zum HGB nach IFRS keine Aufwandsrückstellungen gebildet werden?

Aus IAS 37.20 folgt, dass eine Rückstellung nur gebildet werden darf, die immer eine Verpflichtung gegenüber einer anderen Partei betreffen muss. Verpflichtungen gegen das Unternehmen selbst sind nicht möglich.

122.   Wie sind Rückstellungen nach IFRS zu bewerten?

Die Bewertung einer Rückstellung erfolgt mit dem Betrag, den ein Unternehmen bei vernünftiger Betrachtung zahlen würde, um die Verpflichtung zu erfüllen oder sie auf Dritte zu übertragen (ED-IAS 37.29). Nach ED-IAS 37 ist als einzig zulässige Bewertungsmethode die Erwartungswertmethode vorgesehen. Die Methode der bestmöglichen Schätzung, d.h. der Bewertung einer einzelnen Verpflichtung mit dem wahrscheinlichsten Wert aus einer Bandbreite möglicher Werte, ist nicht mehr möglich.

Hierzu muss der Erwartungswert der unsicheren Auszahlungsbeträge ermittelt werden. Die Bewertung gilt für Einzelverpflichtungen oder eine Gruppe vergleichbarer Verpflichtungen.

Eine Einzelverpflichtung liegt z.B. bei einem konkreten Schadenersatzfall vor: Die Bremsen an einem bestimmten Pkw haben versagt. Oder: Die Bremsleitungen aller Modelle eines bestimmten PKW sind eingerostet, somit liegt ein Garantierisiko für eine Vielzahl von Produkten vor.

Für Einzelverpflichtungen liegen zumeist subjektive Schätzungen vor. Für Gruppenverpflichtungen lassen sich objektive oder statistische Schätzgrößen ermitteln.

2.10   Finanzielle Schulden (Verbindlichkeiten)

123.   Erläutern Sie Ansatz und Erstbewertung von finanziellen Schulden (Verbindlichkeiten).

IAS 32.11 definiert finanzielle Verbindlichkeiten als eine vertragliche Verpflichtung des bilanzierenden Unternehmens, entweder flüssige Mittel an einen externen Vertragspartner zu liefern (wie z.B. eine ausgegebene Anleihe, Lieferantenrechnungen, Verbindlichkeiten gegenüber Kreditinstituten, abgegrenzte Schulden) oder Finanzinstrumente mit diesem zu ungünstigen Bedingungen zu tauschen (wie z.B. die Stillhalterverpflichtung eines Optionsgeschäfts).

Hierbei handelt es sich um Verpflichtungen für ausstehenden Urlaub, Verpflichtungen für ausstehende Rechnungen, Boni, Tantiemen oder Provisionen.

Finanzielle Verbindlichkeiten sind wie finanzielle Vermögenswerte im Zeitpunkt der erstmaligen Erfassung mit ihrem beizulegenden Zeitwert anzusetzen (IAS 39.43).

Bei erfolgswirksam zum beizulegenden Zeitwert bewerteten finanziellen Verbindlichkeiten sind Transaktionskosten, wie z. B. Gebühren, Provisionen, Steuern und Courtage erfolgswirksam zu erfassen. Bei den übrigen finanziellen Verbindlichkeiten sind die Transaktionskosten zu aktivieren (IAS 39.43).

Der beizulegende Zeitwert entspricht dem Barwert einer Verbindlichkeit im Entstehungszeitpunkt. Abweichungen vom Nennwert (Rückzahlungsbetrag) ergeben sich, wenn der Nominalzins der Verbindlichkeit vom Marktzins abweicht.

Kurzfristige Schulden, wie z. B. Kreditorenverbindlichkeiten können mit ihrem ursprünglichen Rechnungsbetrag angesetzt werden, wenn der Abzinsungseffekt unwesentlich ist (IAS 39.AG79).

Ist der Marktzins größer als der Nominalzins so liegt der Barwert unter dem Nennwert. Es ist ein Disagio vom Nennwert abzuziehen. Im umgekehrten Fall wird ein Agio dem Nennwert zugerechnet.

Bei der Bewertung ist analog der Bewertung bei HtM-Wertpapieren zu verfahren. Ein **Disagio** darf im Gegensatz zum HGB nicht aktiviert werden.

124.   Erläutern Sie die Folgebewertung von finanziellen Schulden (Verbindlichkeiten)

Finanzielle Verbindlichkeiten sind nach IFRS zu fortgeführten Anschaffungskosten nach der Effektivzinsmethode folge zu bewerten (IAS 39.47). Erfolgt eine unter pari Emission mit einem Disagio, wird der Barwert im Zeitablauf ansteigen (Zuschreibung) und am Ende der Laufzeit dem Nennwert, der zurückzuzahlen ist, entsprechen. Bei einer über pari Emission (Agio) ist entsprechend die Verbindlichkeit auf den Nennwert abzuschreiben.

Die Bewertung zu fortgeführten Anschaffungskosten nach der Effektivzinsmethode ist grundsätzlich auf alle finanziellen Verbindlichkeiten anzuwenden, die nicht als »erfolgswirksam« eingestuft werden.

Wird eine Anleihe mit einem Aufgeld oder Agio emittiert, so sind die Verbindlichkeiten nach IFRS bei der Erstbewertung entsprechend höher auszuweisen und bei der Folgebewertung bis zum Rückzahlungsbetrag abzuschreiben.

IFRS 9 behält die Klassifizierung der finanziellen Verbindlichkeiten aus IAS 39 bei, verändert jedoch die Folgebewertung finanzieller Verbindlichkeiten, die aufgrund der Fair-Value-Option erfolgswirksam zum beizulegenden Zeitwert bewertet werden. Veränderungen des beizulegenden Zeitwerts aufgrund der Veränderung des eigenen Kreditrisikos sind nicht im Periodenergebnis, sondern als Bestandteil des sonstigen Ergebnisses und damit über die Rücklagen zu verrechnen. Hintergrund dieser erfolgsneutralen Verrechnung sind die Erfahrungen der jüngsten Finanzkrise, in der Unternehmen bei Verschlechterung ihrer eigenen Kreditwürdigkeit und der dadurch hervorgerufenen Reduzierung des beizulegenden Zeitwerts ihrer finanziellen Verbindlichkeiten einen innerhalb des Periodenergebnisses auszuweisenden Ertrag erfassen mussten, obgleich sich der Nominalbetrag der Schuld und der Zinszahlungen nicht veränderte.

125.   Wie sind Verbindlichkeiten nach HGB zu bewerten?

Verbindlichkeiten sind nach HGB grundsätzlich zum Erfüllungsbetrag zu bewerten (§ 253 Abs. 1 Satz 2 HGB). Die HGB-Orientierung am Gläubigerschutz verbietet die direkte

Abzinsung von Verbindlichkeiten und ist somit auch nach BilMoG unzulässig. In § 253 Abs. 2 HGB wird eine Abzinsung nur für Rückstellungen vorgeschrieben.

Wird eine Verbindlichkeit, z. B. eine Anleihe unter pari begeben, entsteht ein Disagio in der Form von vorausbezahltem Zinsaufwand. Nach HGB ist es möglich, dieses Disagio als aktiven Rechnungsabgrenzungsposten in der Bilanz auszuweisen oder im Anhang anzugeben (§ 268 Abs. 6 HGB) und entsprechend der Laufzeit in den Folgejahren planmäßig aufzulösen (§ 250 Abs. 3 HGB) oder im Jahr des Zugangs erfolgswirksam zu verrechnen. Bei der Abschreibung über die Laufzeit erfolgt nach HGB eine periodengerechte Erfolgsermittlung.

Auch andere Verteilungen als eine planmäßige Abschreibung sind möglich, falls sie den GoB entsprechen. Wird das Disagio nach der Effektivzinsmethode aufgelöst, so entsteht ein Barwertansatz, der mit dem nach IFRS übereinstimmt. Entsprechend kann ein Agio als passive Rechnungsabgrenzung passiviert und über die Laufzeit erfolgswirksam zugeschrieben werden.

126. Wie sind Fremdwährungsverbindlichkeiten nach IFRS zu bewerten?

IAS 21 unterscheidet dabei zwischen monetären und nicht monetären Posten. Monetäre Posten sind im Besitz befindliche Währungseinheiten sowie Vermögenswerte und Schulden, für die das Unternehmen eine feste oder bestimmbare Anzahl von Währungseinheiten erhält oder bezahlen muss (IAS 21.8). Nicht monetäre Posten sind z. B. Gegenstände des Sachanlagevermögens, die zu historischen Anschaffungs- oder Herstellungskosten nach IAS 21.23(b) zu bewerten sind.

Die Umrechnung erfolgt mit dem Wechselkurs, der zum Zeitpunkt des Geschäftsvorfalls angewendet wird. Beim erstmaligen Ansatz einer monetären Schuld ist dies der Devisenkassakurs (IAS 21.21). In der Praxis kommt zumeist der Durchschnittskurs aus Geld- und Briefkursen zum Ansatz.

Bei der Folgebewertung für eine zum Bilanzstichtag noch bestehende Währungsverbindlichkeit sind zumeist Wechselkursveränderungen eingetreten.

Nach IAS 21.28 sind Umrechnungsdifferenzen für monetäre Posten, die noch nicht realisiert wurden, im Gewinn oder Verlust (GuV) zu erfassen (Ausnahmen siehe unter IAS 21.32).

127. Wie sind Fremdwährungsverbindlichkeiten nach HGB zu bewerten?

Nach HGB sind langfristige Verbindlichkeiten imparitätisch zu behandeln. Werterhöhungen zum Bilanzstichtag müssen erfolgswirksam erfasst werden. Wertminderungen dürfen als nicht realisierter Ertrag nicht gebucht werden (§ 252 Abs. 1 Nr. 4 HGB). Bei Fremdwährungsverbindlichkeiten mit einer Restlaufzeit von einem Jahr oder weniger gilt dieses Imparitätsprinzip nicht. Nicht realisierte Gewinne oder Verluste sind generell erfolgswirksam zu verbuchen (§ 256a Satz 2 HGB). Fremdwährungspositionen sind dabei mit dem Devisenkassamittelkurs zum Bilanzstichtag umzurechnen (§ 256a Satz 1 HGB).

3 Gewinn oder Verlust und sonstiges Ergebnis (Gesamtergebnisrechnung)

128. **Erläutern Sie, warum nach IFRS eine Gesamtergebnisrechnung aufzustellen ist.**

Nach IAS 1.10(b) besteht ein vollständiger Abschluss u.a. aus einer Darstellung von Gewinn oder Verlust (Periodenergebnis) und sonstigem Ergebnis der Periode, das auch die Bezeichnung Gesamtergebnisrechnung tragen kann (IAS 1.10 Satz 3). Aufwendungen und Erlöse können hierbei wie nach HGB »erfolgswirksam« in der Gewinn- und Verlustrechnung (GuV) erfasst werden. Zusätzlich sind nach IFRS im Vergleich zum HGB Aufwendungen und Erträge »erfolgsneutral« außerhalb der GuV im »sonstigen Ergebnis« zu erfassen. Buchungstechnisch geschieht dies über eine Rücklagenbuchung unter »Mitbuchen« des Ausweises im sonstigen Ergebnis.

129. **Stellen Sie die formellen Möglichkeiten zur Aufstellung der Gesamtergebnisrechnung nach IFRS dar.**

IAS 1.81A erlaubt zwei Formen der Darstellung einer Gesamtergebnisrechnung:

(1) Eine einzige Gesamtergebnisrechnung: Alle erfolgswirksamen und erfolgsneutralen Aufwendungen und Erträge werden in einem Rechenwerk zusammengefasst, wobei der Gewinn oder der Verlust aus den erfolgswirksamen Bestandteilen einen Zwischensaldo bildet.

(2) Eine zweigeteilte Gesamtergebnisrechnung: Die GuV-Rechnung sammelt die erfolgswirksamen Aufwendungen und Erträge als erstes Teilrechenwerk. Sie wird durch das zweite Teilrechenwerk ergänzt, das die »erfolgsneutralen« Aufwendungen und Erträge, die nicht in der GuV-Rechnung dargestellt werden können, beinhaltet. Der Gewinn oder Verlust wird ergänzt um das sonstige Ergebnis und anschließend zum Gesamtergebnis übergeleitet.

Die Darstellung der Bestandteile des sonstigen Ergebnisses kann vor oder nach Steuern erfolgen (IAS 1.91). In beiden Fällen müssen die Ergebnisveränderungen aufgeführt werden, die aus den Beziehungen zu den Gesellschaftern stammen.

130. **Nennen Sie Beispiele für Geschäftsfälle, die nach IFRS erfolgsneutral im sonstigen Ergebnis dargestellt werden müssen.**

Folgende Geschäftsfälle sind im sonstigen Ergebnis zu erfassen (vor oder nach Steuern):

- bestimmte Währungsumrechnungsdifferenzen (IAS 21.28/30/32)
- Bewertungsergebnisse aus dem effektiven Teil eines Cashflow-Hedges (IAS 39.95(a))
- Bewertungsergebnisse aus AfS-Vermögenswerten (IAS 39.55(b))
- Gewinne/Verluste aus Neubewertung von Sachanlagen und immateriellen Vermögenswerten nach IAS 16.31 und IAS 38.75
- versicherungsmathematische Gewinne und Verluste aus leistungsorientierten Versorgungsplänen nach IAS 19.120(c).

Nach IAS 1.82A ist das sonstige Ergebnis in zwei Unterabschnitte zu gliedern:

- Erträge und Aufwendungen (Rücklagen), die zu keinem späteren Zeitpunkt über Gewinn oder Verlust (Periodenergebnis) reklassifiziert (»aufgelöst«) werden, und
- Erträge und Aufwendungen (Rücklagen), die unter bestimmten Voraussetzungen über Gewinn oder Verlust (Periodenergebnis) reklassifiziert (»aufgelöst«) werden.

Bei der Darstellung vor Steuern sind zusätzlich im sonstigen Ergebnis zu erfassende latente Steuern nach IAS 12.61Aa) zu erwähnen.

131.   Nennen Sie Beispiele für Geschäftsfälle, die nach IFRS außerhalb der Gesamtergebnisrechnung, d.h. »gesamtergebnisneutral« direkt im Eigenkapital zu buchen sind.
Folgende Geschäftsfälle dürfen nicht in der GuV-Rechnung und nicht im sonstigen Ergebnis erfasst werden, sondern sind direkt mit dem betreffenden Eigenkapitalposten zu verrechnen:

- Effekte aus retrospektiver Korrektur wesentlicher Bilanzierungs- und Bewertungsfehler (IAS 8.42),
- Effekte aus retrospektiver Änderung von Bilanzierungs- und Bewertungsmethoden (IAS 8.22),
- Effekte aus dem Übergang zur IFRS-Rechnungslegung (IFRS 1.11),
- Effekte aus dem Abgang der Neubewertungsrücklage durch Realisierung, anhand von planmäßigen Abschreibungen, Veräußerung oder sonstigen Abgang (z.B. Stilllegung oder Verschrottung) des neu bewerteten Vermögenswerts (IAS 16.41 und IAS 38.87),
- Verrechnung von Eigenkapitalbeschaffungskosten (IAS 32.35),
- im Eigenkapital außerhalb der Gesamtergebnisrechnung zu erfassende latente Steuern (IAS 12.61Ab)).

132.   Welche zwei Gliederungsmöglichkeiten der GUV-Rechnung kennen die IFRS? Erörtern Sie die Vor- und Nachteile beider Verfahren.
Nach IAS 1.99 kann die GuV-Rechnung nach dem
- Gesamtkostenverfahren oder nach
- dem Umsatzkostenverfahren aufgestellt werden.

Die Wahl der Methode hängt von historischen und branchenbezogenen Faktoren sowie von der Art des Unternehmens ab (IAS 1.105). Beide Verfahren unterscheiden sich bei der Ermittlung des Ergebnisses der betrieblichen Tätigkeit und führen zur gleichen Ergebnishöhe.

Das Gesamtkostenverfahren (GKV) (IAS 1.102) weist sämtliche Aufwandsarten und Erträge aus. Hierzu zählen auch die Bestandsveränderungen an fertigen und unfertigen Erzeugnissen sowie andere aktivierte Eigenleistungen und der gesamte Personal- und Materialaufwand.

Beim Umsatzkostenverfahren (UKV) (IAS 1.103) werden nur die Aufwandsarten ausgewiesen, die zu Umsätzen in der Rechnungsperiode geführt haben. Dies sind die Funktionskosten. Kennzeichnend für das UKV sind neben den Herstellungs-, die Vertriebskosten und Verwaltungsaufwendungen.

Das UKV setzt eine funktionierende Kostenstellenrechnung voraus, da z.B. die Personal- und Materialaufwendungen sowie die Bestandsveränderungen auf die Kostenstellenbereiche Herstellung, Vertrieb und Verwaltung aufgeteilt werden müssen. Es ist ein Aufriss der Funktionskosten nach Aufwandsarten aufzustellen. Das GKV wird deswegen in der Praxis oft als die weniger kostenintensive Variante eingestuft.

Das UKV gilt als informativer, da es zusätzliche Auskünfte darüber gewährt, in welchen Kostenstellenbereichen die Kostenarten entstanden sind.

133.   Was verstehen IFRS unter aufgegebenen Geschäftsbereichen?
Ein aufgegebener Geschäftsbereich ist ein Unternehmensbestandteil, der veräußert wurde oder als zur Veräußerung gehalten klassifiziert wird **und** der

- einen gesonderten, wesentlichen Geschäftszweig oder geografischen Geschäftsbereich darstellt,
- innerhalb eines einzelnen einheitlichen Plans verkauft werden soll oder
- ein Tochterunternehmen darstellt, das ausschließlich mit der Absicht einer Weiterveräußerung erworben wurde (IFRS 5.32).

134. Erläutern Sie die wesentlichen Ausweispflichten für aufgegebene Geschäftsbereichen.

In der Bilanz ist ein gesonderter Ausweis einzustellender Geschäftsbereiche vorzunehmen, IFRS 5.38/IAS 1.54(j), insbesondere beim Erwerb von Tochtergesellschaften, die zum Wiederverkauf bestimmt sind (IFRS 5.39).

In der Gesamtergebnisrechnung sind die aufgegebenen Geschäftsbereiche getrennt von den fortzuführenden Geschäften darzustellen (IFRS 5.33). Erstellt das Unternehmen eine getrennte GuV-Rechnung, so sind die aufgegebenen Geschäftsbereiche hierin gesondert aufzuführen (IFRS 5.33A).

In einem Gesamtbetrag muss nach IFRS 5.33
- der Gewinn oder Verlust nach Steuern des aufgegebenen Geschäftsbereichs und
- der Gewinn oder Verlust nach Steuern aus der Bewertung zum beizulegenden Zeitwert abzüglich Veräußerungskosten des aufgegebenen Geschäftsbereichs angegeben werden.

Ferner ist dieser Betrag aufzugliedern in
- Erlöse, Aufwendungen und Gewinn oder Verlust vor Steuern des aufgegebenen Geschäftsbereichs sowie die dazugehörige Ertragsteuerbelastung,
- den Gewinn oder Verlust aus der Bewertung zum beizulegenden Zeitwert abzüglich Veräußerungskosten des aufgegebenen Geschäftsbereichs sowie die dazugehörige Ertragsteuerbelastung.

Die Aufgliederung kann alternativ auch im Anhang vorgenommen werden, IFRS 5.33(b) Satz 2.

135. Welche wesentlichen Unterschiede gibt es nach HGB im Vergleich zu den IFRS bei der Gesamtergebnisrechnung bzw. der Gewinn- und Verlustrechnung?

In der GUV-Rechnung nach HGB sind außerordentliche Erträge und Aufwendungen zusätzlich auszuweisen. Die Summe aus Betriebs- und Finanzergebnis wird im HGB als Ergebnis der gewöhnlichen Geschäftstätigkeit bezeichnet.

Erfolgsneutrale Zuschreibungen, die in einem sonstigen Ergebnis zu erfassen wären gibt es nach HGB nicht. Der Jahresüberschuss der GuV-Rechnung nach Zuführung zu den Gewinnrücklagen entspricht der Eigenkapitalmehrung in der Bilanz ohne nominelle Kapitalveränderungen.

Der auf Minderheiten entfallende Anteil am Jahresüberschuss wird in § 275 HGB nicht aufgeführt, da es sich um eine Gliederung des Einzelabschlusses handelt. Vorschriften zur Gliederung für Konzerne gibt es nach HGB nicht. Gleichwohl sind Abweichungen aufgrund der Eigenart der Konzern-GuV-Rechnung zu berücksichtigen und auszuweisen.

Nach HGB ist ein Ergebnis je Aktie nicht aufzustellen und zu veröffentlichen. Das HGB enthält keine Regelungen zu aufgegebenen Geschäftsbereichen.

4 Sonderthemen der Rechnungslegung nach IFRS

4.1 Latente Steuern

136. Was ist unter latenten Steuern zu verstehen?

Latente Steuern sind fiktive Steuern, die auf der Basis der bilanziellen Wertansätze nach IFRS anzusetzen wären, wenn diese Grundlage für die effektive (tatsächliche) Steuerzahlungen oder Steuererstattungen an oder von die/den Finanzbehörden wären.

137. Welche Arten von Differenzen kann es zwischen IFRS-Abschluss und Steuerbilanz geben?

IAS 12 kennt drei Arten von Differenzen zwischen IFRS-Abschluss (Buchwert eines Vermögenswerts oder einer Schuld nach IFRS) und Steuerbilanzwert (Steuerliche Basis) (IAS 12.5/SIC 21):

- Temporäre oder zeitlich begrenzte Differenzen,
- quasi-temporären oder quasi-zeitlich begrenzten Differenzen,
- permanente oder zeitlich unbegrenzte Differenzen.

Temporäre oder zeitlich begrenzte Differenzen gleichen sich im Zeitablauf aus. Ein Beispiel hierfür sind unterschiedliche Abschreibungen für Sachanlagen nach IFRS und deutschem Steuerrecht.

Bei quasi-temporären oder quasi-zeitlich begrenzten Differenzen wird der Ausgleich durch eine Managemententscheidung, ein neues Ereignis oder spätestens die Unternehmensauflösung erreicht. Diese Art der Differenz kann sich u. U. erst langfristig auflösen.

Permanente oder zeitlich unbegrenzte Differenzen, die sich im Zeitablauf nicht ausgleichen, dürfen nicht mit latenten Steuern belegt werden (Umkehrschluss aus IAS 12.5). Hierbei handelt es sich in erster Linie um steuerfreie (z. B. Aufsichtsratsvergütungen nach § 10 Nr. 4 KStG).

138. Was versteht man unter aktiven latenten Steuern bzw. passiven latenten Steuern?

Ist z. B. der IFRS-Vermögenswertansatz kleiner als die steuerliche Basis, so sind aktive latente Steuern anzusetzen, die darauf hinweisen, dass das Unternehmen in Zukunft mit Steuererstattungen rechnet. Im umgekehrten Fall ist auf Basis des IFRS-Vermögenswertansatzes im Vergleich zur steuerlichen Basis mit höheren Steuerzahlungen zu rechen.

139. In Deutschland geht man derzeit von einem latenten Steuersatz von rund 30 % aus. Wie erklärt sich dieser Steuersatz?

Der körperschaftsteuerliche Gewinn deutscher Kapitalgesellschaften wird mit 15,825 % (einschl. 5,5 % SolZ) besteuert. Hinzu kommt die Gewerbesteuer, die sich aus der Multiplikation der einheitlichen Steuermesszahl (3,5 %) mit dem Hebesatz der jeweiligen Gemeinde ergibt. Bei einem durchschnittlichen Hebesatz von 400 % sind dies 14 %. Insgesamt liegt der durchschnittliche deutsche Ertragsteuersatz bei Kapitalgesellschaften somit bei 29,825 %. Für Rechenbeispiele wird deshalb zur Vereinfachung von rund 30 % ausgegangen.

140. Nennen Sie Beispiele, die zum Ansatz von aktiven und passiven latenten Steuern führen können.

Aktive latente Steuern sind z. B. anzusetzen für folgende Geschäftsfälle:

(1) Steuerliche Aktivierung eines Vermögenswerts beim Leasingnehmer (Finanzierungs-leasing), handelsrechtliche Klassifizierung als Operating-Leasing, Aktivierung beim Leasinggeber.

(2) Drohende Verluste aus Termingeschäften führen zum Ansatz einer Schuld nach IFRS. Bildung von Drohverlustrückstellungen ist steuerlich untersagt.

(3) Höhere lineare Abschreibung von abnutzbaren Anlagegegenständen nach IFRS im Vergleich zum Steuerrecht.

(4) Höhere Bewertung von Pensionsrückstellungen nach IAS 19 im Vergleich zu § 6a EStG.

Passive latente Steuern sind z. B. anzusetzen für folgende Geschäftsfälle:

(1) Aktivierung von Entwicklungskosten im IFRS-Abschluss; in der Steuerbilanz nicht möglich.

(2) Bildung einer Rückstellung für unterlassene Instandhaltung nach Steuerrecht, Verbot nach IAS 37.20.

(3) Bewertung von Wertpapieren oberhalb der Anschaffungskosten zum beizulegenden Zeitwert nach IFRS und zu maximal Anschaffungskosten in der Steuerbilanz.

(4) Geringere Rückstellungsbewertung im IFRS-Abschluss als in der Steuerbilanz.

141.   Wie sind steuerliche Verlustvorträge nach IFRS zu behandeln?

Erwartete zukünftige Steuerentlastungen aus einem Verlustvortrag werden nach IFRS als Vermögenswert interpretiert (IAS 12.34). Auf noch nicht genutzte steuerliche Verlustvor-träge und noch nicht genutzte Steuergutschriften sind unter bestimmten Voraussetzun-gen, die die tatsächliche künftige Nutzung betreffen (IAS 12.36), aktive latente Steuern abzugrenzen. Hierfür besteht eine explizite Angabepflicht im Anhang (IAS 12.82).

Die Vorschriften nach IAS 12.36 konkretisieren die Wahrscheinlichkeit der Nutzung dahingehend, dass

(1) passive Steuerlatenzen bzgl. der gleichen Steuerbehörde und das gleiche Steuersubjekt sich fristgerecht im Hinblick auf die Nutzung des Verlustvortrags/Steuergutschrift umkehren,

(2) zu versteuernde Ergebnisse vor Verfall des Verlustvortrags/Steuergutschrift realisiert werden,

(3) steuerliche Verluste aus identifizierbaren Ursachen resultieren, die wahrscheinlich nicht wieder auftreten werden und

(4) Steuergestaltungsmöglichkeiten die Nutzung des Verlustvortrags oder der Steuergut-schrift erlauben.

142.   Erläutern Sie die grundlegenden Wertansätze für latente Steuern nach IFRS.

Die Bewertung latenter Steuern erfolgt nach der »Liability-Methode«. Nach dieser Methode steht der zutreffende Vermögens- oder Schuldausweis im Vordergrund der Betrachtung. Latente Steuern sind mit Steuersätzen zu bewerten, die bei Realisation künftiger Steuerfor-derungen oder bei Erfüllung der künftigen Steuerschuld zum Abschlussstichtag gültig oder angekündigt sind (IAS 12.47).

Da künftige Steuersätze ungewiss sind, müssen die aktuell gültigen Steuersätze zur Bewertung latenter Steuern herangezogen werden. Nach IAS 12.48 sind künftige Steuer-sätze anzuwenden, sofern eine Steuersatzänderung vom Gesetzgeber verabschiedet und damit bekannt wurde.

Nach IAS 12.49 sind der Berechnung durchschnittliche Steuersätze zugrunde zu legen. Dies trifft in Deutschland z. B. auf die Gewerbesteuer zu, bei der die einzelnen Gemeinden unterschiedliche Hebesätze verlangen. Bei gespaltenen Steuersätzen für Thesaurierung und Ausschüttung ist mit dem Thesaurierungssatz zu bewerten (IAS 12.52A).

Der Buchwert aktiver latenter Steuern ist zu jedem Bilanzstichtag auf Werthaltigkeit zu überprüfen (IAS 12.56). Reicht das zu versteuernde Ergebnis im Folgejahr nicht aus, um latente Steuerforderungen zu nutzen, so ist die aktive latente Steuer ganz oder teilweise aufzulösen. In Abhängigkeit von der Bildung geschieht dies erfolgswirksam oder erfolgsneutral oder gesamtergebnisneutral.

Nach IAS 12.37 muss ein Unternehmen zu jedem Bilanzstichtag bisher nicht bilanzierte aktive latente Steuern erneut beurteilen. Entfallen z. B. in Folgeperioden die Gründe für eine Minderung aktiver latenter Steuern, so gilt ein Wertaufholungsgebot. Dies gilt auch für aktive latente Steuern aus Verlustvorträgen. Aus Wirtschaftlichkeitsüberlegungen heraus besteht für latente Steuern ein Abzinsungsverbot (IAS 12.53).

143. Wie sind latente Steuern nach IFRS zu buchen? Geben Sie Beispiele an.

Latente Steuern sind sachverhaltsabhängig entweder im Gewinn oder Verlust (GuV) (IAS 12.58–60) oder außerhalb des Gewinns oder Verlusts (GuV) (IAS 12.61A-65A) zu buchen.

Beispiel für erfolgswirksame Verbuchung:

Bewertung von Trading-Wertpapieren oberhalb der Anschaffungskosten, die nach deutschem Steuerrecht nicht möglich ist.

Beispiel für erfolgsneutrale Verbuchung im sonstigen Ergebnis:

Neubewertung von Sachanlagen oberhalb der Anschaffungskosten.

Beispiel für direkte Verbuchung im Eigenkapital:

Auflösung der Neubewertungsrücklage gegen Gewinnrücklagen bei Sachanlagen.

144. Erläutern Sie den Bilanzausweis von latenten Steuern nach IFRS.

Der Ausweis aktiver und passiver latenter Steuern in der Bilanz erfolgt nach IAS 1.54(o) getrennt von anderen Vermögenswerten und Schulden.

Wenn das Unternehmen lang- und kurzfristige Vermögenswerte bzw. lang- und kurzfristige Schulden in der Bilanz getrennt ausweist, sind latente Steueransprüche (-schulden) als langfristige Vermögenswerte (Schulden) auszuweisen (Umkehrschluss aus IAS 1.56).

Nach IAS 12.74 besteht grundsätzlich ein Saldierungsverbot zwischen aktiven und passiven latenten Steuern, das nur in seltenen Fällen zur Saldierungspflicht mutiert (Grundsatz der Einzeldifferenzenbetrachtung).

145. Welche wesentlichen Unterschiede bei der Bilanzierung von latenten Steuern gibt es nach HGB im Vergleich zu den IFRS?

Die Bilanzierung folgt seit BilMoG ebenfalls dem bilanzorientierten »Temporary-Ansatz«. Es berücksichtigt temporäre und quasi-temporäre Unterschiede zwischen steuerlichen Wertansätzen und handelsrechtlichen Wertansätzen der Vermögensgegenstände, Schulden und Rechnungsabgrenzungsposten (§§ 274, 306 HGB).

Differenzen, die bei der Entstehung erfolgsneutral oder gesamtergebnisneutral nach IFRS sind, unterliegen nicht der Bilanzierung latenter Steuern.

Im Gegensatz zu IFRS besteht für aktive latente Steuern im Einzelabschluss ein Ansatzwahlrecht (§ 274 Abs. 1 Satz 2 HGB) im Anschluss an die Rechnungsabgrenzungsposten (§ 266 Abs. 2 HGB). Werden aktive latente Steuern gebildet, ist eine Ausschüttungssperre durch Rücklagenbildung vorgesehen (§ 268 Abs. 8 Satz 2 HGB, § 301 Satz 1 AktG). Im Konzernabschluss sind aktive latente Steuern anzusetzen (§ 306 Satz 1 HGB).

Passive latente Steuern sind im Einzelabschluss anzusetzen und gesondert unterhalb der Rechnungsabgrenzungsposten auszuweisen (§ 274 Abs. 1 Satz 1 i.V.m. § 266 Abs. 3 HGB). Passive latente Steuern sind im Konzernabschluss anzusetzen (§ 306 Satz 1 HGB).

Seit BilMoG sind steuerliche Verlustvorträge bei der Berechnung aktiver latenter Steuern in Höhe der innerhalb der nächsten fünf Jahre zu erwartenden Verlustverrechnung zu berücksichtigen (§ 274 Abs. 1 Satz 4 HGB). Die sich aus latenten Steuern ergebende Steuerbe- und Steuerentlastung können auch unverrechnet angesetzt werden (Wahlrecht im Gegensatz zum Saldierungsverbot nach IFRS) (§ 274 Abs. 1 Satz 3 HGB).

4.2   Leasing

146.   Was verstehen IFRS unter Finanzierungs- und Operating-Leasing?

Ein Finanzierungsleasing ist nach IFRS als solches zu klassifizieren, wenn im Wesentlichen alle Risiken und Chancen, die mit dem Eigentum verbunden sind, auf den Leasingnehmer übertragen werden (IAS 17.8). Der Leasingnehmer wird wirtschaftlicher Eigentümer durch eine »Kauf-Finanzierung«.

Der Kaufpreis des Leasinggegenstandes ist nicht sofort, sondern in Raten unter Berücksichtigung von Zinszahlungen zu entrichten. Der Leasingnehmer erwirbt den wirtschaftlichen Nutzen aus dem Gebrauch des Leasinggegenstandes für den überwiegenden Teil der wirtschaftlichen Nutzungsdauer und verpflichtet sich, für dieses Recht, bestimmte Leasingraten zu bezahlen, die dem beizulegenden Zeitwert des Vermögenswerts und den Finanzierungskosten annähernd entsprechen. Es ist dabei völlig unerheblich, ob das rechtliche Eigentum tatsächlich übertragen wird.

Ein Operating-Leasingverhältnis wird nach IAS 17.8 negativ definiert. Es liegt vor, wenn das Leasingverhältnis nicht als Finanzierungsleasing eingestuft wird. In diesem Fall behält der Leasinggeber das wirtschaftliche Eigentum.

147.   Was ist für die Bilanzierung von Leasingverhältnissen nach IFRS ausschlaggebend?

Für die Bilanzierung entscheidend ist die Zuordnung hinsichtlich des wirtschaftlichen Eigentums am Leasinggegenstand. Als wirtschaftlicher Eigentümer bilanziert der Leasingnehmer den Leasinggegenstand nach IAS 17.20–32. Wohingegen der Leasinggeber beim Operating-Leasingverhältnis als wirtschaftlicher Eigentümer dem Leasinggegenstand aktiviert.

148.   Welche Ansatzvorschriften sind Ihnen für Leasingverhältnisse nach IFRS bekannt?

Beim Finanzierungsleasing aktiviert der Leasingnehmer als wirtschaftlicher Eigentümer den Leasinggegenstand unter den langfristigen Vermögenswerten und passiviert eine langfristige Schuld (IAS 17.20).

Der Leasinggeber verbucht nach IAS 17.36 eine Forderung über die erwarteten Zahlungen aus dem Leasingverhältnis. Als Gegenkonto kommen je nach Ausgestaltung des Vertrages Bankverbindlichkeiten, Anlagevermögen oder Umsatzerlöse in Frage.

Bei Operating-Leasingverhältnissen ist der Leasinggeber rechtlicher und wirtschaftlicher Eigentümer. Das Leasingverhältnis wird wie ein normaler Mietvertrag behandelt. Der Leasinggeber muss den Leasinggegenstand unter den langfristigen Vermögenswerten aktivieren (IAS 17.49). Der Leasingnehmer erfasst die Leasingraten als Aufwand (IAS 17.33).

149.   Welche Erstbewertungsvorschriften sind Ihnen für Finanzierungsleasingverhältnisse nach IFRS bekannt?

Beim Finanzierungsleasing muss der Leasingnehmer bei der Erstbewertung gemäß IAS 17.20 den Vermögenswert und die Verbindlichkeit in gleicher Höhe und zwar mit dem beizulegenden Zeitwert zu Beginn des Leasingverhältnisses oder sofern niedriger mit dem Barwert der Mindestleasingzahlungen bewerten.

Unter den Mindestleasingzahlungen versteht IAS 17.4 sämtliche vom Leasingnehmer während der Laufzeit pflichtgemäß zu leistenden Zahlungen. Dazu gehören auch die von ihm garantierten Beträge einschließlich garantierter Restwerte.

Ist der Barwert der Mindestleasingzahlungen nicht praktikabel zu ermitteln, soll nach IAS 17.20 der Grenzfremdkapitalzinssatz, des Leasingnehmers herangezogen werden.

Nach IAS 17.4 ist der dem Leasingverhältnis zugrunde liegende Zinssatz ein Abzinsungszinssatz, bei dem zu Beginn des Leasingverhältnisses die Barwerte der Mindestleasingzahlungen und des nicht garantierten Restwertes dem beizulegenden Zeitwert des Leasinggegenstandes entsprechen.

Der alternativ heranzuziehende Grenzfremdkapitalzinssatz des Leasingnehmers ist ein Opportunitätszinssatz des Leasingnehmers, den der Leasingnehmer bei einem anderen Dritten für ein vergleichbares Leasingverhältnis zahlen müsste oder, wenn dieser nicht ermittelt werden kann, derjenige Zinssatz, den der Leasingnehmer zu Beginn des Leasingverhältnisses vereinbaren müsste, wenn er für den Kauf des Vermögenswerts Fremdkapital für die gleiche Dauer und mit der gleichen Sicherheit aufnehmen müsste (IAS 17.4).

Beim Finanzierungsleasing ist beim Leasinggeber bei der Erstbewertung die Forderung gegenüber dem Leasingnehmer zu quantifizieren. Gemäß IAS 17.36 ist diese Forderung in Höhe des Nettoinvestitionswerts aus dem Leasingverhältnis zu bilden.

150.   Erläutern Sie die Folgebewertung beim Finanzierungsleasing aus der Sicht des Leasingnehmers nach IFRS.

Für die Folgebewertung ist beim Finanzierungsleasing in der Bilanz des Leasingnehmers der aktivierte Gegenstand abzuschreiben. Die passivierte Verbindlichkeit wird verzinst und ist durch die geleisteten Leasingraten zu tilgen. Abschreibungen und Finanzierungskosten sind jährlich als Aufwand zu buchen. Die Tilgung erfolgt erfolgsneutral durch Reduzierung der Leasingverbindlichkeit.

151.   Erläutern Sie die Folgebewertung bei Operating-Leasingverhältnissen.

Beim Operating-Leasingverhältnis hat der Leasingnehmer die Leasingzahlungen als Aufwand zu buchen. Der Aufwand ist dabei über die Vertragslaufzeit im Grundsatz linear zu verteilen, es sei denn, eine andere systematische Grundlage entspricht eher dem zeitlichen Verlauf des Nutzens für den Leasingnehmer (IAS 17.33, siehe auch SIC-15). Da die Zahlungen von den jährlichen Aufwendungen abweichen können, besteht u. U. Abgrenzungsbedarf.

Der Leasinggeber hat in den Folgeperioden den Leasinggegenstand abzuschreiben und die Leasingzahlungen als Ertrag zu erfassen. Die Ertragsverteilung hat ebenfalls in der Regel linear über die Laufzeit zu erfolgen.

152.   Was versteht man unter Sale-and–lease-back?

Sale-and-leaseback-Transaktionen kombinieren einen Kaufvertrag über den Wechsel des rechtlichen Eigentums am Vermögenswert und einen Leasingvertrag über den gleichen Vermögenswert, durch den der ursprüngliche rechtliche Eigentümer zum Leasingnehmer wird, der das Nutzungsrecht behält. Der neue rechtliche Eigentümer wird Leasinggeber.

Hierbei handelt es sich nach IAS 17.58 ff. um den Verkauf eines Gegenstandes durch den Hersteller an den Käufer, der diesen wiederum an den Verkäufer zurückvermietet. Hierbei sind die aufgelösten stillen Reserven beim Verkauf nach IFRS im Gegensatz zur »steuerlichen HGB-Lösung« nicht sofort zu realisieren, sondern als passivischer Rechnungsabgrenzungsposten anzusetzen und erfolgswirksam über die Laufzeit des Leasingvertrages aufzulösen.

4.3   Anteilsbasierte Vergütung nach IFRS 2

153.   Welche zwei wesentlichen Arten der anteilsbasierten Vergütung kennen IFRS 2?
(1) Vergütung durch Gewährung von Eigenkapitalinstrumenten. Typisch für diese echten Eigenkapitalinstrumente sind Belegschaftsanteile und Optionen auf Anteile.
(2) Vergütung durch Barausgleich, dessen Höhe sich am Wert der Eigenkapitalinstrumente orientiert. Typisch für diese virtuellen Eigenkapitalinstrumente sind virtuelle Unternehmensanteile oder virtuelle Aktienoptionen (share appreciation rights = SARS).

4.4   Bilanzierung von Sicherungsbeziehungen nach IAS 39

154.   Nennen Sie die zwei Grundformen der Bilanzierung von Sicherungsbeziehungen nach IAS 39 und nennen Sie jeweils ein Beispiel.
Beim Fair value-Hedge handelt es sich um eine Absicherung gegen Marktpreisschwankungen von bilanzierten Finanzinstrumenten mit dem Ziel der Sicherung des Marktwerts der gesamten Position zu Beginn des Absicherungszeitraums.
Beispiel: Absicherung eines festverzinslichen Darlehens gegen Veränderungen des beizulegenden Zeitwerts aufgrund von Marktzinsschwankungen.
Ein Cashflow-Hedge besteht in der Absicherung von Grundgeschäften gegen Schwankungen zukünftiger Zahlungsmittelströme, die mit einem Vermögenswert, einer Schuld oder einer vorgesehenen Transaktion verbunden sind und keine Auswirkungen auf das Ergebnis haben können.
Beispiel: Absicherung eines variabel verzinslichen Darlehens gegen Zinsänderungsrisiken.

5   Besonderheiten der Konzernrechnungslegung nach IFRS

155.   Welche Konsolidierungsverfahren nach Art der einzubeziehenden Unternehmen kennen Sie nach IFRS und HGB?
Beteiligungen eines Mutterunternehmens im Konzern lassen sich einteilen in Konzernunternehmen (IFRS)/verbundene Unternehmen (HGB), Gemeinschaftsunternehmen, assoziierte Unternehmen und sonstige Unternehmen.
Beherrscht ein Mutterunternehmen das Tochterunternehmen voll (i. d. R. bei Kapitalbeteiligungen von mehr als 50 %), so werden alle Aktiva und Passiva sowie Aufwendungen und Erträgen im Konzernabschluss »vollkonsolidiert«. Dies sind Konzernunternehmen nach IFRS bzw. verbundene Unternehmen nach HGB (IFRS 3.10–31/§ 290 HGB).
Weiterhin gehören zum Konsolidierungskreis die Gemeinschaftsunternehmen und die assoziierten Unternehmen.

Gemeinschaftsunternehmen oder »joint ventures« werden gemeinschaftlich mit mindestens einem anderen Unternehmen geführt (IFRS 11.4/§ 310 Abs. 1 HGB).

Bei assoziierten Unternehmen wird ein maßgeblicher Einfluss des Mutterunternehmens vermutet, der sich in einem Stimmrechtsanteil von mindestens 20 % ausdrückt (IAS 28.3/5/§ 311 Abs. 1 HGB).

Nach IFRS sind Gemeinschaftsunternehmen und assoziierte Unternehmen im Konzernabschluss mittels der Equity-Methode zu bewerten (IFRS 11.24/IAS 28.16/17–19).

Im HGB besteht bei Gemeinschaftsunternehmen unter bestimmten Voraussetzungen ein Wahlrecht zur Einbeziehung mittels der Quotenkonsolidierung oder der Equity-Methode (§ 310 HGB). Assoziierte Unternehmen sind in den Konzernabschluss nach der Equity-Methode einzubeziehen (§ 312 Abs. 1 HGB).

Sonstige Beteiligungen von i.d.R. unter 20 % Kapital- oder Stimmrechtsanteil werden nach IFRS und HGB nicht konsolidiert, sondern zu Anschaffungskosten angesetzt.

156. **Stellen Sie die einzelnen Prozessschritte zur Aufstellung eines Konzernabschlusses nach IFRS dar.**

Die Aufstellung des Konzernabschlusses nach IFRS lässt sich wie folgt zusammenfassen:
(1) Prüfung der Aufstellungspflicht eines Konzernabschlusses (IFRS 10.4)
(2) Festlegung des Konsolidierungskreises (IFRS 10.A)
(3) Vereinheitlichung von Bilanzstichtag, Bilanzansatz und Bilanzbewertung im Konzern (IFRS 10.B92/10.19/10.B87)
(4) Währungsumrechnung (IAS 21)
(5) Erstellung eines Summenabschlusses durch horizontale Addition der Einzelabschlüsse nach Umbewertung und Währungsumrechnung, IFRS 10.B86(a)
(6) Durchführung der Konsolidierungsmaßnahmen, IFRS 10.B86((b)/(c))
(7) Erstellung des Konzernabschlusses (Verrechnung des Summenabschlusses mit den Konsolidierungsbuchungen)

157. **Was verstehen die IFRS unter der funktionalen Währung?**

Die funktionale Währung ist die Währung des primären Wirtschaftsumfelds, in dem das Unternehmen tätig ist (IAS 21.8). IAS 21 unterscheidet primäre und sekundäre Indikatoren zur Bestimmung der funktionalen Währung. Bei den im Regelfall ausschlaggebenden primären Faktoren des IAS 21.9 ist die funktionale Währung die Währung, mit denen das Unternehmen hauptsächlich die Verkaufspreise für Güter und Dienstleistungen sowie die Faktorpreise für Arbeit, Material und andere Dienstleistungen bestimmt. IAS 21.10/11 nennen sekundäre Indikatoren, die eher ergänzenden Charakter haben, wie z.B. Währung in der die Zahlungsmittel vorwiegend zufließen oder ein hoher Selbstständigkeitsgrad des agierenden Unternehmens. In der Praxis ist somit die funktionale Währung die Währung, in der vorrangig fakturiert wird und in der Zahlungen erfolgen oder eingehen. Die Währungsumrechnung erfolgt nach der Zeitbezugsmethode.

158. **Kennt das HGB eine funktionale Währung? Bitte erläutern.**

Durch BilMoG wurde anhand § 308a HGB erstmals eine Konzernvorschrift für die Umrechnung von auf fremden Währungen lautender Abschlüsse in das HGB eingefügt. Das Konzept der funktionalen Währung aus IFRS wurde dabei nicht übernommen.

Die Aktiv- und Passivposten einer auf fremde Währung lautenden Bilanz sind, mit Ausnahme des Eigenkapitals, das zum historischen Kurs in Euro umzurechnen ist, zum Devisenkassamittelkurs am Abschlussstichtag in Euro umzurechnen. Die Posten der Gewinn- und Verlustrechnung sind zum Durchschnittskurs in Euro anzusetzen. Eine sich ergebende

Umrechnungsdifferenz ist innerhalb des Konzerneigenkapitals nach den Rücklagen unter dem Posten »Eigenkapitaldifferenz aus Währungsumrechnung« auszuweisen. Bei teilweisem oder vollständigem Ausscheiden des Tochterunternehmens ist der Posten in entsprechender Höhe erfolgswirksam aufzulösen (§ 308a HGB). Währungsumrechnungsdifferenzen sind erfolgswirksam zu verbuchen.

159. Welche Konsolidierungsverfahren kennen IFRS?

IFRS 3 sieht bei Konzernunternehmen ausschließlich die Neubewertungsmethode im Rahmen der Erwerbsmethode vor. Die alternative Buchwertmethode kann seit IFRS 3 (2004) nicht mehr verwendet werden. Der wesentliche Unterschied beider Methoden besteht darin, dass die Neubewertungsmethode auf den Umbewertungen der Tochtergesellschaft durch die Muttergesellschaft aufsetzt (HB II-Bewertung). Bei der Buchwertmethode wird auf den Wertansätzen der Tochtergesellschaften aufgesetzt (HB I) und anschließend umbewertet. Beim Vorliegen nicht beherrschender Anteile führt die Buchwertmethode nur zur beteiligungsproportionalen Aufdeckung stiller Reserven und Lasten des Tochterunternehmens. Bei 100 % Anteilen des Mutterunternehmens unterscheiden sich beide Methoden nicht.

160. Welches Konsolidierungswahlrecht kennen IFRS bei Vorliegen von nicht beherrschenden Anteilen?

Liegt der Kapitalanteil der Muttergesellschaft unterhalb von 100 % so sind nicht beherrschende Anteile in der Konzernbilanzierung zu berücksichtigen. Nach IAS 1.54(q) sind diese Beträge innerhalb des Eigenkapitals gesondert aufzuführen.

Der Bewertungsgrundsatz IFRS 3.19 gewährt für jeden einzelnen Unternehmenszusammenschluss das Wahlrecht die nicht beherrschenden Anteile entweder zum beizulegenden Zeitwert oder zu dem den nicht beherrschenden Anteilen zustehenden Anteil am identifizierbaren Nettovermögen nach Maßgabe der IFRS 3.10–31 (so genannte Neubewertungsmethode) zu bewerten. Im ersten Fall enthält der Minderheitenanteil auch den anteiligen auf die nicht beherrschenden Anteile entfallenden Anteil am Geschäfts- oder Firmenwert (Full-Goodwill-Methode).

Für die Bewertung der nicht beherrschenden Anteile räumt IFRS 3.32 ein Wahlrecht ein. Er kann mit oder ohne Geschäfts- oder Firmenwert ausgewiesen werden.

161. Kennt das HGB eine den IFRS vergleichbare Full-Goodwill-Methode bei der Erfassung von Minderheiten? Bitte erläutern.

Seit BilMoG ist bei der Kapitalkonsolidierung nur noch die Neubewertungsmethode zulässig (§ 301 Abs. 1 Satz 1 und 2 HGB). Wie nach IFRS sind im Eigenkapital Anteile anderer Gesellschafter gemäß § 307 Abs. 1 Satz 1 HGB gesondert auszuweisen. Ein anteiliger Geschäfts- oder Firmenwert ist hierbei nicht zu berücksichtigen.

162. Erläutern Sie die Besonderheiten der Quotenkonsolidierung. Kommentieren Sie die Anwendung nach IFRS und HGB.

Bei der Quotenkonsolidierung bilanziert jedes Partnerunternehmen in seiner Konzernbilanz anteilig die Posten des Gemeinschaftsunternehmens. Bei der Bewertung ist die Neubewertungsmethode anzuwenden, sodass die stillen Reserven und Lasten insgesamt in den Partnerunternehmen voll aufgedeckt werden.

Ein gesonderter Ausweis von nicht beherrschenden Anteilen entfällt, da die Abschlusspositionen schon anteilmäßig im Gemeinschaftsunternehmen angesetzt werden.

Mit Wirkung ab 2013 ist die Quotenkonsolidierung nach IFRS nicht mehr gestattet.

Nach § 310 HGB gibt es ein Wahlrecht zwischen der Quotenkonsolidierung und der Equity-Methode. Bei der Quotenkonsolidierung ist die Neubewertungsmethode anzuwenden.

163.   Erläutern Sie die Besonderheiten der Equity-Bilanzierung nach IFRS. Gibt es wesentliche Unterschiede zum HGB?

IAS 28 regelt die Bilanzierung assoziierter Unternehmen. IAS 28.3 definiert ein assoziiertes Unternehmen als ein Unternehmen, bei dem der Eigentümer einen maßgeblichen Einfluss hat, ohne ein Tochterunternehmen oder ein Gemeinschaftsunternehmen zu sein. IAS 28.5 sieht diesen maßgeblichen Einfluss bei einem Stimmrechtsanteil von mindestens 20 % als gegeben an.

Die Anteile an assoziierten Unternehmen sind im Konzernabschluss nach der Equity-Methode zu bewerten (IFRS 11.24/IAS 28.16/17–19). Bei der Equity-Methode werden anders als bei der Vollkonsolidierung oder der Quotenkonsolidierung keine Vermögenswerte und Schulden bzw. Aufwendungen oder Erträge des at equity bewerteten Unternehmens in den Konzernabschluss übernommen. Stattdessen wird der Beteiligungsbuchwert entsprechend der wirtschaftlichen Entwicklung des Beteiligungsunternehmens fortgeschrieben. In der Folgekonsolidierung werden die Anteile an assoziierten Unternehmen weiterentwickelt. Gewinne und Verluste erhöhen oder verringern den Wert der Anteile. Die Abschreibungen auf stille Reserven verringern ihn ebenfalls. Dividendenzahlungen verringern das Eigenkapital und somit den Wert der Beteiligung (IAS 28.10–15).

Im deutschen Handelsrecht ist bei assoziierten Unternehmen ebenfalls die Equity-Methode anzuwenden. § 312 Abs. 1 HGB sieht hierfür die Buchwertmethode vor. Diese Methode entspricht der Equity-Methode nach IFRS.

6   Weitere Abschlussbestandteile der Rechnungslegung und Zwischenberichterstattung nach IFRS

6.1   Eigenkapitalveränderungsrechnung

164.   Welche Angaben verlangen die IFRS in einer Eigenkapitalveränderungsrechnung?

IAS 1.106 verlangt für eine Eigenkapitalveränderungsrechnung folgende Informationen:

- Gesamtergebnis, getrennt nach Anteilen der Eigentümer und nicht beherrschenden Anteilen,
- Auswirkungen von Änderungen der Bilanzierungs- und Bewertungsmethoden und Berichtigung wesentlicher Fehler (getrennt nach jeder Eigenkapitalkategorie),
- Überleitungsrechnung der Buchwerte jeder Kategorie des Eigenkapitals zu Beginn und am Ende der Berichtsperiode, die zumindest den Gewinn oder Verlust, das sonstige Ergebnis und die Kapitaltransaktionen mit Anteilseignern und Ausschüttungen an Anteilseigner gesondert angibt.

165.   Nach welchen rechtlichen Normen müssen deutsche Konzerne eine Eigenkapitalveränderungsrechnung bzw. einen Eigenkapitalspiegel aufstellen?

Ein Eigenkapitalspiegel zählt zum eigenständigen Pflichtbestandteil eines Konzernabschlusses (§ 297 Abs. 1 Satz 1 HGB).

Da das HGB keine inhaltlichen Vorschriften für die Aufstellung eines Eigenkapitalspiegels enthält, hat der DSR mit **DRS 7** einen Standard zur Darstellung u.a. des Konzerneigenkapitals veröffentlicht, das von nicht kapitalmarktorientierten Konzernen und gemäß § 264 Abs. 1 Satz 2 HGB für die Einzelabschlüsse kapitalmarktorientierter Kapitalgesellschaften (& Co) anzuwenden ist.

Kapitalmarktorientierte Konzerne müssen die IFRS anwenden, sodass für diesen Unternehmenskreis die Eigenkapitalveränderungsrechnung nach IFRS aufzustellen ist.

Kapitalmarktorientierte Kapitalgesellschaften (& Co), die nicht zur Aufstellung eines Konzernabschlusses verpflichtet sind, müssen u.a. auch einen Eigenkapitalspiegel aufstellen (§ 264 Abs. 1 Satz 2 HGB).

Personengesellschaften und Einzelkaufleute müssen weder im Einzel- noch im Konzernabschluss einen Eigenkapitalspiegel aufstellen (§ 13 Abs. 3 Satz 2 PublG).

6.2   Kapitalflussrechnung

166.   Beschreiben Sie das Grundschema einer Kapitalflussrechnung nach IAS 7 und DRS 2.7.

In Anlehnung an IAS 7.10/11 sieht DRS 2.7 vor, dass die Zahlungsströme entsprechend der wirtschaftlichen Tätigkeit (»Aktivitäten«) des Unternehmens einem der drei Bereiche

- laufende Geschäftstätigkeit (betriebliche Tätigkeit),
- Investitionstätigkeit oder
- Finanzierungstätigkeit zuzuordnen sind.

167.   Was versteht man unter der direkten und indirekten Methode der Erstellung einer Kapitalflussrechnung?

Bei der direkten Methode ist jeder Geschäftsvorfall daraufhin zu überprüfen, ob ein Zahlungsvorgang vorliegt oder nicht. Dies geschieht beim Customizing der Sach- und Erfolgskonten der Finanzbuchhaltungssoftware. Die Zahlungsströme werden somit unmittelbar erfasst. Diese Darstellungsmethode ist nur aus firmeninterner Sicht möglich und nachvollziehbar.

Bei der indirekten Methode wird das Jahresergebnis der GuV-Rechnung um nichtzahlungswirksame Aufwendungen und Erträge korrigiert. Diese Methode ist aus firmenexterner Sicht anzuwenden.

168.   Grenzen Sie die einzelnen Bereiche einer Kapitalflussrechnung ab.

Bei der betrieblichen Tätigkeit handelt es sich um eine an der GuV-Rechnung orientierte Umsatzüberschussrechnung hinsichtlich Produktion, Verkauf und Dienstleistung, in der die liquiditätswirksamen Umsatzerlöse mit den zugehörigen liquiditätswirksamen Aufwendungen saldiert werden. Hier wird zunächst der Cashflow, der die zahlungsunwirksamen Positionen Jahresüberschuss (Gewinn oder Verlust), Zu- und Abschreibungen und langfristige Rückstellungsänderungen darstellt, ausgewiesen und z.B. noch um die Veränderungen der Vorräte, Forderungen und Verbindlichkeiten aus Lieferungen und Leistungen sowie der kurzfristigen Rückstellungen korrigiert.

Der Bereich Investitionstätigkeit ist allein auf Zu- und Abnahmen des Anlagevermögens ausgerichtet und deckt die betriebliche Investitionstätigkeit ab. Liquiditätswirksame Vorgänge im Umlaufvermögen, wie z.B. Lagerauf- und Lagerabbau, werden hier nicht berücksichtigt.

Der Bereich Finanzierungstätigkeit umfasst die Außenfinanzierung durch Eigenkapital und Finanzschulden. Moderne Finanzierungsinstrumente, wie z.B. Leasing und Factoring, sowie Handelskredite werden hier nicht berücksichtigt und erscheinen gegebenenfalls unter »betrieblicher Geschäftstätigkeit«.

6.3 Segmentberichterstattung

169. **Erläutern Sie die Zielsetzung einer Segmentberichterstattung nach IFRS 8.**

Die Zielsetzung der Segmentberichterstattung nach IFRS 8 besteht in der Bereitstellung von Informationen über Teilbereiche (Segmente) des berichtenden Unternehmens. Sie ermöglicht damit einen noch besseren Einblick in die Vermögens-, Finanz- und Ertragslage der berichtenden Einheit.

Der externe Betrachter erfährt dadurch z. B.

- mit welchen Produkten oder Dienstleistungen,
- wie viel Umsatz und Gewinn/Verlust
- in welchen Regionen oder Ländern erzielt werden.

170. **Wie erfolgt die Abgrenzung von Geschäftssegmenten nach IFRS?**

IFRS orientieren sich bei der Segmentabgrenzung am Management-Ansatz, der sich an der internen Unternehmensberichtsstruktur anlehnt (IFRS 8.IN11). Hierbei wird gemäß IFRS 8.5–10 auf das Geschäftssegment (operatives Segment) abgestellt.

Ein Geschäftssegment ist ein Teilbereich eines Unternehmens

- dessen Geschäftstätigkeiten zu Erträgen und Aufwendungen auch segmentintern führen können,
- dessen Betriebsergebnisse regelmäßig von der verantwortlichen Unternehmensinstanz hinsichtlich Allokation von Ressourcen und Ertragskraft überwacht werden,
- für das einschlägige (separate) Finanzinformationen vorliegen.

Es ist zu beachten, dass nicht jeder Teil eines Unternehmens ein Geschäftssegment sein kann. Dies gilt z. B. für Hauptverwaltungen. Auch können Pensionspläne kein Geschäftssegment darstellen (IFRS 8.6).

171. **Erläutern Sie die so genannten 10 %- bzw. 75 %-Schwellenwerte einer Segmentberichterstattung nach IFRS 8.**

Für wesentliche Geschäftssegmente sind nach IFRS 8.13 drei verschiedene 10 %-Schwellenwerte festgelegt, die mindestens in einem Fall überschritten werden müssen:

- Segmentumsätze einschl. Innenumsätze erreichen mindestens 10 % der Gesamtumsätze,
- der absolute Betrag des ausgewiesenen Gewinns oder Verlusts (im Sinne eines operativen Ergebnisses) erreicht mindestens 10 % des höheren absoluten Betrags aus der Summe des Gewinns aller Geschäftssegmente, die keinen Verlust machen, und der Summe des Verlusts aller Geschäftssegmente, die einen Verlust erwirtschaften,
- das Segmentvermögen beträgt mindestens 10 % der gesamten Vermögenswerte aller Geschäftssegmente.

Nach IFRS 8.15 müssen alle berichtspflichtigen Geschäftssegmente zusammen mindestens 75 % der externen Umsatzerlöse des gesamten Unternehmens ausmachen. Wird diese Grenze nicht erreicht sind weitere Geschäftssegmente in die Berichterstattung aufzunehmen, bis die 75 %-Grenze erreicht werden. Dabei sind auch solche Geschäftssegmente aufzuführen, die die Wesentlichkeitskriterien nach IFRS 8.13 nicht erfüllen.

IFRS 8.19 empfiehlt, aus Gründen der Praktikabilität, die Anzahl der Segmente auf zehn zu begrenzen.

172.   Welche Segmentinformationen sind nach IFRS 8 auszuweisen?
Gemäß IFRS 8.21 sind folgende segmentspezifische Informationen auszuweisen:
- Allgemeine Informationen und Erläuterungen zu den Segmentinformationen gemäß IFRS 8.22,
- Informationen über den ausgewiesenen Gewinn oder Verlust, die Vermögenswerte und die Schulden (IFRS 8.23–27, IAS 36.129)
- Überleitungsrechungen von segmentbezogenen Angaben auf die jeweiligen Konzerngrößen (IFRS 8.28).

6.4   Anhang

173.   Welche Aufgaben müssen die Angaben im Anhang nach IAS 1.112 erfüllen?
(1) Informationen über die Grundlagen der Aufstellung des Abschlusses und die spezifischen Rechnungslegungsmethoden, die nach IAS 1.117–124 angewandt worden sind (sog. Erläuterungsfunktion), darlegen;
(2) die nach den IFRS erforderlichen Informationen offenlegen, die nicht in anderen Abschlussbestandteilen ausgewiesen sind (sog. Entlastungsfunktion) und
(3) Informationen liefern, die nicht in anderen Abschlussbestandteilen ausgewiesen werden, für das Verständnis derselben jedoch relevant sind (sog. Ergänzungsfunktion).

174.   Wie ist ein Anhang nach IFRS zu gliedern?
Folgenden Gliederungsvorschlag des Anhangs enthält IAS 1.114:
(1) Erklärung zur Übereinstimmung des Abschlusses mit den IFRS gemäß IAS 1.16,
(2) Zusammenfassung der wesentlich angewandten Rechnungslegungsmethoden nach IAS 1.117,
(3) ergänzende Informationen zu den in der Bilanz, der Gesamtergebnisrechnung, der gesonderten Gewinn- und Verlustrechnung (falls erstellt), der Eigenkapitalveränderungsrechnung und der Kapitalflussrechnung dargestellten Posten in der Reihenfolge, in der jeder Abschlussbestandteil und jeder Posten dargestellt wird; und
(4) andere Angaben einschließlich
- Eventualverbindlichkeiten nach IAS 37 und nicht bilanzierte vertragliche Verpflichtungen und
- nicht finanzielle Angaben, z.B. die Ziele und Methoden des Finanzrisikomanagements des Unternehmens (siehe IFRS 7).

Jeder Posten in der Bilanz, der Gesamtergebnisrechnung, der gesonderten Gewinn- und Verlustrechnung (falls erstellt), der Eigenkapitalveränderungsrechnung und der Kapitalflussrechnung muss mit einem Querverweis auf sämtliche zugehörenden Informationen im Anhang versehen sein (IAS 1.113).

175.   Sind Gehälter von Vorständen oder Aufsichtsrat nach IFRS individualisiert zu veröffentlichen?
Nein. Nach IAS 24.17 hat das Unternehmen z.B. die Vergütungen für Mitglieder des Managements in Schlüsselpositionen insgesamt und für einzelne Kategorien, wie z.B. anteilsbasierte Vergütungen anzugeben. Eine individualisierte Angabe der Vergütung auf Einzelpersonen verlangen die IFRS nicht.

176.   Wie sieht die Regelung zur Veröffentlichung der Managementgehälter nach HGB im Vergleich zu IFRS aus?

Der deutsche Gesetzgeber verlangt seit dem Vorstandsvergütungs-Offenlegungsgesetz vom 16.08.2005 die individualisierte Darlegung der Gehälter von Vorständen börsennotierter Aktiengesellschaften, die durch mehrheitlichen Hauptversammlungsbeschluss (75 %) auf fünf Jahre ausgesetzt werden kann (§§ 285 Satz 1 Nr. 9a, 314 Abs. 1 Nr. 6a, 286 Abs. 5 HGB). Der deutsche Gesetzgeber geht damit über die Anforderungen nach IAS 24.17 hinaus.

6.5   Zwischenberichterstattung

177.   Beschreiben Sie die Pflicht zur Zwischenberichterstattung aus der Sicht berichtspflichtiger deutscher Unternehmen.

Nach IAS 34.1 orientiert sich eine mögliche Pflicht zur Zwischenberichterstattung für Unternehmen am jeweils maßgebenden nationalen Kapitalmarktrecht.

In Deutschland verpflichtet § 37w WpHG alle Unternehmen, die als Inlandsemittenten Aktien oder Schuldtitel im Sinne von § 2 Abs. 1 Satz 1 WpHG begeben, zur Aufstellung eines Halbjahresfinanzberichts. Nach § 37w Abs. 3 WpHG müssen alle zwischenberichtspflichtigen Unternehmen die unterjährige Bilanz und GuV-Rechnung sowie den Anhang nach den Rechnungslegungsvorschriften aufstellen, die im Rahmen der Jahresabschlussberichterstattung angewendet werden. Für kapitalmarktorientierte Konzerne sind dies somit die IFRS gemäß IAS 34.

178.   Erläutern Sie die Mindestbestandteile einer Zwischenberichterstattung nach IFRS.

Der Zwischenbericht muss mindestens in verkürzter Form die Bestandteile eines IFRS-Abschlusses nach IAS 1.10 sowie ausgewählte erläuternde Anhangangaben enthalten, kann aber auch vollständig offen gelegt werden (IAS 34.8/8A).

Der verkürzte Abschluss hat mindestens folgende Bestandteile zu enthalten:

- verkürzte Bilanz,
- verkürzte Darstellung oder verkürzte Darstellungen von Gewinn oder Verlust und sonstigem Ergebnis,
- verkürzte Eigenkapitalveränderungsrechnung,
- verkürzte Kapitalflussrechnung,
- ausgewählte erläuternde Anhangangaben.

Ein ausführliche Darstellung wird nur verlangt, wenn der Zwischenbericht ohne diese Angaben irreführend wäre (IAS 34.10/12).

179.   Welche Vorschriften zur Zwischenberichterstattung nach HGB bzw. deutschem Kapitalmarktrecht kennen Sie?

Das HGB enthält keine Vorschriften zur Zwischenberichterstattung. Die Zwischenberichterstattung ist ausschließlich kapitalmarktrechtlich geregelt. § 37w WpHG schreibt inländischen Emittenten von Aktien und Schuldtiteln im Sinne von § 2 Abs. 7 WpHG eine halbjährliche Zwischenberichtspflicht vor.

Dieser Halbjahresfinanzbericht umfasst gemäß § 37w Abs. 2 WpHG einen verkürzten Abschluss und einen Zwischenlagebericht. Der verkürzte Abschluss besteht mindestens aus einer verkürzten Bilanz, einer verkürzten GuV-Rechnung und einem Anhang (§ 37w Abs. 3 WpHG).

Nach § 37w Abs. 1 WpHG hat das berichtende Unternehmen vor der erstmaligen Berichterstattung den Zeitpunkt sowie die Internetadresse der Veröffentlichung bekannt zu geben. Zeitgleich ist die BaFin über diese Bekanntmachung zu informieren und die Bekanntmachung umgehend an das Unternehmensregister zu übermitteln. Der Halbjahresfinanzbericht ist ebenfalls an das Unternehmensregister zu senden und dort zu speichern.

Der Zwischenbericht ist spätestens zwei Monate nach dem Stichtag zu veröffentlichen (§ 37w Abs. 1 WpHG). Eine Prüfung durch Wirtschaftsprüfer ist nicht vorgesehen.

Der Halbjahresfinanzbericht wird durch die Zwischenmitteilung der Geschäftsführung nach § 37x WpHG ergänzt. Diese hat in einem Zeitraum zwischen zehn Wochen nach Beginn des ersten und sechs Wochen vor Ende des zweiten Geschäftshalbjahres Informationen bereitzustellen, die es ermöglichen, die Entwicklung der Geschäftstätigkeit in den drei Monaten vor Ablauf des Mitteilungszeitraums zu beurteilen.

Halbjahresfinanzbericht und Zwischenmitteilung sind für Unternehmen, deren Wertpapiere im amtlichen Markt notiert sind, die Mindestanforderung. Die Börsenordnung (BO) der Frankfurter Wertpapierbörse sieht diese Publizitätspflichten als ausreichend an für Wertpapiere, die im »normalen« amtlichen Markt (General Standard) notiert sind.

Für Notierungen im »Prime Standard« sind »Zulassungsfolgepflichten« vorgesehen. § 48 BO sieht eine Quartalsberichterstattung vor, die die Zwischenmitteilung nach § 37x Abs. 1 WpHG ersetzt.

Kapitalmarktorientierte Unternehmen müssen somit die Zwischenberichte nach IAS 34 aufstellen. DRS 6 »Zwischenberichterstattung« ist folglich de facto nur auf zwischenberichtspflichtige Unternehmen anzuwenden, deren Wertpapiere im General Standard notieren.

Ad-hoc-Mitteilungen zu wichtigen Unternehmensvorgängen verlangt § 15 Abs. 1 WpHG.

8. Hauptteil:

Steuerrecht (national und international)

Bearbeitet von: Angelika Leuz
                  Norbert Leuz
                  Eberhard Rick

1   Abgabenordnung

1.1   Allgemeines

> **1.**   **Was versteht man unter Steuern?**

Der Begriff der Steuern ist in der Abgabenordnung definiert. Sie sind von den anderen öffentlichen Abgaben, den Gebühren und Beiträgen, abzugrenzen. Eine Steuer ist danach eine Geldleistung, für die man keine besondere Gegenleistung erhält und die immer dann fällig wird, wenn ein bestimmter gesetzlich vorgeschriebener Tatbestand erfüllt ist.

> **2.**   **Die Steuern können nach unterschiedlichen Merkmalen gegliedert werden. Können Sie beschreiben, wie die Steuern eingeteilt werden?**

(1)   Die Steuern können nach dem Steuertatbestand gegliedert werden:
  - Besitzsteuern, die an den Besitz, das Vermögen und deren Erwerb anknüpfen (z. B. die Einkommensteuer, die Körperschaftsteuer, die Grundsteuer, die Gewerbesteuer),
  - Verkehrsteuern knüpfen an Vorgänge des Rechtsverkehrs an (z. B. Grunderwerbsteuer, Erbschaftsteuer, Umsatzsteuer),
  - Verbrauchsteuern knüpfen an den Verbrauch an (z. B. Mineralölsteuer, Tabaksteuer, Bier- und Sektsteuer).

(2)   Sie können auch danach eingeteilt werden, wem der Ertrag aus der Steuer zufließt (Ertragshoheit). Man unterscheidet:
  - Gemeinschaftsteuern, an denen Bund, Länder und Gemeinden je nach Steuerart gemeinschaftlich teilhaben (Einkommensteuer, Körperschaftsteuer, Umsatzsteuer),
  - Bundessteuern, die ausschließlich dem Bund zufließen (Zölle und Verbrauchsteuern außer der Biersteuer),
  - Landessteuern, die den Ländern zufließen (Biersteuer, Verkehrsteuern, Erbschaftsteuer, Kraftfahrzeugsteuer u. a.),
  - Gemeindesteuern, deren Aufkommen den Gemeinden zufließt (Grundsteuer und Gewerbesteuer als typische Gemeindesteuern sowie die örtlichen Aufwands- und Verbrauchsteuern wie z. B. die Vergnügungssteuer).

(3)   Eine weitere mögliche Einteilung erfolgt nach der Auswirkung der Steuer beim Steuerschuldner in direkte und indirekte Steuern. Direkte Steuern nennt man Steuern, die vom Steuerschuldner (demjenigen, der die Steuer dem Staat schuldet) auch wirtschaftlich getragen werden. Können die Steuern auf einen anderen als Steuerträger – meist auf den Endverbraucher versteckt im Endpreis – übergewälzt werden, so spricht

man von indirekten Steuern. Direkte Steuern sind Einkommen- und Körperschaftsteuer, indirekte Steuern vor allem die Umsatzsteuer und die Verbrauchsteuern.

3.   Wie ist die Finanzverwaltung aufgebaut und gegliedert?

Die Finanzverwaltung ist dreistufig aufgebaut. Die unteren, örtlichen Behörden sind die Finanzämter und die Zollämter. Darüber gibt es als Mittelbehörde die Oberfinanzdirektionen. Die Oberbehörden sind die Ministerien (Bundesminister für Finanzen, Landesfinanzministerien).

4.   Welche Rechtsquellen gibt es, aus denen man Rechtsgrundlagen und weitere Kenntnisse über das Steuerrecht erlangen kann?

Erstrangige Rechtsquellen sind die Steuergesetze. Daneben gibt es in sehr vielen Steuerarten Rechtsverordnungen, die man im Steuerrecht als Durchführungsverordnungen bezeichnet. Weitere Erkenntnisquellen sind Richtlinien und Erlasse. Darüber hinaus sind höchstrichterliche Urteile des Bundesfinanzhofs als oberstem Steuergericht für die Auslegung des Steuerrechts von großer Bedeutung.

5.   Welche Bedeutung haben Steuerrichtlinien für den Bürger im Unterschied zu Gesetzen und Verordnungen?

Gesetze und Verordnungen sind für jedermann als staatliche Regelungen verbindlich. Richtlinien und Erlasse sind Anweisungen der obersten Finanzbehörden an die untergeordnete Verwaltung, die die Anwendung der Gesetze für ihre Auslegung behandeln. Von Bedeutung für den Bürger sind sie insofern, als sie eine einheitliche Gesetzesanwendung erreichen sollen. Ihre Kenntnis ist dafür wichtig, wie die Verwaltung die Steuergesetze auslegt und ermöglicht es dem Bürger, im Streitfall untergeordnete Behörden unter Umständen auf diese Anweisungen ihrer Oberbehörden hinzuweisen.

1.2   Verwaltungsverfahren

6.   Welche Pflichten hat der Bürger als Steuerpflichtiger im Verwaltungsverfahren?

Die in der Praxis wichtigste Pflicht ist, an der Ermittlung des Steueranspruchs durch die Abgabe von Steuererklärungen mitzuwirken. Außerdem hat der Steuerpflichtige sämtliche Auskünfte zu erteilen und alle Beweismittel vorzulegen, die die Finanzverwaltung von ihm haben will.

7.   Welche Bedeutung haben hierbei Zwangsmittel und Verspätungszuschläge?

Durch Zwangsmittel sollen die Pflichten, die der Bürger im Verfahren hat, durchgesetzt werden. In erster Linie kommt das Zwangsgeld in Betracht. Dieses muss zuerst angedroht werden; nach erfolglosem Verstreichen einer angemessenen Frist wird es festgesetzt. Daneben ist die Festsetzung von Verspätungszuschlägen vorgesehen, die erfolgt, wenn der Bürger seiner Steuererklärungspflicht nicht pünktlich nachkommt. Er soll damit für die Zukunft an die pünktliche Einhaltung seiner Pflicht erinnert werden.

8.   Welche Rechte sind dem Steuerpflichtigen im Verwaltungsverfahren eingeräumt?

Die verfahrensmäßigen Rechte des Steuerpflichtigen erscheinen in der Abgabenordnung nicht so ausgeprägt wie seine Pflichten. Als wichtigstes Recht muss das rechtliche Gehör

(§ 91 AO) erwähnt werden. Danach muss dem Steuerpflichtigen vor dem Erlass einer für ihn nachteiligen Entscheidung die Möglichkeit zu einer Stellungnahme gegeben werden. Ein weiteres Recht hat der Steuerpflichtige dadurch, dass er sich im Umgang mit der Behörde vertreten lassen darf (§ 80 AO). Diese Vertretung nehmen in aller Regel die Angehörigen der zur Steuerberatung befugten Berufe wahr. Als Recht könnte man daneben auch die Auskunftsverweigerungsrechte nennen, die die bereits genannten Auskunftspflichten in bestimmten Fällen einschränken.

9.   Was bedeutet der Grundsatz der Gesetzmäßigkeit der Besteuerung?

Nach diesem Grundsatz müssen die Steuern gleichmäßig von allen Personen erhoben werden, die den zugrunde liegenden Besteuerungstatbestand erfüllen. Das bedeutet, dass niemand aus nicht im Gesetz vorgesehenen Gründen bevorzugt oder benachteiligt werden darf.

10.   Wie weit geht der Untersuchungsgrundsatz? Wodurch ist er eingeschränkt?

Nach dem Untersuchungsgrundsatz (§ 88 AO) bestimmt weitgehend die Behörde, wie genau sie einen Sachverhalt ermittelt. Besteht kein Grund, an den Angaben des Steuerpflichtigen in der Erklärung zu zweifeln, ist das Finanzamt zu weiteren Ermittlungen oder Rückfragen nicht verpflichtet. In schwierigen oder umfangreichen Fällen reichen die Möglichkeiten der Behörde von einfachen Rückfragen, schriftlichen Auskünften bis hin zur Außenprüfung als wohl eingehendster Möglichkeit der Sachverhaltsermittlung.

11.   Welche Mitwirkungspflichten haben die Bürger bei der Untersuchung des Sachverhalts durch das Finanzamt?

Der Bürger muss bei der Ermittlung des Sachverhalts mitwirken, indem er alle gewünschten Auskünfte gibt und alle angeforderten Unterlagen, Beweismittel und Urkunden vorlegt. Er hat kein Recht, irgendeine Auskunft zu verweigern, die vom Finanzamt gefordert wird. Aber auch dritte Personen (z.B. die Verwandten des Steuerpflichtigen) können vom Finanzamt um Auskunft ersucht werden und müssen diese Auskunft erteilen.

12.   Sind auch Auskunftsersuche an Banken möglich oder schützt hiervor das Bankgeheimnis?

Für den Schutz von Bankkunden gibt es in der Abgabenordnung (§ 30 a AO) einen speziellen Paragraphen, nach dem die Finanzbehörden auf das Vertrauensverhältnis zwischen den Kreditinstituten und deren Kunden besonders Rücksicht zu nehmen haben. Erst bei einem Verdacht auf eine Steuerordnungswidrigkeit oder eine Steuerstraftat ist auch ein Auskunftsersuchen an Kreditinstitute möglich (§ 93 AO), die diese Auskunft dann auch erteilen müssen.

1.3   Außenprüfung

13.   Bei welchen Steuerpflichtigen ist eine Außenprüfung möglich?

Eine Außenprüfung ist möglich bei allen Steuerpflichtigen, die einen gewerblichen oder land- und forstwirtschaftlichen Betrieb unterhalten oder die freiberuflich tätig sind. Dann nennt man die Außenprüfung eine Betriebsprüfung. Daneben ist eine Außenprüfung auch dann möglich, wenn die für die Besteuerung erheblichen Verhältnisse nicht vom Amt aus geklärt werden können.

14. **Können Sie den Ablauf einer Außenprüfung kurz schildern?**

In der Regel erfährt der Steuerpflichtige von der beabsichtigten Außenprüfung durch einen Anruf des Prüfers, mit dem der Termin für die Prüfung abgesprochen wird. Der Umfang der Prüfung, Prüfungsbeginn sowie der Name des Prüfers werden dem Steuerpflichtigen dann vor dem Beginn der Prüfung in einer Prüfungsanordnung formal mitgeteilt.

Für den eigentlichen Prüfungsablauf – das Vorgehen des Prüfers – gibt es keine gesetzlichen Regelungen, da dies sehr stark vom Einzelfall und der Person des Prüfers abhängt. Am Ende der Prüfung wird aber in der Regel eine Schlussbesprechung abgehalten, in der noch offene Fragen sowie strittige Punkte aus den Feststellungen des Prüfers besprochen werden.

15. **Wie wird die Außenprüfung nach der Schlussbesprechung abgeschlossen?**

Nach der Besprechung erstellt der Prüfer einen schriftlichen Prüfungsbericht, der dem Steuerpflichtigen zur Stellungnahme zugeleitet wird.

16. **Gibt es ein Rechtsmittel gegen den Prüfungsbericht?**

Nein. Der Prüfungsbericht kann nicht mit einem Rechtsmittel angefochten werden. Dies ist erst gegen die auf Grund des Prüfungsergebnisses geänderten Steuerbescheide möglich.

17. **Was sind Kontrollmitteilungen? Gibt es dagegen ein Rechtsmittel?**

Kontrollmitteilungen sind ein Mittel der Sachaufklärung des Finanzamtes, die bei einer Außenprüfung angefertigt werden. Es wird vom Prüfer beispielsweise eine Provisionszahlung, die der Steuerpflichtige an einen Dritten geleistet hat, notiert und zu den Akten des Dritten genommen, um zu prüfen, ob diese Provision auch richtig behandelt wurde. Gegen diese Kontrollmitteilungen als Vorgänge innerhalb der Finanzverwaltung gibt es für den Bürger kein Rechtsmittel.

1.4 Festsetzung des Steueranspruchs

18. **Wann entsteht eine Steuer? Wann wird sie fällig?**

Ein Steueranspruch entsteht mit Verwirklichung des Tatbestandes, d.h. sobald ein im Gesetz umschriebener Tatbestand erfüllt ist (z.B. entsteht die Erbschaftsteuer mit Eintritt des Erbfalls). Unter Fälligkeit hingegen versteht man den Zeitpunkt, zu dem ein Anspruch spätestens erfüllt sein muss. Dieser Zeitpunkt wird entweder in einem Gesetz festgelegt oder in einem Bescheid festgesetzt.

19. **Was ist ein Verwaltungsakt?**

Ein Verwaltungsakt ist nach der Definition in § 118 AO eine Maßnahme, mit der eine Behörde nach außen, d.h. dem Bürger gegenüber, tätig wird. Der bekannteste Verwaltungsakt ist der Bescheid (Steuerbescheid).

20. **Welche Arten von Steuerfestsetzungen gibt es und was sind ihre Besonderheiten?**

(1) Der »normale Steuerbescheid« ist ein Steuerbescheid ohne besondere Bestimmungen.

(2) Steuerfestsetzung unter Vorbehalt. Steuern können gem. § 164 AO unter dem Vorbehalt der späteren Nachprüfung festgesetzt werden. Nach zunächst pauschaler Überprüfung der Erklärung mit geringem Arbeitsaufwand wird die Steuer festgesetzt, was eine schnelle Erhebung der Steuer zur Folge hat.

(3) Vorläufige Steuerfestsetzung. Auf diese besondere Festsetzungsart können gem. § 165 AO Fälle festgesetzt werden, bei denen Unklarheiten darüber bestehen, ob ein Besteuerungsmerkmal vorliegt oder nicht.

21.   Wann wird ein Steuerbescheid wirksam?

Ein Steuerbescheid wird mit Bekanntgabe wirksam. Für den Zeitpunkt der Bekanntgabe enthält § 122 Abs. 2 Nr. 1 AO eine Sonderregelung. Ein Steuerbescheid gilt im Inland als am dritten Tage nach Aufgabe zur Post als bekanntgegeben. Der Postaufgabetag entspricht in aller Regel dem Datum, das auf dem Bescheid angegeben ist.

22.   Was versteht man unter einer Stundung?

Ist der Steuerpflichtige bei Fälligkeit der Steuer nicht in der Lage zur Zahlung, so kann er Stundung beantragen. Im Falle der Stundung wird die Fälligkeit für den ganzen Betrag oder einen Teilbetrag um die gestundete Zeit hinausgeschoben.

23.   Ist es nach der AO vorgesehen, dass für Steuerforderungen und Steuererstattungen Zinsen bezahlt werden?

Eine Verzinsung ist bei Steuernachforderungen und -erstattungen erst nach einer Frist von 15 Monaten seit Entstehung der Steuer vorgesehen. Außerdem sind für die Zeit einer gewährten Stundung sowie bei Erstattung von Prozesszinsen gem. § 236 AO und bei der Aussetzung der Vollziehung Zinsen vorgesehen.

24.   Wodurch erlischt ein Steueranspruch?

Der Steueranspruch kann erlöschen durch Zahlung, Aufrechnung, Erlass, Zahlungsverjährung und Festsetzungsverjährung.

25.   Welche Wirkung hat die Zahlungsverjährung im Zivil- und im Steuerrecht?

Im Zivilrecht ergibt sich für den Schuldner durch den Eintritt der Verjährung die Möglichkeit, die Leistung zu verweigern. Dagegen bringt die Zahlungsverjährung im Steuerrecht den Anspruch zum Erlöschen. Das bedeutet, dass eine Zahlung nach Eintritt der Verjährung auf eine nicht mehr bestehende Schuld geleistet und daher von Amts wegen zurückerstattet wird.

26.   Welche Folgen hat es, wenn eine Steuer verspätet gezahlt wird?

Hat ein Steuerpflichtiger die Steuer nicht bis zum Ablauf des Fälligkeitstages entrichtet, entstehen kraft Gesetzes – Verschulden wird nicht vorausgesetzt – Säumniszuschläge (§ 240 AO). Sie betragen 1 % des rückständigen Betrages pro angefangenem Monat.

27.   Was versteht man unter einer Schonfrist?

Gem. § 240 Abs. 3 AO wird im Falle der Säumnis eine Schonfrist von 3 Tagen eingeräumt, bis zu deren Ablauf Säumniszuschläge nicht erhoben werden. Auf Scheck- und Barzahlungen wird allerdings keine Schonfrist gewährt.

28.   Können Steuerbescheide nach Ablauf der Rechtsbehelfsfrist noch geändert werden und wenn ja, wie lange äußerstenfalls?

Nach Ablauf der Rechtsbehelfsfrist von in der Regel 1 Monat werden Steuerbescheide bestandskräftig. Das bedeutet, dass ein Bescheid grundsätzlich nicht mehr änderbar ist. Unter bestimmten, im Gesetz genau bezeichneten Voraussetzungen ist auch nach Eintritt der Bestandskraft die Änderung einzelner Punkte eines Steuerbescheids möglich. Aber auch diese Änderungsmöglichkeiten bestehen nur solange, bis die Festsetzungsverjährung eintritt.

29.   Können Sie einige wichtige Änderungsmöglichkeiten aufzählen?

Zu nennen ist
- die Berichtigung wegen offenbarer Unrichtigkeiten (§ 129 AO),
- die Änderung von unter Vorbehalt der Nachprüfung stehenden Bescheiden (§ 164 Abs. 2 AO) sowie
- die Korrekturmöglichkeiten nach § 172 ff AO.

Hiervon sind die in der Praxis wichtigsten Korrekturvorschriften
- die Änderungsmöglichkeit auf Grund neuer Tatsachen und Beweismittel (§ 173 AO) und
- die Folgeänderungen im Zusammenhang mit der Änderung eines Grundlagenbescheids (§ 175 AO).

30.   Was versteht man unter einem Grundlagenbescheid?

Eine Legaldefinition des Grundlagenbescheids findet man in § 171 Abs. 10 AO. In einem Grundlagenbescheid werden Besteuerungsgrundlagen festgesetzt, die für einen sog. Folgebescheid zwingend zugrunde gelegt werden müssen (z.B. wird ein Grundsteuermessbescheid als Grundlagenbescheid zwingend für die Festsetzung des Grundsteuerbescheids als Folgebescheid herangezogen).

31.   Wann tritt die erwähnte Festsetzungsverjährung ein?

Zum Eintritt der Festsetzungsverjährung kann keine allgemein gültige Aussage getroffen werden. Die Frist für den Eintritt der Festsetzungsverjährung beginnt mit Ablauf des Jahres, in dem der Steueranspruch entstanden ist. Besteht bei einer Steuerart die Verpflichtung zur Abgabe einer Steuererklärung, so beginnt die Festsetzungsfrist erst mit Ablauf des Kalenderjahres, in dem die Steuererklärung abgegeben wurde. Die Dauer der Festsetzungsfrist beträgt gem. § 169 AO zwischen 1 und 10 Jahren. Danach kann der Ablauf der Frist noch durch die in § 171 AO aufgezählten Hemmungsgründe hinausgeschoben werden.

32.   Wie werden Fristen nach der AO berechnet?

Für die Berechnung von Fristen verweist § 108 AO auf die Regelung der §§ 187–193 BGB. Es ist zwischen sog. Ereignis- und Beginnfristen zu unterscheiden.

Bei Ereignisfristen hängt der Beginn des Fristlaufs von einem bestimmten, in den Lauf eines Tages fallenden Ereignisses ab. Bei einer Beginnfrist entscheidet allein der Beginn eines bestimmten Tages. Das Ende der Frist bei Ereignisfristen ist bei Wochenfristen der Ablauf des Tages der späteren Woche, der den gleichen Name trägt wie der Ereignistag. Monatsfristen enden mit Ablauf des Tages, der die gleiche Zahl hat wie der Ereignistag.

Beginnfristen enden bereits mit Ablauf des Tages, der durch seine Benennung oder seine Zahl dem Anfangstag der Frist vorangeht.

33.   Welche Besonderheit kennen Sie für den Ablauf der Frist?

Fällt das Ende einer Frist auf einen Samstag, Sonntag oder Feiertag, so verlängert sich die Frist bis zum Ablauf des nächstfolgenden Werktages.

34.   Was kann ein Steuerpflichtiger tun, der unverschuldet eine Frist versäumt hat?

Behördliche Fristen, d.h. von einer Behörde gesetzte Fristen sind gem. § 109 AO verlängerungsfähig. Gesetzliche Fristen, die vom Gesetz bestimmt werden, können nicht verlängert werden. Die Behörde kann aber auf Antrag unter Voraussetzung des § 110 Abs. 2 AO Wiedereinsetzung in den vorigen Stand gewähren, wenn die Fristversäumnis entschuldbar war. Dadurch wird der Steuerpflichtige so gestellt, als habe er die Frist nicht versäumt.

1.5   Einspruchsverfahren

35.   Was kann ein Steuerpflichtiger tun, der mit seinem Steuerbescheid nicht einverstanden ist?

Durch die Rechtsweggarantie des Grundgesetzes (Art. 19 Abs. 4 GG) steht einem Bürger, der sich in seinen Rechten verletzt fühlt, immer der Weg zu den Gerichten offen. In Steuersachen ist dem gerichtlichen Verfahren ein außergerichtliches Rechtsbehelfsverfahren beim Finanzamt vorgeschaltet. Hierzu muss der Steuerpflichtige gegen einen Steuerbescheid, mit dem er nicht einverstanden ist, Einspruch einlegen.

36.   Gibt es Voraussetzungen für das Einlegen des Einspruchs?

Zwei wichtige Voraussetzungen sind auf jeden Fall zu beachten. Der Einspruch ist schriftlich einzulegen. Daneben ist die Rechtsbehelfsfrist zu beachten, die 1 Monat nach Bekanntgabe des Steuerbescheids beträgt. Wird Form bzw. Frist nicht eingehalten, ist der Einspruch als unzulässig zu verwerfen. Der weitere Rechtsweg ist dann ausgeschlossen.

37.   Wie nennt man die gerichtlichen Rechtsbehelfe?

Die gerichtlichen Rechtsbehelfe sind die Klage beim Finanzgericht und die Revision beim Bundesfinanzhof. Es fehlt die bei allen anderen Gerichtszweigen vorgesehene Berufungsinstanz.

38.   Kann man in jedem Fall einen Rechtsstreit vor den Bundesfinanzhof bringen?

Nein. Die Revision gegen Urteile des Finanzgerichts ist nur möglich, wenn

- die angefochtene Entscheidung auf einem Verfahrensmangel beruht,
- das Finanzgericht die Revision zugelassen hat, weil die Rechtssache grundsätzliche Bedeutung hat oder
- eine Entscheidung des Bundesfinanzhofs zur Fortbildung des Rechts oder zur Sicherung einer einheitlichen Rechtsprechung erforderlich ist.

39.   Kann man durch Einlegen eines Einspruchs erreichen, dass eine Steuer zunächst nicht bezahlt werden muss?

Nein. Die Einlegung des Einspruchs hemmt die Vollziehung des Steuerbescheids nicht, d.h. auch wenn Einspruch eingelegt wurde, muss die geforderte Steuer bei Fälligkeit zunächst bezahlt werden. Unter bestimmten Voraussetzungen kann aber die Finanzbehörde oder das Finanzgericht auf gesonderten Antrag des Steuerpflichtigen die Vollziehung aussetzen.

1.6   Haftung/Vollstreckung

40.   Kann jemand anderes als der Steuerschuldner zur Bezahlung der Steuer herangezogen werden? Unter welchen Voraussetzungen?

Neben dem Steuerschuldner kann ein Haftungsschuldner vom Finanzamt in Anspruch genommen werden. Die Inanspruchnahme als Haftender kann ihren Grund in einer gesetzlichen Vorschrift haben oder auf einer vertraglichen Vereinbarung beruhen. Die wichtigsten gesetzlichen Haftungsgründe sind:

- in den Einzelsteuergesetzen die Haftung des Arbeitgebers für abzuführende Lohnsteuer sowie die Haftung des Schuldners der Kapitalerträge für abzuführende Kapitalertragsteuer,
- nach der Abgabenordnung (§ 69 AO) haften die gesetzlichen Vertreter von natürlichen und juristischen Personen, wenn sie schuldhaft eine ihnen auferlegte steuerliche Pflicht verletzt haben, insbesondere die vom Vertretenen geschuldete Steuer nicht rechtzeitig bezahlt haben,
- vertragliche Ansprüche des Finanzamts sind selten. Sie können z. B. auf der Übernahme einer Bürgschaft oder einer vertraglichen Schuldübernahme beruhen.

41.   Kann das Finanzamt seine Ansprüche erforderlichenfalls selbst durchsetzen oder benötigt es die Hilfe der Gerichte?

Die Finanzbehörden können Ansprüche selbst, d. h. durch eigene Vollstreckungsorgane, durchsetzen. Die Voraussetzung für die Vollstreckung finden sich in § 254 AO:

- Fälligkeit des Anspruchs,
- Leistungsgebot (Aufforderung zur Leistung),
- Ablauf einer Wochenfrist, sowie
- Nichtleistung innerhalb dieser Woche.

Die Möglichkeiten zur Vollstreckung sind entsprechend geregelt wie die Vollstreckungsvorschriften nach der Zivilprozessordnung.

1.7   Steuerstrafrecht

42.   In welcher Weise kann ein Steuerpflichtiger, der seine steuerlichen Pflichten verletzt hat, zur Rechenschaft gezogen werden?

Für die steuerliche Pflichtverletzung sieht die Abgabenordnung Straf- und Bußgeldvorschriften vor.

Straftatbestand ist die Steuerhinterziehung (§ 370 AO). Für die Strafbarkeit der Steuerhinterziehung ist es erforderlich, dass die Tat vorsätzlich begangen wurde und dies dem Täter nachgewiesen werden kann.

Bußgeldtatbestände sind Steuerordnungswidrigkeiten, die mit einem Bußgeld geahndet werden. Wer wegen einer Steuerordnungswidrigkeit belangt wird, gilt nicht als vorbestraft. Die wichtigste Steuerordnungswidrigkeit ist die »leichtfertige Steuerverkürzung«. Dies ist eine Tat, die sachlich dem Delikt der Steuerhinterziehung entspricht, aber mangels vorsätzlichen Handelns nur als Steuerordnungswidrigkeit angesehen werden kann.

43.   Was versteht man unter einer Selbstanzeige?

Es ist gem. § 371 AO möglich, selbst bei einer vollendeten Steuerhinterziehung Straffreiheit zu erlangen, wenn man bei der Finanzbehörde den Sachverhalt zugibt und eine schon hinterzogene Steuer innerhalb einer vom Finanzamt bestimmten Frist nachentrichtet. Dies muss aber rechtzeitig geschehen, bevor das Finanzamt die Tat selbst bemerkt hat.

2 Einkommensteuer

2.1 Allgemeines

44. **Wer ist einkommensteuerpflichtig? Muss jeder Einkommensteuerpflichtige auch tatsächlich Einkommensteuer bezahlen?**

Die Frage, wer einkommensteuerpflichtig ist, regelt § 1 EStG. Es müssen bestimmte persönliche Voraussetzungen erfüllt sein. Danach ist eine natürliche Person (das ist jeder Mensch von der Geburt bis zu seinem Tod), die ihren Wohnsitz oder gewöhnlichen Aufenthalt im Inland hat, persönlich einkommensteuerpflichtig. Neben den persönlichen Voraussetzungen muss eine natürliche Person als sachliche Voraussetzung auch Einkommen haben, um einkommensteuerpflichtig zu sein. Was man unter Einkommen versteht und in welchen Schritten es ermittelt wird, ist in § 2 EStG geregelt.

45. **Was ist unter beschränkter und unbeschränkter Steuerpflicht zu verstehen?**

Unbeschränkte Steuerpflicht bedeutet, dass das gesamte irgendwo auf der Welt erzielte Einkommen (sog. Welteinkommen) der deutschen Einkommensteuer unterliegt.

Im Gegensatz dazu umfasst die beschränkte Steuerpflicht nur die im Inland erzielten Einkünfte.

46. **Was bedeutet Doppelbesteuerung? Wie kann sie vermieden werden?**

Da sich unbeschränkte und beschränkte Steuerpflicht in den Steuersystemen vieler Staaten finden, lassen sich Überschneidungen nicht vermeiden. Diese Überschneidungen führen zu einer Doppelbesteuerung derselben Einkünfte. Der Versuch, die Doppelbesteuerung zu vermeiden, geschieht durch völkerrechtliche Verträge. Zwischen einzelnen Staaten können Abkommen zur Vermeidung der Doppelbesteuerung (DBA) abgeschlossen werden, in denen die Einkünfte der Bürger des anderen Staates entweder von der Besteuerung freigestellt werden oder die Steuern, die ein Bürger in einem anderen Staat bezahlt hat, auf die Steuer im Heimatstaat angerechnet werden.

47. **Welche Gruppen von Einkunftsarten werden vom Einkommensteuergesetz unterschieden?**

Das Einkommensteuergesetz unterteilt die 7 Einkunftsarten in 2 Gruppen. Die ersten drei nennt man die Gewinneinkunftsarten, die nächsten vier die Überschusseinkunftsarten.

48. **Welcher Unterschied besteht zwischen Einnahmen und Einkünften?**

Einnahmen sind Zuflüsse in Form von Betriebseinnahmen oder Einnahmen aus den Überschusseinkunftsarten.

Als Einkünfte bezeichnet man bei den Gewinneinkunftsarten den Gewinn, bei den Überschusseinkunftsarten den Überschuss der Einnahmen über die Werbungskosten. Die Einkünfte sind somit eine Art Nettobegriff.

49. **Müssen auch Einkünfte, die nach Beendigung einer Tätigkeit zufließen, versteuert werden?**

Durch § 24 EStG wird sichergestellt, dass auch Einkünfte aus einer ehemaligen Tätigkeit versteuert werden, wenn sie dem Steuerpflichtigen erst nach Aufgabe der Tätigkeit zufließen. Das klassische Beispiel ist eine Gehaltsnachzahlung, nachdem die Tätigkeit bereits beendet war.

50.   Welches sind die wichtigsten steuerfreien Einnahmen?

In §§ 3–3b EStG werden zahlreiche Einnahmen von der sachlichen Steuerpflicht ausgenommen. Die wichtigsten sind:

- Leistungen der Sozialversicherung (§ 3 Nr. 1–28),
- Reisekostenerstattungen (§ 3 Nr. 16),
- Aufwandsentschädigungen für bestimmte nebenamtliche Tätigkeiten (§ 3 Nr. 26),
- bestimmte Leistungen des Arbeitgebers an seine Arbeitnehmer (§ 3 Nr. 30–34),
- Teileinkünfte-Verfahren (§ 3 Nr. 40),
- Trinkgelder (§ 3 Nr. 51),
- Zukunftssicherungsleistungen des Arbeitgebers (§ 3 Nr. 62), sowie
- Zuschläge für Sonntags-, Feiertags- oder Nachtarbeit (§ 3b EStG).

51.   In welchen Abschnitten verläuft der Einkommensteuertarif?

Der Einkommensteuertarif soll dem Merkmal der Besteuerung nach der Leistungsfähigkeit des Steuerpflichtigen Rechnung tragen. An

- einen Grundfreibetrag, der jedem Steuerpflichtigem zusteht und der das Existenzminimum von der Besteuerung freistellen soll, schließt sich
- eine Progressionszone an, in der der Tarif bei jedem mehr verdienten Euro progressiv ansteigt.
- Am Ende der Progressionszone geht der Tarif in eine Proportionalzone über. In diesem Bereich verläuft der Tarif (mit dem Spitzensteuersatz) proportional zum Einkommen.

52.   Was ist der Grenzsteuersatz? Wie lässt er sich ermitteln?

Grenzsteuersatz oder persönlicher Spitzensteuersatz ist der Steuersatz, der auf den obersten Teil des Einkommens entfällt. Im Bereich des Grundfreibetrags ist der Grenzsteuersatz null, im Bereich der oberen Proportionalzone entspricht der Grenzsteuersatz dem Höchststeuersatz. Im Bereich der Progressionszone kann anhand der Einkommensteuertabelle die Einkommensteuer auf ein bestimmtes zu versteuerndes Einkommen abgelesen werden.

Bei einer Abweichung des zu versteuernden Einkommens nach oben oder nach unten wird auch die zu entrichtende Einkommensteuer größer oder geringer. Setzt man die Mehr- oder Minderbeträge in Relation, so erhält man den prozentualen Grenzsteuersatz in diesem Tabellenbereich.

53.   Was ist unter Grund- und Splittingtabelle zu verstehen? Wie hängen sie miteinander zusammen?

Die Grundtabelle wird angewandt, wenn das zu versteuernde Einkommen eines einzeln veranlagten Steuerpflichtigen besteuert werden soll.

Da bei Ehegatten das Einkommen zusammengerechnet wird, würde sich durch die Progressionswirkung für diese eine erhöhte Steuer ergeben. Dieser Effekt wird durch das Splittingverfahren verhindert, das in die Splittingtabelle mündet. Beim Splittingverfahren wird zunächst das gemeinsame zu versteuernde Einkommen halbiert; auf diesen Betrag wird die Grundtabelle angewendet. Anschließend wird der Steuerbetrag laut Grundtabelle verdoppelt und ergibt die Steuerschuld laut Splittingtabelle.

54.   Was bedeutet Veranlagung zur Einkommensteuer?

Unter Veranlagung versteht man das sich jährlich wiederholende Verwaltungsverfahren zur Steuererrechnung durch das Finanzamt. Am Beginn des Verfahrens steht die Steuererklärung und als Ergebnis am Ende der Steuerbescheid.

55. In welcher Weise wird die Einkommensteuer vom Staat erhoben?

Dies kann auf zweierlei Weise geschehen.

(1) Durch Vorauszahlungen und Abrechnung. In der Regel sind viermal im Jahr Vorauszahlungen zu entrichten, die zusammen der voraussichtlichen Steuerschuld für das laufende Kalenderjahr entsprechen sollen. Nach der Veranlagung für das betreffende Jahr werden auf die endgültig festgesetzte Einkommensteuer die Vorauszahlungen angerechnet. Danach ergibt sich eine Erstattung oder eine zusätzliche Abschlusszahlung.

(2) Abzugsverfahren. Eine andere Form der Erhebung der Einkommensteuer ist der Abzug der Steuer an der Quelle. Diese Form ist im Einkommensteuergesetz vorgesehen

- bei Einkünften aus nichtselbstständiger Arbeit als Lohnsteuer und
- bei bestimmten Einkünften aus Kapitalvermögen als Kapitalertragsteuer und Zinsabschlagsteuer.

Die bei der Auszahlung an der Quelle durch Steuerabzug erhobene Lohnsteuer wird bei der endgültigen Veranlagung auf die festgesetzte Einkommensteuerschuld angerechnet, durch den Abzug der Kapitalertragsteuer ist die Steuerschuld i.d.R. abgegolten (Abgeltungssteuer).

2.2 Überschusseinkünfte

2.2.1 Allgemeines

56. Was fällt unter den Begriff der Einnahmen?

Nach § 8 EStG sind Einnahmen alle Güter, die dem Steuerpflichtigen in Geld oder Geldeswert im Rahmen der Überschusseinkunftsarten zufließen.

57. Beschreiben Sie den Begriff der Werbungskosten?

Werbungskosten sind gem. § 9 EStG alle Aufwendungen zur Erwerbung, Sicherung und Erhaltung der Einnahmen.

58. Sind Werbungskosten unbeschränkt abzugsfähig?

Grundsätzlich, d.h. wenn im Gesetz keine Einschränkung vorgesehen ist, sind Werbungskosten in unbegrenzter Höhe abzugsfähig. Dies gilt selbst dann, wenn die Werbungskosten die Einnahmen übersteigen und somit ein negativer Betrag entsteht.

59. Was versteht man in diesem Zusammenhang unter dem Aufteilungsverbot?

Durch die sehr allgemein gehaltene Definition der Werbungskosten entsteht das Problem, wie Werbungskosten von den Kosten der Lebensführung abgegrenzt werden können, da viele Aufwendungen zum Teil im Interesse der Einkunftserzielung und zum Teil im privaten Interesse getätigt werden. Hierzu hat der BFH ein grundsätzliches Aufteilungsverbot verkündet, das für alle Einkunftsarten gilt. Danach ist ein Betriebsausgaben- oder Werbungskostenabzug nur möglich, wenn die Aufwendungen ausschließlich oder ganz überwiegend durch die Einkunftserzielung veranlasst sind. Dieses Aufteilungsverbot wird in der neueren Rechtsprechung allerdings zunehmend aufgeweicht (z.B. bei Auslandsreisen).

Bei einer gemischten Nutzung ist eine Aufteilung nach Prozentsätzen in einen privaten und einen beruflichen Teil möglich, bei den Kosten für einen Pkw (nach Km-Stand), bei den Kosten für das Telefon (durch Aufzeichnungen, aus denen der Prozentsatz ermittelt werden kann) sowie bei Kontoführungsgebühren und der Nutzung von PC nach Erfahrungswerten, bei Reisekosten nach Zeitanteilen.

60. Welche Pauschbeträge für Werbungskosten gibt es?

Bei bestimmten Einkunftsarten werden für die Werbungskosten Pauschbeträge (§ 9aEStG) angesetzt, wenn nicht tatsächliche, höhere Werbungskosten nachgewiesen werden:

- bei Einnahmen aus nichtselbstständiger Arbeit ein Arbeitnehmerpauschbetrag von 1 000 € und
- bei sonstigen Einnahmen i. S. des § 22 Nr. 1, 1a und 5 EStG ein Pauschbetrag von 102 €.

61. Was besagt das Zufluss-/Abflussprinzip?

Nach dem Zufluss-/Abflussprinzip (§ 11 EStG) werden Einnahmen in dem Kalenderjahr angesetzt, in dem sie dem Steuerpflichtigen zugeflossen sind und Ausgaben für das Jahr abgesetzt, in dem sie beim Steuerpflichtigen abgeflossen sind. Dieses Prinzip gilt als Grundsatz für den Bereich der Überschusseinkünfte (nicht für die Gewinnermittlung).

Ausnahmen zu diesem Prinzip gelten für:

- regelmäßig wiederkehrende Einnahmen und Ausgaben, die innerhalb eines Zeitraums von 10 Tagen vor und nach dem Jahresende zugeflossen sind. Sie werden nicht dem Jahr zugerechnet, in dem sie geflossen sind, sondern dem, für das sie geflossen sind.
- Abschreibungsvorschriften sind auch im Bereich der Überschusseinkünfte zu beachten.
- Arbeitslohn gilt in dem Zeitpunkt als zugeflossen, in dem der Lohnzahlungszeitraum endet (§ 38 a EStG).

2.2.2 Einkünfte aus Kapitalvermögen

62. Wie sind Ausschüttungen von Kapitalgesellschaften an ihre Anteilseigner einkommensteuerlich zu behandeln?

Die Ausschüttungen sind Einkünfte aus Kapitalvermögen. Seit 2009 ist die Besteuerung der Kapitaleinkünfte völlig neu geregelt; es wurde eine sog. Abgeltungsteuer (AbgSt) nur für diese Einkunftsart eingeführt. Grundsätzlich werden alle Einkünfte aus privatem Kapitalvermögen pauschal mit 25 % Abgeltungsteuer belastet. Mit Solidaritätszuschlag beträgt der Steuersatz 26,4 % und bei Kirchensteuerpflicht knapp 28 %.

Diese Abgeltungssteuer wird direkt von den Kreditinstituten einbehalten und an das Finanzamt abgeführt.

63. Was versteht man unter einer typischen stillen Gesellschaft, was unter einer atypischen?

Eine typische stille Gesellschaft liegt vor, wenn die vertraglichen Beziehungen der Parteien so ausgestaltet sind, wie sie vom HGB vorgesehen sind.

Bei der atypischen stillen Gesellschaft sind die vertraglichen Beziehungen derart ausgestaltet, dass der stille Gesellschafter nicht mehr als Kapitalgeber, sondern als Mitunternehmer angesehen werden muss. Eine solche Mitunternehmerschaft liegt vor, wenn der Gesellschafter Unternehmerinitiative entwickelt und Unternehmerrisiko trägt.

64. Wie ist die jeweilige steuerliche Behandlung?

Bei der typischen stillen Gesellschaft hat der Gesellschafter als reiner Kapitalgeber Einkünfte aus Kapitalvermögen. Die an ihn ausgezahlten Gewinnanteile sind bei der Gesellschaft im Jahr der Auszahlung Betriebsausgaben wie andere Schuldzinsen auch.

Der atypisch stille Gesellschafter hat keine Einkünfte aus Kapitalvermögen, sondern als Mitunternehmer Einkünfte aus Gewerbebetrieb i. S. d. § 15 EStG. Dieser Gewinn wird wie bei den anderen Personengesellschaften (OHG und KG) einheitlich und gesondert festgestellt und auf die Gesellschafter verteilt.

65. Was versteht man unter einem partiarischen Darlehen?

Ein partiarisches Darlehen ist ein Darlehen, bei dem nicht feste Zinsen vereinbart werden, sondern als Entgelt eine Gewinnbeteiligung gezahlt wird. Sie ist von der typischen stillen Beteiligung schwer zu unterscheiden, wird aber steuerlich genauso wie diese behandelt.

66. Was sind Stückzinsen? Wie ist ihre Besteuerung geregelt?

Bei festverzinslichen Wertpapieren erfolgt die Auszahlung der Zinsen an bestimmten Stichtagen (i. d. R. halbjährlich oder jährlich). Werden zwischen diesen Stichtagen die Wertpapiere verkauft, so hat der Käufer dem Verkäufer die auf den Zeitraum seit der letzten Zinszahlung bis zum Verkaufstag entfallenden Zinsen zu ersetzen. Dies sind die sog. Stückzinsen. Sie sind vom Verkäufer als Einnahmen aus Kapitalvermögen zu versteuern. Der Käufer kann die gezahlten Stückzinsen von den ihm später zufließenden Einnahmen als sog. negative Einnahmen absetzen.

67. Wie hoch sind die Freibeträge bei den Einkünften aus Kapitalvermögen?

Der frühere Sparer-Freibetrag wurde mit dem früheren Werbungskosten-Pauschbetrag zusammengefasst. Seit 2009 gibt es nur noch einen einheitlichen Sparer-Pauschbetrag von 801 Euro (bei zusammenveranlagten Ehegatten von 1 602 Euro). Bis zu dieser Höhe haben Steuerpflichtige die Möglichkeit, ihrer Bank Freistellungsaufträge zu erteilen, so dass die Bank diesen Betrag beim Steuerabzug berücksichtigen kann.

68. Wie wird ein Disagio bei den Überschusseinkunftsarten behandelt?

Bei den Überschusseinkunftsarten wird ein einbehaltenes Disagio nicht wie bei den Gewinneinkunftsarten abgegrenzt und auf die Laufzeit verteilt. Es ist vielmehr grundsätzlich im Zeitpunkt der Darlehensaufnahme abzugsfähig. Der Vorgang wird so betrachtet, als ob der Kreditnehmer den vollen Betrag (einschließlich Disagio) erhalten, das Disagio aber sofort wieder in voller Höhe an den Kreditgeber zurückbezahlt hat.

2.2.3 Einkünfte aus Vermietung und Verpachtung

69. Welche Aufwendungen stellen Erhaltungsaufwand, welche Herstellungsaufwand bei einem Gebäude dar? Wie werden sie steuerlich behandelt?

Zum Erhaltungsaufwand zählen alle Aufwendungen, durch die das Grundstück in ordnungsgemäßem Zustand erhalten werden soll, also nur Reparaturen im eigentlichen Sinn einschließlich Schönheitsreparaturen. Wird dabei Altes durch Neues ersetzt, können insoweit Verbesserungen vorgenommen werden, als ein dem technischen Fortschritt entsprechender Ersatz gewählt wird.

Herstellungsaufwand liegt vor, wenn etwas Neues, bisher nicht Vorhandenes geschaffen wird. Dies ist der Fall bei Neuerrichtung eines Gebäudes, aber auch bei Erweiterungen, Anbauten, Aufstockungen und Ausbau. Aus Vereinfachungsgründen lässt es die Finanzverwaltung zu, dass ohne weitere Prüfung Erhaltungsaufwand angenommen wird, wenn die Aufwendungen für die einzelne Maßnahme nicht mehr als 4 000 € netto betragen.

Erhaltungsaufwand kann sofort als Werbungskosten abgezogen werden, während Herstellungskosten über die Abschreibungen zeitanteilig verrechnet werden.

70.   Welche AfA-Möglichkeiten gibt es für ein erworbenes, welche für ein errichtetes Gebäude?

Die AfA-Vorschriften werden aus den unterschiedlichsten politischen Zielen immer wieder geändert, sodass oft mehrere verschiedene AfA-Sätze nebeneinander gelten.

Grundsätzlich kann man aber sagen, dass für ein Gebäude nur die lineare AfA nach § 7 Abs. 4 EStG in Frage kommt.

Daneben gibt es in den §§ 7 c bis k EStG noch Sonderabschreibungsvorschriften für die unterschiedlichsten Gegebenheiten.

71.   Was sind anschaffungsnahe Herstellungskosten und wie werden sie behandelt?

Anschaffungsnahe Herstellungskosten sind solche, die ihrer Art nach normalerweise Erhaltungsaufwand wären, aber im engen Zusammenhang mit dem Erwerb eines Gebäudes stehen. Wenn sie

- im Verhältnis zu den Anschaffungskosten des Gebäudes hoch sind und
- in einem engen zeitlichen Zusammenhang mit dem Erwerb anfielen, sind sie als Herstellungskosten zu behandeln.

Nach § 6 Abs. 1 Nr. 1a EStG liegen diese beiden Voraussetzungen vor, wenn die Aufwendungen innerhalb von 3 Jahren nach der Anschaffung höher sind als 15 % der Gebäudeanschaffungskosten.

72.   Können die Kosten einer Gartenanlage und die Kosten für deren Pflege steuerlich berücksichtigt werden?

Nach Verwaltungsauffassung ist zu unterscheiden:

- Die Kosten für eine sog. lebende Umzäunung (Hecke u. Ä.) und deren Pflege gehören zu den Kosten des Gebäudes.
- Alle anderen Kosten der Gartenanlage werden zu einem eigenen Wirtschaftsgut zusammengefasst, das im Allgemeinen mit einer Nutzungsdauer von 10 Jahren abgeschrieben werden kann. Die Aufwendungen für die Pflege dieses Wirtschaftsguts sind ebenfalls abzugsfähig.

2.2.4   Sonstige Einkünfte

73.   Unterliegen Renten der Besteuerung?

Bei auf die Lebenszeit laufenden Altersrenten (Leibrenten) ist nicht der gesamte Rentenbetrag, sondern nur ein Teil (mind. 50 %) als Einnahme zu versteuern. Dieser ist aus der in § 22 Nr. 1 EStG abgedruckten Tabelle zu entnehmen.

Er richtet sich danach, in welchem Kalenderjahr der Rentenberechtigte seine Rente erstmals bezogen hat und bleibt dann für die gesamte Laufzeit der Rente dem Betrag nach gleich.

74.   Was versteht man unter einem Spekulationsgeschäft? Wie lang sind die Spekulationsfristen?

Der Begriff Spekulationsgeschäft wurde durch den Begriff privates Veräußerungsgeschäft ersetzt. Darunter versteht man ein Geschäft, bei dem der Steuerpflichtige einen Gegenstand innerhalb einer bestimmten Frist wieder veräußert. Auf eine Spekulationsabsicht kommt es hierbei nicht an. Die maßgebliche Frist beträgt

- bei Grundstücken und grundstücksgleichen Rechten: 10 Jahre,
- bei anderen Wirtschaftsgütern 1 Jahr. Für private Veräußerungsgeschäfte mit Wertpapieren gilt seit 2009 die Spezialregelung des § 20 Abs. 2 EStG (Abgeltungssteuer).

75. **Ab wann läuft diese Frist bei Grundstücksgeschäften?**

Für Beginn und Ende der Frist ist das schuldrechtliche Geschäft maßgebend. Dies ist der Zeitpunkt des notariellen Vertragsabschlusses. Der Grund für diese Regelung ist darin zu sehen, dass dieser Zeitpunkt vom Steuerpflichtigen beeinflussbar ist.

76. **Gibt es für private Veräußerungsgeschäfte einen Freibetrag? Wie ist ein Verlust steuerlich zu behandeln?**

Einen Freibetrag gibt es nicht. Es wird jedoch vom Gesetz eine Freigrenze von 600 € jährlich eingeräumt, bei deren Übersteigen der gesamte Betrag zu versteuern ist. Für die Behandlung von Verlusten gilt eine Besonderheit. Verluste aus privaten Veräußerungsgeschäften können nur bis zum Betrag der in diesem Jahr erzielten Gewinne abgezogen werden. Ein negativer Betrag als Ergebnis der privaten Veräußerungsgeschäfte eines Jahres kann nicht mit anderen Einkunftsarten verrechnet werden, sondern nur mit Gewinnen aus privaten Veräußerungsgeschäften in den Folgejahren ausgeglichen werden.

2.3 Gewinneinkünfte

2.3.1 Allgemeines

77. **Welche drei Gewinnermittlungsarten gibt es?**

Die Gewinnermittlung kann auf drei Arten geschehen. Durch Betriebsvermögensvergleich, durch Einnahmeüberschussrechnung und nach Durchschnittssätzen.

(1) Steuerpflichtige, die verpflichtet sind, eine Bilanz zu erstellen, ermitteln ihren Gewinn durch Betriebsvermögensvergleich nach § 4 Abs. 1 und § 5 EStG.

(2) Nicht buchführungspflichtige Gewerbetreibende und andere Steuerpflichtige, die keine Bücher führen (vor allem Freiberufler), haben zur Gewinnermittlung nur eine einfache Einnahme-/Überschussrechnung aufzustellen (§ 4 Abs. 3 EStG).

(3) Die Gewinnermittlung nach Durchschnittssätzen (§ 13a EStG) kommt nur für die Ermittlung des Gewinns aus Land- und Forstwirtschaft zum Zuge, wenn keine Buchführungspflicht besteht und eine bestimmte Betriebsgröße nicht überschritten wird.

2.3.2 Einkünfte aus Gewerbebetrieb

78. **Was versteht man unter nicht abzugsfähigen Betriebsausgaben?**

Grundsätzlich sind alle Aufwendungen, wenn und soweit sie durch den Betrieb veranlasst sind, Betriebsausgaben und damit bei der Gewinnermittlung abzugsfähig. Nur für das Steuerrecht (nicht dagegen im Handelsrecht) gibt es daneben Aufwendungen, die zwar betrieblich veranlasst sind, denen aber auf Grund besonderer Vorschrift (§ 4 Abs. 5 EStG) die steuerliche Abzugsfähigkeit versagt wird.

79. **Können Sie einige wichtige Beispiele für solche nicht abzugsfähige Betriebsausgaben nennen?**

Die wichtigsten nicht abzugsfähigen Betriebsausgaben sind:

- Geschenke an Geschäftsfreunde. Wird aus betrieblichem Anlass ein Geschenk an Personen gemacht, die nicht Arbeitnehmer des Steuerpflichtigen sind, so dürfen die Aufwendungen den Gewinn nicht mindern, wenn sie pro Beschenktem und Kalenderjahr den Betrag von 35 € netto übersteigen.

- Bewirtungsaufwendungen. Bewirtungsaufwendungen sind daraufhin zu überprüfen, ob sie nach allgemeiner Verkehrsauffassung angemessen sind. Ist dies nicht der Fall, ist der unangemessene Teil als nicht abzugsfähige Betriebsausgabe zu behandeln. Aber auch von den verbleibenden – angemessenen – Aufwendungen sind 30 % der Aufwendungen als nicht abziehbar zu behandeln.
- Mehraufwendungen für Verpflegung. Ist der Steuerpflichtige auf einer Geschäftsreise, so fallen Mehraufwendungen für Verpflegung an. Auch wenn diese belegmäßig nachgewiesen werden, können nur bestimmte Pauschbeträge für diese Aufwendungen abgezogen werden, die je nach Abwesenheitsdauer zwischen 6 € und 24 € pro Tag betragen.
- Aufwendungen für Fahrten zwischen Wohnung und Betriebsstätte. Für Fahrten zwischen Wohnung und Betriebsstätte ist der Teil der Aufwendungen nicht abziehbar, der höher ist als die vergleichbaren Aufwendungen, die ein Arbeitnehmer als Werbungskosten geltend machen kann.

80. **Nach welchen Kriterien werden Wirtschaftsgüter steuerlich entweder dem Betriebsvermögen oder dem Privatvermögen zugeordnet?**

Für die bilanzielle Behandlung ist zwischen beweglichen Wirtschaftsgütern und unbeweglichen Wirtschaftsgütern (Grundstücken und Grundstücksteilen) zu unterscheiden.

Bei beweglichen Wirtschaftsgütern wird nach dem Grad der Nutzung unterschieden.

- Wirtschaftsgüter, die zu mehr als 50 % betrieblich genutzt werden, müssen als notwendiges Betriebsvermögen bilanziert werden,
- Wirtschaftsgüter, die zwischen 10 % und 50 % betrieblich genutzt werden, können als sog. gewillkürtes Betriebsvermögen bilanziert werden,
- Wirtschaftsgüter, die unter 10 % betrieblich genutzt werden, dürfen nicht bilanziert werden, weil sie notwendiges Privatvermögen darstellen.

Grundstücke und Grundstücksteile (Gebäude) werden nicht einheitlich betrachtet, sondern nach ihrer Nutzung in mehrere selbstständige Wirtschaftsgüter zerlegt. Gebäudeteile, die

- eigenbetrieblich genutzt werden,
- fremdbetrieblich genutzt werden,
- fremden Wohnzwecken dienen,
- eigenen Wohnzwecken dienen,

werden jeweils als selbstständige Wirtschaftsgüter betrachtet. Hat man das Gebäude in mehrere Wirtschaftsgüter aufgeteilt, so wird für jedes dieser Wirtschaftsgüter entschieden, ob es zum Betriebsvermögen oder zum Privatvermögen gehört. Dabei gilt:

- eigenbetrieblich genutzte Grundstücksteile müssen als notwendiges Betriebsvermögen bilanziert werden;
- fremdbetrieblich genutzte und zu fremden Wohnzwecken vermietete Grundstücksteile können als gewillkürtes Betriebsvermögen bilanziert werden;
- zu eigenen Wohnzwecken dienende Teile dürfen als notwendiges Privatvermögen nicht bilanziert werden.

81. **Ist eine Personengesellschaft einkommensteuerpflichtig?**

Eine Personengesellschaft ist als solche nicht einkommensteuerpflichtig, weil sie keine natürliche Person ist und ihr somit ein Merkmal des § 1 EStG als Voraussetzung für die persönliche Einkommensteuerpflicht fehlt.

82.   Wer versteuert den Gewinn einer Personengesellschaft und wie geht dies vonstatten?

Den Gewinn einer Personengesellschaft haben die Gesellschafter zu versteuern. Hierzu wird der Gewinn nach dem Gewinnverteilungsschlüssel, der vertraglich vereinbart ist oder sich aus dem Gesetz ergibt, auf die Gesellschafter verteilt und jeder Gesellschafter hat seinen Gewinnanteil als Einkünfte aus Gewerbebetrieb anzusetzen. Um Abweichungen zu vermeiden, bestimmt die AO (§§ 179, 180 AO), dass die Einkünfte einheitlich für alle Gesellschafter und gesondert (in einem gesonderten Verfahren) festgestellt werden. Dieses Verfahren ist für alle Personengesellschaften dasselbe.

83.   Wie werden Vereinbarungen zwischen Personengesellschaften und ihren Gesellschaftern zivil- und steuerrechtlich behandelt?

Zivilrechtlich ist eine Personengesellschaft teilrechtsfähig. Zwischen Gesellschaft und Gesellschaftern bestehen daher oft eine Vielzahl von vertraglichen Beziehungen, die zivilrechtlich wirksam sind, sich in der handelsrechtlichen Buchführung niederschlagen und den Handelsbilanzgewinn beeinflussen. Zu nennen sind die Zahlung einer Tätigkeitsvergütung, die Vereinbarung über die Verzinsung von Gesellschafterdarlehen oder Mietverträge zwischen Gesellschaft und Gesellschaftern.

Steuerrechtlich sind sämtliche Vergütungen, die auf Grund zivilrechtlicher Verträge von der Gesellschaft an die Gesellschafter gezahlt werden (sog. Sondervergütungen oder Sonderbetriebseinnahmen), als gewerbliche Einkünfte zu behandeln. Dies hat folgende Auswirkungen:

- Die Sondervergütungen sind, soweit sie den Gewinn gemindert haben, steuerlich diesem wieder hinzuzurechnen.
- Auf diese Sondervergütungen muss Gewerbeertragsteuer gezahlt werden.
- Sie werden bei der Gewinnverteilung als sog. Gewinnverteilungsabreden dem einzelnen Gesellschaftern vorab zugerechnet.

84.   Was versteht man unter Sonderbetriebsausgaben?

Aufwendungen, die den Gesellschaftern im Zusammenhang mit Sondervergütungen entstehen, werden ebenfalls bei der Gewinnverteilung berücksichtigt. Dies geschieht in der Weise, dass den Sondervergütungen, die den einzelnen Gesellschaftern vorab zugerechnet werden, die entsprechenden Aufwendungen als sog. Sonderbetriebsausgaben gegenübergestellt werden. Sonderbetriebsausgaben werden sie deshalb genannt, weil sie ja nicht Betriebsausgaben der Gesellschaft, sondern des Gesellschafters sind und nur ihn und sein Sonderbetriebsvermögen betreffen.

85.   Wie ist die Besteuerung bei Beendigung der betrieblichen Tätigkeit geregelt?

Ein Unternehmer, der seine gewerbliche Tätigkeit beenden möchte, hat drei Möglichkeiten. Er kann

- den Betrieb im Ganzen verkaufen,
- den Betrieb aufgeben, d.h. ihn auflösen, oder versuchen,
- den Betrieb zu verpachten.

Die Betriebsveräußerung und die Betriebsaufgabe werden gleichbehandelt. Dem Verkaufspreis oder bei der Betriebsaufgabe dem gemeinen Wert der Wirtschaftsgüter werden nach Abzug der Veräußerungskosten die Buchwerte des Betriebsvermögens gegenübergestellt. Dabei ergibt sich in der Regel ein Veräußerungsgewinn, weil die stillen Reserven des Betriebs, die sich in den Jahren seines Bestehens angesammelt haben, aufgedeckt werden.

Weil dadurch eine Zusammenballung von Einkünften in einem Veranlagungszeitraum auftritt, wird für diese Veräußerungsgewinne nach § 16 Abs. 4 EStG unter bestimmten Voraussetzungen ein Freibetrag gewährt, und für den übersteigenden Veräußerungsgewinn ein ermäßigter Steuersatz nach § 34 EStG angewandt.

Für die Betriebsverpachtung gibt es keine gesetzlichen Bestimmungen. Nach Auffassung der Rechtsprechung und der Verwaltung hat der Verpächter ein Wahlrecht:

- Er kann bei der Verpachtung dem Finanzamt gegenüber die Betriebsaufgabe erklären. Dann muss er wie bei jeder Betriebsaufgabe die stillen Reserven versteuern; er erhält dafür aber den Freibetrag des § 16 Abs. 4 EStG und den ermäßigten Steuersatz gem. § 34 EStG. In der Folgezeit erzielt er Einkünfte aus Vermietung und Verpachtung.
- Erklärt der Steuerpflichtige die Betriebsaufgabe nicht, dann lässt er seinen Gewerbebetrieb ruhen.

In diesem Fall werden die stillen Reserven (noch) nicht aufgedeckt, der Steuerpflichtige bezieht weiterhin Einkünfte aus Gewerbebetrieb, die aber nicht gewerbesteuerpflichtig sind.

86.   Hat es steuerliche Konsequenzen, wenn ein Anteilseigner 30 % seiner Beteiligung an einer GmbH verkauft?

Gewinne aus der Veräußerung einer Beteiligung an einer Kapitalgesellschaft werden gem. § 17 EStG zu den gewerblichen Einkünften gerechnet. Eine solche Beteiligung liegt vor, wenn man innerhalb der letzten 5 Jahre vor der Veräußerung zu mindestens 1 % unmittelbar oder mittelbar an der Kapitalgesellschaft beteiligt war.

87.   Was ist eine Betriebsaufspaltung? In welchen Formen kommt sie vor? Welche steuerlichen Folgen hat sie?

Bei einer Betriebsaufspaltung wird ein Unternehmen in ein Betriebsunternehmen und ein Besitzunternehmen aufgeteilt. Man unterscheidet:

- die echte Betriebsaufspaltung, bei der ein bestehender Betrieb in ein Besitzunternehmen und ein Betriebsunternehmen aufgeteilt wird
- die unechte Betriebsaufspaltung, bei der man zwei Unternehmen gründet, die in der für eine Betriebsaufspaltung notwendigen Weise verbunden werden.

Für die Annahme einer Betriebsaufspaltung ist es weiter notwendig, dass zwischen den beiden Unternehmen eine sachliche und personelle Verflechtung besteht.

Eine sachliche Verflechtung liegt vor, wenn das Besitzunternehmen dem Betriebsunternehmen Wirtschaftsgüter zur Nutzung überlassen hat, die wesentliche Betriebsgrundlagen darstellen.

Von einer personellen Verflechtung spricht man, wenn die hinter den beiden Unternehmen stehenden Personen einen einheitlichen geschäftlichen Betätigungswillen haben.

Die Folge einer Betriebsaufspaltung ist, dass auch das Besitzunternehmen gewerbliche Einkünfte gem. § 15 EStG erzielt und die verpachteten Wirtschaftsgüter bzw. das ganze verpachtete Unternehmen weiterhin Betriebs-, nicht Privatvermögen sind.

88.   Welche besonderen Vorschriften sind zu beachten, wenn Familienangehörige an einer Personengesellschaft beteiligt werden sollen?

Nach der Rechtsprechung ist bei Familienpersonengesellschaften besonders zu prüfen, ob die Vereinbarungen so geschlossen wurden, wie sie auch unter fremden Dritten geschlossen worden wären. Die Voraussetzungen für die steuerliche Anerkennung werden in zwei Stufen geprüft: Zuerst wird geprüft, ob die Vereinbarungen zivilrechtlich wirksam zustande kamen, insbesondere ob die entsprechenden Formvorschriften beachtet wurden. Anschließend werden die ertragssteuerlichen Anerkennungsvoraussetzungen geprüft. Neben der Frage, ob die vereinbarte Gewinnverteilung steuerlich anzuerkennen ist, fallen hierunter alle Fragen des Fremdvergleichs, die für jeden Einzelfall nach einer umfangreichen Rechtsprechung geprüft werden müssen.

89. **Können gewerbliche Verluste in uneingeschränkter Höhe geltend gemacht werden?**

Positive und negative Einkünfte aus den einzelnen Einkunftsarten können bei der Zusammenrechnung zu einem Gesamtbetrag der Einkünfte uneingeschränkt, verrechnet werden. Diese Verrechnungsmöglichkeit von Verlusten mit positiven Einkünften hat zur Entstehung sog. Abschreibungsgesellschaften geführt, die unter Ausnutzung zulässiger Abschreibungen sehr hohe Verluste »erwirtschaftet« haben. Um hierdurch mögliche Missbräuche zu verhindern, gilt gem. § 15a EStG für Kommanditisten eine Sonderregelung. Dieser Paragraph untersagt die steuerliche Geltendmachung von Verlusten, soweit dadurch für den Kommanditisten ein negatives Kapitalkonto entsteht oder sich vergrößert. Daneben schränkt § 15b EStG die Ausgleichsmöglichkeit von Verlusten aus Steuersparmodellen grundsätzlich ein.

2.4 Sonderausgaben

90. **Welche Kosten der privaten Lebensführung können steuerlich geltend gemacht werden?**

Aufwendungen aus dem Privatbereich sind bei der Ermittlung der Einkommensteuerschuld grundsätzlich nicht berücksichtigbar. Davon sind die Aufwendungen ausgenommen, die auf Grund einer steuerpolitischen Entscheidung als Sonderausgaben oder außergewöhnliche Belastungen abziehbar sind.

91. **Was versteht man unter Vorsorgeaufwendungen?**

Für die Berücksichtigung von Vorsorgeaufwendungen ist seit dem Kalenderjahr 2005 bedeutend, ob die Aufwendungen zur Basisversorgung rechnen oder zu den sonstigen Vorsorgeaufwendungen.

92. **Welche Vorsorgeaufwendungen rechnen zur Basisversorgung? Wie hoch ist dort das Abzugsvolumen?**

Zur Basisversorgung (§ 10 Abs. 1 Nr. 2 EStG) gehören Beiträge zu

- gesetzlichen Rentenversicherungen, landwirtschaftlichen Alterskassen und berufsständischen Versorgungseinrichtungen, die den gesetzlichen Rentenversicherungen vergleichbare Leistungen erbringen (§ 10 Abs. 1 Nr. 2 Buchst. a EStG)
- sowie Beiträge zu kapitalgedeckten Altersvorsorgeprodukten unter den in § 10 Abs. 1 Nr. 2 Buchst. b EStG genannten Voraussetzungen.

Bei Arbeitnehmern gehören neben den Arbeitnehmerbeiträgen auch die steuerfreien Arbeitgeberanteile zu den begünstigten Aufwendungen.

Abzugsvolumen: Die Aufwendungen sind bis zu einem Höchstbetrag von 20 000 €/ 40 000 € bei zusammenveranlagten Ehegatten zu berücksichtigen. Dieser Betrag ist aber um den steuerfreien Arbeitgeberanteil bzw. bei Beamten etc. um einen fiktiven Arbeitgeberanteil zu kürzen. Außerdem gilt der volle Höchstbetrag erst ab 2025. In 2005 konnten nur 60 % des Höchstbetrags abgezogen werden. Dieser Prozentsatz erhöht sich jedes Jahr um 2 %, bis 2025 die vollen 100 % erreicht sind.

93. **Was zählt zu den sonstigen Vorsorgeaufwendungen? Wie hoch ist dort das Abzugsvolumen?**

Die sonstigen Vorsorgeaufwendungen sind in § 10 Abs. 1 Nr. 3 und 3a EStG aufgeführt. Begünstigte Aufwendungen dieser Gruppe sind Beiträge zu

- Kranken- und Pflegeversicherungen, Arbeitslosenversicherungen, Erwerbs- und Berufsunfähigkeitsversicherungen (soweit nicht Basisversorgung), Unfallversicherungen, Haftpflichtversicherungen und Risikolebensversicherungen sowie
- Beiträge zu »alten« Lebensversicherungen und Kapitalversicherungen gegen laufende Beitragsleistung mit Sparanteil (Versicherungsbeginn vor dem 01.01.2005, unter den damals aufgeführten Voraussetzungen).

Für Kapitallebensversicherungen bzw. Rentenversicherungsverträge, die die Voraussetzungen der Basisversorgung nicht erfüllen und deren Laufzeit nach dem 01.01.2005 begann bzw. bei denen der erste Versicherungsbeitrag erst nach dem 31.12.2004 entrichtet wurde, ist der Sonderausgabenabzug ausgeschlossen.

Abzugsvolumen: Es gilt ein Höchstbetrag von 2 800 €/Jahr (z. B. für Selbstständige), der auf 1 900 € gekürzt wird bei

- steuerfreien Zuschüssen zur Krankenversicherung (z. B. § 3 Nr. 62 EStG: Arbeitgeberanteil oder § 3 Nr. 14 EStG bei Rentnern) oder
- teilweiser oder ganzer Übernahme von Krankheitskosten ohne eigene Aufwendungen (z. B. Beamte mit Beihilfeanspruch, Familienversicherung von Angehörigen in der gesetzlichen Krankenversicherung).

Bei Eheleuten sind die Voraussetzungen für den Ansatz der Höchstbeträge von 2 800 € bzw. 1 900 € jeweils getrennt zu prüfen.

94. **Was ist unter Vorsorgepauschale zu verstehen? Wie hoch ist sie?**

Als Vorsorgepauschale ist in § 39 b Abs 2 Nr. 3 EStG vorgesehen, auch ohne Nachweis bestimmte Pauschalbeträge zum Abzug als Sonderausgaben zuzulassen. Diese Vorsorgepauschale ist variabel und bemisst sich nach dem Arbeitslohn, den der Steuerpflichtige und/oder sein Ehegatte im Kalenderjahr bezogen hat.

95. **Was versteht man unter Realsplitting? Wie wird es durchgeführt?**

Der Begriff Realsplitting tritt bei der Berücksichtigung von Unterhaltsleistungen an den geschiedenen oder getrennt lebenden Ehegatten als Sonderausgaben auf. Diese Leistungen können mit Zustimmung des Empfängers bis zu einem Betrag von 13 805 € jährlich vom Geber als Sonderausgaben abgezogen werden. Der Empfänger hat die Leistungen als sonstige Einkünfte nach § 22 Nr. 1a EStG zu versteuern. Da aber der Geber die höheren Einkünfte hat (sonst müsste er keine Unterhaltsleistungen zahlen), erreicht man durch Abzug beim höheren Einkommen und Versteuerung beim geringeren Einkommen einen Progressionsvorteil, der dem Effekt beim Splitting nahe kommt (daher der Name für dieses Verfahren).

96. **Wie können Aufwendungen für die eigene Bildung steuerlich berücksichtigt werden?**

Soweit es sich um berufliche Bildungsaufwendungen handelt, ist ihre Berücksichtigung auf zweierlei Art möglich.

(1) Für eine Weiterbildung in einem ausgeübten Beruf ist der Abzug als Werbungskosten in unbeschränkter Höhe möglich.

(2) Bei einer Ausbildung für einen Beruf hat man zu unterscheiden, ob diese außerhalb oder innerhalb eines Dienst- oder Arbeitsverhältnisses geschieht.

- Erfolgt die Berufsausbildung innerhalb eines solchen Verhältnisses, liegen ebenfalls unbeschränkt abzugsfähige Werbungskosten vor.
- Bei einer Ausbildung außerhalb eines Dienst- oder Arbeitsverhältnisses können die Ausbildungskosten als Sonderausgaben nur bis zu einem Höchstbetrag von 6 000 € jährlich als Sonderausgaben abgezogen werden.

97. Wie können Aufwendungen für Kinderbetreuungskosten berücksichtigt werden?

Als Kinderbetreuungskosten können gem. § 10 Abs. 1 Nr. 5 EStG zwei Drittel der Kosten, max. 4 000 € pro Kind, als Sonderausgaben abgezogen werden, wenn

- das Kind das 14. Lebensjahr noch nicht vollendet hat oder wegen einer vor Vollendung des 25. Lebensjahrs eingetretenen körperlichen, geistigen oder seelischen Behinderung außerstande ist, sich selbst zu unterhalten und
- eine Rechnung vorliegt und die Zahlung auf ein Konto des Leistungserbringers erfolgt ist.

98. Unter welchen Voraussetzungen und bis zu welcher Höhe können Spenden berücksichtigt werden? Gibt es Besonderheiten bei Parteispenden?

Als Spenden können Ausgaben berücksichtigt werden, die zur Förderung mildtätiger, kirchlicher und als besonders förderungswürdig anerkannter gemeinnütziger Zwecke geleistet werden. Als Nachweis ist eine ordnungsgemäße Spendenquittung erforderlich. Der Spendenabzug ist auf 20 % des Gesamtbetrags der Einkünfte beschränkt.

Unter dem Begriff Parteispenden werden Mitgliedsbeiträge und Spenden zusammengefasst. Diese sind zunächst nach § 34 g EStG mit 50 % der Ausgaben, aber maximal 825 € bei Zusammenveranlagung 1 650 € jährlich, unmittelbar von der Steuerschuld abzuziehen. Der übersteigende Betrag kann dann bis 1 650 €, bei Zusammenveranlagung bis 3 300 €, als Sonderausgaben abgezogen werden.

99. In welcher Weise und bis zu welcher Höhe werden Verluste steuerlich berücksichtigt?

Die Verlustberücksichtigung erfolgt in zwei Stufen:

Zunächst werden Verluste, die bei den einzelnen Einkunftsarten auftreten, grundsätzlich mit positiven Einkünften aus anderen Einkunftsarten verrechnet.

Sind besonders hohe Verluste aufgetreten, so können die im Verlustjahr noch nicht berücksichtigten Verluste in anderen Kalenderjahren geltend gemacht werden. Die Verluste können zunächst bis zu einer Höhe von 511 500 € auf das Vorjahr zurückgetragen werden. Dort wird dann der Verlust vom Gesamtbetrag der Einkünfte abgezogen und bereits bezahlte Steuer erstattet.

Ist der Verlust dabei noch nicht vollständig verrechnet, erfolgt anschließend ein Verlustvortrag auf die Folgejahre, bis der Verlust völlig aufgebraucht, d. h. mit dem Gesamtbetrag der Einkünfte verrechnet, ist. Der Verlustvortrag ist pro Jahr bis zu einem Sockelbetrag von 1 Million € uneingeschränkt zulässig, übersteigende Beträge sind nur zu 60 % verrechenbar. Auf Antrag des Steuerpflichtigen kann auch vom Rücktrag abgesehen und nur ein Verlustvortrag vorgenommen werden.

100.   Wie wird die eigengenutzte Wohnung steuerlich gefördert?

Die Förderung der eigengenutzten Wohnung, die früher in § 7 b EStG und später in § 10 b EStG geregelt war, wurde zu Beginn des Jahres 1996 aus dem Einkommensteuergesetz herausgenommen und in einem separaten Eigenheimzulagegesetz geregelt. Auch diese Förderung wurde ab dem Jahr 2006 eingestellt.

2.5   Außergewöhnliche Belastungen

101.   Was versteht man unter einer außergewöhnlichen Belastung? Nennen Sie Beispiele.

Außergewöhnliche Belastungen liegen nach § 33 EStG vor, wenn einem Steuerpflichtigen zwangsläufig größere Aufwendungen erwachsen als der überwiegenden Mehrzahl der Steuerpflichtigen gleicher Einkommensverhältnisse, gleicher Vermögensverhältnisse, und gleichen Familienstandes. Die Rechtsprechung lässt beispielsweise derartige Abzüge zu bei

- Krankheitskosten,
- Beerdigungskosten,
- Scheidungskosten,
- Aufwendungen wegen Pflegebedürftigkeit und
- Aufwendungen für existentiell notwendige Gegenstände.

102.   Was ist die zumutbare Eigenbelastung und wovon hängt ihre Höhe ab?

Als außergewöhnliche Belastung sind Aufwendungen nur absetzbar, soweit sie die dem Steuerpflichtigen zumutbare Eigenbelastung übersteigen. Die Höhe der zumutbaren Eigenbelastung richtet sich nach einem Prozentsatz des Gesamtbetrags der Einkünfte. Dieser ergibt sich aus einer im Gesetz enthaltenen Tabelle, bei der der Familienstand und die Höhe des Gesamtbetrags der Einkünfte zu berücksichtigen sind.

2.6   Einzelfragen

103.   Wer wird einzeln und wer zusammen veranlagt?

Grundsätzlich wird die Veranlagung für jeden Steuerpflichtigen einzeln durchgeführt, es sei denn, es liegen die Voraussetzungen für eine Ehegattenveranlagung vor. Diese sind:

- zivilrechtlich rechtsgültige Ehe,
- nicht dauerndes Getrenntleben und
- unbeschränkte Steuerpflicht beider Ehegatten.

Dann können die Eheleute zwischen Zusammenveranlagung und Einzelveranlagung wählen.

104.   Was versteht man unter Progressionsvorbehalt und wie wirkt er sich aus?

Bestimmte in § 32b EStG genannte Zahlungen sind grundsätzlich steuerbefreit. Sie werden aber im Rahmen eines sog. Progressionsvorbehalts in der Weise berücksichtigt, dass sie für die Ermittlung des Steuersatzes zum restlichen zu versteuernden Einkommen hinzugerechnet werden. Durch das höhere zu versteuernde Einkommen erhöht sich der Steuersatz je nach Verlauf der Progression.

Der auf diese Weise ermittelte höhere Steuersatz wird dann aber nur auf das tatsächlich zu versteuernde Einkommen, nicht auf die steuerfreien Beträge angewendet.

105. **Muss die Einkommensteuer immer in voller tariflicher Höhe bezahlt werden?**
Nein, denn die Abschnittsbesteuerung des Einkommensteuergesetzes nach dem Kalenderjahr hat zur Folge, dass die Besteuerung nach den allgemeinen Vorschriften für bestimmte Sachverhalte (vor allem wegen der Progression) nicht beabsichtigte Härten mit sich bringt. Für diese Fälle sind in den §§ 34 bis 34b EStG ermäßigte Steuersätze vorgesehen. Der bekannteste davon ist der ermäßigte Steuersatz auf Veräußerungsgewinne.

2.7 Lohnsteuer

2.7.1 Einkünfte aus nicht selbstständiger Arbeit

106. **Wie sind die Begriffe Arbeitnehmer und Arbeitslohn definiert?**
Die Definitionen für beide Begriffe ergeben sich aus der Lohnsteuerdurchführungsverordnung. Nach § 1 LStDV ist ein Arbeitnehmer eine natürliche Person, die in einem öffentlichen oder privaten Dienstverhältnis steht oder stand und daraus Arbeitslohn bezieht.

Arbeitslohn nennt man die Einnahmen aus der Einkunftsart nicht selbstständige Arbeit. Nach der Definition im § 2 LStDV fällt darunter alles, was aus einem Dienstverhältnis zufließt, unabhängig von der gewählten Bezeichnung. Es ist weiter unerheblich:

- ob es sich um einmalige oder laufende Einnahmen handelt, und
- um Einnahmen, auf die ein Anspruch besteht, oder um freiwillige Zahlungen.

107. **Was sind Sachbezüge und wie werden sie bewertet?**
Unter Sachbezügen versteht man alle Zuwendungen des Arbeitgebers, die nicht in Geld bestehen. Ein anderer Begriff hierfür ist geldwerter Vorteil. In § 8 Abs. 2 EStG werden ausdrücklich die Überlassung von Wohnung, Kost und Waren durch den Arbeitgeber als Beispiele genannt. Die Sachbezüge sind grundsätzlich mit den üblichen Endpreisen am Abgabeort anzusetzen.

Bei bestimmten Sachbezügen, deren Wertansatz in der Sozialversicherungsentgeltverordnung geregelt ist, werden diese Werte angesetzt.

108. **In welchem Zusammenhang steht der sog. Rabattfreibetrag und wann wird er gewährt?**
Dieser Freibetrag findet sich in § 8 Abs. 3 EStG. Er gilt für den Bezug von Waren und Dienstleistungen, die vom Arbeitgeber nicht überwiegend für den Bedarf seiner Arbeitnehmer hergestellt, vertrieben oder erbracht werden.

Werden derartige Bezüge gewährt, bleibt von dem dem Arbeitnehmer gewährten Vorteil (Rabatt) ein Betrag bis zu 1 080 € jährlich je Dienstverhältnis steuerfrei.

109. **Wie wird die Überlassung eines Pkw zur privaten Nutzung eines Arbeitnehmers steuerlich behandelt?**
Durch die Überlassung eines Kraftwagens zur privaten Nutzung hat der Arbeitnehmer einen steuerlich zu erfassenden Vorteil, der darin liegt, dass er die Kosten für einen Privatwagen spart. Dieser Vorteil ist der Lohnsteuer zu unterwerfen. Der Vorteil wird auf zweierlei Arten ermittelt:

(1) Grundsätzlich wird die sogenannte 1 %-Regelung angewandt. Danach ist als geldwerter Vorteil für Privatfahrten ein Betrag von 1 % des Bruttolistenpreises des Kraftfahrzeugs monatlich anzusetzen.

(2) Führt der Arbeitnehmer ein Fahrtenbuch und sind die Kosten des Pkw getrennt von anderen Kosten einzeln errechenbar, so können als Vorteil auch die anteiligen Kosten des Pkw angesetzt werden.

110.   Kann die Teilnahme an einem Betriebsausflug Lohnsteuer auslösen?

Die Zuwendungen an Arbeitnehmer, die bei Betriebsveranstaltungen üblich sind, gehören nicht zum Arbeitslohn, sondern werden im ganz überwiegenden Interesse des Betriebs erbracht. Wird allerdings eine Kostengrenze von 110 € pro Teilnehmer überschritten, so können die Zuwendungen nicht mehr als üblich angesehen werden. Dann muss der gesamte Betrag lohnversteuert werden.

111.   Was versteht man lohnsteuerlich unter Annehmlichkeiten und Aufmerksamkeiten?

Unter Annehmlichkeiten versteht man Maßnahmen des Arbeitgebers, die darauf zielen, die Arbeitsbedingungen angenehmer zu gestalten. Annehmlichkeiten sind nicht steuerbar und stellen keinen Arbeitslohn dar. Auch Aufmerksamkeiten gehören nicht zum Arbeitslohn, falls nicht Geld übergeben wird. Als Aufmerksamkeiten sind insbesondere Gelegenheitsgeschenke (Geburtstag, Hochzeit u. Ä.) bis zu einem Wert von 40 € anzusehen.

112.   Nennen Sie einige typische Werbungskosten eines Arbeitnehmers?

Für Arbeitnehmer ergibt sich eine Vielzahl von Abzugsmöglichkeiten für Werbungskosten, oft allerdings nur bei bestimmten Berufen. Die wichtigsten sind: Arbeitsmittel, Arbeitszimmer, Ausbildungskosten, Beiträge zu Berufsverbänden, doppelte Haushaltsführung, Fahrten zwischen Wohnung und Arbeitsstätte, Fort- und Weiterbildungskosten, Kontoführungsgebühren, Reisekosten (Fahrtkosten, Verpflegungsmehraufwendungen, Übernachtungskosten), Telefonkosten, Umzugskosten, Unfallkosten auf dem Weg zur Arbeit.

2.7.2   Formelles Lohnsteuerrecht

113.   Wer stellt die Lohnsteuerkarten aus und was enthalten sie?

Die Lohnsteuerkarten werden von der Gemeinde ausgestellt. Sie enthalten bestimmte persönliche Besteuerungsmerkmale des Arbeitnehmers (Familienstand, Kinderzahl u. Ä.). Die Lohnsteuerkarte hat der Arbeitnehmer dem Arbeitgeber vorzulegen, der danach bei jeder Lohnzahlung die Lohnsteuer einzubehalten und an das Finanzamt abzuführen hat.

114.   Wie viel Lohnsteuerklassen gibt es? Welche Steuerklassenkombinationen sind bei Ehegatten möglich?

Es gibt 6 Steuerklassen.

Ehegatten können wählen, ob sie beide die Steuerklasse 4/4 oder die Steuerklassenkombination 3/5 eingetragen haben wollen.

115.   Welches sind die Voraussetzungen für die Ausgabe der Lohnsteuerkarte mit der Steuerklasse 6?

Die Steuerklasse 6 erhalten Arbeitnehmer für eine zweite Lohnsteuerkarte, wenn sie nebeneinander von mehreren Arbeitgebern Arbeitslohn beziehen.

116.   Bei welchen Lohnsteuerklassen werden Kinder berücksichtigt?

Kinder werden berücksichtigt bei Steuerklasse 2 für alleinstehende Arbeitnehmer und bei Steuerklasse 3, 4 und 5 bei verheirateten Arbeitnehmern.

117.   Wer darf die Eintragungen auf der Lohnsteuerkarte ändern?

Ändern darf nur derjenige, der die Eintragungen berechtigterweise vorgenommen hat, d. h. die Gemeinde die Eintragungen, die von ihr vorgenommen wurden, und der Arbeitgeber die Eintragungen, die er gemacht hat.

118.   Wie unterscheidet sich das Verfahren des Steuerabzugs bei der Besteuerung sonstiger Bezüge von dem bei laufendem Arbeitslohn?

Sonstige Bezüge sind einmalige Zahlungen, die neben dem laufenden Arbeitslohn gezahlt werden, z. B. Weihnachtsgeld und Urlaubsgeld. Um zu vermeiden, dass im Zeitraum ihrer Zahlung durch die Progressionswirkung eine sehr hohe Steuerschuld entsteht, werden sie nach einem in § 39 b Abs. 3 EStG geregelten Verfahren so besteuert, dass ihre Versteuerung aufs ganze Jahr verteilt wird.

119.   Wie hat der Arbeitgeber zu verfahren, wenn der Arbeitnehmer keine Lohnsteuerkarte vorlegt?

Wird keine Lohnsteuerkarte vorgelegt, so hat der Arbeitgeber die Lohnsteuer grundsätzlich nach der ungünstigsten Steuerklasse 6 zu berechnen. Abweichend davon ist für den Monat Januar eine Berechnung nach den Eintragungen auf der Lohnsteuerkarte des Vorjahres möglich, aber auch nur, wenn bis spätestens Ende März nachträglich eine Lohnsteuerkarte vorgelegt wird.

120.   In welchen Fällen kann die Lohnsteuer unter Verzicht auf die Vorlage einer Lohnsteuerkarte pauschal erhoben werden? Wie hoch ist dann jeweils der Steuersatz?

Die Pauschalierung der Lohnsteuer ist möglich:

(1) wenn

- vom Arbeitgeber sonstige Bezüge in einer größeren Zahl von Fällen gewährt werden oder
- wenn Lohnsteuer nachzuerheben ist, weil der Arbeitgeber die Lohnsteuer nicht vorschriftsmäßig einbehalten hat. In diesen Fällen ist ein besonderer Durchschnittssteuersatz zu errechnen.

(2) wenn

- Arbeitslohn als Sachbezug im Zusammenhang mit der verbilligten Gewährung von Mahlzeiten an Arbeitnehmer bezahlt wird,
- Arbeitslohn bei Betriebsveranstaltungen gezahlt wird oder
- Erholungsbeihilfen gewährt werden,
- Mehraufwendungen für Verpflegung bis max. in Höhe der Pauschalsätze zusätzlich ersetzt werden,
- den Arbeitnehmern Personalcomputer übereignet oder Zuschüsse zum Internetzugang gezahlt werden,
- bei Teilzeitbeschäftigten nur eine kurzfristige Beschäftigung von Arbeitnehmern vorliegt (fester Pauschsteuersatz von 25 %).

(3) wenn

- der Arbeitgeber Sachbezüge in Form von unentgeltlicher oder verbilligter Beförderung des Arbeitnehmers zwischen Wohn- und Arbeitsstätte gewährt oder
- der Arbeitgeber Zuschüsse zu den Fahrtkosten des Arbeitnehmers bezahlt (fester Pauschsteuersatz 15 %),

(4) wenn

- der Arbeitgeber bei geringfügigen Beschäftigungen keine Sozialversicherungsbeiträge zahlt oder

- der Arbeitgeber Zahlungen für bestimmte Zukunftssicherungsleistungen leistet (fester Pauschsteuersatz von 20 %).

121. Welche Folgen hat es, wenn der Arbeitgeber die Lohnsteuer nicht richtig einbehält oder abführt?

Kommt der Arbeitgeber diesen Verpflichtungen nicht vorschriftsmäßig nach, so kann er als Haftungsschuldner gem. § 42 d EStG für die Lohnsteuer in Anspruch genommen werden. Er ist dann zusammen mit dem Arbeitnehmer Gesamtschuldner der Lohnsteuer. Das Finanzamt kann einen der Gesamtschuldner nach seiner Wahl in Anspruch nehmen.

122. In welchen Fällen werden Arbeitnehmer zur Einkommensteuer veranlagt?

Durch die Gestaltung der Lohnsteuertabellen wird versucht, die voraussichtliche Einkommensteuerschuld eines Arbeitnehmers schon beim Lohnsteuerabzug zu berücksichtigen. Eine Veranlagung zur Einkommensteuer – wenn auch in vereinfachter Form – ist notwendig,

   wenn z. B.
- ein Arbeitnehmer erhöhte Werbungskosten, Sonderausgaben oder außergewöhnliche Belastungen geltend machen will,
- aus anderen Einkunftsarten noch Einkünfte vorhanden sind, die zusammen 410 € übersteigen,
- bei bestimmtem Steuerklassenkombinationen oder
- wenn die Veranlagung beantragt wird.

3   Gewerbesteuer

3.1   Allgemeines

123. Wem steht das Aufkommen an Gewerbesteuer zu?

Die Gewerbesteuer ist eine Gemeindesteuer, d. h. dass das Aufkommen grundsätzlich den Gemeinden zusteht. Seit 1970 wurde jedoch diese einseitige Abhängigkeit der Gemeinden von der Gewerbesteuer insofern etwas gelockert, dass sie eine sog. Gemeindeumlage an Bund und Länder abgeben und dafür einen Anteil von 15 % am Aufkommen der Einkommensteuer erhalten.

124. Welche Arten von Gewerbebetrieben unterscheidet das Gewerbesteuergesetz?

Die Gewerbebetriebe werden zunächst in stehende Gewerbebetriebe (ortsfeste Gewerbebetriebe) und Reisegewerbebetriebe unterschieden. Die stehenden Gewerbebetriebe werden unterteilt in
- Gewerbebetrieb kraft gewerblicher Betätigung,
- Gewerbebetrieb kraft Rechtsform und
- Gewerbebetrieb kraft wirtschaftlichen Geschäftsbetriebs.

125. Welche Merkmale müssen vorliegen, damit eine wirtschaftliche Tätigkeit als Gewerbebetrieb angesehen wird?

Der Begriff der gewerblichen Tätigkeit ist in § 15 Abs. 2 EStG definiert. Um eine wirtschaftliche Betätigung als gewerblich zu qualifizieren, müssen folgende 4 Voraussetzungen vorliegen:

- Selbständigkeit,
- Nachhaltigkeit,
- Gewinnerzielungsabsicht,
- Beteiligung am allgemeinen wirtschaftlichen Verkehr.

Es darf sich aber nicht handeln um (negative Merkmale):
- Land- und Forstwirtschaft,
- selbstständige Arbeit i.S. des § 18 EStG,
- Verwaltung eigenen Vermögens.

126. Wann beginnt und endet die Gewerbesteuerpflicht?

Die Steuerpflicht beginnt bei Einzelgewerbetreibenden und Personengesellschaften mit der Aufnahme der Geschäftstätigkeit und sie endet mit der Einstellung der gewerblichen Tätigkeit, d.h. mit der völligen Einstellung jeder werbenden Tätigkeit.

Bei Kapitalgesellschaften beginnt die Steuerpflicht mit der Eintragung der Gesellschaft in das entsprechende Register und endet mit dem Abschluss der Liquidation.

127. Wie ist die Gewerbesteuerpflicht beim Übergang eines Betriebs auf einen anderen Unternehmer geregelt?

Wenn ein Betrieb auf einen anderen Unternehmer übergeht, so gilt der Betrieb als durch den bisherigen Unternehmer eingestellt und durch den anderen Unternehmer als neu gegründet. Die sachliche Steuerpflicht erlischt somit beim bisherigen Unternehmer; beim anderen Unternehmer entsteht sie neu.

3.2 Ermittlung der Gewerbesteuer

128. Können Sie die Ermittlung der Gewerbesteuer kurz beschreiben?

Die Ermittlung der Gewerbesteuer beruht als Besteuerungsgrundlage auf dem Gewerbeertrag.

Bei der Ermittlung des Gewerbeertrags geht man vom Gewinn lt. Steuerbilanz aus. Nach Vornahme von spezifisch gewerbesteuerlichen Hinzurechnungen und Kürzungen wird der sich ergebende Gewerbeertrag mit einer Steuermesszahl malgenommen und ergibt einen Steuermessbetrag.

Der Steuermessbetrag wird mit dem Hebesatz der Gemeinde multipliziert und es ergibt sich die Gewerbesteuerschuld.

129. Wie hoch ist die Steuermesszahl?

Die Steuermesszahl beträgt für alle Unternehmensformen 3,5 % (§ 11 Abs. 2 GewStG).

130. Welche Besonderheiten gibt es, wenn das Wirtschaftsjahr nicht mit dem Kalenderjahr übereinstimmt?

Bei Betrieben mit abweichendem Wirtschaftsjahr gilt der Gewerbeertrag als in dem Kalenderjahr bezogen, in dem das abweichende Wirtschaftsjahr endet. Man teilt den Ertrag des abweichenden Wirtschaftsjahrs nicht auf zwei Kalenderjahre auf.

131. Was bedeutet der Begriff Gewerbeverlust und wie wird ein Gewerbeverlust behandelt?

Der Begriff Gewerbeverlust darf nicht mit dem Begriff gewerblicher Verlust i.S. des Ertragsteuerrechts verwechselt werden. Ein Gewerbeverlust entsteht als negatives Ergebnis der

Berechnungen aus Gewerbegewinn plus Hinzurechnungen minus Kürzungen. Der maßgebende Gewerbeverlust eines Jahres wird von den Gewerbeerträgen der Folgejahre abgezogen, bis er aufgebraucht ist. Pro Jahr dürfen dabei 1 Million Euro Sockelbetrag uneingeschränkt, übersteigende Verluste nur zu 60 % verrechnet werden. Ein Verlustrücktrag wie im Einkommensteuerrecht besteht im Gewerbesteuerrecht nicht.

3.3   Hinzurechnungen und Kürzungen

132.   In welcher Höhe sind Finanzierungsaufwendungen dem Gewinn hinzuzurechnen?

Die Hinzurechnung erfolgt nach folgendem Schema (§ 8 Nr. 1 GewStG):

	Entgelte für Schulden
+	Renten und dauernden Lasten
+	Gewinnanteile des stillen Gesellschafters
+	20 % der Miet- und Pachtzinsen einschließlich der Leasingraten für Grundbesitz
+	50 % der Miet- und Pachtzinsen einschließlich der Leasingraten für bewegliche Wirtschaftsgüter
+	25 % der Aufwendungen für die Überlassung von Rechten
=	Gesamtsumme
×	25 %
./.	100 000 € (Freibetrag)
=	Hinzurechnungsbetrag

133.   In welcher Höhe werden für den Erwerb eines Betriebs gezahlte Renten hinzugerechnet?

Es wird nur der Betrag hinzugerechnet, der den Gewinn gemindert hat. Da Rentenzahlungen einen Zins- und einen Tilgungsanteil enthalten, sich aber bei richtiger Verbuchung nur der Zinsanteil gewinnmindernd auswirkt, ist auch nur der Zinsanteil wieder hinzuzurechnen.

134.   Aus welchen Gründen werden Hinzurechnungen zum Gewerbeertrag vorgenommen?

Die meisten Hinzurechnungen werden vorgenommen, um Zahlungen für Fremdkapital, die den Gewinn gemindert haben, diesem wieder hinzuzurechnen. Gewerbesteuerlich soll der Betrieb besteuert werden, nicht der Inhaber und dessen Eigenkapitalbasis.

135.   Was versteht man unter einer Schachtelbeteiligung und wie wird sie gewerbesteuerlich behandelt?

Eine Schachtelbeteiligung liegt vor, wenn ein Betrieb an einer Kapitalgesellschaft mindestens zu 15 % des Grund- oder Stammkapitals beteiligt ist.

Die Erträge aus der Schachtelbeteiligung werden vom Gewinn, in dem sie enthalten sind, wieder abgezogen.

136. Sind Spenden bei der Ermittlung der Gewerbesteuer abzugsfähig?

Mit Ausnahme von Parteispenden und Spenden an Vereine ohne Parteicharakter, die überhaupt nicht abzugsfähig sind, sind Spenden gewerbesteuerlich in gleicher Höhe wie bei der Einkommensteuer bzw. Körperschaftsteuer abzugsfähig.

137. Was ist der Grund für die Kürzung bei betrieblichem Grundbesitz vom Gewerbeertrag?

Um eine Doppelbelastung des betrieblichen Grundbesitzes mit zwei Gemeindesteuern (Grundsteuer und Gewerbesteuer) zu vermeiden, wird ein Betrag von 1,2 % des Einheitswerts der Betriebsgrundstücke gekürzt.

138. Warum werden Gewinnanteile von Personengesellschaften gekürzt?

Erträge aus Beteiligungen an Personengesellschaften sind bereits im Gewerbeertrag dieser Gesellschaften enthalten. Da sie ertragsteuerlich auch im Gewinn der Beteiligungsunternehmen erfasst sind, werden sie dort vom Gewinn wieder abgezogen, um eine Doppelbelastung mit Gewerbesteuer zu vermeiden.

139. Wie hoch sind die Freibeträge eines Einzelunternehmens, einer Personengesellschaft und einer GmbH für die Ermittlung des Gewerbeertrags?

Beim Einzelunternehmen und bei den Personengesellschaften wird ein Freibetrag in Höhe von 24 500 € abgezogen. Eine GmbH erhält grundsätzlich (einige Ausnahmen sind gesetzlich vorgesehen) keinen Freibetrag.

3.4 Zerlegung

140. Welchen Grund gibt es für eine Aufteilung der Gewerbesteuer und nach welchen Kriterien wird sie vorgenommen?

Die Berechnung der Gewerbesteuer auf Grund des steuerlichen Gewinns erfolgt für ein Unternehmen grundsätzlich einheitlich. Die Gewerbesteuer steht aber allen Gemeinden zu, in denen ein Betrieb Betriebsstätten hat.

Um jeder der beteiligten Gemeinden einen angemessenen Anteil an Gewerbesteueraufkommen zukommen zu lassen, muss der einheitliche Steuermessbetrag zerlegt werden, damit jede Gemeinde auf ihren Anteil ihren eigenen Hebesatz anwenden kann.

Als Maßstab für die Zerlegung ist das Verhältnis der in den einzelnen Betriebsstätten gezahlten Arbeitslöhne vorgesehen.

3.5 Festsetzung und Erhebung

141. Wie können die Gemeinden die Höhe der Gewerbesteuer beeinflussen?

Die Gewerbesteuer ergibt sich, wenn der Steuermessbetrag mit dem Hebesatz der Gemeinde multipliziert wird. Dieser Hebesatz wird von der Gemeinde (dem Gemeinderat) selbstverantwortlich und frei festgesetzt. Er muss mindestens 200 % betragen; im Allgemeinen liegt er etwa zwischen 300 und 500 %.

142. Wie ist die Aufgabenverteilung der bei der Ermittlung und Erhebung der Gewerbesteuer beteiligten Behörden geregelt?

Die Ermittlung der Gewerbesteuer bis hin zur Festsetzung des Steuermessbetrags erfolgt durch das Finanzamt. Auch eine evtl. notwendige Zerlegung wird vom Finanzamt vorgenommen. Am Ende dieses Verfahrens steht die Festsetzung eines Gewerbesteuermessbescheids sowie evtl. der Erlass eines Zerlegungsbescheids.

Die Aufgabe der Gemeinde besteht dann darin, auf diesen Messbescheid bzw. Zerlegungsbescheid den Hebesatz anzuwenden und einen Gewerbesteuerbescheid zu erlassen. Der Gemeinde obliegt auch die weitere Verwaltung der Gewerbesteuer, d.h. die Festsetzung und Erhebung der Vorauszahlungen sowie Stundung, Erlass und Beitreibung rückständiger Beträge.

143. Kann eine Gemeinde einem ansiedlungswilligen Unternehmen Gewerbesteuerfreiheit oder -ermäßigung in Aussicht stellen?
Gem. § 16 Abs. 4 GewStG muss der Hebesatz für alle in der Gemeinde vorhandenen Unternehmen der gleiche sein. Eine Freistellung oder Ermäßigung für ein einzelnes Unternehmen ist daher nach dem Gesetz nicht möglich. Da aber die Gemeinde für die Verwaltung der Gewerbesteuer zuständig ist, kann sie einem Unternehmen eine großzügige Handhabung von Stundung und Erlass in Aussicht stellen.

3.6   Exkurs: Grundsätze der Einheitsbewertung nach §§ 19 ff. BewG

3.6.1   Allgemeines

144. Warum gibt es ein separates Bewertungsgesetz neben den Bewertungsvorschriften, die sich in den Einzelsteuergesetzen befinden?
Für viele Steuern ist der Wert einer Sache als Anknüpfungspunkt von Bedeutung. Die Wertermittlung kann in den Einzelsteuern an der benötigten Stelle oder in einem besonderen Gesetz geregelt werden. Das Bewertungsgesetz ist Ausdruck der zweiten Alternative. Es regelt Begriffe und stellt Bewertungsmethoden dar, die für andere Steuergesetze verwendet werden können.

145. Welche Bewertungsmaßstäbe kennen Sie?
Das Bewertungsgesetz kennt eigentlich nur zwei Bewertungsmaßstäbe, den gemeinen Wert und den Teilwert.

Die Bewertung mit dem gemeinen Wert ist der Regelfall. Der gemeine Wert wird durch den Preis bestimmt, der im gewöhnlichem Geschäftsverkehr zu erzielen wäre.

Weitere Wertbegriffe des Bewertungsgesetzes, die alle als Unterformen des gemeinen Werts bezeichnet werden können, sind: der Kurswert, der Rücknahmepreis, der Nennwert, der Gegenwartswert, der Rückkaufswert und der Kapitalwert.

Der Teilwert findet bei der Bewertung von Betriebsvermögen Anwendung.

146. Was bedeutet der Begriff Einheitswert?
Der Einheitswert ist ein »einheitlicher Wert« für mehrere Steuerarten.

147. Bei welchen wirtschaftlichen Einheiten werden Einheitswerte festgestellt?
Einheitswerte werden festgestellt für inländischen Grundbesitz, und zwar
- für Betriebe der Land- und Forstwirtschaft,
- Grundstücke und
- Betriebsgrundstücke.

148.   Welche Feststellungen enthält ein Einheitswertbescheid?

Im Einheitswertbescheid werden folgende Feststellungen getroffen:

- über den Wert,
- über die Art der wirtschaftlichen Einheit und
- über die Zurechnung zu bestimmten Personen.

149.   Welche Feststellungsarten gibt es?

Einheitswerte werden nach einem bestimmten System von Feststellungsarten festgesetzt:

(1) die Hauptfeststellung, die für jede wirtschaftliche Einheit regelmäßig stattfindet,

(2) die Fortschreibung, die erfolgt, wenn sich zwischen den Hauptfeststellungen die festgestellten Verhältnisse ändern,

(3) die Nachfeststellung für die wirtschaftlichen Einheiten, die bei der Hauptfeststellung noch nicht vorhanden waren.

150.   Für welche Steuerarten haben die Einheitswerte des Bewertungsgesetzes Bedeutung?

Die Einheitswerte des Grundbesitzes werden nur noch für die Grundsteuer und die Gewerbesteuer benötigt. Insofern ist der Begriff Einheitswert als einheitlicher Wert für mehrere Steuerarten nicht mehr realistisch.

3.6.2   Grundvermögen

151.   Was gehört zu einem Grundstück i. S. des Bewertungsgesetzes?

Zu einem Grundstück gehört wie im Zivilrecht auch der Grund und Boden, die Gebäude, die sonstigen Bestandteile sowie das Zubehör.

152.   Was sind Betriebsvorrichtungen und wie werden sie bewertet?

Betriebsvorrichtungen sind alle Vorrichtungen einer Betriebsanlage, mit denen das Gewerbe unmittelbar betrieben wird, die also nicht der Grundstücksnutzung, sondern betrieblichen Zwecken dienen. Sie werden nicht beim Grundvermögen, sondern beim Betriebsvermögen erfasst.

153.   Welche Grundstücksarten gibt es?

Neben den unbebauten und bebauten Grundstücken unterscheidet man bei Letzteren zwischen Mietwohngrundstücken, Geschäftsgrundstücken, gemischt genutzten Grundstücken, Einfamilienhäusern, Zweifamilienhäusern und sonstigen bebauten Grundstücken.

154.   Welche Bewertungsverfahren werden beim Grundvermögen angewandt?

Für die Bewertung des Grundvermögens gibt es ein Ertragswertverfahren und ein Sachwertverfahren.

155.   Aus welcher Zeit stammen die Werte, die bei der Bewertung des Grundvermögens zugrunde gelegt werden?

Die Bewertung des Grundbesitzes richtet sich nach den Wertverhältnissen vom 01. 01. 1964, zu dem die letzte Hauptfeststellung für den Grundbesitz erfolgte. In den neuen Bundesländern knüpft man an die Werte der Hauptfeststellung vom 01.01.1935 an.

4 Körperschaftsteuer

4.1 Allgemeines

156. Woran knüpft die Steuerpflicht bei der Körperschaftsteuer an?

Die Körperschaftsteuer erfasst das Einkommen der körperschaftsteuerpflichtigen Personen.

157. Wer ist unbeschränkt körperschaftsteuerpflichtig?

Unbeschränkt körperschaftsteuerpflichtig sind bestimmte Körperschaften, Personenvereinigungen und Vermögensmassen, wenn ihr Sitz oder ihre Geschäftsleitung im Inland ist. Insbesondere sind körperschaftsteuerpflichtig: Kapitalgesellschaften, Genossenschaften, Versicherungsvereine auf Gegenseitigkeit, sonstige juristische Personen des privaten Rechts, aber auch nicht rechtsfähige Gebilde und Betriebe gewerblicher Art von juristischen Personen des öffentlichen Rechts.

158. Wer unterliegt der beschränkten Steuerpflicht?

Beschränkt steuerpflichtig sind dieselben Gebilde wie bei der unbeschränkten Steuerpflicht, wenn sie weder ihren Sitz noch ihre Geschäftsleitung im Inland haben.

Des Weiteren sind Körperschaften des öffentlichen Rechts beschränkt steuerpflichtig, wenn sie kapitalertragsteuerpflichtige Einkünfte haben. Dieser Fall tritt ein, wenn sie an Kapitalgesellschaften beteiligt sind, die an ihre Anteilseigner Ausschüttungen vornehmen.

159. Welche Einkünfte umfasst die unbeschränkte und beschränkte Steuerpflicht?

Die unbeschränkte Steuerpflicht umfasst wie bei der Einkommensteuer das gesamte Welteinkommen; die beschränkte Steuerpflicht nur die inländischen Einkünfte bzw. bei den Körperschaften des öffentlichen Rechts die kapitalertragsteuerpflichtigen Einkünfte.

4.2 Einkommensermittlung

160. Was versteht man unter Einkommen im Körperschaftsteuerrecht?

Was als Einkommen gilt und wie es zu ermitteln ist, bestimmt sich gem. § 8 KStG nach den Vorschriften des Einkommen- und des Körperschaftsteuergesetzes. Die Begriffe Einkommen, Einkünfte und Gewinn gelten daher auch für das Körperschaftsteuerrecht. Das Einkommen der Körperschaften besteht deshalb grundsätzlich aus dem Gesamtbetrag der Einkünfte abzüglich der abziehbaren Aufwendungen, Verlustabzug und der Freibeträge.

161. Welche Einkunftsarten können im Körperschaftsteuerrecht vorkommen?

Körperschaften können alle Einkunftsarten haben, ausgenommen Einkünfte aus nichtselbstständiger Arbeit.

162. Welcher Einkunftsart ist der Gewinn einer GmbH zuzuordnen?

§ 8 Abs. 2 KStG bestimmt, dass bei Steuerpflichtigen, die nach den Vorschriften des HGB buchführungspflichtig sind, alle Einkünfte zu den gewerblichen Einkünften gehören. Da die GmbH als Formkaufmann (§ 6 HGB) buchführungspflichtig ist, sind ihre sämtlichen Einkünfte den gewerblichen Einkünften zuzuordnen.

163.   **In welcher Weise ist der durch eine Handelsbilanz ermittelte Gewinn einer GmbH für körperschaftsteuerliche Zwecke zu verändern?**

Der vorläufige Jahresüberschuss lt. Handelsbilanz oder GuV-Rechnung ist der Ausgangspunkt der Einkommensermittlung. Steuerlichen Vorschriften nicht entsprechende Bilanzpositionen müssen aber korrigiert werden. Auf diese Weise wird aus der Handelsbilanz die Steuerbilanz abgeleitet.

164.   **Welche einkommensteuerlichen Modifikationen sind anschließend vorzunehmen?**

Es sind die Beträge zu korrigieren, die nach einkommensteuerlichen Vorschriften kein Aufwand oder kein Ertrag sind.

- Nicht als Aufwand zu erfassen sind die nichtabzugsfähigen Betriebsausgaben; soweit sie den Bilanzgewinn gemindert haben, sind sie wieder hinzuzurechnen.
- Nicht als Ertrag zu erfassen sind steuerfreie Vermögensmehrungen; soweit sie den Bilanzgewinn erhöht haben, sind sie wieder abzuziehen (z. B. steuerfreie Einnahmen, steuerfreie Investitionszulagen und ausländische Einkünfte, die auf Grund von DBA steuerfrei sind).

165.   **Welche Ausgaben sind bei der Einkommensermittlung der GmbH nach Körperschaftsteuerrecht nicht abzugsfähig?**

Bestimmte nicht abziehbare Aufwendungen werden bei der Einkommensermittlung hinzugerechnet, soweit sie das Bilanzergebnis gemindert haben:

- Aufwendungen für die Erfüllung von Zwecken des Steuerpflichtigen, die durch Stiftungsgeschäft, Satzung oder sonstige Verfassung vorgeschrieben sind;
- nichtabziehbare Steuern (Körperschaftsteuer, Kapitalertragsteuer, ausländische Einkommensteuer, Umsatzsteuer auf Entnahmen und verdeckte Gewinnausschüttungen, Vorsteuerbeträge auf nicht abziehbare Betriebsausgaben und Nebenleistungen auf die vorgenannten Steuern);
- Geldstrafen, Geldbußen und ähnliche Aufwendungen und
- Aufsichtsratsvergütungen und ähnliche Vergütungen an Überwachungsorgane der Gesellschaft.

166.   **Welche Auswirkungen hat eine offene Gewinnausschüttung auf das Einkommen der Körperschaft?**

Eine offene Gewinnausschüttung, d. h. eine Gewinnausschüttung, die von den Gesellschaftern in einem förmlichen Gewinnverteilungsbeschluss beschlossen wird, hat auf die Ermittlung des Einkommens keine Auswirkung. Für die Einkommensermittlung spielt es keine Rolle, ob das Einkommen im Unternehmen verbleibt und den Rücklagen zugeführt oder an die Anteilseigner ausgeschüttet wird.

167.   **Was versteht man unter einer verdeckten Gewinnausschüttung? Nennen Sie Beispiele.**

Von einer verdeckten Gewinnausschüttung spricht man, wenn einem Anteilseigner oder einer ihm nahe stehenden Person von der Gesellschaft irgendwelche Gelder gezahlt oder Vorteile gewährt werden, die ein fremder Dritter bei sonst gleichen Bedingungen nicht erhalten hätte. Die häufigsten Fälle verdeckter Gewinnausschüttungen sind

- überhöhte Arbeitsentschädigung,
- Vorteile bei Darlehensgewährung,
- besondere Preisfestsetzungen bei Lieferungen und Leistungen,

- Begünstigung bei Miet- und Pachtverträgen und
- Begünstigungen bei Wertpapier- und Anteilsüberlassung.

168. Wie werden verdeckte Gewinnausschüttungen bei der Einkommensermittlung einer Körperschaft behandelt?

Nach § 8 Abs. 3 KStG mindern verdeckte Gewinnausschüttungen das Einkommen nicht; das soll heißen, sie dürfen es nicht mindern. Deshalb muss der Betrag der verdeckten Gewinnausschüttung bei der Einkommensermittlung dem Gewinn wieder hinzugerechnet werden.

169. Wie wirken sich verdeckte Gewinnausschüttungen beim Anteilseigner aus?

Beim Anteilseigner stellen verdeckte Gewinnausschüttungen Einkünfte aus Kapitalvermögen dar und unterliegen der Abgeltungssteuer.

170. Wie ist die Abzugsmöglichkeit von Spenden geregelt?

Spenden für mildtätige, kirchliche, religiöse, wissenschaftliche und als besonders förderungswürdig anerkannte gemeinnützige Zwecke sind wie bei der Einkommensteuer nur bis zu bestimmten Höchstgrenzen abzugsfähig. Diese Höchstgrenze bezieht sich entweder auf die Summe aus Umsätzen und Löhnen und Gehältern oder auf den Gesamtbetrag der Einkünfte.

171. Sind auch Parteispenden abzugsfähig?

Spenden an politische Parteien und an sog. unabhängige Wählergemeinschaften sind seit 1994 körperschaftsteuerlich überhaupt nicht mehr abzugsfähig.

172. Ist auch bei der Körperschaftsteuer eine Verlustberücksichtigung möglich?

Durch § 8 KStG wird auf die Verlustberücksichtigungsnorm § 10d des Einkommensteuergesetzes verwiesen. Durch die entsprechende Anwendung von § 10d EStG ergeben sich bezüglich der Vorgehensweise bei Verlustrück- und -vortrag keine Besonderheiten gegenüber dem Einkommensteuergesetz.

173. Unter welchen Voraussetzungen ist eine Organschaft anzunehmen?

Eine Organschaft bzw. ein Organverhältnis liegt vor, wenn eine Kapitalgesellschaft mit Sitz und Geschäftsleitung im Inland (Organgesellschaft) einem anderen inländischen Unternehmen (Organträger)

- finanziell eingegliedert ist, d.h. dem Organträger die Mehrheit der Stimmrechte aus den Anteilen zusteht, und
- ein Gewinnabführungsvertrag auf mindestens 5 Jahre abgeschlossen wurde, durch den sich die Organgesellschaft verpflichtet, den gesamten Gewinn an den Organträger abzuführen und sich der Organträger verpflichtet, evtl. Verluste zu übernehmen.

174. Welche Folgen hat das Vorliegen einer Organschaft auf die körperschaftsteuerliche Behandlung?

Da die Organgesellschaft praktisch ihre Selbstständigkeit verliert, hat die Organschaft zur Folge, dass das Einkommen zwar

- mit einigen Besonderheiten getrennt zu ermitteln ist,
- dann aber beim Organträger erfasst und versteuert wird.

4.3 Behandlung der Anteilseigner

175. **Was versteht man unter Tarifbelastung? Was unter Ausschüttungsbelastung? Wie hoch sind sie?**

Tarifbelastung ist der Prozentsatz, der nach dem jeweils gültigen Körperschaftsteuertarif für das zu versteuernde Einkommen grundsätzlich angewendet wird. Ausschüttungsbelastung ist der Prozentsatz, der auf ausgeschüttete Gewinne angewendet wird. Für thesaurierte und ausgeschüttete Gewinne gilt eine einheitliche Belastung von 15 %.

176. **Welche Beträge hat ein Anteilseigner einer Kapitalgesellschaft der Einkommensteuer zu unterwerfen?**

Ausschüttungen stellen für den Anteilseigner Einkünfte aus Kapitalvermögen dar. Der als Dividende bezeichnete Betrag (Ausschüttungsbetrag) ist als Einnahme i.S. von § 20 Abs. 1 Nr. 1 EStG zu erfassen.

177. **Wie ist die Frage zuvor zu beantworten, wenn der Anteilseigner die Beteiligung an der Kapitalgesellschaft im Betriebsvermögen seines Einzelunternehmens hält?**

Der Ausschüttungsbetrag ist dann als Beteiligungsertrag zu verbuchen und stellt Einkünfte aus Gewerbebetrieb gem. § 15 EStG dar. Für diese gilt nicht die Abgeltungsteuer, sondern das Teileinkünfteverfahren in § 3 Nr. 40 d EStG, nach welchem von diesem Ertrag 40 % steuerfrei bleiben und deshalb außerbilanziell wieder abgezogen werden.

178. **Welche Beträge kann ein Anteilseigner einer Kapitalgesellschaft auf seine Einkommensteuer anrechnen?**

Die Abgeltungsteuer kann nicht auf die Einkommensteuer angerechnet werden; für die im Teileinkünfteverfahren einbehaltene Kapitalertragsteuer ist dies möglich.

179. **Kann ein Anteilseigner auf ihn entfallende Verluste, die seine Kapitalgesellschaft erwirtschaftet hat, bei seiner Einkommensteuerveranlagung geltend machen, d.h. mit anderen positiven Einkünften verrechnen?**

Dies ist nicht möglich. Die Kapitalgesellschaft ist ein eigenes Rechtssubjekt, das seine Verluste nur selbst durch Rücktrag oder Vortrag verrechnen kann. Im Gegensatz zu Personengesellschaften können daher Verluste von den Anteilseignern nicht geltend gemacht werden. Anders ausgedrückt: Verluste können im Gegensatz zu Gewinnen nicht ausgeschüttet werden.

180. **Was ist eine Nichtveranlagungsbescheinigung? Wofür wird sie benötigt und welche Folgen zieht ihre Vorlage nach sich?**

Eine Nichtveranlagungsbescheinigung wird vom Finanzamt für längstens 3 Jahre ausgestellt. Aus ihr ergibt sich, dass der Steuerpflichtige unbeschränkt steuerpflichtig ist und eine Veranlagung für ihn nicht in Betracht kommt. Da keine Veranlagung durchgeführt wird, ist auch keine Anrechnung der Kapitalertragsteuer auf die Einkommensteuerschuld möglich. Im Falle der Vorlage einer Nichtveranlagungsbescheinigung werden daher die Kapitalerträge an den Anteilseigner ohne Abzug von Kapitalertragsteuer ausgezahlt.

181.   Wie wirkt ein Freistellungsauftrag? Bis zu welcher Höhe kann er erteilt werden?

Ein Freistellungsauftrag wirkt in gleicher Weise wie eine Nichtveranlagungsbescheinigung. Auch durch einen Freistellungsauftrag wird die volle Auszahlung durch die verwaltende Bank erreicht. Freistellungsaufträge sind bis zur Höhe von 801 €, bei zusammen veranlagten Ehegatten bis zu 1 602 € möglich.

182.   Wird ein Anteilseigner mit Wohnsitz im Ausland bei der Besteuerung seiner Aktienerträge genauso behandelt wie ein unbeschränkt Steuerpflichtiger?

Bei beschränkt Steuerpflichtigen kann die Kapitalertragsteuer weder angerechnet noch vergütet werden. Die Einkommensteuer ist mit diesem Abzug abgegolten (§ 50 Abs. 2 EStG).

5   Umsatzsteuer

5.1   Allgemeines

183.   Warum ist die Umsatzsteuer eine indirekte Steuer, eine Gemeinschaftsteuer, eine Verkehrsteuer?

Die Umsatzsteuer ist im entrichteten Preis enthalten und wird vom leistenden Unternehmer ans Finanzamt abgeführt. Wirtschaftlich belastet durch die Umsatzsteuer ist aber der Endverbraucher. Da somit Steuerträger (wirtschaftlich Belasteter) und Steuerschuldner (derjenige, der die Steuer ans Finanzamt abführt) auseinander fallen, ist die Umsatzsteuer eine indirekte Steuer i. S. der Abgabenordnung.

Als Gemeinschaftsteuer bezeichnet man die Umsatzsteuer deshalb, weil ihr Aufkommen zu einem geringen Prozentsatz den Gemeinden, der Rest den Ländern und dem Bund gemeinschaftlich zusteht.

Die Umsatzsteuer ist eine Verkehrsteuer, weil sie an Verkehrsvorgänge des Wirtschaftslebens anknüpft.

184.   Warum wird die Umsatzsteuer auch als Mehrwertsteuer bezeichnet?

Als Mehrwertsteuer wurde die Umsatzsteuer bezeichnet, weil die vom einzelnen Unternehmer zu entrichtende Zahllast dem Steuersatz auf den Betrag entspricht, der zwischen seinem Einkaufs- und seinem Verkaufspreis liegt.

185.   Was versteht man unter Zahllast?

Der Gesamtbetrag der Steuer, der auf einer Ware lastet, wird als Traglast bezeichnet, die vom Lieferanten in Rechnung gestellte Steuer ist beim Abnehmer als sog. Vorsteuer abzugsfähig. Die Differenz zwischen Traglast und Vorsteuer ist die Zahllast.

186.   Inwiefern beeinflusst die Umsatzsteuer die Liquidität eines Unternehmens?

Die Umsatzsteuer ist in der Regel nach vereinbarten Entgelten zu berechnen (Sollbesteuerung); d. h., dass die Umsatzsteuer schon nach Ausführung der Leistung dem Finanzamt geschuldet wird, während die Zahlung des Abnehmers oft erst wesentlich später eingeht. Der Unternehmer muss dann die Umsatzsteuer (abzüglich Vorsteuer) vorfinanzieren, sodass die Liquidität des Unternehmens belastet wird.

5.2   Steuerbarkeit

187.   Was versteht man unter dem Begriff der Steuerbarkeit?
Der Begriff der Steuerbarkeit ergibt sich aus der Überschrift zu § 1 UStG. Ein Umsatz ist somit steuerbar, wenn er unter einen der Tatbestände des § 1 UStG fällt.

188.   Was versteht man unter Lieferungen und was unter sonstigen Leistungen? Wofür ist die Unterscheidung von Bedeutung?
Eine Lieferung liegt nach der gesetzlichen Definition vor, wenn einer anderen Person Verfügungsmacht an einem Gegenstand verschafft wird. Verfügungsmacht hat der Eigentümer und jeder, der von ihm dazu ermächtigt wurde. Verfügungsmacht bedeutet, dass man die Fähigkeit hat, wie ein Eigentümer über einen Gegenstand verfügen zu können.

Eine sonstige Leistung ist im Wirtschaftsverkehr jede Leistung, die den Begriff der Lieferung nicht erfüllt. Die Unterscheidung ist z. B. von Bedeutung für die Frage, wo die Lieferung oder sonstige Leistung ausgeführt wird.

189.   Welche Vorgänge werden Lieferungen gleichgestellt?
In drei Fällen werden unentgeltliche Vorgänge den Lieferungen gleichgestellt und als steuerbare Vorgänge behandelt:

- unentgeltliche Entnahme von Gegenständen, die vorliegt, wenn ein Unternehmer Gegenstände des Unternehmensvermögens für Zwecke außerhalb des Unternehmens entnimmt,
- unentgeltliche Sachzuwendungen an das Personal, die vorliegen, wenn ein Unternehmer seinem Personal Gegenstände für dessen privaten Bedarf unentgeltlich zuwendet, wenn nicht lediglich sog. Aufmerksamkeiten vorliegen, und
- andere unentgeltliche Zuwendungen, die vorliegen, wenn ein Unternehmer aus unternehmerischen Gründen irgend jemand außer seinem Personal unentgeltlich Gegenstände zuwendet, die kein Geschenk von geringem Wert oder Warenmuster darstellen.

190.   Welche Vorgänge werden wie sonstige Leistungen behandelt?
In zwei Fällen werden unentgeltliche Vorgänge den sonstigen Leistungen gleichgestellt und als steuerbare Vorgänge behandelt:

- bei unentgeltlicher Verwendung von Gegenständen, welche vorliegt, wenn ein Unternehmer einen Gegenstand des Unternehmensvermögens für nichtunternehmerische Zwecke oder für private Zwecke des Personals verwendet und es sich um kein Fahrzeug handelt, bei dem der Vorsteuerabzug nur zu 50 % möglich war und
- bei unentgeltlicher Leistungserbringung, welche vorliegt, wenn ein Unternehmer eine andere unentgeltliche sonstige Leistung für nichtunternehmerische Zwecke oder für den privaten Bedarf des Personals erbringt.

191.   Welche Voraussetzungen bestehen für die Steuerbarkeit der unentgeltlichen Wertabgaben?
Gemeinsame Voraussetzung für die Steuerbarkeit der unentgeltlichen Wertabgaben ist, dass der Erwerb der unentgeltlich gelieferten oder unentgeltlich verwendeten Gegenstände den Unternehmer zum vollen oder teilweisen Vorsteuerabzug berechtigt hat.

192. Warum wird die Einfuhr aus dem Drittlandsgebiet der Umsatzsteuer unterworfen?

Die Besteuerung der Einfuhr soll die gleichmäßige Belastung aller im Zollgebiet angebotenen Waren mit Umsatzsteuer sicherstellen, d.h. die im Inland hergestellten Waren werden mit Umsatzsteuer, die importierten Waren mit Einfuhrumsatzsteuer belastet.

193. Erklären Sie den Begriff Bestimmungslandprinzip beim innergemeinschaftlichen Erwerb?

Durch die Schaffung des EG-Binnenmarkts am 1.1.1993 stand man vor der Frage, ob man Lieferungen im Ursprungsland oder im Bestimmungsland der Umsatzsteuer unterwerfen wollte. Man hat sich grundsätzlich für das Bestimmungslandprinzip entschieden. Eine Lieferung gilt danach im Herkunftsland (Ursprungsland) als innergemeinschaftliche Lieferung und ist umsatzsteuerfrei. Der Erwerb ist dann im Bestimmungsland (Land des Käufers) der Umsatzsteuer mit dem dortigen Steuersatz zu unterwerfen.

5.3   Unternehmer

194. Unter welchen Voraussetzungen ist man umsatzsteuerlich ein Unternehmer? Welchen Umfang hat das Unternehmen?

Das Umsatzsteuergesetz hat einen eigenen Unternehmerbegriff, der weiter gefasst ist als der des Gewerbetreibenden im Einkommen- und Gewerbesteuerrecht. Unternehmer ist jeder, der eine gewerbliche oder berufliche Tätigkeit selbstständig ausübt. Unter gewerblicher oder beruflicher Tätigkeit in diesem Sinne versteht man jede nachhaltige Tätigkeit zur Erzielung von Einnahmen. Unternehmer sind daher (im Gegensatz zum Ertragsteuerrecht) auch alle Freiberufler, sowie diejenigen, die nur durch Vermietung und Verpachtung tätig werden.

195. Was versteht man unter Unternehmenseinheit?

Nach dem Verständnis des deutschen Umsatzsteuerrechts hat jeder Unternehmer nur ein Unternehmen. Dies folgt daraus, dass nach der Definition des § 2 UStG das Unternehmen die gesamte gewerbliche und berufliche Tätigkeit des Unternehmers erfasst.

196. Was sind Grund- und was sind Hilfsgeschäfte?

Die Geschäftstätigkeit im Unternehmensbereich lässt sich einteilen in:

- Grundgeschäfte (Leistungen des Unternehmers, die den eigentlichen Zweck des Unternehmens bilden) und
- Neben- und Hilfsgeschäfte (Leistungen, die neben der Haupttätigkeit anfallen oder durch diese verursacht worden sind). Hinweis: Bitte die beiden Begriffe nicht verwechseln mit dem Begriffspaar: Haupt- und Nebenleistungen (vgl. Frage 209).

197. Was versteht man unter einem nicht steuerbaren Innenumsatz?

Infolge des umsatzsteuerlichen weiten Begriffs des Unternehmens werden auch mehrere einkommensteuerliche selbstständige Betriebe zu einem Unternehmen zusammengefasst. Innerhalb eines Unternehmens sind aber keine Leistungen an einen anderen möglich. Wird daher eine »Lieferung« von einem Betrieb eines Unternehmens an einen anderen Betrieb desselben Unternehmens vorgenommen, ist dies umsatzsteuerlich ein Innenumsatz. Da diesem Umsatz das zur Steuerbarkeit erforderliche Tatbestandsmerkmal »Lieferung an ein anderes Unternehmen« fehlt, spricht man von einem nicht steuerbaren Innenumsatz.

198. Welcher Vorgang wird als rechtsgeschäftsloses Verbringen bezeichnet?
Warenbewegungen innerhalb eines Unternehmens sind, wie bereits erwähnt, im umsatzsteuerlichen Sinne keine Lieferung. Da diesem Warentransport kein Rechtsgeschäft zugrunde liegt, bezeichnet man ihn als rechtsgeschäftsloses Verbringen eines Gegenstandes.

199. In welchen Fällen wird ein Innenumsatz einer Lieferung gleichgestellt?
Wird ein Gegenstand aus einem Unternehmensteil im Gemeinschaftsgebiet in einen anderen Unternehmensteil in einem anderen Mitgliedstaat des Gemeinschaftgebiets verbracht, wird dieses unternehmensinterne Verbringen innerhalb der EU einer Lieferung gleichgestellt und als steuerbar behandelt.

200. Wann liegt umsatzsteuerlich eine Organschaft vor? Welche umsatzsteuerlichen Folgen hat sie?
Eine Organschaft liegt vor, wenn eine juristische Person einem Organträger

- finanziell,
- wirtschaftlich und
- organisatorisch

eingegliedert ist. Die Folge ist, dass Vorgänge zwischen Organträger und Organ nicht steuerbar sind, da die beiden Unternehmensteile als ein Unternehmen behandelt werden. In diesem Fall liegen ebenfalls nichtsteuerbare Innenumsätze vor.

5.4 Inland

201. In welchem Gebiet gilt das Umsatzsteuergesetz?
Für die Steuerbarkeit im Umsatzsteuerrecht ist es entscheidend, dass Leistungen im Inland ausgeführt werden. Nach § 1 Abs. 2 UStG ist Inland das Gebiet der Bundesrepublik Deutschland einschließlich Zollanschlussgebiete mit Ausnahme der Zollausschlüsse und der Zollfreigebiete.

202. Was sind Zollausschlüsse, -anschlüsse und -freigebiete? Nennen Sie Beispiele.
Für diese Begriffe ist das Zollgesetz maßgebend.

- Zollanschlüsse sind ausländische Hoheitsgebiete, die dem deutschen Zollgebiet angeschlossen sind (derzeit das Gebiet von Jungholz und das kleine Walsertal).
- Zollausschlüsse sind deutsche Hoheitsgebiete, die einem ausländischen Zollgebiet angeschlossen sind (derzeit die Gemeinde Büsingen am Oberrhein).
- Zollfreigebiete sind
  - deutsche Schiffe und deutsche Luftfahrzeuge in Gebieten, die zu keinem Zollgebiet gehören,
  - die Insel Helgoland,
  - die Freihäfen von Bremen, Bremerhaven, Cuxhaven, Emden, Hamburg und Kiel,
  - Gewässer und Watten zwischen der Hoheitsgrenze und der jeweiligen Strandlinie an der Küste.

5.5   Leistungsort

203.   Was ist Befördern, was Versenden im Sinne des Umsatzsteuerrechts?
Unter Befördern versteht man jede Fortbewegung eines Gegenstandes. Versenden liegt vor, wenn jemand die Beförderung durch einen selbstständigen Beauftragten ausführen oder besorgen lässt.

204.   Wo gelten Beförderungs-, wo Versendungslieferungen als ausgeführt?
Unabhängig davon, ob der Gegenstand der Lieferung durch den Lieferer, den Abnehmer oder einen von einem der beiden beauftragten Dritten befördert oder versendet wird, gilt die Lieferung immer dort als ausgeführt, wo die Beförderung oder Versendung an den Abnehmer beginnt. Der Lieferort ist somit, wenn der Gegenstand der Lieferung bewegt wird, immer beim Lieferanten.

205.   Welchen Einfluss hat die Lieferkondition »verzollt und versteuert« auf die Steuerbarkeit einer Leistung?
Diese Lieferkondition bedeutet, dass der Lieferer oder sein Beauftragter Schuldner der Einfuhrumsatzsteuer ist. Von Bedeutung ist dies gem. § 3 Abs. 8 UStG für Importe aus dem Drittlandsgebiet. Wenn diese Lieferkondition vereinbart ist, gilt der Ort der Lieferung des Gegenstandes abweichend vom obigen Grundsatz (Lieferort beim Lieferanten) als im Inland (beim Empfänger) belegen, wenn ein Gegenstand der Lieferung bei der Beförderung oder Versendung aus dem Drittlandsgebiet in das Inland gelangt.

206.   Wo wird grundsätzlich eine sonstige Leistung ausgeführt? Wo sind Ausnahmen von diesem Grundsatz zu finden?
Eine sonstige Leistung wird grundsätzlich an dem Ort ausgeführt, von dem aus der leistende Unternehmer sein Unternehmen betreibt. Ausnahmen von diesem in § 3a Abs. 1 UStG enthaltenen Grundsatz finden sich in den danach folgenden Absätzen 2–4 des § 3a UStG sowie in § 3b, 3c und § 3f UStG.

207.   Welche sonstigen Leistungen stehen mit einem Grundstück im Zusammenhang? Wo werden sie ausgeführt?
Sonstige Leistungen im Zusammenhang mit einem Grundstück sind insbesondere:
- die Vermietung oder Verpachtung von Grundstücken und Grundstücksteilen,
- sonstige Leistungen im Zusammenhang mit der Veräußerung oder dem Erwerb von Grundstücken (Makler, Gutachter etc.),
- sonstige Leistungen, die der Erschließung von Grundstücken oder der Vorbereitung oder der Ausführung von Bauleistungen dienen (Architekten und Ingenieurleistungen).

All diese sonstigen Leistungen werden dort ausgeführt, wo das Grundstück liegt.

5.6   Besondere Rechtsgeschäfte

208.   Was versteht man unter einem Reihengeschäft? Wo gelten dessen Lieferungen als ausgeführt?
Ein Reihengeschäft liegt vor, wenn mehrere Unternehmer über denselben Gegenstand Umsatzgeschäfte abschließen und dieser Gegenstand bei der Beförderung oder Versendung

unmittelbar vom ersten Unternehmer an den letzten Abnehmer gelangt. In diesem Spezialfall ist die Beförderungs- oder Versendungslieferung nur einer der Lieferungen zuzuordnen. Diese sog. bewegte Lieferung gilt dann dort als ausgeführt, wo die Beförderung oder Versendung an den Abnehmer tatsächlich beginnt. Für die anderen, nicht bewegten, Lieferungen des Reihengeschäfts enthält § 3 Abs. 7 UStG folgende zwei Sonderregelungen:

(1) Lieferungen, die der bewegten Lieferung vorangehen, gelten dort als ausgeführt, wo die Beförderung oder Versendung des Gegenstandes tatsächlich beginnt,

(2) Lieferungen, die der bewegten Lieferung folgen, gelten dort als ausgeführt, wo die Beförderung oder Versendung des Gegenstandes endet.

209. Was versteht man unter den Begriffen Haupt- und Nebenleistung?

In vielen Fällen werden nach dem hauptsächlich benannten Geschäft (z. B. Lieferung einer Maschine) noch Nebenleistungen erbracht (z. B. Transport, Aufstellen oder eine Einführung in die Bedienung). In der Regel wird eine der erbrachten Leistungen bei wirtschaftlicher Betrachtungsweise als Hauptleistung anzusehen sein, die anderen als Nebenleistungen. Zwei wirtschaftlich gleichwertige, selbstständige Leistungen stellen die Ausnahme dar. (Haupt- und Nebenleistung dürfen nicht mit dem Begriffspaar Grund- und Hilfsgeschäfte verwechselt werden, vgl. Frage 196).

210. Was bedeutet der Begriff Einheitlichkeit der Leistung? Welche Auswirkung hat er auf die Umsatzsteuer?

Einheitlichkeit der Leistung bedeutet, dass Nebenleistungen das Schicksal der Hauptleistung teilen. Nach der Hauptleistung richten sich somit

- der Ort der Leistungen,
- die Frage, ob Steuerbefreiungen eingreifen und
- der maßgebende Steuersatz.

211. Wann liegt eine Werklieferung, wann eine Werkleistung vor?

Übernimmt ein Unternehmer die Herstellung oder Be- und Verarbeitung eines Gegenstandes, so enthält seine Leistung sowohl Lieferelemente als auch Elemente einer sonstigen Leistung. Ob eine Werklieferung oder Werkleistung vorliegt, richtet sich gem. § 3 Abs. 4 UStG danach, wer die Hauptstoffe, d. h. das Material beschafft hat.

212. Nach welchen Vorschriften richtet sich der Ort einer Werklieferung und einer Werkleistung?

Wird der Hauptstoff vom Unternehmer beschafft, gilt die gesamte Leistung als Lieferung (Werklieferung) und wird daher einheitlich nach Liefergrundsätzen behandelt.

Eine sonstige Leistung liegt vor, wenn der Hauptstoff vom Abnehmer beschafft wird, auch wenn noch Nebenstoffe vom Unternehmer beschafft werden. Der Ort der Werkleistung richtet sich nach den Grundsätzen über den Ort der sonstigen Leistung.

213. Wie tritt im Rechtsverkehr ein Kommissionär, wie ein Agent auf?

Ein Kommissionär veräußert gewerbsmäßig Waren im eigenen Namen für Rechnung eines anderen.

Ein Agent (auch als Vertreter, Handelsvertreter oder Makler bezeichnet) tritt in fremden Namen und für fremde Rechnung auf.

214. Wie viele Lieferungen liegen umsatzsteuerlich beim Verkaufskommissionsgeschäft vor? Wann werden sie ausgeführt?

Umsatzsteuerlich liegen bei der Kommission immer zwei Lieferungen vor:

- eine zwischen Kommittent und Kommissionär und
- eine zweite zwischen Kommissionär und dem Dritten.

Beide Lieferungen gelten einheitlich erst dann als ausgeführt, wenn dem Dritten die Verfügungsmacht verschafft wird.

215. Wie unterscheidet sich die umsatzsteuerliche Behandlung des Agenturgeschäfts vom Kommissionsgeschäft?

Da bei der Kommission zwischen Kommittent und Kommissionär Lieferungen vorliegen, ist Bemessungsgrundlage für diese Lieferungen die jeweilige Gegenleistung des Leistungsempfängers, nicht etwa nur die Provision, die dem Kommissionär zusteht. Beim Agenturgeschäft erbringt der Agent an den Auftraggeber eine sonstige Leistung (Vermittlungsleistung). Der Umsatzsteuer wird somit nur das Entgelt für diese Vermittlungsleistung unterworfen.

216. Was versteht man unter Differenzbesteuerung? Wann kann sie eingreifen?

Für die Umsätze von Gebrauchtgegenständen gilt in § 25a UStG eine Sonderregelung. Unter den Voraussetzungen, dass

- ein Unternehmer als Wiederverkäufer Gebrauchtgegenstände verkauft und
- die Lieferung an den Unternehmer nicht der Umsatzsteuer unterliegt,

wird nicht das gesamte Entgelt, das der Unternehmer beim Weiterverkauf erzielt, als Bemessungsgrundlage zugrunde gelegt, sondern nur die Differenz zwischen Einkaufs- und Verkaufspreis (Differenzbesteuerung).

217. Was versteht man unter dem Begriff Leistungsaustausch?

Der Begriff Leistungsaustausch besagt, dass eine Leistung um des Entgeltwillen erbracht und das Entgelt um der Leistungwillen gezahlt wird. Es wird somit Leistung gegen Entgelt getauscht.

218. Wie sind Schadenersatzleistungen umsatzsteuerlich zu behandeln?

Eine Schadenersatzleistung erfolgt nicht auf Grund eines Liefer- oder Leistungsverhältnisses, sondern weil der Schädiger nach Gesetz oder Vertrag für einen Schaden und seine Folgen einzustehen hat. Es fehlt somit ein Leistungsaustausch. Da das Entgelt nicht für eine Leistung erbracht wird, fällt der Vorgang nicht unter § 1 UStG und ist nicht steuerbar.

219. Was ist unter unechtem Schadenersatz zu verstehen?

In diesem Sonderfall des Schadenersatzes beseitigt der Geschädigte den Schaden im Auftrag des Schädigers selbst. Dann jedoch ist die Schadenersatzzahlung als Entgelt im Rahmen des Leistungsaustausches anzusehen, weil ein Auftrag erteilt wurde. Der Vorgang ist somit steuerbar.

220. Was ist ein Tausch, was ein tauschähnlicher Umsatz?

Beim eigentlichen Tausch wird eine Lieferung gegen eine andere Lieferung getauscht; von einem tauschähnlichen Umsatz spricht man, wenn eine Lieferung gegen eine sonstige Leistung getauscht wird.

221. Was versteht man unter einem verdeckten Preisnachlass?

Wird bei einem Kauf ein anderer Gegenstand in Zahlung gegeben (Tausch), spricht man von verdecktem Preisnachlass, wenn der in Zahlung genommene Gegenstand nicht mit seinem gemeinen Wert angerechnet wird, sondern zu einem höheren Preis, weil sich ein angestrebter Preisnachlass auf den anderen Gegenstand nicht oder nicht in dieser Höhe realisieren lässt.

5.7 Steuerbefreiungen

222. Nach welchen Kriterien lassen sich die Umsatzsteuerbefreiungen einteilen?

Steuerbefreiungen werden nach ihren Auswirkungen auf den Vorsteuerabzug eingeteilt:

- Grundsätzlich gilt, dass Befreiungen der Ausgangsumsätze den Vorsteuerabzug ausschließen,
- bei einer zweiten Gruppe bleibt trotz Befreiung der Ausgangsumsätze der Vorsteuerabzug in vollem Umfang erhalten,
- bei der dritten Gruppe kann der Unternehmer auf die Steuerbefreiung verzichten und so den Vorsteuerabzug erhalten.

223. Wie wirkt sich eine Steuerbefreiung ohne Vorsteuerabzugsmöglichkeit aus?

Bei der grundsätzlichen Variante (keine Ausgangsumsatzsteuer – kein Vorsteuerabzug) folgt für Unternehmer, die nur steuerfreie Leistungen ausführen, dass die ihnen in Rechnung gestellte nicht abziehbare Umsatzsteuer Kostenfaktor wird. Bei ihnen wirkt sich die Umsatzsteuer wie beim Endverbraucher aus.

224. Welches sind Beispiele für steuerfreie Umsätze, bei denen der Vorsteuerabzug erhalten bleibt?

Zu dieser zweiten Gruppe der Steuerbefreiungen gehören gem. § 15 Abs. 3 UStG in erster Linie die Befreiungen für sämtliche Ausfuhrleistungen (Ausfuhrlieferungen, innergemeinschaftliche Lieferungen u.a.) und daneben noch einige weitere Befreiungen.

225. Warum sind Ausfuhrlieferungen in das Drittlandsgebiet von der Umsatzsteuer befreit?

Die Befreiung von Ausfuhrleistungen dient dazu, den Export aus Konkurrenzgründen von der Umsatzsteuer zu entlasten. Durch die Befreiung in Verbindung mit Gewährung des vollen Vorsteuerabzugs kann die Leistung völlig unbelastet von Umsatzsteuer ausgeführt werden. Da sie beim Grenzübertritt ins Ausland i.d.R. der Einfuhrumsatzsteuer des ausländischen Staates unterworfen wird, ist diese Leistung im Ausland nur einmal mit (ausländischer) Umsatzsteuer belastet.

226. Was ist eine Lohnveredelung und welche Bedeutung hat sie für die Umsatzsteuer?

Unter einer Lohnveredelung versteht man die Bearbeitung oder Verarbeitung eines Gegenstandes. Eine Lohnveredelung an einem Gegenstand der Ausfuhr ist unter den gleichen Voraussetzungen steuerbefreit wie eine Ausfuhrlieferung.

227.   Welche Voraussetzungen sind an die Steuerbefreiung für eine innergemein-schaftliche Lieferung geknüpft? Wie sollen diese Voraussetzungen geprüft werden?

Werden Gegenstände in andere Mitgliedstaaten der EG geliefert, so sind diese Lieferungen unter den in § 6a UStG aufgezählten Voraussetzungen steuerbefreit. Besonders wichtig sind dabei die zwei Punkte,

- dass der Abnehmer ein Unternehmer sein muss und den Gegenstand für sein Unternehmen erwirbt und
- dass der Erwerb beim Abnehmer der Erwerbsumsatzsteuer unterliegt.

Diese Voraussetzungen muss der Lieferant nachweisen, wenn er die Steuerbefreiung in Anspruch nehmen will. Zum Nachweis dienen die Umsatzsteuer-Identifikationsnummer und die sog. zusammenfassende Meldung.

Eine Umsatzsteuer-Idendifikationsnummer erhält jeder Unternehmer, der von innergemeinschaftlichen Lieferungen oder innergemeinschaftlichen Erwerben betroffen ist. Liefert der Lieferant an einen Abnehmer, der eine solche Umsatzsteuer-Identifikationsnummer hat, kann der Lieferant i. d. R. davon ausgehen, dass die o. g. Voraussetzungen vorliegen. Zur weiteren Kontrolle hat der Lieferant eine besondere Meldung über seine innergemeinschaftlichen Lieferungen abzugeben (zusammenfassende Meldung). In dieser sind die innergemeinschaftlichen Lieferungen unter Angabe der USt.-Id-Nummer des Empfängers aufzulisten.

Mit Hilfe dieser Meldungen soll mittels eines Datenaustausches zwischen den Mitgliedstaaten der EG die Versteuerung des innergemeinschaftlichen Erwerbs überwacht werden.

228.   Welche Besonderheiten sind bei Lieferungen zu beachten, die im persönlichem Reisegepäck über die Grenzen gebracht werden sollen?

Für diese Frage muss zwischen dem Reiseverkehr zwischen Deutschland und dem Drittlandsgebiet und dem Reiseverkehr im Gemeinschaftsgebiet unterschieden werden.

- Im Reiseverkehr mit dem Drittlandsgebiet ist gem. § 17 UStDV neben den üblichen Voraussetzungen für die Steuerbefreiung noch ein sog. Abnehmerausweis mit Identitätsnachweis der Grenzzollstelle erforderlich.
- Werden Gegenstände an eine in anderen Mitgliedstaaten wohnhafte Privatperson verkauft und nimmt der Käufer die Gegenstände mit, so bleibt die Ware mit der Umsatzsteuer des Ursprungslands belastet (Ursprungslandprinzip). Ausnahme: Bei der Lieferung neuer Fahrzeuge gilt nach § 1b UStG das Gegenteil, das Bestimmungslandprinzip.

229.   Was versteht man unter Option zur Umsatzsteuer? Was kann dadurch erreicht werden?

Für bestimmte Befreiungen ist es nach § 9 UStG möglich, dass der Unternehmer, der einen Umsatz an einen anderen Unternehmer für dessen Unternehmen ausführt, auf die Steuerbefreiung seiner Umsätze verzichtet, d. h. zur Steuerpflicht optieren kann.

- Nimmt er die Option wahr, so unterwirft er zwar die Leistungen der Umsatzsteuerpflicht, erhält aber die Vorsteuerabzugsmöglichkeit.
- Nimmt er die Option nicht wahr, so bleibt es bei der Steuerbefreiung; der Vorsteuerabzug wird jedoch nicht gewährt.

5.8 Umsatzsteuer im Binnenmarkt

230. Wie ist der Binnenmarkt definiert?

Nach dem EG-Vertrag ist der Binnenmarkt ein Raum ohne Binnengrenzen, in dem der freie Verkehr von Waren, Personen, Dienstleistungen und Kapital gemäß den Bestimmungen dieses Vertrages gewährleistet ist.

231. Beschreiben Sie das Bestimmungs- und das Ursprungslandprinzip.

Nach dem Bestimmungslandprinzip werden Ausfuhren nach den Vorschriften des Bestimmungslandes behandelt; hierzu wird die Ausfuhr steuerfrei gestaltet und das Bestimmungsland erhebt auf die Einfuhr der Ware Einfuhrumsatzsteuer.

Nach dem Ursprungslandprinzip werden Ausfuhren von Unternehmen wie Inlandsumsätze behandelt, d.h. dass die Ausfuhr steuerpflichtig ist und die Einfuhr umsatzsteuerfrei, verbunden mit dem Recht auf Vorsteuerabzug.

232. Was versteht man unter einem »innergemeinschaftlichen Erwerb«?

Nach § 1a UStG wird der Erwerb von Gegenständen aus einem anderen Mitgliedstaat durch einen Unternehmer als innergemeinschaftlicher Erwerb bezeichnet.

233. Wie hängen innergemeinschaftlicher Erwerb und innergemeinschaftliche Lieferung zusammen?

Zwischen innergemeinschaftlicher Lieferung und innergemeinschaftlichem Erwerb besteht in der Weise eine Bindung, dass die Steuerfreiheit der Lieferung an die Steuerbarkeit des Erwerbs geknüpft ist, denn entweder die Lieferung oder der Erwerb muss ja der Umsatzsteuer unterworfen werden.

234. Was ist unter den Begriffen »Halbunternehmer« und »Erwerbsschwelle« zu verstehen?

Als Halbunternehmer werden in § 1a Abs. 3 UStG folgende Personen bezeichnet:
- Unternehmer, die nur steuerfreie Umsätze ausführen,
- Kleinunternehmer,
- pauschalierende Land- und Forstwirte und
- nicht steuerpflichtige juristische Personen (insbesondere die öffentliche Hand und gemeinnützige Körperschaften im Sinne des KStG).

Bei einem Halbunternehmer liegt ein innergemeinschaftlicher Erwerb nur vor, wenn der Gesamtbetrag seiner innergemeinschaftlichen Erwerbe über der in den einzelnen EU-Staaten unterschiedlich hoch angesetzten Erwerbsschwelle liegt (in Deutschland derzeit 12 500 € jährlich).

235. Wo gilt ein innergemeinschaftlicher Erwerb als ausgeführt?

Grundsätzlich gilt gem. § 3d Satz 1 UStG als Ort des innergemeinschaftlichen Erwerbs von Gegenständen der Ort, an dem sich die Gegenstände zum Zeitpunkt der Beendigung der Beförderung oder der Versendung an den Abnehmer befinden. Nach Satz 2 dieser Vorschrift gilt aber als Ort des Erwerbs auch das Gebiet des Mitgliedsstaates, der dem Erwerber die beim Erwerb des Gegenstandes verwendete Umsatzsteuer-Identifikationsnummer erteilt hat.

236. Wann entsteht die Steuerschuld beim innergemeinschaftlichen Erwerb?

Die Umsatzsteuerschuld beim innergemeinschaftlichen Erwerb entsteht grundsätzlich mit Ausstellung der Rechnung durch den Lieferer, spätestens jedoch mit Ablauf des dem innergemeinschaftlichen Erwerbs folgenden Kalendermonats.

237. Was versteht man unter einer »innergemeinschaftlichen Lieferung«?

Eine innergemeinschaftliche Lieferung liegt vor, wenn bei einer Lieferung der Unternehmer oder der Abnehmer den Gegenstand der Lieferung in das übrige Gemeinschaftsgebiet befördert oder versendet.

238. Was versteht man unter dem Steuertatbestand des »innergemeinschaftlichen Verbringens«?

Das »Verbringen« ist eigentlich keine Lieferung, wird aber durch die gesetzliche Fiktion des § 3 Abs. 1a UStG einer Lieferung gleichgestellt.

Unter innergemeinschaftlichem Verbringen versteht das Gesetz das Verbringen eines Gegenstandes des Unternehmens aus dem Inland in das übrige Gemeinschaftsgebiet durch einen Unternehmer zu seiner dauerhaften Verfügung.

239. Wie ist der innergemeinschaftliche Erwerb neuer Fahrzeuge durch Endverbraucher geregelt?

Beim innergemeinschaftlichen Erwerb von Gegenständen durch Endverbraucher gilt grundsätzlich das Ursprungslandprinzip, d.h., der Endverbraucher zahlt im Ergebnis die Umsatzsteuer mit dem Steuersatz, der für das Ursprungsland gilt. Um eine Verlagerung der Nachfrage in Länder mit niedrigem Steuersatz zu verhindern, werden beim Kauf neuer Fahrzeuge auch Endverbraucher als Unternehmer behandelt mit der Folge, dass die Lieferung steuerbefreit und der Erwerb im Bestimmungsland steuerpflichtig ist.

240. Was versteht man unter einem »innergemeinschaftlichen Reihengeschäft«?

Ein innergemeinschaftliches Reihengeschäft liegt vor, wenn mehrere Unternehmer Umsatzgeschäfte über denselben Gegenstand abschließen, bei denen dieser Gegenstand unmittelbar vom ersten Unternehmer an den letzten Abnehmer gelangt und dabei mindestens eine innergemeinschaftliche Grenze überschreitet.

241. Was versteht man unter einem »innergemeinschaftlichen Dreiecksgeschäft«?

Ein innergemeinschaftliches Dreiecksgeschäft liegt vor, wenn drei Unternehmer, die in drei verschiedenen Mitgliedsstaaten umsatzsteuerlich erfasst sind, über denselben Gegenstand Umsatzgeschäfte abschließen und dieser Gegenstand unmittelbar vom ersten Lieferer an den letzten Abnehmer gelangt (Sonderfall des innergemeinschaftlichen Reihengeschäftes).

242. Wie sind grenzüberschreitende Beförderungen grundsätzlich umsatzsteuerlich geregelt?

Bei grenzüberschreitenden Beförderungen von Gütern oder Personen ist nur der im Inland ausgeführte Teil steuerbar, bei Güterbeförderungen in ein Drittland aber steuerbefreit.

243. Wie sind innergemeinschaftliche Güterbeförderungen zu behandeln?

Innergemeinschaftliche Güterbeförderungen werden nicht aufgeteilt nach den auf die verschiedenen Mitgliedsstaaten entfallenden Strecken; der Ort der innergemeinschaftlichen Güterbeförderung und damit die Steuerbarkeit wird in § 3a Abs. 2 und 3 UStG getrennt für an Unternehmer und an Nichtunternehmer erbrachte Beförderungsleistungen geregelt.

5.9 Bemessungsgrundlage

244. Was ist Bemessungsgrundlage bei Leistungen? Welche Auswirkung haben Zuschüsse auf die Bemessungsgrundlage?

Die Bemessungsgrundlage bei Lieferungen und sonstigen Leistungen ist das Entgelt. Entgelt ist alles, was der Leistungsempfänger aufwendet, um die Leistung zu erhalten, jedoch abzüglich der Umsatzsteuer. Entgelt ist also ein Nettobetrag; die Gegenleistung des Leistungsempfängers ein Bruttobetrag.

Zum Entgelt gehört aber nicht nur alles, was der Leistungsempfänger an den Unternehmer bezahlt, sondern auch, was ein anderer als der Leistungsempfänger dem Unternehmer für die Leistung gewährt. Dann spricht man von einem Zuschuss oder auch vom Entgelt von dritter Seite.

245. Wonach richtet sich die Bemessungsgrundlage beim Tausch?

Beim Tausch ist der Wert des Umsatzes als Entgelt für den anderen Umsatz zugrunde zu legen. Die Bemessungsgrundlage richtet sich also nach dem Wert der Gegenleistung.

246. Wonach wird die Umsatzsteuer bei den unentgeltlichen Leistungen bemessen?

Die Bemessungsgrundlage richtet sich nach der Art der unentgeltlichen Leistung.

(1) Bei der unentgeltlichen Entnahme ist die Bemessungsgrundlage:
- bei für das Unternehmen angeschafften Gegenständen: der Einkaufspreis zuzüglich der Nebenkosten für den Gegenstand,
- bei im Unternehmen selbst hergestellten Gegenständen: die Selbstkosten des Unternehmens.

(2) Bei der unentgeltlichen Verwendung bilden die bei der Ausführung der sonstigen Leistung entstandenen Kosten die Bemessungsgrundlage.

247. Welche Werte werden für unentgeltliche Leistungen an Arbeitnehmer als Bemessungsgrundlage zugrunde gelegt?

Wenn Arbeitnehmer Leistungen des Arbeitgebers ohne besonders berechnetes Entgelt erhalten (sondern das Entgelt in ihrer Arbeitsleistung zu sehen ist), sind
- für steuerbare Lieferungen an Arbeitnehmer die Einkaufspreise bzw. Selbstkosten und
- für sonstige Leistungen an Arbeitnehmer die angefallenen Kosten als Bemessungsgrundlage maßgebend.

Soweit allerdings für Sachzuwendungen und sonstige Leistungen an Arbeitnehmer lohnsteuerliche Werte angesetzt werden, können diese Werte aus Vereinfachungsgründen auch der Umsatzbesteuerung zugrunde gelegt werden.

248. Was versteht man unter Mindestbemessungsgrundlage? In welchen Fällen greift sie ein?

In zwei Fallkonstellationen besteht die Gefahr, dass Leistungen von Unternehmen an einen bestimmten Personenkreis nicht zu Preisen wie an beliebige Fremde abgegeben werden, sondern günstiger. Dies ist der Fall
- bei Leistungen von Gesellschaften an ihre Gesellschafter und diesen nahe stehenden Personen sowie bei Einzelunternehmern an ihnen nahe stehenden Personen sowie
- bei Leistungen des Unternehmers an seine Arbeitnehmer und deren Angehörige.

In diesen Fällen ist als sog. Mindestbemessungsgrundlage mindestens der Betrag zugrunde zu legen, der bei einer völlig unentgeltlichen Leistung an diesen Personenkreis angesetzt würde.

249. Was ist ein durchlaufender Posten und wie wird er behandelt?

Durchlaufende Posten gehören nicht zum Entgelt. Das sind Beträge, die ein Unternehmer als Mittelsperson in fremdem Namen und für fremde Rechnung weiterleitet. Entscheidend ist, dass der Unternehmer nicht selbst Schuldner dieser Beträge sein darf.

250. In welchen Fällen wird die Bemessungsgrundlage geändert?

Eine nachträgliche Änderung der Bemessungsgrundlage erfolgt immer dann, wenn sich das Entgelt für eine Leistung ändert. In der Regel handelt es sich um eine Minderung des Entgelts. Eine Entgeltminderung liegt vor, wenn

- der Leistungsempfänger bei der Zahlung Beträge abzieht (z.B. Skonti, Rabatte, Preisnachlässe) oder
- bereits bezahlte Beträge dem Leistungsempfänger zurückgezahlt werden, ohne dass er dafür eine Leistung zu erbringen hat (z.B. Minderung wegen Sachmängeln).

Wie eine Entgeltminderung wird auch der Fall behandelt, dass das vereinbarte Entgelt uneinbringlich geworden ist.

5.10 Entstehung der Steuer

251. Was versteht man unter Soll- und unter Istbesteuerung?

Bei der Sollbesteuerung wird die Berechnung der Umsatzsteuer nach vereinbarten Entgelten vorgenommen, bei der Istbesteuerung werden der Berechnung der Steuer die vereinnahmten Entgelte zugrunde gelegt.

252. Wann entsteht die Umsatzsteuer?

Für die Entstehung der Steuer muss nach der eben genannten Art der Besteuerung unterschieden werden:

(1) Bei der Sollbesteuerung als Regelbesteuerung richtet sich die Entstehung der Steuer nach dem Zeitpunkt der Leistung. Sobald die Lieferung oder die sonstige Leistung vollständig erbracht worden sind, entsteht die Steuer.

(2) Im Falle der Istbesteuerung, die als Besteuerungsart die Ausnahme darstellt, entsteht die Steuer mit Ablauf des Voranmeldungszeitraums, in dem die Entgelte vereinnahmt worden sind.

(3) Bei An-, Teil- und Vorauszahlungen gilt eine Sonderregelung: Wird das Entgelt oder ein Teil des Entgelts bereits vor Ausführung der Leistung gezahlt, so entsteht die Steuer bereits mit Ablauf des Voranmeldungszeitraums, in dem das Entgelt oder Teilentgelt vereinnahmt worden ist.

253. Wie wird ein unrichtiger, wie ein unberechtigter Umsatzsteuerausweis behandelt?

Weist ein Unternehmer die Steuer zu hoch aus, weil er für den Umsatz eine niedrigere oder gar keine Steuer schuldet, so schuldet er auch die zu hoch ausgewiesene Steuer.

Bei zu niedrig ausgewiesener Steuer schuldet der Unternehmer die Steuer in der gesetzlich vorgeschriebenen Höhe.

Ist der Rechnungsaussteller zum gesonderten Ausweis der Steuer nicht berechtigt, liegt ein unberechtigter Steuerausweis vor, wenn Umsatzsteuer gesondert ausgewiesen ist. Dies ist insbesondere der Fall bei gesondertem Ausweis durch: einen Nichtunternehmer, einen Kleinunternehmer, einen Unternehmer der der Differenzbesteuerung unterliegt sowie bei Schein- und Gefälligkeitsrechnungen und bei Rechnungen im nichtunternehmerischen (privaten) Bereich. Auch bei unberechtigtem Steuerausweis schuldet der Ausweisende die zu unrecht ausgewiesene Umsatzsteuer.

5.11 Besteuerungsverfahren

254. Bis zu welchem Zeitpunkt ist eine Umsatzsteuervoranmeldung abzugeben?
Sowohl die Umsatzsteuervoranmeldung wie die evtl. dabei errechnete Vorauszahlung (Zahllast) haben bis zum 10. Tag nach Ablauf des Voranmeldungszeitraums beim Finanzamt einzugehen.

255. Was versteht man unter Dauerfristverlängerung und welche Voraussetzungen sind an sie geknüpft?
Als Erleichterung für die Abgabe von Voranmeldungen räumt das Finanzamt dem Unternehmer auf Antrag eine Dauerfristverlängerung von 1 Monat für die Abgabe der Voranmeldungen und die Entrichtung der Vorauszahlungen ein. Der Unternehmer, der monatliche Voranmeldungen abzugeben hat, hat dann aber eine Sondervorauszahlung in Höhe von 1/11 der Summe der Vorauszahlungen des vergangenen Jahres zu leisten.

256. Für welchen Zeitraum muss der Unternehmer eine Umsatzsteuererklärung abgeben?
Die Umsatzsteuer wird jährlich veranlagt. Somit hat der Unternehmer als Steuerpflichtiger für jedes Kalenderjahr eine Umsatzsteuererklärung nach amtlich vorgeschriebenem Vordruck abzugeben.

257. In welchen Fällen kommt es zu Umsatzsteuernachzahlungen?
Bei Abgabe der Umsatzsteuerjahreserklärung muss der Unternehmer die Umsatzsteuer selbst berechnen und die ihm zustehende Vorsteuer abziehen. Man spricht in diesem Fall von Selbstveranlagung. Weicht hierbei die errechnete Jahressteuerschuld von der Summe der Umsatzsteuervoranmeldungen nach oben ab, so ergibt sich eine Nachzahlung.

258. In welchen Fällen ist der Leistungsempfänger der Schuldner der Umsatzsteuer?
In den Fällen, in denen ein im Ausland ansässiger Unternehmer eine steuerpflichtige Werklieferung oder eine steuerpflichtige sonstige Leistung im Inland erbringt, bedient man sich des im Inland ansässigen Leistungsempfängers, um den Steueranspruch durchzusetzen. Der Unternehmer muss eine Rechnung über den Netto-Betrag ausstellen, in der er auf die Steuerschuldnerschaft des Leistungsempfängers hinweist. Der Leistungsempfänger hat dann die Steuer auf die Gegenleistung (den Rechnungsbetrag) einzubehalten und an das für ihn zuständige Finanzamt abzuführen.

259. Was ist beim Erwerb eines neuen Kraftfahrzeugs durch eine Privatperson aus einem EU-Mitgliedstaat zu beachten?
Der Erwerb unterliegt im Inland der Umsatzsteuer. Für diesen Sonderfall des innergemeinschaftlichen Erwerbs sind umfangreiche Nachweis- und Aufzeichnungspflichten festgelegt

worden. Um die Erhebung der Steuer von Privatleuten sicherzustellen, bedient sich die Finanzbehörde der Mithilfe der Kraftfahrzeugzulassungsbehörden.

260. **Welche Angaben gehören in die zusammenfassende Meldung? Welche Aufgabe hat sie?**

In der zusammenfassenden Meldung sind die innergemeinschaftlichen Warenbewegungen einzeln unter Angabe der Umsatzsteuer-Identifikationsnummer der beteiligten Unternehmer anzugeben, um den Finanzbehörden der Mitgliedstaaten eine Kontrolle dieser Warenbewegungen zu ermöglichen, nachdem eine innergemeinschaftliche Grenzkontrolle nicht mehr vorgenommen wird.

5.12 Vorsteuerabzug

261. **Wer ist zum Vorsteuerabzug berechtigt? Welche Voraussetzungen sind notwendig?**

Für den Vorsteuerabzug aus Leistungen gelten folgende Voraussetzungen:
- Der Leistungsempfänger muss Unternehmer sein,
- er muss der Regelbesteuerung unterliegen,
- es müssen Leistungen an sein Unternehmen erfolgt sein,
- der Leistungsgeber muss Unternehmer sein,
- in der Rechnung muss ein gesonderter Umsatzsteuerausweis erfolgen und
- der Vorsteuerabzug darf nicht nach § 15 Abs. 2 UStG ausgeschlossen sein.

262. **Welche Vereinfachung bei der Rechnungsstellung ist bei einer Kleinbetragsrechnung möglich?**

Eine Kleinbetragsrechnung ist eine Rechnung bis zu einem Bruttobetrag von 100 €. Bei dieser kann auf die Angabe des Umsatzsteuerbetrages verzichtet werden; stattdessen ist zum Bruttobetrag in der Rechnung der Steuersatz aufzuführen.

263. **Welche Umsätze führen grundsätzlich zum Ausschluss des Vorsteuerabzugs?**

Vorsteuern sind nicht abziehbar, wenn eine der genannten Tatbestandsvoraussetzungen für den Vorsteuerabzug nicht erfüllt ist oder wenn § 15 Abs. 2 UStG den Vorsteuerabzug ausschließt. Dies ist der Fall, wenn die Vorsteuern in Zusammenhang stehen mit
- steuerfreien Umsätzen,
- Umsätzen im Ausland, die steuerfrei wären, wenn sie im Inland ausgeführt würden,
- unentgeltlichen Leistungen, die steuerfrei wären, wenn sie gegen Entgelt ausgeführt würden.

264. **Warum müssen Vorsteuerbeträge in gewissen Fällen aufgeteilt werden?**

Vorsteuern sind nur teilweise abziehbar, wenn ein Unternehmer einen Gegenstand teilweise zur Ausführung steuerpflichtiger und teilweise zur Ausführung steuerfreier Umsätze verwendet. Als Aufteilungsmaßstab sieht das Gesetz einen wirtschaftlich vertretbaren, im Schätzungswege zu ermitteln Maßstab vor.

265. **Unter welchen Voraussetzungen wird der Vorsteuerabzug wieder rückgängig gemacht?**

Für den Vorsteuerabzug sind die Verhältnisse maßgebend, die im Jahr der erstmaligen Verwendung eines Wirtschaftsguts vorliegen. Ändern sich die für den Vorsteuerabzug maßgeblichen Verhältnisse, wird der Vorsteuerabzug nach § 15a UStG entsprechend berichtigt. Der mögliche Berichtigungszeitraum beträgt bei beweglichen Wirtschaftsgütern 5 Jahre, bei Grundstücken und ähnlichen Wirtschaftsgütern 10 Jahre.

266. Wie wirkt sich der Abzug der Erwerbsumsatzsteuer als Vorsteuer wirtschaftlich aus?

Fällt bei einem Unternehmer Umsatzsteuer für den innergemeinschaftlichen Erwerb von Gegenständen für sein Unternehmen an, so kann er diese Umsatzsteuer als Vorsteuer abziehen. Der Abzug erfolgt in gleichem Voranmeldungszeitraum, in dem die Erwerbsumsatzsteuer anfällt, sodass diese innergemeinschaftlichen Erwerbe im Regelfall nicht kostenrelevant werden.

267. Welche Angaben müssen aus den Aufzeichnungen für die Umsatzbesteuerung zu ersehen sein?

Die Aufzeichnungspflichten des § 22 UStG umfassen alle Angaben, die notwendig sind, um die Steuerberechnung eindeutig und leicht nachprüfbar zu gestalten, insbesondere für die getrennte Erfassung steuerfreier und steuerpflichtiger Umsätze (Letztere getrennt nach Steuersätzen). Dies gilt sowohl für die Umsatzsteuer als auch für die Vorsteuer.

5.13 Besondere Besteuerungsformen

268. Wer ist nach dem Umsatzsteuergesetz Kleinunternehmer? Wie wird er grundsätzlich behandelt?

Ein Kleinunternehmer ist ein Unternehmer, der die in § 19 UStG festgelegten Umsatzgrenzen nicht überschreitet. (Vorjahresumsatz zuzüglich Umsatzsteuer kleiner als 17 500 € und voraussichtlicher Umsatz im laufenden Jahr zuzüglich Umsatzsteuer kleiner als 50 000 €). Er wird wie eine Privatperson behandelt, d. h. die von ihm geschuldete Umsatzsteuer wird nicht erhoben. Dafür hat er aber auch keinen Vorsteuerabzug und darf bei einer Rechnungsstellung keine Umsatzsteuer gesondert ausweisen.

269. Was versteht man unter einer Doppeloption?

Für einen Kleinunternehmer ist die Option zur Regelbesteuerung möglich. Hierzu muss der Unternehmer dem Finanzamt für mindestens 5 Jahre bindend erklären, dass er auf die Behandlung als Kleinunternehmer verzichtet. Er wird dann wie ein Regelversteuerer (auch mit der Möglichkeit des Vorsteuerabzugs) behandelt. Ist der Unternehmer Vermieter, ist u. U. eine weitere Option notwendig, denn die Vermietung von Grundstücken ist eine unternehmerische Tätigkeit, die von der Umsatzsteuer befreit ist.

Auf diese Befreiung kann aber nach § 9 UStG unter bestimmten Voraussetzungen auch verzichtet werden.

Den Verzicht auf diese Befreiung bezeichnet man ebenfalls als Option. Somit muss, wenn die Mietumsätze die Grenzen für Kleinunternehmer nicht übersteigen, zweimal optiert werden (Doppeloption).

270. Welche Voraussetzungen bestehen für eine Besteuerung nach Durchschnittssätzen?

Für Unternehmen, die nicht verpflichtet sind, Bücher zu führen und für die innerhalb der entsprechenden Berufs- und Gewerbezweige annähernd gleiche Verhältnisse vorliegen, soll die Steuer möglichst vereinfacht festgesetzt werden. Nach § 23 UStG sind deshalb allgemeine Durchschnittssätze für die Besteuerung von Unternehmen, deren Vorjahresumsatz 61 356 € nicht überstiegen hat, festgelegt.

271.   Wie werden Reiseleistungen besteuert?

Reiseleistungen im Sinne der besonderen Besteuerungsform des § 25 UStG liegen vor, wenn sie von einem Unternehmer (Reisebüro, Reiseveranstalter) für Privatzwecke erbracht werden. Die Reiseleistung ist als sonstige Leistung anzusehen. Mehrere Leistungen im Rahmen einer Reise an einen Leistungsempfänger gelten dabei als einheitliche Leistung. Die Besonderheit der Besteuerung besteht darin, dass sie nach der Marge erfolgt, also nach der Differenz zwischen dem, was dem Leistungsempfänger (Reisenden) abverlangt wird und den Reisevorleistungen des Reiseunternehmers (Spanne des Reiseunternehmers). Reisevorleistungen sind Lieferungen und sonstige Leistungen, die dem Reisenden unmittelbar zugute kommen (z.B. Zimmerbestellung, Flugreservierung).

6   Umwandlungssteuer

272.   Wie ist das Umwandlungssteuergesetz aufgebaut?

Das Umwandlungssteuergesetz ist ganz anders aufgebaut als das Umwandlungsgesetz. Es unterscheidet nicht nach Umwandlungsformen, sondern danach, von welcher Rechtsform auf welche andere Rechtsform gewechselt wird, also z.B. von Kapital- auf Personengesellschaft und umgekehrt.

273.   Was versteht man unter dem handelsrechtlichen Umwandlungsstichtag und dem steuerlichen Übertragungsstichtag?

Der handelsrechtliche Umwandlungsstichtag ist der im Umwandlungsgesetz für die einzelnen Umwandlungsformen festgelegte Zeitpunkt, von dem an die Handlungen des übertragenden Rechtsträgers als für Rechnung des übernehmenden Rechtsträgers vorgenommen gelten. Der steuerrechtliche Übertragungsstichtag ist der Tag, auf den der übertragende Rechtsträger die Schlussbilanz aufzustellen hat, die der Umwandlung zugrunde gelegt wird.

274.   Welches zeitliche Fenster eröffnet die gesetzliche Regelung für Umwandlungen?

Das Registergericht darf eine Umwandlung nur eintragen, wenn die Bilanz auf einen höchstens acht Monate vor der Anmeldung liegenden Stichtag aufgestellt ist. Bei einer auf den 31.12. des Jahres aufgestellten Bilanz muss somit die Anmeldung bis Ende August beim Registergericht eingehen.

275.   Welche Auswirkung hat die sogenannte Rückwirkungsfiktion?

Wird die übertragende Körperschaft handelsrechtlich aufgelöst und ihr Vermögen ohne Abwicklung auf einen anderen Rechtsträger übertragen, geht man nach der Rückwirkungsfiktion des § 2 UmwStG davon aus, dass das Vermögen der übertragenden Körperschaft mit Ablauf des steuerlichen Übertragungsstichtags auf die Übernehmerin übergegangen ist und die übertragende Körperschaft nicht mehr besteht. Mit Ablauf des Übertragungsstichtags endet die Steuerpflicht der übertragenden und beginnt die Steuerpflicht der übernehmenden Körperschaft.

276.　Wie werden vor dem Übertragungsstichtag beschlossene Gewinnausschüttungen behandelt?

Am steuerlichen Übertragungsstichtag bereits beschlossene, aber noch nicht verwirklichte Gewinnausschüttungen sind als Schuldposten (Ausschüttungsverbindlichkeiten) in der steuerlichen Übertragungsbilanz zu berücksichtigen. Beim übernehmenden Rechtsträger stellt der Abfluss der Gewinnausschüttung lediglich eine erfolgsneutrale Erfüllung der Ausschüttungsverbindlichkeit dar.

277.　Wie werden nach dem Übertragungsstichtag beschlossene Gewinnausschüttungen behandelt?

Ausschüttungen der zivilrechtlich noch bestehenden übertragenden Körperschaft im Rückwirkungszeitraum sind steuerlich nach der Rückwirkungsfiktion so zu behandeln, als hätte der übernehmende Rechtsträger sie vorgenommen Bei diesem stellt die Ausschüttung grundsätzlich einen gewinnneutralen Vorgang dar (bei Umwandlung auf eine Personengesellschaft eine Entnahme, bei Umwandlung auf eine andere Körperschaft eine Gewinnausschüttung). Für die Ausschüttung ist in der steuerlichen Übertragungsbilanz kein Passivposten anzusetzen, da auf den steuerlichen Übertragungsstichtag noch keine Schuld entstanden ist.

278.　Welche Konten werden bei Umwandlungen benötigt und welche Funktionen haben sie?

Sind bei einer Umwandlung keine Neubewertungen erforderlich, werden die alten Kapitalkonten über ein Umwandlungskonto aufgelöst und die neuen Kapitalkonten mit Gegenbuchungen über dieses Umwandlungskonto gebildet. Dabei kann ein Gesellschafter austreten oder ein neuer eintreten. Bei einem Neueintritt eines Gesellschafters werden für den ausscheidenden Gesellschafter Verbindlichkeitskonten, für den neu eintretenden Gesellschafter Einbringungskonten eingerichtet. Für die im Unternehmen verbleibenden Gesellschafter werden Übergabekonten eingerichtet.

Sind Neubewertungen erforderlich, müssen die Bilanzwerte auf die neuen Werte gebracht werden, wobei die Gegenbuchungen auf Neubewertungskonten erfolgen; diese werden auf die Kapitalkonten umgebucht und dann wird in gleicher Weise verfahren wie vorstehend beschrieben.

279.　Erläutern Sie die Begriffe Übertragungs- und Übernahmegewinn.

Übertragungsgewinn ist der Gewinn, den ein übertragendes Unternehmen bei der Umwandlung erzielt.

Ein Übernahmegewinn wird unter Umständen bei dem übernehmenden Unternehmen erzielt.

280.　Welche Begünstigungen kommen nach den Vorschriften des Umwandlungssteuerrechts bei Umwandlungen in Frage?

Die Begünstigung besteht in den meisten Fällen darin, dass dem übertragenden Unternehmen ein Wahlrecht eingeräumt wird, die zu übertragenden Wirtschaftsgüter in ihrer Schlussbilanz mit dem Buchwert, einem höheren Wert, aber maximal mit dem Teilwert anzusetzen. Dadurch kann bezüglich der Aufdeckung der stillen Reserven der optimale Ansatz gewählt werden.

7 Grundsteuer

281.   Welchen Charakter hat die Grundsteuer, und wem fließt das Aufkommen zu?
Die Grundsteuer ist eine Objektsteuer, die an die Beschaffenheit und den Wert eines Objekts, des Grundstücks, anknüpft; ihr Aufkommen fließt in vollem Umfang den Gemeinden zu.

282.   Wie wird die Grundsteuer berechnet?
Die Grundsteuer wird in zwei Stufen festgesetzt:
(1) Das Finanzamt setzt nach Maßgabe des Bewertungsgesetzes den sogenannten Einheitswert für das Grundstück fest und errechnet daraus durch Anwendung einer Steuermesszahl den Grundsteuermessbetrag.
(2) Den Grundsteuermessbetrag multipliziert die Gemeinde mit dem von ihr festgesetzten Grundsteuer-Hebesatz und setzt die Grundsteuer im Grundsteuerbescheid fest.

8 Grunderwerbsteuer

283.   Welchen Charakter hat die Grunderwerbsteuer, und wem fließt das Aufkommen zu?
Die Grunderwerbsteuer ist eine Verkehrsteuer, die an Vorgänge des Rechtsverkehrs anknüpft; ihr Aufkommen fließt den Ländern zu.

284.   Welche Rechtsvorgänge fallen unter das Grunderwerbsteuergesetz, und wie hoch ist die Steuer?
Der Grunderwerbsteuer unterliegen Kaufverträge und andere Rechtsgeschäfte, die zum Erwerb eines inländischen Grundstücks oder eines grundstücksgleichen Rechts führen. Die Steuer bemisst sich nach dem Wert der Gegenleistung, z.B. nach dem Kaufpreis, und wenn ein solcher fehlt, nach dem Bedarfswert, der nach dem Bewertungsgesetz festgestellt wird. Der Steuersatz (vgl. § 11 Abs. 1 GrEStG) beträgt je nach Bundesland zwischen 3,5 % und 5,5 % der Bemessungsgrundlage.

9 Internationales Steuerrecht

9.1 Allgemeines

285.   Welches sind die Anknüpfungspunkte der unbeschränkten und beschränkten Ertragsteuerpflicht?
Die unbeschränkte Steuerpflicht knüpft i.d.R. an die Ansässigkeit der auf einem Staatsgebiet befindlichen Personen an. Man spricht von Wohnsitzbesteuerung. Diese erfolgt nach dem Welteinkommensprinzip (auch Universalitätsprinzip genannt), d.h., sie erfasst auch steuerliche Sachverhalte, die von den im Inland ansässigen Personen im Ausland verwirklicht werden. Die Besteuerung des Welteinkommens wird durch das Prinzip der Besteuerung nach der wirtschaftlichen Leistungsfähigkeit begründet (Leistungsfähigkeitsprinzip).

Die beschränkte Steuerpflicht knüpft dagegen an die Einkommensquellen an, die auf dem eigenen Staatsgebiet liegen (Quellenbesteuerung). Diese erfolgt nach dem Territorialitätsprinzip, d.h., sie erfasst nur steuerliche Sachverhalte, die auf dem eigenen Staatsgebiet verwirklicht werden. Als zusätzlicher Anknüpfungspunkt dient in einigen Staaten auch die Staatsangehörigkeit (z. B. USA).

286. Beschreiben Sie, wie es zu einer Doppelbesteuerung bei grenzüberschreitenden Sachverhalten kommen kann.

Zu einer Doppelbesteuerung bei grenzüberschreitenden Sachverhalten kann es kommen:
- bei einem Nebeneinander von unbeschränkter und beschränkter Steuerpflicht (wenn ein Staat aufgrund Wohnsitzbesteuerung und Welteinkommensprinzip Ansprüche erhebt, ein anderer aufgrund Quellenbesteuerung),
- bei doppelter unbeschränkter Steuerpflicht (wenn eine Person in mehreren Staaten ansässig ist) oder
- bei doppelter beschränkter Steuerpflicht (wenn die Anknüpfungspunkte der beschränkten Steuerpflicht in zwei Staaten nicht identisch sind, z. B. Einkommensquelle und Staatsangehörigkeit).

287. Welche generellen Maßnahmen können zur Vermeidung bzw. Milderung einer etwaigen Doppelbesteuerung ergriffen werden?

Je nach dem rechtlichen Status solcher Vermeidungsvorschriften spricht man von
- einseitigen bzw. unilateralen Bestimmungen (beruhend auf nationalen Regelungen, z. B. § 34c EStG, § 26 KStG) oder
- zweiseitigen bzw. bilateralen Bestimmungen (sog. Doppelbesteuerungsabkommen – DBA).

288. Zählen Sie einige wichtige Rechtsquellen des internationalen Steuerrechts auf.

Man unterscheidet
- das allgemeine Außensteuerrecht: z. B. §§ 1, 1a EStG und §§ 1, 2 KStG zur Abgrenzung zwischen beschränkter und unbeschränkter Steuerpflicht,
- das besondere Außensteuerrecht, d. h. das Außensteuergesetz,
- völkerrechtliche Verträge zwischen zwei Staaten, d. h. Doppelbesteuerungsabkommen (DBA),
- supranationales Recht (EU-Vorschriften), z. B. die Mutter-Tochter-Richtlinie oder die Mehrwertsteuersystem-Richtlinie.

289. Wie kann die Finanzverwaltung an besteuerungsrelevante Sachverhalte gelangen, die im Ausland verwirklicht werden?

Sind grenzüberschreitende Sachverhalte aufzuklären, sind die Finanzbehörden in ihrer Tätigkeit auf das deutsche Staatsgebiet beschränkt. Sie können lediglich ausländische Finanzbehörden um Amtshilfe bitten (§ 117 Absatz 1 AO), eine Verpflichtung hierzu besteht aber nicht. Voraussetzung einer solchen Amtshilfe ist eine bestehende völkerrechtliche Vereinbarung entsprechend Art. 26 OECD-MA.

Deshalb bestehen bei Sachverhalten, die sich auf Vorgänge außerhalb der Bundesrepublik Deutschland beziehen, erhöhte Mitwirkungspflichten der Beteiligten (§ 90 Abs. 2 und 3 AO). Zur Erfüllung dieser Pflichten haben Beteiligte im Rahmen ihrer rechtlichen und tatsächlichen Möglichkeiten insbesondere
- selbst Auslandssachverhalte aufzuklären und
- erforderliche Beweismittel, die sich im Ausland befinden, zu beschaffen und Beweisvorsorge zu treffen.

Bei Verletzung der Mitwirkungspflichten ist die Finanzbehörde zur Schätzung berechtigt und verpflichtet (§ 162 AO).

290. **Welche grundsätzlichen Fallkonstellationen sind bei steuerlich relevanten Auslandssachverhalten möglich?**
Bei den Fallkonstellationen sind Auslandsachverhalte zwischen Ländern mit DBA und Auslandsachverhalte zwischen Ländern ohne DBA zu unterscheiden.

291. **Welches Prüfschema ist zur Lösung grenzüberschreitender ertragsteuerlicher Sachverhalte anzuwenden?**
Unter Beachtung der Interdependenz bilateraler und unilateraler Vorschriften dient zur Lösung von Fällen grenzüberschreitender ertragsteuerlicher Sachverhalte folgendes Prüfungsschema: Nach Feststellung des Steuersubjekts – ob Steuerinländer oder Steuerausländer, natürliche oder juristische Person – sind immer folgende zwei Prüfschritte zu absolvieren:

(1) Liegt ein Sachverhalt zwischen Ländern mit DBA vor?
Falls ja, ergibt sich aus dem DBA die Besteuerungskompetenz und die Methode, nach der eine eventuelle Doppelbesteuerung zu vermeiden bzw. zu mildern ist. Erst danach ist nach deutschem Steuerrecht das Ob und Wie der Besteuerung zu ermitteln – unter Berücksichtigung eventueller ausländischer Steuer.

(2) Liegt ein Sachverhalt zwischen Ländern ohne DBA vor?
Ausgehend von der entsprechenden Fallgruppe,
  ▪ Steuerinländer mit Bezügen im Ausland oder
  ▪ Steuerausländer mit Bezügen im Inland,
ist die deutsche Besteuerung zu ermitteln und dann zu prüfen, wie eine eventuelle ausländische Steuer zu berücksichtigen ist.

292. **Was ist unter den Begriffen Steuerinländer und Steuerausländer zu verstehen?**
Als Steuerinländer werden Personen bezeichnet, die ihren Wohnsitz oder gewöhnlichen Aufenthalt im Inland haben und daher der unbeschränkten Steuerpflicht unterliegen, während Steuerausländer unter die beschränkte Steuerpflicht fallen.

9.2   Steuerlich relevante Sachverhalte zwischen Ländern ohne DBA

9.2.1   Steuerinländer mit Bezügen im Ausland

293. **Welche steuerlichen Vorschriften sind bei einem Steuerinländer (natürliche Person) mit ausländischen Einkünften aus einem Nicht-DBA-Staat zu beachten?**
Für die hierunter fallenden Sachverhalte (Steuerinländer mit ausländischen Einkünften) sind folgende Paragraphen des EStG zu beachten:
- §§ 1, 1a EStG: Abgrenzung zwischen unbeschränkter und beschränkter Steuerpflicht,
- § 34d EStG: Definition ausländischer Einkünfte,
- § 34c EStG: Steuerermäßigung bei ausländischen Einkünften,
- § 2a Abs. 1 und 2 EStG: negative Einkünfte mit Bezug zu Drittstaaten.

Darüber hinaus sind zwei Erlasse der Finanzverwaltung einschlägig:
- Auslandstätigkeitserlass (BMF BStBl I 1983, 470),
- Pauschalierungserlass (BMF BStBl I 1984, 252).

294.   Inwiefern gewährt § 34c EStG eine Steuerermäßigung bei ausländischen Einkünften?

§ 34c EStG sieht im Falle unbeschränkter Einkommensteuerpflicht folgende Methoden zur Vermeidung der Doppelbesteuerung bei ausländischen Einkünften vor:

- Anrechnungsmethode (§ 34c Abs. 1 EStG),
- Abzugsmethode (§ 34c Abs. 2, 3 EStG),
- Pauschalierung (§ 34c Abs. 5 EStG).

295.   Beschreiben Sie den Unterschied zwischen Anrechnungs- und Abzugsmethode nach § 34c EStG.

Die Anrechnungs- und Abzugsmethode unterscheiden sich wie folgt:

- Bei der Anrechnungsmethode nach § 34c Abs. 1 EStG wird die ausländische Steuer bei der inländischen Steuer angerechnet (d.h. rechnerisch von der inländischen Steuer abgezogen); als Folge verringert sich die deutsche Einkommensteuer.
- Bei der Abzugsmethode nach § 34c Abs. 2 EStG wird die ausländische Steuer von der Bemessungsgrundlage für die deutsche Einkommensteuer abgezogen, setzt also systematisch früher ein.

Während die Anrechnung von Amts wegen durchzuführen ist, wird die Abzugsmethode nur auf Antrag gewährt. Welche Methode im Einzelfall günstiger ist, muss durchgerechnet werden.

296.   Was regelt der Auslandstätigkeitserlass?

Der Auslandstätigkeitserlass (ATE) soll den deutschen Anlagenbau und die vorbereitende Beratertätigkeit insbesondere in Entwicklungsländern fördern, indem unter bestimmten Voraussetzungen Einkünfte aus einer im Ausland ausgeübten nichtselbständigen Tätigkeit von der deutschen Einkommensteuer freigestellt werden (Anreiz für längerfristige Auslandseinsätze). Er findet nach Tz V.2 ATE nur Anwendung, wenn die Tätigkeit in einem Staat ausgeübt wird, mit dem kein DBA besteht (Nebeneinander unbeschränkter Steuerpflicht in Deutschland aufgrund des Welteinkommensprinzips und beschränkter Steuerpflicht im Ausland aufgrund Quellenbesteuerung).

Begünstigte Tätigkeiten sind z.B. Planung, Errichtung, Inbetriebnahme oder Modernisierung von Fabriken und Bauwerken, Aufsuchen oder Gewinnung von Bodenschätzen und Beratung (Consulting) ausländischer Auftraggeber.

297.   Um welche Inhalte geht es beim Pauschalierungserlass?

Nach dem Pauschalierungserlass (BMF BStBl I 1984, 252) kann die Einkommen- bzw. Körperschaftsteuer von unbeschränkt steuerpflichtigen natürlichen Personen oder Körperschaften, die ihren Gewinn durch Betriebsvermögensvergleich ermitteln, pauschal mit 25 % der Einkünfte, höchstens 25 % des zu versteuernden Einkommens festgesetzt werden. Wie beim Auslandstätigkeitserlass sollen hierdurch Tätigkeiten in Entwicklungsländern gefördert werden.

298.   Welche Funktion nimmt § 2a Abs. 1 und 2 EStG für steuerliche Einkünfte mit Auslandsbezug ein?

Die Funktion des § 2a Abs. 1 und 2 EStG besteht darin, aus volkswirtschaftlichen Erwägungen das Welteinkommensprinzip teilweise außer Kraft zu setzen. Bestimmte Auslandsinvestitionen ohne erkennbaren Nutzen für die deutsche Volkswirtschaft sollen nicht zu Lasten des inländischen Steueraufkommens verrechnet werden können. Grundsätzlich gilt das

Welteinkommensprinzip mit der Folge, dass Verluste aus Drittstaaten (d. h. Nicht-EU-/ EWR-Staaten, s. § 2a Abs. 2a EStG) eigentlich im Inland berücksichtigt werden müssten; ihre Berücksichtigung wird aber durch die Regelungen der Absätze 1 und 2 eingeschränkt.

299.   Welche steuerlichen Vorschriften sind bei einem Steuerinländer (juristische Person) mit ausländischen Einkünften aus einem Nicht-DBA-Staat zu beachten?
Für die hierunter fallenden Sachverhalte (Steuerinländer mit ausländischen Einkünften) sind folgende Paragraphen des KStG zu beachten:
- §§ 1, 2 KStG: Abgrenzung zwischen unbeschränkter und beschränkter Steuerpflicht,
- § 26 KStG: Besteuerung ausländischer Einkunftsteile,
- § 8b KStG: Behandlung von Beteiligungen an anderen Körperschaften und Personenvereinigungen.

300.   Inwiefern gewährt § 26 KStG eine Steuerermäßigung bei ausländischen Einkünften?
§ 26 Abs. 6 KStG verweist auf die entsprechende Anwendung des § 34c EStG, so dass die dort gemachten Ausführungen (s. Frage 294) auch für das Körperschaftsteuerrecht gelten. Wie das Einkommensteuerrecht sieht daher das Körperschaftsteuerrecht im Falle unbeschränkter Steuerpflicht die Anrechnungs- und Abzugsmethode sowie die Pauschalierung zur Vermeidung der Doppelbesteuerung bei ausländischen Einkünften vor. Wegen des inzwischen niedrigeren Körperschaftsteuersatzes (15 %) hat die Pauschalierung mit 25 % im Bereich der Körperschaftsteuer jedoch keine Bedeutung mehr.

301.   Welche Regelungen sind in § 8b KStG enthalten?
§ 8b KStG ist eine der zentralen Vorschriften des KStG. Diese Vorschrift soll Mehrfachbelastungen auf der Ebene verbundener Unternehmen im Zusammenhang mit dem Teileinkünfteverfahren verhindern:
- Steuerbefreiung der zwischen Körperschaften gezahlten Dividenden (§ 8b Abs. 1 KStG),
- pauschales Betriebsausgaben-Abzugsverbot bei steuerfreien Dividenden (§ 8b Abs. 5 KStG),
- Steuerbefreiung für Gewinne aus der Veräußerung von Kapitalbeteiligungen (§ 8b Abs. 2, 3 KStG).

9.2.2   Steuerausländer mit Bezügen im Inland

302.   Welche steuerlichen Vorschriften sind bei einem Steuerausländer (natürliche Person aus einem Nicht-DBA-Staat) mit inländischen Einkünften zu beachten?
Für die hierunter fallenden Sachverhalte (Steuerausländer mit inländischen Einkünften) sind folgende Paragraphen des EStG zu beachten:
- § 1 EStG: Abgrenzung zwischen unbeschränkter und beschränkter Steuerpflicht,
- § 49 EStG: beschränkt steuerpflichtige Einkünfte,
- §§ 50, 50a EStG: Sondervorschriften und Steuerabzug bei beschränkt Steuerpflichtigen,
- §§ 73a–73 g EStDV: Durchführungsbestimmungen zu § 50a EStG,
- § 39 Abs. 2 und 3 EStG sowie § 39a Abs. 4 EStG: Durchführung des Lohnsteuerabzugs für beschränkt einkommensteuerpflichtige Arbeitnehmer,
- §§ 43–45e EStG: Steuerabzug vom Kapitalertrag (Kapitalertragsteuer).

303.   Worin liegt die Bedeutung des § 49 EStG?

Natürliche Personen, die im Inland weder einen Wohnsitz noch ihren gewöhnlichen Aufenthalt haben, sind vorbehaltlich des § 1 Abs. 2 und 3 EStG und des § 1a EStG beschränkt einkommensteuerpflichtig, wenn sie inländische Einkünfte im Sinne des § 49 EStG haben (§ 1 Abs. 4 EStG). D.h., die beschränkte Steuerpflicht

- erstreckt sich nur auf diejenigen inlandsbezogenen Einkünfte, die in § 49 Abs. 1 EStG ausdrücklich aufgeführt sind,
- alle anderen Einkünfte (Einkünfte, die nicht in § 49 Abs. 1 EStG aufgeführt sind oder die der beschränkt Steuerpflichtige im Wohnsitzstaat und/oder Drittstaaten bezieht), unterfallen der deutschen Einkommensteuer nicht.

304.   Weshalb wird bei beschränkter Steuerpflicht ein Steuerabzug an der Quelle häufiger praktiziert als bei unbeschränkter Steuerpflicht?

Der Quellensteuerabzug kommt bei beschränkter Steuerpflicht häufiger vor als bei unbeschränkter Steuerpflicht, da in vielen Fällen der Steueranspruch nur auf diese Art und Weise durchgesetzt werden kann. Der Abzug erstreckt sich auf

- Lohnsteuer (§ 39 Abs. 2 und 3 sowie § 39a Abs. 4 EStG),
- Kapitalertragsteuer (§§ 43 ff. EStG),
- Aufsichtsratsteuer (§ 50a Abs. 1 Nr. 4 EStG),
- Quellensteuer bei anderen Vergütungen (§ 50a Abs. 1 Nr. 1–3 EStG).

305.   Welche Wirkung entfaltet der Quellensteuerabzug i.d.R. bei beschränkter Steuerpflicht?

Abweichend zur unbeschränkten Steuerpflicht hat der Quellensteuerabzug im Regelfall Abgeltungswirkung (50 Abs. 2 EStG), d.h. mit dem Einbehalt der Steuer an der Quelle ist der Steuerpflicht Genüge getan.

306.   Gibt es bei beschränkter Steuerpflicht auch ein Veranlagungsverfahren?

Soweit nicht ein abgeltender Quellenabzug greift, ist auch bei beschränkter Steuerpflicht zu veranlagen. Die Veranlagung beschränkt Steuerpflichtiger folgt zwar den Vorschriften für die unbeschränkte Steuerpflicht, es kommen aber die Sondervorschriften des § 50 Abs. 1 und 3 EStG zur Anwendung, die Ausschlusstatbestände bzw. Einschränkungen beinhalten. Entscheidungen des EuGH machten weit reichende Änderungen durch das JStG 2009 erforderlich.

307.   Nennen Sie wichtige Sondervorschriften für die Veranlagung beschränkt Steuerpflichtiger?

Bei der Veranlagung beschränkt Steuerpflichtiger sind folgende Ausschlusstatbestände bzw. Einschränkungen zu beachten (§ 50 Abs. 1 und 3 EStG):

- Einschränkung des Betriebsausgaben- und Werbungskostenabzugs,
- keine Berücksichtigung bestimmter Sonderausgaben (§§ 10, 10a, 10c EStG) und außergewöhnlicher Belastungen nach §§ 33, 33a, und 33b EStG,
- Nichtanwendbarkeit bestimmter Freibeträge (z.B. Kinderfreibeträge).
- kein Splittingverfahren.

308.   Welche steuerlichen Vorschriften sind bei einem Steuerausländer (juristische Person aus einem Nicht-DBA-Staat) mit inländischen Einkünften zu beachten?

Für die hierunter fallenden Sachverhalte (Steuerausländer mit inländischen Einkünften) sind folgende Paragraphen des KStG zu beachten:

- §§ 1, 2 KStG: Abgrenzung zwischen unbeschränkter und beschränkter Steuerpflicht,
- § 8 Abs. 1 KStG: Ermittlung des Einkommens,
- § 8b KStG: Behandlung von Beteiligungen an anderen Körperschaften und Personenvereinigungen,
- § 31 KStG: Steuererklärungspflicht, Veranlagung und Erhebung der KSt,
- § 32 Abs. 1 Nr. 2 und Abs. 2 Nr. 1–3 KStG: Sondervorschriften für den Steuerabzug vom Kapitalertrag.

9.3   Steuerlich relevante Sachverhalte zwischen Ländern mit DBA

309.   Was versteht man unter einem Doppelbesteuerungsabkommen?

Aus wirtschaftlichen Erwägungen sind die Nationalstaaten bemüht, etwaige Doppelbesteuerungen zu vermeiden oder zu mildern, da sie sich nachteilig auf den wirtschaftlichen Leistungsaustausch und die internationale Wettbewerbsfähigkeit auswirken. Doppelbesteuerungsabkommen (DBA) sind zweiseitige bzw. bilaterale Bestimmungen, beruhend auf völkerrechtlichen Verträgen zwischen zwei Staaten. Die meisten DBA basieren mit ihren Regelungen auf dem OECD-Musterabkommen (OECD-MA).

310.   Wie ist das Verhältnis der DBA zu innerstaatlichem Recht geregelt?

Die Rechtsnatur der DBA und ihr Verhältnis zu innerstaatlichem Recht lassen sich wie folgt zusammenfassen:
- DBA sind unmittelbar geltendes Recht. Ihre völkerrechtliche Verbindlichkeit ergibt sich aus der Ratifikation.
- Das DBA-Recht hat Vorrang vor innerstaatlichen Rechtsnormen (§ 2 AO).
- DBA-Recht begründet in der Regel keine Steueransprüche, sondern will die nach innerstaatlichem Steuerrecht bestehenden Ansprüche (z.B. nach § 49 EStG) einschränken oder ausschließen. Die Abkommensnormen werden deshalb als Verteilungsnormen bezeichnet.

311.   Beschreiben Sie die Grobstruktur der Doppelbesteuerungsabkommen anhand des OECD-MA.

Das OECD-MA 2010 ist wie folgt aufgebaut: Zunächst werden
- der Geltungsbereich des Abkommens (welche Personen und welche Steuern fallen unter das Abkommen) und
- Begriffsbestimmungen (z.B. ansässige Person, Betriebsstätte) definiert.
- Dem folgen sogenannte Qualifikationsnormen zur Besteuerung des Einkommens und/oder des Vermögens, d.h., sie definieren Einkunftsquellen und ordnen das Besteuerungsrecht zu.
- Darüber hinaus werden Methoden zu Vermeidung der Doppelbesteuerung festgelegt sowie
- besondere Bestimmungen (z.B. Verständigungsverfahren, Amtshilfe bei der Erhebung von Steuern u.a.) und
- Vorschriften zu Inkrafttreten und Kündigung.

312.   Wie wird die Aufteilung des Besteuerungsrechts in der Regel vorgenommen?

Aufgrund des Welteinkommensprinzips steht dem Ansässigkeitsstaat stets das Besteuerungsrecht zu. In den Qualifikationsnormen wird festgelegt, unter welchen Voraussetzungen auch der Quellenstaat ein Besteuerungsrecht hat. Dieses zusätzliche Besteuerungsrecht und die Zuordnungsregeln werden in Art. 6–21 des OECD-MA aufgezeigt. Die Vermeidung einer dadurch entstehenden Doppelbesteuerung regeln dann die Art. 23A und 23B OECD-MA.

313. **Welche Methoden zur Vermeidung einer Doppelbesteuerung werden im OECD-MA aufgeführt? Beschreiben Sie kurz ihre Wirkungsweise.**

Im OECD-MA werden zwei Methoden zur Vermeidung bzw. Milderung der Doppelbesteuerung aufgeführt:

(1) Freistellung mit Progressionsvorbehalt (Befreiungsmethode, Art. 23A Abs. 1 und 3 OECD-MA):

Hier werden die im ausländischen Staat (Quellenstaat) befindlichen Einkünfte vom Ansässigkeitsstaat von der Besteuerung freigestellt, d.h., die Einkünfte werden nur in einem Staat besteuert und bleiben im anderen steuerfrei.

Die Steuerfreistellung ist allerdings mit dem sog. Progressionsvorbehalt verbunden, d.h., bei der Bemessung des Steuersatzes werden die ausländischen Einkünfte mit berücksichtigt, also mitgezählt.

(2) Anrechnungsmethode (Art. 23B OECD-MA):

Hier werden die Einkünfte sowohl im Ansässigkeitsstaat als auch im Quellenstaat besteuert, der Ansässigkeitsstaat rechnet aber die Auslandssteuer auf die Inlandssteuer an.

Welche der Methoden von den vertragsschließenden Staaten im entsprechenden DBA gewählt wird, bleibt ihnen überlassen.

9.4 Gewinnabgrenzung bei Betriebsstätten

314. **Weshalb stellt die Gewinnabgrenzung von Betriebsstätten ein schwieriges steuerliches Problem dar?**

Wenn das Gesamtunternehmen (Stammhaus einschließlich Betriebsstätte) einen Gewinn aufgrund ordentlicher Geschäftstätigkeit realisiert hat, ist dieser Gewinn auf Stammhaus und Betriebsstätte aufzuteilen. Da das Stammhaus und seine Betriebsstätte eine rechtliche und tatsächliche Einheit bilden, sind schuldrechtliche Vereinbarungen zwischen Stammhaus und Betriebsstätte, wie z.B. Darlehens-, Miet- und Lizenzverträge, rechtlich nicht möglich. Bei solchen Innentransaktionen findet deshalb eine Einkommensabgrenzung über Verrechnungspreise statt. Besonders problematisch sind sog. Entstrickungsfälle, bei denen infolge Verlagerung betrieblicher Aktivitäten vom Inland ins Ausland bislang unversteuerte stille Reserven die deutsche Fiskalhoheit zu verlassen drohen.

315. **Wie kann eine sachgerechte Aufteilung zwischen Stammhaus und Betriebsstätte vorgenommen werden?**

Ziel einer sachgerechten Aufteilung ist es, der Betriebsstätte den Teil des Gewinnes des Gesamtunternehmens zuzuordnen, den sie nach den Grundsätzen des Fremdvergleichs erwirtschaftet hat. Zu diesem Zweck sind der Betriebsstätte zuzuordnen:

- die Wirtschaftsgüter nach dem Prinzip der wirtschaftlichen Zugehörigkeit und
- die mit den Wirtschaftsgütern im Zusammenhang stehenden Betriebseinnahmen und -ausgaben nach dem Veranlassungsprinzip.

316. Welche Methoden der Gewinnaufteilung auf Stammhaus und Betriebsstätte unterscheidet man?

Die Gewinnaufteilung auf Stammhaus und Betriebsstätte kann

- entweder nach der direkten Methode
- oder nach der indirekten Methode der Gewinnabgrenzung erfolgen.

Bei der direkten Methode wird die Gewinnabgrenzung so durchgeführt, als sei die Betriebsstätte ein selbstständiges Unternehmen (Art. 7 Abs. 2 OECD-MA). Hierbei verhält sich die Betriebsstätte gegenüber dem Stammhaus wie ein fremder Dritter (Dealing-at-arms-length-Prinzip bzw. Grundsatz des Fremdvergleichs). Die direkte Methode ist die Normal- bzw. Regelmethode und vorrangig gegenüber der indirekten.

Bei der indirekten Methode ist der Gesamtgewinn des Unternehmens aufgrund eines sachgerechten Schlüssels zwischen Stammhaus und Betriebsstätte aufzuteilen (Art. 7 Abs. 3 OECD-MA), was in der Praxis große Probleme bereitet.

9.5 Einkunftsabgrenzung bei international verbundenen Unternehmen

317. Zählen Sie wichtige Rechtsquellen zur Einkunftsabgrenzung bei international verbundenen Unternehmen auf.

Als Rechtsquellen zur Einkunftsabgrenzung bei international verbundenen Unternehmen sind zu nennen:

- die Mutter-/Tochter-Richtlinie,
- Art. 9 OECD-MA zum Fremdvergleichsgrundsatz,
- innerstaatliche Berichtigungsgrundlagen für Verrechnungspreiskorrekturen (z. B. Berichtigung von Einkünften nach § 1 AStG) und
- Verwaltungsanweisungen (Schreiben betr. Grundsätze für die Prüfung der Einkunftsabgrenzung bei international verbundenen Unternehmen – Verwaltungsgrundsätze).

318. Welches steuerliche Problem stellt sich bei Einkünften international verbundener Unternehmen?

Grundlage für die Besteuerung (und Gewinnverteilung) von Konzernen sind die Einzelabschlüsse der einzelnen Konzernunternehmen, nicht der Konzernabschluss bzw. der Konzern als solcher (ausgenommen nach US-GAAP in USA). Konzernunternehmen sind nämlich rechtlich, aber nicht mehr wirtschaftlich selbstständig.

Dieser Umstand gewinnt dann an Bedeutung, wenn der Konzern mit seinen Unternehmen in unterschiedlichen Staaten mit unterschiedlichen Steuersätzen tätig ist, weshalb das Thema »Einkunftsabgrenzung bei international verbundenen Unternehmen« in der Praxis eine große Rolle spielt. Über Verrechnungspreise, Umlageverträge und Funktionsverlagerung lassen sich nämlich Ergebnisverlagerungen zwischen verbundenen Unternehmen erzielen, z. B. um das Ergebnis eines Konzernmitglieds positiv oder negativ zu beeinflussen oder innerhalb eines Konzerns die Steuerlast zu minimieren.

Das fiskalische Interesse der Staaten, in denen der Konzern mit einzelnen Unternehmen tätig ist, ist wegen der Anbindung der Steuern an den Einzelabschluss auf die Einzelabschlüsse und weniger auf den Konzernabschluss gerichtet. Sie wollen eine Besteuerung, die durch Gewinnverlagerungen nicht »verfälscht« wird.

319. Wie lassen sich Ergebnisverlagerungen bei international verbundenen Unternehmen feststellen und gegebenenfalls korrigieren?

Wenn Ergebnisverlagerungen dadurch zustande kommen, dass verbundene Unternehmen (Mutter-, Tochter-, Enkel-, Schwesterunternehmen) in ihren kaufmännischen oder finanziellen Beziehungen an Bedingungen gebunden sind, die von denen abweichen, die unabhängige Unternehmen miteinander vereinbaren würden (Fremdvergleich), so gestattet Art. 9 OECD-MA die Vornahme von Korrekturen und entsprechender Besteuerung. Diese Korrekturen sind in den betreffenden Staaten gegengleich vorzunehmen, d. h., der Gewinnerhöhung im Staat A folgt eine entsprechende Gewinnminderung im Staat B. Maßstab solcher Gewinnkorrekturen ist der Fremdvergleich (Dealing-at-arms-length-Prinzip).

9.6 Außensteuergesetz

320. **Welche Zielsetzung verfolgt das Außensteuergesetz?**

Das Gesetz über die Besteuerung bei Auslandsbeziehungen (AStG) ist kein Steuergesetz im üblichen Sinne, sondern ein Korrekturgesetz, das die wichtigsten Erscheinungsformen der Steuerflucht bekämpft und profiskalisch wirkt. Es verfolgt das Ziel,

- unangemessene Steuervorteile, die sich aus der Nutzung des internationalen Steuergefälles ergeben, zu beseitigen und
- damit zur Gleichmäßigkeit der Besteuerung beizutragen.

321. **Welche Stellung hat das Außensteuergesetz im Steuerrecht?**

Das Außensteuergesetz tritt ergänzend zu den Bestimmungen hinzu, die in der Abgabenordnung und den anderen Steuergesetzen die Besteuerung von Auslandsbeziehungen regeln. Die DBA gehen dem Außensteuergesetz ebenso wie den übrigen Steuergesetzen vor.

Zur Anwendung des AStG ist ein ausführlicher Erlass der Finanzverwaltung ergangen (Anwendungsschreiben zum AStG).

322. **Wie ist das Außensteuergesetz aufgebaut? Welchen »unangemessenen Steuervorteilen« sucht es einen Riegel vorzuschieben?**

Aus der Gesetzesgliederung ist die Stoßrichtung der einzelnen Paragraphen gut ersichtlich:

- § 1 AStG dient der Berichtigung von Einkünften bei internationalen Verflechtungen: Hier wird das Dealing-at-arms-length-Prinzip (Fremdvergleichsgrundsatz) über die Angemessenheit von Leistung und Gegenleistung bei Geschäftsbeziehungen im Ausland mit nahe stehenden Personen gesetzlich verankert.
- §§ 2–5 AStG sind dem Wohnsitzwechsel in niedrig besteuernde Gebiete gewidmet. Diese Bestimmungen erweitern die beschränkte Steuerpflicht für Personen, die ihren Wohnsitz in niedrig besteuernde Gebiete verlegt haben und deshalb nicht mehr unbeschränkt steuerpflichtig sind.
- § 6 AStG gilt der Behandlung maßgeblicher Beteiligungen (§ 17 EStG) bei Wohnsitzwechsel ins Ausland: Durch eine Vermögenszuwachsbesteuerung soll unter bestimmten Voraussetzungen verhindert werden, dass die in Deutschland angesammelten stillen Reserven bei Beteiligungen nach § 17 EStG durch Auswanderung der deutschen Besteuerung entzogen werden.
- §§ 7–14 AStG betreffen Beteiligungen an ausländischen Zwischengesellschaften: Als Zwischengesellschaften werden im AStG Gesellschaften bezeichnet, die zu dem Zweck gegründet wurden, Einkünfte in niedrig besteuerndes Ausland zu verlagern. Über §§ 7–14 AStG wird unter bestimmten Bedingungen nicht ausgeschüttetes Einkommen direkt den Gesellschaftern im Inland zugerechnet und ist von ihnen zu versteuern.
- § 15 AStG erfasst die Besonderheiten von Familienstiftungen.
- §§ 16 ff. AStG beinhalten Ermittlungs-, Verfahrens- und Schlussvorschriften. Die §§ 16, 17 AStG erweitern in erheblichem Umfang die Mitwirkungspflichten bei der Aufklärung der unter das AStG fallenden Auslandssachverhalte.

9. Hauptteil:

Recht

Bearbeitet von: Eberhard Rick

1 Bürgerliches Gesetzbuch

1.1 Allgemeiner Teil des BGB

1. Wie ist das BGB eingeteilt?

Das BGB ist in fünf Bücher unterteilt: Allgemeiner Teil, Schuldrecht, Sachenrecht, Familien- und Erbrecht.

2. Welchen Zweck verfolgt die Voranstellung eines Allgemeinen Teils beim BGB?

Im Allgemeinen Teil werden gewisse rechtliche Grundsätze, die in den verschiedenen Bereichen Anwendung finden können, aufgeführt, damit sie später nicht bei den einzelnen Regelungen nochmals wiederholt werden müssen.

3. Was ist ein Rechtssubjekt? Und was versteht man unter Rechtsfähigkeit?

Rechtssubjekte sind die am Rechtsleben beteiligten Personen, denen Rechte und Pflichten zustehen können. Das Habenkönnen von Rechten nennt man dann auch Rechtsfähigkeit.

4. Was bedeutet Geschäftsfähigkeit?

Geschäftsfähigkeit ist die Fähigkeit, selbstständig rechtlich erhebliche Handlungen vornehmen zu können.

5. Wie entwickelt sich die Geschäftsfähigkeit?

Die Geschäftsfähigkeit entwickelt sich bei Menschen grundsätzlich mit fortschreitendem Alter. Von 0 bis 7 Jahren ist der Mensch geschäftsunfähig, von 7 bis 18 Jahren ist er beschränkt geschäftsfähig; ab 18 Jahren ist er voll geschäftsfähig.

6. Welche Wirkungen haben Willenserklärungen eines nicht vollgeschäftsfähigen Menschen?

Willenserklärungen eines Geschäftsunfähigen sind nichtig, d. h. völlig unwirksam. Willenserklärungen eines beschränkt Geschäftsfähigen können unter bestimmten Voraussetzungen wirksam sein: Zum einen, wenn durch diese Willenserklärung ein nicht lediglich rechtlicher Vorteil erlangt wird, zum anderen, wenn der beschränkt Geschäftsfähige für die Willenserklärung die Zustimmung seines gesetzlichen Vertreters hat.

7. Was versteht man unter Zustimmung?

Die Zustimmung kann vorher erteilt werden, dann nennt man sie Einwilligung oder nachträglich, dann bezeichnet man die Zustimmung als Genehmigung.

8.   Gibt es auch gesetzlich vorgesehene Einwilligungstatbestände?

Es gibt den sog. Taschengeldparagraphen, der Geschäfte für gültig erklärt, die der Minderjährige mit seinem Taschengeld sofort bewirkt. Weiter gibt es als Einwilligungstatbestände die Ermächtigung zum Betrieb eines Erwerbsgeschäfts oder die Ermächtigung zur Eingehung eines Arbeitsverhältnisses. In diesen beiden Fällen erstreckt sich die Einwilligung des gesetzlichen Vertreters auf alle Geschäfte, die mit diesen beiden Bereichen zusammenhängen.

9.   Wer ist außer einem Menschen noch rechtsfähig?

Außer dem Menschen als natürliche Personen gibt es auch noch juristische Personen.

10.   Was sind juristische Personen?

Juristische Personen sind nach unserer Rechtsordnung Personenvereinigungen und Vermögensmassen, die auf Grund eines Gesetzes mit eigener Rechtspersönlichkeit ausgestattet und daher rechtsfähig sind.

11.   Welches ist die im BGB geregelte Grundform der juristischen Personen?

Die Grundform der juristischen Personen ist der eingetragene Verein.

12.   Was benötigt man, um einen Verein zu gründen und wie wird er rechtsfähig?

Für einen eingetragenen Verein benötigt man eine Mindestmitgliederzahl von 7 Personen, eine ordnungsgemäße Satzung und die Anmeldung durch den Vorstand beim Vereinsregister des Amtsgerichts. Durch die Eintragung in das Register wird der Verein rechtsfähig.

13.   Was versteht man unter einem Gegenstand i. S. des BGB?

Gegenstand ist ein Oberbegriff für die Rechtsobjekte. Unterteilt werden die Gegenstände in körperliche Gegenstände, das sind Sachen, und unkörperliche Gegenstände, das sind Forderungen und Rechte.

14.   Wie werden Sachen im BGB eingeteilt?

Sachen werden unterteilt in bewegliche und unbewegliche Sachen (unbewegliche Sachen sind nur Grundstücke, alle anderen Sachen sind beweglich). Eine weitere Einteilung gibt es in vertretbare und nicht vertretbare Sachen. Vertretbare Sachen sind solche, die im Rechtsverkehr nach Maß, Zahl oder Gewicht bestimmt zu werden pflegen (z. B. Kartoffeln, Mehl, Zucker, Benzin); nicht vertretbare Sachen sind dagegen solche, die im Rechtsverkehr nach ihrer Einzigartigkeit beurteilt werden (z. B. ein Originalgemälde, ein Gebrauchtwagen). Eine weitere Unterscheidung gibt es in verbrauchbare und nicht verbrauchbare Sachen. Verbrauchbare Sachen sind solche, deren bestimmungsgemäßer Gebrauch in ihrem Verbrauch oder ihrer Veräußerung liegt (z. B. Lebensmittel).

15.   Wofür ist die Unterscheidung in verbrauchbare und nicht verbrauchbare Sachen von Bedeutung?

Diese Unterscheidung erlangt Bedeutung für die Einordnung der Vertragsarten Leihe und Darlehen. Bei der Leihe ist die entliehene Sache selbst wieder zurückzugeben, beim Darlehen wird die Sache verbraucht und eine andere, gleichartige Sache zurückgegeben.

16.   Wie werden Tiere im Zivilrecht behandelt?

Seit einer Rechtsänderung im Jahre 1990 (§ 90a BGB) sind Tiere keine Sachen mehr, werden aber in der Regel wie Sachen behandelt.

17. Was sind wesentliche Bestandteile einer Sache bzw. eines Grundstücks?

Wesentliche Bestandteile sind solche, die nicht getrennt werden können ohne dass der Bestandteil oder die Restsache zerstört oder in ihrem Wesen verändert wird (z.B. ist ein Gebäude ein wesentlicher Bestandteil eines Grundstücks).

18. Was versteht man unter Zubehör?

Zubehör sind bewegliche Sachen, die nicht Bestandteil der Hauptsache sind, aber den Zwecken der Hauptsache wirtschaftlich dienen sollen und daher zu ihr in einem dieser Bestimmung entsprechenden räumlichen Verhältnis stehen.

19. Wie setzt sich ein zivilrechtliches Rechtsgeschäft zusammen?

Ein Rechtsgeschäft setzt sich aus Willenserklärungen zusammen.

20. Was ist eine Willenserklärung und woraus setzt sie sich zusammen?

Unter einer Willenserklärung versteht man – entsprechend ihrem Wortsinn – eine Erklärung, in der ein rechtsgeschäftlich erheblicher Wille zum Ausdruck kommt.

21. Welche Form der Erklärung eines Willens gibt es?

Die Erklärung eines Willens kann ausgesprochen, geschrieben oder gezeigt werden. Man kann sie auch stillschweigend abgeben in der Weise, dass man ein Verhalten an den Tag legt, aus dem andere auf eine bestimmte Willensäußerung schließen können (sog. konkludente Handlung).

22. Kann man auch Schweigen als Willenserklärung auslegen?

Im Prinzip ist Schweigen keine Willenserklärung. Ausnahmen gelten nur bei entsprechender gesetzlicher Regelung, z.B. wird im Handelsrecht das Schweigen eines Kaufmanns nach § 362 HGB als Annahme des Antrags behandelt.

23. In welche Elemente kann man eine Willensbildung zerlegen?

Die Willensbildung kann in drei Bestandteile zerlegt werden: Handlungswillen, Erklärungsbewusstsein und Geschäftswillen.

24. Wie wird eine empfangsbedürftige Willenserklärung wirksam?

Eine empfangsbedürftige Willenserklärung wird durch den Zugang beim Empfänger wirksam.

25. Was versteht man unter Zugang?

Nach der sog. Machtbereichstheorie ist eine Willenserklärung zugegangen, wenn sie dergestalt in den Machtbereich des Empfängers gelangt ist, dass nach den normalen Umständen mit einer Kenntnisnahme durch den Empfänger gerechnet werden kann. Eine Willenserklärung ist daher z.B. schon durch Einwurf in einen Briefkasten zugegangen.

26. Was ist ein einseitiges, was ein zweiseitiges Rechtsgeschäft?

Einseitige Rechtsgeschäfte erfordern nur die Willenserklärung einer Person (z.B. Eigentumsaufgabe, Testament und Auslobung, Anfechtung, Kündigung und Rücktritt). Bei zweiseitigen Rechtsgeschäften sind übereinstimmende Willenserklärungen zweier oder mehrerer Personen notwendig. Man bezeichnet sie auch als Verträge.

27. Was versteht man unter dem Abstraktionsprinzip?

Unter dem Abstraktionsprinzip versteht man die Trennung zwischen Verpflichtungs- und Erfüllungsgeschäft. Im Verpflichtungsgeschäft wird eine Verpflichtung zur Leistung begründet, durch das Erfüllungsgeschäft wird diese Verpflichtung erfüllt und die Rechtslage eines Rechts oder einer Sache geändert.

28. Können Sie diese Regelung anhand eines Kaufvertrags erläutern?

Durch die Unterschrift unter einem Kaufvertrag verpflichten sich die beiden Parteien zu bestimmten Leistungen. Der Verkäufer hat die Ware zu übergeben und der Käufer die Ware abzunehmen und zu bezahlen.

Im Erfüllungsgeschäft werden diese Verpflichtungen dadurch erfüllt, dass der Verkäufer die Sache übergibt und übereignet und der Käufer sie abnimmt und bezahlt.

29. Welche Funktion haben Formvorschriften bei Rechtsgeschäften?

Hinter den Formvorschriften stehen bestimmte Gesichtspunkte. Erstens die Warnfunktion, durch die ein Schutz vor unbedachten Erklärungen geschaffen werden soll. Zweitens die Beweisfunktion, die dort vorgeschrieben ist, wo man sich nicht mit mündlichen Erklärungen begnügen kann. Drittens die Aufklärungsfunktion, die bei den Formvorschriften im Vordergrund steht, bei denen ein Notar mitwirkt. Er soll die Parteien über die Tragweite ihrer rechtlichen Erklärungen aufklären und beraten.

30. Was bedeutet Schriftform im Sinne des BGB?

Ist durch Gesetz Schriftform vorgeschrieben, dann muss die Erklärung vom Erklärenden eigenhändig unterzeichnet werden (Unterschriftsform).

31. Was unterscheidet die öffentliche Beglaubigung von der notariellen Beurkundung?

Bei der öffentlichen Beglaubigung wird nur die Unterschrift des Unterschriftsleistenden beglaubigt, d. h. der Notar bescheinigt, dass derjenige, der sich bei ihm ausgewiesen und identifiziert hat, die Unterschrift geleistet hat. Bei der notariellen Beurkundung wird die gesamte Erklärung der Parteien von einem Notar beurkundet.

32. Welche Mängel kann eine abgegebene Willenserklärung aufweisen?

Die Willenserklärung besteht aus den beiden Bestandteilen Wille und Erklärung. Stimmen beide nicht überein, so ist die Willenserklärung in irgendeiner Form mangelhaft.

33. Was ist ein Scheingeschäft?

Ein Scheingeschäft ist eine im Einverständnis mit dem Erklärungsempfänger nur zum Schein abgegebenen Willenserklärung. Diese Willenserklärung ist nichtig.

34. Welche Formen des Irrtums bei der Abgabe einer Willenserklärung kennt das BGB?

Das BGB kennt Inhaltsirrtum, Erklärungsirrtum, Eigenschaftsirrtum und den Motivirrtum.

35. Was sind die Rechtsfolgen einer Anfechtung wegen Irrtums?

Außer beim Motivirrtum ist die Willenserklärung anfechtbar. Der Motivirrtum ist grundsätzlich rechtlich unbeachtlich.

36. Wie wird ein Kalkulationsfehler vom BGB eingeordnet und behandelt?

Der Kalkulationsirrtum ist der in der Praxis bedeutsamste Fall des Motivirrtums. Er liegt vor, wenn sich jemand beim Erstellen eines Angebots verrechnet oder wenn seine Berechnung auf fehlerhafte Ausgangsdaten aufbaut.

Man unterscheidet den verdeckten und den offenen Kalkulationsirrtum. Beim verdeckten teilt der Erklärende nur das Ergebnis seiner Berechnungen mit, der andere kann also den Fehler gar nicht erkennen. Dieser Irrtum ist als unbeachtlicher Motivirrtum anzusehen. Beim offenen Kalkulationsirrtum werden die Berechnungsgrundlagen mitgeteilt. Der Empfänger kann somit den Fehler erkennen, wenn er das Angebot nachrechnet. In diesem Fall ist das Angebot anfechtbar.

37. In welchen Fällen kann eine Willenserklärung durch Einwirkung von außen fehlerhaft werden?

In diese Fallgruppe fallen:

(1) Die arglistige Täuschung: Sie liegt vor, wenn jemand wissentlich falsche Tatsachen vorspiegelt, um den anderen zur Abgabe einer Erklärung zu veranlassen, die dieser sonst nicht abgegeben hätte oder wenn Tatsachen verschwiegen werden, für die man eine Aufklärungspflicht gegenüber dem anderen Teil hat.

(2) Die Drohung: Drohung ist das Inaussichtstellen eines rechtswidrigen empfindlichen Übels, um den anderen zur Abgabe einer Willenserklärung zu zwingen.

38. Was versteht man unter Wucher?

Der Begriff der Wucher ist in § 138 Abs. 2 BGB gesetzlich definiert. Es müssen zwei Dinge zusammentreffen:

- einmal das objektive Missverhältnis zwischen Leistung und Gegenleistung und zum anderen
- das Ausnutzen der Notlage oder der mangelnden Fähigkeiten des anderen.

39. Erklären Sie den Unterschied zwischen Nichtigkeit und Anfechtbarkeit?

Bei der Nichtigkeit ist ein Rechtsgeschäft von Anfang an nichtig. Es zieht überhaupt keine Rechtswirkungen nach sich, vor allem auch keine Ansprüche eines anderen. Anfechtbare Rechtsgeschäfte sind solange gültig, bis sie angefochten werden.

Sie müssen aber nicht angefochten werden, der Anfechtungsberechtigte kann die Rechtsfolgen des Geschäfts auch bestehen lassen. Wird ein Geschäft angefochten, wird das angefochtene Rechtsgeschäft unwirksam und zwar rückwirkend von Anfang an.

40. Welche rechtliche Stellung hat ein Bote, welche ein Stellvertreter?

Ein Bote ist nur der Überbringer der Willenserklärung eines anderen. Er überbringt keine eigene Willenserklärung. Ein Stellvertreter dagegen gibt eine eigene Willenserklärung ab.

41. Ist im BGB eine Stellvertretung bei der Abgabe von Willenserklärungen stets zulässig?

Grundsätzlich ist es im Schuld- und Sachenrecht zulässig, sich vertreten zu lassen. Bei den sog. höchstpersönlichen Erklärungen, wie Eheschließung, Testamentserrichtung, Erbvertrag, Einwilligung in die Adoption usw. ist keine Vertretung möglich.

42. Welche Voraussetzungen sind für eine gültige Stellvertretung notwendig?

Ein Stellvertreter muss in fremden Namen handeln, und er muss Vertretungsmacht haben.

43. Wie erlangt man Vertretungsmacht?

Vertretungsmacht erlangt der Vertreter entweder auf Grund gesetzlicher Bestimmung (gesetzlicher Vertreter) oder auf Grund vertraglicher Vereinbarung (Bevollmächtigter).

44. Wer hat gesetzliche Vertretungsmacht?

Die gesetzliche Vertretungsmacht wird im Gesetz verliehen z.B. den Eltern eines Kindes, dem Vormund eines Mündels und bei juristischen Personen den Organen, z.B. dem Vorstand eines Vereins, dem Geschäftsführer einer GmbH oder dem Vorstand einer AG.

45. Wie kann eine Vollmacht erteilt werden?

Die durch Rechtsgeschäft erteilte Vertretungsmacht nennt man Vollmacht. Sie kann entweder durch Erklärung gegenüber dem zu Bevollmächtigenden (Innenvollmacht) oder gegenüber dem Dritten, mit dem der Vertreter Geschäfte abschließen soll (Außenvollmacht), erteilt werden.

46. Welche Formen und Ausprägungen der Vollmacht sind Ihnen bekannt?

Man kann die Vollmacht unterscheiden nach der Zahl der Rechtsgeschäfte in die Generalvollmacht, Artvollmacht oder Spezialvollmacht oder nach der Zahl der Vertreter in Gesamtvollmacht und Einzelvollmacht. Besondere gesetzlich geregelte Formen der Vollmacht sind die Prokura und die Handlungsvollmacht.

47. Welche Rechtsfolgen hat es, wenn jemand ohne Vertretungsmacht ein Rechtsgeschäft in fremden Namen abschließt?

Das Rechtsgeschäft zwischen dem Dritten und dem angeblich Vertretenen kommt nicht zustande, weil eine der Voraussetzungen der Stellvertretung fehlt. Aber auch ein Geschäft zwischen dem Dritten und dem Vertreter kommt nicht zustande, weil ja der Vertreter nicht in eigenem, sondern in fremden Namen gehandelt hat. Das Rechtsgeschäft ist aber nicht völlig unwirksam, sondern kann von dem angeblich Vertretenen genehmigt werden. Tut er dies, so wird das bis dahin schwebend unwirksame Rechtsgeschäft rückwirkend wirksam. Verweigert der angeblich Vertretene die Genehmigung, so kann der Vertreter ohne Vertretungsmacht persönlich in Anspruch genommen werden. Der Dritte kann dann verlangen, dass der Vertreter ohne Vertretungsmacht den Vertrag selbst erfüllt oder Schadensersatz leistet.

48. Wie wird das Überschreiten einer wirksam erteilten Vollmacht behandelt?

Auch in diesem Falle hat der Vertreter ja keine wirksame Vertretungsmacht. Der Fall wird genau so behandelt wie in der Vorfrage.

49. Was ist ein Insichgeschäft? Ist es zulässig?

Ein Insichgeschäft ist ein Vertrag, den ein Vertreter mit sich selbst als Vertragspartner abschließt, d.h. dass auf beiden Seiten eines Vertrages dieselbe Person handelt. Ein Insichgeschäft ist nur zulässig, wenn Interessenkonflikte hierbei ausgeschlossen sind. Dies ist der Fall, wenn das Gesetz oder der Vertretene dem Vertreter das Selbstkontrahieren gestattet (so sind z.B. die Geschäftsführer einer GmbH in der Regel im Gesellschaftsvertrag vom Verbot des Selbstkontrahierens befreit).

50. Was sind Bedingungen und Befristungen?

Beides sind Klauseln in Rechtsgeschäften, die deren Wirksamkeit beeinflussen.

51.   Was ist eine Bedingung?

Eine Bedingung ist ein zukünftiges ungewisses Ereignis, dessen Eintritt oder Nichteintritt die Wirksamkeit des Rechtsgeschäfts beeinflusst.

52.   Wodurch unterscheiden sich aufschiebende und auflösende Bedingung?

Bei der aufschiebenden Bedingung tritt die Wirksamkeit des Rechtsgeschäfts erst ein, wenn die Bedingung erfüllt ist. Bei der auflösenden Bedingung wird das Rechtsgeschäft zuerst wirksam. Tritt aber die Bedingung ein, so fällt die Wirksamkeit künftig wieder weg und der alte Rechtszustand wird wieder hergestellt.

53.   Worauf kommt es bei der Berechnung von Fristen an?

Bei der Berechnung von Fristen ist in erster Linie entscheidend, ob es sich um sog. Ereignis- oder Beginnfristen handelt. Ereignisfristen sind solche Fristen, bei denen der Anlauf der Frist vom Eintritt eines in den Lauf eines Tages fallenden Ereignisses abhängt. Von einer Beginnfrist spricht man, wenn für den Anlauf einer Frist der Beginn eines Tages maßgeblich ist.

54.   Wie wird die Frist von einer Woche bei einer Ereignisfrist, wie bei einer Beginn-frist berechnet?

Bei einer Ereignisfrist wird der Ereignistag nicht mitgezählt. Wenn also der Ereignistag ein Dienstag ist, beginnt die Ereignisfrist mit Beginn des Mittwochs und endet mit Ablauf des Dienstags der darauffolgenden Woche. Die Ereignisfrist endet also immer am Tag mit der gleichen Benennung. Bei einer Beginnfrist beginnt die Frist mit Beginn des Tages. Ist also der Dienstag entscheidend, so beginnt die Frist mit Beginn des Dienstags und endet mit Ablauf des darauffolgenden Montags. Bei der Beginnfrist wird somit der erste Tag mitgezählt.

55.   Wie wird das Lebensalter berechnet?

Das Lebensalter wird auf Grund der gesetzlichen Bestimmung im BGB (§ 187 Abs. 2) nach Beginnfristgrundsätzen berechnet. Da entsprechend diesen Grundsätzen der Tag der Geburt mitgezählt wird, endet das Lebensjahr immer schon mit Ablauf des Tages vor dem zu feiernden Geburtstag.

56.   Welche Besonderheiten kennen Sie beim Ablauf von Fristen?

Fällt das Fristende auf einen Sonntag, einen Feiertag oder einen Samstag, so verlängert sich die Frist bis zum Ablauf des nächsten Werktages.

57.   Welche Wirkung hat der Eintritt der Verjährung nach dem BGB?

Mit Eintritt der Verjährung ist der Verpflichtete berechtigt, die Leistung zu verweigern. Der Anspruch erlischt nicht, die Leistungsverweigerung muss vielmehr ausdrücklich geltend gemacht werden (sog. Einrede der Verjährung).

58.   Wann beginnt die Verjährung?

Regelmäßig beginnt die Verjährung mit Ablauf des Kalenderjahres, in welchem der Anspruch entsteht und der Gläubiger von den Umständen, die den Anspruch begründen und der Person des Schuldners Kenntnis erlangt hat.

Die Verjährung von Ansprüchen, die nicht der regelmäßigen Verjährung unterliegen, beginnt mit Entstehung des Anspruchs.

59.   Welches sind die wichtigsten Verjährungsfristen?

Die regelmäßige Verjährungsfrist beträgt 3 Jahre. Nach 30 Jahren verjähren Herausgabeansprüche aus Eigentum und anderen dinglichen Rechten, familien- und erbrechtliche Ansprüche, rechtskräftig festgestellte und vollstreckbare Ansprüche. Daneben gibt es noch Sonderfälle von Verjährungsfristen zwischen 3 Monaten und 10 Jahren.

60.   Wodurch kann die Verjährung unterbrochen werden? Welche Wirkung hat die Unterbrechung?

Die wichtigsten Unterbrechungstatbestände für die Verjährung sind Anerkennung des Anspruchs durch Abschlagszahlung, Zinszahlung oder in anderer Weise und die Vornahme einer gerichtlichen oder behördlichen Vollstreckungshandlung. Wichtig: Die außergerichtliche Mahnung oder private Zahlungsaufforderungen unterbrechen die Verjährung nicht. Wenn die Verjährung unterbrochen wird, so beginnt nach Beendigung des Unterbrechenstatbestandes die Verjährung von neuem.

61.   Was bedeutet Hemmung der Verjährung? Wodurch wird eine Hemmung beispielsweise hervorgerufen?

Ist die Verjährung gehemmt, so ruht die Verjährung während dieses Zeitraums. Nach Wegfall des Hemmungsgrundes läuft die Verjährung wieder weiter. Hemmungsgründe sind z.B. Verhandlungen, Rechtsverfolgung (z.B. Mahnbescheid), Stundung, Leistungsverweigerungsrechte sowie höhere Gewalt.

1.2   Allgemeines Schuldrecht

62.   Was versteht man unter einem Anspruch?

Ein Anspruch besteht dann, wenn ein Gläubiger von einem Schuldner eine Leistung verlangen kann. Zwischen diesen beiden besteht dann ein Schuldverhältnis.

63.   Wodurch entsteht ein Schuldverhältnis?

Ein Schuldverhältnis kann entstehen aus Gesetz (z.B. der Schadenersatzanspruch und der Bereicherungsanspruch) oder aus einseitigen Rechtsgeschäften. Die meisten Ansprüche entstehen aber als Folge von Verträgen, die gegenseitige Verpflichtungen und damit auf der anderen Seite auch Ansprüche erzeugen.

64.   Wie entsteht ein Vertrag?

Ein Vertrag kommt durch zwei oder mehrere empfangsbedürftige übereinstimmende Willenserklärungen zustande, die man Angebot und Annahme nennt.

65.   Wie muss ein Angebot beschaffen sein?

Ein Angebot muss annahmefähig sein, d.h. es muss inhaltlich so hinreichend bestimmt sein und den Inhalt des Vertrages so vollständig wiedergeben, dass der andere Teil nur noch mit ja zu antworten braucht.

66.   Wie lange gilt ein Angebot?

Wer ein Angebot abgibt, ist grundsätzlich daran gebunden. Das Angebot erlischt, wenn es abgelehnt wird oder nach Ablauf einer Annahmefrist. Ein Angebot unter Anwesenden kann nur sofort angenommen werden.

Wird keine Frist für die Annahme bestimmt, so erlischt ein unter Abwesenden gemachtes Angebot, wenn unter regelmäßigen Umständen keine Antwort mehr erwartet werden darf.

67. Was ist eine Aufforderung zur Abgabe von Angeboten?

Von einer bloßen Aufforderung spricht man, wenn sich das Angebot an eine unbestimmte Vielzahl von Personen richtet. Hierzu gehören alle Arten von Werbung, auch die Schaufensterwerbung. Die ausgestellte Ware soll die Kunden in den Laden locken, ihn auffordern zu kaufen.

68. Was versteht man unter Vertragsfreiheit?

Die Vertragsfreiheit beantwortet die Frage, ob jemand verpflichtet ist, Verträge abzuschließen. Dies ist grundsätzlich nach dem BGB nicht der Fall, denn es herrscht Vertragsfreiheit. Diese Vertragsfreiheit hat zwei Seiten, die Abschlussfreiheit und die Inhalts- oder Gestaltungsfreiheit. Abschlussfreiheit bedeutet, dass jedermann grundsätzlich frei entscheiden kann, ob und mit wem er Verträge abschließen möchte. Inhaltsfreiheit bedeutet, dass grundsätzlich die Regeln in den Verträgen selbst bestimmt werden können, soweit sie nicht gegen gesetzliche Verbote verstoßen.

69. Was bedeutet der Begriff »Kontrahierungszwang«?

Kontrahierungszwang ist die Ausnahme von der Vertragsfreiheit. Sog. Monopolunternehmen wie z.B. Post, Bahn, Versorgungsunternehmen für Strom, Wasser, Gas usw. müssen Verträge abschließen (Abschlusszwang).

70. Was sind Haupt- und was sind Nebenpflichten eines Vertrages?

Hauptpflichten sind die Pflichten, die die Vertragsschließenden im Wesentlichen regeln wollten, wegen denen also das Schuldverhältnis eingegangen wurde. Nebenpflichten haben nur dienende Funktion. Sie können weitere Leistungspflichten aber auch Schutzpflichten, Unterlassungspflichten oder Aufklärungspflichten sein.

71. Welcher Unterschied besteht zwischen Stück- und Gattungsschuld?

Gegenstand eines Schuldverhältnisses ist entweder ein ganz bestimmter Einzelgegenstand, dann spricht man von einer Stückschuld. Oder es genügt dem Gläubiger, dass die Sache zu dem vorgesehenen Zweck geeignet ist, ohne dass es auf einen ganz bestimmten Gegenstand ankommt. In diesen Fällen spricht man von einer Gattungsschuld.

72. Was versteht man unter Konkretisierung? Welche Folgen hat sie?

Die Gattungsschuld ist grundsätzlich eine Beschaffungsschuld. Der Schuldner hat solange zu liefern, als die Leistung aus der Gattung möglich ist, auch wenn ein Teil der Gattung vor Ausführung der Lieferung untergeht. Um diese strengen Anforderungen zu mildern, wird durch das Gesetz bestimmt, dass die Gattungsschuld zur Stückschuld wird, wenn der Schuldner das seinerseits zur Leistung Erforderliche getan hat. Dieses Tun nennt man Konkretisierung. Das ist der Fall, wenn der Schuldner die Leistung zur rechten Zeit, in der rechten Art und am rechten Ort anbietet. Nach der Konkretisierung geht die Gefahr des zufälligen Untergangs der konkretisierten Sache auf den Gläubiger über (Übergang der Leistungs- oder Sachgefahr. Der Schuldner muss nicht noch einmal leisten).

73.   Was versteht man unter Fälligkeit und was ist Erfüllbarkeit?

Beide Begriffe stehen im Zusammenhang mit der Leistungszeit. Anstelle des Begriffs Zeit der Leistung kann auch der Begriff Fälligkeit verwendet werden.

Wenn eine Leistung fällig ist, muss geleistet werden. Der Begriff der Erfüllbarkeit bestimmt demgegenüber, wann der Schuldner die Leistung bewirken kann.

74.   Wo ist der Leistungsort bei der Hol-, Bring- und Schickschuld?

Bei der Holschuld hat der Schuldner die Sache bereitzustellen und dies dem Gläubiger mitzuteilen. Der Leistungsort ist also beim Schuldner.

Die Bringschuld ist das Gegenteil einer Holschuld. In diesen Fällen ergibt sich aus den Umständen oder aus den Vereinbarungen, dass die geschuldete Sache vom Schuldner auf eigenes Risiko zum Gläubiger zu bringen ist.

Die Schickschuld ist ein Zwischending zwischen Holschuld und Bringschuld. In diesen Fällen übernimmt es der Schuldner noch, den geschuldeten Gegenstand zu verpacken und abzuschicken. Das Risiko während des Transports will er aber nicht übernehmen. Der Leistungsort liegt somit wie bei der Holschuld beim Schuldner.

75.   Welche Arten von Leistungsstörungen gibt es?

Die Abwicklung eines Vertragsverhältnisses kann durch Leistungsstörungen beeinträchtigt werden. Man unterscheidet die Unmöglichkeit der Leistung (Nichterfüllung), den Verzug (verspätete Erfüllung) und die Schlechterfüllung einer Vertragspflicht.

76.   Wie unterteilt man die einzelnen Varianten der Unmöglichkeit?

Die Unmöglichkeit wird begrifflich danach unterschieden, ob die Leistung von niemandem erbracht werden kann (objektive Unmöglichkeit) oder ob die Leistung an sich möglich, aber gerade dem konkreten Schuldner unmöglich ist (subjektive Unmöglichkeit oder Unvermögen). Der Zeitpunkt des Eintritts der Unmöglichkeit ist unbeachtlich. Ob die Unmöglichkeit bereits vor Vertragsschluss eingetreten ist oder erst danach, spielt keine Rolle.

77.   Versuchen Sie die Folgen der Unmöglichkeit der Leistung im Einzelnen darzustellen.

Ist die Leistung unmöglich, wird der Schuldner von der Leistung frei, d. h. er braucht nicht mehr zu leisten. Der Gläubiger kann Schadenersatz fordern, wenn der Schuldner die Unmöglichkeit zu vertreten hat, er kann Ersatz seiner Aufwendungen verlangen und er braucht seinerseits nicht zu leisten.

78.   Welche Voraussetzungen sind notwendig, damit der Schuldner in Verzug kommt?

Der Schuldner kommt in Verzug, wenn der Anspruch fällig ist und eine Mahnung des Gläubigers vorliegt. Die Mahnung ist eine dringende Leistungsaufforderung, aus der sich ergibt, dass der Gläubiger das weitere Unterbleiben der Leistung als Pflichtwidrigkeit ansieht. Hinzukommen muss noch Verschulden des Schuldners, wobei der Schuldner beweisen muss, dass ihn kein Verschulden trifft.

79.   Welche Rechtsfolgen hat es für den Schuldner, wenn er sich im Verzug befindet, welche für den Gläubiger?

Befindet sich der Schuldner im Verzug, so muss er Schadenersatz leisten. Hierzu gehören z. B. Mahngebühren, Anwaltskosten, Inkassogebühren und der Anspruch auf Verzugszinsen. Daneben trifft den Schuldner eine erweiterte Haftung und er muss Schadenersatz wegen Nichterfüllung leisten. Der Gläubiger ist nach Setzen einer angemessenen Nachfrist auch berechtigt, vom Vertrag zurückzutreten.

80. **Welche Rechte hat der Gläubiger bei Schlechterfüllung der Pflichten des Schuldners?**

Leistet der Schuldner nicht vertragsgemäß, kann der Gläubiger Nacherfüllung verlangen; nach erfolglosem Verstreichen einer gesetzten Frist hierzu kann der Gläubiger Schadenersatz oder Ersatz seiner Aufwendungen verlangen oder vom Vertrag zurücktreten.

81. **Welche Möglichkeiten gibt es, ein Schuldverhältnis zu beenden?**

Ein Schuldverhältnis kann auf verschiedene Art beendet werden: Durch Erfüllung, durch Leistung an Erfüllungs Statt, bei der der Gläubiger eine andere als die geschuldete Leistung als Erfüllung annimmt, durch Hinterlegung, bei der der Schuldner unter bestimmten Voraussetzungen hinterlegungsfähige Gegenstände beim Amtsgericht hinterlegt, durch Aufrechnung, wenn zwischen Schuldner und Gläubiger gegenseitige Ansprüche bestehen, die durch Verrechnung erfüllt werden können, durch Erlass, wenn der Gläubiger auf die Leistung verzichtet oder auch durch Aufheben des Schuldverhältnisses mittels eines Vertrages.

82. **Welche Folgen hat die Hereinnahme eines Wechsels für die zugrunde liegende Forderung?**

Die Hereinnahme eines Wechsels erfolgt nicht an Erfüllungs Statt, sondern nur erfüllungshalber, d.h. die Ansprüche aus dem Wechselverhältnis treten neben den ursprünglichen Anspruch.

83. **Was versteht man unter allgemeinen Geschäftsbedingungen?**

Allgemeine Geschäftsbedingungen (AGB) sind alle für eine Vielzahl von Verträgen vorformulierten Vertragsbedingungen, die eine Vertragspartei (Verwender) der anderen Vertragspartei beim Abschluss eines Rechtsgeschäfts stellt.

84. **Wie werden die allgemeinen Geschäftsbedingungen Vertragsbestandteil?**

Allgemeine Geschäftsbedingungen werden nur dann Bestandteil eines Vertrags, wenn sie auch vereinbart worden sind. Dies ist der Fall, wenn der Verwender bei Vertragsschluss die andere Vertragspartei ausdrücklich oder durch deutlich sichtbaren Aushang auf sie hinweist und der anderen Vertragspartei die Möglichkeit verschafft, in zumutbarer Weise von ihrem Inhalt Kenntnis zu nehmen und die andere Vertragspartei mit ihrer Geltung einverstanden ist.

85. **Welche Klauseln in den AGB sind unwirksam?**

Allgemein sind Bestimmungen in den AGB unwirksam, wenn sie den Vertragspartner des Verwenders entgegen den Geboten von Treu und Glauben unangemessen benachteiligen. Daneben gibt es nach dem AGB-Gesetz Klauselverbote mit Wertungsmöglichkeit, d.h. diese Bestimmung erklärt bestimmte einzelne Klauseln für unwirksam, die noch unbestimmte Begriffe enthalten, welche im Streitfall erst noch gerichtlich beurteilt werden müssen (z.B. die Begriffe »unangemessen lange«, »unangemessen hohe Vergütung«, »unangemessen hoher Ersatz«). Des Weiteren enthält § 11 AGB eine abschließende Aufzählung der Klauseln, die ohne Einschränkung und ohne nochmalige Wertung bei einer gerichtlichen Nachprüfung unwirksam sind.

86. Welche Folgen hat es, wenn einzelne Klauseln der AGB unwirksam sind?

Sind die gesamten AGB nicht Vertragsbestandteil geworden oder sind sie unwirksam, so bleibt der Vertrag im Übrigen wirksam. Verstoßen nur einzelne Klauseln gegen bestimmte Grundsätze, so ist nicht der ganze Vertrag unwirksam, sondern nur die einzelne Klausel. An die Stelle der unwirksamen Klausel treten dann die gesetzlichen Vorschriften.

1.3 Einzelne Schuldverhältnisse

87. Wo sind die Vorschriften für das Zustandekommen des Kaufvertrages geregelt?

Die Regeln über den Kaufvertragsabschluss gehen nicht aus den Regelungen des besonderen Schuldrechts hervor, sondern es gelten die Vorschriften des allgemeinen Teils für das Zustandekommen von Verträgen.

88. Welche Rechtswirkungen erzeugt ein zustande gekommener Kaufvertrag?

Ein zustande gekommener Kaufvertrag ist ein reines Verpflichtungsgeschäft, d.h. zunächst entstehen nur Verpflichtungen für beide Vertragsparteien. Der Verkäufer ist verpflichtet, dem Käufer die Sache zu übergeben und ihm das Eigentum zu verschaffen, der Käufer ist verpflichtet, den Kaufpreis zu bezahlen und die Ware abzunehmen. Daneben entsteht noch eine Reihe von Nebenpflichten.

89. Wie werden die Pflichten aus dem Kaufvertrag erfüllt?

Die Verpflichtungen werden durch das Erfüllungsgeschäft erfüllt. In der Regel ist es ein dingliches Verfügungsgeschäft, das die beabsichtigte Eigentumsänderung herbeiführt. Dies geschieht nach den Regeln des Sachenrechts, und zwar unterschiedlich für bewegliche Sachen, unbewegliche Sachen und für Forderungen.

90. Welche Rechte hat der Käufer, welche der Verkäufer aus dem Kaufvertrag?

Der Verpflichtung der einen Partei steht jeweils ein Recht der anderen gegenüber. Der Käufer hat also einen Anspruch darauf, dass ihm der Verkäufer den Kaufgegenstand übergibt und ihm das Eigentum daran verschafft. Der Verkäufer hat einen Anspruch auf Bezahlung des Kaufpreises und auf Abnahme des Kaufgegenstandes.

91. Welche Folgen hat es, wenn diese Rechte verletzt werden?

Werden die Rechte nicht ordnungsgemäß erfüllt, so hat die jeweils andere Seite Ansprüche nach den bereits behandelten Vorschriften über Unmöglichkeit, Verzug und positive Forderungsverletzung.

92. Welche Sonderregelungen gibt es für die Gefahrtragung beim Kauf?

Das BGB enthält in zwei Fällen Sonderregelungen.

(1) Wird dem Käufer die Kaufsache übergeben, ohne dass bereits das Eigentum übergegangen ist, so geht auch die Gefahr des zufälligen Untergangs (Preisgefahr) auf den Käufer über. Er muss also den Kaufpreis bezahlen, ohne den Kaufgegenstand zu erhalten.

(2) Beim Versendungskauf: Wird der Kaufgegenstand auf Wunsch des Käufers an einen anderen Ort als den Erfüllungsort versandt, so geht ebenfalls die Preisgefahr auf den Käufer über, sobald der Verkäufer die Sache der Person übergeben hat, die die Versendung vornehmen soll.

93.   Was versteht man unter einem Sachmangel?

Ein Sachmangel liegt dann vor, wenn der Verkäufer eine Sache liefert, die nicht die vereinbarte Beschaffenheit aufweist oder wenn sich die Sache nicht für die nach dem Vertrag
vereinbarte Verwendung eignet. Der Fehler muss zu dem Zeitpunkt vorliegen, zu dem die
Gefahr auf den Käufer übergeht.

Beim Verbrauchsgüterkauf wird aber in den ersten sechs Monaten vermutet, dass der
aufgetretene Mangel bereits bei Lieferung vorhanden war.

94.   In welchen Fällen bestehen keine Gewährleistungsansprüche?

Ein Verkäufer haftet nicht, wenn der Käufer einen Mangel bei der Übergabe kannte oder
kennen musste. (Hierzu dient z. B. der Hinweis: »zum Teil mit kleinen Fehlern«, oder »2.
Wahl«).

95.   Was versteht man unter einer zugesicherten Eigenschaft?

Eine zugesicherte Eigenschaft liegt vor, wenn die Eigenschaft einer Ware in der Weise zuge-
sichert worden ist, dass erkennbar wurde, dass der Verkäufer für den Bestand der zugesicherten Eigenschaft einstehen wollte. Zu unterscheiden ist dies von bloßen Anpreisungen
der Ware.

96.   Unter welchen Umständen ist das Verschweigen eines Fehlers arglistig?

Nicht jedes Verschweigen ist arglistig. Das Verschweigen eines Mangels ist erst dann arglistig, wenn den Verkäufer eine Offenbarungspflicht über den Mangel trifft. Dies ist nach der
Rechtsprechung nur bei besonders gravierenden Mängeln der Fall.

97.   Welche Rechte hat ein Käufer, wenn ein Kaufgegenstand mangelhaft ist?

Der Käufer kann gem. § 437 BGB nach seiner Wahl verlangen: Nacherfüllung, Nachbesse-
rung, Minderung des Kaufpreises oder Schadenersatz. Er kann auch vom Vertrag zurücktreten.

98.   Welche rechtliche Bedeutung hat der Umtausch einer Ware?

Das BGB kennt diesen Begriff nicht. Im Wirtschaftsleben bedeutet Umtausch, dass eine
mangelfreie Sache etwa bei Nichtgefallen in eine andere mangelfreie Sache umgetauscht
wird. Ob dies möglich ist, hängt vom Entgegenkommen oder der Kulanz des Verkäufers ab.
Ein Rechtsanspruch besteht darauf grundsätzlich nicht.

**99.   Was versteht man unter einem Mangelfolgeschaden im Unterschied zu einem
Mangelschaden?**

Als Mangelschaden bezeichnet man Nachteile, die dem Käufer aus der Mangelhaftigkeit
der Sache selbst erwachsen. Mangelfolgeschäden sind die Nachteile, die dem Käufer nicht
an der Kaufsache selbst sondern an seinen anderen Rechtsgütern (Gesundheit, Eigentum,
Vermögen) entstehen (z. B. Produktionsausfall).

100.   In welcher Zeit verjähren die Gewährleistungsrechte?

Für die Ansprüche aus der Sachmängelhaftung gelten besondere Verjährungsvorschriften.
Die Verjährungsfrist beträgt 30 Jahre bei einem Mangel in einem dinglichen Recht eines
Dritten, 5 Jahre bei einem Bauwerk, 3 Jahre bei arglistigem Verschweigen eines Mangels
und in allen übrigen Fällen 2 Jahre.

101.   Welche besonderen Formen des Kaufs kennen Sie?

Neben dem bereits genannten Versendungskauf (Frage 92) sind zu nennen:

- Der Kauf zur Probe ist ein fester Kauf, bei dem der Käufer zunächst nur eine kleine Menge bezieht, um die Ware auszuprobieren.
- Der Kauf auf Probe ist ein Kauf, der unter der Bedingung geschlossen wird, dass die Kaufsache vom Käufer gebilligt wird. Diese Billigung muss innerhalb einer bestimmten Frist erklärt werden.
- Der Wiederkauf beruht darauf, dass sich der Verkäufer das Recht vorbehält, die Sache zurückzukaufen.
- Der Vorkauf ist ein Vertrag mit dem späteren Verkäufer, durch den der Vorkaufsberechtigte das Recht erhält, in einen Kaufvertrag einzutreten, den der Verpflichtete zukünftig mit einem Dritten abschließt.

102.   Zu welchem Preis kann ein Vorkaufsberechtigter den Kaufgegenstand erwerben?

Da der Vorkaufsberechtigte in den Vertrag mit dem Dritten eintritt, kann der Vorkaufsberechtigte die Ware nur zu denselben Bedingungen kaufen, die der Verkaufsverpflichtete mit dem Dritten vereinbart hat.

103.   Auf welche Personen sind die Vorschriften über den Verbraucherdarlehensvertrag anwendbar? Welche Rechtsgeschäfte fallen darunter?

Die Vorschriften über den Verbraucherdarlehensvertrag schützen Verbraucher. Das sind alle natürlichen Personen, wenn der Kredit nach dem Inhalt des Vertrags nicht für eine gewerbliche oder selbstständige berufliche Tätigkeit bestimmt ist. Unter das Gesetz fallen alle Arten von entgeltlichen Krediten, wenn der Kreditbetrag über 200 € liegt, der Darlehensgeber ein Unternehmer (nicht nur bei Banken), und der Darlehensnehmer ein Verbraucher ist.

104.   Welchen Zweck haben die Vorschriften des Verbraucherdarlehensvertrags?

Der Verbraucherdarlehensvertrag bezweckt ausschließlich den Schutz der Verbrauchers gegen Übervorteilung. Die nach dem Gesetz geforderten Mindestangaben sollen den Verbraucher über die Modalitäten des Kredits informieren und ihn in die Lage versetzen, die Bedingungen mit anderen Angeboten zu vergleichen und evtl. einen ungünstigen Vertrag zu widerrufen.

105.   Welche Verpflichtungen erzeugt ein Werkvertrag?

Durch den Werkvertrag verpflichtet sich der Unternehmer zur Herstellung eines Werks und der Besteller zur Entrichtung der vereinbarten Vergütung.

106.   Was versteht man beim Werkvertrag unter Abnahme und welche Folgen löst sie aus?

Der Besteller hat das Werk abzunehmen. Die Abnahme geschieht durch Entgegennahme des Werks und/oder durch Billigung des Werks als im Wesentlichen vertragsgemäß hergestellt.

107.   Was bedeutet der Begriff Unternehmerpfandrecht?

Die Forderungen des Unternehmers aus dem Vertrag sind gesetzlich besonders gesichert. An beweglichen Sachen des Bestellers, die er hergestellt oder ausgebessert hat, steht dem Unternehmer ein gesetzliches Pfandrecht zu.

Bei Bauwerken können die Unternehmer, die an seiner Erstellung mitgewirkt haben, die Eintragung einer Sicherungshypothek verlangen.

108.   Wie unterscheidet sich der Werklieferungsvertrag vom Werkvertrag?

Ein Werklieferungsvertrag liegt vor, wenn sich der Unternehmer verpflichtet, eine herzustellende oder zu erzeugende Sache zu liefern. Der Unternehmer ist somit auch für die Beschaffung der Herstellungsmaterialien verantwortlich.

Beim Werkvertrag ist der Besteller für die Materialbestellung verantwortlich.

109.   Welche Rechtsvorschriften finden auf den Werklieferungsvertrag Anwendung?

Ist die herzustellende oder zu erzeugende Sache eine bewegliche Sache, ist Kaufrecht anwendbar. Bei unbeweglichen Sachen ist reines Werkvertragsrecht anzuwenden.

110.   Ist eine Schenkung ein Vertrag? Bedarf sie einer besonderen Form?

Da sich beide Teile über die Unentgeltlichkeit der Zuwendung einig sein müssen, ist auch die Schenkung ein Vertrag. Ein Vertrag über die Verpflichtung zu einer Schenkung bedarf der notariellen Beurkundung. Wird allerdings die Verpflichtung sofort erfüllt (sog. Handschenkung), so ist der Formmangel geheilt.

111.   Welche mietrechtlichen Regelungen sind Ihnen bekannt?

Ein Mietvertrag ist ein gegenseitiger Vertrag, der den Vermieter verpflichtet, dem Mieter die gemietete Sache während der Mietzeit zum Gebrauch zu überlassen und den Mieter verpflichtet, den vereinbarten Mietzins zu bezahlen. Vermietet werden können bewegliche Sachen, Grundstücke oder Grundstücksteile (z. B. Wohnraum).

112.   Wie unterscheiden sich Miet- und Pachtvertrag?

Der wesentliche Unterschied zur Miete liegt darin, dass der Pächter nicht nur das Recht zum Gebrauch des verpachteten Gegenstandes hat, sondern auch das Recht zum Fruchtgenuss (zur Nutzung).

113.   Wer hat nach den gesetzlichen Regelungen die Pachtsache zu erhalten?

Genau wie bei der Miete hat der Verpächter die Pachtsache zu erhalten und notwendige Ersatzstücke anzuschaffen.

114.   Welchen Unterschied gibt es zwischen Miete und Leihe?

Diese beiden Vertragstypen unterscheiden sich dadurch, dass die Leihe eine unentgeltliche, die Miete eine entgeltliche Gebrauchsüberlassung ist.

115.   Was kann der Entleiher, was der Darlehensnehmer mit dem Vertragsgegenstand tun?

Der Entleiher kann die entliehene Sache benutzen und hat sie nach Ablauf der Leihzeit zurückzugeben. Der Darlehensnehmer verbraucht das Darlehen und gibt dann am Ende der Darlehenszeit genausoviel Sachen von gleichwertiger Qualität zurück (das Gleiche, nicht dasselbe).

116.   Welche Verpflichtungen erzeugt ein Dienstvertrag?

Durch einen Dienstvertrag verpflichtet sich der eine Vertragspartner zur Leistung von Diensten und der andere zur Gewährung der vereinbarten Vergütungen hierfür.

117. **Wer wird üblicherweise auf Grund eines Dienstvertrages tätig?**

Gegenstand des Dienstvertrags können Dienstleistungen jeder Art sein. Hierunter fallen Dienste, die ein selbstständig Handelnder erbringt (z. B. ein freiberuflicher Arzt, Rechtsanwalt, Spediteur usw.) und auch Dienste, die in unselbstständiger, sozial abhängiger Stellung erbracht werden (z. B. von Arbeitnehmern). Für die Arbeitnehmer gibt es aber als Spezialvorschriften die Regelungen des Arbeitsrechts.

118. **Wie unterscheiden sich Dienst- und Werkvertrag?**

Beim Dienstvertrag steht die Leistung von Diensten, ein Tätigwerden, im Vordergrund. Beim Werkvertrag wird ein Erfolg, ein fertiges Werk, geschuldet.

119. **Was versteht man unter einem Reisevertrag?**

Ein Reisevertrag ist ein gegenseitiger Vertrag, durch den sich der Reiseveranstalter zur Erbringung einer Gesamtheit von Reiseleistungen, der Reisende zur Zahlung der Vergütung verpflichtet.

120. **Welchen Rang nehmen die gesetzlichen Vorschriften des Reisevertragsrechts gegenüber allgemeinen Geschäftsbedingungen und Einzelvereinbarungen ein?**

Die Vorschriften des BGB über den Reisevertrag können nicht zum Nachteil des Reisenden abgeändert werden. Diese Ausnahme vom Grundsatz der Vertragsfreiheit wurde zum Schutz des Verbrauchers getroffen.

121. **Was ist der Inhalt eines Maklervertrags?**

Beim Maklervertrag verspricht der Auftraggeber dem Makler einen Lohn für den Nachweis einer Gelegenheit zum Abschluss eines Vertrags oder für die Vermittlung eines Vertrags.

122. **Welches besondere Risiko trifft nach dem Gesetz einen Heiratsvermittler?**

Der Heiratsvermittler geht ein erhöhtes Risiko ein, da sein Lohnanspruch nicht einklagbar ist. Weil aber bereits gezahlter Lohn nicht zurückgefordert werden kann, sind in der Praxis Vorauszahlungen üblich.

123. **Was kennzeichnet einen Auftrag?**

Ein Auftrag ist ein Vertrag zwischen dem Auftraggeber und dem Beauftragten, durch den der Beauftragte sich verpflichtet, ein ihm vom Auftraggeber übertragenes Geschäft für diesen unentgeltlich zu besorgen.

124. **Was bedeutet Geschäftsführung ohne Auftrag? Welche Folgen hat sie?**

Die Geschäftsführung ohne Auftrag ist ein gesetzlich geregeltes Schuldverhältnis. Danach gilt: Wer ein Rechtsgeschäft für einen anderen besorgt, ohne von ihm beauftragt worden zu sein, muss das Rechtsgeschäft so führen, wie es das Interesse des Geschäftsherrn erfordert. Wenn das Geschäft dem wirklichen oder mutmaßlichen Willen entspricht, muss der Geschäftsherr dem Geschäftsführer ohne Auftrag dessen Aufwendungen ersetzen.

125. **Welche Vertragspflichten entstehen bei einem Verwahrungsvertrag?**

Durch den Verwahrungsvertrag verpflichtet sich der Verwahrer, eine ihm vom Hinterleger übergebene bewegliche Sache aufzubewahren. Dies kann entgeltlich oder unentgeltlich geschehen.

126.   Welche Regelungen trifft das BGB über die Haftung von Gastwirten?

Den Gastwirt trifft im Hinblick auf die eingebrachten Sachen seiner Gäste eine besondere Haftung. Der Gastwirt haftet für alle Schäden an den eingebrachten Sachen des Gastes, auch wenn den Gastwirt kein Verschulden trifft. Gastwirt im Sinne des BGB ist jedoch nur, wer gewerbsmäßig Fremde zur Beherbergung aufnimmt, also nicht der Inhaber eines Speiselokals. Daneben gelten für das abgestellte Auto des Gastes sowie für Geld, Schmuck und Kostbarkeiten Sonderregelungen.

127.   Welche Vertragsbeziehungen liegen bei einer Bürgschaft vor?

Durch den Bürgschaftsvertrag verpflichtet sich der Bürge dem Gläubiger eines Dritten gegenüber, für die Erfüllung der Verbindlichkeit des Dritten einzustehen.

128.   Was bedeutet bei einer Bürgschaft Einrede der Vorausklage?

Im Normalfall der Bürgschaft kann der Bürge bei seiner Inanspruchnahme einwenden, dass der Gläubiger zuerst den Schuldner in Anspruch nehmen müsse, und zwar so, dass er bereits geklagt und die Zwangsvollstreckung erfolglos versucht haben müsse.

129.   Was ist eine selbstschuldnerische Bürgschaft?

Bei einer selbstschulnerischen Bürgschaft wird die Einrede der Vorausklage im Bürgschaftsvertrag ausgeschlossen, sodass Schuldner und Bürge sofort gesamtschuldnerisch in Anspruch genommen werden können.

130.   Geht der Bürge bei der Übernahme einer Bürgschaft ein Risiko ein, da er doch den Rückgriffsanspruch gegenüber dem Schuldner hat?

Im Normalfall wird dieser Rückgriffsanspruch wirtschaftlich wertlos sein, denn die erfolglose Vollstreckung des Gläubigers beim Schuldner war ja gerade Voraussetzung für die Inanspruchnahme des Bürgen.

131.   Wonach richtet es sich, ob jemand als Bürge tauglich ist? Wer entscheidet dies?

Die Bürgschaft dient der Sicherung einer fremden Verbindlichkeit. Die Tauglichkeit als Bürge richtet sich somit danach, welchen Ruf (welche Bonität) der Bürge wirtschaftlich genießt. Dies entscheidet derjenige, der die Bürgschaft als (zusätzliche) Sicherheit akzeptiert, in der Regel der Darlehensgeber.

132.   Welche Haftungsvorschriften über unerlaubte Handlungen kennen Sie? Welche Rechtsfolgen haben diese?

Unerlaubte Handlungen haben nicht nur strafrechtliche Bedeutung, sondern auch zivilrechtliche Folgen. Wenn jemand einem anderen unerlaubt einen Schaden zufügt, sei es am Körper, Eigentum oder einem ähnlichen Recht, so hat er diesem den Schaden zu ersetzen, der daraus entsteht. Daneben muss die Handlung des Schädigers ursächlich für den Schaden gewesen sein, sowie den Schädiger ein Schuldvorwurf treffen. Verschulden bedeutet hierbei, dass der Täter vorsätzlich oder fahrlässig gehandelt haben muss.

133.   Wie wird ein Schaden berechnet? Was kann als Schadenersatz gefordert werden?

Schaden ist jeder Nachteil, den jemand an seinen Rechtsgütern erleidet. Der Nachteil ergibt sich aus einem Vergleich zwischen der Lage des Geschädigten vor und nach dem schädigenden Ereignis. Grundsätzlich ist bei der Schadenersatzleistung der Zustand wieder herzustellen, der vorher bestand (sog. Naturalherstellung). Statt dessen kann der Gläubiger den für die Herstellung erforderlichen Geldersatz verlangen.

134. Kann man bei jeder Schädigung auch Schmerzensgeld verlangen?
Einen Schmerzensgeldanspruch gibt es nur in besonderen, gesetzlich geregelten Fällen. Gem. § 253 Abs. 2 BGB ist aber ein Schmerzensgeldanspruch bei Verletzungen infolge unerlaubter Handlung vorgesehen.

1.4 Sachenrecht

135. Was versteht man unter einem dinglichen Recht? Wie unterscheidet es sich von einem Anspruch?
Ein dingliches Recht ist ein Herrschaftsrecht an einer Sache, das sich nicht nur gegen bestimmte Personen, sondern gegenüber jedermann richtet. Man nennt die dinglichen Rechte daher auch absolute Rechte. Ein Anspruch dagegen richtet sich nur gegen einen bestimmten Verpflichteten (relatives Recht).

136. Was bedeutet der Begriff Typenzwang im Sachenrecht?
Die Vorschriften des Sachenrechts sind – anders als im Schuldrecht, das vom Grundsatz der Vertragsfreiheit gekennzeichnet ist – nicht durch Vertrag abänderbar.

137. Welchen Inhalt hat das Eigentumsrecht? Wodurch wird es eingeschränkt?
Das Eigentum ist das umfassendste dingliche Recht an einer beweglichen oder unbeweglichen Sache. Es berechtigt den Eigentümer mit der Sache nach Belieben zu verfahren und andere von jeder Einwirkung auszuschließen.

Eingeschränkt wird es durch gesetzliche Vorschriften und die Rechte dritter Personen. D.h. man kann mit der Sache nur soweit beliebig verfahren, als nicht gegen gesetzliche Vorschriften verstoßen wird oder Rechte dritter Personen eingeschränkt werden.

138. Wie erwirbt man das Eigentum an beweglichen Sachen?
Die Eigentumsübertragung erfolgt durch Einigung über den Eigentumsübergang und die Übergabe der Sache.

139. Werden bei der Eigentumsübertragung auch Rechtsgeschäfte abgeschlossen?
Neben der Übergabe der Sache als realer Akt ist eine Einigung notwendig. Diese Einigung über den Eigentumsübergang besteht aus zwei übereinstimmenden Willenserklärungen, ist also ein Rechtsgeschäft.

140. Wodurch kann die Übergabe bei der Eigentumsverschaffung ersetzt werden?
Während auf die Einigung nie verzichtet werden kann, ist es in bestimmten Fallkonstellationen möglich, die Übergabe zu ersetzen.
(1) Ist der Erwerber bereits im Besitz der Sache, genügt die Einigung über den Übergang alleine (Übergabe kurzer Hand).
(2) Will der bisherige Eigentümer weiterhin im Besitz der Sache bleiben, kann die Übergabe durch die Vereinbarung eines Besitzmittlungsverhältnisses ersetzt werden, infolgedessen der Erwerber den sog. mittelbaren Besitz erlangt.
(3) Ist ein Dritter im Besitz der Sache, kann die Übergabe dadurch ersetzt werden, dass der Eigentümer dem Erwerber den Herausgabeanspruch an der Sache abtritt.

141.   Können Sie ein Beispiel für ein derartiges Besitzmittlungsverhältnis bilden?

Der Verkäufer eines Pkw möchte mit seinem Auto noch in den Urlaub fahren. Der Käufer will aber sofort bei Kaufvertragsabschluss Eigentümer werden, da er auch den Kaufpreis sofort bezahlt hat. Die Übergabe wird dann je nach Entgeltlichkeit oder Unentgeltlichkeit der Gebrauchsüberlassung durch die Vereinbarung eines Miet- oder Leihvertrages ersetzt.

142.   Kann man auch Eigentum erwerben, wenn der Veräußerer nicht selbst Eigentümer ist?

Ein Erwerb von demjenigen, der nicht selbst Eigentümer ist (Nichtberechtigter), ist möglich, wenn der Erwerber in gutem Glauben ist.

Aber auch bei gutem Glauben ist ein Erwerb gestohlener Sachen nicht möglich.

143.   Kann man außer durch Rechtsgeschäft auch auf andere Weise Eigentümer einer Sache werden?

Es gibt noch weitere gesetzliche Tatbestände des Eigentumserwerbs, z.B. durch Ersitzung, Verbindung, Vermischung und Verarbeitung, Aneignung einer herrenlosen Sache, Fund nach Ablauf einer sechsmonatigen Frist oder durch Erbschaft.

144.   Wie erfolgt der Eigentumsübergang bei Grundstücken?

Eigentümer an einem Grundstück wird man durch Einigung und Eintragung im Grundbuch. Bei Grundstücken wird die Einigung als Auflassung bezeichnet.

145.   Welche Aufgabe hat das Grundbuch? Wer führt es?

Hauptaufgabe des Grundbuchs ist die Registrierung aller Grundstücke und der sie betreffenden Rechtsvorgänge. Das Grundbuch wird vom Grundbuchamt geführt. Dieses ist bei den Amtsgerichten eingerichtet.

146.   Wie ist das Grundbuch aufgebaut und was enthalten die einzelnen Teile?

Jedes Grundstück bekommt ein besonderes Blatt, das Grundbuchblatt. In Wirklichkeit besteht jedes Grundbuchblatt aus mehreren Blättern, die wie folgt gegliedert sind:

(1)   die Aufschrift, die das Grundbuchamt, den Bezirk, den Band und das Blatt des Grundbuches bezeichnet,

(2)   das Bestandsverzeichnis, das Auskunft gibt über die Größe, die Wirtschaftsart und die Lage des Grundstücks,

(3)   die 3 Abteilungen: Abteilung 1 kennzeichnet den Eigentümer und den Erwerbsgrund des Eigentums, Abteilung 2 enthält ein Verzeichnis der Lasten und Verfügungsbeschränkungen (z.B. Nießbrauch, Grunddienstbarkeiten, Eröffnung des Insolvenzverfahrens und Ähnliches), Abteilung 3 enthält ein Verzeichnis der Belastungen mit Hypotheken, Grund- und Rentenschulden.

147.   Wie ist die Rangfolge der Grundstücksrechte geregelt? Welche Bedeutung hat der Rang eines Rechts im Grundbuch?

Die Rangordnung der Rechte bestimmt sich nach dem Grundsatz des zeitlich früher entstandenen Rechts. Der Rang der Rechte, die in derselben Abteilung eingetragen sind, bestimmt sich nach der Reihenfolge der Eintragungen. Werden Rechte in verschiedenen Abteilungen eingetragen, entscheidet das angegebene Eintragungsdatum. Die Bedeutung der Rangfolge zeigt sich bei einer Verwertung des Grundstücks. Da die Gläubiger entsprechend dem Rang ihrer Rechte befriedigt werden, d.h. der Gläubiger auf dem 2. Rang erst nach dem auf dem 1. Rang zum Zuge kommt, sind bei einer Beleihung von Grundstücken die erstrangigen Sicherheiten am günstigsten.

148.   Wozu benötigt man eine Vormerkung? Welche Wirkungen entfaltet sie?

Die Vormerkung benötigt man für die Zeit bis zur Eintragung einer Rechtsänderung im Grundbuch. Die Vormerkung sichert die Rechtsstellung des Berechtigten, schützt den Anspruch im Insolvenzfall und sichert den Rang des Rechts, das später anstelle der Vormerkung eingetragen wird.

149.   Welchen Inhalt hat eine Grunddienstbarkeit? Wie wird sie bestellt?

Von einer Grunddienstbarkeit spricht man, wenn ein Grundstück zugunsten des jeweiligen Eigentümers eines anderen Grundstücks belastet wird. Die Belastung kann z.B. in einem Überfahrtsrecht bestehen, in einer Beschränkung der Bebauung oder in einem Anspruch auf Unterlassung bestimmter Emissionen. Die Grunddienstbarkeit wird wie jedes Recht bei einem Grundstück dadurch begründet, dass sich die Parteien über die Bestellung einig sind und das Recht ins Grundbuch eingetragen wird.

150.   Was ist ein Wohnrecht?

Ein Wohnrecht ist eine beschränkt persönliche Dienstbarkeit. In diesem Fall steht die Berechtigung nicht dem jeweiligen Eigentümer eines Grundstücks zu, sondern nur einer ganz bestimmten berechtigten Person.

151.   Welche Befugnisse oder Nutzungsmöglichkeiten hat ein Nießbraucher?

Der Nießbraucher hat nach dem Eigentümer das umfassendste Recht. Er kann nicht nur die gesamten Nutzungen ziehen, sondern ist auch berechtigt, die Sache in Besitz zu nehmen. Der Nießbrauch ist ein dingliches und absolutes Recht, das von jedermann zu beachten ist.

152.   Woran kann ein Nießbrauch bestellt werden?

In aller Regel wird der Nießbrauch an Grundstücken bestellt. Er kann aber auch an beweglichen Sachen, an Rechten, an einem Vermögen oder an einer Erbschaft bestellt werden.

153.   Was versteht man unter dem Spezialitätsgrundsatz bei der Nießbrauchsbestellung?

Bei der Bestellung eines Nießbrauchs an Sachgesamtheiten (Vermögen, Unternehmen, Nachlass) muss der Nießbrauch einzeln an jedem zur Sachgesamtheit gehörenden Gegenstand bestellt werden.

154.   Welche besonderen Formen des Nießbrauchs kennen Sie?

(1)   Vorbehaltsnießbrauch: Bei Übertragung des Grundstücks wird für den bisherigen Eigentümer ein Nießbrauchsrecht an dem übertragenen Grundstück bestellt.

(2)   Bruttonießbrauch: Es wird vereinbart, dass der Nießbrauchsbesteller alle Kosten und Lasten trägt. Dem Nießbraucher verbleiben die vollen Bruttoerträge.

(3)   Quotennießbrauch: Dem Nießbraucher steht ein bestimmter Anteil (eine Quote) an den Einkünften des Grundstücks zu.

(4)   Bruchteilsnießbrauch: Der Nießbrauch wird an einem Bruchteil eines Grundstücks bestellt.

155.   Wodurch unterscheiden sich das dingliche vom schuldrechtlichen Vorkaufsrecht? Welche Gemeinsamkeiten weisen beide auf?

Im Unterschied zum schuldrechtlichen Vorkaufsrecht kann das dingliche Vorkaufsrecht nur an Grundstücken bestellt werden. Es wirkt dann nicht nur gegenüber dem Verpflichteten, sondern gegenüber jedermann. Gemeinsam ist beiden Vorkaufsrechten die Ausgestaltung. Wenn der Eigentümer eines Grundstücks dieses an einen Dritten verkauft, so kann der Vorkaufsberechtigte von dem Grundstückseigentümer die Übertragung an sich zu den Bedingungen verlangen, die im Kaufvertrag mit dem Dritten vereinbart wurden.

156.   Welches Recht geben »Grundpfandrechte« dem Gläubiger?

Der Gläubiger hat das Recht, im Falle der Zahlungsunfähigkeit oder Zahlungsunwilligkeit des Schuldners das Grundstück zu verwerten, das mit dem Grundpfandrecht belastet ist.

157.   Wie bestimmt sich der Wert eines Grundpfandrechts?

Die gewährte grundpfandrechtliche Sicherheit ist umso wertvoller, je weniger sie den Wert des Grundstücks ausnützt und je günstiger sie im Rang liegt, da erstrangige Sicherheiten zuerst befriedigt werden.

158.   Wie werden Grundpfandrechte verwertet?

Als Formen der Verwertung eines Grundstücks kennt das Gesetz die Zwangsversteigerung und die Zwangsverwaltung.

159.   Welche Voraussetzungen sind für die Bestellung einer Hypothek notwendig?

Es muss eine Geldforderung eines Gläubigers gegen den Schuldner und ein Grundstück vorhanden sein das als Haftungsgrundlage dienen soll. Dabei muss der Grundstückseigentümer nicht identisch mit dem Schuldner der Geldforderung sein. Eine Hypothek kann auch an einem Grundstück wegen der Schulden eines Dritten bestellt werden (z.B. an einem Grundstück der Eltern).

160.   Was bedeutet Akzessorietät der Hypothek?

Eine Hypothek ist akzessorisch, d.h. sie ist vom Bestand der Forderung abhängig. Ohne Forderung ist eine Hypothek nicht denkbar.

161.   Wie wird eine Hypothek bestellt? Worin unterscheiden sich dabei Brief- und Buchhypothek?

Die Bestellung der Hypothek erfolgt durch Einigung zwischen Gläubiger und Grundstückseigentümer über die Bestellung der Hypothek sowie deren Eintrag im Grundbuch. Bei der Briefhypothek ist weitere Voraussetzung, dass ein Hypothekenbrief erteilt wird. Bei einer Buchhypothek genügen Einigung und Grundbucheintrag. In diesem Fall wird im Grundbuch eingetragen, dass es keinen Hypothekenbrief gibt.

162.   Welche Vermögensgegenstände umfasst die Hypothek?

Die Hypothek umfasst nicht nur den Wert des Grundstücks, sondern erstreckt sich auch auf die Erzeugnisse, Bestandteile und das Zubehör des Grundstücks, die Miet- und Pachtzinsforderungen, wenn das Grundstück vermietet oder verpachtet ist sowie auf Versicherungsforderungen und wiederkehrende Leistungen.

163. Was ist eine »Eigentümergrundschuld«? Wie entsteht sie?

Eine Eigentümerhypothek ist eine Hypothek, die dem Eigentümer an seinem eigenen Grundstück zusteht. Dies ist z.B. der Fall, wenn der Eigentümer die gesicherte Forderung bezahlt. Da dem Eigentümer aber keine Forderung gegen sich selbst zustehen kann und die Hypothek immer eine Forderung voraussetzt, wird die Eigentümerhypothek im selben Moment zu einer Eigentümergrundschuld.

164. Was versteht man unter den Bezeichnungen Gesamthypothek und Höchstbetragshypothek?

Bei einer Gesamthypothek bestehen für eine Forderung Hypotheken an mehreren Grundstücken. Dann haftet jedes Grundstück für die ganze Forderung. Bei einer Höchstbetragshypothek ist ein Höchstbetrag bestimmt, bis zu dem das Grundstück haften soll.

165. Was ist eine Grundschuld? Wie entsteht sie?

Eine Grundschuld ist eine Grundstücksbelastung, die dem Gläubiger wie bei der Hypothek das Recht gibt, das mit der Grundschuld belastete Grundstück zu verwerten, wenn nicht eine bestimmte Summe aus dem Grundstück bezahlt wird. Sie entsteht durch Einigung und Eintragung der Grundschuld im Grundbuch. Wie bei der Hypothek unterscheidet man zwischen Briefgrundschuld und Buchgrundschuld.

166. Welche Vereinbarungen müssen bei einer Sicherungsgrundschuld getroffen werden?

Grundsätzlich setzt eine Grundschuld keine Forderung voraus. Sie ist nicht akzessorisch. Bei einer Sicherungsgrundschuld ist jedoch eine schuldrechtliche Verknüpfung zwischen Grundschuld und Forderung möglich. Diese Verknüpfung geschieht durch den sog. Sicherungsvertrag.

167. Welche wirtschaftliche Bedeutung hat die Grundschuld? Was ist der Grund dafür?

Die Bestellung der Grundschuld als Briefgrundschuld macht die Grundschuld zirkulationsfähig. Ohne Eintragung ins Grundbuch und damit ohne größere Formalitäten kann die Grundschuld durch bloße schriftliche Abtretung und Übergabe des Briefes übertragen werden. Die Abtretungserklärungen werden allerdings in öffentlich beglaubigter Form abgegeben.

168. Wie wird ein Pfandrecht an einer beweglichen Sache bestellt?

Zur Bestellung eines vertraglichen Pfandrechts sind eine Einigung über die Bestellung des Pfandrechts und die Übergabe der Sache erforderlich.

169. Wie erklären Sie sich die Bezeichnung Faustpfand?

Die bei der Bestellung des Pfandrechts erforderliche Übergabe kann nicht wie bei der Eigentumsübergabe ersetzt werden, d.h. der Pfandgläubiger muss immer im Besitz der Sache sein.

170. Wem steht ein gesetzliches Pfandrecht zu?

Ein durch Gesetz begründetes Pfandrecht haben z.B. der Vermieter, Verpächter, Werkunternehmer, Kommissionär, Spediteur, Lagerhalter und Frachtführer. Auf das durch Gesetz entstandene Pfandrecht sind die Vorschriften über das vertragliche Pfandrecht entsprechend anzuwenden.

171. Wie wird ein Pfand verwertet?

Die Verwertung des Pfandes erfolgt durch Pfandverkauf im Wege der öffentlichen Versteigerung. Der Pfandverkauf muss vorher angedroht werden. Nach Ablauf einer Wartefrist von 1 Monat wird nach vorheriger öffentlicher Bekanntmachung versteigert.

172. Für welchen wirtschaftlichen Sachverhalt ist der Eigentumsvorbehalt die geeignete Sicherungsform?

Der Eigentumsvorbehalt ist die geeignete Sicherungsform für Warenlieferungen, die auf Ziel oder auf Raten verkauft werden. In diesen Fällen leistet der Verkäufer vor, er gibt einen Warenkredit. Um diesen abzusichern, vereinbaren die Warenkreditgeber als geeignetes Sicherungsmittel einen Eigentumsvorbehalt.

173. Welches rechtliche Mittel ist zur Vereinbarung eines Eigentumsvorbehalts notwendig?

Die Bedingung. Der Verkäufer erfüllt seine Verpflichtung, das Eigentum zu übertragen, durch die Übergabe der Ware und durch die Einigung über den Eigentumsübergang. Die Übergabe erfolgt sofort. Die Einigung wird unter der aufschiebenden Bedingung erklärt, dass der Kaufpreis vollständig bezahlt wird. Die Übereignung ist somit bis zum Eintritt der Bedingung hinausgeschoben.

174. Was versteht man unter einem erweiterten Eigentumsvorbehalt?

Wenn Verkäufer und Käufer in laufender Geschäftsbeziehung stehen, kann der Eigentumsvorbehalt in der Weise vereinbart werden, dass das Eigentum an der oder den Waren erst übergehen soll, wenn alle noch offen stehenden Forderungen des Verkäufers aus der Geschäftsbeziehung erfüllt sind.

175. Was versteht man unter einem verlängerten Eigentumsvorbehalt?

Ist der Käufer der gelieferten Ware nicht Endverbraucher, sondern Zwischenhändler oder Produzent anderer Waren, so muss der Eigentumsvorbehalt modifiziert vereinbart werden, um dem Sicherungsbedürfnis des Verkäufers Rechnung zu tragen. Es wird eine Weiterverkaufsklausel vereinbart, nach der der Vorbehaltsverkäufer den Zwischenhändler ermächtigt, die Ware weiterzuveräußern. Zur Sicherung tritt der Vorbehaltskäufer die ihm gegen den Endabnehmer zustehenden Forderungen bereits im Voraus ab.

Bei der Weiterverarbeitungsklausel ist der einfache Eigentumsvorbehalt wegen der Möglichkeit gesetzlichen Eigentumserwerbs durch Verarbeitung keine ausreichende Sicherheit. Vorbehaltsverkäufer und -käufer können daher vereinbaren, dass unabhängig vom tatsächlichen Geschehensablauf der Vorbehaltsverkäufer Hersteller im Sinne des BGB sein soll. Damit verlängert sich der Eigentumsvorbehalt auf die hergestellten Produkte.

176. Welche besondere Rechtsposition hat die Rechtsprechung dem Vorbehaltskäufer zuerkannt?

Diese Rechtsposition nennt man ein sog. Anwartschaftsrecht. Dieses wird als dingliches Recht (ähnlich dem Eigentum) behandelt, das dem Vorbehaltskäufer einen weitgehenden Schutz gewährt.

177. Aus welchen wirtschaftlichen Überlegungen heraus wurde die Sicherungsübereignung entwickelt?

Für die Verpfändung eines Gegenstandes eignen sich nur Gegenstände, auf die der Schuldner verzichten kann. Diese weisen aber in der Regel nur einen geringen Wert auf.

Oder umgekehrt, die wertvollen Sachen eines Betriebs, die zur Sicherung dienen könnten, können nicht verpfändet werden, da sie zur Produktion und damit auch zur Rückzahlung des Darlehens benötigt werden.

178. Erklären Sie, warum man die Sicherungsübereignung auch als besitzloses Pfandrecht bezeichnet?

Bei einer Übereignung ist es im Gegensatz zur Verpfändung möglich, die erforderliche Übergabe durch die Vereinbarung eines Besitzmittlungsverhältnisses zu ersetzen. Diesen Umstand macht sich die Sicherungsübereignung zunutze. Die Übereignung erfolgt durch Einigung über den Eigentumsübergang und Vereinbarung eines Besitzmittlungsverhältnisses. Diese Lösung hat zwei Vorteile. Der Schuldner verbleibt im Besitz seiner Produktionsmittel, kann somit weiterarbeiten und die Schulden abzahlen, der Gläubiger ist Eigentümer mit allen Rechten eines Eigentümers, hat aber keine mit dem unmittelbaren Besitz notwendigerweise zusammenhängenden Probleme.

179. Welche Vereinbarungen sind für eine Sicherungsübereignung notwendig?

Bei einer Sicherungsübereignung wird im Einzelnen vereinbart:
(1) Einigung und Übereignung (bezogen auf einzelne bewegliche Sachen),
(2) Vereinbarung eines konkreten Besitzmittlungsverhältnisses (im Regelfall einer Leihe, bei der der Sicherungsgeber (= Darlehensnehmer) der Entleiher und der Sicherungsnehmer (= Darlehensgeber) der Verleiher ist),
(3) Einigung darüber, dass der Sicherungsgeber nach Erfüllung aller Verpflichtungen wieder Eigentümer werden soll.

180. Wie erhält der Sicherungsgeber das Eigentum nach Erfüllung seiner gesicherten Verpflichtungen wieder zurück?

Die Rückgewähr ist auf zweierlei Weise möglich:
(1) Sicherungsgeber und Sicherungsnehmer einigen sich darüber, dass der Eigentumsübergang nur auflösend bedingt ist. Auflösende Bedingung ist die vollständige Erfüllung der Forderung. Wurde dies vereinbart, so fällt das Eigentum am Sicherungsgut mit Bedingungseintritt automatisch an den Sicherungsgeber zurück.
(2) Sicherungsgeber oder Sicherungsnehmer vereinbaren, dass der Sicherungsgeber nach voller Erfüllung der Verpflichtungen einen Anspruch auf Rückübereignung erhält. Dieser muss dann erfüllt werden. Diese Lösung wird von den Sicherungsnehmern bevorzugt vereinbart, da sie dann die Möglichkeit haben, vor Rückübereignung zu prüfen, ob wirklich alle gegenseitigen Verpflichtungen erfüllt sind.

181. Welche Rechte hat der Sicherungsnehmer bei Zwangsvollstreckungsmaßnahmen Dritter und welche im Fall der Insolvenz des Sicherungsgebers?

Bei der Einzelzwangsvollstreckung ist das Sicherungseigentum ein die Veräußerung hinderndes Recht, das dem Sicherungsnehmer die Möglichkeit zur Drittwiderspruchsklage gegen den vollstreckenden Dritten gibt. Im Insolvenzfall hat der Sicherungsnehmer, obwohl er Eigentümer ist, nach der Insolvenzordnung kein Aussonderungsrecht, sondern nur ein Recht auf abgesonderte Befriedigung.

182. Inwiefern kann man Sicherungsübereignung und Sicherungsabtretung vergleichen?

Die rechtliche Konstruktion der Sicherungsabtretung entspricht derjenigen bei der Sicherungsübereignung. Der Gläubiger einer Forderung als Sicherungsgeber tritt diese an seinen

Gläubiger als Sicherungsnehmer ab. Damit ist dieser, soweit die Bonität der Forderung gegeben ist, abgesichert. Damit aber auch hier wieder klargestellt ist, dass der Sicherungsnehmer nur im Sicherungsfall von der abgetretenen Forderung Gebrauch macht, schließen beide Beteiligte einen Sicherungsvertrag, der diese Abrede enthält. Der Sicherungsnehmer ist damit Gläubiger zweier Forderungen, kann aber auf die Sicherungsforderung nur Leistung verlangen, wenn die gesicherte Forderung nicht erfüllt wird.

183. Was versteht man unter einer stillen Zession?

Die Sicherungsabtretung unterscheidet sich von der Sicherungsübereignung dadurch, dass außer den beiden Parteien noch ein Kunde als Dritter beteiligt ist. Teilt man diesem die Abtretung mit, so wissen die Kunden des Sicherungsgebers, dass dieser gezwungen ist, seine Forderungen zu beleihen. Dies wird oft nicht erwünscht sein. Teilt man dem Dritten die Abtretung nicht mit, so nimmt der Sicherungsgeber als Risiko in Kauf, dass der Dritte mit befreiender Wirkung an den Sicherungsgeber leistet. Daher wird noch eine weitere Vereinbarung getroffen. Der Sicherungsnehmer soll zwar Gläubiger der abgetretenen Forderung sein, im Außenverhältnis zu Dritten soll aber der Sicherungsgeber weiterhin so auftreten können, als ob er noch Gläubiger sei. Diese Variante bezeichnet man als stille Zession. Nach der geschlossenen Vereinbarung darf der Sicherungsnehmer die Abtretung erst dann dem Dritten anzeigen, wenn die gesicherte Forderung nicht erfüllt wird.

184. Ist die Abtretung künftiger Forderungen zulässig?

Auch künftige, befristete oder bedingte Forderungen können abgetreten werden. Erforderlich ist nur, dass die abgetretene Forderung bestimmbar, also so konkret bezeichnet ist, dass spätestens beim Entstehen der Forderung für alle Beteiligten klar ersichtlich ist, welche Forderung abgetreten worden ist.

185. Welche Bedenken bestehen gegenüber einer Globalzession?

Von einer Globalzession spricht man, wenn die Abtretung eine Mehrheit von Forderungen umfasst, im Extremfall alle gegenwärtigen und zukünftigen Forderungen. Dies wird grundsätzlich für zulässig erachtet. Jedoch kollidieren unter Umständen die Rechte aus der Sicherungsabtretung mit denen des Vorbehaltseigentümers bei der Vereinbarung eines verlängerten Eigentumsvorbehalts. Die Rechtsprechung geht davon aus, dass die Globalzession insoweit nichtig ist, als sie sich auf Forderungen erstreckt, die vom verlängerten Eigentumsvorbehalt erfasst werden.

2 Handelsrecht

2.1 Handelsgewerbe/Kaufmannseigenschaft

186. In welchen Fällen findet das Handelsrecht Anwendung?

Das Handelsrecht ist ein Sonderrecht für Kaufleute. Ist an einem Rechtsgeschäft ein Kaufmann beteiligt, so gelten die Vorschriften über die Handelsgeschäfte grundsätzlich für beide Vertragspartner. Die Vorschriften des Handelsrechts gelten aber nur für die Geschäfte, die er in seiner Eigenschaft als Kaufmann tätigt, nicht für seine privaten Rechtsgeschäfte.

187. Was versteht man unter dem Begriff Handelsbrauch?

Das Handelsrecht umfasst sowohl geschriebenes Recht als auch Gewohnheitsrecht. Handelsbräuche sind dabei das Verhalten, das unter Kaufleuten üblich ist. Sie sind bei der rechtlichen Würdigung des Verhaltens eines Kaufmanns zu berücksichtigen. Der Handelsbrauch dient der Auslegung und Ergänzung bei der Beurteilung von Handelsgeschäften. Was als Handelsbrauch gilt, wird im Zweifel durch ein Gutachten der Industrie- und Handelskammer geklärt.

188. Was ist ein Handelsgewerbe?

Ein Handelsgewerbe ist die selbstständige, planmäßige nach außen erkennbare, auf Dauer und Gewinnerzielung ausgerichtete Tätigkeit.

189. Welche persönlichen Voraussetzungen benötigt man, um Kaufmann sein zu können?

Kaufmann ist, wer ein Handelsgewerbe betreibt. Die Fähigkeit, ein Handelsgewerbe zu betreiben, entspricht der Rechtsfähigkeit. Unerheblich ist, ob jemand eine bestimmte Berufsausbildung (Kaufmannsgehilfenprüfung) hat oder ob jemand geschäftsfähig ist. Kaufmann ist, wer das Handelsgewerbe selbst betreibt. Dabei ist entscheidend, in wessen Namen es betrieben wird.

190. Wer ist Istkaufmann? Wie wird man es?

Ein Istkaufmann ist ein Gewerbetreibender, der ein Handelsgewerbe betreibt. Seine Ausübung macht ihn zwingend zum Kaufmann. Obwohl der Istkaufmann verpflichtet ist, sich im Handelsregister eintragen zu lassen, kommt es für die Kaufmannseigenschaft nicht darauf an, ob er wirklich eingetragen ist.

191. Kann auch ein Kleingewerbetreibender Kaufmann sein?

Für diejenigen Unternehmen, die nach Art oder Umfang keinen kaufmännischen Geschäftsbetrieb erfordern, besteht die Möglichkeit zum freiwilligen Erwerb der Kaufmannseigenschaft (Kannkaufmann), indem sie sich im Handelsregister eintragen lassen.

192. Wie unterscheidet sich die Wirkung der Eintragung beim Ist- und beim Kannkaufmann?

Der Istkaufmann ist rechtlich bereits durch seine Tätigkeit Kaufmann. Daher hat die Eintragung nur rechtserläuternde (deklaratorische) Wirkung.

Der Kannkaufmann wird rechtlich erst durch die Eintragung zum Kaufmann. Die Eintragung hat daher rechtsbegründende (konstitutive) Wirkung?

193. Kann auch ein Handwerker Kaufmann sein?

Ein Handwerker betreibt ein Gewerbe im Sinne des Handels- wie auch des Steuerrechts. Es kommt daher für die Kaufmannseigenschaft lediglich auf die Unterscheidung in Ist- oder Kannkaufmann an.

194. Unter welchen Voraussetzungen wird ein Kleingewerbetreibender Kaufmann?

Ob ein in kaufmännischer Weise eingerichteter Gewerbebetrieb erforderlich ist, richtet sich nach der Art und dem Umfang des Gewerbebetriebs. Zu einem kaufmännischen Geschäftsbetrieb gehören:

a) der Art nach doppelte Buchführung, Inventarerrichtung, Bilanzerstellung, umfangreiche oder verwickelte Geschäfte, Kontokorrentverkehr.

b) Für den Umfang ist der Umsatz maßgebend. Eine feste Grenze ist dabei aber nicht festgelegt.

195.   **Kann sich ein Land- und Forstwirt ins Handelsregister eintragen lassen und unter welchen Voraussetzungen?**

Ein Land- und Forstwirt ist als solcher niemals Kaufmann, da ein Betrieb der Land- und Forstwirtschaft kein Handelsgewerbe darstellt. Dem Land- und Forstwirt steht es aber frei, sich eintragen zu lassen, wenn sein Unternehmen einen in kaufmännischer Weise eingerichteten Geschäftsbetrieb erfordert. Daher die Bezeichnung Kannkaufmann.

Außerdem kann ein Land- und Forstwirt, wenn die Größenvoraussetzungen des § 3 Abs. 2 HGB erfüllt sind, die Firma eines Nebenbetriebs in das Handelsregister eintragen lassen. Ein Nebenbetrieb zu einem Betrieb der Land- und Forstwirtschaft ist z.B. eine Brennerei, Ziegelei, Molkerei, Brauerei, Kies- oder Sandgrube, Mühle, Sägewerk oder ein Obstverarbeitungsbetrieb.

196.   **Wer ist Formkaufmann?**

Beim Formkaufmann ist für die Kaufmannseigenschaft die Rechtsform entscheidend. Formkaufleute werden mit ihrer Entstehung Kaufleute ohne Rücksicht darauf, ob sie auch tatsächlich ein Handelsgewerbe betreiben oder nicht. Formkaufleute sind die Kapital- und die Personenhandelsgesellschaften.

197.   **Wie unterscheiden sich Kaufleute und Kleingewerbetreibende?**

Auf alle Kaufleute, egal aus welchem Grund sie als Kaufleute behandelt werden, sind die Vorschriften des HGB in vollem Umfang anzuwenden. Der Begriff des sog. Minderkaufmanns ist seit 1998 entfallen.

198.   **Wie wird ein Kannkaufmann behandelt, der nicht ins Handelsregister eingetragen ist?**

Lässt sich ein Kannkaufmann (Kleingewerbetreibender oder Land- und Forstwirt) nicht ins Handelsregister eintragen, so ist er »Nichtkaufmann«. Er muss dann im Rechtsverkehr unter seinem bürgerlichen Namen auftreten.

199.   **Wer ist Kaufmann kraft Rechtsschein? Welche rechtlichen Folgen hat dies?**

Als Scheinkaufmann bezeichnet man denjenigen, der im Rechtsverkehr selbst den Anschein hervorgerufen hat, dass er Kaufmann sei. Gegenüber gutgläubigen Dritten wird er als Kaufmann behandelt. Der Rechtsschein gilt aber nur zugunsten Dritter, nicht zugunsten des Scheinkaufmanns.

2.2   Handelsregister

200.   **Welche Aufgaben hat das Handelsregister?**

Das Handelsregister ist ein beim Amtsgericht geführtes öffentliches Verzeichnis gewisser Tatsachen, die für den Handelsverkehr wichtig sind. Es soll die Rechtsverhältnisse der Kaufleute offenkundig machen.

201.   **Kann jedermann Einblick ins Handelsregister nehmen?**

Die Einsicht ins Handelsregister ist jedem gestattet, weil ja gerade die Rechtsverhältnisse der Kaufleute für jedermann offenkundig gemacht werden sollen.

202. Welche Register gibt es noch?

Neben dem Handelsregister werden beim Amtsgericht noch das Genossenschaftsregister für die Genossenschaften, das Vereinsregister für eingetragene Vereine und das Partnerschaftsregister für eingetragene Partnerschaften von Freiberuflern geführt.

203. Was wird im Einzelnen ins Handelsregister eingetragen?

Bei den Eintragungen unterscheidet man eintragungspflichtige Tatsachen (Eröffnung der Firma, Änderungen und Erlöschen der Firma, Eröffnung des Insolvenzverfahrens, Prokura und andere wichtige Tatsachen), eintragungsfähige Tatsachen (z. B. Haftungsbeschränkung) und nicht eintragungsfähige Tatsachen (z. B. die Handlungsvollmacht).

204. Welche Wirkung hat die Eintragung?

Die Eintragung einer Tatsache in das Handelsregister hat entweder deklaratorische oder konstitutive Wirkung. Deklaratorisch bedeutet rechtserläuternd und meint, dass die Rechtslage durch die Eintragung nicht beeinflusst, sondern nur die bereits bestehende Rechtslage klargestellt wird. Konstitutiv bedeutet rechtsbegründend und meint, dass erst die Eintragung eine Rechtsänderung herbeiführt.

205. Wie erfährt die Öffentlichkeit vom Inhalt der Eintragungen?

Neben der für jedermann möglichen Einsichtnahme werden die Eintragungen zwingend im elektronischen Bundesanzeiger veröffentlicht.

206. Was versteht man unter der Publizität des Handelsregisters?

Man unterscheidet die negative und die positive Publizitätswirkung. Die negative Publizität bezieht sich auf eintragungspflichtige Tatsachen, die aber nicht in das Handelsregister eingetragen sind. D. h. ein Kaufmann kann eine eintragungspflichtige Tatsache einem Dritten nicht entgegensetzen, wenn sie nicht eingetragen und bekannt gemacht ist. Die positive Publizität bezieht sich auf die richtig eingetragenen Tatsachen. Ein Dritter muss eine eingetragene und bekannt gemachte Tatsache gegen sich gelten lassen, auch wenn er sie nicht kennt.

207. Gilt alles als richtig, was im Handelsregister eingetragen ist?

Nein, es gibt anders als beim Grundbuch keinen unbedingten öffentlichen Glauben an die Richtigkeit einer Eintragung im Handelsregister. Auf das Grundbuch kann man sich stets verlassen, auch wenn die eingetragene Tatsache unrichtig ist. Beim Handelsregister ist nur Verlass darauf, dass eine richtig eingetragene Tatsache noch weiter fortbesteht, wenn sie nicht gelöscht ist.

208. Was versteht man unter einer Firma?

Die Firma ist der Handelsname des Kaufmanns, unter dem er im Geschäftsleben und vor Gericht auftritt.

209. Nach welchen Kriterien ist eine Firma zu bilden?

Grundsätzlich ist jede Firma eintragungsfähig, die folgende drei Kriterien erfüllt:

(1) Es muss ihr Unterscheidungskraft und damit eindeutige Kennzeichnungswirkung zukommen,
(2) Die Rechtsform bzw. die Gesellschaftsverhältnisse müssen ersichtlich sein,
(3) Die Haftungsverhältnisse müssen offengelegt werden.

210. Hat die Rechtsform Einfluss auf die Firmenbildung?

Es gibt im HGB nur eine einheitliche Vorschrift zur Firmierung (§ 18 HGB), die für alle Unternehmensformen gilt. Es müssen aber eindeutige Firmenzusätze an die Firma angehängt werden, aus der die Rechtsform hervorgeht.

211. Welchen Zusatz hat ein Einzelunternehmen seiner Firma hinzuzufügen?

Bei der Firmenbildung von Einzelkaufleuten muss die Firma die Zusatzbezeichnung »eingetragener Kaufmann«, »eingetragene Kauffrau« oder eine allgemein verständliche Abkürzung wie »e. K.«, »e. Kfm.« oder »e. Kfr.« enthalten.

212. Ist eine Firma »Bauwelt und Partner« zulässig?

Diese Firmenbildung ist deshalb unzulässig, weil sie täuschend ist. Dies deshalb, weil der Zusatz »und Partner« auf eine Partnerschaftsgesellschaft hinweisen könnte und diese Rechtsform nur Freiberuflern, nicht aber Gewerbetreibenden offensteht.

213. Was bedeutet der Grundsatz der Firmenwahrheit?

Dieser Grundsatz bedeutet, dass durch die Firma der Geschäftsverkehr weder über die Art oder den Umfang des Geschäfts noch über die Verhältnisse des Geschäftsinhabers getäuscht werden darf.

214. Welcher Zusammenhang besteht zwischen dem Grundsatz der Firmenwahrheit und dem der Firmenbeständigkeit?

Der Grundsatz der Firmenwahrheit ist durch den Grundsatz der Firmenbeständigkeit für sogenannte abgeleitete Firmen durchbrochen. Bei einer Namensänderung kann die bisherige Firma fortgeführt werden. Wer ein bestehendes Handelsgeschäft kauft oder erbt, darf für das Geschäft die bisherige Firma mit oder ohne Beifügung eines das Nachfolgeverhältnis andeutenden Zusatzes fortführen, wenn der bisherige Geschäftsinhaber oder dessen Erben in die Fortführung der Firma ausdrücklich einwilligen.

215. Durch welchen Firmierungsgrundsatz soll die Möglichkeit der Verwechslung von Firmen ausgeschlossen werden?

Diesem Ziel dient der Grundsatz der Firmenausschließlichkeit. Jede neue Firma muss sich von allen an demselben Ort oder in derselben Gemeinde bereits bestehenden, in das Handelsregister eingetragenen, Firmen unterscheiden. Haben zwei Kaufleute den gleichen Namen, müssen sie sich durch einen Zusatz deutlich unterscheiden.

216. Wie wird eine eingetragene Firma geschützt?

Die zu Recht geführte Firma wird durch zwei Dinge geschützt:

(1) Das Registergericht muss auf Anregung von jedermann, insbesondere von Konkurrenten, Industrie- und Handelskammer oder Handwerkskammer, gegen unbefugte Firmenbenutzung vorgehen.

(2) Jeder, der durch den unbefugten Gebrauch einer Firma in seinem Recht verletzt wird, hat einen Unterlassungsanspruch und evtl. einen Schadenersatzanspruch.

217. Was sind Geschäftsbezeichnungen?

Durch die Geschäftsbezeichnungen soll nicht der Träger, sondern das Unternehmen gekennzeichnet werden. Beispiele hierfür sind Bezeichnungen wie Parkhotel, Gasthof Grüner Baum, Odeon-Lichtspiele, Hirschapotheke usw. Gegen die Zulässigkeit bestehen keine

Bedenken. Die Unterscheidung zur Firma des eingetragenen Kaufmanns erfolgt dadurch, dass dieser den Zusatz »e. Kfm.«, »e. Kfr.« führen muss.

2.3   Hilfspersonen des Kaufmanns

218.   Was versteht man unter einem Generalbevollmächtigten?

Die Bezeichnung ist im HGB nicht vorgesehen. Die Generalvollmacht beruht auf den Regeln der Stellvertretung des bürgerlichen Rechts und umfasst die Vertretung in allen Geschäften. Ihr Inhalt ist weiter und ihr Ansehen höher als das der Prokura.

219.   Was bedeutet Prokura?

Die Prokura ist eine besondere Form der Vollmacht, die von der Dauer und dem Umfang des zwischen dem Kaufmann und dem Prokuristen bestehenden Dienstverhältnisses weitgehend losgelöst ist. Wer mit dem Prokuristen verhandelt, wird so gestellt, als ob er mit dem Kaufmann selbst verhandelt.

Gleichgültig, welche internen Abmachungen zwischen Kaufmann und Prokuristen bestehen, der Kaufmann muss alles gegen sich gelten lassen, was der Prokurist im Namen des Kaufmanns erklärt.

220.   Wie wird Prokura erteilt?

Die Prokura kann nur mittels ausdrücklicher Erklärung erteilt werden. Die Erklärung kann gegenüber dem zukünftigen Prokuristen oder an die Öffentlichkeit z. B. durch Rundschreiben an die Geschäftspartner des Kaufmanns erfolgen. Die Erteilung der Prokura muss dann zur Eintragung ins Handelsregister angemeldet werden.

221.   Welche Rechtsstellung hat der Prokurist im Außenverhältnis?

Der Prokurist ist zu allen Arten von gerichtlichen und außergerichtlichen Handlungen ermächtigt, die der Betrieb eines Handelsgeschäfts mit sich bringt. Dabei sind auch branchenunübliche und außergewöhnliche Geschäfte erlaubt. Sie müssen aber stets dem Betrieb eines Handelsgewerbes dienen.

222.   Welche Rechtsgeschäfte darf der Prokurist nicht vornehmen?

Der Prokurist darf den Betrieb nicht einstellen und veräußern. Er darf den Kaufmann nicht in privaten Angelegenheiten vertreten, dem Kaufmann gesetzlich persönlich vorbehaltene Geschäfte nicht tätigen und er darf ohne besondere Ermächtigung keine Grundstücke veräußern und belasten.

223.   Was versteht man unter Einzel- und Gesamtprokura?

Ein Einzelprokurist kann alleine handeln, ein Gesamtprokurist ist in der Weise eingeschränkt, dass er nur zusammen mit anderen Personen unterzeichnen darf (z. B. mit einem anderen Prokuristen oder einem Geschäftsführer).

224.   Was unterscheidet die Prokura von der Handlungsvollmacht?

Die Befugnisse des Handlungsbevollmächtigten zur Vornahme rechtsgeschäftlicher Handlungen sind nicht so weitreichend wie die eines Prokuristen.

225.   Welche Arten von Handlungsvollmacht gibt es?

Man unterscheidet:

- Generalhandlungsvollmacht, bei der der Handlungsbevollmächtigte ohne Erteilung der Prokura zum Betrieb des Handelsgewerbes ermächtigt ist,
- Artvollmacht, die zur Vornahme einer bestimmten Art von Geschäften ermächtigt (z. B. Einkauf, Verkauf oder eine bestimmte Abteilung) und
- Spezialvollmacht, die zur Vornahme einzelner Geschäfte ermächtigt (z. B. Vertragsverhandlungen zum Abschluss nur eines bestimmten Vertrages).

226. Welche Rechtsstellung hat der Handlungsbevollmächtigte im Außenverhältnis?

Ein Handlungsbevollmächtigter hat im Außenverhältnis die Stellung eines Vertreters. Seine Vertretungsbefugnis im Außenverhältnis reicht allerdings nur so weit, wie sie im Innenverhältnis von der erteilten Vollmacht gedeckt ist.

227. Was versteht man unter einem Handlungsgehilfen gemäß HGB?

Handlungsgehilfe ist, wer in einem Handelsgewerbe zur Leistung kaufmännischer Dienste gegen Entgelt angestellt ist. Darunter fallen aber nicht die technischen Angestellten. Handlungsgehilfen sind Arbeitnehmer. Für deren Dienstvertrag gelten neben den Sonderregeln des HGB die Regeln des BGB und des Arbeitsrechts.

228. Nach welchen Kriterien entscheidet sich, ob ein Handelsvertreter selbstständig tätig ist.

Ein Handelsvertreter ist dann selbstständig, wenn er seine Tätigkeit frei gestalten und seine Arbeitszeit frei bestimmen kann. Ist dies nicht der Fall, bestimmt also der Vertretene Art und Umfang der Tätigkeit (Branchorte, Firmen) und die Arbeitszeit, dann ist der Vertreter als Angestellter einzustufen.

229. Wann entsteht nach dem HGB der Provisionsanspruch des Handelsvertreters?

Nach dem HGB entsteht der Anspruch auf die Provision, sobald und soweit der Unternehmer das Geschäft ausgeführt hat. Eine abweichende vertragliche Vereinbarung ist aber möglich.

230. Wofür erhält der Handelsvertreter eine Ausgleichszahlung?

Nach der Kündigung des Vertrags oder nach einer sonstigen Beendigung des Vertragsverhältnisses kann der Handelsvertreter vom Unternehmer einen angemessenen Ausgleich dafür verlangen, dass er dem Unternehmer einen Kundenstamm geschaffen hat und er selbst keine Provision mehr erhält.

Voraussetzung für diesen Ausgleichsanspruch ist, dass dem Unternehmer nach Beendigung des Vertragsverhältnisses noch Vorteile aus den Geschäftsverbindungen zufließen.

231. Was unterscheidet den Handelsvertreter vom Handelsmakler?

Ein Handelsmakler übernimmt gewerbsmäßig die Vermittlung von Verträgen über die Anschaffung oder Veräußerung von Waren, Wertpapieren, Versicherungen u. Ä. ohne – im Gegensatz zum Handelsvertreter – ständig damit betraut zu sein.

232. Wer bezahlt den Handelsmakler?

Wenn keine anderen Vereinbarungen getroffen sind, kann der Handelsmakler von beiden Parteien je zur Hälfte Provision verlangen, sobald der Vertrag mit dem gewünschten Inhalt zustande gekommen ist.

233. Wie tritt ein Kommissionär auf?

Ein Kommissionär ist ein Kaufmann, der gewerbsmäßig den Kauf oder Verkauf von Waren oder Wertpapieren durchführt. Er handelt dabei in eigenem Namen, aber für Rechnung des Auftraggebers (des Kommittenten).

Für den Vertragspartner des Kommissionärs ist also nicht ersichtlich, dass der Kommissionär wirtschaftlich nicht sein eigentlicher Geschäftspartner ist.

234. Was versteht man unter Selbsteintritt?

Der Selbsteintritt ist ein Sonderfall der Ausführung eines Kommissionsgeschäfts, bei dem der Kommissionär das Kommissionsgut selbst kauft oder liefert. Auch in diesem Fall hat er einen Provisionsanspruch.

235. Wie verlaufen die Übereignungen bei der Einkaufs- und wie bei der Verkaufskommission?

Bei der Verkaufskommission verbleibt das Eigentum am Kommissionsgut zunächst beim Kommittenten. Dieser ermächtigt aber den Kommissionär, das Eigentum am Kommissionsgut auf den Abnehmer zu übertragen. Der Kommissionär wird also zu keinem Zeitpunkt Eigentümer der Ware, was von Bedeutung werden kann, wenn gegen den Kommissionär ein Insolvenzverfahren eingeleitet wird.

Bei der Einkaufskommission wird im Regelfall der Kommissionär zuerst Eigentümer der Ware und überträgt dann das Eigentum auf den Kommittenten, d.h. es ergibt sich ein sog. Durchgangserwerb. Ist dieser nicht gewünscht, ergeben sich etwas kompliziertere rechtliche Möglichkeiten durch eine Übereignung nach § 930 BGB.

236. Welche Geschäfte führt ein Spediteur aus? Was unterscheidet ihn vom Frachtführer?

Ein Spediteur übernimmt es gewerbsmäßig, Güterversendungen im eigenen Namen, aber für Rechnungen eines anderen (des Versenders) durch einen dritten Beförderungsunternehmer besorgen zu lassen. Er befördert nicht, sondern besorgt die Beförderungen.

Ein Frachtführer dagegen übernimmt gewerbsmäßig auf eigenen Namen und auf eigene Gefahr die Beförderung von Gütern zu Lande oder auf Binnengewässern. Da der Spediteur zum Selbsteintritt berechtigt ist, d.h. das Gut auch selbst befördern kann, wenn er die erforderlichen Transportmittel besitzt, kann er auch zugleich Frachtführer sein.

237. Was ist ein Frachtbrief und wer stellt ihn aus?

Ein Frachtbrief wird auf Verlangen des Frachtführers vom Absender der Ware ausgestellt.

238. Was ist ein Ladeschein und von wem wird er ausgestellt?

Der Ladeschein wird vom Frachtführer ausgestellt. Er ist ein Wertpapier im engeren Sinne, das die geladene Ware verbrieft.

239. Welche Geschäfte betreibt ein Lagerhalter?

Auch der Lagerhalter ist Kaufmann. Er übernimmt gewerbsmäßig die Lagerung und Aufbewahrung von Gütern, die er vom Einlagerer erhält.

240. Welche besondere rechtliche Qualität hat ein Lagerschein?

Der Lagerschein wird vom Lagerhalter ausgestellt. Die eingelagerte Ware kann dann durch Einigung und Übergabe des Lagerscheins übereignet werden (echtes Wertpapier).

2.4 Handelsgeschäfte

241. Welche besonderen Regelungen des HGB über Handelsgeschäfte kennen Sie?
Handelsgeschäfte sind alle Geschäfte eines Kaufmanns, die zum Betrieb eines Handelsgewerbes gehören. Das HGB kennt für sie z. B. folgende Sonderbestimmungen:
(1) Das Bürgschaftsversprechen des Vollkaufmanns ist formfrei. Er kann die Einrede der Vorausklage nicht geltend machen.
(2) Das Schweigen auf einen Antrag über die Besorgung von Geschäften gilt bei einem sog. Geschäftsbesorgungskaufmann als Annahme des Vertrags.
(3) Veräußert oder verpfändet ein Kaufmann eine ihm nicht gehörende bewegliche Sache, so kann der Erwerber gutgläubig die entsprechenden Rechte auch dann erwerben, wenn sich sein guter Glaube nicht auf das Eigentum, sondern nur auf die Verfügungsbefugnis bezieht.
(4) Die Vertragsstrafe eines Kaufmanns kann nicht wie im BGB durch Urteil auf einen angemessenen Betrag herabgesetzt werden.
(5) Der gesetzliche Zinssatz beträgt 5 % (gegenüber 4 % im BGB).

242. Welche Besonderheiten gibt es beim Handelskauf?
Ein Handelskauf ist ein Kaufvertrag, der mindestens für einen Vertragspartner ein Handelsgeschäft ist. Hierfür gelten folgende Sonderregelungen: Beim Annahmeverzug kann der Verkäufer die Ware hinterlegen. Der Selbsthilfeverkauf ist unter einfacheren Voraussetzungen durchzuführen. Die Rechtsfolgen beim Verzug sind beim Fixhandelskauf schärfer. Ist der Vertrag für beide Vertragspartner ein Handelsgeschäft, so hat der Kaufmann eine unverzügliche Untersuchungs- und Rügepflicht. Der Käufer hat die Ware unverzüglich nach Ablieferung zu untersuchen und wenn sich ein Mangel zeigt, dem Verkäufer Anzeige zu machen. Unterlässt der Käufer diese Anzeige, so gilt die Ware als genehmigt, es sei denn der Mangel wäre nicht erkennbar gewesen.

243. Was sind internationale Handelsklauseln? Welche Abkürzungen gibt es dafür und was bedeuten sie?
Internationale Handelsklauseln sind im Handelsverkehr gebräuchliche Abkürzungen, die sich aus den Handelsbräuchen entwickelt haben (sog. Incoterms). Beispiele sind:
(1) Fob – free on board: frei an Bord eines Schiffes geliefert,
(2) exw – ex works: der Verkäufer hat erfüllt, wenn er die Ware bei sich zur Verfügung stellt (ab Werk),
(3) FaS – free along shipside: frei längsseits Schiff,
(4) cfr – cost and freight: Versandkosten und Fracht hat der Verkäufer zu tragen.

244. Was bedeutet ein Kontokorrentverhältnis? Welche rechtlichen Folgen hat die Feststellung des Saldos bei einem Kontokorrentverhältnis?
Beim Kontokorrent (laufendes Konto) werden die beiderseitigen Forderungen nicht erfüllt, sondern in Rechnung gestellt und periodisch durch Saldierung ausgeglichen. Die Anerkennung des Saldos bildet ein abstraktes Schuldanerkenntnis. Der Saldo ist als solcher verzinslich und selbstständig einklagbar.

245. **Was bedeutet die Bezeichnung Akkreditiv?**

Das Akkreditiv ist ein Mittel des Zahlungsverkehrs im Import-/Exportgeschäft. Beim Akkreditiv erteilt der Kunde seiner Bank den Auftrag, aus seinem Guthaben einen bestimmten Geldbetrag an jemanden zu bezahlen, wenn derjenige bestimmte Bedingungen erfüllt.

246. **Wie geht die Bezahlung einer Lieferung mittels eines Warenakkreditivs vor sich?**

Ein mittels Warenakkreditivs finanziertes Geschäft nimmt folgenden Gang:

(1) Grundlage ist ein Warengeschäft zwischen Exporteur und Importeur.

(2) Der Importeur beauftragt seine Bank mit der Eröffnung eines Akkreditivs. Dabei muss er der Bank den Akkreditivbetrag zur Verfügung stellen oder ein entsprechendes Guthaben unterhalten.

(3) Die Bank des Importeurs fertigt ein Akkreditivschreiben und sendet dies an die Bank des Exporteurs.

(4) Die Bank des Exporteurs teilt die Akkreditiveröffnung dem Exporteur mit.

(5) Der Exporteur sendet dann die Ware an den Importeur ab.

(6) Die Versanddokumente reicht der Exporteur seiner Bank ein und erhält, wenn sie die im Akkreditiv genannten Bedingungen erfüllen, den Akkreditivbetrag ausbezahlt.

(7) Die Bank des Exporteurs sendet die Dokumente an die Bank des Importeurs und berechnet den Akkreditivbetrag weiter.

(8) Der Importeur erhält von seiner Bank die Dokumente und kann damit die Ware in Empfang nehmen.

3   Gesellschaftsrecht, Rechtsformen der Unternehmung

3.1   Personengesellschaften

3.1.1   Allgemeines

247. **Welchen Zweck verfolgen Personen, die sich zu Personengesellschaften zusammenschließen?**

Zu Personengesellschaften schließen sich Personen zusammen, die ihre Kräfte bündeln wollen, um einen bestimmten Zweck zu verwirklichen oder bestimmte Aufgaben zu lösen.

248. **Wie kann man generell den Unterschied zwischen Personen- und Kapitalgesellschaften charakterisieren?**

Die Personengesellschaft beruht auf der persönlichen Verbundenheit ihrer Mitglieder. Die Mitgliedschaft ist im Grundsatz nicht übertragbar. Die Gesellschafter sind zur persönlichen Mitarbeit verpflichtet und haften persönlich auch mit ihrem Privatvermögen. Diese Grundsätze sind allerdings bei den einzelnen Personengesellschaften unterschiedlich stark ausgeprägt.

Bei einer Kapitalgesellschaft kommt es im Grundsatz auf die individuelle Persönlichkeit des einzelnen Mitglieds nicht an. Die Mitgliedschaft ist grundsätzlich frei übertragbar. Es besteht keine persönliche Haftung und die Geschäftsführung wird oft durch Dritte erledigt.

3.1.2   Gesellschaft bürgerlichen Rechts (GbR)

249.   Welche Personenzusammenschlüsse werden in der Rechtsform der Gesellschaft bürgerlichen Rechts betrieben, ohne dass dies in ihrer Bezeichnung zum Ausdruck kommt?

In der Rechtsform einer GbR werden betrieben

- Zusammenschlüsse von Freiberuflern (Sozietäten, Praxisgemeinschaften),
- Arbeitsgemeinschaften (z. B. bei Bauausführungen),
- Konsortien (Emmissionskonsortien bei der Ausgabe von Wertpapieren),
- Kartelle,
- Vor- und Gründungsgesellschaften zu Kapitalgesellschaften.

250.   Wie wird eine GbR gegründet? Welchen Mindestinhalt hat der Gesellschaftsvertrag? Welche Formvorschriften sind dabei einzuhalten?

Um eine GbR zur Entstehung zu bringen, ist der Abschluss eines Gesellschaftsvertrags notwendig. Dieser muss mindestens folgende Punkte regeln: Bezeichnung und Art der Gesellschafter, Festlegung des gemeinsamen Zwecks, Festlegung, wie die Gesellschafter den gemeinsamen Zweck zu fördern haben. Grundsätzlich bedarf der Gesellschaftsvertrag keiner Form. Nur in dem Falle, dass ein Gesellschafter ein formbedürftiges Leistungsversprechen abgibt (Einbringung eines Grundstücks), bedarf der Gesellschaftsvertrag insgesamt der notariellen Beurkundung.

251.   Welche Regelungen sind im Gesellschaftsvertrag der GbR neben den notwendigen Regelungen wünschenswert?

Für die Gesellschafter dürften noch Regelungen über folgende Fragen von Interesse sein: Geschäftsführung und -vertretung, Geschäftsräume, Lastentragung, Gewinn- und Verlustverteilung, Entnahmerecht und Rücklagenbildung, Urlaub der Gesellschafter, Erkrankung der Gesellschafter, Kündigung, Ausschließung, Abfindung u. Ä.

252.   Welche Beiträge können Gesellschafter einer GbR erbringen?

Als Beiträge können erbracht werden: Geldzahlungen, Übereignung oder Überlassung von beweglichen Sachen und Grundstücken, Einbringung von Wertpapieren, Überlassen von Patenten und die Leistung von Diensten.

253.   Was versteht man unter einer gesellschaftsrechtlichen Treuepflicht und wie äußert sie sich?

Diese Treuepflicht bedeutet, dass jeder Gesellschafter sein Verhalten am Gesellschaftszweck ausrichten muss. Er hat die Interessen der Gesellschaft wahrzunehmen und alles zu unterlassen, was diesen Interessen zuwiderlaufen könnte.

254.   Wie ist die Gewinnverteilung bei der GbR gesetzlich geregelt?

Wenn im Gesellschaftsvertrag nichts anderes abgesprochen ist, sind die Gesellschafter am Gewinn und Verlust sowie am Liquidationserlös zu gleichen Teilen beteiligt.

255.   Was versteht man unter Geschäftsführung im Sinne des BGB?

Unter Geschäftsführung ist die auf die Verfolgung des Gesellschaftszwecks gerichtete Tätigkeit der Gesellschafter zu verstehen. Sie kann sowohl in rein tatsächlichen Handlungen (Arbeitsleistung) als auch in rechtsgeschäftlichen Handlungen bestehen. Die Geschäftsführung ist die Betätigung der Gesellschafter für die Gesellschaft im Verhältnis der Gesellschafter zueinander gesehen.

256.   Wer hat bei der GbR die Geschäftsführungsbefugnis?

Nach der gesetzlichen Regelung sind alle Gesellschafter gemeinschaftlich zur Geschäftsführung berechtigt und verpflichtet (Gesamtgeschäftsführung). Dies bedeutet, dass alle Entscheidungen gemeinsam und einstimmig getroffen werden müssen.

257.   Wer ist bei der GbR vertretungsbefugt und was bedeutet die Vertretung im Unterschied zur Geschäftsführung?

Nach der gesetzlichen Regelung ist der Gesellschafter im selben Umfang vertretungsberechtigt, in dem er geschäftsführungsbefugt ist. Trotzdem ist nach dem BGB zwischen Geschäftsführung und Vertretung scharf zu trennen. Während die Geschäftsführungsvorschriften Aufschluss darüber geben, ob ein Gesellschafter im Innenverhältnis eine Maßnahme vornehmen darf oder muss, bestimmen die Vertretungsvorschriften, ob eine Handlung im Außenverhältnis rechtsgültig ist bzw. ob ein Gesellschafter die Gesellschaft nach außen wirksam vertreten kann.

258.   Welche Folgen hat es, wenn ein Gesellschafter seine Vertretungsmacht überschritten hat?

Die Überschreitung ist für den anderen Gesellschaftern grundsätzlich ohne Wirkung. Es gelten die allgemeinen Vertretungsregeln, sodass es einem außenstehenden Dritten nicht erspart bleibt, die Vertretungsmacht eines BGB-Gesellschafters zu prüfen.

259.   Wer haftet für die Schulden einer GbR? Wie weit reicht diese Haftung? Kann sie beschränkt werden?

Für die Schulden der Gesellschaft haften alle Gesellschafter gesamtschuldnerisch und zwar mit dem Gesellschaftsvermögen und dem gesamten Privatvermögen aller Gesellschafter. Die Haftung mit dem Privatvermögen kann allerdings vertraglich (im Vertrag mit dem Dritten) ausgeschlossen werden.

260.   Was versteht man unter Gesamthandsvermögen?

Das Gesamthandsvermögen der GbR ist eine vom übrigen Vermögen der Gesellschafter getrennte rechtliche Einheit, das den Gesellschaftern zur gesamten Hand gehört. Diese gesamthänderische Bindung ist wie folgt ausgestaltet: Ein Gesellschafter kann nicht über seinen Anteil am Gesellschaftsvermögen verfügen, er kann auch nicht über seinen Anteil an den einzelnen Gegenständen verfügen und er ist nicht berechtigt, Teilung zu verlangen.

261.   Was geschieht, wenn ein Gesellschafter einer GbR stirbt?

Das BGB bestimmt, dass im Zweifel die Gesellschaft mit dem Tod eines Gesellschafters endet und dass der Eintritt eines neuen Gesellschafters und die Übertragung eines Anteils auf einen anderen Gesellschafter die Zustimmung aller Gesellschafter voraussetzt.

262.   Was versteht man unter Anwachsung?

Bei einer Änderung des Mitgliederbestandes der GbR bleibt die Identität der Gesellschaft erhalten. Es ist daher keine Übertragung des Gesellschaftsvermögens auf den neuen Gesellschafter erforderlich. Vielmehr wächst diesen Gesellschaftern der entsprechende Vermögensanteil kraft Gesetzes zu.

263.   Wodurch wird eine GbR aufgelöst? Ist die GbR durch die Auflösung schon beendet?

Das BGB sieht eine Reihe von Auflösungsgründen vor, zu denen im Gesellschaftsvertrag noch weitere kommen können. Die wichtigsten sind: Kündigung, Zweckerreichung, Tod eines Gesellschafters, Eröffnung des Insolvenzverfahrens über das Vermögen der Gesellschaft, Unmöglichwerden, ein Auflösungsbeschluss und die Kündigung durch Privatgläubiger eines Gesellschafters. Die Auflösung führt noch nicht zu ihrer Beendigung, sondern zum Eintritt in das Abwicklungsstadium (Liquidation). Ziel der dann durchgeführten Auseinandersetzung ist es, die Gläubiger zu befriedigen und anschließend das etwa noch übrig bleibende Vermögen der Gesellschaft unter die Gesellschafter zu verteilen.

3.1.3   Offene Handelsgesellschaft (OHG)

264.   Wodurch unterscheidet sich die OHG von der GbR?

Die OHG ist eine Weiterentwicklung der GbR. Auf sie finden die Vorschriften der GbR Anwendung soweit keine speziellen Regelungen im HGB gelten. Die wesentlichen Unterschiede sind:

- Es muss ein Betrieb eines Handelsgewerbes vorliegen, sie kann daher von Nichtkaufleuten und Minderkaufleuten nicht gewählt werden.
- Jeder Gesellschafter haftet unbeschränkbar mit seinem ganzen Vermögen.
- Die OHG hat eine gemeinsame Firma, unter der sie nach außen auftritt. Unter dieser Firma hat sie Rechte und Pflichten.

265.   Hat die OHG eine eigene Rechtspersönlichkeit?

Die OHG ist im gewissen Maße verselbstständigt; sie ist aber noch keine juristische Person. Sie kann unter ihrer Firma Rechte und Pflichten haben. Man bezeichnet sie auch als teilrechtsfähig.

266.   Wann entsteht eine OHG?

Die Gründung einer OHG erfolgt durch Abschluss eines grundsätzlich formfreien Gesellschaftsvertrags (Formbedürftigkeit wie bei der GbR nur, wenn ein Grundstück eingebracht werden soll). Für den Zeitpunkt des Entstehens der OHG ist zwischen dem Außen- und dem Innenverhältnis zu unterscheiden. Im Innenverhältnis entsteht die Gesellschaft immer mit Abschluss des Gesellschaftsvertrags. Im Außenverhältnis entsteht sie mit der Eintragung ins Handelsregister oder, wenn sie bereits früher mit ihren Geschäften begonnen hat, mit dem Zeitpunkt des Geschäftsbeginns. Der frühere Zeitpunkt ist entscheidend.

267.   Welche gesetzlichen Regelungen enthält das HGB über die Beziehungen der Gesellschafter einer OHG zueinander?

Im Gesetz normiert sind eine Verzinsungspflicht für rückständige Einlagen, ein Wettbewerbsverbot als Ausprägung der allgemeinen gesellschaftlichsrechtlichen Treupflicht, ein Aufwendungsersatzanspruch sowie Kontroll- und Informationsrechte für die von der Geschäftsführung ausgeschlossenen Gesellschafter und deren Mitwirkung bei außergewöhnlichen Geschäften. I. d. R. ergeben sich aber weitergehende Rechte aus dem Gesellschaftsvertrag. Ergänzend gelten die Regelungen der GbR im BGB.

268.   Wie ist die gesetzliche Gewinnverteilung bei der OHG geregelt?

Die Verteilung des Gewinns und des Verlustes ist nur knapp geregelt. Der Gesetzgeber ging davon aus, dass die Gesellschafter gerade diese Fragen im Gesellschaftsvertrag ausführlich regeln werden. Nach dem Gesetz erhält jeder Gesellschafter vom Jahresgewinn zunächst eine Kapitalverzinsung in Höhe von 4 % seines Kapitalanteils. Der Rest des Gewinnes wird nach Köpfen verteilt.

269. Wie viel Geld darf ein Gesellschafter einer OHG entnehmen?

Nach dem Gesetz ist jeder Gesellschafter berechtigt, aus der Gesellschaftskasse Geld bis zum Betrag von 4 % seines für das letzte Geschäftsjahr festgestellten Kapitalanteils zu entnehmen und soweit es nicht zum offenbaren Schaden der Gesellschaft gereicht, auch die Auszahlung des diesen Betrag übersteigenden Anteils am Gewinn des letzten Jahres zu verlangen. Im Übrigen darf ein Gesellschafter ohne Einwilligung der anderen Gesellschafter seinen Kapitalanteil nicht vermindern.

270. Wer ist bei der OHG geschäftsführungs- und wer vertretungsberechtigt?

Für die Geschäftsführung geht das HGB von der Einzelgeschäftsführung aller Gesellschafter aus. Die anderen Gesellschafter haben jeweils ein Widerspruchsrecht. Für außergewöhnliche Geschäfte gilt der Grundsatz der Gesamtgeschäftsführung aller Gesellschafter. Entsprechend haben nach dem HGB grundsätzlich alle Gesellschafter Einzelvertretungsbefugnis.

271. Wie lange haftet ein Gesellschafter einer OHG nach seinem Ausscheiden noch für Gesellschaftsschulden?

Ausscheidende Gesellschafter haften weiter persönlich für die Verbindlichkeiten, die bis zu ihrem Ausscheiden entstanden sind. Diese Haftung besteht jedoch nur 5 Jahre lang.

272. Was geschieht, wenn ein OHG-Gesellschafter stirbt?

Beim Tod eines Gesellschafters scheidet dieser aus der Gesellschaft aus, wenn im Gesellschaftsvertrag nichts anderes vorgesehen ist. Ist im Gesellschaftsvertrag die Fortsetzung der Gesellschaft mit dessen Erben vorgesehen, so kann ein Erbe verlangen, dass er nur Kommanditist wird. Wenn dies die übrigen Gesellschafter ablehnen, müssen sie ihm sein Abfindungsguthaben auszahlen.

3.1.4 Kommanditgesellschaft (KG)

273. Für welche Zwecke ist die Rechtsform der KG besonders geeignet?

Die Rechtsform der KG wird in zwei Fallkonstellationen besonders gern verwendet.

- Zum ersten bei Familienunternehmen, bei denen den Familienmitgliedern, die zur Mitarbeit im Unternehmen nicht willens oder nicht geeignet sind, die Stellung eines Kommanditisten eingeräumt wird.
- Zum zweiten bei sog. Publikums- und Abschreibungsgesellschaften, die auf dem Kapitalmarkt Kommanditisten werben, welche – wirtschaftlich gesehen – die eigentlichen Kapitalgeber der Gesellschaft sind.

274. Was unterscheidet einen Komplementär von einem Kommanditisten?

Die Komplementäre nehmen innerhalb der Gesellschaft und auch im Außenverhältnis die gleiche Stellung ein wie die Gesellschafter einer OHG. Sie führen die Geschäfte und vertreten die Gesellschaft nach außen. Sie haften für die Verbindlichkeiten der Gesellschaft in vollem Umfang auch mit ihrem Privatvermögen. Der Kommanditist dagegen hat eine verminderte Rechtsstellung. Er ist von der Geschäftsführung ausgeschlossen und kann nur bei ungewöhnlichen Geschäften einer Geschäftsführungsmaßnahme eines Komplementärs widersprechen.

275.   Welche Rechte hat ein Kommanditist?

Zur Kontrolle der Geschäftsführung ist dem Kommanditisten nur das Recht eingeräumt, die Vorlage des Jahresabschlusses zu verlangen und diesen zu prüfen. Weitere Mitspracherechte hat er nicht. Des Weiteren ist er von der Vertretung der Gesellschaft unabdingbar ausgeschlossen. Ihm kann also nur u. U. Prokura erteilt werden.

276.   Wie ist die Haftung eines Kommanditisten gesetzlich geregelt?

Die Haftung des Kommanditisten ist betragsmäßig begrenzt. Soweit der Kommanditist seine Einlage geleistet hat, also wenn der KG ein Vermögenswert in Höhe der Einlage zugewachsen ist, ist die Haftung ausgeschlossen. Diese Haftung lebt wieder auf, wenn die Einlage entweder zurückbezahlt wird oder wenn Gewinne ausbezahlt werden, obwohl der Kapitalanteil des Kommanditisten unter den Betrag der bedungenen Einlage gesunken ist.

277.   In welcher Höhe kann ein Kommanditist Entnahmen tätigen?

Der Kommanditist hat kein eigentliches Entnahmerecht. Stattdessen kann er die Auszahlung seines Gewinnanteils fordern. Dieses Recht besteht aber nicht, solange der Kapitalanteil durch Verluste unter den auf die bedungene Einlage geleisteten Betrag herabgemindert ist oder durch die Auszahlung unter diesen Betrag herabgemindert würde. Ein negatives Kapitalkonto ist also in späteren Jahren wieder aufzufüllen, bevor ein Gewinn ausgezahlt werden kann.

3.1.5   Stille Gesellschaft

278.   Wem gehört das Gesellschaftsvermögen einer stillen Gesellschaft?

Diese Frage ist eine Scheinfrage. Es gibt kein Gesellschaftsvermögen der stillen Gesellschaft. Nach der gesetzlichen Regelung geht die Einlage des stillen Gesellschafters in das Vermögen des tätigen Teilhabers über. Der stille Gesellschafter hat nur eine Forderung gegenüber dem Tätigen.

279.   Welche Mitspracherechte hat der stille Gesellschafter?

Nach dem Gesetz ist der Stille, wirtschaftlich betrachtet, lediglich Kapitalgeber. Er ist berechtigt, eine Abschrift der Jahresbilanz zu verlangen und zur Überprüfung der Bilanzen Einsicht in die Bücher und Papiere zu nehmen. Bei schlechter Geschäftsführung sind die Rechte des Stillen auf Schadenersatzansprüche beschränkt.

280.   Wie haftet der stille Gesellschafter gegenüber den Gläubigern?

Der stille Gesellschafter haftet gegenüber den Gläubigern gar nicht. Nur der Tätige haftet, da auch nur er nach außen auftritt. Da die Einlage des Stillen Vermögen des Tätigen geworden ist, haftet natürlich das eingelegte Vermögen mit.

281.   Welche Ansprüche hat der stille Gesellschafter bei Beendigung der Gesellschaft?

Bei der Abwicklung der Gesellschaft wird der Stille wie ein Gläubiger behandelt. Er hat Anspruch auf seine Einlage und die noch nicht ausbezahlten Gewinnanteile (i. d. R. ohne Anteil an den stillen Reserven, also ohne Veräußerungsgewinne). Im Fall der Insolvenz des Tätigen kann der Stille das Auseinandersetzungsguthaben (Einlage ./. Verlustanteil) als gewöhnliche Forderung geltend machen.

3.2   Kapitalgesellschaften

3.2.1   Gesellschaft mit beschränkter Haftung (GmbH)

282.   In welchen Schritten vollzieht sich der Vorgang der Gründung einer GmbH?
Der zivilrechtliche Vorgang der Gründung einer GmbH vollzieht sich in drei Abschnitten. Der erste Abschnitt ist der grundsätzlich formlose Zusammenschluss der künftigen GmbH-Gesellschafter zum Zwecke der GmbH-Gründung (sog. Vorgesellschaft). Der zweite Abschnitt beginnt mit der notariellen Beurkundung des Gesellschaftsvertrags (sog. Gründergesellschaft), der dritte Abschnitt mit der Eintragung der GmbH in das Handelsregister (Gesellschaft mit beschränkter Haftung).

283.   Welche Vorschriften gibt es über das Stammkapital einer GmbH? Wie hoch muss eine Stammeinlage sein?
Das Stammkapital der GmbH setzt sich aus der Summe der Stammeinlagen der einzelnen Gesellschafter zusammen und muss mindestens 25 000 Euro betragen. Die Stammeinlage ist der Betrag, mit dem sich der einzelne Gesellschafter am Stammkapital beteiligt. Jeder Gesellschafter kann bei der Gründung nur eine Stammeinlage übernehmen. Der Betrag der Stammeinlage kann verschieden hoch sein, er muss aber durch 50 teilbar sein und mindestens 100 Euro betragen.

284.   Welcher Betrag muss auf das Stammkapital einer GmbH einbezahlt werden?
Dies hängt davon ab, ob die Stammeinlagen bar einbezahlt werden oder Sacheinlagen erbracht werden. Bei einer Bargründung müssen vor der Anmeldung zum Handelsregister ein Viertel jeder Einlage, insgesamt aber mindestens 12 500 Euro einbezahlt sein. Ist nur ein Gesellschafter vorhanden, muss in Höhe der nicht eingezahlten Stammeinlage außerdem noch eine Sicherheit geleistet werden. Sacheinlagen auf die Stammeinlagen sind in voller Höhe zu erbringen. Der Wert der Sacheinlagen ist außerdem dem Registergericht nachzuweisen.

285.   Wann entsteht eine GmbH? Welche Rechtsform liegt vorher vor?
Eine GmbH entsteht mit Eintragung in das Handelsregister. Die Eintragung hat konstitutive Wirkung. Die vorher bestehende Vorgesellschaft und Gründergesellschaft kann man noch nicht als Kapitalgesellschaften bezeichnen. Sie werden nach den Rechtsvorschriften der BGBGesellschaft behandelt.

286.   Wer muss die GmbH beim Handelsregister anmelden?
Die Anmeldung der Gesellschaft zum Handelsregister muss von sämtlichen Geschäftsführern erfolgen. Die Geschäftsführer müssen daher zuvor entweder im Gesellschaftsvertrag oder durch Gesellschafterbeschluss bestellt werden.

287.   Welche Firmierung kann eine GmbH wählen?
In der Auswahl der Firmenbezeichnung sind die Gesellschafter einer GmbH weitgehend frei bei der Wahl einer Sach-, Personen-, gemischten oder auch Phantasiefirma. Möglich sind daher:

- Sachfirma: Die Firma der Gesellschaft kann vom Gegenstand des Unternehmens entlehnt sein, d.h. es muss aus der Firmierung der wesentliche Gegenstand der Tätigkeit hervorgehen.

- Personenfirma: Es ist auch möglich, die Firma der GmbH durch die Namen der Gesellschafter oder den Namen wenigstens eines der Gesellschafter zu bilden.
- Gemischte Firma: Möglich ist auch eine Kombination von Sach- und Personenfirma.
- Phantasiefirma: Möglich ist eine Firma, die eine Bezeichnung darstellt, die eine Person oder ein Unternehmen mit sprachlichen Mitteln unterscheidungskräftig bezeichnet. Sie muss aussprechbar sein und auf die beteiligten Verkehrskreise wie ein Name wirken.

In jedem Fall der Firmenbildung ist der Gesellschaftszusatz Gesellschaft mit beschränkter Haftung oder eine allgemein verständliche Abkürzung (GmbH o. Ä.) notwendig.

288.   Welche Organe hat eine GmbH?

Organe der GmbH sind der oder die Geschäftsführer, die Gesellschafterversammlung und eventuell ein Aufsichtsrat.

289.   Welchen Umfang hat die Vertretungsbefugnis der Geschäftsführer einer GmbH?

Die Geschäftsführer vertreten die Gesellschaft gerichtlich und außergerichtlich. Die Vertretungsbefugnis der Geschäftsführer kann dritten Personen gegenüber nicht beschränkt werden. Rechtsgeschäfte mit Dritten sind somit für die GmbH immer verbindlich. Im Innenverhältnis sind die Geschäftsführer jedoch verpflichtet, die ihnen durch Gesellschaftsvertrag, Gesellschafterbeschluss, Dienstvertrag u. Ä. auferlegten Beschränkungen zu beachten.

290.   Welche Pflichten hat der Gesellschafter einer GmbH?

Die Hauptpflicht der Gesellschafter besteht in der Einbezahlung der Stammeinlage. Des Weiteren hat er bei der Änderung des Gesellschaftsvertrags mitzuwirken, bei der Auflösung der Gesellschaft und bei der Bestellung der Liquidatoren, falls nicht die Geschäftsführer selbst die Liquidation der Gesellschaft durchführen.

291.   Welche Beschlüsse werden auf der Gesellschafterversammlung einer GmbH getroffen?

Auf der Gesellschafterversammlung üben die Gesellschafter ihre Rechte aus. Sie bestehen in der Mitverwaltung, im Anspruch auf Auszahlung einer Ausschüttung und im Fall der Auflösung auf einen entsprechenden Liquidationsgewinn.

Sofern der Gesellschaftsvertrag nichts anderes bestimmt, erfolgt die Abstimmung in der Gesellschafterversammlung nach Geschäftsanteilen. Je 50 Euro eines Geschäftsanteils ergeben eine Stimme. Einer der wichtigsten Beschlüsse ist die Feststellung des Jahresabschlusses und die Verteilung des sich daraus ergebenden Jahresgewinns.

292.   Benötigt die GmbH einen Aufsichtsrat?

Ein Aufsichtsrat ist nach dem Betriebsverfassungsgesetz nur notwendig bei einer GmbH, die mehr als 500 Arbeitnehmer beschäftigt. Im Übrigen ist ein Aufsichtsrat durch das GmbH-Gesetz nicht vorgeschrieben, es kann aber im Gesellschaftsvertrag bestimmt werden, ob die GmbH ein Aufsichtsorgan haben soll. Ein derartiges nach dem Gesellschaftsvertrag vorgesehenes Organ wird auch nicht als Aufsichtsrat bezeichnet, sondern es hat sich die Bezeichnung Beirat eingebürgert.

293.   Sind die Anteile an einer GmbH übertragbar?

Grundsätzlich sind die Geschäftsanteile veräußerlich und vererblich. Die Gesellschafter haben aber das Recht, in ihrem Gesellschaftsvertrag je nach dem Grad ihrer persönlichen

Bindung die Übertragung des Geschäftsanteils zu erschweren und ganz auszuschließen. Die Veräußerung von Geschäftsanteilen ist außerdem an die strenge Form der notariellen Beurkundung gebunden.

294. **Ist ein Gesellschafter einer GmbH nach Bezahlung seiner Einlage von jeglicher Haftung frei?**

Ist die Stammeinlage voll erbracht und im späteren Verlauf nicht zurückbezahlt worden, haftet der Gesellschafter grundsätzlich nicht darüber hinaus. Es besteht allerdings noch die Haftung vor Eintragung, denn die GmbH entsteht rechtlich erst mit Eintragung ins Handelsregister. Ist vor Eintragung im Namen der Gesellschaft gehandelt worden, so haften die Handelnden persönlich und gesamtschuldnerisch.

295. **Welche Gründe führen zur Insolvenz einer GmbH?**

Bei der GmbH haben die Geschäftsführer – außer bei Zahlungsunfähigkeit – auch bei Überschuldung das Insolvenzverfahren zu beantragen.

296. **Zu welchem Zeitpunkt kann eine GmbH im Handelsregister gelöscht werden?**

An die Auflösung der GmbH z.B. durch Eröffnung des Insolvenzverfahrens oder durch freiwilligen Gesellschafterbeschluss schließt sich das Liquidationsverfahren an. Nach dessen Abschluss spricht man von der Vollbeendigung der Gesellschaft. Erst dann wird die Gesellschaft im Handelsregister gelöscht.

297. **Was versteht man unter einer Unternehmergesellschaft?**

Eine Unternehmergesellschaft (UG haftungsbeschränkt) ist eine GmbH, die mit einem Stammkapital von weniger als 25 000 € gegründet wird (vgl. § 5a GmbHG).

298. **Welche Besonderheiten sind bei der Gründung einer Unternehmergesellschaft zu beachten?**

Die Gründung

- ist bereits mit einem Stammkapital von 1 Euro möglich,
- die Anmeldung ist erst möglich, wenn das Stammkapital in voller Höhe einbezahlt ist,
- Sacheinlagen sind ausgeschlossen und
- die Firma der Unternehmergesellschaft (UG) muss den ausgeschriebenen Zusatz »haftungsbeschränkt« enthalten.

299. **Welche Besonderheit ist beim Abschluss einer Unternehmergesellschaft zu beachten?**

In der Bilanz der Unternehmergesellschaft ist eine gesetzliche Rücklage zu bilden, in die ein Viertel des um einen Verlustvortrag aus dem Vorjahr geminderten Jahresüberschusses einzustellen ist (§ 5a Abs. 3 GmbHG).

300. **Wie wird aus einer Unternehmergesellschaft eine »normale« GmbH?**

Wenn die Unternehmergesellschaft ihr Stammkapital auf den Betrag von mindestens 25 000 € erhöht (z.B. auch durch die Umwandlung der in Frage 299 erwähnten Rücklage), gelten die einschränkenden Regeln für die Unternehmergesellschaft nicht mehr.

3.2.2   Aktiengesellschaft (AG)

301.   Charakterisieren Sie eine AG.
Eine AG ist eine Gesellschaft mit eigener Rechtspersönlichkeit, bei der den Gläubigern für die Verbindlichkeiten der Gesellschaft nur das Gesellschaftsvermögen haftet. Sie ist eine juristische Person. Trotz ihres Namens ist die AG keine BGB-Gesellschaft, sondern ein rechtsfähiger Verein. Ergänzend zum Aktiengesetz kommen daher nicht die Vorschriften des BGB über die Gesellschaft, sondern über den rechtsfähigen Verein zur Anwendung. Wirtschaftlich ist die AG die Gesellschaftsform für Großunternehmen. Sie ermöglicht es, große Beträge von Privatleuten für Handel und Industrie aufzubringen. Gleichzeitig macht sie es möglich, dass sich eine große Zahl von Personen an einem Unternehmen beteiligen kann, ohne dass sie Gefahr laufen, einen höheren als den geleisteten Einsatz zu verlieren.

302.   Was bedeutet der Begriff Aktie? Welche Arten von Aktien gibt es?
Das Wort Aktie bedeutet den Anspruch auf den Gewinnanteil. Man versteht heute darunter eine Urkunde über die Mitgliedschaft. Die Aktien sind entweder Namensaktien oder Inhaberaktien. Die Namensaktien lauten auf den Namen des Aktionärs. Bei ihnen kann die Satzung die Übertragung an die Zustimmung der Gesellschaft binden. Inhaberaktien lauten auf den Inhaber. Sie sind der Regelfall, da sie leichter veräußerlich und zum Börsenhandel zugelassen sind. Daneben unterscheidet man Stammaktien und Vorzugsaktien ohne Stimmrecht.

303.   In welchen Schritten vollzieht sich die Gründung einer AG?
Die Entstehung der AG unterliegt strengen Vorschriften, die bei Sachgründungen noch verstärkt sind.
(1)   Als erstes erfolgt die Feststellung der Satzung (so wird bei der AG der Gesellschaftsvertrag genannt) durch die Gründer der AG. Dieser Vorgang muss notariell beurkundet werden.
(2)   Nach der Feststellung der Satzung übernehmen die Gründer sämtliche Aktien der Gesellschaft. Mit der Übernahme der Aktien ist die Gesellschaft errichtet, d.h. aber nicht, dass damit die AG schon entstanden ist, sondern nur eine Gründergesellschaft. Mit der Übernahme der Aktien ist die Verpflichtung verbunden, das Grundkapital einzubezahlen.
(3)   Bestellung der Organe: Die Gründer bestellen dann den ersten Aufsichtsrat. Der von den Gründern bestellte Aufsichtsrat bestellt dann den ersten Vorstand.
(4)   Gründungsprüfung: Die Gründer haben über den Hergang der Gründung einen Gründungsbericht zu erstellen. Dabei ist insbesondere auf die Bewertung von Sacheinlagen einzugehen. Dieser Gründungsbericht wird durch Vorstand und Aufsichtsrat, durch Gründungsprüfer und durch das Registergericht geprüft.
(5)   Nach Bestellung des Vorstands werden die Einlagen an den Vorstand einbezahlt.
(6)   Anmeldung und Eintragung: Die Anmeldung der AG ist beim Amtsgericht des Gesellschaftssitzes vorzunehmen. Sie erfolgt durch sämtliche Mitglieder des Vorstands und des Aufsichtsrats. Sind alle Voraussetzungen erfüllt, wird die AG eingetragen. Mit der Eintragung entsteht sie als juristische Person.

304.   Wie hoch ist das Mindestgrundkapital? Wie viel ist darauf einzubezahlen?
Der Mindestbetrag des Grundkapitals beträgt 50 000 Euro. Die Einzahlung auf die Einlagen muss mindestens ein Viertel des Nennbetrags erreichen und bei einem Ausgabepreis

über dem Nennbetrag auch den Mehrbetrag umfassen. Sacheinlagen sind vollständig zu leisten.

305. Welche Organe hat die AG und welche Aufgaben haben sie?

Die AG hat drei Organe. Den Vorstand, den Aufsichtsrat und die Hauptversammlung. Der Vorstand leitet die Gesellschaft, der Aufsichtsrat überwacht den Vorstand und die Hauptversammlung entscheidet über den rechtlichen und wirtschaftlichen Aufbau der Gesellschaft.

306. Was versteht man unter einer unechten Gesamtvertretung?

Wenn der Vorstand der AG aus mehreren Personen besteht, so vertreten sie die Gesellschaft grundsätzlich gemeinsam. Die Satzung kann abweichende Regelungen treffen. Sie kann bestimmen, dass einzelne Vorstandsmitglieder allein oder zu zweit vertretungsbefugt sind oder auch ein Vorstandsmitglied zusammen mit einem Prokuristen. Die letzte Variante nennt man die unechte Gesamtvertretung.

307. Welche Wirkung hat die Entlastung des Vorstands oder des Aufsichtsrats?

Die Hauptversammlung beschließt regelmäßig über die Entlastung des Aufsichtsrats und des Vorstands. Die Entlastung bedeutet aber nicht den Verzicht auf die Haftung für mangelhafte Geschäftsführung, sie stellt vielmehr eine Art Vertrauensvotum dar, das bestätigt, dass der Hauptversammlung Rechenschaft abgelegt worden ist und gegen die Fortsetzung der Verwaltungstätigkeit und der Geschäftsführung keine Bedenken bestehen.

308. Welche Aufgaben hat der Aufsichtsrat einer AG?

Die Hauptaufgabe des Aufsichtsrats liegt in der Überwachung der Geschäftsführung. Zu diesem Zweck kann er vom Vorstand jederzeit Bericht über die Angelegenheiten der Gesellschaft verlangen, Bücher, Kasse prüfen und die Hauptversammlung einberufen, wenn es das Wohl der Gesellschaft erfordert. Der Aufsichtsrat prüft außerdem den Jahresabschluss und den Vorschlag über die Gewinnverwendung, den Geschäftsbericht und berichtet hierüber auf der Hauptversammlung. Eine weitere wichtige Aufgabe des Aufsichtsrats liegt in der Bestellung und Abberufung des Vorstands.

309. Wie wird eine ordentliche Kapitalerhöhung einer AG durchgeführt?

Die ordentliche Kapitalerhöhung erfolgt durch die Ausgabe neuer Aktien. Sie setzt einen Beschluss der Hauptversammlung mit Dreiviertelmehrheit voraus. Die bisherigen Aktionäre haben ein Bezugsrecht auf Zuteilung eines ihrem Anteil am bisherigen Grundkapital entsprechenden Teils der Aktien aus der Kapitalerhöhung. Man nennt diese Aktien junge oder neue Aktien. Der Wert des Bezugsrechts beruht auf der Möglichkeit, junge Aktien billiger als alte zu erwerben.

310. Was versteht man unter genehmigtem Kapital?

Die ordentliche Kapitalerhöhung ist infolge der Einschaltung der Hauptversammlung verhältnismäßig schwerfällig. Deshalb sieht das Gesetz die Möglichkeit vor, dass der Vorstand auch ohne nochmalige Befragung der Hauptversammlung Aktien ausgeben kann. Er erhält dadurch die Möglichkeit, das Grundkapital unter Ausnutzung einer günstigen Marktlage und eines entsprechend hohen Aktienkurses zu erhöhen. In diesem Fall spricht man von genehmigtem Kapital.

311.   **Aus welchem Grund erfolgt eine bedingte Kapitalerhöhung?**

Eine bedingte Kapitalerhöhung unterscheidet sich von der ordentlichen Kapitalerhöhung dadurch, dass der Beschluss über die Kapitalerhöhung unbedingt gefasst wird, die Durchführung der Kapitalerhöhung aber davon abhängt, ob dritte Personen von einem Umtausch- oder Bezugsrecht Gebrauch machen. Die bedingte Kapitalerhöhung kommt in drei Fällen in Betracht:

(1)   für die Ausgabe von Wandelschuldverschreibungen,

(2)   zur Vorbereitung von Fusionen und

(3)   zur Ausgabe von Arbeitnehmeraktien (Belegschaftsaktien).

312.   **Was versteht man unter einer Wandelschuldverschreibung?**

Eine Wandelschuldverschreibung ist eine Schuldverschreibung (festverzinsliches Wertpapier), die den Gläubigern zusätzlich ein Umtausch- oder Bezugsrecht auf Aktien einräumt.

313.   **Was ist eine nominelle Kapitalerhöhung?**

Dies ist eine andere Bezeichnung für die Kapitalerhöhung aus Gesellschaftsmitteln. Hierbei wird das Grundkapital der AG dadurch erhöht, dass Rücklagen in Aktienkapital umgewandelt werden, ohne dass es einer Einzahlung bedarf.

314.   **Welchen Zweck haben die Vorschriften des Konzernrechts des Aktiengesetzes?**

Im Aktiengesetz befinden sich unter dem Titel »verbundene Unternehmen« maßgebliche Vorschriften zur Regelung der Rechtsverhältnisse im Konzern und bei Unternehmensverflechtungen. Unter den Begriff verbundene Unternehmen fallen Unternehmen, die zwar rechtlich selbstständig, aber durch Beteiligungen oder Verträge zu einem Konzern verflochten sind. Durch diese Vorschriften sollen der Aktionär und der Gläubiger abhängiger Gesellschaften im besonderen Maße Schutz vor Benachteiligungen erhalten. Die weitgehenden Publikationspflichten dienen dem Ziel, die Marktverhältnisse überschaubarer werden zu lassen. Man kann auch sagen: Im Konzernrecht des Aktiengesetzes geht es darum, die rechtliche Stellung der Minderheitsaktionäre von Tochter- und Beteiligungsunternehmen zu stärken.

3.2.3   Die Europäische Aktiengesellschaft (Societas Europaea – SE)

315.   **Auf welchen Rechtsgrundlagen beruht die SE?**

Die SE beruht auf europäischem Recht – einer EU-Verordnung und einer EG-Richtlinie von 2001 – und auf einem deutschen Gesetz zur Einführung der europäischen Aktiengesellschaft (SEAG) aus dem Jahr 2004.

316.   **Welche Alternativen gibt es, eine SE zu gründen?**

Eine SE kann gegründet werden

- durch Verschmelzung von Aktiengesellschaften,
- als Holding-SE,
- als Tochter-SE und
- durch formwechselnde Umwandlung.

Die gemeinsame Voraussetzung ist, dass die Gesellschaften in verschiedenen (mindestens zwei) Mitgliedstaaten der Gemeinschaft rechtlich verwurzelt sind.

317. Welche Organe hat eine SE?

Die Organe der SE sind (vgl. §§ 15 ff. SEAG)

- die Hauptversammlung der Aktionäre und
- entweder ein Aufsichtsorgan und ein Leitungsorgan (dualistisches System) oder nur ein Verwaltungsorgan, das Aufsichts- und Leitungsfunktion ausübt (monistisches System).

318. Welchen Rechnungslegungsvorschriften ist eine SE mit Sitz in Deutschland unterworfen?

Die SE unterliegt hinsichtlich der Aufstellung ihres Jahresabschlusses und gegebenenfalls ihres konsolidierten Jahresabschlusses einschließlich des dazugehörenden Lageberichts sowie der Prüfung und Offenlegung dieser Abschlüsse den Vorschriften, die für Aktiengesellschaften im Sitzstaat der SE gelten, in Deutschland also dem AktG.

4 Gerichtsbarkeit, Klage- und Mahnverfahren

4.1 Gerichtsbarkeit

319. Wonach entscheidet es sich, welches Gericht für ein Klageverfahren örtlich zuständig ist?

Die örtliche Zuständigkeit richtet sich nach dem Gerichtsstand. Am Gerichtsstand einer Person sind alle gegen sie gerichteten Klagen zu erheben. Der allgemeine Gerichtsstand einer Person bestimmt sich nach dem Ort, an dem sie ihren Wohnsitz hat, bei juristischen Personen nach deren Sitz. Daneben gibt es noch einige besondere Gerichtsstände, die abweichende Regelungen treffen.

320. Wie ist die sachliche Zuständigkeit geregelt?

Die sachliche Zuständigkeit regelt die Frage, vor welches örtlich zuständige Gericht ein Verfahren in erster Instanz kommt. Danach richtet sich auch der weitere Rechtsweg (Instanzenzug). Grundsätzlich richtet sich die Zuständigkeit der Gerichte in Zivilsachen nach dem Streitwert.

321. Für welche Verfahren sind die Amts-, für welche die Landgerichte zuständig?

Das Amtsgericht ist zuständig für Streitigkeiten über Ansprüche bis zu einem Wert von 5 000 Euro. Daneben werden beim Amtsgericht verhandelt: Mietstreitigkeiten ohne Rücksicht auf den Wert des Streitgegenstandes und Kindschafts-, Unterhalts- und Ehesachen, die einer besonderen Abteilung des Amtsgerichts, den Familiengerichten vorbehalten sind.

Das Landgericht ist zuständig für bürgerlich rechtliche Streitigkeiten, die nicht den Amtsgerichten zugewiesen sind. Das sind damit die Streitigkeiten über Ansprüche von mehr als 5 000 Euro. Daneben entscheidet das Landgericht in zweiter Instanz als Berufungs- und Beschwerdeinstanz gegen Entscheidungen der Amtsgerichte.

4.2 Klageverfahren

322. Wodurch wird ein Klageverfahren eingeleitet?

Ein Klageverfahren beginnt mit der Einreichung der Klage beim örtlich und sachlich zuständigen Gericht. Die Klageschrift bzw. die Abschrift davon wird dem Prozessgegner unverzüglich zugestellt. Erst mit Zustellung der Klage ist die Klage erhoben und die Streitsache rechtshängig.

323. Wie läuft ein Zivilprozess weiter ab?

Mit der Zustellung der Klage wird der Beklagte aufgefordert, sich dazu zu äußern, um eine mündliche Verhandlung durchführen zu können. Vor der mündlichen Verhandlung findet eine Güteverhandlung statt. Das Gericht wird versuchen, auf die Parteien einzuwirken, um die Sache gütig beizulegen und vielleicht einen Vergleich zu schließen. In der anschließenden mündlichen Verhandlung kann jede Partei ihre Angriffs- und Verteidigungsmittel vorbringen.

Daran schließt sich ein evtl. Beweisaufnahmeverfahren an und nach Abschluss der Beweisaufnahme wird vom Gericht über die Klage entschieden. Die Entscheidung erfolgt durch Urteil.

324. Wie sind die Beweisregeln? Welche Beweismittel gibt es?

Als Beweisregel kann man nennen: Jede Partei hat die ihr günstigen Tatsachen zu beweisen. Als Beweismittel kommen nach der Zivilprozessordnung in Frage:

- Einnahme des Augenscheins (d.h. das Gericht schaut sich etwas an),
- Vernehmung von Zeugen,
- Einholung eines Sachverständigengutachtens,
- Vorlage von Urkunden,
- Parteivernehmung.

325. Wie unterscheiden sich Berufung und Revision?

Die Berufung ist keine volle Tatsacheninstanz, in der nochmals Zeugen vernommen werden etc., sondern es wird geprüft, ob eine Rechtsnorm nicht richtig angewendet wurde oder ob die Tatsachen aus der ersten Instanz eine andere Entscheidung rechtfertigen.

Die Revision ist an ganz besondere erschwerte Voraussetzungen geknüpft. Es findet keine neue Beweisaufnahme statt. Das Revisionsgericht prüft nur die rechtliche Beurteilung des Falles durch die Vorinstanz.

4.3 Mahnverfahren

326. Welche Vorteile hat ein Vorgehen im Mahnverfahren gegenüber dem Klageverfahren?

Das Mahnverfahren führt in vielen Fällen einfacher und schneller zum angestrebten Erfolg, wenn jemand einen Anspruch auf eine bestimmte Geldsumme eintreiben will.

327. Wie wird ein Mahnbescheid beantragt?

Ein Mahnbescheid wird dadurch beantragt, dass ein Mahnantrag eingereicht wird. Der Mahnantrag muss auf einem bestimmten Antragsvordruck gestellt werden. Die Vordrucke können als Vordrucksätze im Bürobedarfshandel erworben werden. Wird der Vordruck sorgfältig ausgefüllt, kann keines der Inhaltserfordernisse, die § 690 ZPO vorschreibt, vergessen werden. Alternativ kann der Antrag auch auf einem Online-Formular gestellt werden.

328. **Wer prüft vor dem Erlass eines Mahnbescheids, ob der Anspruch begründet ist?**

Das Gericht prüft nur, ob der Antrag sämtliche Inhaltserfordernisse enthält. Das Gericht prüft nicht, ob dem Antragsteller der geltend gemachte Anspruch zusteht (die Rechtslage wird überhaupt nicht geprüft; daher rührt auch die schnelle Bearbeitung und eine verfahrensmäßige Vereinfachung).

329. **Welche Möglichkeiten hat der Antragsgegner, wenn ihm ein Mahnbescheid zugestellt wird?**

Er hat zwei Möglichkeiten:

- Zahlt er die geforderten Beträge, ist das Verfahren beendet.
- Er kann Widerspruch einlegen, d.h. das sog. streitige Verfahren beantragen. Das Verfahren wird dann an das zuständige Gericht abgegeben und es geht weiter wie im normalen Klageverfahren.

330. **Wie kann sich der Antragsgegner gegen einen Vollstreckungsbescheid zur Wehr setzen?**

Wird gegen den Mahnbescheid kein Widerspruch erhoben, kann der Antragsteller nach Ablauf von 2 Wochen einen Antrag auf Erlass eines Vollstreckungsbescheids stellen. Dieser Vollstreckungsbescheid wird dem Antragsgegner ebenfalls vom Amtsgericht zugestellt. Der Antragsgegner hat dann ebenfalls 2 Wochen Zeit, entweder zu zahlen oder Einspruch gegen den Vollstreckungsbescheid einzulegen.

Wird Einspruch eingelegt, so wird das Mahnverfahren wieder wie beim Widerspruch gegen den Mahnbescheid in das normale Klageverfahren übergeleitet. Wird nicht rechtzeitig Einspruch eingelegt, so wird der Vollstreckungsbescheid rechtskräftig. Mit ihm als sog. vollstreckbaren Titel kann die Zwangsvollstreckung betrieben werden.

4.4 Zwangsvollstreckung

331. **Welche Voraussetzungen sind für den Beginn der Zwangsvollstreckung notwendig?**

Es müssen drei Voraussetzungen vorliegen:

(1) Ein Titel (§ 704 ZPO): Das ist ein rechtskräftiges oder für vorläufig vollstreckbar erklärtes Urteil oder ein anderer vollstreckbarer Titel wie z.B. ein Vollstreckungsbescheid.

(2) Klausel: Durch die Klausel, die vom Gericht auf den Titel gesetzt wird, wird aus dem Titel eine vollstreckbare Ausfertigung.

(3) Zustellung: Die Zwangsvollstreckung darf nur beginnen, wenn das Urteil in vollstreckbarer Ausfertigung dem Vollstreckungsschuldner zugestellt wurde oder gleichzeitig zugestellt wird. Die Zwangsvollstreckung muss der Gläubiger selbst betreiben, d.h. er muss sich um all diese Dinge selbst kümmern. Es wird nicht etwa das Gericht, das das Urteil gesprochen hat, von sich aus tätig. Es bleibt daher dem Gläubiger auch unbenommen, von seinem obsiegendem Urteil überhaupt keinen Gebrauch zu machen.

332. **Wie wird die Zwangsvollstreckung in bewegliche Sachen, in Forderungen und in unbewegliche Sachen durchgeführt?**

Bewegliche Sachen werden durch den Gerichtsvollzieher gepfändet. Die gepfändeten Sachen werden dann verwertet. Die Verwertung erfolgt in der Weise, dass der Gerichtsvollzieher gepfändetes Geld beim Gläubiger abliefert. Andere Sachen werden öffentlich versteigert; aus dem Erlös wird nach Abzug der Verfahrenskosten die Forderung des Gläubigers erfüllt. Soll in Forderungen vollstreckt werden, führt nicht der Gerichtsvollzieher, sondern das Amtsgericht als Vollstreckungsgericht die Zwangsvollstreckung durch. In diesem Fall wird eine dem Schuldner zustehende Forderung vom Amtsgericht gepfändet. Mit der Pfändung wird dem sog. Drittschuldner der Forderung (z.B. Arbeitgeber) verboten, an den Vollstreckungsschuldner zu leisten und er wird aufgefordert, den gepfändeten Betrag an den Gläubiger zu überweisen. Die Vollstreckung in unbewegliches Vermögen des Schuldners (Grundstücke) nimmt das Vollstreckungsgericht vor durch Eintragung einer Sicherungshypothek, durch Zwangsversteigerung oder durch Zwangsverwaltung.

5 Insolvenzverfahren

333. Wozu dient das Insolvenzverfahren?

Das Insolvenzverfahren ist ein Verfahren zur gemeinschaftlichen und gleichmäßigen Befriedigung aller vermögensrechtlichen Gläubiger eines Schuldners, der zahlungsunfähig bzw. überschuldet ist.

Der einzelne Gläubiger kann dann nicht mehr im Wege der Einzelzwangsvollstreckung gegen den Schuldner vorgehen. Die Gläubiger werden vielmehr grundsätzlich in einer Verlustgemeinschaft zusammengefasst und mit dem auf sie entfallenen Anteil des Schuldnervermögens gleichmäßig befriedigt.

334. Über welche Vermögen ist ein Insolvenzverfahren möglich?

Ein Insolvenzverfahren ist zulässig über das Vermögen jeder natürlichen und juristischen Person, eines nicht rechtsfähigen Vereins, einer Gesellschaft ohne Rechtspersönlichkeit (oHG, KG, GbR, Partenreederei, EWiV), Sondervermögen des Nachlasses sowie über das Gesamtgut einer Gütergemeinschaft.

335. Aus welchem Grund wird ein Insolvenzverfahren durchgeführt?

Insolvenzgründe sind:
- Bei natürlichen Personen sowie OHG und KG ist die Zahlungsunfähigkeit ein Insolvenzgrund. Zahlungsunfähigkeit ist das dauernde Unvermögen des Schuldners, seine fälligen Schulden zu bezahlen, weil er keine Zahlungsmittel hat.
- Als Grund genügt auch die drohende Zahlungsunfähigkeit. Damit soll ermöglicht werden, frühzeitig auf Unternehmenskrisen zu reagieren und die Sanierungschancen zu erhöhen.
- Bei juristischen Personen können sowohl Zahlungsunfähigkeit als auch Überschuldung zur Insolvenz führen.

336. Wer kann einen Antrag auf Eröffnung eines Insolvenzverfahrens stellen?

Antragsberechtigt ist der Schuldner selbst und jeder Gläubiger. Eine bestimmte Form ist nicht vorgeschrieben.

337. Wer führt das Insolvenzverfahren durch?

Das Insolvenzgericht ist das Amtsgericht. Örtlich zuständig ist das Amtsgericht, in dessen Bezirk auch das Landgericht seinen Sitz hat, für den gesamten Landgerichtsbezirk.

338.   Wie wird das Insolvenzverfahren eröffnet?

Das Insolvenzgericht prüft von Amts wegen, ob die Voraussetzungen für die Eröffnung des Insolvenzverfahrens vorliegen und erlässt dann einen förmlichen Eröffnungsbeschluss, der im Handelsregister eingetragen und im Grundbuch vermerkt wird, soweit der Schuldner Eigentümer von Grundstücken ist.

Im Eröffnungsbeschluss werden

- ein Insolvenzverwalter ernannt,
- die Gläubiger aufgefordert, sich beim Insolvenzverwalter zu melden und
- ein Termin zur Gläubigerversammlung bestimmt.

339.   Was bedeutet es, wenn ein Insolvenzverfahren mangels Masse abgewiesen wird?

Der Schuldner muss mindestens soviel Vermögen (Masse) haben, dass die Kosten des Verfahrens gedeckt sind. Ist dies nicht der Fall, wird der Antrag auf Eröffnung des Insolvenzverfahrens mangels Masse abgewiesen.

340.   Welche Wirkungen hat die Eröffnung des Insolvenzverfahrens?

Die Folgen der Eröffnung des Insolvenzverfahrens sind:

- Der Schuldner verliert die Befugnis, sein zur Insolvenzmasse gehörendes Vermögen zu verwalten und darüber zu verfügen. Das Verwaltungs- und Verfügungsrecht geht auf den Insolvenzverwalter über.
- Die Gläubiger können ihre Forderungen grundsätzlich nur noch nach den Regeln der Insolvenzordnung verfolgen, also durch Anmeldung zur Insolvenztabelle. Eine Einzelzwangsvollstreckung ist nicht mehr möglich.

341.   Welche Rechtsstellung und welche Aufgaben hat der Insolvenzverwalter?

Der Insolvenzverwalter sammelt und ordnet das Vermögen des Gemeinschuldners. Ihm steht das Verwaltungs- und Verfügungsrecht über die Insolvenzmasse zu.

Der Insolvenzverwalter zieht die ausstehenden Forderungen des Schuldners ein und verwertet die Insolvenzmasse. Er verkauft die beweglichen Sachen sowie die Immobilien durch freihändigen Verkauf oder durch Zwangsversteigerung. Nach Abschluss des Verfahrens hat er eine Schlussrechnung vorzulegen. Der Insolvenzverwalter wird bei seiner Tätigkeit vom Insolvenzgericht überwacht.

342.   Wozu dient die Insolvenzanfechtung? Welche Gründe gibt es hierfür?

Der Zweck der Insolvenzanfechtung ist, der Masse Vermögensgegenstände wieder zuzuführen, die vor Insolvenzeröffnung aus dem Vermögen des Schuldners weggegeben worden sind. Gründe für eine Anfechtung, die vom Insolvenzverwalter durchgeführt wird, sind:

- unmittelbare Gläubigerbenachteiligung (§ 132 InsO),
- vorsätzliche Gläubigerbenachteiligung (§ 133 InsO),
- unentgeltliche Leistungen u. Ä. (§ 134–136 InsO).

343.   Was versteht man unter kongruenter und inkongruenter Deckung?

Die beiden Begriffe kommen bei der Insolvenzanfechtung vor.

- Anfechtbar sind Rechtshandlungen, die während der Krise einem eingeweihten Gläubiger Sicherung oder Befriedigung gewähren und die anderen Gläubiger benachteiligen (sog. kongruente Deckung), z. B. rechtsgeschäftliche Bestellung eines Pfandrechts, eine Sicherungsübereignung, Sicherungsgrundschuld u. Ä.

- Anfechtbar sind auch Rechtshandlungen, die innerhalb bestimmter Fristen vorgenommen wurden und die einem Insolvenzgläubiger eine Sicherung oder Befriedigung gewähren, die er nicht, nicht in dieser Art oder nicht zu dieser Zeit zu beanspruchen hatte (inkongruente Deckung).

344. Was bedeutet Aussonderungsrecht und wie wird es erlangt?

Aussonderung bedeutet, dass ein Dritter einen Gegenstand als ihm gehörend aus der Insolvenzmasse herausverlangen kann. Ein Aussonderungsrecht gewähren z. B. das Eigentum, insbesondere auch verschiedene Formen des Eigentumsvorbehalts sowie Herausgabeansprüche (z. B. des Vermieters).

Kein Aussonderungsrecht gewährt das Sicherungseigentum, weil es wirtschaftlich einem Pfandrecht gleichsteht.

345. Was bedeutet abgesonderte Befriedigung und wer hat ein Recht dazu?

Das Absonderungsrecht gibt dem Berechtigten das Recht, zu verlangen, dass ein Gegenstand, der zur Masse gehört, ihm vorweg zur abgesonderten Befriedigung überlassen wird.

Ein Absonderungsrecht gewähren z. B. Rechte auf Befriedigung aus einem Grundstück (Hypothek und Grundschuld), Pfandrechte, Sicherungseigentum und kaufmännische Zurückbehaltungsrechte.

Die abgesonderte Befriedigung erfolgt durch Verwertung der Sache und Zuteilung des Erlöses an den Berechtigten, soweit dessen Forderung reicht. Bei der Verwertung entstehende Überschüsse fließen in die Masse. Soweit der Erlös die Forderung nicht deckt, ist der Absonderungsberechtigte gewöhnlicher Insolvenzgläubiger.

346. Wer sind die Massegläubiger?

Massegläubiger sind die Gläubiger der Massekosten und der Masseschulden. Sie werden zuerst und in vollem Umfang befriedigt. Der Sinn der bevorzugten Befriedigung der Massegläubiger liegt darin, dass sich niemand auf eins der diese Aufwendungen auslösenden Geschäfte einlassen oder entsprechende Handlungen vornehmen würde, wenn er nicht vorweg vor den normalen Gläubigern befriedigt werden würde.

347. Was hat ein Insolvenzgläubiger nach Eröffnung des Insolvenzverfahren zu tun?

Ein Insolvenzgläubiger muss seine Vermögensansprüche innerhalb der Anmeldefrist beim Insolvenzgericht anmelden. Die angemeldeten Ansprüche werden nach ihrer Prüfung in die Insolvenztabelle eingetragen.

348. In welcher Reihenfolge werden die Insolvenzgläubiger befriedigt?

Nach der Befriedigung der Massegläubiger, die grundsätzlich voll befriedigt werden, und der Bezahlung der Verfahrenskosten werden alle Insolvenzgläubiger grundsätzlich zu gleichen Teilen befriedigt. Hierzu wird in einem Verteilungstermin ein Verteilungsplan erstellt; nach Zustimmung durch das Insolvenzgericht wird eine Schlussverteilung vorgenommen.

349. Kann ein Gläubiger, der beim Insolvenzverfahren leer ausging, seine Forderung später weiterverfolgen?

Nach Beendigung des Insolvenzverfahrens können die Gläubiger, deren Forderungen nicht oder nicht voll erfüllt worden sind, ihre Ansprüche wieder im Wege der Einzelzwangsvollstreckung geltend machen. Als vollstreckbarer Titel, der erst nach 30 Jahren verjährt, genügt ein Auszug aus der Insolvenztabelle.

6 Umwandlungsrecht

350. **Was vesteht man unter Umwandlungen? Welche Gründe gibt es hierfür?**

Umwandlungen sind Änderungen der Rechtsform eines Unternehmens, die aus den verschiedensten Gründen ratsam oder notwendig sein können: Vergrößerung der Eigenkapitalbasis, Anwachsen von unternehmerischen Risiken, wirtschaftliche Verflechtungen, Fragen der Unternehmensführung, Unternehmenssicherung sowie steuerliche Gründe.

351. **Welche Arten der Umwandlung unterscheidet man im Umwandlungsgesetz?**

Umwandlung ist der Oberbegriff für die Vorgänge:

- Verschmelzung,
- Spaltung,
- Vermögensübertragung und
- Formwechsel.

352. **Welche Ziele werden im Umwandlungsrecht verfolgt?**

Durch das 1995 neu in Kraft getretene Umwandlungsrecht soll den Unternehmen die Anpassung ihrer rechtlichen Strukturen an die veränderten Bedingungen des Wirtschaftslebens erleichtert sowie der Schutz von Anlegern und Gläubigern verbessert werden.

353. **Was versteht man unter Gesamtrechtsnachfolge – im Gegensatz zur Einzelrechtsnachfolge – und welche Vorteile bietet sie?**

Die ersten drei oben genannten Formen der Umwandlung sind Fälle der Gesamtrechtsnachfolge. Bei der Gesamtrechtnachfolge geht das Vermögen als Ganzes in einem Rechtsakt kraft einer gesetzlichen Vorschrift über, sodass auf die Übertragung der einzelnen Vermögensgegenstände verzichtet werden kann. Anders ist dies bei der Einzelrechtsnachfolge; bei ihr werden die einzelnen Vermögensgegenstände (Grundstücke, übriges Anlage- und das Umlaufvermögen, Forderungen und Verbindlichkeiten) als Einzelteile nach den entsprechenden Vorschriften des Zivilrechts übertragen. Dies ist ein sehr umständliches, rechtlich kompliziertes und deshalb auch mit vielen Fehlerquellen behaftetes Verfahren.

354. **Wie nennt man die verschiedenen Arten von Verschmelzungen? Wie sind sie kurz zu skizzieren?**

Die Verschmelzung (Fusion) kann erfolgen durch Aufnahme und durch Neubildung.

Bei der Verschmelzung durch Aufnahme überträgt ein Rechtsträger sein Vermögen im Ganzen auf einen anderen, bereits bestehenden Rechtsträger.

Bei der Verschmelzung durch Neubildung wird ein neuer Rechtsträger errichtet, auf den das Vermögen mehrerer anderer (mindestens zweier) Rechtsträger übertragen wird.

355. **Welcher Unterschied besteht zwischen Abspaltung und Ausgliederung?**

Es handelt sich um zwei Unterformen der Spaltung.

Bei der Abspaltung bleibt das bisherige Unternehmen erhalten, aber ein Teil ihres Vermögens geht auf ein anderes Unternehmen über.

Dies ist bei der Ausgliederung im Prinzip genauso, nur werden die Anteile an der übernehmenden Gesellschaft nicht von den Anteilseignern der bisherigen, übertragenden Gesellschaft gehalten, sondern von der übertragenden Gesellschaft selbst.

356. Wie vollzieht sich ein Formwechsel?

Beim Formwechsel bleibt der Rechtsträger identisch, er ändert lediglich seine Rechtsform und seine Struktur; es finden keine Übertragungs- und folglich auch keine Anschaffungsvorgänge statt. In der Regel bleibt auch der Kreis der Anteilseigner derselbe und die Beteiligungsverhältnisse ändern sich nicht.

10. Hauptteil:

Volkswirtschaftliche und Betriebswirtschaftliche Grundlagen

Bearbeitet von: Werner Klein (VWL)

Michael Wobbermin (BWL)

1 Volkswirtschaftliche Grundlagen

1.1 Wirtschaftsordnungen und Wirtschaftssysteme

1. **Erläutern Sie den Zusammenhang der Begriffe Wirtschaftsordnung und Wirtschaftssystem.**

Der Begriff des Wirtschaftssystems beschreibt jenen Ausschnitt gesellschaftlichen Lebens, in welchem sich das arbeitsteilige Wirtschaften im Sinne der Güterproduktion und -verteilung in all seinen Aspekten vollzieht.

Ein Wirtschaftssystem begründet somit ein Netz von wirtschaftlichen Beziehungen zwischen einzelnen Wirtschaftssubjekten bzw. Institutionen (Haushalte, Unternehmungen, Staat), durch das die Nutzung der knappen Ressourcen »organisiert« wird. Das typische Muster der Ressourcenallokation, die Struktur eines Wirtschaftssystems, ist bedingt durch die das Wirtschaftssystem prägende Wirtschaftsordnung. Mit dem Begriff der Wirtschaftsordnung wird ein Bündel von Ordnungselementen umschrieben, die das wirtschaftliche Geschehen bedingen. Solche Elemente werden in den jeweiligen Formen

- der Planung,
- des Eigentums an den Produktionsmitteln,
- der Plankoordination der arbeitsteiligen wirtschaftlichen Hergänge,
- der Geldproduktion,
- der Unternehmen,
- der Außenwirtschaft,
- der Sozialen Sicherung und
- der Öffentlichen Finanzwirtschaft gesehen.

2. **Welches ist das Basiselement einer Wirtschaftsordnung? Welche zwei Grundtypen von Wirtschaftssystemen lassen sich unterscheiden?**

Die jeweilige Form der Planung arbeitsteiligen Wirtschaftens, gleichzusetzen mit der Zuordnung von Kompetenzen hinsichtlich der Ressourcenverwendung, bildet das Basis- oder konstitutive Element einer Wirtschaftsordnung. Historisch verwirklicht sind und waren in dieser Hinsicht nur zwei prinzipiell unterschiedlich ausgeprägte Wirtschaftsordnungen und damit Wirtschaftssysteme unterschiedlicher Struktur.

(1) Die dezentrale Planung arbeitsteiliger Wirtschaftsweise begründet auf dem damit verbundenen Koordinationsmechanismus den Begriff der Marktwirtschaft.

(2) Zentrale Planung des volkswirtschaftlichen Gesamtprozesses ist mit dem Begriff Zentralverwaltungswirtschaft oder Planwirtschaft zu verbinden.

Die adjektivische Beschreibung einer Wirtschaftsordnung bzw. eines Wirtschaftssystems als privatwirtschaftliche bzw. sozialistische Marktwirtschaft bezieht sich auf das jeweils unterschiedlich ausgeprägte Ordnungselement Eigentum an den Produktionsmitteln (dominant privates oder dominant gesellschaftliches, d.h. staatliches oder genossenschaftlich-korporatistisches Eigentum).

3. Worin liegt der Unterschied zwischen »reiner« und »sozialer Marktwirtschaft«?

Mit dem Begriff der »reinen Marktwirtschaft« wird die theoretische Konstruktion des »perfekten« Wirtschaftssystems auf der Grundlage »perfekt« ausgeprägter marktwirtschaftlicher Ordnungselemente bezeichnet: dezentrale Planung, Privateigentum an den Produktionsmitteln, Koordination des Plangeschehens auf vollkommenen Märkten und bei vollständiger Konkurrenz, inflationsfreie (neutrale) Geldversorgung, Einzelunternehmen.

Hiervon abzugrenzen ist der Begriffsinhalt der »sozialen Marktwirtschaft« zur Kennzeichnung des Wirtschaftssystems der Bundesrepublik Deutschland. Beginnend mit der Währungsreform des Jahres 1948 wurden die ordnungspolitischen Grundlagen für die Verknüpfung

- eines Systems nach den Regeln der wettbewerblich ausgerichteten Marktwirtschaft und
- dem aus den Leistungen der Marktwirtschaft zu finanzierenden System der sozialen Sicherung (Arbeitslosen-, Kranken-, Unfall-, Renten- und Pflegeversicherung, Sozialhilfe usw.)

geschaffen und ausgebaut. Das »Soziale« dieser ordnungspolitischen Konzeption wird im weiteren Sinne auch in den Prinzipien der verschiedenen Formen der betrieblichen Mitbestimmung gesehen.

1.2 Angebot und Nachfrage – Märkte und Preisbildung

4. Welche Funktionen haben Preise?

Preise im Sinne von Geldpreisen entstehen durch die Verwendung von Geld als Tauschmittel. Preise werden damit auch gleichzeitig zur Grundlage einzelwirtschaftlicher Plandispositionen. Hieraus lassen sich vier fundamentale mikroökonomische Funktionen von Preisen ableiten:

- Anzeige relativer Knappheiten (Knappheitsgrade) von Gütern und Faktorleistungen,
- Koordination der einzelwirtschaftlichen Pläne im Marktprozess,
- Lenkung (Allokation) der knappen Ressourcen in die volkswirtschaftlich besten Verwendungsmöglichkeiten,
- Kontrolle der wirtschaftlichen Leistungen.

5. Benennen Sie die einzelnen Einflussfaktoren, die die Konsumgüternachfrage eines Haushalts bestimmen.

Die Konsumgüternachfrage eines Haushalts für eine gegebene (kurzfristige) Wirtschaftsperiode hängt ab zum einen von der Höhe des verfügbaren Einkommens (Bruttoeinkommen minus Steuern und Sozialversicherungsbeiträge). Vermindert um die Spardispositionen (Sparen bedeutet Verzicht auf an und für sich möglichen Konsum) verbleibt dann die Einkommens-(Konsum-)summe, die für den Kauf von Konsumgütern zur Verfügung steht.

Diese ist aufzuteilen auf die in den Begehrskreis des Haushalts fallenden Konsumgüter gemäß ihrer Präferenzordnung, die sich mit Hilfe von Nutzenüberlegungen darstellen lässt. Letztendlich bestimmt die relative Höhe der Preise der Konsumgüter, die ein Haushalt nachfragen möchte, die mengenmäßige Nachfrage eines Haushalts.

6.   Beschreiben Sie die Bedingung für eine ökonomisch optimale Disposition eines Haushalts bei der Nachfrage nach Konsumgütern.

Das 1. Gossensche Gesetz besagt, dass der Nutzenzuwachs (Grenznutzen) bei der Befriedigung eines Bedürfnisses mit jeder zusätzlich konsumierten Gütereinheit abnimmt. Bei gegebenen Konsumgüterpreisen erreicht ein Haushalt dann ein Nutzenmaximum, wenn er seine Kaufdispositionen so trifft, dass die jeweils für den Kauf der einzelnen Gütereinheiten zuletzt eingesetzte Geldeinheit (Euro) einen gleichen Grenznutzen erbringt (Ausgleich der Grenznutzen des Geldes: 2. Gossensches Gesetz).

7.   Auf welche Weise lässt sich das Zustandekommen einer Gesamtnachfragekurve des Marktes nach einem Konsumgut erklären und darstellen?

Die Gesamtnachfrage des Marktes nach einem Konsumgut wird grafisch durch die horizontale Aggregation aller individuellen Nachfragefunktionen derjenigen Haushalte gewonnen, die dieses Konsumgut nachfragen. Somit ist die Gesamtnachfragekurve des Marktes nach einem Konsumgut bestimmt durch

- die individuellen Präferenzstrukturen,
- die Konsumsummen und
- die Anzahl der nachfragenden Haushalte bei gegebenen Preisen der jeweils übrigen Konsumgüter, die in den Begehrskreis der betreffenden Haushalte fallen.

8.   Welche Nachfragereaktionen sind zu erwarten, wenn sich das Einkommen eines Haushalts bei sonst gleichen Umständen (Preise der Konsumgüter, Präferenzordnung) erhöhen würde?

Die Reaktion eines Haushalts auf eine Einkommenserhöhung im Sinne der Fragestellung hängt ab von den ökonomischen »Eigenschaften« der unterstellten Konsumgüter.

- Eine proportionale Steigerung der Nachfrage in Abhängigkeit der Einkommensveränderung beschreibt das in Frage stehende Konsumgut als ein »Normalgut«.
- Eine unterproportionale Zunahme der Nachfrage bei entsprechender Einkommenserhöhung findet sich bei sogenannten »inferioren« Gütern (Engel-Schwabesches Gesetz).
- Konsumgüter, die auf Einkommenserhöhungen mit einem absoluten Nachfragerückgang reagieren, werden als Giffen-Güter bezeichnet (sogenannt nach deren Beschreibung durch Giffen).

9.   Welche Funktionen erfüllen Unternehmen im volkswirtschaftlichen Sinne?

Unternehmen sind als die produzierenden Einheiten einer Volkswirtschaft zu sehen. Die Produktion von Gütern im weitesten Sinne (Sachgüter, Dienstleistungen) ist das Ergebnis unternehmerisch rationaler Entscheidungen im Hinblick auf die Kombination (knapper) Produktionsfaktoren. Das Ziel der Güterproduktion ist der Absatz der erzeugten Produkte. Die Disposition (Planung) des Faktoraufwands und der damit verbundenen Kosten der Produktion einerseits und der Absatz (Umsatz) andererseits sind durch das Prinzip der Gewinnerzielung (Gewinnmaximierung) im rational-ökonomischen Sinne verbunden. Bedingt durch das in Marktwirtschaften wirksame Prinzip der Konsumentensouveränität und bei wettbewerblich strukturierten Märkten erfolgt in Unternehmen die Allokation der knappen Ressourcen so, dass im statischen wie im dynamischen Sinne ein volkswirtschaftliches Optimum entsteht.

10.   Welche Kostenkonstellationen in Unternehmen lassen sich darstellen?

- Die Summe aller der Güterproduktion eines Unternehmens zuzuordnenden Kosten heißt Gesamt- oder Totalkosten.
- Jene Kosten, die unabhängig von der erzeugten Produktmenge entstehen, sind als die fixen oder Fixkosten zu interpretieren.
- Variable Kosten ändern sich in Abhängigkeit der Produktionsmenge.
- Die Summe aus fixen und variablen Kosten bildet wiederum die Gesamtkosten der Produktion.

Aus den genannten Kostenkategorien lassen sich durch Division durch die jeweilige Produktmenge verschiedene Durchschnittskostenkategorien bilden:

- durchschnittliche Gesamt- oder Totalkosten (Stückkosten),
- durchschnittliche variable sowie durchschnittliche fixe Kosten.
- Die Summe aus durchschnittlichen fixen und durchschnittlichen variablen Kosten ergibt in dieser Interpretation wiederum die durchschnittlichen Gesamt- bzw. die Stückkosten.
- Der Zuwachs an Gesamtkosten bei Ausbringung einer weiteren (zusätzlichen) Produkteinheit bezeichnet die Grenzkosten.

11.   Wie lässt sich die (kurzfristige) gewinnmaximale Ausbringungsmenge eines Unternehmens bestimmen? Nehmen Sie an, der Absatzmarkt und die Faktormärkte seien Wettbewerbsmärkte und die Unternehmung arbeite mit steigenden Grenzkosten.

Der Gewinn eines Unternehmens ergibt sich aus der Differenz zwischen Umsatz (Erlös) und Kosten. Die gewinnmaximale Situation des Unternehmens lässt sich im Sinne der Fragestellung dadurch erklären, dass man den zusätzlich erzielbaren Umsatz (Erlös), d.h. den Grenzumsatz bzw. Grenzerlös, mit den bei dessen Realisierung entstehenden zusätzlichen Kosten, den Grenzkosten der darauf bezogenen Produkteinheit vergleicht.

In dieser Sicht erreicht der Gewinn dann ein Maximum, wenn die Grenzkosten gleich dem Grenzumsatz(-erlös) werden, vorausgesetzt, der Grenzerlös war, beginnend von der ersten Produkteinheit her gesehen, jeweils größer als die Grenzkosten. Das sogenannte Marginalprinzip der Gewinnmaximierung heißt deshalb: Grenzkosten gleich Grenzumsatz(-erlös).

Kennzeichnend für den Wettbewerbsmarkt ist, dass alle Unternehmungen, die mit diesem als Absatzmarkt konfrontiert sind, den Wettbewerbspreis als eine unveränderliche, von ihnen nicht beeinflussbare Größe, anders ausgedrückt, als Konstante betrachten. Das gleiche gilt entsprechend für die Faktorpreise.

Jede zusätzlich abgesetzte Produkteinheit bringt für jede einzelne Unternehmung in dieser Situation einen zusätzlichen, d.h. Grenzumsatz(-erlös), genau in Höhe des Marktpreises. Das gewinnmaximierende Marginalprinzip lässt sich für den Wettbewerbsfall für ein einzelnes Unternehmen deshalb wie folgt formulieren: Grenzkosten gleich Preis.

Die Höhe des Gesamtgewinns ergibt sich aus der Differenz des zugehörigen Umsatzes (Erlöses) und der entsprechenden Gesamtkosten der Produktion.

12.   Was versteht man unter dem Cournotschen Punkt?

Der Cournotsche Punkt beschreibt die gewinnmaximale Preis-Mengen-Kombination in der Marktform des Angebotsmonopols.

13. Erläutern Sie das Angebotsverhalten eines Unternehmens, das auf seinem Absatzmarkt als Angebotsmonopolist agiert.

Prinzipiell gilt auch für dieses Unternehmen das Marginalprinzip der Gewinnmaximierung in allgemeiner Form: Grenzkosten gleich Grenzumsatz(-erlös).

Entgegen einem Wettbewerbsanbieter kann der Angebotsmonopolist den Marktpreis oder die Absatzmenge selbst bestimmen. Die Nachfragefunktion des Marktes wird aus Sicht des Angebotsmonopolisten zu dessen Preis-Absatz-Funktion.

Bei normal reagierender Nachfrage (fallender Nachfragefunktion) ist jede zusätzliche Produkteinheit aber nur zu einem jeweils niedrigeren Preis absetzbar.

Der Grenzumsatz(-erlös), ableitbar aus der zugehörigen Nachfragefunktion, muss notwendigerweise »unterhalb« derselben verlaufen, ist deshalb eine ebenfalls mit steigender Absatzmenge fallende Funktion.

Der Schnittpunkt zwischen der Grenzkosten- und der Grenzumsatz-(-erlös)Funktion markiert den Punkt der gewinnmaximalen Ausbringungsmenge. Der zugehörige Preis wird auf der Nachfragefunktion gefunden (Cournotscher Punkt).

Der so bestimmte Preis ist aus den genannten Gründen höher als die zugehörigen Grenzkosten. Die Nachfragefunktion weist eine betragsmäßig gesehen kleinere Steigung auf als die Grenzumsatz- bzw. Grenzerlösfunktion.

14. Was versteht man unter einem Markt?

Der Markt ist der ökonomische Ort des Tausches (der Transaktion, des Zusammentreffens von Angebot und Nachfrage) von Sachgütern, Dienstleistungen oder Produktionsfaktoren. So gesehen lassen sich einzelne Märkte benennen:

- Konsumgüter-, Investitions-(Kapital-)gütermärkte,
- Märkte für Dienstleistungen (Bank-, Finanz-, Versicherungsleistungen),
- Faktormärkte (Arbeitsmärkte, Grundstücksmärkte, Geld- und Kreditmärkte).

15. Wie lassen sich Märkte nach strukturellen Gesichtspunkten klassifizieren?

Unter Zuhilfenahme des quantitativen Kriteriums der Anzahl der Marktbeteiligten und bei Berücksichtigung der Tatsache, dass jeder Markt aus einer Angebots- und einer Nachfrageseite besteht, werden Marktformen als mögliche Kombinationen der Form des Angebots und der Nachfrage bestimmt. Das von H. von Stackelberg entwickelte Marktformenschema beruht auf der quantitativen Bestimmung der Besetzung der beiden Marktseiten nach dem Kriterium: einer, wenige, viele. Aus dieser Kombination (3 x 3 Matrix von Angebot und Nachfrage) ergeben sich insgesamt neun mögliche Marktformen, die in Form der Konkurrenz erscheinen oder oligopolistische bzw. monopolistische Strukturen aufweisen.

Formen des Angebots / Formen der Nachfrage	viele kleine	wenige mittlere	ein großer
	Marktform		
viele kleine	Vollständige Konkurrenz	Angebotsoligopol	Angebotsmonopol
wenige mittlere	Nachfrageoligopol	Zweiseitiges Oligopol	Beschränktes Angebotsmonopol
ein großer	Nachfragemonopol	Beschränktes Nachfragemonopol	Zweiseitiges Monopol

Marktformen nach H. v. Stackelberg

16.   Worin besteht der Unterschied zwischen vollkommenen und unvollkommenen Märkten?

Unter qualitativem Aspekt lassen sich Märkte als vollkommene oder unvollkommene klassifizieren. Vollkommene Märkte zeichnen sich durch folgende Merkmale aus:

- Das zu tauschende Gut im weiteren Sinne (Tauschobjekt) ist homogen,
- es bestehen keine persönlichen, räumlichen oder zeitlichen Präferenzen und
- es herrscht vollkommene Markttransparenz.

Ist eines oder sind mehrere oder alle die genannten Kriterien nicht erfüllt, ist der betreffende Markt als unvollkommen zu qualifizieren.

Der vollkommene Markt ist – modelltheoretisch gesehen – ein Punktmarkt, die Anpassungsprozesse bei Störung des Marktgleichgewichts erfolgen ohne Zeitverzug (unendliche Anpassungsgeschwindigkeit), es ergibt sich ein für alle Marktbeteiligten einheitlicher Preis (Gesetz der Preiseinheitlichkeit).

17.   Wie verhalten sich Angebots- und Nachfragemenge bei vollständiger Konkurrenz?

Die Marktform der vollständigen Konkurrenz ist quantitativ im Sinne des v. Stackelbergschen Marktformenschemas dadurch bestimmt, dass sowohl auf der Angebots- als auch auf der Nachfrageseite eine Vielzahl von Anbietern bzw. Nachfragern zu finden sind. Qualitativ gesehen liegt ein vollkommener Markt vor (siehe Fragen 15 und 16).

Die mengenmäßige Reaktion des Angebots und der Nachfrage in Abhängigkeit des Preises des in Frage stehenden Gutes im weiteren Sinne (Tauschobjektes) lassen sich graphisch durch die jeweils zugehörigen Angebots- bzw. Nachfragefunktion darstellen. Normalverlauf beider unterstellt,

- wächst die Angebotsmenge mit steigendem Preis und
- sinkt die Nachfragemenge bei steigendem Preis

und umgekehrt. Die Angebots- und die Nachfragefunktion stellen die aggregierten (zusammengefassten) jeweiligen individuellen Angebots- bzw. Nachfragefunktionen der Marktbeteiligten dar.

Der Preis, bei dem die Marktnachfragemenge gleich Null wird, heißt Prohibitivpreis; zum Preis von Null entspricht die Nachfrage der Sättigungsmenge.

18.   Beschreiben Sie den Prozess der Preisbildung in den Märkten der vollkommenen Konkurrenz.

Im Markt der vollständigen Konkurrenz ergeben sich der Gleichgewichtspreis und die zugehörige Gleichgewichtsmenge im Schnittpunkt der Angebots- und der Nachfragefunktion. Kennzeichen dieser Gleichgewichtssituation ist, dass jeder Nachfrager, der bereit und in der Lage ist, zu dem sich bildenden Marktpreis zu kaufen, die gewünschte (geplante) Produktmenge auch erwerben kann. Umgekehrt gilt, dass jeder Anbieter, der bereit und in der Lage ist, zum sich bildenden Marktpreis zu verkaufen, die gewünschte (geplante) Produktmenge auch absetzen kann: Beim Gleichgewichtspreis wird der Markt geräumt.

Die Fläche zwischen jenem Teil der Nachfragefunktion mit höheren Preisen als dem Gleichgewichtspreis und der Preisachse beschreibt den Wert der sogenannten Konsumentenrente. Die Produzentenrente wird durch die Fläche zwischen Preisachse und dem Teil der Angebotsfunktion bestimmt, der niedrigere Preise als den Gleichgewichtspreis aufweist.

Änderungen von Gleichgewichtspreis und/oder -menge ergeben sich aus Verschiebungen der Nachfrage- und/ oder Angebotsfunktion des Marktes. Dies ist wiederum auf Veränderungen der Bestimmungsgründe der ihnen zugrunde liegenden individuellen Nachfrage- bzw. Angebotsfunktion zurückzuführen.

19. **Welche Motive veranlassen wirtschaftspolitische Instanzen einen Mindestpreis zu setzen, und welche ökonomischen Konsequenzen ergeben sich hieraus?**

Die wirtschaftspolitische Setzung eines Mindestpreises entspringt der Motivation, über diesen Preis den Anbietern (Produzenten) ein als angemessen definiertes Einkommen (angemessenen Gewinn) zu sichern. Der sich bildende Gleichgewichtspreis auf dem Markt der (vollständigen) Konkurrenz wird als dieser Forderung nicht gerecht werdend, als zu niedrig angesehen. Der Mindestpreis wird deshalb oberhalb des gleichgewichtigen Wettbewerbspreises fixiert.

Beim Mindestpreis vermindert sich die Nachfragemenge, und es erhöht sich die Angebotsmenge, Normalreaktion von Angebot und Nachfrage auf Preisänderungen vorausgesetzt. Zum Mindestpreis ergibt sich ein mengenmäßiger Angebotsüberschuss. Dieser Überschuss ist durch staatliche Interventionen (Aufkauf, Vernichtung) aus dem Markt zu nehmen, soll der Mindestpreis Bestand haben.

Im Gegensatz zur Konkurrenzsituation wird die Nachfrage hinsichtlich Preis und Menge schlechter, das Angebot jedoch besser gestellt.

Gegenüber der Wettbewerbssituation kommt es zur Fehlallokation knapper Ressourcen durch die staatlichen Aufwendungen für den Ankauf und die Verwertung des Angebotsüberschusses. Ein vergleichsweise höherer Anteil knapper Ressourcen wird in dieser Produktion beim Mindestpreis gebunden (Beispiel: Agrarmarktordnungen der EU).

20. **Welche Motive veranlassen wirtschaftspolitische Instanzen, einen Höchstpreis zu setzen, und welche ökonomischen Konsequenzen ergeben sich hieraus?**

Das Motiv für die Setzung eines Höchstpreises findet sich im Bemühen um den »Schutz« der Nachfrage vor den als (überhöht) empfundenen Marktpreisen, die sich bei (vollständiger) Konkurrenz einstellen würden. Der Höchstpreis ist deshalb auf einem Niveau unterhalb des gleichgewichtigen Wettbewerbspreises zu fixieren. Bei diesem Preis existiert ein Nachfrageüberschuss, Normalreaktion von Angebot und Nachfrage auf Preisveränderungen vorausgesetzt.

Nur durch eine weitere staatliche Intervention, d.h. die Rationierung der Nachfrage, lässt sich ein Höchstpreis stabilisieren (Beispiel: Rationierungsmittel Wohnberechtigungsschein).

Infolge des relativ niedrigeren Preises unterbleiben in dynamischer Sicht jene Investitionen, die sich bei Existenz des Wettbewerbspreises zusätzlich gelohnt hätten. Auch in diesen Fällen werden also knappe Ressourcen fehlgelenkt (Beispiel: unterbliebene Wohnungsbauinvestitionen).

Interventionen in die Prozesse der Preisbildung durch Setzung von Höchst- oder Mindestpreisen stellen somit eine Verletzung des Prinzips der effizienten Verwendung knapper Ressourcen dar.

21. **Was ist ein Kartell?**

Ein Kartell kommt durch eine formelle (vertragliche) oder informelle Übereinkunft (Absprache) zwischen rechtlich unabhängigen Unternehmen zwecks Ausschaltung des Wettbewerbs zustande. Das Ziel eines Kartells besteht in der gemeinsamen Gewinnmaximierung (Bildung eines Gewinnpools), ermöglicht durch ein entsprechendes marktstrategisches Verhalten der Kartellmitglieder.

Aus ökonomischer Sicht ist das Kartell deshalb als Kollektivangebotsmonopol interpretierbar. Eine Kartellbildung gelingt umso eher, je homogener die Produkte der einzelnen Anbieter sind und je kleiner deren Zahl ist (historisch gesehen: Zement-, Stahl-, Kohlekartelle). Unter diesem formalen Gesichtspunkt wird das Kartell auch als spezielle Form eines Oligopols gesehen (Oligopol mit gemeinsamer Gewinnmaximierung).

22.   Welche Konsequenzen ergeben sich aus einer Kartellbildung für einen bisherigen Konkurrenzmarkt?

Handelte im Konkurrenzmarkt (vgl. Fragen 17 ff.) jeder einzelne Anbieter nach der speziellen Gewinnmaximierungsregel »Grenzkosten gleich Preis«, so ist für ein Kartell nunmehr die auf den gemeinsamen Gewinn abstellende Regel gültig: Summe der Grenzkosten der Kartellmitglieder (kollektive Grenzkosten) gleich Grenzerlös.

Ergaben sich im Konkurrenzfall der Gleichgewichtspreis und die zugehörige Gleichgewichtsmenge aus dem Schnittpunkt von Angebotsfunktion (Summe der individuellen Angebotsfunktionen, d.h. der relevanten Abschnitte der individuellen Grenzkostenfunktionen) und der Nachfragefunktion, wird im Kartellfall die Gleichgewichtssituation analog zur Bestimmung des Angebotsverhaltens eines einzelnen Angebotsmonopolisten bei gegebener Nachfragefunktion gefunden. Letztere wird aus Sicht des Kartells zu dessen Preisabsatzfunktion.

Aus dieser lässt sich analog zu Frage 13 die zugehörige Grenzumsatz-(erlös-)funktion ableiten. Entsprechend dem Gewinnmaximierungskalkül des Kartells gilt es nun, das Prinzip »kollektive Grenzkosten des Kartells gleich Grenzumsatz(-erlös)« zu realisieren. Hieraus lässt sich der Cournotsche Punkt für den Fall eines Kartells bestimmen. Der zugehörige Preis ist höher und die Absatzmenge geringer als bei Konkurrenz.

23.   Welche weiteren Vereinbarungen sind notwendig, um einen Kartellpreis durchsetzen zu können?

Um den Kartellpreis durchsetzen zu können, bedarf es der Reduktion der jeweils individuellen Absatzmengen, die in Summe bei Realisierung des Cournotschen Punkts nur abgesetzt werden können. Die Durchsetzung des Kartellpreises erfordert deshalb zusätzlich eine Vereinbarung über die Quoten der Produktionsmengen, die die einzelnen Kartellmitglieder anbieten dürfen. Das Kartell, d.h. die Kartellpreisbildung führt nur dann zu einer stabilen Markt-(Preis-Mengen-)situation, wenn es als Preis-Quoten-Kartell gestaltet ist.

24.   Wie sind Kartelle volkswirtschaftlich zu beurteilen?

Kartelle reduzieren die ökonomische Wohlfahrt, weil sie, im Gegensatz zum Wettbewerbsmarkt, den Markt mit einem Gut nur zu einem vergleichsweise höheren Preis und geringerer Menge versorgen (Nettoverluste an Konsumenten- und Produzentenrente).

25.   Beschreiben Sie einige Besonderheiten der Preisbildung in der Marktform des Angebotsoligopols.

Ein Angebotsoligopol stellt marktstrukturell gesehen auf nur wenige Anbieter bei vielen Nachfragern ab.

Oft sind in diesen Märkten die angebotenen Produkte relativ homogen (Benzin, Diesel, Waschmittel usw.), die Märkte von daher gesehen relativ vollkommen. Wegen der geringen Anzahl der Anbieter wird jede marktstrategische Aktion eines Anbieters (z.B. Preissenkung) unmittelbar bei den Mitkonkurrenten spürbar (Absatzverluste), die hierauf, im Gegensatz zur Situation einzelner Unternehmen im Markt der vollständigen Konkurrenz, unmittelbar ebenfalls marktstrategisch antworten können. Jeder einzelne Oligopolist berücksichtigt daher das mögliche Verhalten eines Mitkonkurrenten auf die eigene Markt-strategie. Auf Grund dieser Marktsituation wird oft eine relative Preisstarrheit im Angebots-oligopol beobachtet (»Konkurrenz lohnt sich nicht«)

- Der Versuch eines einzelnen Oligopolisten, durch Preisunterbietung eine Monopolstel-lung zu erreichen, wird als ruinöse Konkurrenz bezeichnet.
- Bei ungleicher Größe einzelner Oligopolisten tritt das größte Unternehmen in Anpas-sung an sich verändernde Nachfragebedingungen oft als Preisführer auf: dominierende Preisführerschaft.
- Bei etwa gleichen Unternehmensgrößen fungieren in einem solchen Falle die einzelnen Unternehmen abwechselnd auf Grund formeller oder informeller Abstimmung eben-falls als Preisführer: barometrische Preisführerschaft.

26. Wie sind Angebotsoligopole volkswirtschaftlich zu beurteilen?

Oligopole liefern schlechtere Marktergebnisse als Konkurrenzmärkte, aber wegen eines gewissen Elements an Wettbewerb bessere als das Monopol. Allerdings neigen Oligopole in dynamischer Sicht zur Kartellbildung.

1.3   Wettbewerb, Wettbewerbsfunktionen, Wettbewerbsbeschränkungen

27. Welche Bedeutung hat der Wettbewerb auf Märkten für die Funktionsweise und Funktionsfähigkeit einer Marktwirtschaft?

Durchsetzung und Erhaltung von Wettbewerb auf den Märkten ist für die Funktionsweise und Effizienz einer Marktwirtschaft von zentraler Bedeutung. Wettbewerb als Rivalitätsbe-ziehung zwischen Wirtschaftssubjekten bildet den spezifischen Steuerungs- und Kontroll-mechanismus im Prozessablauf einer Marktwirtschaft. Im wettbewerblichen Parallelpro-zess streben Wirtschaftssubjekte danach, durch Produkt- und/oder Verfahrensinnovationen tatsächliche und/oder potenzielle Konkurrenten wirtschaftlich zu überflügeln. Im damit verbundenen Austauschprozess über das Marktgeschehen, werden die so erlangten Wettbe-werbsvorteile an die jeweilige Marktgegenseite weitergegeben. Im ständigen Rivalisieren der Marktbeteiligten kommt die dem Wettbewerb inhärente Anreizfunktion zum Aus-druck. Wettbewerb ist insgesamt als ein Verfahren zur Sicherung ökonomischer Freiheits-rechte, verbunden mit positiven ökonomischen Ergebnissen zu sehen, ein Verfahren zur Entdeckung von Problemlösungen, die unter anderen marktstrukturellen Bedingungen nicht gefunden worden wären.

28. Beschreiben Sie die Funktionsweise einiger wesentlicher wettbewerbspoliti-scher Instrumente.

Durchsetzung von Wettbewerb und Schutz desselben bedürfen der ordnungspolitischen Flankierung durch entsprechende wettbewerbspolitische Instrumente. Solche Regelungen finden sich z.B. in einigen Rechtsregeln des EU-Vertrags (Vertrags von Lissabon). Diese betreffen als supranationales Recht das Verbot von Vereinbarungen und Verhaltensabstim-mungen zwischen Unternehmen (Kartellverbot), die missbräuchliche Ausnutzung einer marktbeherrschenden Stellung sowie ein grundsätzliches Beihilfeverbot (Verbot von Sub-ventionszahlungen), soweit all diese Fälle jeweils die EU als Ganzes berühren.

Zentral für das deutsche Wettbewerbsrecht ist neben dem »Gesetz gegen den unlaute-ren Wettbewerb« (UWG) das »Gesetz gegen Wettbewerbsbeschränkungen« (GWB – Kar-tellgesetz). Verboten sind nach Letzterem insbesondere wettbewerbsschädigende Verhand-lungsstrategien sowohl horizontaler (Bildung von Kartellen, mit Ausnahmen hiervon) als auch vertikaler Art (soweit ein Beteiligter in der Freiheit der Gestaltung von Preisen und Geschäftsbedingungen hierdurch beschränkt wird). Der Bereich der Behinderungs- und Ausbeutungsstrategien, der durch das GWB behandelt wird, betrifft die Missbrauchsaufsicht über marktbeherrschende Unternehmen (Verbot von Boykott und Diskriminierung). Bei Gefahr des Entstehens oder des Ausbaus wettbewerbswidriger Unternehmenskonzentrationen greift das Instrument der Fusionskontrolle, um so tatsächlicher oder potenzieller Marktmacht entgegenzuwirken.

1.4 Makroökonomischer Wirtschaftskreislauf und volkswirtschaftliche Gesamtrechnung

29.   Welchen Zwecken dient die makroökonomische Kreislaufanalyse?
Durch die Kreislaufanalyse werden die durch die wirtschaftlichen Aktivitäten der makroökonomischen Sektoren entstehenden Zahlungsvorgänge in Form monetärer Stromgrößen erfasst. Als makroökonomische Sektoren (Pole) fungieren hierbei die privaten Haushalte, die Unternehmen, der Staat, das Ausland und der fiktive Sektor »Vermögensänderung«:

- Der Sektor private Haushalte erhält Zahlungen in Form von Einkommen für die zur Verfügung gestellten Faktorleistungen von den Sektoren Unternehmungen und Staat, er leistet Zahlungen an die Unternehmungen für den Kauf von Konsumgütern und in Form von direkten Steuern an den Staat.
- Private Haushalte erhalten vom Staat Transferleistungen, Unternehmen Subventionen.
- Ersparnisse der privaten Haushalte, der Unternehmen, des Staates und ein evtl. Leistungsbilanzdefizit werden als Zufluss zum Sektor Vermögensänderung verbucht.
- Haushaltsdefizite des Staates, Kreditaufnahmen des Unternehmenssektors und ein Leistungsbilanzüberschuss lösen dagegen Abflüsse aus dem Sektor Vermögensänderung in die entsprechenden Richtungen aus.

30.   Welchen Zwecken dient die volkswirtschaftliche Gesamtrechnung (VGR)?
Auf der Grundlage der makroökonomischen Kreislaufbetrachtung wurde die VGR sozusagen als Buchhaltung der einzelnen Sektoren und darauf aufbauend einer Volkswirtschaft insgesamt entwickelt, in der die Leistungen einer Volkswirtschaft zahlenmäßig erfasst wird.

Das nach verschiedenen Gesichtspunkten aufbereitete Zahlenwerk liefert Daten über die Entstehung und Verwendung der insgesamt erzeugten Gütermenge (Sozialprodukt) sowie die Verteilung der bei der Produktion entstehenden Einkommen und erlaubt im Jahresvergleich (dynamische Betrachtung), die gesamtwirtschaftliche Entwicklung (Wachstum) darzustellen. Die VGR liefert somit entscheidend wichtige Daten für die Wirtschaftspolitik.

31.   Die VGR kennt die Erfassung der gesamtwirtschaftlichen Leistung einer Volkswirtschaft in Form der Entstehungsrechnung. Was ist darunter zu verstehen?
Bei der Entstehungsrechnung handelt es sich um die Erfassung der gesamtwirtschaftlichen Leistungen, meist bezogen auf die Wirtschaftsperiode eines Jahres.

Ausgangsgröße dieser Rechnung ist der Produktionswert oder die Bruttoproduktion. Diese umfasst den Wert aller Güterverkäufe des Unternehmenssektors als Summenergebnis aller Branchen und der staatlichen Leistungen einschließlich des Werts der Bestandsveränderungen an Fertigprodukten und den Wert der selbsterstellten Anlagen.

Der Produktionswert abzüglich des Werts aller Vorleistungen, bereinigt um die unterstellten Bankgebühren und unter Berücksichtigung des Saldos der Gütersteuern minus Gütersubventionen ergibt das Bruttoinlandsprodukt.

32. **Was ist unter der Verteilungsrechnung zu verstehen? Wie ermittelt man das Nettonationaleinkommen und das Volkseinkommen?**

Im Rahmen der VGR gibt die Verteilungsrechnung Auskunft darüber, wie das in der betrachteten Wirtschaftsperiode entstandene Faktoreinkommen in Form des Arbeitnehmereinkommens und des Unternehmens- und Vermögenseinkommens verteilt wird. Ausgehend vom Wert des Bruttoinlandsprodukts gelangt man durch Addition des Saldos der Primäreinkommen mit der übrigen Welt zur Größe des Bruttonationaleinkommens. Subtrahiert man von diesem den Wert der Abschreibungen, erhält man die Ausgangsgröße der Verteilungsrechnung, das Nettonationaleinkommen oder auch Primäreinkommen. Dessen Wert, vermindert um die an den Staat zu leistenden Produktions- und Importabgaben und addiert um den Wert der Subventionen, ergibt das Volkseinkommen. In Form einer Staffelrechnung erhält man daraus abgeleitet die Werte des Arbeitnehmerentgelts einerseits und des Unternehmens- und Vermögenseinkommens andererseits.

33. **Worüber gibt die Verwendungsrechnung Auskunft?**

Die Verwendungsrechnung stellt auf die Frage ab, für welche Zwecke die im gesamtwirtschaftlichen Wertschöpfungsprozess entstandenen Einkommen verwendet wurden, die in Summe den Wert des Bruttoinlandsprodukts ausmachen.

- Im Einzelnen ist dies die Summe aller Käufe von Konsumgütern und Dienstleistungen durch die privaten Haushalte: privater Konsum.
- Als Staatskonsum (Staatsverbrauch) sind alle Leistungen des Staates zu interpretieren, die dieser zwecks Bereitstellung der öffentlichen Güter erbringt.
- Investitionen des Staates und der Unternehmen im Sinne von Ausrüstungs- und Bauinvestitionen sowie in sonstige Anlagen stellen einen weiteren Aspekt der Verwendungsrechnung dar.
- Vorratsänderungen an erzeugten Produkten sowie der Nettozugang an Wertsachen sind ebenfalls in der Verwendungsrechnung enthalten.
- Die Verwendungsrechnung hat im Hinblick auf den Konsum und die Investitionen auch den Wert des Exports bzw. Imports entsprechender Güter und Dienste zu berücksichtigen.

1.5 Konjunktur, Wirtschaftswachstum und Konjunkturpolitik

34. **Erläutern Sie den Begriff der Konjunktur.**

In sehr allgemeiner Formulierung werden mit dem Begriff der Konjunktur zyklisch wiederkehrende wirtschaftliche Aktivitätsschwankungen, ein »Auf« und »Ab« der wirtschaftlichen Tätigkeiten im Zeitablauf beschrieben. Eine Präzisierung dieser Begriffsbildung führt zu der Aussage, dass Konjunkturen Schwankungen im Auslastungsgrad des Produktionspotenzials darstellen.

Das Produktionspotenzial repräsentiert dabei den Wert aller im Inland erzeugbaren Endprodukte (Wert des Bruttoinlandsprodukts, BIP), der bei Vollauslastung aller Sachkapazitäten erzielt werden könnte.

Zyklustypische Abweichungen von diesem Wert, d.h. die Entwicklung des Werts des tatsächlichen BIP, bedeuten deshalb Schwankungen im Auslastungsgrad des Produktionspotenzials.

35. Welche Phasen durchläuft ein Konjunkturzyklus?

Generell durchläuft ein Konjunkturzyklus vier Phasen: Aufschwung (Erholung), Hochkonjunktur (Boom), Abschwung (Rezession), Tiefstand (Depression). Die zyklische Bewegung lässt sich beziehen auf den Wachstumstrend der Volkswirtschaft.

36. Welche Konjunkturzyklen lassen sich hinsichtlich der Zyklenlänge unterscheiden?

Je nach Zykluslänge und entsprechend den Namen ihrer Interpreten lassen sich die drei folgenden Konjunkturtypen unterscheiden: langfristige Kondratieff-Zyklen (50–70 Jahre), mittelfristige oder normale Juglar-Zyklen (4–7 Jahre), kurzfristige Kitchin-Crum-Zyklen (20–40 Monate).

- Kondratieff-Zyklen stehen im Zusammenhang mit großen technischen Basiserfindungen: Dampfmaschine, Elektrizität, Automobil, Mikroelektronik.
- Juglar-Zyklen beziehen sich auf die aktuellen (mittelfristigen), primär durch zyklische Investitionstätigkeiten ausgelösten wirtschaftlichen Aktivitätsschwankungen.
- Kitchin-Crum-Zyklen überlagern die Juglar-Zyklen und zeigen sich insbesondere in den den Juglar-Zyklen zugehörigen Lagerbewegungen.

37. Wie lassen sich konjunkturelle Entwicklungen messen?

Konjunkturelle Bewegungen werden als dynamischer Prozess erfasst anhand der Entwicklung entsprechender makroökonomischer Größen: Bruttoinlandsprodukt (Quartals-, Halbjahres- oder Jahreswerte, absolut betrachtet oder in Wachstumsraten dargestellt).

Je nach ihrer zeitlichen Zuordnung lassen sich weitere Indikatoren der konjunkturellen Entwicklung benennen:

- Frühindikatoren: Auftragseingänge, Investitionsneigung, Erwartungen der Unternehmen.
- Präsensindikatoren: aktuelle Produktion, Kapazitätsauslastung.
- Spätindikatoren: Beschäftigungsentwicklung, Löhne, Zinsen, Preise.

38. Welche Ursachen von Konjunkturschwankungen würden Sie benennen?

Ursache von Konjunkturschwankungen sind verschiedene Impulse, die das Verhalten und die Entscheidungen der wirtschaftlichen Akteure bestimmen und beeinflussen. Das »Ineinandergreifen« (Interdependenz) der wirtschaftlichen Handlungen, ausgelöst durch solche Impulse, verursacht letztlich die Konjunkturbewegungen. Impulsauslösende Momente können den folgenden (makroökonomischen) Sektoren und Momenten zugeordnet werden:

- Nachfrage: Änderungen in der Struktur der privaten Nachfrage (Geschmacks- und Modeeinflüsse und Änderungen bei den Nachfragern nach dauerhaften Konsumgütern); staatliche Nachfrage (Änderungen in der wirtschaftspolitischen Konzeption, Änderungen in der Einnahmen-/Ausgabenpolitik); Auslandsnachfrage (Änderungen der Exportgüternachfrage infolge veränderter Absatzbedingungen auf ausländischen Märkten);
- Angebot: Arbeitsmarkt (Lohnentwicklung); Kapitalmarkt (Zinsänderungen, Kapitalzu-/-abflüsse);
- monetäre Einflüsse: Änderungen von relativen Preisen und Kosten, geld- und währungspolitische Maßnahmen;
- technische Einflüsse: Innovationsschübe.

39. **Was verbirgt sich hinter dem Begriff »magisches Viereck«?**

Das »magische Viereck« stellt bildlich gesprochen eine Auflistung der vier wichtigsten wirtschaftspolitischen Stabilitätsziele dar, die jeweils einer »Ecke« dieses Vierecks zugeordnet werden. Diese Ziele (§ 1 Stabilitätsgesetz) beziehen sich auf die gleichzeitige Erreichung

- eines hohen Beschäftigungsstands,
- von Preisniveaustabilität und
- die Herstellung außenwirtschaftlichen Gleichgewichts
- bei stetigem und angemessenem Wirtschaftswachstum.

40. **Wie sind die Ziele des »magischen Vierecks« für die praktische Wirtschaftspolitik definiert?**

Für Zwecke der praktischen Wirtschaftspolitik (Mitteleinsatz und Erfolgskontrolle) bedarf es einer handhabbaren (operationalisierbaren) Definition der genannten Ziele.

- Preisniveaustabilität: Entwicklung des Verbraucherpreisindexes aller privaten Haushalte.
- Hoher Beschäftigungsstand: Arbeitslosenquote (prozentualer Anteil der Arbeitslosen an der Erwerbspersonenzahl).
- Außenwirtschaftliches Gleichgewicht: Außenbeitrag (Summe der Salden der Außenhandels- und der Dienstleistungsbilanz).
- Stetiges und angemessenes Wachstum: reales Wachstum des Bruttoinlandsprodukts.

41. **Warum wird das Viereck, das die Stabilitätsziele abbildet, als »magisch« bezeichnet?**

Die adjektivische Bestimmung »magisch« bezieht sich auf die in diesem Zielkatalog teilweise angelegte Unmöglichkeit, die genannten Ziele alle gleichzeitig verwirklichen zu können. Dies kommt zum Ausdruck in den möglichen Zielverhältnissen:

- Zielharmonie besteht, wenn die Erreichung eines Zieles unmittelbar die Verwirklichung eines weiteren Zieles bewirkt (Wirtschaftswachstum und Beschäftigung).
- Zielneutralität bezeichnet die Tatsache, dass die Realisierung eines Zieles ein anderes Ziel nicht unmittelbar berührt.
- Zielkonflikte treten dann auf, wenn die Verwirklichung eines Zieles die Realisierung eines anderen negativ beeinflusst (Preisniveaustabilität und hohe Beschäftigung, vgl. Phillips-Kurve).

42. **Beschreiben Sie das generelle Ziel und die Instrumente der antizyklischen Fiskalpolitik (Globalsteuerung).**

Als antizyklische Fiskalpolitik (Globalsteuerung) fungiert jener Teil der staatlichen Wirtschaftspolitik, der darauf gerichtet ist, durch den Einsatz fiskalischer Instrumente das gesamtwirtschaftliche Wachstum der Volkswirtschaft auf einen als stetig und angemessen definierten Wachstumstrend auszurichten. Zugleich soll mit dem anzustrebenden Wirtschaftswachstum auch das Ziel der Vollbeschäftigung (aller Produktionsfaktoren, insbesondere aber der des Faktors Arbeit) erreicht werden.

Als instrumentelle Zielgröße, die es im Sinne der Zielerreichung fiskalpolitisch zu beeinflussen gilt, fungiert die gesamtwirtschaftliche Nachfrage in ihren Komponenten: privater Konsum, Investitionen, Staatskonsum und Außenbeitrag. Von der Höhe und Entwicklung der gesamtwirtschaftlichen Nachfrage sind die gesamtwirtschaftliche Produktion und damit das wirtschaftliche Wachstum und die Beschäftigung abhängig.

Der Instrumenteneinsatz der Fiskalpolitik (Einnahmen- und Ausgabenpolitik) richtet sich nach der jeweiligen aktuellen konjunkturellen Situation.

43. **Wie versucht antizyklische Fiskalpolitik (Globalsteuerung) eine Rezession oder Depression zu überwinden?**

Zwecks Überwindung einer Rezession oder Depression, gekennzeichnet durch rückläufiges Wachstum und Unterbeschäftigung, kann die Senkung der direkten Steuern (Lohn- und Einkommensteuer) das verfügbare Einkommen der privaten Haushalte erhöhen und so zu einer Steigerung des privaten Konsums beitragen.

Gleiches wird von einer Senkung der direkten Unternehmenssteuern (Körperschaftsteuer, Ertragsanteil der Gewerbesteuer) erwartet, im Hinblick auf die Investitionen. Exportförderungsprogramme (Exportsubventionen) mögen die Höhe der Exporte steigen lassen. Da die genannten Maßnahmen lediglich indirekt, schlimmstenfalls überhaupt nicht zu wirken vermögen, bleibt nur noch der Staatskonsum als das direkt wirkende Steuerungsinstrument zwecks Erreichung des angestrebten Stabilitätszieles.

44. **Wie wird ein Boom durch antizyklische Fiskalpolitik (Globalsteuerung) angegangen?**

Zur Bekämpfung eines Booms (konjunkturelle Überhitzung), gekennzeichnet insbesondere durch inflationäre Preisentwicklungen, empfiehlt sich ein jeweils umgekehrter Einsatz des in Frage 43 genannten Instrumentariums.

45. **Welche Auswirkungen hat eine antizyklische Fiskalpolitik (Globalsteuerung) auf die Einnahmen und Ausgaben des Staates?**

Weil durch die konjunkturelle Entwicklung selbst und durch die antizyklische Fiskalpolitik eine ungleichgewichtige Entwicklung von Einnahmen und Ausgaben des Staates zu erwarten ist, wird ein Budgetausgleich nur in dynamischer (zeitlich gestreckter) Sicht möglich.

- In der Rezession/Depression sinken die Steuereinnahmen, zusätzlich evtl. infolge von Steuersenkungen wegen der erhofften Wirkungen auf den privaten Konsum und die Investitionen. Die empfohlene Ausgabenerhöhung führt somit zu einem Budgetdefizit, das durch staatliche Kreditaufnahmen zu finanzieren ist.
- Im Boom steigen die Steuereinnahmen entsprechend. Zwecks Konjunkturstabilisierung ist der Staatskonsum aber zu reduzieren. Dadurch entsteht ein Budgetüberschuss, der, soll er nicht boomverstärkend wirken, bei der Notenbank stillzulegen ist und damit eine Konjunkturausgleichsrücklage bildet. Diese kann dann zur Rückzahlung der in der Rezession aufgenommenen Kredite und/oder zur Finanzierung staatlicher Ausgabenprogramme genutzt werden.

46. **Welche Rolle kommt der Geldpolitik im Konzept der antizyklischen Fiskalpolitik (Globalsteuerung) zu?**

Eine geldpolitische Flankierung der antizyklischen Fiskalpolitik durch entsprechende Zinspolitik der Notenbank wird wegen ihrer als höchstens indirekt angenommenen Effekte als wenig wirksam erachtet.

47. **Nennen Sie die Hauptkritikpunkte an der antizyklischen Fiskalpolitik (Globalsteuerung).**

Die Kritik an der Konzeption der antizyklischen Fiskalpolitik (nachfrageorientierte Wirtschaftspolitik, Globalsteuerung) richtet sich generell gegen das durch diese begründete ökonomische Gewicht des Staates (höhere Staatsquote) und die damit einhergehende Behinderung privater Wirtschaftstätigkeit. Entscheidungs- und Wirkungsverzögerungen, bedingt durch mangelnde Diagnose- und Prognosemöglichkeiten, langwierige Entscheidungsprozeduren bei den Trägern der Wirtschaftspolitik und Reaktionsverzögerungen bei den Adressaten wirtschaftspolitischer Maßnahmen können zur falschen Dosierung des Instrumenteneinsatzes zum falschen Zeitpunkt führen (prozyklische Wirkungen). Damit wären Zielverfehlungen nicht nur vorprogrammiert, sondern es würden diese auch noch verstärkt. Zwecks mittelfristiger Konjunkturstabilisierung wird deswegen eine Verbesserung der Angebotsbedingungen vorgeschlagen (angebotsorientierte Wirtschaftspolitik: stabiles Geld, wettbewerblich geordnete Märkte, Steuerentlastungen).

1.6   Ökonomie und Ökologie

48.   Worin besteht der Angebotscharakter der »Umwelt« im ökonomischen Sinne?
Der Angebotscharakter der Umwelt im ökonomischen Sinne ergibt sich daraus, dass diese als natürliche Ressource und somit als wirtschaftliches Gut genutzt werden kann. Zu den einzelnen Umweltgütern dieser Art gehören:
- die Luft und das Wasser sowohl als Konsumgut als auch als Produktionsmittel,
- pflanzliche und tierische Rohstoffe sowie der Boden sowohl als Standort der Produktion als auch als Gegenstand des Abbaus (mineralische Rohstoffe) und des Anbaus (land- und forstwirtschaftliche Nutzflächen),
- die Luft, das Wasser und der Boden als Aufnahmemedien von mit der Produktion und Konsumtion einhergehenden Emissionen.

49.   Erläutern Sie die Wirkungsweise der Hauptinstrumente der Umweltpolitik.
Zu den Hauptinstrumenten der Umweltpolitik gehören
- Umweltauflagen,
- Umweltabgaben und
- der Handel mit Umweltzertifikaten.

Mit dem Einsatz dieser Instrumente soll ein gewünschter Umweltzustand erreicht werden.

Durch Umweltauflagen werden Höchstgrenzen umweltbelastender Emissionen in absoluten (t, m³ usw.) oder relativen Größen (mg/m³, gr/m², ppm usw.) definiert. Die Einhaltung dieser Grenzwerte erfordert einen hohen Kontrollaufwand. Eine absolute Begrenzung der Umweltbelastungen wird dadurch nicht erreicht.

Umweltabgaben in Form von Gebühren oder Steuern sollen die Kosten umweltbelastender Produktionen Unternehmen oder Umweltnutzern ursachengerecht auferlegen. Über damit verbundene höhere Preise wird eine entsprechend niedrigere Nachfrage und damit auch niedrigere Produktion, d.h. auch Belastung der Umwelt, erwartet. Als problematisch erweist sich hierbei die zielgenaue Bestimmung der entsprechenden Abgabe- bzw. Steuersätze sowie deren Anpassung an eine sich ändernde gesamtwirtschaftliche Lage und/ oder ökologische Situation.

Mit Umweltzertifikaten, d.h. dem Handel mit denselben, wird eine marktmäßige Lösung optimaler (kostenminimaler) Umweltnutzung zu erreichen versucht. Zertifikate verbriefen Maximalwerte der Umweltnutzung in Form entsprechender Emissionsstandards. Die Erstausstattung einer Volkswirtschaft mit Zertifikaten obliegt einer entsprechenden staatlichen Agentur. Deren Aufgabe ist es, die Gesamtsumme der Emissionsstandards zu definieren. Nur Inhaber solcher Zertifikate dürfen die Umweltmedien entsprechend den verbrieften Standards nutzen. Da solche Zertifikate frei handelbar sind, entstehen solchen Unternehmen, die eine stärkere Inanspruchnahme der Umwelt planen, höhere Kosten infolge des Erwerbs solcher Zertifikate von anderen Unternehmen, die ihre Emissionen entsprechend reduziert haben. Bei diesen stärkt der Verkauf der Zertifikate deren Erlös.

Durch den Preisbildungsprozess auf dem Markt für Zertifikate wird so ein Gleichgewicht erreicht, das dem definierten Nutzungsgrad der Umwelt entspricht.

2　Betriebswirtschaftliche Grundlagen

2.1　Leistungserstellung durch Produktionsfaktoren

50.　Welche betrieblichen Produktionsfaktoren sind Ihnen bekannt?
Bei den betrieblichen Produktionsfaktoren lassen sich nach Gutenberg und Wöhe die Elementarfaktoren vom dispositiven Faktor unterscheiden.

Zu den Elementarfaktoren zählen:
- objektbezogene (ausführende) Arbeit,
- Betriebsmittel und
- Werkstoffe.

Der dispositive (leitende) Faktor besteht aus den Teilen
- Leitung,
- Planung,
- Organisation und
- Überwachung.

Der dispositive Faktor beinhaltet somit alle nicht objektbezogenen Tätigkeiten. Seine Aufgabe besteht darin, den Einsatz der anderen Produktionsfaktoren zu koordinieren und die Mitarbeiter zu führen.

51.　Was wird unter dem Produktionsfaktor »ausführende Arbeit« verstanden?
Unter ausführender (objektbezogener) Arbeit versteht man diejenigen Tätigkeiten, die unmittelbar mit der Erbringung oder Verwertung betrieblicher Leistungen verbunden sind. Hierzu zählen beispielsweise das Hämmern, Schrauben, Lackieren am Fahrzeug oder das Buchen eines Geschäftsfalls in einer Buchhaltungssoftware.

52.　Welche Betriebsmittel kennen Sie?
Zu den Betriebsmitteln gehört die gesamte technische Ausstattung eines Unternehmens. Hierzu zählen:
- Grundstücke und Gebäude,
- Maschinen und maschinelle Anlagen,
- Werkzeuge,
- Transporteinrichtungen,
- Verkehrsmittel,
- Betriebs- und Geschäftsausstattung einschließlich EDV-Anlagen.

53.　Beschreiben Sie die Besonderheiten von Betriebsmitteln gegenüber anderen Produktionsfaktoren.
Die Besonderheiten der Betriebsmittel bestehen in
- der technischen Nutzungsdauer,
- der wirtschaftlichen Nutzungsdauer,
- der Erfassung von Abschreibungen und
- der Berücksichtigung des technischen Fortschritts.

Betriebsmittel haben im Gegensatz zu Werkstoffen eine bestimmte Lebensdauer, die als technische Nutzungsdauer bezeichnet wird. Innerhalb dieses Zeitraums kann die Anlage technisch genutzt werden. Mit dem Kauf einer Maschine beschafft sich das Unternehmen Möglichkeiten zur Maschinennutzung über mehrere Jahre. Somit sind in den Anlagen oftmals hohe Geldbeträge gebunden.

Die wirtschaftliche Nutzungsdauer ist kürzer als die technische Nutzungsdauer. Sie ist bestimmt von Überlegungen hinsichtlich einer effizienten Nutzung des Anlagegegenstands. Die Wertminderungen der Betriebsmittel durch Verschleiß oder technischen Fortschritt werden als Abschreibungen im Rechnungswesen erfasst. Der Steuergesetzgeber schreibt anhand von AfA-Tabellen (Absetzung für Abnutzung) vor, wie eine Abnutzung der Anlagegegenstände in der Form von bilanziellen Abschreibungen unter steuerlichen Gesichtspunkten aussehen muss. In der Kosten- und Leistungsrechnung werden zumeist andere, sogenannte kalkulatorische Abschreibungen angesetzt, die nicht auf gesetzlichen Anforderungen beruhen, sondern vorrangig so bemessen werden, dass der Anlagegegenstand unter Berücksichtigung des technischen Fortschritts wiederbeschafft werden kann.

54.　Erläutern Sie die Begriffe Kapazität und Kapazitätsauslastung.

Jedes Betriebsmittel verfügt über ein bestimmtes Leistungsvermögen je Zeiteinheit, die so genannte Kapazität. Die Kapazität kann auftauchen als technische Maximalkapazität. Ein Motor ist z.B. in der Lage, maximal 15 000 Umdrehungen je Minute zu leisten. Die wirtschaftliche Kapazität des Motors liegt deutlich unter der Maximaldrehzahl und wird von wirtschaftlichen Effizienzkriterien bestimmt. Die Minimalkapazität eines Motors wäre die Drehzahl, die der Motor im Leerlauf, rund 800 Umdrehungen je Minute, zu leisten in der Lage ist.

55.　Nennen Sie die Bestandteile der Werkstoffe.

Der Produktionsfaktor Werkstoffe besteht aus

- Rohstoffen (Bleche, Glas, Kunstfasern, Leder, Wolle, Rohöl etc.),
- Hilfsstoffen (Lacke, Leim, Nägel, Säuren, Schrauben, Schweißmaterial etc.),
- Betriebsstoffen (Brenn-, Treibstoffe, Strom, Schmiermittel, Schleif-, Reparaturmaterial etc.),
- Vorprodukten und Fremdbauteilen (Armaturen, Autoradios, Lichtanlagen, Reifen etc.).

56.　Was unterscheidet die Roh- von den Hilfs- und Betriebsstoffen?

Rohstoffe gehen als Hauptbestandteile in die Fertigprodukte ein (z.B. Bleche in der Fahrzeugproduktion). Hilfsstoffe sind auch Bestandteile der Fertigfabrikate, spielen aber wertmäßig eine untergeordnete Rolle (z.B. Nägel). Betriebsstoffe werden bei der Produktion oder Erstellung der Dienstleistung verbraucht und gehen somit nicht in das Endprodukt ein (z.B. Heizöl). Sie werden benötigt, um die Betriebsmittel am Laufen zu halten.

2.2　Betrieblicher Wertekreislauf und betriebswirtschaftliche Grundprinzipien

57.　Schildern Sie den güterwirtschaftlichen/finanzwirtschaftlichen Wertekreislauf in einem Unternehmen.

In einem Unternehmen werden Produkte produziert und/oder Dienstleistungen erstellt. Man spricht von der betrieblichen Leistungserstellung. Vorleistungen (Input) in der Form von Arbeitsleistungen, Material, Vorprodukten und Know-how gehen in den betrieblichen Produktionsprozess ein und sind mit Auszahlungen verbunden. Das Ziel der betrieblichen

Leistungserstellung besteht letztendlich im Verkauf der Produkte/Dienstleistungen an den Kunden (Leistungsverwertung oder Output).

Aus der betrieblichen Leistungsverwertung (Verkauf) entstehen beim Unternehmen Umsätze, aus denen dem Unternehmen Einzahlungen in der Form von liquiden Mitteln zufließen. Diese Finanzmittel können wiederum zur Produktion von Gütern und Dienstleistungen verwendet oder als liquide Geldanlage verzinslich investiert werden.

Dem Güterstrom (Input – Output) steht somit ein gegenläufiger Finanzstrom (Auszahlung – Einzahlung) gegenüber.

58.   Erläutern Sie das Wirtschaftlichkeitsprinzip.

Das Wirtschaftlichkeitsprinzip verlangt, dass entweder
- ein bestimmter Output mit geringstmöglichem Input (Minimalprinzip) oder
- mit einem gegebenen Input ein größtmöglicher Output (Maximalprinzip) erzielt wird.

59.   Was versteht man unter dem »erwerbswirtschaftlichen Prinzip«?

Das oberste Unternehmensziel ist die Erwirtschaftung von Gewinn, das sogenannte erwerbswirtschaftliche Prinzip.

Setzt man den Gewinn in Relation zu einer verursachenden Größe, so erhält man die relative Definition des Gewinns: die Rentabilität oder die Rendite. Häufig verwendete Rentabilitätsgrößen sind die Eigen- und Gesamtkapitalrendite sowie die Umsatzrendite, die wie folgt definiert sind:

Eigenkapitalrendite = (Gewinn : Eigenkapital) × 100 %
Gesamtkapitalrendite = {(Gewinn + Fremdkapitalzinsen) : (Eigen- + Fremdkapital)} × 100 %
Umsatzrendite = (Gewinn : Umsatz) × 100 %

60.   Wann befindet sich ein Unternehmen im finanziellen Gleichgewicht?

Ein Unternehmen befindet sich im finanziellen Gleichgewicht, wenn es seine Zahlungsverpflichtungen jederzeit erfüllen kann. Unternehmerische Entscheidungen orientieren sich somit neben der Wirtschaftlichkeit und dem Gewinn auch an den mit den Produktions- und Absatzprozessen verbundenen Ein- und Auszahlungen (Liquidität) »Nachdem die Zahlungsunfähigkeit der Gesellschaft eingetreten ist …, darf der Vorstand keine Zahlungen leisten.« (§ 92 Abs. 2 Satz 1 AktG).

3   Materialwirtschaft

3.1   Materialarten und Standardisierungsnormen

61.   Welche Materialarten sind Ihnen bekannt?

Die Werkstoffe bestehen aus Roh-, Hilfs- und Betriebsstoffen sowie Zulieferteilen (siehe auch Frage 55).

Unfertigprodukte enthalten wesentliche Bestandteile des Fertigprodukts noch nicht (z. B. lackierte Blechkarosserie eines Pkw ohne Motor und Getriebe).

Bei Fertigprodukten handelt es sich um Produkte, die nur noch vom Kunden abgeholt oder zum Kunden versandt werden müssen (z. B. versandfertige Pkw).

Eingekaufte Handelswaren ergänzen das eigene Produktionsprogramm und dienen der Sortimentserweiterung. Sie werden nur geringfügig oder gar nicht bearbeitet. Typisches Beispiel hierfür sind Regenschirme, die in Taiwan preiswert hergestellt werden und mit dem Logo der Automobilfirma versehen, wesentlich teurer an Kunden in den Niederlassungen, Werkstätten, Kundenshops der Werke etc. verkauft werden.

62. Welche Materialstandardisierungsnormen kennen Sie?

Bei der Normierung werden die Einzelteile durch die Festlegung von Größe, Abmessungen, Formen, Farben und Qualitäten vereinheitlicht. Am bekanntesten sind die ISO- und DIN-Normen sowie das VDE-Gütezeichen.

Die ISO-Normen (International Standard for Organisation) sind internationale Anspruchssysteme vor allem bezüglich der Qualität (ISO 9000) und des Umweltmanagements (ISO 14000).

Bei DIN-Vorschriften (Deutsche Industrienorm) handelt es sich um nationale Normierungsvorschriften des Deutschen Instituts für Normung.

Das VDE-Gütezeichen wird als Gütestandard vom Verband Deutscher Elektrotechniker vergeben.

3.2 Planung im Materialbereich

63. Wie lässt sich der Materialbedarf im Unternehmen planen?

Der Materialbedarf im Unternehmen wird geplant anhand

- des Fertigungsprogramms (Kundenaufträge, Lageraufträge, Stücklisten und Verwendungsnachweise),
- des realisierten Verbrauchs der Vergangenheit (konstante, trendförmige und saisonale Bedarfe).

64. Welche Beschaffungsarten kennt der Produktionsbereich?

Beschaffungen können

- fallweise,
- produktionssynchron (just-in-time) oder zum Zwecke
- der Vorratshaltung (aus Sicherheitsgründen) getätigt werden.

65. Was versteht man unter Just-in-time (jit)-Lieferung? Nennen Sie ein Beispiel.

Unter Jit-Lieferung wird im Unternehmen die taktgenaue Anlieferung von Werkstoffen zur Produktion verstanden, ohne dass über bestimmte Sicherheitsbestände hinaus ein Materiallager aufgebaut werden müsste. Dies verringert die Bindung von Kapital und damit die Zinskosten im Unternehmen.

Beispiel: Anlieferung von fertigen Sitzen zum Einbau in einen Pkw.

66. Beschreiben Sie die Lagerhaltungsstrategien.

In einem Produktionsunternehmen dienen Läger dazu, das Angebot und die Nachfrage nach Material von externen Angebots- oder internen Bedarfsschwankungen unabhängig zu machen. In der Praxis haben sich zur Optimierung der Lagerhaltung vor allem das Bestellrhythmus- (BRV) und das Bestellpunktverfahren (BPV) durchgesetzt.

Beim BRV wird das Lager in feste Zeitintervalle bis zu einem konstanten Sollniveau aufgefüllt. Dieses Verfahren lässt sich mit relativ geringem Verwaltungsaufwand realisieren. Da beim BRV die zu bestellende Menge schwankt, sind Lagerbestände und Bestellmengen nicht optimal.

Beim BPV wird beim Erreichen oder Unterschreiten eines konkreten Meldebestands eine Bestellung zur Auffüllung des Lagers mit einer festen Bestellmenge ausgelöst. Bei diesem Verfahren können Bestellmenge und Lagerbestand optimiert werden, da die Bestellmenge fest vorgegeben ist. Das BPV erfordert eine intensive Beobachtung des Lagerbestands durch EDV und Personal und wird somit nur für höherwertige und größere Teilelieferungen verwendet.

Die Lagerhaltung kann zentral oder dezentral eingerichtet werden.

Ein zentrales Lager fasst das gesamte Material an einem Standort zusammen. Die Vorteile liegen in einer besseren Raumnutzung sowie einem geringeren Materialbestand. Die Bestände können effektiver kontrolliert werden. Die Einrichtungen der Läger sind optimal ausgelastet. Nachteilig wirken sich unter Umständen verlängerte innerbetriebliche Transportwege aus.

Dezentrale Läger haben vor allem den Vorteil kurzer innerbetrieblicher Transportwege. In der Praxis findet man in der Regel Zwischenlösungen mit z. B. einem produktionsnahen zentralen Materiallager und mehreren dezentralen Lägern in anderen Ländern und Regionen.

67. **Erläutern Sie die strategischen Aufgaben beim Materialeinkauf.**

Folgende strategische Überlegungen sind beim Materialeinkauf notwendig:

Make-or-buy-Entscheidung
Soll das Unternehmen eine niedrige Wertschöpfung hervorbringen und somit viele Lieferantenteile einbauen (»Buy-Entscheidung«) oder soll umgekehrt möglichst viel selbst geschaffen werden, um somit die Abhängigkeit von den Lieferanten zu verringern (»Make-Entscheidung«)?

Komponenten- oder System-Sourcing
Sollen nur einzelne Teile (Komponenten) vom Lieferanten bezogen werden oder ganze vormontierte Systemeinheiten?

Umweltfreundliche Produktion
In welchem Umfang soll sich das Unternehmen für umweltfreundlichere Vorprodukte entscheiden, auch wenn diese teurer sind als herkömmliche Teile?

Lieferantenpolitik
Soll das Unternehmen auf einen, wenige oder möglichst viele Lieferanten zurückgreifen, um den Materialeinkauf zu gewährleisten? Sind Konzerngesellschaften vor externen Lieferanten zu bevorzugen?

Global-Sourcing
In welchem Umfang sind als Folge der weltweiten Globalisierung neben nationalen Einkaufsmärkten auch verstärkt internationale Beschaffungsmärkte zu berücksichtigen?

68. **Nach welchen Kriterien sollte man die Lieferanten auswählen?**

Der optimale Lieferant ist unter Abwägung folgender Gesichtspunkte auszuwählen:
- Finanzielle Kriterien (Einstandspreis, Transportkosten, Zahlungsbedingungen),
- Materialqualität (technische Standards, Umweltverträglichkeit) und
- Lieferantenqualität (Termintreue, Flexibilität, Innovationsfähigkeit).

69. **Was versteht man unter der ABC-Lieferantenanalyse?**

Mithilfe einer ABC-Analyse lässt sich die Anzahl und Struktur der Lieferanten analysieren und festlegen. Hierzu werden die Lieferanten in die Kategorien A bis C eingeteilt. In die

Kategorie A fallen die Lieferanten mit höherwertigen Vorprodukten. B und C entsprechen ihrer Reihenfolge nach niederwertigeren Produkten.

Um nicht von einem einzigen Lieferanten abhängig zu sein, sollte eine Aufteilung der Lieferanten gemäß der Wertigkeit ihrer Produkte vorgenommen werden. Hierfür hat sich in der Praxis die 60/30/10-Formel durchgesetzt. Nach dieser Faustformel sollten 60 % des Gesamteinkaufswerts in wenige Lieferantenhände gelegt werden (Gruppe A). 30 % sollten auf die zweite Gruppe der Lieferanten (Gruppe B) verteilt sein, die anzahlmäßig größer als die A-Gruppe ist. Der Wert dieser Lieferungen sollte insgesamt geringer sein. Unter C-Lieferanten sollten möglichst viele Lieferanten wertmäßig insgesamt nur rund 10 % beisteuern.

3.3   Durchführung und Kontrolle des Materialflusses

70.   **Erläutern Sie die drei wesentlichen Komponenten für die innerbetrieblichen Transportmöglichkeiten des Materials.**
(1) Verrichtungen: Hierunter fallen z. B.
- Transport zwischen den einzelnen Lägern,
- Unterbrechungen,
- Einlagern,
- Entfernen aus dem Lager,
- Be- und Entladen,
- Bearbeiten und Prüfen.
(2) Fördergüter: Gegenstand der Verrichtungen sind z. B.
- unfertige und fertige Produkte,
- Abfälle,
- Ausschuss,
- Werkzeuge,
- Maschinen,
- Transportbehälter.
(3) Beförderungsmittel: Hierzu zählen z. B.
- Gabelstapler,
- Rollbahnen,
- Kräne.

71.   **Was ist ein »Kanban«?**
Bei der zentralen Steuerung des Materialflusses wird das Material durch eine übergeordnete Stelle verteilt, die die innerbetrieblichen Transporte zentral in Abhängigkeit vom Produktionsprozess vornimmt.

Bei der dezentralen Steuerung wird die Materialverteilung durch eine Vielzahl sich selbst regulierender Steuerkreise beeinflusst. Die Transporthilfsmittel sind mit einer Karte ausgestattet, die Informationen über den Zustand der jeweiligen Charge enthalten (jap.: Kanban). Die Informationen der einzelnen Kanbans bewirken ihrerseits eine weitere Initiierung der Produktion oder der Einlagerung von neuem Material. Jede Produktionsstelle besorgt sich die benötigten Teile bei der jeweils vorgelagerten Stelle und diese wiederum bei der ihr vorgelagerten Stelle (sogenanntes Holprinzip).

72.   Wie wird der Materialfluss im Unternehmen kontrolliert?

Die Kontrolle des Materialflusses erfolgt durch die Gegenüberstellung von Plan- und Ist-werten sowie durch eine Kennzahlenanalyse, wie sie auch im Rahmen der Bilanzanalyse Verwendung findet.

$$\text{Lagerumschlags-}\atop\text{häufigkeit} = \frac{\text{Jahresverbrauch an Material}}{\text{Durchschnittlicher Bestand an Vorräten}}$$

$$\text{Lagerdauer} = \frac{365 \text{ Tage}}{\text{Lagerumschlagshäufigkeit}}$$

Die Lagerumschlagshäufigkeit zeigt an, wie häufig pro Jahr das komplette Lager aufge-braucht wird. Die Lagerdauer gibt an, wie viele Tage die Vorräte im Lager gebunden sind.

Generell gilt: Je kürzer die Lagerdauer, umso geringer ist das Lagerrisiko, umso schnel-ler werden aus den Vorräten Produkte, die verkauft werden können, und desto liquider wird ein Unternehmen sein.

4   Fertigungswirtschaft

4.1   Programmplanung

73.   In welche Teilbereiche lässt sich die Produktionsplanung gliedern?

Die Produktionsplanung gliedert sich in die Bereiche

- Programmplanung mit den Teilgebieten Produktgestaltung, Sortiments- oder Varian-tenplanung und Produktionsmengenplanung sowie
- Durchführungsplanung mit der Festlegung des Fertigungsverfahrens und der Wahl des Fertigungstyps.

74.   Welcher Konflikt kann zwischen Vertrieb und Fertigung bei der Sortiments- oder Variantenplanung entstehen? Wie lässt sich dieser Konflikt lösen?

Der Vertrieb bevorzugt eine Sortimentsplanung, die möglichst umfangreich ist, da dies die Absatzchancen erhöhen kann. Die Verantwortlichen in den Fertigungsbereichen setzen sich oftmals gegen eine Typenvielfalt in der Fertigung zur Wehr, da dies deutliche Kosten-steigerungen durch eine Vielzahl spezieller Maschinen oder durch häufiges Umrüsten vor-handener Werkzeuge und Maschinen verursachen kann.

Ein möglicher Kompromiss besteht darin, anhand einer Plattformstrategie, auch Bau-kastenprinzip genannt, zu fertigen. Die dadurch erreichte Vereinheitlichung interner Typenbestandteile ermöglicht ein gewisses Maß an Sortimentsvielfalt. Werden diese Platt-formen von externen Lieferanten gefertigt, führt dies zu einer Verringerung der Ferti-gungstiefe (sogenanntes Outsourcing).

75.   Wie kann ein Mehrproduktunternehmen seine optimale Produktionsmenge planen?

Orientiert sich das Unternehmen an der Erzielung eines möglichst hohen Gesamtgewinns, dann wird es vorrangig den Schwerpunkt der Produktion auf die Produkte legen, die

- möglichst wenige Fertigungsanlagen belegen,
- möglichst geringe Fertigungszeiten beanspruchen und
- einen hohen Stückgewinn erwarten lassen.

Die Kostenrechnung bietet für die Lösung des Problems die Deckungsbeitragsrechnung an (siehe hierzu im Band 1 dieser Buchreihe den Hauptteil Kosten- und Leistungsrechnung). Als Deckungsbeitrag wird die Differenz zwischen Umsatzerlösen und den variablen Kosten eines Produkts bezeichnet. Ist der Deckungsbeitrag positiv, so lohnt sich die Produktion eines Erzeugnisses. Werden mehrere Produkte hergestellt so wird das Produktionsprogramm in der Weise geplant, dass die Produkte mit hohem Deckungsbeitrag je Stück den Vorzug vor Produkten mit niedrigerem Deckungsbeitrag je Stück erhalten.

4.2   Durchführung der Produktion

76.   Welche Fertigungsverfahren kennen Sie?

Folgende Fertigungsverfahren lassen sich unterscheiden:

- Werkstattfertigung,
- Fließfertigung,
- Gruppenfertigung und
- Baustellenfertigung.

77.   Zählen Sie die unterschiedlichen Fertigungstypen auf.

Folgende Fertigungstypen gibt es:

- Einzelfertigung,
- Serienfertigung,
- Sortenfertigung,
- Chargenfertigung und
- Massenfertigung.

78.   Welche Aufgaben hat die Fertigungskontrolle?

Die Kontrolle der Fertigung erfolgt als:

- Kontrolle der Produktionsplanung, durch Abweichungsanalysen zwischen Plan- und Istwerten hinsichtlich Durchlaufzeiten, Mengen, Terminen und Rüstkosten.
- Kennzahlenanalyse, in Form der Überwachung der Kapazitätsauslastung der Betriebsmittel sowie der Analyse der Produktivität und der Qualität der gefertigten Produkte.

5   Personalwirtschaft

79.   Was versteht man unter Personalwirtschaft?

Unter Personalwirtschaft werden alle Entscheidungen und Maßnahmen zusammengefasst, die mit

- Anwerbung und Auswahl,
- Einsatz und Führung,
- Vergütung und Motivation sowie
- Kündigung

von Mitarbeitern zusammenhängen. Personalwirtschaft ist ein funktionsübergreifendes Subsystem der Unternehmung.

5.1   Personalplanung und -bereitstellung

80.   Wie wird der Personalbedarf geplant?
Der Personalbedarf in einem Unternehmen lässt sich
- quantitativ und
- qualitativ planen.

81.   Welche qualitativen Fähigkeiten werden an neue Mitarbeiter gestellt? Nennen Sie das wichtigste Kriterium.
Die neuen Mitarbeiter müssen je nach Arbeitsplatz- oder Stellenbeschreibung über
- fachliche,
- physische und
- psychische Fähigkeiten sowie über
- soziale Kompetenz
verfügen.

Das wichtigste Kriterium sind die fachlichen Fähigkeiten des Mitarbeiters. Hierzu zählen vor allem Schulausbildung, Studium, Meisterprüfung, Fremdsprachenkenntnisse und Berufserfahrung.

82.   Was versteht man unter »sozialer Kompetenz«?
In einer zunehmend komplexen Arbeitswelt ist es besonders wichtig, seine beruflichen Kenntnisse und Fertigkeiten gemeinsam mit anderen Menschen umzusetzen und zu realisieren. Was nützt dem Unternehmen der intelligenteste Mitarbeiter mit hohen fachlichen Kenntnissen, wenn er sich nicht positiv mit anderen Menschen auseinandersetzen kann. Das moderne Mitarbeiterprofil verlangt nach »sozialer Kompetenz«.

83.   Welche Möglichkeiten hat ein Unternehmen für die Personalsuche?
Ein Unternehmen kann intern und extern Personal suchen. Firmenintern kann dies anhand von »internen Stellenausschreibungen« geschehen. Führt die Suche innerhalb des Unternehmens nicht zum Erfolg, so wird auf dem externen Arbeitsmarkt eine Personalsuche gestartet. Dies kann z. B. anhand von
- Anzeigen in den Medien,
- Ausnutzung direkter Personenkontakte,
- Einschaltung des Arbeitsamtes oder
- Suche anhand von Personalberatern (Headhunting)
geschehen.

84.   Wie kann ein Unternehmen seine neuen Mitarbeiter auswählen?
Zur Auswahl der Mitarbeiter bieten sich mehrere Möglichkeiten an. Durch persönliche Vorstellungsgespräche und Eignungstests lassen sich geeignete Mitarbeiter finden. Für besonders qualifizierte Mitarbeiter bieten sich Assessment-Center an, die mehrtägige Gruppenauswahlverfahren beinhalten, bei denen die Teilnehmer konkrete Arbeitsaufgaben und Probleme lösen müssen, die an ihrem künftigen Arbeitsplatz zum Arbeitsalltag gehören.

85.   Wodurch unterscheiden sich Job Enlargement und Job Enrichment?

Job Enlargement bedeutet, dass ein Mitarbeiter verschiedene Verrichtungen durchführen soll, um eine abwechslungsreichere Tätigkeit zu erfüllen und um einen erkennbar größeren Beitrag zur gesamten betrieblichen Leistungserstellung zu leisten.

Job Enrichment bedeutet, dass eine ausführende Tätigkeit z. B. durch eine dispositive (Führungs-)Tätigkeit angereichert werden soll, um dadurch die Potenziale der Mitarbeiter in Bezug auf planende, steuernde und kontrollierende Tätigkeiten nutzbar zu machen.

5.2   Personalbindung

86.   Wie lassen sich Mitarbeiter motivieren und langfristig an das Unternehmen binden?

Um die Mitarbeiter langfristig an das Unternehmen zu binden, sind

- eine aktive Personalverwaltung,
- Personalentwicklungsmaßnahmen,
- adäquate Arbeitsbedingungen und
- eine leistungsgerechte Vergütung sowie Belohnungen in der Form von »Incentives« notwendig.

87.   Was versteht man unter Personalentwicklungsmaßnahmen?

Durch Personalentwicklungsmaßnahmen sollen sich die Mitarbeiter im Hinblick auf eine bessere Erreichung persönlicher Ziele und der Ziele des Unternehmens weiterentwickeln. Diese Maßnahmen erhöhen über alle Hierarchieebenen hinweg die fachlichen und methodischen Kompetenzen der Mitarbeiter. Darüber hinaus soll das personen- und gruppenbezogene Verhalten der Mitarbeiter verbessert werden. Die Mitarbeiter sollen an sozialer Kompetenz gewinnen.

Durch Seminare, Assessment-Center und Coaching sollen die Mitarbeiter für höherwertige Aufgaben qualifiziert werden. Die Personalverwaltung und die Fachabteilungen sollten durch gezielte Sichtungen im Unternehmen und durch rege Kommunikation die leistungsschwachen und die leistungsstarken sowie karriereorientierten Mitarbeiter ausfindig machen. Die Mitarbeiter mit hohem Entwicklungspotenzial sind entsprechend aktiv zu fördern.

88.   Wie lassen sich akzeptable Arbeitsbedingungen erreichen?

Die Arbeitsinhalte müssen abwechslungsreich und interessant gestaltet sein. Monotonie darf beim Arbeiten nicht entstehen, da dies die Unzufriedenheit der Mitarbeiter erhöht. Dabei gilt der Grundsatz: »Je höher qualifiziert die Mitarbeiter sind, desto stärker müssen sie gefordert werden.«

Der Arbeitsplatz muss der Aufgabe des Mitarbeiters angepasst sein. Handelt es sich um besonders wichtige Aufgaben für das Unternehmen, eventuell mit Führungsaufgaben versehene Tätigkeiten, so ist ein Einzelbüro mit adäquater Ausstattung sinnvoll. Steht die Teamarbeit mehr im Vordergrund, so kann ein Großraumbüro mit mehreren Arbeitsplätzen sinnvoll sein. Die notwendigen Arbeitselemente sind ablaufgerecht anzuordnen. Gutes Raumklima und die Vermeidung von Lärm am Arbeitsplatz sollten selbstverständlich sein. Bei harten körperlichen Arbeiten, wie z. B. der Tätigkeit in einer Gießerei oder einem Presswerk lassen sich Lärm und Schmutz nicht vermeiden. Das Unternehmen muss bei gewerblichen Mitarbeitern darauf achten, dass die gesetzlichen Vorschriften zum Arbeitsplatz und Umweltschutz eingehalten werden.

Die Gestaltung des Arbeitsumfeldes beeinflusst die Leistungsfähigkeit der Mitarbeiter besonders stark. Ein gutes »Betriebsklima« zeichnet sich dadurch aus, dass der Mitarbeiter für seine Leistung »belohnt« wird. Ein engagierter Mitarbeiter muss Anerkennung durch die Vorgesetzten erfahren z. B. in Form von

- Gehaltserhöhungen,
- Ausbildungs- und Weiterbildungsmöglichkeiten sowie
- Aufstiegsanreizen.

Das Zulassen von produktiver Kritik und Kreativität durch die Mitarbeiter fördert deren Motivation. Besondere Bedeutung hat das Verhalten der Vorgesetzten für das Betriebsklima. Eine Führungskraft muss eine Vorbildfunktion ausstrahlen, an der sich die Mitarbeiter orientieren können.

89.   Was versteht man in der Personalwirtschaft unter dem Begriff »Motivation«?
Unter Motivation versteht man alle Maßnahmen, die darauf gerichtet sind, eine Identifikation der Zielsetzung des Unternehmens mit den persönlichen Wünschen der Mitarbeiter herbeizuführen. Man unterscheidet finanzielle und nichtfinanzielle Anreize.

90.   Welche Lohnformen gibt es? Geben Sie einen Überblick.
Man unterscheidet den Zeitlohn vom Leistungslohn. Beim Zeitlohn erfolgt die Entlohnung nach der Dauer der Arbeitszeit unabhängig von der erbrachten Leistung. Beim Leistungslohn erfolgt eine Entlohnung der Arbeitnehmer nach Maßgabe der erbrachten Leistung und nicht entsprechend der erbrachten Arbeitszeit.
Der Zeitlohn lässt sich weiter untergliedern in
- den Zeitlohn mit Leistungszulage und
- den reinen Zeitlohn.
Beim Leistungslohn unterscheidet man
- den Akkordlohn (Geld- oder Zeitakkord) vom
- Prämienlohn (Grundlohn + Leistungszulage).

91.   Nennen Sie Beispiele für freiwillige betriebliche Sozialleistungen.
Neben den gesetzlich oder tarifvertraglich vereinbarten Sozialleistungen (z. B. Arbeitgeberanteil zur Sozialversicherung, Lohnfortzahlung im Krankheitsfall, Urlaubsgeld, Weihnachtsgeld etc.) gibt es für Arbeitnehmer weitere wichtige Formen freiwilliger betrieblicher Sozialleistungen, wie z. B.
- übertarifliches Weihnachts- und Urlaubsgeld,
- betriebliche Altersversorgung,
- finanzielle Zuschüsse für Wohnen, Essen etc.,
- Sonderzahlungen (Gratifikationen, Jubiläumsgeld etc.),
- Leistungen betrieblicher Einrichtungen (Kantine, Sportanlagen, Bücherei etc.),
- sonstige geldwerte Vorteile (Rabatte für Jahreswagen, Küchengeräte, Handys sowie private Nutzung von Dienstwagen etc.).

92.   Welche Formen der Erfolgsbeteiligung der Arbeitnehmer kennen Sie?
Die Erfolgsbeteiligung der Arbeitnehmer kann sich beziehen auf
- die erbrachte Leistung (z. B. Beteiligung an Kosteneinsparungen),
- den erwirtschafteten Ertrag (z. B. Umsatzbeteiligung) oder
- den erzielten Gewinn (Barausschüttung oder z. B. Kapitalbeteiligungen in Form von Mitarbeiteraktien oder Genussrechten, Aktienoptionen für leitende Führungskräfte).

93.   Was versteht man unter »Incentives«?

Zusätzlich zur reinen Vergütung gewähren die Unternehmen finanzielle und nicht finanzielle Leistungsanreize sogenannte »Incentives«. Hierzu zählen z. B.:

- erfolgsabhängige Bezahlung der Mitarbeiter,
- Aktienoptionen für Führungskräfte,
- Dienstwagen, eigenes Sekretariat etc.

5.3   Personalumschichtungen und -abbau

94.   Welche Maßnahmen kann ein Unternehmen ergreifen, um Personalüberhänge abzubauen?

Man unterscheidet interne von externen Maßnahmen zum Abbau von Personalüberhängen. Bei den internen Maßnahmen können Personalüberhänge durch zeitliche und örtliche Umschichtungen abgebaut werden. Der Personalbestand bleibt insgesamt unverändert. Dies sind z. B.:

- zeitliche Gestaltung des Urlaubs,
- Abbau von Überstunden,
- Kurzarbeit,
- Verringerung der Arbeitszeit bei reduziertem Lohn.

Bei den externen Maßnahmen wird im Gegensatz zu den internen Maßnahmen der Personalbestand insgesamt reduziert, Mitarbeiter verlassen das Unternehmen.

Beispiele hierfür sind:

- Ausnutzung der natürlichen Fluktuation,
- Kündigung und
- sonstige Maßnahmen (Vorruhestandsregelungen, Aufhebungsverträge, Nichtverlängerung befristeter Arbeitsverträge, Outplacements etc.)

6   Absatz

6.1   Bestimmungsgrößen der Erlöse

95.   Welche absatz- und marketingpolitischen Instrumente kennen Sie?

Als absatz- und marketingpolitische Instrumente kommen in Betracht:

- Produktpolitik,
- Preis- und Konditionenpolitik,
- Kommunikationspolitik,
- Absatzwegepolitik (Vertriebslogistik).

6.2   Absatzpolitische Instrumente

96.   Erläutern Sie die Handlungsfelder der Produktpolitik. Nennen Sie Beispiele.

Die Produktpolitik umfasst drei Handlungsfelder:

- Produktinnovation durch Differenzierung und Diversifizierung der Produkte,
- Produktvariation und
- Produktelimination.

Produktinnovation

Bei der Produktinnovation werden neue Produkte entwickelt und eingeführt, die zu den bisherigen Produkten des Unternehmens in unterschiedlicher Beziehung stehen.

Durch Produktdifferenzierung werden neue zusätzliche Produkte als Abwandlungen bestehender Produkte geschaffen.

Beispiel: Ein Rasenmäher-Hersteller bringt ein leistungsstärkeres Aggregat auf den Markt, das die bestehende Produktpalette ergänzt.

Durch Produktdiversifikation werden die vorhandenen Produkte durch ein völlig anderes Produkt ergänzt.

Beispiel: BMW-Motorräder ergänzen die BMW-Pkw-Produktpalette.

Produktvariation

Durch die Produktvariation werden bestimmte Eigenschaften eines am Markt präsenten Produkts geändert. Beispiele: Facelifting eines Pkw-Modells, zusätzliche Allradversion eines Pkw, neue Produktfarben.

Produktelimination

Die Produktelimination beschließt den Lebenszyklus eines Produktes. Ausschlusskriterium sind in erster Linie negative Deckungsbeiträge.

Beispiel: Die Sparte Weizenbier einer Brauerei erwirtschaftet negative Deckungsbeiträge. Dieses Bier wird deswegen nicht mehr produziert.

97. Wie lässt sich ein Sortiment gestalten?

Kriterien für die Sortimentsgestaltung könnten sein:
- Orientierung am zugrunde liegenden Rohstoff (z. B. Eisenwaren, Stoffe, Obst),
- Orientierung an der Herkunft der Güter (z. B. Import aus Südamerika),
- Ausrichtung auf bestimmte Preissegmente (z. B. Niedrig- oder Hochpreissegmente),
- Orientierung am Grad der Selbstverkäuflichkeit der Ware (z. B. Cash and Carry, Selbstbedienung, Beratungsgüter),
- Ausrichtung auf bestimmte Bedarfsgebiete (z. B. Camping, Haushaltswaren, Sportartikel).

98. Für welche Zwecke kann eine Rabattgewährung sinnvoll sein?

Man unterscheidet folgende Zwecke für Rabatte:
- Funktionsrabatt (für Lagerhaltung, Vertrieb und Kundenbetreuung, Barzahlung – Skonto),
- Mengenrabatt (für einzelne oder periodische Bestellungen),
- Zeitrabatt (für Einführung oder Auslaufen von Produkten, Nebensaison, Treuerabatt).

99. Wie kann die Konditionenpolitik akquisitorische Potenziale erschließen?

Bei der Konditionenpolitik handelt es sich um ein Instrument absatzpolitischer Feinsteuerung, durch das Präferenzen beim Kunden geschaffen werden können, z. B. anhand der
- Übernahme von Transport- und Zustellungskosten,
- der Gewährung von Umtauschrechten,
- der Übernahme von Gewährleistungen,
- der Länge des Zahlungsziels.

100. Was versteht man in der Werbung unter der AIDA-Regel?

AIDA steht für:

A = Attention = Aufmerksamkeit auf das Produkt ziehen,

I = Interest   = Kaufinteresse beim Kunden wecken,

D = Desire   = Kaufverlangen auslösen und

A = Action   = Kaufwunsch realisieren.

101. Wodurch unterscheiden sich Sales Promotion und Public Relations?

Durch Sales Promotion (Verkaufsförderung) soll der Absatz des Unternehmens stimuliert werden. Die hierfür vorgesehenen Maßnahmen (Produktinformationen, Kaufanreize, Kostproben etc.) richten sich an Konsumenten, Händler und eigene Verkaufsmitarbeiter.

Public Relations (Öffentlichkeitsarbeit) zielen darauf, das Unternehmen in der Öffentlichkeit positiv darzustellen.

102. Beschreiben Sie die Vor- und Nachteile des direkten/indirekten Absatzweges.

Beim direkten Absatzweg tritt der Hersteller direkt mit dem Endverbraucher in Kontakt, wodurch er dessen Wünsche schneller erfährt als beim indirekten Vertrieb. Er braucht die Bruttowertschöpfung über die gesamte Wertkette nicht mit anderen Marktpartnern zu teilen.

Der direkte Absatz bedingt eine höhere Lagerhaltung und eine auf den einzelnen Kunden ausgerichtete Verkaufsorganisation. Dies führt zu umfangreicheren Lager- und Absatzkosten.

Beim indirekten Absatzweg werden wesentliche absatzpolitische Instrumente auf andere Unternehmen (Handel) übertragen. Dadurch kann auf sie kein wesentlicher Einfluss mehr ausgeübt werden (Sortimentsbildung, Imagewerbung, Verkaufsform). Allerdings werden wesentliche absatzbedingte Kosten beim Hersteller eingespart. Kostenvorteile der Massenproduktion können genutzt werden.

7 Compliance

103. Was versteht man unter »Compliance«?

In der Betriebswirtschaft versteht man unter Compliance die freiwillige nicht auf gesetzlichen Vorschriften beruhende Selbstverpflichtung von zumeist größeren Unternehmen zur Einhaltung von Gesetzen und Richtlinien.

104. Erläutern Sie die Aufgaben einer Compliance-Abteilung im Unternehmen.

Die Compliance-Abteilung hat folgende Aufgaben:

- Identifikation der Risiken für das Unternehmen.
- Einrichtung eines internen und externen Informationssystems um Verstöße zu orten, Verfahrensabläufe bei Beschwerden zu entwickeln und gegebenenfalls öffentliche Stellen zu kontaktieren.
- Einrichtung von Kontrollverfahren und Kommunikationsabläufen.

Anhang

Verordnung über die Prüfung zum anerkannten Abschluss

Geprüfter Bilanzbuchhalter/Geprüfte Bilanzbuchhalterin

(vom 18.10.2007, BGBl I 2007 S. 2485, geändert durch Zweite Verordnung zur Änderung von Fortbildungsprüfungsverordnungen vom 25.08.2009, BGBl I 2009 S. 2960)

Auf Grund des § 53 Abs. 1 in Verbindung mit Abs. 2 des Berufsbildungsgesetzes vom 23. März 2005 (BGBI. I S. 931), dessen Absatz 1 durch Artikel 232 Nr. 3 Buchstabe a der Verordnung vom 31. Oktober 2006 (BGBl. I S. 2407, 2007 I S. 2149) geändert worden ist, verordnet das Bundesministerium für Bildung und Forschung nach Anhörung des Hauptausschusses des Bundesinstituts für Berufsbildung im Einvernehmen mit dem Bundesministerium für Wirtschaft und Technologie:

§ 1 Ziel der Prüfung und Bezeichnung des Abschlusses

(1) Die zuständige Stelle kann berufliche Fortbildungsprüfungen zum Geprüften Bilanzbuchhalter/zur Geprüften Bilanzbuchhalterin nach den §§ 2 bis 7 sowie zu weiteren Qualifikationen nach den §§ 8 und 9 durchführen, in denen die auf einen beruflichen Aufstieg abzielende Erweiterung der beruflichen Handlungsfähigkeit nachzuweisen ist.

(2) Ziel der Prüfung ist der Nachweis der notwendigen Qualifikationen, die folgenden Aufgaben eigenständig und verantwortlich wahrnehmen zu können. Dazu zählen:
   1. Gewährleisten der Organisation und Funktion des betrieblichen Finanz- und Rechnungswesens,
   2. Erstellen von Zwischen- und Jahresabschlüssen und des Lageberichts nach nationalem Recht,
   3. Erstellen von Abschlüssen nach internationalen Standards,
   4. Berichterstattung; Auswerten und Interpretieren des Zahlenwerkes für Planungs- und Kontrollentscheidungen,
   5. Umsetzen des Steuerrechts und der betrieblichen Steuerlehre,
   6. Erstellen einer Kosten- und Leistungsrechnung und zielorientierte Anwendung,
   7. Planung und Abwicklung finanzwirtschaftlicher Vorgänge,
   8. unternehmensrelevante Aufgaben unter Beachtung volkswirtschaftlicher Zusammenhänge wahrnehmen,
   9. Durchführen von Rechtsvorgängen im Mahn- und Klageverfahren und der Zwangsvollstreckung,
   10. Organisations- und Führungsaufgaben übernehmen; unternehmerische Kompetenzen einsetzen, die die Befähigung zur Gründung oder Übernahme eines Unternehmens beinhalten können.

(3) Die erfolgreich abgelegte Prüfung führt zum anerkannten Abschluss »Geprüfter Bilanzbuchhalter/Geprüfte Bilanzbuchhalterin«.

§ 2 Zulassungsvoraussetzungen

(1) Zur Prüfung im Prüfungsteil A ist zuzulassen, wer

1. eine mit Erfolg abgelegte Abschlussprüfung in einem anerkannten kaufmännischen oder verwaltenden Ausbildungsberuf mit einer vorgeschriebenen Ausbildungszeit von drei Jahren und danach eine mindestens dreijährige kaufmännische Berufspraxis oder

2. ein mit Erfolg abgelegtes wirtschaftswissenschaftliches Studium an einer Hochschule oder einen betriebswirtschaftlichen Diplom- oder Bachelor-Abschluss einer staatlichen oder staatlich anerkannten Berufsakademie oder eines akkreditierten betriebswirtschaftlichen Ausbildungsganges einer Berufsakademie und danach eine mindestens zweijährige Berufspraxis oder

3. eine mindestens sechsjährige Berufspraxis nachweist.

(2) Die Berufspraxis nach Absatz 1 muss in der beruflichen Fortbildung zum Geprüften Bilanzbuchhalter/zur Geprüften Bilanzbuchhalterin dienlichen kaufmännischen oder verwaltenden Tätigkeiten und dabei überwiegend im betrieblichen Finanz- und Rechnungswesen erworben worden sein.

(3) Abweichend von den in Absatz 1 genannten Voraussetzungen kann zur Prüfung auch zugelassen werden, wer durch Vorlage von Zeugnissen oder auf andere Weise glaubhaft macht, dass er Fertigkeiten, Kenntnisse und Fähigkeiten (berufliche Handlungsfähigkeit) erworben hat, die die Zulassung zur Prüfung rechtfertigen.

(4) Zur Prüfung im Prüfungsteil B ist zuzulassen, wer nachweist innerhalb der letzten zwei Jahre den Prüfungsteil A abgelegt zu haben. Zum Prüfungsteil C ist zuzulassen, wer alle schriftlichen Prüfungsleistungen nach § 3 Abs. 2 und 3 bestanden hat.

§ 3 Gliederung und Durchführung der Prüfung

(1) Die Prüfung zum anerkannten Abschluss »Geprüfter Bilanzbuchhalter/Geprüfte Bilanzbuchhalterin« gliedert sich in folgende Prüfungsteile und Handlungsbereiche:

Prüfungsteil A:
Handlungsbereiche:
1. Erstellen einer Kosten- und Leistungsrechnung und zielorientierte Anwendung,
2. Finanzwirtschaftliches Management;

Prüfungsteil B:
Handlungsbereiche:
1. Erstellen von Zwischen- und Jahresabschlüssen und des Lageberichts nach nationalem Recht,
2. Erstellen von Abschlüssen nach internationalen Standards,
3. Steuerrecht und betriebliche Steuerlehre,
4. Berichterstattung; Auswerten und Interpretieren des Zahlenwerkes für Managemententscheidungen;

Prüfungsteil C:
Präsentation und Fachgespräch.
Darüber hinaus sind weitere Prüfungen nach den §§ 8 und 9 zulässig.

(2) Die Prüfung in den Handlungsbereichen nach Absatz 1 im Prüfungsteil A und im Prüfungsteil B ist schriftlich in Form von praxisorientierten, situationsbezogenen Aufgaben durchzuführen. Die Bearbeitungsdauer für die schriftlichen Aufgabenstellungen in dem Handlungsbereich »Erstellen von Zwischen-und Jahresabschlüssen und des Lageberichts nach nationalem Recht« soll in der Regel 240 Minuten, in dem Handlungsbereich »Steuerrecht und betriebliche Steuerlehre« in der Regel 180 Minu-

ten, in dem Handlungsbereich »Erstellen einer Kosten- und Leistungsrechnung und zielorientierte Anwendung« in der Regel 120 Minuten, in dem Handlungsbereich »Berichterstattung; Auswerten und Interpretieren des Zahlenwerkes für Managemententscheidungen« in der Regel 90 Minuten und in dem Handlungsbereich »Finanzwirtschaftliches Management« in der Regel 120 Minuten betragen.

(3) Im Handlungsbereich »Erstellen von Abschlüssen nach internationalen Standards« beträgt die Prüfungsdauer mindestens 210 und höchstens 240 Minuten. Bis zum 31. Dezember 2020 kann auf Antrag des Prüfungsteilnehmers oder der Prüfungsteilnehmerin die Prüfung in diesem Handlungsbereich auf den Grundlagenteil nach § 4 Abs. 4 Nr. 1 bis 9 beschränkt werden. In diesem Fall beträgt die Prüfungsdauer mindestens 60 und höchstens 90 Minuten.

(4) Wurden im Prüfungsteil A und im Prüfungsteil B jeweils nicht mehr als eine mangelhafte Leistung erbracht, ist jeweils darin eine mündliche Ergänzungsprüfung anzubieten. Bei einer oder mehreren ungenügenden Leistungen besteht diese Möglichkeit nicht. Die Ergänzungsprüfung soll anwendungsbezogen durchgeführt werden und je Ergänzungsprüfung in der Regel nicht länger als 20 Minuten dauern. Die Bewertungen der schriftlichen Prüfungsleistung und der mündlichen Ergänzungsprüfung werden zu einer Note zusammengefasst. Dabei wird die Bewertung der schriftlichen Prüfung doppelt gewichtet.

(5) Der Prüfungsteil C gliedert sich in eine Präsentation und einem darauf aufbauenden Fachgespräch. Der Prüfungsteilnehmer oder die Prüfungsteilnehmerin wählt aus zwei Aufgabenstellungen eine Aufgabe aus, die einen Auftrag zur Berichterstattung nach Absatz 1 Nr. 4 des Prüfungsteils B enthält. Das darauf aufbauende Fachgespräch soll auch die Handlungsbereiche nach Absatz 1 Nr. 1 und 2 des Prüfungsteils B einbeziehen. Die Präsentation soll in der Regel nicht länger als 15 Minuten und das Fachgespräch in der Regel nicht länger als 30 Minuten dauern. Dem Prüfungsteilnehmer oder der Prüfungsteilnehmerin ist eine Vorbereitungszeit von in der Regel 30 Minuten einzuräumen.

§ 4 Inhalt der Prüfung

(1) Im Handlungsbereich »Erstellen einer Kosten- und Leistungsrechnung und zielorientierte Anwendung« soll nachgewiesen werden, die Bedeutung der Buchführung, insbesondere der Kostenerfassung, -zuordnung und -transparenz für die Kosten- und Leistungserstellung verstanden zu haben. Es soll ferner nachgewiesen werden, die kostentheoretischen Grundlagen zu beherrschen und geeignete Methoden der Kosten- und Leistungsrechnung zielorientiert als Steuerungsinstrumente einsetzen sowie betriebswirtschaftliche Daten zur Bildung von Kennzahlen bereitstellen zu können. In diesem Zusammenhang soll nachgewiesen werden, insbesondere die Zusammenhänge zwischen der Buchführung, der Kalkulation und dem Controlling zu verstehen und die Kostenrechnung entsprechend unterschiedlicher Problemstellungen anwenden zu können. In diesem Rahmen können folgende Qualifikationsinhalte geprüft werden:

1. grundlegende Methoden und Instrumente zur Erfassung von Kosten und Leistungen anwenden,

2. Beherrschen der Kalkulationsmethoden zur Verrechnung der Kosten auf betriebliche Funktionsbereiche (Kostenstellen), auf Leistungen oder einzelne Leistungseinheiten,

3. Methoden der kurzfristigen betrieblichen Erfolgsrechnung für betriebliche Steuerungszwecke nutzen,

4. Methoden der Entscheidungsfindung beherrschen und zur Lösung unterschiedlicher Problemstellungen anwenden,

5. Beherrschen und Anwenden von Methoden zur Kostenkontrolle sowie die Ergebnisse interpretieren,

6. Kenntnisse über die Grundzüge des Kostencontrollings und des Kostenmanagements.

(2) Im Handlungsbereich »Finanzwirtschaftliches Management« soll die Fähigkeit nachgewiesen werden, die Methoden und Instrumente der Finanzierung zu beherrschen. Es soll ferner gezeigt werden, Planungsrechnungen im Rahmen der Finanz- und Investitionsplanung erstellen und einsetzen zu können. In diesem Rahmen können folgende Qualifikationsinhalte geprüft werden:

1. die Möglichkeiten des in- und ausländischen Zahlungsverkehrs anwenden,

2. den Investitionsbedarf feststellen; die optimale Investition mit den Methoden der Investitionsrechnung ermitteln,

3. Kenntnisse über Finanzierungsmöglichkeiten der Unternehmen und die Finanzierungsarten auf internationalen Märkten auch bezüglich des Außenhandels,

4. Finanz- und Liquiditätsplanung erstellen und die anschließende Finanzkontrolle durchführen,

5. Kredit- und Kreditsicherungsmöglichkeiten unter Einbeziehung einer Kreditwürdigkeitsprüfung und Tilgungsfähigkeitsberechnung darstellen,

6. Ziele und Instrumente des Finanzmanagements einschließlich der Absicherungsmöglichkeiten beschreiben und auswählen.

(3) Im Handlungsbereich »Erstellen von Zwischen- und Jahresabschlüssen und des Lageberichts nach nationalem Recht« sollen die Fähigkeiten zur Errichtung, Überwachung und laufenden Bearbeitung einer kompletten Buchführung sowie die Kompetenz, die Belange des Unternehmens zu nutzen, zu sichern und auszubauen und die Fertigkeit, unter Beachtung der Vorgaben des bürgerlichen Rechts, des Handelsrechts und des Steuerrechts einen Zwischen- und Jahresabschluss sowie den Lagebericht zu erstellen, nachgewiesen werden. In diesem Rahmen können folgende Qualifikationsinhalte geprüft werden:

1. Grundzüge der Buchführung, Bilanzierung und Bewertung beherrschen,

2. Organisation der Buchführung gestalten,

3. Kontenpläne aufbauen, einrichten und pflegen,

4. Bestandteile des Jahresabschlusses, Inhalte und Aussagen von Bilanz, Gewinn- und Verlustrechnung (GuV) und Anhang beherrschen und Lagebericht erstellen,

5. Bilanzierungs- und Bewertungsmethoden und Wahlrechte sowie ihre Ergebnisauswirkungen beherrschen,

6. Bilanzierung durchführen und den Jahresabschluss unter Berücksichtigung der entsprechenden steuerlichen Erfordernisse erstellen,

7. Kenntnisse der Grundzüge des bürgerlichen Rechts und des Handels- und Gesellschaftsrechts.

(4) Im Handlungsbereich »Erstellen von Abschlüssen nach internationalen Standards« soll die Fähigkeit nachgewiesen werden, auf Grund der Kenntnisse und des Beherrschens der Vorschriften der internationalen Rechnungslegung einen Abschluss nach den International Financial Reporting Standards (IFRS) erstellen zu können. Ferner soll die Befähigung nachgewiesen werden, anhand des Abschlusses nach den International Financial Reporting Standards (IFRS) die wirtschaftliche Situation des Unternehmens beurteilen zu können.

Grundlagenteil:

Es ist nachzuweisen, dass Kenntnisse über die Grundzüge der Bilanzierung und Bewertung sowie über alle notwendigen Bestandteile eines Jahresabschlusses an den IFRS bestehen:

1. Kenntnis der Ziele und Funktionen der internationalen Rechnungslegung,
2. Abschlüsse nach internationalen Standards beurteilen können und die Unterschiede zu Jahresabschlüssen nach deutschem Handelsrecht (HGB/DRS – Deutsche Rechnungslegungsstandards) erkennen,
3. Kenntnis der Bestandteile eines internationalen Abschlusses und die Gliederung der Bilanz nach den International Financial Reporting Standards (IFRS),
4. Kenntnis der Bilanzierungs- und Bewertungsmethoden sowie deren Auswirkungen auf die verschiedenen Aktiv- und Passivposten der Bilanz nach den International Financial Reporting Standards (IFRS) im Vergleich zum deutschen Handelsrecht (HGB/DRS),
5. Kenntnis über Aufbau und Inhalt der Gewinn- und Verlustrechnung nach dem Gesamtkosten- und dem Umsatzkostenverfahren,
6. Kenntnis der Funktion des Anhangs und die wesentlichen Angaben,
7. Kenntnis von Aufbau und Inhalt der Eigenkapitalveränderungsrechnung sowie der Kapitalflussrechnung nach der direkten und der indirekten Methode erkennen und ihren Informationsgehalt beurteilen,
8. Kenntnis der Inhalte der Segmentberichterstattung,
9. Ziel der Konzernrechnungslegung verstehen und Kenntnis über die verschiedenen Konsolidierungsarten.

Hauptteil:

Es soll nachgewiesen werden in der Lage zu sein, auf der Basis der Grundkenntnisse aus dem Grundlagenteil sowie der detaillierten Kenntnisse und Befähigungen des Hauptteils die Bilanzierung und Bewertung nach den IFRS durchzuführen und alle weiteren erforderlichen Teile eines Jahresabschlusses nach den jeweils gültigen Standards zu erstellen sowie in der Lage zu sein, solche Jahresabschlüsse nach anerkannten Methoden zu analysieren:

1. Kenntnis der Inhalte der Rechnungslegungsstandards nach den International Financial Reporting Standards (IFRS) und International Accounting Standards (IAS),
2. die Bilanzierungs- und Bewertungsmethoden beherrschen und sie auf die Posten der Vermögenswerte sowie auf die Posten des Eigenkapitals, der Rückstellungen und Verbindlichkeiten anwenden,
3. aktive und passive latente Steuern ermitteln und im Abschluss ausweisen,
4. Fähigkeit zur Erstellung der Bilanz nach den International Financial Reporting Standards (IFRS) unter Berücksichtigung der bestehenden Ansatz- und Bewertungswahlrechte,
5. die Gewinn- und Verlustrechnung nach den verschiedenen Verfahren aufstellen und das Jahresergebnis bezüglich der Ertragskraft des Unternehmens beurteilen,
6. die Eigenkapitalveränderungsrechnung aufstellen,
7. die Kapitalflussrechnung nach der direkten und indirekten Methode erstellen können und die Entwicklung der Liquidität des Unternehmens beurteilen,
8. die Auswahl der Segmente treffen und den Segmentbericht erstellen,
9. die im Rahmen der Konzernrechnungslegung notwendigen Konsolidierungen durchführen und einen Konzernabschluss nach den International Financial Reporting Standards (IFRS) erstellen,
10. die wesentlichen Unterschiede in der Rechnungslegung zwischen den International Financial Reporting Standards (IFRS) und den United States Generally Accepted Accounting Principles (US-GAAP) kennen und auf den Abschluss anwenden,

11. eine Analyse internationaler Abschlüsse durchführen sowie Kennzahlen und Vergleichswerte im Hinblick auf die Vermögens-, Finanz- und Ertragslage des Unternehmens interpretieren.

(5) Im Handlungsbereich »Steuerrecht und betriebliche Steuerlehre« soll die Fähigkeit, die einschlägigen Steuergesetze, Durchführungsverordnungen und Richtlinien sowie die Vorschriften zum Steuerverfahrensrecht unter Nutzung steuerrechtlicher Wahlrechte auslegen und auf die Problemstellungen übertragen zu können, nachgewiesen werden. Darüber hinaus soll der Einfluss der Besteuerung auf unternehmerische Entscheidungen eingeschätzt und dargestellt werden können. In diesem Rahmen können folgende Qualifikationsinhalte geprüft werden:

1. die umsatzsteuerlichen Vorschriften hinsichtlich Prüfung der Steuerbarkeit, Steuerbefreiungen, Steuerpflicht und des Vorsteuerabzugs beherrschen und diese entsprechend in die Umsatzsteuervoranmeldungen und Umsatzsteuerjahreserklärung einarbeiten,

2. die Berechnung der Gewinneinkünfte des Steuerpflichtigen und die dazu einkommensteuerlich relevanten Sachverhalte der Einkommensteuererklärung beherrschen; darüber hinaus ist der Prüfungsteilnehmer oder die Prüfungsteilnehmerin in der Lage, zu Fragen der Besteuerung Stellung zu nehmen,

3. die Zusammenhänge zwischen Handelsrecht, Körperschaftsteuerrecht und Einkommensteuerrecht beschreiben und die entsprechenden Vorschriften bei der Berechnung des zu versteuernden Einkommens, der festzusetzenden Körperschaftsteuer und der Körperschaftsteuerabschlusszahlung und -erstattung anwenden,

4. die Vorschriften zum Steuerverfahrensrecht auslegen und auf entsprechende verfahrensrechtliche Problemstellungen anwenden sowie notwendige Anträge stellen,

5. die Vorschriften zur Berechnung der gewerbesteuerlichen Bemessungsgrundlage, der sich hieraus ergebenden Gewerbesteuer sowie der Abschlusszahlung und Erstattung beherrschen und die gewonnenen Erkenntnisse in die Gewerbesteuererklärung einarbeiten,

6. die grundlegenden Verfahren zur Vermeidung einer Doppelbesteuerung beschreiben und anwenden, die einerseits zu Staaten ohne Doppelbesteuerungsabkommen und andererseits zu Staaten mit Doppelbesteuerungsabkommen vorgesehen sind; darüber hinaus kennt der Prüfungsteilnehmer oder die Prüfungsteilnehmerin den Hintergrund des Außensteuergesetzes und kann die wesentlichen Verfahren zur Verhinderung der Steuerflucht beschreiben,

7. andere Unternehmenssteuern.

(6) Im Handlungsbereich »Berichterstattung; Auswerten und Interpretieren des Zahlenwerkes für Managemententscheidungen« soll nachgewiesen werden, die bilanziellen Zusammenhänge und deren Auswirkungen bei sich verändernden Daten zu verstehen.

Es soll zudem die Fähigkeit, Berechnungen durchzuführen, Vorschläge und Pläne aller Art auszuarbeiten, den Jahresabschluss, insbesondere hinsichtlich der Bonitätsanforderungen, analysieren und steuernd auf einen optimalen Jahresabschluss einwirken zu können, nachgewiesen werden. In diesem Rahmen können folgende Qualifikationsinhalte geprüft werden:

1. die Analyse eines Jahresabschlusses mithilfe von Kennzahlen erstellen und diese interpretieren,
2. Jahresabschlüsse vergleichend analysieren,
3. Inhalte und Ziele der aktuellen Eigenkapitalrichtlinien für Banken kennen und deren Auswirkungen bezüglich des Ratings für Unternehmen auswerten und darstellen,
4. im Rahmen betriebs- und volkswirtschaftlicher Zusammenhänge handeln und sich der Wirkungen bewusst sein.

§ 5 Anrechnung anderer Prüfungsleistungen

Der Prüfungsteilnehmer oder die Prüfungsteilnehmerin ist auf Antrag von der Ablegung einzelner schriftlicher Prüfungsbestandteile durch die zuständige Stelle zu befreien, wenn eine andere vergleichbare Prüfung vor einer öffentlichen oder staatlich anerkannten Bildungseinrichtung oder vor einem staatlichen Prüfungsausschuss erfolgreich abgelegt wurde und die Anmeldung zur Fortbildungsprüfung innerhalb von fünf Jahren nach der Bekanntgabe des Bestehens der anderen Prüfung erfolgt.

§ 6 Bewerten der Prüfungsleistungen und Bestehen der Prüfung

(1) Die Prüfung ist bestanden, wenn in allen Prüfungsleistungen nach § 3 Abs. 2, 3 und 5 mindestens ausreichende Leistungen erbracht wurden.
(2) Die einzelnen Prüfungsleistungen sind jeweils gesondert zu bewerten.
(3) Über das Bestehen der Prüfung ist ein Zeugnis nach der Anlage 1 und der Anlage 2 auszustellen. Im Falle der Freistellung nach § 5 sind Ort und Datum der anderweitig abgelegten Prüfung sowie die Bezeichnung des Prüfungsgremiums anzugeben.

§ 7 Wiederholen der Prüfung

(1) Ein Prüfungsteil, der nicht bestanden ist, kann zweimal wiederholt werden.
(2) Mit dem Antrag auf Wiederholung der Prüfung wird der Prüfungsteilnehmer oder die Prüfungsteilnehmerin von einzelnen Prüfungsleistungen befreit, wenn die dort in einer vorangegangenen Prüfung erbrachten Leistungen mindestens ausreichend sind und der Prüfungsteilnehmer oder die Prüfungsteilnehmerin sich innerhalb von zwei Jahren, gerechnet vom Tage der nicht bestandenen Prüfung an, zur Wiederholungsprüfung angemeldet hat. Bestandene Prüfungsleistungen können auf Antrag einmal wiederholt werden. In diesem Fall gilt das Ergebnis der letzten Prüfung.

§ 8 Zusatzqualifikation

Wer die Prüfung zum Bilanzbuchhalter/zur Bilanzbuchhalterin auf Grund einer Regelung einer zuständigen Stelle erfolgreich abgelegt oder den anerkannten Abschluss Geprüfter Bilanzbuchhalter/Geprüfte Bilanzbuchhalterin oder einen gleichwertigen Abschluss oder einen wirtschaftswissenschaftlichen Abschluss einer Hochschule erworben hat, kann die Prüfung im Handlungsbereich »Erstellen von Abschlüssen nach internationalen Standards« nach § 3 Abs. 3 Satz 1 als Zusatzqualifikation ablegen. Wurde innerhalb der letzten fünf Jahre der Grundlagenteil nach § 4 Absatz 4 Nummer 1 bis 9 abgelegt, kann dieser auf Antrag des Prüfungsteilnehmers oder der Prüfungsteilnehmerin angerechnet werden. In diesem Fall ist über das Bestehen dieser Prüfungsleistung eine Bescheinigung auszustellen. § 7 Abs. 1 gilt entsprechend.

§ 9 Optionale Qualifikation

(1) Wer den anerkannten Abschluss Geprüfter Bilanzbuchhalter/Geprüfte Bilanzbuchhalterin oder erfolgreich die Prüfung Bilanzbuchhalter/Bilanzbuchhalterin auf Grund einer Regelung einer zuständigen Stelle abgelegt hat, kann beantragen, die Prüfung im Handlungsbereich »Organisations- und Führungsaufgaben« abzulegen.

(2) Im Handlungsbereich »Organisations- und Führungsaufgaben« sollen unternehmerische Kompetenzen und die Befähigung zur Gründung oder Übernahme eines Unternehmens sowie die Fähigkeit, Organisations- und Führungsaufgaben übernehmen zu können, nachgewiesen werden. In diesem Rahmen können folgende Qualifikationsinhalte geprüft werden:

1. Managementmodelle und Managementinstrumente einsetzen,
2. Organisationsentwicklung und Personalentwicklung verstehen und gestalten,
3. Moderation, Kommunikation und Konfliktmanagement beherrschen,
4. Einsatz effizienter Zeit- und Selbstmanagementmethoden,
5. Planen, Leiten und finanzwirtschaftliche Kontrolle von Projekten,
6. Selbstständigkeit planen; eine Geschäftsidee entwickeln; einen Geschäftsplan erstellen,
7. entscheidungsrelevante Informationen für eine Unternehmensübernahme beschaffen, aufbereiten und analysieren.

(3) Die Qualifikation ist im Rahmen einer schriftlichen Situationsaufgabe nachzuweisen. Die Prüfungsdauer beträgt mindestens 150 und höchstens 180 Minuten.

(4) Die Prüfung ist bestanden, wenn mindestens ausreichende Leistungen erbracht werden. Über das Bestehen ist eine Bescheinigung auszustellen. Die nicht bestandene Prüfung kann zweimal wiederholt werden.

§ 10 Übergangsvorschriften

(1) Begonnene Prüfungsverfahren zum Geprüften Bilanzbuchhalter/zur Geprüften Bilanzbuchhalterin können bis zum 31. Oktober 2011 nach den bisherigen Vorschriften zu Ende geführt werden.

(2) Auf Antrag des Prüfungsteilnehmers oder der Prüfungsteilnehmerin kann die zuständige Stelle die Wiederholungsprüfung auch nach dieser Verordnung durchführen; § 7 Abs. 2 findet in diesem Fall keine Anwendung. Im Übrigen kann bis zum 31. März 2010 die Anwendung der bisherigen Vorschriften beantragt werden.

§ 11 Inkrafttreten, Außerkrafttreten

Diese Verordnung tritt am 1. November 2007 in Kraft. Gleichzeitig tritt die Verordnung über die Prüfung zum anerkannten Abschluss Geprüfter Bilanzbuchhalter/Geprüfte Bilanzbuchhalterin vom 29. März 1990 (BGBl I S. 707) außer Kraft.

Anlage 1
(zu § 6 Abs. 3)

Muster

....
(Bezeichnung der zuständigen Stelle)

Zeugnis
über die Prüfung zum anerkannten Abschluss
Geprüfter Bilanzbuchhalter/Geprüfte Bilanzbuchhalterin

Herr/Frau ....

geboren am .... in ....

hat am .... die Prüfung zum anerkannten Abschluss

Geprüfter Bilanzbuchhalter/Geprüfte Bilanzbuchhalterin

nach der Verordnung über die Prüfung zum anerkannten Abschluss Geprüfter Bilanz-
buchhalter/Geprüfte Bilanzbuchhalterin vom 18. Oktober 2007 (BGBl I S. 2485),
die durch Artikel 29 der Verordnung vom 25. August 2009 (BGBl I S. 2960)
geändert worden ist,

bestanden.

Datum ....

Unterschrift(en) ....

(Siegel der zuständigen Stelle)

Anlage 2
(zu § 6 Abs. 3)

Muster

....

(Bezeichnung der zuständigen Stelle)

Zeugnis
über die Prüfung zum anerkannten Abschluss
Geprüfter Bilanzbuchhalter/Geprüfte Bilanzbuchhalterin

Herr/Frau ....

geboren am .... in ....

hat am .... die Prüfung zum anerkannten Abschluss

Geprüfter Bilanzbuchhalter/Geprüfte Bilanzbuchhalterin
nach der Verordnung über die Prüfung zum anerkannten Abschluss Geprüfter Bilanzbuchhalter /Geprüfte Bilanzbuchhalterin vom 18. Oktober 2007 (BGBl I S. 2485),
die durch Artikel 29 der Verordnung vom 25. August 2009 (BGBl I S. 2960) geändert
worden ist, mit folgenden Ergebnissen bestanden:

		Punkte*)	Note
1.	Erstellen einer Kosten- und Leistungsrechnung und zielorientierte Anwendung	....	....
2.	Finanzwirtschaftliches Management	....	....
3.	Erstellen von Zwischen- und Jahresabschlüssen und des Lageberichts nach nationalem Recht	....	....
4.	Erstellen von Abschlüssen nach internationalen Standards (Grundlagen- und Hauptteil) (Im Fall des § 3 Abs. 3 Satz 2 und 3 nur bis zum 31. Dezember 2020: Erstellen von Abschlüssen nach internationalen Standards (Grundlagenteil))	....	....
5.	Steuerrecht und betriebliche Steuerlehre	....	....
6.	Berichterstattung; Auswerten und Interpretieren des Zahlenwerkes für Managemententscheidungen	....	....
7.	Präsentation und Fachgespräch	....	....

(Im Fall des § 5: »Der Prüfungsteilnehmer/Die Prüfungsteilnehmerin wurde
nach § 5 im Hinblick auf die am .... in .... vor .... abgelegte Prüfung
vom Prüfungsbestandteil .... freigestellt.«)

Datum ....

Unterschrift(en) ....

(Siegel der zuständigen Stelle)

*) Den Bewertungen liegt folgender Punkteschlüssel zu Grunde: ....

Literaturverzeichnis

Baßeler, U./Heinrich, J./Utecht, B.: Grundlagen und Probleme der Volkswirtschaft, 19. Aufl., Stuttgart 2010.

Baumbach A./Hopt K. J.: Handelsgesetzbuch, 35. Aufl., München 2012.

Busse von Colbe W./Coenenberg, A./Kajüter, P. (Hrsg.): Betriebswirtschaft für Führungskräfte, 4. Aufl. Stuttgart 2011.

Coenenberg, A.: Kostenrechnung und Kostenanalyse, 8. Aufl., Stuttgart 2012.

Creifelds, C.: Rechtswörterbuch, 20. Aufl., München 2011.

Deutsches Rechnungslegungs Standards Committee v. V. (Hrsg.): Deutsche Rechnungslegungs Standards – German Acounting Standards, Loseblattwerk, Stuttgart.

Dötsch E./Franzen I./Sädtler W./Sell H./Zenthöfer W.: Körperschaftsteuer, 16. Aufl., Stuttgart 2012.

Dötsch E./Jost W. F./Pung, A./Witt G.: Die Körperschaftsteuer – Kommentar (Loseblatt), Stuttgart.

Falterbaum, H./Bolk, W./Reiß, W./Eberhart, R.: Buchführung und Bilanz, 21. Aufl., Achim 2010.

Gräfer/Schneider/Gerenkamp, H.: Bilanzanalyse, 12. Aufl., Herne 2012.

Grotherr S./Herfort C./Strunk G.: Internationales Steuerrecht, 3. Aufl., Achim 2010.

Hayn, S./Graf Waldersee, G.: IFRS/HGB/HGB-BilMoG im Vergleich, Synoptische Darstellung mit Bilanzrechtsmodernisierungsgesetz, 7. Aufl., Stuttgart 2008.

Horschitz, H./Groß, W./Weidner, W./Franck, B.: Bilanzsteuerrecht und Buchführung, 12. Aufl., Stuttgart 2010.

IDW (Hrsg.): IDW Prüfungsstandards (IDW PS), IDW Stellungnahmen zur Rechnungslegung (IDW RS), Loseblattwerk Düsseldorf.

Jenak, K.: Lehrgang der Lohn- und Gehaltsabrechnung, 29. Aufl., Stuttgart 2013.

Kresse, W./Leuz, N. (Hrsg.): Rechnungswesen, 12. Auflage, Stuttgart 2010.

Kresse, W./Leuz, N. (Hrsg.): Steuerrecht, Internationale Rechnungslegung, 11. Auflage, Stuttgart 2010.

Küting, K./Pfitzer, N./Weber, C.-P.: Das neue deutsche Bilanzrecht, 2. Aufl., Stuttgart 2009.

Küting, K./Weber, C.-P.: Die Bilanzanalyse, Beurteilung von Abschlüssen nach HGB und IFRS, 10. Aufl., Stuttgart 2012.

Küting, K./Weber, C.-P.: Handbuch der Rechnungslegung Einzelabschluss, Kommentar zur Bilanzierung und Prüfung (Loseblatt), 5. Aufl., Stuttgart.

Leffson, U.: Die Grundsätze ordnungsmäßiger Buchführung, 7. Aufl., Düsseldorf 1987.

Littman E./Bitz H./Pust H.: Das Einkommensteuerrecht – Kommentar (Loseblatt), Stuttgart.

Moxter, A.: Bilanzlehre, Band I: Einführung in die Bilanztheorie, 3. Aufl., Frankfurt 1984.

Pacioli, L.: Abhandlung über die Buchhaltung 1494, 2. Reprint der 1993 erschienenen Aufl., Stuttgart 1997.

Pellens, B./Füllbier, R. U./Gassen, J./Sellhorn, T.: Internationale Rechnungslegung, 8. Aufl., Stuttgart 2011.

Preißer, M., Hrsg.: Unternehmenssteuerrecht und Steuerbilanzrecht, 11. Aufl., Stuttgart 2012.

Rick, E./Gierschmann, Th./Gunsenheimer, G./Martin U./Schneider, J.: Lehrbuch der Einkommensteuer, 18. Aufl., Herne 2012.

Ruhnke, K.: Rechnungslegung nach IFRS und HGB, 3. Aufl., Stuttgart 2012.

Sperber, H.: Wirtschaft verstehen, 4. Aufl., Stuttgart 2012.

Vahs, D./Schäfer-Kunz, J.: Einführung in die Betriebswirtschaftslehre, 6. Aufl., Stuttgart 2012.

Weiand, A./Meuche, T. (Hrsg.): BWL in Fallstudien, Stuttgart 2009.

Werner, H./Kobabe, R.: Unternehmensfinanzierung Stuttgart 2005 (E-Book).

Wilke, K.-M.: Lehrbuch des internationalen Steuerrechts, 11. Aufl., Herne, Berlin 2012.

Winnefeld, R.: Bilanzhandbuch, 5. Aufl., München 2013.

Wobbermin, M.: Grundlagen der Buchhaltung und Bilanzierung, München 2008.

Wöhe, G.: Einführung in die Allgemeine Betriebswirtschaftslehre, 24. Aufl., München 2010.

Wöhe, G./Bilstein, J.: Grundzüge der Unternehmensfinanzierung, 10. Aufl., München 2009.

Wöhrle W./Schelle D./Gross E.: Außensteuergesetz – Kommentar (Loseblatt), Stuttgart.

Woll, A.: Volkswirtschaftslehre, 16. Aufl., München 2011.

Wuttke, R./Weidner, W./Franck, B.: Buchführungstechnik und Bilanzsteuerrecht, 16. Aufl., Stuttgart 2012.

Zenthöfer W./Schulze zur Wiesche D.: Einkommensteuer, 11. Aufl., Stuttgart 2013.

Zimmermann, R./Hottmann, J./Kiebele, S./Schaeberle, J./Völkel, D.: Die Personengesellschaft im Steuerrecht, 11. Aufl., Achim 2013.

Stichwortverzeichnis